2016

CHINA POPULATION AND EMPLOYMENT STATISTICS YEARBOOK

中国人口和就业统计年鉴

蒋正华题

国家统计局人口和就业统计司　编

COMPILED BY
Department of Population and Employment Statistics
National Bureau of Statistics of China

图书在版编目（CIP）数据

中国人口和就业统计年鉴. 2016 : 汉英对照 / 国家统计局人口和就业统计司编. -- 北京 : 中国统计出版社, 2017.1
ISBN 978-7-5037-8083-7

Ⅰ. ①中… Ⅱ. ①国… Ⅲ. ①人口调查－统计资料－中国－2016－年鉴－汉、英②就业－统计资料－中国－2016－年鉴－汉、英 Ⅳ. ①C924.25-54②D669.2-54

中国版本图书馆 CIP 数据核字（2016）第 306906 号

中国人口和就业统计年鉴—2016

作　　者 / 国家统计局人口和就业统计司
责任编辑 / 徐　涛
封面设计 / 李雪燕　王　芳
出版发行 / 中国统计出版社
通信地址 / 北京市丰台区西三环南路甲 6 号　邮政编码/100073
电　　话 / 邮购（010）63376909　书店（010）68783171
网　　址 / http://www.zgtjcbs.com/
印　　刷 / 河北鑫宏源印刷包装有限责任公司
经　　销 / 新华书店
开　　本 / 890×1240mm　1/16
字　　数 / 816 千字
印　　张 / 25.5
版　　别 / 2017 年 1 月第 1 版
版　　次 / 2017 年 1 月第 1 次印刷
定　　价 / 280.00 元

本书附同版本 CD-ROM 一张，光盘内容以书面文字为准。
如有印装差错，由本社发行部调换。

《中国人口和就业统计年鉴—2016》编委会和编辑工作人员

CHINA POPULATION AND EMPLOYMENT STATISTICS YEARBOOK-2016 EDITORIAL BOARD AND STAFF

编辑说明

一、《中国人口和就业统计年鉴—2016》是一部以全面反映我国人口和就业状况为主的资料性年刊，收集了全国和各省、自治区、直辖市人口就业统计的主要数据，同时附录了世界部分国家和地区的相关数据。

二、本年鉴由国家统计局人口和就业统计司负责编辑整理，并得到公安部治安管理局、国家卫生和计划生育委员会规划与信息司等单位的大力支持和协助。

三、本年鉴内容分为八部分：（一）综合数据；（二）2015 年全国 1%人口抽样调查数据；（三）2015 年劳动力抽样调查主要数据；（四）2015 年城镇单位就业人员统计数据；（五）2015 年全国户籍统计人口数据 ；（六）2015 年全国计划生育统计人口数据；（七）世界部分国家及地区人口和就业统计数据；（八）2015 年全国 1%人口抽样调查制度和 2015 年劳动力调查制度说明及主要统计指标解释。

四、2015 年全国 1%人口抽样调查时点为 2015 年 11 月 1 日零时。该调查以全国为总体，以各地级市（地区、盟、州）为子总体，采取分层、二阶段、概率比例、整群抽样方法，在全国 31 个省、自治区、直辖市抽取了 2977 个县(市、区)、33671 个乡(镇、街道)、85365 个村（居）委会的 89147 个调查小区中的 2131 万人。经加权后汇总，2015 年全国人口出生率为 12.07 ‰，死亡率为 7.11‰，自然增长率为 4.96 ‰。按此推算，2015 年末全国总人口为 137462 万人，出生人口为 1655 万人，死亡人口为 975 万人，净增人口为 680 万人。本年鉴第二部分除表 2-1、表 2-2 外，其余各表中的绝对数为样本数，全国抽样比为 1.55%。

五、本年鉴中收集的 2015 年全国 1%人口抽样调查数据（第二部分）和 2015 年全国户籍统计人口数据（第五部分），统计方法和口径不同，请用户在使用时加以注意。

六、本年鉴涉及的全国性统计数据，均未包括香港、澳门特别行政区和台湾省数据。

七、符号使用说明：

年鉴各表中的“空格”表示该项统计指标数据不足本表最小单位数、数据不详或无该项数据；“#”表示其中的主要项。

八、本年鉴在资料的整理和编排方面难免存在不足和疏误，敬请用户指正。

PREFACE

I. *China Population and Employment Statistics Yearbook 2016* is an annual statistical publication, which contains data on basic condition of population and employment in 2015 as well as for the previous years for the whole nation and 31 provinces, autonomous regions and municipalities directly under the Central Government. It also includes the relevant data of some other countries and territories in the world.

II. The yearbook is compiled by the Department of Population and Employment Statistics of the National Bureau of Statistics of China, and assisted by the Public Order Bureau of the Ministry of Public Security and the Department of Planning and Information of the National Health and Family Planning Commission of China.

III. The yearbook contains the following eight chapters: 1.General Survey; 2. Data from 1% Population Sample Survey in 2015; 3. Main Data from Labor Force Survey in 2015; 4. Data from Statistics on Employment in Urban Units in 2015; 5.Data from Household Registration in 2015; 6.Data from Family Planning Statistics in 2015; 7.Population and Employment Data of Selected Countries and Territories of the World; 8.Explanatory Notes on Main Statistical Indicators.

IV. The reference time of 1% Population Sample Survey was at zero hour on November 1 in 2015. The sample survey adopted two-stage systematic PPES cluster sampling scheme, taking the whole nation as the population and each prefecture-level city (prefecture or autonomous prefecture) as sub-population. A total of 21.31 million people were selected from 89147 survey districts in 85365 neighborhood committees (or village committees) in 33671 townships (towns or street committees) in 2977 counties (cities or districts) of the 31 provinces, autonomous regions and municipalities. The weighted estimation procedure suggested that the birth rate was 12.07 per thousand, the death rate was 7.11 per thousand and the natural growth rate was 4.96 per thousand for China in 2015. Based on these rates, it was further estimated that China had a total population of 1374.62 million at the end of 2015, with 16.55 million births, 9.75 million deaths and a net increase of 6.80 million people during the year. Except table 2-1 and table 2-2, the rest of tabulations in Chapter Two were sample data. The sampling fraction for the nation was 1.55 percent.

V. The population data of Chapter Two in the yearbook are from 1% Population Sample Survey in 2015, and those of Chapter Five are from the household registration, which use different definitions and data collection methods. Users should notice that the data under the same or similar heading in these two chapters may be different.

VI. The national data in the yearbook do not include that of Hong Kong Special Administrative Region, Macao Special Administrative Region and Taiwan Province.

VII. Notations used in the yearbook:

(blank space) indicates that the figure is not large enough to be measured with the smallest unit in the table, or data are unknown or are not available; "#" indicates a major breakdown of the total.

VIII. We welcome comments and suggestions from users with regard to deficiencies and mistakes in data editing and compilation.

目　　录
CONTENTS

第一部分　综合数据
Chapter One　General Survey

第二部分 2015 年全国 1%人口抽样调查数据

Chapter Two Data from 2015 National 1% Population Sample Survey

第三部分 2015 年劳动力调查主要数据

Chapter Three Main Data from 2015 Labor Force Survey

第四部分 2015 年城镇单位就业人员统计数据

Chapter Four Data from Statistics on Employment in Urban Units in 2015

第五部分 2015 年全国户籍统计人口数据

Chapter Five Data from Household Registration in 2015

第六部分 2015 年全国计划生育统计人口数据

Chapter Six Data from Family Planning Statistics in 2015

第七部分 世界部分国家及地区人口和就业统计数据

Chapter Seven Population and Employment Data of Selected Countries and Territories of the World

一、世界部分国家人口和就业统计数据

I.Population and Employment Data of Other Countries/Regions

二、香港特别行政区人口和就业统计数据

II.Population and Employment Data of Hong Kong Special Administrative Region

三、澳门特别行政区人口和就业统计数据

III.Population and Employment Data of Macao Special Administrative Region

四、台湾省人口和就业统计数据

IV.Population and Employment Data of Taiwan Province

第八部分　2015 年全国 1%人口抽样调查方案和劳动力调查制度说明及主要指标解释

Chapter Eight　Explanatory Notes on Main Statistical Indicators

第一部分

Chapter One

综合数据

General Survey

1-1 分地区年末人口数

单位：万人

地 区	Region	1990	1991	1992	1993	1994	1995	1996	1997	1998	1999	2000
全 国	**National Total**	**114333**	**115823**	**117171**	**118517**	**119850**	**121121**	**122389**	**123626**	**124761**	**125786**	**126743**
北 京	Beijing	1086	1094	1102	1112	1125	1251	1259	1240	1246	1257	1364
天 津	Tianjin	884	909	920	928	935	942	948	953	957	959	1001
河 北	Hebei	6159	6220	6275	6334	6388	6437	6484	6525	6569	6614	6674
山 西	Shanxi	2899	2942	2979	3012	3045	3077	3109	3141	3172	3204	3247
内蒙古	Inner Mongolia	2163	2184	2207	2232	2260	2284	2307	2326	2345	2362	2372
辽 宁	Liaoning	3967	3990	4016	4042	4067	4092	4116	4138	4157	4171	4184
吉 林	Jilin	2483	2509	2532	2555	2574	2592	2610	2628	2644	2658	2682
黑龙江	Heilongjiang	3543	3575	3608	3640	3672	3701	3728	3751	3773	3792	3807
上 海	Shanghai	1337	1340	1345	1349	1356	1415	1419	1457	1464	1474	1609
江 苏	Jiangsu	6767	6844	6911	6967	7021	7066	7110	7148	7182	7213	7327
浙 江	Zhejiang	4168	4202	4236	4266	4294	4319	4343	4435	4456	4475	4680
安 徽	Anhui	5675	5761	5834	5897	5955	6013	6070	6127	6184	6237	6093
福 建	Fujian	3037	3079	3116	3150	3183	3237	3261	3282	3299	3316	3410
江 西	Jiangxi	3810	3865	3913	3966	4015	4063	4105	4150	4191	4231	4149
山 东	Shandong	8493	8570	8610	8642	8671	8705	8738	8785	8838	8883	8998
河 南	Henan	8649	8763	8862	8946	9027	9100	9172	9243	9315	9387	9488
湖 北	Hubei	5439	5512	5580	5653	5719	5772	5825	5873	5907	5938	5646
湖 南	Hunan	6128	6209	6267	6311	6355	6392	6428	6465	6502	6532	6562
广 东	Guangdong	6346	6439	6525	6607	6689	6868	6961	7051	7143	7270	8650
广 西	Guangxi	4261	4324	4380	4438	4493	4543	4589	4633	4675	4713	4751
海 南	Hainan	663	674	686	701	711	724	734	743	753	762	789
重 庆	Chongqing								3042	3060	3075	2849
四 川	Sichuan	10804	10897	10998	11104	11214	11325	11430	8430	8493	8550	8329
贵 州	Guizhou	3268	3315	3361	3409	3458	3508	3555	3606	3658	3710	3756
云 南	Yunnan	3731	3782	3832	3885	3939	3990	4042	4094	4144	4192	4241
西 藏	Tibet	222	226	228	232	236	240	244	248	252	256	258
陕 西	Shaanxi	3316	3363	3405	3443	3481	3514	3543	3570	3596	3618	3644
甘 肃	Gansu	2255	2285	2314	2345	2378	2438	2467	2494	2519	2543	2515
青 海	Qinghai	448	454	461	467	474	481	488	496	503	510	517
宁 夏	Ningxia	470	480	487	495	504	513	521	530	538	543	554
新 疆	Xinjiang	1529	1555	1581	1605	1632	1661	1689	1718	1747	1774	1849

注：1990、2000、2010年数据为当年人口普查数据推算数；其余年份数据为年度人口抽样调查推算数据。2005年起各地区数据为常住人口口径。

Note: Data of 1990, 2000 and 2010 are the census year estimates; the rest are the estimates from the annual national sample survey of population. Since 2005, data by region are of usual residents.

Population at Year-end by Region

(10 000 persons)

2001	2002	2003	2004	2005	2006	2007	2008	2009	2010	2011	2012	2013	2014	2015
127627	**128453**	**129227**	**129988**	**130756**	**131448**	**132129**	**132802**	**133450**	**134091**	**134735**	**135404**	**136072**	**136782**	**137462**
1385	1423	1456	1493	1538	1601	1676	1771	1860	1962	2019	2069	2115	2152	2171
1004	1007	1011	1024	1043	1075	1115	1176	1228	1299	1355	1413	1472	1517	1547
6699	6735	6769	6809	6851	6898	6943	6989	7034	7194	7241	7288	7333	7384	7425
3272	3294	3314	3335	3355	3375	3393	3411	3427	3574	3593	3611	3630	3648	3664
2381	2384	2386	2393	2403	2415	2429	2444	2458	2472	2482	2490	2498	2505	2511
4194	4203	4210	4217	4221	4271	4298	4315	4341	4375	4383	4389	4390	4391	4382
2691	2699	2704	2709	2716	2723	2730	2734	2740	2747	2749	2750	2751	2752	2753
3811	3813	3815	3817	3820	3823	3824	3825	3826	3833	3834	3834	3835	3833	3812
1668	1713	1766	1835	1890	1964	2064	2141	2210	2303	2347	2380	2415	2426	2415
7359	7406	7458	7523	7588	7656	7723	7762	7810	7869	7899	7920	7939	7960	7976
4729	4776	4857	4925	4991	5072	5155	5212	5276	5447	5463	5477	5498	5508	5539
6128	6144	6163	6228	6120	6110	6118	6135	6131	5957	5968	5988	6030	6083	6144
3445	3476	3502	3529	3557	3585	3612	3639	3666	3693	3720	3748	3774	3806	3839
4186	4222	4254	4284	4311	4339	4368	4400	4432	4462	4488	4504	4522	4542	4566
9041	9082	9125	9180	9248	9309	9367	9417	9470	9588	9637	9685	9733	9789	9847
9555	9613	9667	9717	9380	9392	9360	9429	9487	9405	9388	9406	9413	9436	9480
5658	5672	5685	5698	5710	5693	5699	5711	5720	5728	5758	5779	5799	5816	5852
6596	6629	6663	6698	6326	6342	6355	6380	6406	6570	6596	6639	6691	6737	6783
8733	8842	8963	9111	9194	9442	9660	9893	10130	10441	10505	10594	10644	10724	10849
4788	4822	4857	4889	4660	4719	4768	4816	4856	4610	4645	4682	4719	4754	4796
796	803	811	818	828	836	845	854	864	869	877	887	895	903	911
2829	2814	2803	2793	2798	2808	2816	2839	2859	2885	2919	2945	2970	2991	3017
8143	8110	8176	8090	8212	8169	8127	8138	8185	8045	8050	8076	8107	8140	8204
3799	3837	3870	3904	3730	3690	3632	3596	3537	3479	3469	3484	3502	3508	3530
4287	4333	4376	4415	4450	4483	4514	4543	4571	4602	4631	4659	4687	4714	4742
264	268	272	276	280	285	289	292	296	300	303	308	312	318	324
3653	3662	3672	3681	3690	3699	3708	3718	3727	3735	3743	3753	3764	3775	3793
2523	2531	2537	2541	2545	2547	2548	2551	2555	2560	2564	2578	2582	2591	2600
523	529	534	539	543	548	552	554	557	563	568	573	578	583	588
563	572	580	588	596	604	610	618	625	633	639	647	654	662	668
1876	1905	1934	1963	2010	2050	2095	2131	2159	2185	2209	2233	2264	2298	2360

1-2 按性别分人口数
Population by Sex

单位：万人，%　　　　(10 000 persons,%)

年 份 Year	总人口(年末) Total Population (year-end)	男 Male		女 Female	
		人口数 Population	比重 Proportion	人口数 Population	比重 Proportion
1949	54167	28145	51.96	26022	48.04
1950	55196	28669	51.94	26527	48.06
1951	56300	29231	51.92	27069	48.08
1955	61465	31809	51.75	29656	48.25
1960	66207	34283	51.78	31924	48.22
1965	72538	37128	51.18	35410	48.82
1970	82992	42686	51.43	40306	48.57
1971	85229	43819	51.41	41410	48.59
1972	87177	44813	51.40	42364	48.60
1973	89211	45876	51.42	43335	48.58
1974	90859	46727	51.43	44132	48.57
1975	92420	47564	51.47	44856	48.53
1976	93717	48257	51.49	45460	48.51
1977	94974	48908	51.50	46066	48.50
1978	96259	49567	51.49	46692	48.51
1979	97542	50192	51.46	47350	48.54
1980	98705	50785	51.45	47920	48.55
1981	100072	51519	51.48	48553	48.52
1982	101654	52352	51.50	49302	48.50
1983	103008	53152	51.60	49856	48.40
1984	104357	53848	51.60	50509	48.40
1985	105851	54725	51.70	51126	48.30
1986	107507	55581	51.70	51926	48.30
1987	109300	56290	51.50	53010	48.50
1988	111026	57201	51.52	53825	48.48
1989	112704	58099	51.55	54605	48.45
1990	114333	58904	51.52	55429	48.48
1991	115823	59466	51.34	56357	48.66
1992	117171	59811	51.05	57360	48.95
1993	118517	60472	51.02	58045	48.98
1994	119850	61246	51.10	58604	48.90
1995	121121	61808	51.03	59313	48.97
1996	122389	62200	50.82	60189	49.18
1997	123626	63131	51.07	60495	48.93
1998	124761	63940	51.25	60821	48.75
1999	125786	64692	51.43	61094	48.57
2000	126743	65437	51.63	61306	48.37
2001	127627	65672	51.46	61955	48.54
2002	128453	66115	51.47	62338	48.53
2003	129227	66556	51.50	62671	48.50
2004	129988	66976	51.52	63012	48.48
2005	130756	67375	51.53	63381	48.47
2006	131448	67728	51.52	63720	48.48
2007	132129	68048	51.50	64081	48.50
2008	132802	68357	51.47	64445	48.53
2009	133450	68647	51.44	64803	48.56
2010	134091	68748	51.27	65343	48.73
2011	134735	69068	51.26	65667	48.74
2012	135404	69395	51.25	66009	48.75
2013	136072	69728	51.24	66344	48.76
2014	136782	70079	51.23	66703	48.77
2015	137462	70414	51.22	67048	48.78

注：1. 本表各年人口数中包括中国人民解放军现役军人，但未包括香港、澳门特别行政区和台湾省的人口。
2. 1981年及以前数据为户籍统计数;1982、1990、2000、2010年数据为当年人口普查数据推算数；其余年份数据为年度人口抽样调查推算数据(下相关表同)。

Note: a) Data in this table include the military personnel of Chinese People's Liberation Army, but do not include the population of Hong Kong SAR, Macao SAR and Taiwan Province.
b)Figures 1981 (inclusive) are from household registrations; for the year 1982, 1990, 2000 and 2010 are the census year estimates; the rest of the data covered in those tables have been estimated on the basis of the annual national sample surveys of population.
The same applies to the relevant tables following.

1-3 人口年龄结构和抚养比
Age Composition and Dependency Ratio of Population

单位：万人，% (10 000 persons,%)

年份 Year	总人口(年末) Total Population (year-end)	各年龄组人口 0-14岁 Aged 0-14 人口数 Population	比重(%) Proportion	15-64岁 Aged 15-64 人口数 Population	比重(%) Proportion	65岁及以上 Aged 65 and Over 人口数 Population	比重(%) Proportion	总抚养比 Gross Dependency Ratio	少儿抚养比 Children Dependency Ratio	老年抚养比 Old Dependency Ratio
1953	58796	21331	36.3	34872	59.3	2593	4.4	68.6	61.2	7.4
1964	70499	28686	40.7	39303	55.8	2510	3.6	79.4	73.0	6.4
1982	101654	34146	33.6	62517	61.5	4991	4.9	62.6	54.6	8.0
1987	109300	31347	28.7	71985	65.9	5968	5.4	51.8	43.5	8.3
1990	114333	31659	27.7	76306	66.7	6368	5.6	49.8	41.5	8.3
1995	121121	32218	26.6	81393	67.2	7510	6.2	48.8	39.6	9.2
1996	122389	32311	26.4	82245	67.2	7833	6.4	48.8	39.3	9.5
1997	123626	32093	26.0	83448	67.5	8085	6.5	48.1	38.5	9.7
1998	124761	32064	25.7	84338	67.6	8359	6.7	47.9	38.0	9.9
1999	125786	31950	25.4	85157	67.7	8679	6.9	47.7	37.5	10.2
2000	126743	29011	22.9	88910	70.1	8821	7.0	42.6	32.6	9.9
2001	127627	28716	22.5	89849	70.4	9062	7.1	42.0	32.0	10.1
2002	128453	28774	22.4	90302	70.3	9377	7.3	42.2	31.9	10.4
2003	129227	28559	22.1	90976	70.4	9692	7.5	42.0	31.4	10.7
2004	129988	27947	21.5	92184	70.9	9857	7.6	41.0	30.3	10.7
2005	130756	26504	20.3	94197	72.0	10055	7.7	38.8	28.1	10.7
2006	131448	25961	19.8	95068	72.3	10419	7.9	38.3	27.3	11.0
2007	132129	25660	19.4	95833	72.5	10636	8.1	37.9	26.8	11.1
2008	132802	25166	19.0	96680	72.7	10956	8.3	37.4	26.0	11.3
2009	133450	24659	18.5	97484	73.0	11307	8.5	36.9	25.3	11.6
2010	134091	22259	16.6	99938	74.5	11894	8.9	34.2	22.3	11.9
2011	134735	22164	16.5	100283	74.4	12288	9.1	34.4	22.1	12.3
2012	135404	22287	16.5	100403	74.1	12714	9.4	34.9	22.2	12.7
2013	136072	22329	16.4	100582	73.9	13161	9.7	35.3	22.2	13.1
2014	136782	22558	16.5	100469	73.4	13755	10.1	36.2	22.5	13.7
2015	137462	22715	16.5	100361	73.0	14386	10.5	37.0	22.6	14.3

1-4 按城乡分人口数
Population by Urban and Rural Residence

单位: 万人, % (10 000 persons,%)

年 份 Year	总人口(年末) Total Population (year-end)	城 镇 Urban		乡 村 Rural	
		人口数 Population	比重 Proportion	人口数 Population	比重 Proportion
1949	54167	5765	10.64	48402	89.36
1950	55196	6169	11.18	49027	88.82
1951	56300	6632	11.78	49668	88.22
1955	61465	8285	13.48	53180	86.52
1960	66207	13073	19.75	53134	80.25
1965	72538	13045	17.98	59493	82.02
1970	82992	14424	17.38	68568	82.62
1971	85229	14711	17.26	70518	82.74
1972	87177	14935	17.13	72242	82.87
1973	89211	15345	17.20	73866	82.80
1974	90859	15595	17.16	75264	82.84
1975	92420	16030	17.34	76390	82.66
1976	93717	16341	17.44	77376	82.56
1977	94974	16669	17.55	78305	82.45
1978	96259	17245	17.92	79014	82.08
1979	97542	18495	18.96	79047	81.04
1980	98705	19140	19.39	79565	80.61
1981	100072	20171	20.16	79901	79.84
1982	101654	21480	21.13	80174	78.87
1983	103008	22274	21.62	80734	78.38
1984	104357	24017	23.01	80340	76.99
1985	105851	25094	23.71	80757	76.29
1986	107507	26366	24.52	81141	75.48
1987	109300	27674	25.32	81626	74.68
1988	111026	28661	25.81	82365	74.19
1989	112704	29540	26.21	83164	73.79
1990	114333	30195	26.41	84138	73.59
1991	115823	31203	26.94	84620	73.06
1992	117171	32175	27.46	84996	72.54
1993	118517	33173	27.99	85344	72.01
1994	119850	34169	28.51	85681	71.49
1995	121121	35174	29.04	85947	70.96
1996	122389	37304	30.48	85085	69.52
1997	123626	39449	31.91	84177	68.09
1998	124761	41608	33.35	83153	66.65
1999	125786	43748	34.78	82038	65.22
2000	126743	45906	36.22	80837	63.78
2001	127627	48064	37.66	79563	62.34
2002	128453	50212	39.09	78241	60.91
2003	129227	52376	40.53	76851	59.47
2004	129988	54283	41.76	75705	58.24
2005	130756	56212	42.99	74544	57.01
2006	131448	58288	44.34	73160	55.66
2007	132129	60633	45.89	71496	54.11
2008	132802	62403	46.99	70399	53.01
2009	133450	64512	48.34	68938	51.66
2010	134091	66978	49.95	67113	50.05
2011	134735	69079	51.27	65656	48.73
2012	135404	71182	52.57	64222	47.43
2013	136072	73111	53.73	62961	46.27
2014	136782	74916	54.77	61866	45.23
2015	137462	77116	56.10	60346	43.90

注：按城乡分人口数中现役军人全部计入城镇人口。
Note: The military personnel of Chinese People's Liberation Army are classified as urban population in the item of population by residence.

1-5 分地区年末城镇人口比重
Proportion of Urban Population at Year-end by Region

单位：% (%)

地 区	Region	2005	2006	2007	2008	2009	2010	2011	2012	2013	2014	2015
全 国	**National Total**	**42.99**	**44.34**	**45.89**	**46.99**	**48.34**	**49.95**	**51.27**	**52.57**	**53.73**	**54.77**	**56.10**
北 京	Beijing	83.62	84.33	84.50	84.90	85.00	85.96	86.20	86.20	86.30	86.35	86.50
天 津	Tianjin	75.11	75.73	76.31	77.23	78.01	79.55	80.50	81.55	82.01	82.27	82.64
河 北	Hebei	37.69	38.77	40.25	41.90	43.74	44.50	45.60	46.80	48.12	49.33	51.33
山 西	Shanxi	42.11	43.01	44.03	45.11	45.99	48.05	49.68	51.26	52.56	53.79	55.03
内蒙古	Inner Mongolia	47.20	48.64	50.15	51.71	53.40	55.50	56.62	57.74	58.71	59.51	60.30
辽 宁	Liaoning	58.70	58.99	59.20	60.05	60.35	62.10	64.05	65.65	66.45	67.05	67.35
吉 林	Jilin	52.52	52.97	53.16	53.21	53.32	53.35	53.40	53.70	54.20	54.81	55.31
黑龙江	Heilongjiang	53.10	53.50	53.90	55.40	55.50	55.66	56.50	56.90	57.40	58.01	58.80
上 海	Shanghai	89.09	88.70	88.70	88.60	88.60	89.30	89.30	89.30	89.60	89.60	87.60
江 苏	Jiangsu	50.50	51.90	53.20	54.30	55.60	60.58	61.90	63.00	64.11	65.21	66.52
浙 江	Zhejiang	56.02	56.50	57.20	57.60	57.90	61.62	62.30	63.20	64.00	64.87	65.80
安 徽	Anhui	35.50	37.10	38.70	40.50	42.10	43.01	44.80	46.50	47.86	49.15	50.50
福 建	Fujian	49.40	50.40	51.40	53.00	55.10	57.10	58.10	59.60	60.77	61.80	62.60
江 西	Jiangxi	37.00	38.68	39.80	41.36	43.18	44.06	45.70	47.51	48.87	50.22	51.62
山 东	Shandong	45.00	46.10	46.75	47.60	48.32	49.70	50.95	52.43	53.75	55.01	57.01
河 南	Henan	30.65	32.47	34.34	36.03	37.70	38.50	40.57	42.43	43.80	45.20	46.85
湖 北	Hubei	43.20	43.80	44.30	45.20	46.00	49.70	51.83	53.50	54.51	55.67	56.85
湖 南	Hunan	37.00	38.71	40.45	42.15	43.20	43.30	45.10	46.65	47.96	49.28	50.89
广 东	Guangdong	60.68	63.00	63.14	63.37	63.40	66.18	66.50	67.40	67.76	68.00	68.71
广 西	Guangxi	33.62	34.64	36.24	38.16	39.20	40.00	41.80	43.53	44.81	46.01	47.06
海 南	Hainan	45.20	46.10	47.20	48.00	49.13	49.80	50.50	51.60	52.74	53.76	55.12
重 庆	Chongqing	45.20	46.70	48.30	49.99	51.59	53.02	55.02	56.98	58.34	59.60	60.94
四 川	Sichuan	33.00	34.30	35.60	37.40	38.70	40.18	41.83	43.53	44.90	46.30	47.69
贵 州	Guizhou	26.87	27.46	28.24	29.11	29.89	33.81	34.96	36.41	37.83	40.01	42.01
云 南	Yunnan	29.50	30.50	31.60	33.00	34.00	34.70	36.80	39.31	40.48	41.73	43.33
西 藏	Tibet	20.85	21.13	21.50	21.90	22.30	22.67	22.71	22.75	23.71	25.75	27.74
陕 西	Shaanxi	37.23	39.12	40.62	42.10	43.50	45.76	47.30	50.02	51.31	52.57	53.92
甘 肃	Gansu	30.02	31.09	32.25	33.56	34.89	36.12	37.15	38.75	40.13	41.68	43.19
青 海	Qinghai	39.25	39.26	40.07	40.86	41.90	44.72	46.22	47.44	48.51	49.78	50.30
宁 夏	Ningxia	42.28	43.00	44.02	44.98	46.10	47.90	49.82	50.67	52.01	53.61	55.23
新 疆	Xinjiang	37.15	37.94	39.15	39.64	39.85	43.01	43.54	43.98	44.47	46.07	47.23

注：2010年数据为当年人口普查数据推算数；其余年份数据为年度人口抽样调查推算数据，部分省份2006-2009年数据根据2010年普查数据进行了修订。

Note: Data of 2010 are the census year estimates; the rest are the estimates from the annual national sample survey of population. Data of some provinces from 2006 to 2009 have been revised according to the Sixth National Population Census in 2010.

1-6 人口出生率、死亡率和自然增长率
Birth Rate, Death Rate and Natural Growth Rate of Population

单位：‰ (‰)

年 份 Year	出生率 Birth Rate	死亡率 Death Rate	自然增长率 Natural Growth Rate
1978	18.25	6.25	12.00
1979	17.82	6.21	11.61
1980	18.21	6.34	11.87
1981	20.91	6.36	14.55
1982	22.28	6.60	15.68
1983	20.19	6.90	13.29
1984	19.90	6.82	13.08
1985	21.04	6.78	14.26
1986	22.43	6.86	15.57
1987	23.33	6.72	16.61
1988	22.37	6.64	15.73
1989	21.58	6.54	15.04
1990	21.06	6.67	14.39
1991	19.68	6.70	12.98
1992	18.24	6.64	11.60
1993	18.09	6.64	11.45
1994	17.70	6.49	11.21
1995	17.12	6.57	10.55
1996	16.98	6.56	10.42
1997	16.57	6.51	10.06
1998	15.64	6.50	9.14
1999	14.64	6.46	8.18
2000	14.03	6.45	7.58
2001	13.38	6.43	6.95
2002	12.86	6.41	6.45
2003	12.41	6.40	6.01
2004	12.29	6.42	5.87
2005	12.40	6.51	5.89
2006	12.09	6.81	5.28
2007	12.10	6.93	5.17
2008	12.14	7.06	5.08
2009	11.95	7.08	4.87
2010	11.90	7.11	4.79
2011	11.93	7.14	4.79
2012	12.10	7.15	4.95
2013	12.08	7.16	4.92
2014	12.37	7.16	5.21
2015	12.07	7.11	4.96

1-7 各地区人口出生率、死亡率和自然增长率
Birth Rate, Death Rate and Natural Growth Rate of Population by Region

单位：‰ (‰)

地区	Region	1990			1991			1992			1993		
		出生率 Birth Rate	死亡率 Death Rate	自然增长率 Natural Growth Rate	出生率 Birth Rate	死亡率 Death Rate	自然增长率 Natural Growth Rate	出生率 Birth Rate	死亡率 Death Rate	自然增长率 Natural Growth Rate	出生率 Birth Rate	死亡率 Death Rate	自然增长率 Natural Growth Rate
全国	**National Total**	**21.06**	**6.67**	**14.39**	**19.68**	**6.70**	**12.98**	**18.24**	**6.64**	**11.60**	**18.09**	**6.64**	**11.45**
北京	Beijing	13.01	5.81	7.20	8.03	5.82	2.21	9.22	6.11	3.11	9.35	6.16	3.19
天津	Tianjin	15.61	5.78	9.83	11.94	5.78	6.16	12.50	6.00	6.50	10.71	6.20	4.51
河北	Hebei	20.46	6.82	13.64	16.59	6.75	9.84	15.33	6.43	8.90	15.43	6.11	9.32
山西	Shanxi	22.54	6.56	15.98	21.56	6.87	14.69	19.59	6.94	12.65	17.48	6.36	11.12
内蒙古	Inner Mongolia	21.19	7.21	13.98	16.77	6.97	9.80	17.07	6.73	10.34	18.48	6.83	11.65
辽宁	Liaoning	16.30	6.59	9.71	12.10	6.64	5.46	12.57	6.11	6.46	12.43	6.11	6.32
吉林	Jilin	19.49	6.56	12.93	17.09	6.84	10.25	15.74	6.57	9.17	15.28	6.31	8.97
黑龙江	Heilongjiang	18.11	6.35	11.76	15.89	5.70	10.19	16.25	6.12	10.13	15.90	5.52	10.38
上海	Shanghai	10.31	6.64	3.67	7.68	7.01	0.67	7.28	6.74	0.54	6.50	7.30	-0.80
江苏	Jiangsu	20.54	6.53	14.01	17.05	6.50	10.55	15.71	6.76	8.95	13.97	6.61	7.36
浙江	Zhejiang	15.33	6.31	9.02	14.48	6.39	8.09	14.72	6.57	8.15	13.61	6.58	7.03
安徽	Anhui	24.47	6.25	18.22	21.19	6.06	15.13	18.76	6.14	12.62	17.18	6.51	10.67
福建	Fujian	24.44	6.71	17.73	20.03	6.26	13.77	18.18	6.02	12.16	16.72	5.62	11.10
江西	Jiangxi	24.59	7.54	17.05	21.20	7.13	14.07	19.53	7.07	12.46	20.33	6.89	13.44
山东	Shandong	18.21	6.96	11.25	15.40	6.54	8.86	11.43	6.88	4.55	10.47	6.76	3.71
河南	Henan	24.92	6.52	18.40	19.78	6.63	13.15	18.13	6.99	11.14	15.87	6.35	9.52
湖北	Hubei	21.60	7.30	14.30	20.70	7.36	13.34	19.05	6.87	12.18	20.04	6.93	13.11
湖南	Hunan	23.93	7.23	16.70	20.50	7.30	13.20	16.70	7.30	9.40	14.08	7.13	6.95
广东	Guangdong	22.26	5.76	16.50	20.54	5.95	14.59	19.31	6.17	13.14	18.34	5.84	12.50
广西	Guangxi	20.20	6.60	13.60	21.89	7.24	14.65	20.19	7.28	12.91	19.58	6.35	13.23
海南	Hainan	24.86	6.26	18.60	22.97	5.97	17.00	21.31	6.07	15.24	20.81	5.26	15.55
重庆	Chongqing												
四川	Sichuan	19.11	7.66	11.45	15.82	7.29	8.53	16.27	7.03	9.24	16.77	7.21	9.56
贵州	Guizhou	23.09	7.90	15.19	22.42	8.11	14.31	22.40	8.52	13.88	22.60	8.50	14.10
云南	Yunnan	23.60	7.92	15.68	21.80	8.10	13.70	21.00	8.00	13.00	22.00	8.10	13.90
西藏	Tibet	23.98	7.55	16.43	23.53	7.40	16.13	23.63	8.09	15.54	26.68	7.60	19.08
陕西	Shaanxi	23.48	6.52	16.96	19.82	6.51	13.31	18.85	6.57	12.28	17.63	6.55	11.08
甘肃	Gansu	20.68	6.20	14.48	19.38	6.05	13.33	19.37	6.64	12.73	20.16	6.84	13.32
青海	Qinghai	24.34	7.47	16.87	23.37	8.35	15.02	22.54	8.14	14.40	20.50	8.26	12.24
宁夏	Ningxia	24.34	5.52	18.82	21.96	5.13	16.83	20.11	5.36	14.75	19.43	5.36	14.07
新疆	Xinjiang	26.44	7.82	18.62	24.45	7.86	16.59	22.80	7.84	14.96	21.53	7.68	13.85

1-7 续表 1 continued

单位：‰ (‰)

地 区	Region	1994 出生率 Birth Rate	1994 死亡率 Death Rate	1994 自然增长率 Natural Growth Rate	1995 出生率 Birth Rate	1995 死亡率 Death Rate	1995 自然增长率 Natural Growth Rate	1996 出生率 Birth Rate	1996 死亡率 Death Rate	1996 自然增长率 Natural Growth Rate	1997 出生率 Birth Rate	1997 死亡率 Death Rate	1997 自然增长率 Natural Growth Rate
全 国	**National Total**	**17.70**	**6.49**	**11.21**	**17.12**	**6.57**	**10.55**	**16.98**	**6.56**	**10.42**	**16.57**	**6.51**	**10.06**
北 京	Beijing	8.96	5.76	3.20	7.92	5.12	2.80	8.02	5.34	2.68	7.91	6.02	1.89
天 津	Tianjin	10.98	6.19	4.79	10.23	6.23	4.00	10.09	6.53	3.56	9.98	6.95	3.03
河 北	Hebei	14.93	6.50	8.43	13.93	6.32	7.61	13.85	6.55	7.30	13.11	6.82	6.29
山 西	Shanxi	17.46	6.70	10.76	16.60	6.12	10.48	16.59	6.25	10.34	16.18	6.06	10.12
内蒙古	Inner Mongolia	18.98	6.50	12.48	17.23	6.70	10.53	16.09	6.43	9.66	15.21	6.96	8.25
辽 宁	Liaoning	12.26	6.03	6.23	12.17	6.15	6.02	12.15	6.19	5.96	11.78	6.38	5.40
吉 林	Jilin	14.11	6.35	7.76	12.90	6.09	6.81	12.53	5.60	6.93	12.22	5.42	6.80
黑龙江	Heilongjiang	15.15	5.47	9.68	13.23	5.33	7.90	12.40	5.05	7.35	12.02	5.17	6.85
上 海	Shanghai	5.80	7.00	-1.20	5.75	7.05	-1.30	5.60	7.00	-1.40	5.50	6.80	-1.30
江 苏	Jiangsu	13.78	6.86	6.92	12.32	6.56	5.76	12.11	6.58	5.53	11.43	6.84	4.59
浙 江	Zhejiang	13.24	6.60	6.64	12.66	6.75	5.91	12.09	6.58	5.51	11.41	6.48	4.93
安 徽	Anhui	16.70	6.86	9.84	16.07	6.41	9.66	16.00	6.50	9.50	15.80	6.50	9.30
福 建	Fujian	16.24	5.95	10.29	15.20	5.90	9.30	13.22	5.94	7.28	12.41	6.09	6.32
江 西	Jiangxi	19.38	7.00	12.38	18.94	7.28	11.66	17.53	7.02	10.51	17.43	6.56	10.87
山 东	Shandong	9.69	6.67	3.02	9.82	6.47	3.35	10.60	6.76	3.84	11.28	6.65	4.63
河 南	Henan	15.36	6.34	9.02	14.41	6.28	8.13	14.28	6.44	7.84	13.97	6.30	7.67
湖 北	Hubei	18.17	6.68	11.49	16.18	6.91	9.27	16.08	6.93	9.15	14.81	6.69	8.12
湖 南	Hunan	13.88	7.03	6.85	13.02	7.15	5.87	12.81	7.20	5.61	12.59	6.99	5.60
广 东	Guangdong	18.20	5.78	12.42	18.10	5.70	12.40	18.05	6.09	11.96	16.90	5.40	11.50
广 西	Guangxi	18.84	6.60	12.24	17.54	6.53	11.01	16.83	6.82	10.01	15.93	6.40	9.53
海 南	Hainan	20.77	6.29	14.48	20.12	5.61	14.51	20.08	5.88	14.20	19.18	5.62	13.56
重 庆	Chongqing										13.60	7.36	6.24
四 川	Sichuan	16.93	6.99	9.94	17.08	7.21	9.87	16.68	7.35	9.33	15.75	7.00	8.75
贵 州	Guizhou	22.92	8.14	14.78	21.86	7.60	14.26	22.05	7.69	14.36	22.15	7.67	14.48
云 南	Yunnan	21.80	8.00	13.80	20.75	8.03	12.72	20.87	7.94	12.93	20.82	7.91	12.91
西 藏	Tibet	25.64	8.71	16.93	24.90	8.80	16.10	24.70	8.50	16.20	23.90	7.90	16.00
陕 西	Shaanxi	17.59	6.60	10.99	15.93	6.57	9.36	14.99	6.51	8.48	13.91	6.29	7.62
甘 肃	Gansu	20.82	6.84	13.98	20.65	6.49	14.16	18.43	6.64	11.79	17.22	6.20	11.02
青 海	Qinghai	22.06	6.82	15.24	22.01	6.89	15.12	21.89	7.20	14.69	21.80	6.95	14.85
宁 夏	Ningxia	19.67	6.02	13.65	19.28	5.49	13.79	19.03	5.25	13.78	18.90	5.43	13.47
新 疆	Xinjiang	20.82	7.43	13.39	18.90	6.45	12.45	19.45	6.60	12.85	19.66	6.55	13.11

1-7 续表 2 continued

单位：‰ (‰)

地 区	Region	1998 出生率 Birth Rate	1998 死亡率 Death Rate	1998 自然增长率 Natural Growth Rate	1999 出生率 Birth Rate	1999 死亡率 Death Rate	1999 自然增长率 Natural Growth Rate	2001 出生率 Birth Rate	2001 死亡率 Death Rate	2001 自然增长率 Natural Growth Rate	2002 出生率 Birth Rate	2002 死亡率 Death Rate	2002 自然增长率 Natural Growth Rate
全 国	**National Total**	**15.64**	**6.50**	**9.14**	**14.64**	**6.46**	**8.18**	**13.38**	**6.43**	**6.95**	**12.86**	**6.41**	**6.45**
北 京	Beijing	6.00	5.30	0.70	6.50	5.60	0.90	6.10	5.30	0.80	6.60	5.70	0.90
天 津	Tianjin	9.89	6.49	3.40	9.68	6.73	2.95	7.58	5.94	1.64	7.49	6.04	1.45
河 北	Hebei	13.01	6.18	6.83	12.99	6.26	6.73	11.16	6.18	4.98	11.53	6.25	5.28
山 西	Shanxi	16.09	6.17	9.92	15.93	6.07	9.86	13.06	5.90	7.16	12.86	6.14	6.72
内蒙古	Inner Mongolia	14.40	6.17	8.23	13.32	6.08	7.24	10.77	5.79	4.98	9.60	5.92	3.68
辽 宁	Liaoning	11.39	6.81	4.58	10.38	7.05	3.33	7.74	6.10	1.64	7.38	6.04	1.34
吉 林	Jilin	11.81	5.76	6.05	10.68	5.45	5.23	8.76	5.38	3.38	8.30	5.11	3.19
黑龙江	Heilongjiang	11.68	5.32	6.36	10.55	5.49	5.06	8.48	5.49	2.99	7.98	5.44	2.54
上 海	Shanghai	5.20	7.00	-1.80	5.40	6.50	-1.10	5.02	5.97	-0.95	5.41	5.95	-0.54
江 苏	Jiangsu	10.97	6.84	4.13	10.50	6.94	3.56	9.03	6.62	2.41	9.17	6.99	2.18
浙 江	Zhejiang	11.15	6.33	4.82	10.64	6.35	4.29	10.02	6.25	3.77	9.98	6.19	3.79
安 徽	Anhui	15.74	6.54	9.20	15.10	6.50	8.60	12.46	5.85	6.61	11.20	5.17	6.03
福 建	Fujian	11.53	6.20	5.33	11.06	5.85	5.21	11.56	5.52	6.04	11.35	5.57	5.78
江 西	Jiangxi	16.85	7.05	9.80	16.51	7.02	9.49	15.44	6.06	9.38	14.74	6.02	8.72
山 东	Shandong	11.58	6.12	5.46	11.08	6.27	4.81	11.12	6.24	4.88	11.17	6.62	4.55
河 南	Henan	14.17	6.37	7.80	14.07	6.35	7.72	13.20	6.26	6.94	12.41	6.38	6.03
湖 北	Hubei	12.58	6.70	5.88	11.57	6.37	5.20	8.51	6.07	2.44	8.38	6.17	2.21
湖 南	Hunan	12.31	7.10	5.21	11.72	7.12	4.60	11.80	6.72	5.08	11.56	6.70	4.86
广 东	Guangdong	16.51	5.61	10.90	15.32	5.40	9.92	13.95	5.12	8.83	13.29	5.08	8.21
广 西	Guangxi	15.87	6.86	9.01	14.96	6.93	8.03	13.80	6.07	7.73	13.30	6.30	7.00
海 南	Hainan	18.48	5.56	12.92	17.26	5.23	12.03	15.23	5.76	9.47	15.20	5.72	9.48
重 庆	Chongqing	13.19	7.68	5.51	11.90	6.94	4.96	9.70	6.90	2.80	9.36	6.08	3.28
四 川	Sichuan	14.62	7.14	7.48	13.80	7.02	6.78	11.16	6.79	4.37	10.44	6.55	3.89
贵 州	Guizhou	22.02	7.76	14.26	21.92	7.68	14.24	18.56	7.23	11.33	17.96	7.21	10.75
云 南	Yunnan	20.01	7.91	12.10	19.48	7.82	11.66	18.51	7.57	10.94	17.90	7.30	10.60
西 藏	Tibet	23.70	7.80	15.90	23.20	7.40	15.80	18.60	6.50	12.10	18.83	6.07	12.76
陕 西	Shaanxi	13.56	6.43	7.13	12.51	6.38	6.13	10.50	6.34	4.16	10.48	6.36	4.12
甘 肃	Gansu	16.45	6.41	10.04	15.61	6.44	9.17	13.58	6.43	7.15	13.16	6.45	6.71
青 海	Qinghai	21.26	6.78	14.48	20.68	6.78	13.90	19.06	6.44	12.62	18.05	6.35	11.70
宁 夏	Ningxia	18.19	5.11	13.08	17.97	5.65	12.32	16.55	4.84	11.71	16.42	4.86	11.56
新 疆	Xinjiang	19.74	6.93	12.81	18.76	6.96	11.80	16.82	5.69	11.13	16.30	5.43	10.87

1-7 续表 3 continued

单位：‰ (‰)

地 区	Region	2003			2004			2005		
		出生率 Birth Rate	死亡率 Death Rate	自 然 增长率 Natural Growth Rate	出生率 Birth Rate	死亡率 Death Rate	自 然 增长率 Natural Growth Rate	出生率 Birth Rate	死亡率 Death Rate	自 然 增长率 Natural Growth Rate
全 国	**National Total**	**12.41**	**6.40**	**6.01**	**12.29**	**6.42**	**5.87**	**12.40**	**6.51**	**5.89**
北 京	Beijing	5.10	5.20	-0.10	6.10	5.40	0.70	6.29	5.20	1.09
天 津	Tianjin	7.14	6.04	1.10	7.31	5.97	1.34	7.44	6.01	1.43
河 北	Hebei	11.43	6.27	5.16	11.98	6.19	5.79	12.84	6.75	6.09
山 西	Shanxi	12.26	6.04	6.22	12.36	6.11	6.25	12.02	6.00	6.02
内蒙古	Inner Mongolia	9.24	6.17	3.07	9.53	5.98	3.55	10.08	5.46	4.62
辽 宁	Liaoning	6.90	5.83	1.07	6.51	5.60	0.91	7.01	6.04	0.97
吉 林	Jilin	7.25	5.64	1.61	7.39	5.63	1.76	7.89	5.32	2.57
黑龙江	Heilongjiang	7.48	5.45	2.03	7.27	5.45	1.82	7.87	5.20	2.67
上 海	Shanghai	4.85	6.20	-1.35	6.00	6.00	0.00	7.04	6.08	0.96
江 苏	Jiangsu	9.04	7.03	2.01	9.45	7.20	2.25	9.24	7.03	2.21
浙 江	Zhejiang	9.66	6.38	3.28	10.71	5.76	4.95	11.10	6.08	5.02
安 徽	Anhui	11.15	5.20	5.95	11.62	5.50	6.12	12.43	6.23	6.20
福 建	Fujian	11.43	5.58	5.85	11.58	5.62	5.96	11.60	5.62	5.98
江 西	Jiangxi	14.07	5.98	8.09	13.61	5.99	7.62	13.79	5.96	7.83
山 东	Shandong	11.42	6.64	4.78	12.50	6.49	6.01	12.14	6.31	5.83
河 南	Henan	12.10	6.46	5.64	11.67	6.47	5.20	11.55	6.30	5.25
湖 北	Hubei	8.26	5.94	2.32	8.43	6.03	2.40	8.74	5.69	3.05
湖 南	Hunan	11.82	6.87	4.95	11.89	6.80	5.09	11.90	6.75	5.15
广 东	Guangdong	13.66	5.31	8.35	13.13	5.12	8.01	11.70	4.68	7.02
广 西	Guangxi	13.86	6.57	7.29	13.32	6.12	7.20	14.26	6.09	8.16
海 南	Hainan	14.68	5.52	9.16	14.77	5.79	8.98	14.65	5.72	8.93
重 庆	Chongqing	9.89	7.20	2.69	9.45	6.60	2.85	9.40	6.40	3.00
四 川	Sichuan	9.18	6.06	3.12	9.05	6.27	2.78	9.70	6.80	2.90
贵 州	Guizhou	15.91	6.87	9.04	15.08	6.35	8.73	14.59	7.21	7.38
云 南	Yunnan	17.00	7.20	9.80	15.60	6.60	9.00	14.72	6.75	7.97
西 藏	Tibet	17.40	6.30	11.10	17.40	6.20	11.20	17.94	7.15	10.79
陕 西	Shaanxi	10.67	6.38	4.29	10.59	6.33	4.26	10.02	6.01	4.01
甘 肃	Gansu	12.58	6.46	6.12	12.43	6.52	5.91	12.59	6.57	6.02
青 海	Qinghai	16.94	6.09	10.85	16.32	6.45	9.87	15.70	6.21	9.49
宁 夏	Ningxia	15.68	4.73	10.95	15.97	4.79	11.18	15.93	4.95	10.98
新 疆	Xinjiang	16.01	5.23	10.78	16.00	5.09	10.91	16.42	5.04	11.38

1-7 续表 4 continued

单位：‰ (‰)

地区	Region	2006 出生率 Birth Rate	2006 死亡率 Death Rate	2006 自然增长率 Natural Growth Rate	2007 出生率 Birth Rate	2007 死亡率 Death Rate	2007 自然增长率 Natural Growth Rate	2008 出生率 Birth Rate	2008 死亡率 Death Rate	2008 自然增长率 Natural Growth Rate
全　国	**National Total**	**12.09**	**6.81**	**5.28**	**12.10**	**6.93**	**5.17**	**12.14**	**7.06**	**5.08**
北　京	Beijing	6.26	4.97	1.29	8.32	4.92	3.40	8.17	4.75	3.42
天　津	Tianjin	7.67	6.07	1.60	7.91	5.86	2.05	8.13	5.94	2.19
河　北	Hebei	12.82	6.59	6.23	13.33	6.78	6.55	13.04	6.49	6.55
山　西	Shanxi	11.48	5.73	5.75	11.30	5.97	5.33	11.31	6.01	5.31
内蒙古	Inner Mongolia	9.87	5.91	3.96	10.21	5.73	4.48	9.81	5.54	4.27
辽　宁	Liaoning	6.40	5.30	1.10	6.89	5.36	1.53	6.32	5.22	1.10
吉　林	Jilin	7.67	5.00	2.67	7.55	5.05	2.50	6.65	5.04	1.61
黑龙江	Heilongjiang	7.57	5.18	2.39	7.88	5.39	2.49	7.91	5.68	2.23
上　海	Shanghai	7.47	5.89	1.58	9.07	6.03	3.04	8.89	6.17	2.72
江　苏	Jiangsu	9.36	7.08	2.28	9.37	7.07	2.30	9.34	7.04	2.30
浙　江	Zhejiang	10.29	5.42	4.87	10.38	5.57	4.81	10.20	5.62	4.58
安　徽	Anhui	12.60	6.30	6.30	12.75	6.40	6.35	13.05	6.60	6.45
福　建	Fujian	12.00	5.75	6.25	11.90	5.90	6.00	12.20	5.90	6.30
江　西	Jiangxi	13.80	6.01	7.79	13.86	5.99	7.87	13.92	6.01	7.91
山　东	Shandong	11.60	6.10	5.50	11.11	6.11	5.00	11.25	6.16	5.09
河　南	Henan	11.59	6.27	5.32	11.26	6.32	4.94	11.42	6.45	4.97
湖　北	Hubei	9.08	5.95	3.13	9.19	5.96	3.23	9.21	6.50	2.71
湖　南	Hunan	11.92	6.73	5.19	11.96	6.71	5.25	12.68	7.28	5.40
广　东	Guangdong	11.78	4.49	7.29	11.96	4.66	7.30	11.80	4.55	7.25
广　西	Guangxi	14.44	6.10	8.34	14.19	5.99	8.20	14.40	5.70	8.70
海　南	Hainan	14.59	5.73	8.86	14.62	5.71	8.91	14.71	5.72	8.99
重　庆	Chongqing	9.90	6.50	3.40	10.10	6.30	3.80	10.10	6.30	3.80
四　川	Sichuan	9.14	6.28	2.86	9.21	6.29	2.92	9.54	7.15	2.39
贵　州	Guizhou	13.97	6.71	7.26	13.28	6.60	6.68	13.49	6.77	6.72
云　南	Yunnan	13.20	6.30	6.90	13.08	6.22	6.86	12.63	6.31	6.32
西　藏	Tibet	17.40	5.70	11.70	16.40	5.10	11.30	15.50	5.20	10.30
陕　西	Shaanxi	10.19	6.15	4.04	10.21	6.16	4.05	10.29	6.21	4.08
甘　肃	Gansu	12.86	6.62	6.24	13.14	6.65	6.49	13.22	6.68	6.54
青　海	Qinghai	15.24	6.27	8.97	14.93	6.13	8.80	14.49	6.14	8.35
宁　夏	Ningxia	15.53	4.84	10.69	14.80	5.04	9.76	14.31	4.62	9.69
新　疆	Xinjiang	15.79	5.03	10.76	16.79	5.01	11.78	16.05	4.88	11.17

1-7 续表 5 continued

单位：‰ (‰)

地区	Region	2009 出生率 Birth Rate	2009 死亡率 Death Rate	2009 自然增长率 Natural Growth Rate	2010 出生率 Birth Rate	2010 死亡率 Death Rate	2010 自然增长率 Natural Growth Rate	2011 出生率 Birth Rate	2011 死亡率 Death Rate	2011 自然增长率 Natural Growth Rate
全　国	**National Total**	**11.95**	**7.08**	**4.87**	**11.90**	**7.11**	**4.79**	**11.93**	**7.14**	**4.79**
北　京	Beijing	8.06	4.56	3.50	7.48	4.41	3.07	8.29	4.27	4.02
天　津	Tianjin	8.30	5.70	2.60	8.18	5.58	2.60	8.58	6.08	2.50
河　北	Hebei	12.93	6.43	6.50	13.22	6.41	6.81	13.02	6.52	6.50
山　西	Shanxi	10.87	5.98	4.89	10.68	5.38	5.30	10.47	5.61	4.86
内蒙古	Inner Mongolia	9.57	5.61	3.96	9.30	5.54	3.76	8.94	5.43	3.51
辽　宁	Liaoning	6.06	5.09	0.97	6.68	6.26	0.42	5.71	6.05	-0.34
吉　林	Jilin	6.69	4.74	1.95	7.91	5.88	2.03	6.53	5.51	1.02
黑龙江	Heilongjiang	7.48	5.42	2.06	7.35	5.03	2.32	6.99	5.92	1.07
上　海	Shanghai	8.64	5.94	2.70	7.05	5.07	1.98	6.97	5.10	1.87
江　苏	Jiangsu	9.55	6.99	2.56	9.73	6.88	2.85	9.59	6.98	2.61
浙　江	Zhejiang	10.22	5.59	4.63	10.27	5.54	4.73	9.47	5.40	4.07
安　徽	Anhui	13.07	6.60	6.47	12.70	5.95	6.75	12.23	5.91	6.32
福　建	Fujian	12.20	6.00	6.20	11.27	5.16	6.11	11.41	5.20	6.21
江　西	Jiangxi	13.87	5.98	7.89	13.72	6.06	7.66	13.48	5.98	7.50
山　东	Shandong	11.70	6.08	5.62	11.65	6.26	5.39	11.50	6.40	5.10
河　南	Henan	11.45	6.46	4.99	11.52	6.57	4.95	11.56	6.62	4.94
湖　北	Hubei	9.48	6.00	3.48	10.36	6.02	4.34	10.39	6.01	4.38
湖　南	Hunan	13.05	6.94	6.11	13.10	6.70	6.40	13.35	6.80	6.55
广　东	Guangdong	11.78	4.52	7.26	11.18	4.21	6.97	10.45	4.35	6.10
广　西	Guangxi	14.17	5.64	8.53	14.13	5.48	8.65	13.71	6.04	7.67
海　南	Hainan	14.66	5.70	8.96	14.71	5.73	8.98	14.72	5.75	8.97
重　庆	Chongqing	9.90	6.20	3.70	9.17	6.40	2.77	9.88	6.71	3.17
四　川	Sichuan	9.15	6.43	2.72	8.93	6.62	2.31	9.79	6.81	2.98
贵　州	Guizhou	13.65	6.69	6.96	13.96	6.55	7.41	13.31	6.93	6.38
云　南	Yunnan	12.53	6.45	6.08	13.10	6.56	6.54	12.71	6.36	6.35
西　藏	Tibet	15.31	5.07	10.24	15.80	5.55	10.25	15.39	5.13	10.26
陕　西	Shaanxi	10.24	6.24	4.00	9.73	6.01	3.72	9.75	6.06	3.69
甘　肃	Gansu	13.32	6.71	6.61	12.05	6.02	6.03	12.08	6.03	6.05
青　海	Qinghai	14.51	6.19	8.32	14.94	6.31	8.63	14.43	6.12	8.31
宁　夏	Ningxia	14.38	4.70	9.68	14.14	5.10	9.04	13.65	4.68	8.97
新　疆	Xinjiang	15.99	5.43	10.56	15.99	5.43	10.56	14.99	4.42	10.57

1-7 续表 6 continued

单位：‰ (‰)

地 区	Region	2012 出生率 Birth Rate	2012 死亡率 Death Rate	2012 自然增长率 Natural Growth Rate	2013 出生率 Birth Rate	2013 死亡率 Death Rate	2013 自然增长率 Natural Growth Rate	2014 出生率 Birth Rate	2014 死亡率 Death Rate	2014 自然增长率 Natural Growth Rate	2015 出生率 Birth Rate	2015 死亡率 Death Rate	2015 自然增长率 Natural Growth Rate
全 国	**National Total**	**12.10**	**7.15**	**4.95**	**12.08**	**7.16**	**4.92**	**12.37**	**7.16**	**5.21**	**12.07**	**7.11**	**4.96**
北 京	Beijing	9.05	4.31	4.74	8.93	4.52	4.41	9.75	4.92	4.83	7.96	4.95	3.01
天 津	Tianjin	8.75	6.12	2.63	8.28	6.00	2.28	8.19	6.05	2.14	5.84	5.61	0.23
河 北	Hebei	12.88	6.41	6.47	13.04	6.87	6.17	13.18	6.23	6.95	11.35	5.79	5.56
山 西	Shanxi	10.70	5.83	4.87	10.81	5.57	5.24	10.92	5.93	4.99	9.98	5.56	4.42
内蒙古	Inner Mongolia	9.17	5.52	3.65	8.98	5.62	3.36	9.31	5.75	3.56	7.72	5.32	2.40
辽 宁	Liaoning	6.15	6.54	-0.39	6.09	6.12	-0.03	6.49	6.23	0.26	6.17	6.59	-0.42
吉 林	Jilin	5.73	5.37	0.36	5.36	5.04	0.32	6.62	6.22	0.40	5.87	5.53	0.34
黑龙江	Heilongjiang	7.30	6.03	1.27	6.86	6.08	0.78	7.37	6.46	0.91	6.00	6.60	-0.60
上 海	Shanghai	9.56	5.36	4.20	8.18	5.24	2.94	8.35	5.21	3.14	7.52	5.07	2.45
江 苏	Jiangsu	9.44	6.99	2.45	9.44	7.01	2.43	9.45	7.02	2.43	9.05	7.03	2.02
浙 江	Zhejiang	10.12	5.52	4.60	10.01	5.45	4.56	10.51	5.51	5.00	10.52	5.50	5.02
安 徽	Anhui	13.00	6.14	6.86	12.88	6.06	6.82	12.86	5.89	6.97	12.92	5.94	6.98
福 建	Fujian	12.74	5.73	7.01	12.20	6.01	6.19	13.70	6.20	7.50	13.90	6.10	7.80
江 西	Jiangxi	13.46	6.14	7.32	13.19	6.28	6.91	13.24	6.26	6.98	13.20	6.24	6.96
山 东	Shandong	11.90	6.95	4.95	11.41	6.40	5.01	14.23	6.84	7.39	12.55	6.67	5.88
河 南	Henan	11.87	6.71	5.16	12.27	6.76	5.51	12.80	7.02	5.78	12.70	7.05	5.65
湖 北	Hubei	11.00	6.12	4.88	11.08	6.15	4.93	11.86	6.96	4.90	10.74	5.83	4.91
湖 南	Hunan	13.58	7.01	6.57	13.50	6.96	6.54	13.52	6.89	6.63	13.58	6.86	6.72
广 东	Guangdong	11.60	4.65	6.95	10.71	4.69	6.02	10.80	4.70	6.10	11.12	4.32	6.80
广 西	Guangxi	14.20	6.31	7.89	14.28	6.35	7.93	14.07	6.21	7.86	14.05	6.15	7.90
海 南	Hainan	14.66	5.81	8.85	14.59	5.90	8.69	14.56	5.95	8.61	14.57	6.00	8.57
重 庆	Chongqing	10.86	6.86	4.00	10.37	6.77	3.60	10.67	7.05	3.62	11.05	7.19	3.86
四 川	Sichuan	9.89	6.92	2.97	9.90	6.90	3.00	10.22	7.02	3.20	10.30	6.94	3.36
贵 州	Guizhou	13.27	6.96	6.31	13.05	7.15	5.90	12.98	7.18	5.80	13.00	7.20	5.80
云 南	Yunnan	12.63	6.41	6.22	12.60	6.43	6.17	12.65	6.45	6.20	12.88	6.48	6.40
西 藏	Tibet	15.48	5.21	10.27	15.77	5.39	10.38	15.76	5.21	10.55	15.75	5.10	10.65
陕 西	Shaanxi	10.12	6.24	3.88	10.01	6.15	3.86	10.13	6.26	3.87	10.10	6.28	3.82
甘 肃	Gansu	12.11	6.05	6.06	12.16	6.08	6.08	12.21	6.11	6.10	12.36	6.15	6.21
青 海	Qinghai	14.30	6.06	8.24	14.16	6.13	8.03	14.67	6.18	8.49	14.72	6.17	8.55
宁 夏	Ningxia	13.26	4.33	8.93	13.12	4.50	8.62	13.10	4.53	8.57	12.62	4.58	8.04
新 疆	Xinjiang	15.32	4.48	10.84	15.84	4.92	10.92	16.44	4.97	11.47	15.59	4.51	11.08

1-8 流动人口数
Floating Population

单位：亿人

年 份 Year	人户分离人口 Population of Residentce-Registration Inconsystency	流动人口 Floating Population
2000	1.44	1.21
2005		1.47
2010	2.61	2.21
2011	2.71	2.30
2012	2.79	2.36
2013	2.89	2.45
2014	2.98	2.53
2015	2.94	2.47

注：2000年、2010年分别为当年人口普查时点数据，其余年份数据根据年度人口抽样调查推算。

Note: Data of 2000 and 2010 are based on the National Population Census and the rest are estimates based on annual national sample surveys of population.

1-9 平均预期寿命
Life Expectancy at Birth

单位：岁

年份 Year	合计 Total	男 Male	女 Female
1981	67.77	66.28	69.27
1990	68.55	66.84	70.47
1996	70.80		
2000	71.40	69.63	73.33
2005	72.95	70.83	75.25
2010	74.83	72.38	77.37
2015	76.34	73.64	79.43

1-10 各地区人口平均预期寿命
Population Life Expectancy by Region

单位：岁 (year old)

地 区	Region	1990年预期寿命 Life Expectancy in 1990	男 Male	女 Female	2000年预期寿命 Life Expectancy in 2000	男 Male	女 Female	2010年预期寿命 Life Expectancy in 2010	男 Male	女 Female
全 国	**National Total**	**68.55**	**66.84**	**70.47**	**71.40**	**69.63**	**73.33**	**74.83**	**72.38**	**77.37**
北 京	Beijing	72.86	71.07	74.93	76.10	74.33	78.01	80.18	78.28	82.21
天 津	Tianjin	72.32	71.03	73.73	74.91	73.31	76.63	78.89	77.42	80.48
河 北	Hebei	70.35	68.47	72.53	72.54	70.68	74.57	74.97	72.70	77.47
山 西	Shanxi	68.97	67.33	70.93	71.65	69.96	73.57	74.92	72.87	77.28
内蒙古	Inner Mongolia	65.68	64.47	67.22	69.87	68.29	71.79	74.44	72.04	77.27
辽 宁	Liaoning	70.22	68.72	71.94	73.34	71.51	75.36	76.38	74.12	78.86
吉 林	Jilin	67.95	66.65	69.49	73.10	71.38	75.04	76.18	74.12	78.44
黑龙江	Heilongjiang	66.97	65.50	68.73	72.37	70.39	74.66	75.98	73.52	78.81
上 海	Shanghai	74.90	72.77	77.02	78.14	76.22	80.04	80.26	78.20	82.44
江 苏	Jiangsu	71.37	69.26	73.57	73.91	71.69	76.23	76.63	74.60	78.81
浙 江	Zhejiang	71.78	69.66	74.24	74.70	72.50	77.21	77.73	75.58	80.21
安 徽	Anhui	69.48	67.75	71.36	71.85	70.18	73.59	75.08	72.65	77.84
福 建	Fujian	68.57	66.49	70.93	72.55	70.30	75.07	75.76	73.27	78.64
江 西	Jiangxi	66.11	64.87	67.49	68.95	68.37	69.32	74.33	71.94	77.06
山 东	Shandong	70.57	68.64	72.67	73.92	71.70	76.26	76.46	74.05	79.06
河 南	Henan	70.15	67.96	72.55	71.54	69.67	73.41	74.57	71.84	77.59
湖 北	Hubei	67.25	65.51	69.23	71.08	69.31	73.02	74.87	72.68	77.35
湖 南	Hunan	66.93	65.41	68.70	70.66	69.05	72.47	74.70	72.28	77.48
广 东	Guangdong	72.52	69.71	75.43	73.27	70.79	75.93	76.49	74.00	79.37
广 西	Guangxi	68.72	67.17	70.34	71.29	69.07	73.75	75.11	71.77	79.05
海 南	Hainan	70.01	66.93	73.28	72.92	70.66	75.26	76.30	73.20	80.01
重 庆	Chongqing				71.73	69.84	73.89	75.70	73.16	78.60
四 川	Sichuan	66.33	65.06	67.70	71.20	69.25	73.39	74.75	72.25	77.59
贵 州	Guizhou	64.29	63.04	65.63	65.96	64.54	67.57	71.10	68.43	74.11
云 南	Yunnan	63.49	62.08	64.98	65.49	64.24	66.89	69.54	67.06	72.43
西 藏	Tibet	59.64	57.64	61.57	64.37	62.52	66.15	68.17	66.33	70.07
陕 西	Shaanxi	67.40	66.23	68.79	70.07	68.92	71.30	74.68	72.84	76.74
甘 肃	Gansu	67.24	66.35	68.25	67.47	66.77	68.26	72.23	70.60	74.06
青 海	Qinghai	60.57	59.29	61.96	66.03	64.55	67.70	69.96	68.11	72.07
宁 夏	Ningxia	66.94	65.95	68.05	70.17	68.71	71.84	73.38	71.31	75.71
新 疆	Xinjiang	62.59	61.95	63.26	67.41	65.98	69.14	72.35	70.30	74.86

注：根据人口普查数据计算。
Note: Data in this table are calculated according to the National Population Census.

1-11 六次全国人口普查人口基本情况
Basic Statistics on National Population Census in 1953, 1964, 1982, 1990, 2000 and 2010

指　　标	Item	1953	1964	1982	1990	2000	2010
总人口（万人）	**Total Population (10 000 persons)**	**58260**	**69458**	**100818**	**113368**	**126583**	**133972**
男	Male	30190	35652	51944	58495	65355	68685
女	Female	28070	33806	48874	54873	61228	65287
性别比（以女性为100）	Sex Ratio (female=100)	107.56	105.46	106.30	106.60	106.74	105.20
家庭户规模（人/户）	**Average Family Household Size (person/household)**	**4.33**	**4.43**	**4.41**	**3.96**	**3.44**	**3.10**
各年龄组人口比重（%）	**Percentage of Population by Age Group (%)**						
0-14岁	Aged 0-14	36.28	40.69	33.59	27.69	22.89	16.60
15-64岁	Aged 15-64	59.31	55.75	61.50	66.74	70.15	74.53
65岁及以上	Aged 65 and Over	4.41	3.56	4.91	5.57	6.96	8.87
民族人口	**Population by Ethnicity**						
汉族（万人）	Han (10 000 persons)	54728	65456	94088	104248	115940	122593
占总人口比重（%）	Percentage to Total Population (%)	93.94	94.24	93.32	91.96	91.59	91.51
少数民族（万人）	Ethnic Minorities (10 000 persons)	3532	4002	6730	9120	10643	11379
占总人口比重（%）	Percentage to Total Population (%)	6.06	5.76	6.68	8.04	8.41	8.49
每十万人拥有的各种受教育程度人口（人）	**Population with Various Education Attainments Per 100 000 Persons (person)**						
大专及以上	Junior College and Above		416	615	1422	3611	8930
高中和中专	Senior Secondary School and Technical Secondary School		1319	6779	8039	11146	14032
初中	Junior Secondary School		4680	17892	23344	33961	38788
小学	Primary School		28330	35237	37057	35701	26779
文盲人口及文盲率	**Illiterate Population and Illiterate Rate**						
文盲人口（万人）	Illiterate Population (10 000 persons)		23327	22996	18003	8507	5466
文盲率（%）	Illiterate Rate (%)		33.58	22.81	15.88	6.72	4.08
城乡人口	**Population by Residence**						
城镇化率（%）	Urbanization Rate (%)	13.26	18.30	20.91	26.44	36.22	49.68
城镇人口（万人）	Urban Population (10 000 persons)	7726	12710	21082	29971	45844	66557
乡村人口（万人）	Rural Population (10 000 persons)	50534	56748	79736	83397	80739	67415
平均预期寿命（岁）	**Life Expectancy (year old)**			**67.77***	**68.55**	**71.40**	**74.83**
男	Male			66.28*	66.84	69.63	72.38
女	Female			69.27*	70.47	73.33	77.37

注：1.1953年、1964年、1982年及1990年全国人口普查标准时点为当年7月1日零时，2000年和2010年全国人口普查标准时点为当年11月1日零时。
2.历次普查总人口数据包括中国人民解放军现役军人。在城乡人口中，中国人民解放军现役军人列为城镇人口统计。
3.1964年文盲人口为13岁及以上不识字人口，1982、1990、2000、2010年文盲人口为15岁及以上不识字或识字很少的人。
4.表中“*”号表示为1981年数据。

Note:a) Standard reference time of national population census in 1953, 1964, 1982 and 1990 was zero hour of July 1st, and in 2000 and 2010 was zero hour of November 1st.
b) Total population from the five national population censuses includes the military personnel. Military personnel is listed as urban population in population by residence.
c) Illiterate population of 1964 National Population Census referred to the population aged 13 and over who are unable to read. Illiterate population of 1982, 1990, 2000 and 2010 National Population Censuses referred to the population aged 15 and over who are unable or have difficulty to read.
d) Data with “*” in this table are of 1981.

1-12 全国历年人口密度
Population Density

年 份 Year	总人口 (万人) Population (10 000 persons)	人口密度 (人/平方公里) Population Density (person/sq.km)	年 份 Year	总人口 (万人) Population (10 000 persons)	人口密度 (人/平方公里) Population Density (person/sq.km)
1949	54167	56	1983	103008	107
1950	55196	57	1984	104357	109
1951	56300	59	1985	105851	110
1952	57482	60			
1953	58796	61	1986	107507	112
			1987	109300	114
1954	60266	63	1988	111026	116
1955	61465	64	1989	112704	117
1956	62828	65	1990	114333	119
1957	64653	67			
1958	65994	69	1991	115823	121
			1992	117171	122
1959	67207	70	1993	118517	123
1960	66207	69	1994	119850	125
1961	65859	69	1995	121121	126
1962	67295	70			
1963	69172	72	1996	122389	127
			1997	123626	129
1964	70499	73	1998	124761	130
1965	72538	76	1999	125786	131
1966	74542	78	2000	126743	132
1967	76368	80			
1968	78534	82	2001	127627	133
			2002	128453	134
1969	80671	84	2003	129227	135
1970	82992	86	2004	129988	135
1971	85229	89	2005	130756	136
1972	87177	91			
1973	89211	93	2006	131448	137
			2007	132129	138
1974	90859	95	2008	132802	138
1975	92420	96	2009	133450	139
1976	93717	98	2010	134091	140
1977	94974	99			
1978	96259	100	2011	134735	140
			2012	135404	141
1979	97542	102	2013	136072	142
1980	98705	103	2014	136782	142
1981	100072	104	2015	137462	143
1982	101654	106			

1-13 就业基本情况
Employment

项　目	Item	2010	2011	2012	2013	2014	2015
经济活动人口(万人)	**Economically Active Population (10 000 persons)**	**78388**	**78579**	**78894**	**79300**	**79690**	**80091**
就业人员合计(万人)	**Total Number of Employed Persons (10 000 persons)**	**76105**	**76420**	**76704**	**76977**	**77253**	**77451**
第一产业	Primary Industry	27931	26594	25773	24171	22790	21919
第二产业	Secondary Industry	21842	22544	23241	23170	23099	22693
第三产业	Tertiary Industry	26332	27282	27690	29636	31364	32839
就业人员构成(合计=100)	**Composition of Employed Persons (total=100)**						
第一产业	Primary Industry	36.7	34.8	33.6	31.4	29.5	28.3
第二产业	Secondary Industry	28.7	29.5	30.3	30.1	29.9	29.3
第三产业	Tertiary Industry	34.6	35.7	36.1	38.5	40.6	42.4
按城乡分就业人员(万人)	**Number of Employed Persons by Urban and Rural Areas (10 000 persons)**						
城镇就业人员	Urban Employed Persons	34687	35914	37102	38240	39310	40410
#国有单位	State-owned Units	6516	6704	6839	6365	6312	6208
城镇集体单位	Urban Collective-owned Units	597	603	589	566	537	481
股份合作单位	Cooperative Units	156	149	149	108	103	92
联营单位	Joint Ownership Units	36	37	39	25	22	20
有限责任公司	Limited Liability Corporations	2613	3269	3787	6069	6315	6389
股份有限公司	Share-holding Corporations Ltd.	1024	1183	1243	1721	1751	1798
私营企业	Private Enterprises	6071	6912	7557	8242	9857	11180
港澳台商投资单位	Units with Funds from Hong Kong, Macao & Taiwan	770	932	969	1397	1393	1344
外商投资单位	Foreign Funded Units	1053	1217	1246	1566	1562	1446
个体	Self-employed Individuals	4467	5227	5643	6142	7009	7800
乡村就业人员	Rural Employed Persons	41418	40506	39602	38737	37943	37041
#私营企业	Private Enterprises	3347	3442	3739	4279	4533	5215
个体	Self-employed Individuals	2540	2718	2986	3193	3575	3882
城镇登记失业人数(万人)	**Number of Registered Unemployed Persons in Urban Areas (10 000 persons)**	**908**	**922**	**917**	**926**	**952**	**966**
城镇登记失业率(%)	**Registered Unemployment Rate in Urban Areas (%)**	**4.1**	**4.1**	**4.1**	**4.05**	**4.09**	**4.05**

注：1. 全国就业人员1990年及以后的数据根据劳动力调查、人口普查推算(下表同)。
2. 2013年部分经济类型单位、部分行业就业人员、工资总额变动较大，系将原属于乡镇企业的规模以上法人单位纳入劳动工资统计范围所致(以下相关表同)。

Note: a) From 1990, the total number of employed persons were estimated according to Labour Force Survey and Population Census. The same applies to the following tables.
b) In 2013, some units by status of registration, some employment by industry, total wages bill changed greatly, because legal persons above designated size originally belonged to township enterprises were taken into statistics of labour wages. The same applis to the relevant tables following.

1-14 分城乡就业人员年末人数
Number of Employed Persons at Year-end in Urban and Rural Areas

单位：万人，%　　(10 000 persons,%)

年 份 Year	就业人员 Total Number of Employed Persons	城镇 Urban		乡村 Rural	
		就业人员 Employed Persons	比重 Proportion	就业人员 Employed Persons	比重 Proportion
1952	20729	2486	12.0	18243	88.0
1953	21364	2754	12.9	18610	87.1
1954	21832	2744	12.6	19088	87.4
1955	22328	2802	12.5	19526	87.5
1956	23018	2993	13.0	20025	87.0
1957	23771	3205	13.5	20566	86.5
1958	26600	5300	19.9	21300	80.1
1959	26173	5389	20.6	20784	79.4
1960	25880	6119	23.6	19761	76.4
1961	25590	5336	20.9	20254	79.1
1962	25910	4537	17.5	21373	82.5
1963	26640	4603	17.3	22037	82.7
1964	27736	4828	17.4	22908	82.6
1965	28670	5136	17.9	23534	82.1
1966	29805	5354	18.0	24451	82.0
1967	30814	5446	17.7	25368	82.3
1968	31915	5630	17.6	26285	82.4
1969	33225	5825	17.5	27400	82.5
1970	34432	6312	18.3	28120	81.7
1971	35620	6868	19.3	28752	80.7
1972	35854	7200	20.1	28654	79.9
1973	36652	7388	20.2	29264	79.8
1974	37369	7687	20.6	29682	79.4
1975	38168	8222	21.5	29946	78.5
1976	38834	8692	22.4	30142	77.6
1977	39377	9127	23.2	30250	76.8
1978	40152	9514	23.7	30638	76.3
1979	41024	9999	24.4	31025	75.6
1980	42361	10525	24.8	31836	75.2
1981	43725	11053	25.3	32672	74.7
1982	45295	11428	25.2	33867	74.8
1983	46436	11746	25.3	34690	74.7

1-14 续表 continued

单位：万人，%　　　　(10 000 persons,%)

年 份 Year	就业人员 Total Number of Employed Persons	城镇 Urban		乡村 Rural	
		就业人员 Employed Persons	比重 Proportion	就业人员 Employed Persons	比重 Proportion
1984	48197	12229	25.4	35968	74.6
1985	49873	12808	25.7	37065	74.3
1986	51282	13292	25.9	37990	74.1
1987	52783	13783	26.1	39000	73.9
1988	54334	14267	26.3	40067	73.7
1989	55329	14390	26.0	40939	74.0
1990	64749	17041	26.3	47708	73.7
1991	65491	17465	26.7	48026	73.3
1992	66152	17861	27.0	48291	73.0
1993	66808	18262	27.3	48546	72.7
1994	67455	18653	27.7	48802	72.3
1995	68065	19040	28.0	49025	72.0
1996	68950	19922	28.9	49028	71.1
1997	69820	20781	29.8	49039	70.2
1998	70637	21616	30.6	49021	69.4
1999	71394	22412	31.4	48982	68.6
2000	72085	23151	32.1	48934	67.9
2001	72797	24123	33.1	48674	66.9
2002	73280	25159	34.3	48121	65.7
2003	73736	26230	35.6	47506	64.4
2004	74264	27293	36.8	46971	63.2
2005	74647	28389	38.0	46258	62.0
2006	74978	29630	39.5	45348	60.5
2007	75321	30953	41.1	44368	58.9
2008	75564	32103	42.5	43461	57.5
2009	75828	33322	43.9	42506	56.1
2010	76105	34687	45.6	41418	54.4
2011	76420	35914	47.0	40506	53.0
2012	76704	37102	48.4	39602	51.6
2013	76977	38240	49.7	38737	50.3
2014	77253	39310	50.9	37943	49.1
2015	77451	40410	52.2	37041	47.8

1-15 分产业就业人员年末人数
Number of Employed Persons at Year-end by Three Strata Industries

单位: 万人，% (10 000 persons,%)

年 份 Year	就业人员合计 Total Number of Employed Persons	第一产业 Primary Industry		第二产业 Secondary Industry		第三产业 Tertiary Industry	
		就业人员 Employed Persons	比重 Proportion	就业人员 Employed Persons	比重 Proportion	就业人员 Employed Persons	比重 Proportion
1952	20729	17317	83.5	1531	7.4	1881	9.1
1953	21364	17747	83.1	1715	8.0	1902	8.9
1954	21832	18151	83.1	1882	8.6	1799	8.3
1955	22328	18592	83.3	1913	8.6	1823	8.1
1956	23018	18544	80.6	2468	10.7	2006	8.7
1957	23771	19309	81.2	2142	9.0	2320	9.8
1958	26600	15490	58.2	7076	26.6	4034	15.2
1959	26173	16271	62.2	5402	20.6	4500	17.2
1960	25880	17016	65.7	4112	15.9	4752	18.4
1961	25590	19747	77.2	2856	11.2	2987	11.6
1962	25910	21276	82.1	2059	8.0	2575	9.9
1963	26640	21966	82.5	2038	7.6	2636	9.9
1964	27736	22801	82.2	2183	7.9	2752	9.9
1965	28670	23396	81.6	2408	8.4	2866	10.0
1966	29805	24297	81.5	2600	8.7	2908	9.8
1967	30814	25165	81.7	2661	8.6	2988	9.7
1968	31915	26063	81.7	2743	8.6	3109	9.7
1969	33225	27117	81.6	3030	9.1	3078	9.3
1970	34432	27811	80.8	3518	10.2	3103	9.0
1971	35620	28397	79.7	3990	11.2	3233	9.1
1972	35854	28283	78.9	4276	11.9	3295	9.2
1973	36652	28857	78.7	4492	12.3	3303	9.0
1974	37369	29218	78.2	4712	12.6	3439	9.2
1975	38168	29456	77.2	5152	13.5	3560	9.3
1976	38834	29443	75.8	5611	14.5	3780	9.7
1977	39377	29340	74.5	5831	14.8	4206	10.7
1978	40152	28318	70.5	6945	17.3	4890	12.2
1979	41024	28634	69.8	7214	17.6	5177	12.6
1980	42361	29122	68.7	7707	18.2	5532	13.1
1981	43725	29777	68.1	8003	18.3	5945	13.6
1982	45295	30859	68.1	8346	18.4	6090	13.5

1-15 续表 continued

单位: 万人, % (10 000 persons,%)

年 份 Year	就业人员合 计 Total Number of Employed Persons	第一产业 Primary Industry		第二产业 Secondary Industry		第三产业 Tertiary Industry	
		就业人员 Employed Persons	比重 Proportion	就业人员 Employed Persons	比重 Proportion	就业人员 Employed Persons	比重 Proportion
1983	46436	31151	67.1	8679	18.7	6606	14.2
1984	48197	30868	64.0	9590	19.9	7739	16.1
1985	49873	31130	62.4	10384	20.8	8359	16.8
1986	51282	31254	60.9	11216	21.9	8811	17.2
1987	52783	31663	60.0	11726	22.2	9395	17.8
1988	54334	32249	59.3	12152	22.4	9933	18.3
1989	55329	33225	60.1	11976	21.6	10129	18.3
1990	64749	38914	60.1	13856	21.4	11979	18.5
1991	65491	39098	59.7	14015	21.4	12378	18.9
1992	66152	38699	58.5	14355	21.7	13098	19.8
1993	66808	37680	56.4	14965	22.4	14163	21.2
1994	67455	36628	54.3	15312	22.7	15515	23.0
1995	68065	35530	52.2	15655	23.0	16880	24.8
1996	68950	34820	50.5	16203	23.5	17927	26.0
1997	69820	34840	49.9	16547	23.7	18432	26.4
1998	70637	35177	49.8	16600	23.5	18860	26.7
1999	71394	35768	50.1	16421	23.0	19205	26.9
2000	72085	36043	50.0	16219	22.5	19823	27.5
2001	72797	36399	50.0	16234	22.3	20165	27.7
2002	73280	36640	50.0	15682	21.4	20958	28.6
2003	73736	36204	49.1	15927	21.6	21605	29.3
2004	74264	34830	46.9	16709	22.5	22725	30.6
2005	74647	33442	44.8	17766	23.8	23439	31.4
2006	74978	31941	42.6	18894	25.2	24143	32.2
2007	75321	30731	40.8	20186	26.8	24404	32.4
2008	75564	29923	39.6	20553	27.2	25087	33.2
2009	75828	28890	38.1	21080	27.8	25857	34.1
2010	76105	27931	36.7	21842	28.7	26332	34.6
2011	76420	26594	34.8	22544	29.5	27282	35.7
2012	76704	25773	33.6	23241	30.3	27690	36.1
2013	76977	24171	31.4	23170	30.1	29636	38.5
2014	77253	22790	29.5	23099	29.9	31364	40.6
2015	77451	21919	28.3	22693	29.3	32839	42.4

1-16 城镇登记失业人数及失业率(年末数)
Registered Unemployed Persons and Registered Unemployment Rate in Urban Areas (year-end)

单位: 万人, % (10 000 persons,%)

年 份 Year	城镇登记失业人数 Registered Unemployed Persons in Urban Areas	比上年增长 Increase over Preceeding year	城镇登记失业率 Registered Unemployment Rate in Urban Areas
1978	530.0		5.3
1979	567.6	7.1	5.4
1980	541.5	-4.6	4.9
1981	439.5	-18.8	3.8
1982	379.4	-13.7	3.2
1983	271.4	-28.5	2.3
1984	235.7	-13.2	1.9
1985	238.5	1.2	1.8
1986	264.4	10.9	2.0
1987	276.6	4.6	2.0
1988	296.2	7.1	2.0
1989	377.9	27.6	2.6
1990	383.2	1.4	2.5
1991	352.2	-8.1	2.3
1992	363.9	3.3	2.3
1993	420.1	15.4	2.6
1994	476.4	13.4	2.8
1995	519.6	9.1	2.9
1996	552.8	6.3	3.0
1997	576.8	4.3	3.1
1998	571.0	-1.0	3.1
1999	575.0	0.7	3.1
2000	595.0	3.5	3.1
2001	681.0	14.4	3.6
2002	770.0	13.1	4.0
2003	800.0	3.9	4.3
2004	827.0	3.4	4.2
2005	839.0	1.5	4.2
2006	847.0	1.0	4.1
2007	830.0	-2.0	4.0
2008	886.0	6.7	4.2
2009	921.0	4.0	4.3
2010	908.0	-1.4	4.1
2011	922.0	1.5	4.1
2012	917.0	-0.5	4.1
2013	926.0	1.0	4.05
2014	952.0	2.8	4.09
2015	966.0	1.5	4.05

1-17 分地区城镇登记失业人员数(年末数)
Registered Unemployed Persons in Urban Areas by Region (year-end)

单位：万人 (10 000 persons)

地 区 Region	2000	2001	2002	2003	2004	2005	2006	2007	2008	2009	2010	2011	2012	2013	2014	2015
北 京 Beijing	3.3	5.2	6.0	7.0	6.5	10.6	10.4	10.6	10.3	8.2	7.7	8.1	8.1	7.5	7.4	7.8
天 津 Tianjin	10.5	11.4	12.9	12.0	11.8	11.7	11.7	15.0	13.0	15.0	16.1	20.1	20.4	21.7	22.5	25.1
河 北 Hebei	17.4	19.5	22.2	25.7	28.0	27.8	28.7	29.3	32.2	34.5	35.1	36.0	36.8	37.2	38.3	39.4
山 西 Shanxi	9.7	12.2	14.5	13.1	13.7	14.3	15.6	16.1	17.5	21.6	20.4	21.1	21.0	21.1	24.5	25.6
内蒙古 Inner Mongolia	12.6	14.5	16.3	17.6	18.5	17.7	18.0	18.5	19.9	20.1	20.8	21.8	23.1	23.8	24.8	25.9
辽 宁 Liaoning	41.2	55.5	75.6	72.0	70.1	60.4	54.1	44.5	41.7	41.6	38.9	39.4	38.1	39.6	41.0	46.2
吉 林 Jilin	23.0	20.2	23.8	28.4	28.2	27.6	26.3	23.9	24.3	23.4	22.7	22.2	22.3	22.6	23.2	23.9
黑龙江 Heilongjiang	25.3	35.5	41.6	35.0	32.9	31.3	31.2	31.5	32.1	31.4	36.2	35.0	41.3	41.4	39.9	41.0
上 海 Shanghai	20.1	25.7	28.8	30.1	27.4	27.5	27.8	26.7	26.6	27.9	27.6	27.0	26.7	25.3	25.6	24.8
江 苏 Jiangsu	30.4	36.1	42.2	41.8	42.9	41.6	40.4	39.3	41.1	40.7	40.6	41.4	40.5	37.6	36.6	36.0
浙 江 Zhejiang	21.8	24.0	27.7	28.3	30.1	29.0	29.1	28.6	30.7	30.7	31.1	31.7	33.4	33.4	33.1	33.7
安 徽 Anhui	16.5	19.9	22.6	25.1	26.1	27.8	28.2	27.2	29.3	30.1	26.9	33.1	31.3	32.4	31.5	30.9
福 建 Fujian	9.1	13.2	15.0	14.6	14.5	14.9	15.1	14.9	15.0	15.2	14.5	14.6	14.5	14.7	14.3	15.4
江 西 Jiangxi	16.7	17.3	17.8	21.6	22.4	22.8	25.3	24.3	26.0	27.3	26.3	24.6	25.7	27.4	29.4	29.9
山 东 Shandong	37.5	35.4	39.7	41.3	42.3	42.9	43.7	43.5	60.7	45.1	44.5	45.1	43.4	42.2	43.1	43.7
河 南 Henan	21.4	23.1	25.4	26.3	31.2	33.0	35.4	33.1	36.5	38.5	38.2	38.4	38.3	40.2	40.0	42.5
湖 北 Hubei	36.6	42.2	44.7	49.3	49.4	52.6	52.6	54.1	55.1	55.3	55.7	55.1	42.3	40.2	37.9	33.4
湖 南 Hunan	27.6	30.3	30.4	37.1	43.0	41.9	43.3	44.4	47.0	47.8	43.2	43.1	44.1	45.6	47.3	45.1
广 东 Guangdong	30.2	34.5	36.5	35.5	35.9	34.5	36.2	36.2	38.1	39.5	39.3	38.8	39.6	38.0	36.8	37.0
广 西 Guangxi	11.3	14.2	14.7	14.9	17.8	18.5	20.0	18.5	18.8	19.1	19.1	18.8	18.9	18.0	18.7	18.1
海 南 Hainan	3.7	3.8	4.0	3.6	4.7	5.1	5.2	5.4	5.6	5.3	4.8	2.9	3.6	3.9	4.3	4.8
重 庆 Chongqing	10.1	13.7	16.2	16.2	16.8	16.9	15.4	14.1	13.0	13.4	13.0	13.0	12.4	12.1	13.4	14.3
四 川 Sichuan	30.8	31.9	33.8	33.1	33.3	34.3	36.1	34.5	37.9	36.3	34.6	36.9	40.7	42.9	54.4	54.6
贵 州 Guizhou	10.2	11.1	11.1	11.2	11.6	12.1	12.1	12.1	12.5	12.3	12.2	12.5	12.6	13.7	14.1	14.5
云 南 Yunnan	6.8	8.0	9.8	12.1	11.9	13.0	13.8	14.0	14.8	15.4	15.7	16.0	17.4	18.1	19.2	19.5
西 藏 Tibet	1.0		1.3		1.2					2.0	2.1	1.0	1.6	1.6	1.7	1.8
陕 西 Shaanxi	11.4	14.0	13.5	13.9	18.5	21.5	21.5	21.0	20.8	21.5	21.4	20.9	19.5	21.1	22.3	22.3
甘 肃 Gansu	7.4	7.4	8.7	9.3	9.5	9.3	9.7	9.5	9.4	10.3	10.7	10.8	9.8	9.3	9.7	9.5
青 海 Qinghai	1.8	2.4	2.9	3.1	3.5	3.6	3.7	3.7	3.9	4.1	4.2	4.4	4.1	4.2	4.2	4.4
宁 夏 Ningxia	3.8	3.7	3.5	3.8	4.1	4.4	4.2	4.4	4.8	4.8	4.8	5.2	4.6	4.7	5.0	4.9
新 疆 Xinjiang	11.0	9.7	9.9	9.9	13.3	11.1	11.6	11.7	11.8	11.9	11.0	11.1	11.8	11.9	11.2	10.3

1-18 分地区城镇登记失业率(年末数)
Registered Unemployment Rate in Urban Areas by Region (year-end)

单位：% (%)

地区	Region	2000	2001	2002	2003	2004	2005	2006	2007	2008	2009	2010	2011	2012	2013	2014	2015
北京	Beijing	0.8	1.2	1.4	1.4	1.3	2.1	2.0	1.8	1.8	1.4	1.4	1.4	1.3	1.2	1.3	1.4
天津	Tianjin	3.2	3.6	3.9	3.8	3.8	3.7	3.6	3.6	3.6	3.6	3.6	3.6	3.6	3.6	3.5	3.5
河北	Hebei	2.8	3.2	3.6	3.9	4.0	3.9	3.8	3.8	4.0	3.9	3.9	3.8	3.7	3.7	3.6	3.6
山西	Shanxi	2.2	2.6	3.4	3.0	3.1	3.0	3.2	3.2	3.3	3.9	3.6	3.5	3.3	3.1	3.4	3.5
内蒙古	Inner Mongolia	3.3	3.7	4.1	4.5	4.6	4.3	4.1	4.0	4.1	4.0	3.9	3.8	3.7	3.7	3.6	3.7
辽宁	Liaoning	3.7	3.2	6.5	6.5	6.5	5.6	5.1	4.3	3.9	3.9	3.6	3.7	3.6	3.4	3.4	3.4
吉林	Jilin	3.7	3.1	3.6	4.3	4.2	4.2	4.2	3.9	4.0	4.0	3.8	3.7	3.7	3.7	3.4	3.5
黑龙江	Heilongjiang	3.3	4.7	4.9	4.2	4.5	4.4	4.3	4.3	4.2	4.3	4.3	4.1	4.2	4.4	4.5	4.5
上海	Shanghai	3.5		4.8	4.9	4.5		4.4	4.2	4.2	4.3	4.4	3.5	3.1	4.0	4.1	4.0
江苏	Jiangsu	3.2	3.6	4.2	4.1	3.8	3.6	3.4	3.2	3.3	3.2	3.2	3.2	3.1	3.0	3.0	3.0
浙江	Zhejiang	3.5	3.7	4.2	4.2	4.1	3.7	3.5	3.3	3.5	3.3	3.2	3.1	3.0	3.0	3.0	2.9
安徽	Anhui	3.3	3.7	4.0	4.1	4.2	4.4	4.2	4.1	3.9	3.9	3.7	3.7	3.7	3.4	3.2	3.1
福建	Fujian	2.6	3.8	4.2	4.1	4.0	4.0	3.9	3.9	3.9	3.9	3.8	3.7	3.6	3.6	3.5	3.7
江西	Jiangxi	2.9	3.3	3.4	3.6	3.6	3.5	3.6	3.4	3.4	3.4	3.3	3.0	3.0	3.2	3.3	3.4
山东	Shandong	3.2	3.3	3.6	3.6	3.4	3.3	3.3	3.2	3.7	3.4	3.4	3.4	3.3	3.2	3.3	3.4
河南	Henan	2.6	2.8	2.9	3.1	3.4	3.5	3.5	3.4	3.4	3.5	3.4	3.4	3.1	3.1	3.0	3.0
湖北	Hubei	3.5	4.0	4.3	4.3	4.2	4.3	4.2	4.2	4.2	4.2	4.2	4.1	3.8	3.5	3.1	2.6
湖南	Hunan	3.7	4.0	4.0	4.5	4.4	4.3	4.3	4.3	4.2	4.1	4.2	4.2	4.2	4.2	4.1	4.1
广东	Guangdong	2.5	2.9	3.1	2.9	2.7	2.6	2.6	2.5	2.6	2.6	2.5	2.5	2.5	2.4	2.4	2.5
广西	Guangxi	3.2	3.5	3.7	3.6	4.1	4.2	4.1	3.8	3.8	3.7	3.7	3.5	3.4	3.3	3.2	2.9
海南	Hainan	3.2	3.4	3.1	3.4	3.4	3.6	3.6	3.5	3.7	3.5	3.0	1.7	2.0	2.2	2.3	2.3
重庆	Chongqing	3.5	3.9	4.1	4.1	4.1	4.1	4.0	4.0	4.0	4.0	3.9	3.5	3.3	3.4	3.5	3.6
四川	Sichuan	4.0	4.3	4.5	4.4	4.4	4.6	4.5	4.2	4.6	4.3	4.1	4.2	4.0	4.1	4.2	4.1
贵州	Guizhou	3.8	4.0	4.1	4.0	4.1	4.2	4.1	4.0	4.0	3.8	3.6	3.6	3.3	3.3	3.3	3.3
云南	Yunnan	2.6	3.3	4.0	4.1	4.3	4.2	4.3	4.2	4.2	4.3	4.2	4.1	4.0	4.0	4.0	4.0
西藏	Tibet	4.1		4.9		4.0					3.8	4.0	3.2	2.6	2.5	2.5	2.5
陕西	Shaanxi	2.7	3.2	3.3	3.5	3.8	4.2	4.0	4.0	3.9	3.9	3.9	3.6	3.2	3.3	3.3	3.4
甘肃	Gansu	2.7	2.8	3.2	3.4	3.4	3.3	3.6	3.3	3.2	3.3	3.2	3.1	2.7	2.3	2.2	2.1
青海	Qinghai	2.4	3.5	3.6	3.8	3.9	3.9	3.9	3.8	3.8	3.8	3.8	3.8	3.4	3.3	3.2	3.2
宁夏	Ningxia	4.6	4.4	4.4	4.4	4.5	4.5	4.3	4.3	4.4	4.4	4.4	4.4	4.2	4.1	4.0	4.0
新疆	Xinjiang	3.8	3.7	3.7	3.5	3.5	3.9	3.9	3.9	3.7	3.8	3.2	3.2	3.4	3.4	3.2	2.9

1-19 分行业城镇非私营单位就业人员年末人数
Employed Persons at Year-end in Urban Units Excluding Private Units by Sector

单位：万人 (10 000 persons)

行业	Sector	2003	2004	2005	2006	2007	2008
合计	**Total**	**10969.7**	**11098.9**	**11404.0**	**11713.2**	**12024.4**	**12192.5**
农、林、牧、渔业	Agriculture, Forestry, Animal Husbandry and Fishery	484.5	466.1	446.3	435.2	426.3	410.1
采矿业	Mining	488.3	500.7	509.2	529.7	535.0	540.4
制造业	Manufacturing	2980.5	3050.8	3210.9	3351.6	3465.4	3434.3
电力、热力、燃气及水生产和供应业	Production and Supply of Electricity, Heat, Gas and Water	297.6	300.6	299.9	302.5	303.4	306.5
建筑业	Construction	833.7	841.0	926.6	988.7	1050.8	1072.6
批发和零售业	Wholesale and Retail Trades	628.1	586.7	544.0	515.7	506.9	514.4
交通运输、仓储和邮政业	Transport, Storage and Post	636.5	631.8	613.9	612.7	623.1	627.3
住宿和餐饮业	Hotels and Catering Services	172.1	177.1	181.2	183.9	185.8	193.2
信息传输、软件和信息技术服务业	Information Transmission, Software and Information Technology	116.8	123.7	130.1	138.2	150.2	159.5
金融业	Financial Intermediation	353.3	356.0	359.3	367.4	389.7	417.6
房地产业	Real Estate	120.2	133.4	146.5	153.9	166.5	172.7
租赁和商务服务业	Leasing and Business Services	183.5	194.4	218.5	236.7	247.2	274.7
科学研究和技术服务业	Scientific Research and Technical Services	221.9	222.1	227.7	235.5	243.4	257.0
水利、环境和公共设施管理业	Management of Water Conservancy, Environment and Public Facilities	172.5	176.1	180.4	187.0	193.5	197.3
居民服务、修理和其他服务业	Services to Households, Repair and Other Services	52.8	54.2	53.9	56.6	57.4	56.5
教育	Education	1442.8	1466.8	1483.2	1504.4	1520.9	1534.0
卫生和社会工作	Health and Social Service	485.8	494.7	508.9	525.4	542.8	563.6
文化、体育和娱乐业	Culture, Sports and Entertainment	127.8	123.4	122.5	122.4	125.0	126.0
公共管理、社会保障和社会组织	Public Management, Social Security and Social Organization	1171.0	1199.0	1240.8	1265.6	1291.2	1335.0

1-19 续表 continued

单位：万人 (10 000 persons)

行　业	Sector	2009	2010	2011	2012	2013	2014	2015
合　计	**Total**	**12573.0**	**13051.5**	**14413.3**	**15236.4**	**18108.4**	**18277.8**	**18062.5**
农、林、牧、渔业	Agriculture, Forestry, Animal Husbandry and Fishery	373.7	375.7	359.5	338.9	294.8	284.6	270.0
采矿业	Mining	553.7	562.0	611.6	631.0	636.5	596.5	545.8
制造业	Manufacturing	3491.9	3637.2	4088.3	4262.2	5257.9	5243.1	5068.7
电力、热力、燃气及水生产和供应业	Production and Supply of Electricity, Heat, Gas and Water	307.7	310.5	334.7	344.6	404.5	403.7	396.0
建筑业	Construction	1177.5	1267.5	1724.8	2010.3	2921.9	2921.2	2796.0
批发和零售业	Wholesale and Retail Trades	520.8	535.1	647.5	711.8	890.8	888.6	883.3
交通运输、仓储和邮政业	Transport, Storage and Post	634.4	631.1	662.8	667.5	846.2	861.4	854.4
住宿和餐饮业	Hotels and Catering Services	202.1	209.2	242.7	265.1	304.4	289.3	276.1
信息传输、软件和信息技术服务业	Information Transmission, Software and Information Technology	173.8	185.8	212.8	222.8	327.3	336.3	349.9
金融业	Financial Intermediation	449.0	470.1	505.3	527.8	537.9	566.3	606.8
房地产业	Real Estate	190.9	211.6	248.6	273.7	373.7	402.2	417.3
租赁和商务服务业	Leasing and Business Services	290.5	310.1	286.6	292.3	421.9	449.4	474.0
科学研究和技术服务业	Scientific Research and Technical Services	272.6	292.3	298.5	330.7	387.8	408.0	410.6
水利、环境和公共设施管理业	Management of Water Conservancy, Environment and Public Facilities	205.7	218.9	230.3	243.8	259.2	269.1	273.3
居民服务、修理和其他服务业	Services to Households, Repair and Other Services	58.8	60.2	59.9	62.1	72.3	75.4	75.2
教　育	Education	1550.4	1581.8	1617.8	1653.4	1687.2	1727.3	1736.5
卫生和社会工作	Health and Social Service	595.8	632.5	679.1	719.3	770.0	810.4	841.6
文化、体育和娱乐业	Culture, Sports and Entertainment	129.5	131.4	135.0	137.7	147.0	145.5	149.1
公共管理、社会保障和社会组织	Public Management, Social Security and Social Organization	1394.3	1428.5	1467.6	1541.5	1567.0	1599.3	1637.8

1-20 分登记注册类型城镇非私营单位就业人员年末人数
Employed Persons at Year-end in Urban Units Excluding Private Units by Registration Status

单位：万人 (10 000 persons)

年 份 Year	合 计 Total	国有单位 State-owned Units	城镇集体单位 Urban Collective-owned Units	其他单位 Units of Other Types of Ownership
1994	15258.5	11213.9	3285.4	759.2
1995	15300.8	11260.5	3146.7	893.6
1996	15221.1	11243.6	3015.8	961.7
1997	15036.2	11044.2	2882.7	1109.4
1998	12695.7	9058.1	1963.2	1674.5
1999	12130.2	8572.1	1711.8	1846.3
2000	11612.5	8101.9	1499.3	2011.3
2001	11165.8	7639.9	1291.0	2234.9
2002	10985.2	7162.9	1122.0	2700.3
2003	10969.7	6875.6	999.9	3094.3
2004	11098.9	6709.9	897.2	3491.8
2005	11404.0	6488.2	809.9	4105.9
2006	11713.2	6430.5	763.6	4519.1
2007	12024.4	6423.5	718.4	4882.4
2008	12192.5	6447.0	661.8	5083.7
2009	12573.0	6420.2	618.1	5534.7
2010	13051.5	6516.4	597.5	5937.6
2011	14413.3	6704.2	603.1	7106.0
2012	15236.4	6839.0	589.7	7807.7
2013	18108.4	6365.1	566.2	11177.2
2014	18277.8	6312.3	536.7	11428.8
2015	18062.5	6208.3	481.4	11372.8

1-21 分地区按行业分私营企业和个体就业人数(2015年底)

Number of Engaged Persons in Private Enterprises and Self-employed Individuals at Year-end by Sector and Region (2015)

单位: 万人 (10 000 persons)

地区	Region	合计 Total	#制造业 Manufacturing	#建筑业 Construction	#批发和零售业 Wholesale and Retail Trades	#交通运输、仓储和邮政业 Transport, Storage and Post	#住宿和餐饮业 Hotels and Catering Services	#租赁和商务服务业 Leasing and Business Services	#居民服务、修理和其他服务业 Services to Household, Repair and Other Services
全国	**National Total**	**28077.1**	**5236.2**	**1317.0**	**11277.0**	**650.4**	**1858.8**	**2086.8**	**1555.5**
北京	Beijing	951.7	55.2	59.2	238.1	25.9	38.1	152.6	20.7
天津	Tianjin	184.1	42.9	7.7	36.9	3.9	35.9	14.6	8.1
河北	Hebei	805.2	177.0	17.8	374.4	25.3	55.8	23.8	50.9
山西	Shanxi	497.3	65.5	16.8	232.9	12.6	41.2	18.2	39.5
内蒙古	Inner Mongolia	512.0	39.0	13.1	253.0	18.6	50.8	25.8	52.2
辽宁	Liaoning	890.4	177.7	31.9	350.7	64.8	61.0	40.6	55.5
吉林	Jilin	580.4	64.9	38.3	232.1	16.6	66.6	26.1	45.3
黑龙江	Heilongjiang	303.4	23.3	4.6	141.6	6.9	44.8	8.9	36.1
上海	Shanghai	1083.7	139.8	70.7	390.4	37.4	20.3	203.3	20.7
江苏	Jiangsu	2791.1	975.6	268.8	779.1	57.4	109.2	183.5	108.6
浙江	Zhejiang	2417.6	940.6	127.3	704.6	37.5	94.2	203.7	98.8
安徽	Anhui	919.3	170.0	40.2	406.9	16.2	59.0	46.4	63.7
福建	Fujian	913.4	193.5	34.2	378.5	16.0	53.5	71.6	43.8
江西	Jiangxi	864.8	161.7	28.9	372.0	26.0	49.4	57.4	50.3
山东	Shandong	2042.4	401.1	82.8	936.1	52.6	117.4	106.4	117.7
河南	Henan	995.1	164.2	34.7	479.3	15.0	74.2	44.6	71.2
湖北	Hubei	1529.7	191.5	50.2	671.5	44.4	148.2	74.5	114.7
湖南	Hunan	1063.3	116.7	41.9	410.9	16.8	59.3	171.4	48.3
广东	Guangdong	3020.4	587.7	73.1	1403.0	48.4	174.2	183.0	147.6
广西	Guangxi	646.4	66.2	15.9	318.6	20.2	48.7	42.8	37.5
海南	Hainan	175.6	7.8	15.2	65.3	5.5	15.4	19.5	12.4
重庆	Chongqing	931.0	94.9	35.7	358.4	16.7	68.0	87.2	49.2
四川	Sichuan	1345.0	132.5	98.5	615.0	21.2	98.5	141.9	69.5
贵州	Guizhou	514.7	42.6	12.4	208.3	8.7	47.8	28.0	34.5
云南	Yunnan	672.1	72.7	35.3	279.4	12.0	55.6	33.2	41.5
西藏	Tibet	71.9	3.9	5.0	30.3	0.7	9.6	8.5	4.9
陕西	Shaanxi	483.5	41.3	16.9	226.3	6.8	63.9	19.4	46.7
甘肃	Gansu	370.3	33.1	20.7	167.1	5.7	40.9	14.6	25.8
青海	Qinghai	70.8	6.9	2.9	29.5	0.8	10.8	2.5	6.1
宁夏	Ningxia	136.0	11.9	5.6	63.3	2.5	13.2	9.3	11.7
新疆	Xinjiang	294.3	34.4	10.9	123.5	7.4	33.6	23.5	21.8

1-22 分地区按行业分城镇私营企业和个体就业人数(2015年底)
Number of Engaged Persons in Urban Private Enterprises and Self-employed Individuals at Year-end by Sector and Region (2015)

单位：万人 (10 000 persons)

地区	Region	合计 Total	#制造业 Manufacturing	#建筑业 Construction	#批发和零售业 Wholesale and Retail Trades	#交通运输、仓储和邮政业 Transport, Storage and Post	#住宿和餐饮业 Hotels and Catering Services	#租赁和商务服务业 Leasing and Business Services	#居民服务、修理和其他服务业 Services to Household, Repair and Other Services
全国	**National Total**	**18979.6**	**2770.3**	**913.0**	**8032.3**	**431.8**	**1409.2**	**1678.0**	**1151.6**
北京	Beijing	638.4	19.8	35.9	149.5	13.6	27.6	115.9	13.7
天津	Tianjin	158.7	34.5	6.7	30.3	3.7	32.7	13.1	6.9
河北	Hebei	429.9	58.1	12.1	211.4	14.7	39.9	18.7	32.9
山西	Shanxi	272.3	28.0	12.0	131.6	6.5	25.0	11.1	22.7
内蒙古	Inner Mongolia	416.3	29.3	11.5	204.8	15.2	45.4	22.1	44.3
辽宁	Liaoning	576.7	86.4	26.8	251.1	47.6	38.0	31.8	38.5
吉林	Jilin	441.1	47.7	35.3	177.0	12.2	50.8	20.6	37.8
黑龙江	Heilongjiang	253.5	18.5	3.8	114.8	5.9	42.3	7.6	32.8
上海	Shanghai	585.7	53.7	37.6	207.3	19.5	16.7	120.6	14.2
江苏	Jiangsu	1977.7	575.4	170.9	594.9	44.1	98.4	164.6	88.1
浙江	Zhejiang	1495.1	417.0	70.8	516.0	24.9	71.7	176.3	71.9
安徽	Anhui	755.1	123.9	30.9	344.0	12.7	54.7	40.1	58.1
福建	Fujian	666.5	111.1	29.0	287.1	13.1	41.7	64.2	32.5
江西	Jiangxi	517.1	70.0	20.2	239.1	14.1	38.4	43.4	36.9
山东	Shandong	905.4	126.6	41.8	439.1	20.6	61.3	63.4	61.7
河南	Henan	712.7	79.4	21.0	367.0	10.0	64.0	35.6	59.0
湖北	Hubei	852.6	100.5	35.0	396.6	21.1	88.2	46.2	64.9
湖南	Hunan	917.6	83.1	37.7	364.1	14.3	55.3	163.9	45.0
广东	Guangdong	2550.9	402.1	63.9	1240.1	42.7	146.5	167.0	128.0
广西	Guangxi	380.5	32.6	9.9	194.4	12.8	33.8	26.3	24.9
海南	Hainan	143.6	5.8	13.0	52.4	4.7	11.7	17.2	10.2
重庆	Chongqing	726.1	57.4	33.3	308.9	14.5	55.8	82.9	43.8
四川	Sichuan	1126.5	94.1	96.3	518.8	17.5	80.5	137.6	56.5
贵州	Guizhou	192.7	17.9	6.8	92.7	5.0	17.7	11.8	14.5
云南	Yunnan	197.2	13.9	6.4	92.4	3.0	27.3	10.4	16.9
西藏	Tibet	65.1	3.6	4.3	26.8	0.6	8.9	8.0	4.7
陕西	Shaanxi	404.7	28.1	14.0	192.0	5.9	58.8	16.2	42.2
甘肃	Gansu	210.3	14.6	12.6	104.5	2.6	26.5	9.9	16.3
青海	Qinghai	56.7	3.5	1.6	25.6	0.6	10.1	1.9	5.5
宁夏	Ningxia	93.6	5.5	4.2	46.9	1.6	9.7	7.4	7.5
新疆	Xinjiang	259.2	28.2	7.7	111.1	6.9	29.8	22.0	19.0

1-23 分地区私营企业就业人数(2015年底)

Number of Engaged Persons in Private Enterprises at Year-end by Region (2015)

单位: 万户、万人 (10 000 households, 10 000 persons)

地 区	Region	户 数 Number of Households	就业人数 Number of Engaged Persons	城 镇 Urban Area	乡 村 Rural Area
全 国	**National Total**	**1908.2**	**16394.9**	**11179.7**	**5215.2**
北 京	Beijing	103.8	848.6	582.0	266.6
天 津	Tianjin	29.2	117.5	105.8	11.7
河 北	Hebei	70.8	244.9	154.3	90.6
山 西	Shanxi	32.1	234.4	131.6	102.8
内蒙古	Inner Mongolia	25.0	208.6	168.1	40.5
辽 宁	Liaoning	53.9	344.8	240.5	104.4
吉 林	Jilin	25.8	244.3	196.8	47.5
黑龙江	Heilongjiang	25.3	47.3	38.7	8.6
上 海	Shanghai	133.5	1031.2	551.1	480.1
江 苏	Jiangsu	182.2	2093.3	1459.4	633.9
浙 江	Zhejiang	129.2	1692.8	1028.5	664.3
安 徽	Anhui	57.4	429.1	326.9	102.3
福 建	Fujian	64.6	568.7	454.0	114.6
江 西	Jiangxi	40.4	459.0	261.5	197.5
山 东	Shandong	134.3	1083.7	481.9	601.9
河 南	Henan	70.5	453.7	285.9	167.9
湖 北	Hubei	70.4	569.7	313.3	256.4
湖 南	Hunan	44.4	680.6	586.6	94.0
广 东	Guangdong	248.1	1866.8	1654.6	212.2
广 西	Guangxi	43.6	338.5	168.1	170.4
海 南	Hainan	15.9	110.3	93.2	17.1
重 庆	Chongqing	54.4	684.2	526.5	157.6
四 川	Sichuan	78.1	817.9	743.9	74.0
贵 州	Guizhou	33.8	261.2	87.9	173.4
云 南	Yunnan	39.5	334.4	78.6	255.8
西 藏	Tibet	2.4	35.5	31.5	4.0
陕 西	Shaanxi	45.5	173.5	133.2	40.3
甘 肃	Gansu	20.9	178.8	100.2	78.6
青 海	Qinghai	4.9	24.7	12.8	11.9
宁 夏	Ningxia	9.4	71.7	51.8	20.0
新 疆	Xinjiang	19.0	145.2	130.7	14.5

1-24 分地区个体就业人数(2015年底)
Number of Self-employed Individuals at Year-end by Region (2015)

单位: 万户, 万人 (10 000 households, 10 000 persons)

地 区	Region	户 数 Number of Households	就业人数 Number of Engaged Persons	城 镇 Urban Area	乡 村 Rural Area
全 国	**National Total**	**5407.9**	**11682.2**	**7799.9**	**3882.3**
北 京	Beijing	65.9	103.1	56.4	46.7
天 津	Tianjin	35.5	66.6	52.9	13.8
河 北	Hebei	236.8	560.4	275.7	284.7
山 西	Shanxi	125.7	262.9	140.6	122.3
内蒙古	Inner Mongolia	130.2	303.4	248.2	55.2
辽 宁	Liaoning	200.6	545.6	336.2	209.3
吉 林	Jilin	136.7	336.1	244.3	91.8
黑龙江	Heilongjiang	126.2	256.0	214.8	41.2
上 海	Shanghai	40.6	52.5	34.6	17.9
江 苏	Jiangsu	387.2	697.8	518.3	179.4
浙 江	Zhejiang	317.7	724.8	466.6	258.2
安 徽	Anhui	204.6	490.2	428.3	62.0
福 建	Fujian	161.6	344.7	212.5	132.3
江 西	Jiangxi	165.9	405.8	255.6	150.2
山 东	Shandong	453.0	958.7	423.5	535.2
河 南	Henan	261.7	541.3	426.8	114.5
湖 北	Hubei	319.4	959.9	539.3	420.6
湖 南	Hunan	202.4	382.7	331.0	51.7
广 东	Guangdong	493.0	1153.6	896.3	257.3
广 西	Guangxi	149.3	307.9	212.4	95.5
海 南	Hainan	37.5	65.4	50.4	14.9
重 庆	Chongqing	132.5	246.9	199.5	47.3
四 川	Sichuan	301.4	527.1	382.6	144.5
贵 州	Guizhou	149.2	253.5	104.8	148.7
云 南	Yunnan	185.1	337.7	118.6	219.1
西 藏	Tibet	12.0	36.4	33.6	2.8
陕 西	Shaanxi	140.2	310.0	271.5	38.5
甘 肃	Gansu	97.9	191.6	110.1	81.5
青 海	Qinghai	21.8	46.1	43.9	2.2
宁 夏	Ningxia	30.9	64.3	41.8	22.5
新 疆	Xinjiang	85.4	149.1	128.5	20.6

1-25 分行业城镇非私营单位女性就业人员年末人数
Female Employed Persons at Year-end in Urban Units Excluding Private Units by Sector

单位：万人 (10 000 persons)

行业	Sector	2003	2004	2005	2006	2007
合计	**Total**	**4156.1**	**4227.3**	**4324.6**	**4445.7**	**4540.3**
农、林、牧、渔业	Agriculture,Forestry,Animal Husbandry and Fishery	176.1	172.3	165.7	163.5	157.3
采矿业	Mining	119.7	117.1	113.0	115.0	109.7
制造业	Manufacturing	1292.7	1329.8	1397.5	1464.0	1495.0
电力、燃气及水的生产和供应业	Production and Distribution of Electricity,Gas and Water	92.7	93.1	91.3	91.3	90.7
建筑业	Construction	128.4	129.3	134.2	138.1	142.4
交通运输、仓储和邮政业	Transport,Storage and Post	182.5	177.6	171.0	164.7	169.3
信息传输、计算机服务和软件业	Information Transmission, Computer Service and Software	42.1	45.2	48.7	52.4	58.5
批发和零售业	Wholesale and Retail Trades	280.3	260.2	242.3	230.3	228.8
住宿和餐饮业	Hotels and Catering Services	95.0	97.8	98.9	99.5	100.8
金融业	Financial Intermediation	164.5	170.5	172.0	178.6	192.9
房地产业	Real Estate	40.4	44.9	48.3	50.8	56.0
租赁和商务服务业	Leasing and Business Services	62.7	65.6	74.0	78.0	82.1
科学研究、技术服务和地质勘查业	Scientific Research,Technical Services and Geological Prospecting	70.7	70.3	71.6	74.9	75.6
水利、环境和公共设施管理业	Management of Water Conservancy, Environment and Public Facilities	68.8	70.7	73.5	76.6	79.2
居民服务和其他服务业	Services to Households and Other Services	22.2	24.1	21.6	21.9	22.1
教育	Education	672.8	696.7	713.2	733.8	747.7
卫生、社会保障和社会福利业	Health,Social Securities and Social Welfare	284.5	292.2	300.9	312.9	324.1
文化、体育和娱乐业	Culture, Sports and Entertainment	51.9	50.3	50.1	50.7	52.1
公共管理和社会组织	Public Management and Social Organization	308.1	319.6	336.9	348.6	356.0

注：本表中2003-2011年数据仍执行2002年版的国民经济行业分类标准。
Note: From 2003 to 2011, the classification for national standard of industry classification in this table are still implementing the version of 2002.

1-25 续表 1 continued

单位：万人 (10 000 persons)

行　　业	Sector	2008	2009	2010	2011
合　　计	**Total**	**4579.6**	**4678.5**	**4861.5**	**5227.7**
农、林、牧、渔业	Agriculture,Forestry,Animal Husbandry and Fishery	148.9	136.1	137.8	132.5
采矿业	Mining	105.1	107.6	105.5	115.9
制造业	Manufacturing	1444.3	1447.9	1501.3	1613.3
电力、燃气及水的生产和供应业	Production and Distribution of Electricity,Gas and Water	90.1	89.8	91.6	95.7
建筑业	Construction	149.3	157.4	165.9	206.5
交通运输、仓储和邮政业	Transport,Storage and Post	171.5	171.2	168.8	178.6
信息传输、计算机服务和软件业	Information Transmission, Computer Service and Software	61.9	66.0	71.3	84.9
批发和零售业	Wholesale and Retail Trades	237.2	239.6	249.7	308.7
住宿和餐饮业	Hotels and Catering Services	105.2	109.2	113.2	131.5
金融业	Financial Intermediation	209.1	225.8	237.7	256.8
房地产业	Real Estate	58.5	64.2	72.4	86.0
租赁和商务服务业	Leasing and Business Services	93.8	97.5	104.1	91.6
科学研究、技术服务和地质勘查业	Scientific Research,Technical Services and Geological Prospecting	80.0	85.6	92.1	90.0
水利、环境和公共设施管理业	Management of Water Conservancy, Environment and Public Facilities	80.9	84.1	89.5	94.3
居民服务和其他服务业	Services to Households and Other Services	24.7	24.0	26.4	25.6
教　育	Education	759.4	775.0	795.0	820.8
卫生、社会保障和社会福利业	Health,Social Securities and Social Welfare	336.8	354.9	379.8	411.4
文化、体育和娱乐业	Culture, Sports and Entertainment	52.5	54.6	55.8	57.4
公共管理和社会组织	Public Management and Social Organization	370.2	388.0	403.7	426.1

1-25 续表 2 continued

单位：万人 (10 000 persons)

行　业	Sector	2012	2013	2014	2015
合　计	**Total**	**5458.9**	**6338.3**	**6546.2**	**6527.0**
农、林、牧、渔业	Agriculture, Forestry, Animal Husbandry and Fishery	125.1	108.7	104.7	97.5
采 矿 业	Mining	114.6	111.7	110.2	100.6
制 造 业	Manufacturing	1661.0	2073.8	2119.3	2021.0
电力、热力、燃气及水生产和供应业	Production and Supply of Electricity, Heat, Gas and Water	97.7	109.8	112.4	109.7
建 筑 业	Construction	233.8	295.4	316.3	309.5
批发和零售业	Wholesale and Retail Trades	339.4	446.3	450.2	447.0
交通运输、仓储和邮政业	Transport, Storage and Post	175.7	219.0	224.6	223.1
住宿和餐饮业	Hotels and Catering Services	140.6	168.8	162.2	152.3
信息传输、软件和信息技术服务业	Information Transmission, Software and Information Technology	90.6	128.9	132.6	137.1
金融业	Financial Intermediation	268.8	272.3	287.8	313.7
房地产业	Real Estate	95.6	134.1	149.3	155.3
租赁和商务服务业	Leasing and Business Services	92.4	138.5	147.7	155.5
科学研究和技术服务业	Scientific Research and Technical Services	101.4	117.1	124.4	125.1
水利、环境和公共设施管理业	Management of Water Conservancy, Environment and Public Facilities	98.2	104.6	108.5	111.0
居民服务、修理和其他服务业	Services to Households, Repair and Other Services	23.1	29.3	30.5	31.3
教　育	Education	847.5	876.6	911.9	931.7
卫生和社会工作	Health and Social Service	440.1	473.8	505.5	531.4
文化、体育和娱乐业	Culture, Sports and Entertainment	59.4	64.1	65.1	66.6
公共管理、社会保障和社会组织	Public Management, Social Security and Social Organization	453.8	465.5	483.3	507.7

1-26 分登记注册类型城镇非私营单位女性就业人员年末人数
Female Employed Persons at Year-end in Urban Units Excluding Private Units by Registration Status

单位：万人 (10 000 persons)

年 份 Year	合 计 Total	国有单位 State-owned Units	城镇集体单位 Urban Collective-owned Units	其他单位 Units of Other Types of Ownership
1994	5799.1	3982.5	1451.1	364.5
1995	5889.0	4059.0	1399.0	431.0
1996	5883.3	4088.3	1337.8	457.3
1997	5824.8	4030.2	1271.0	523.6
1999	4613.4	3128.0	702.8	782.7
2000	4411.3	2952.5	605.8	853.0
2001	4225.7	2788.2	509.9	927.5
2002	4156.2	2627.7	436.9	1091.5
2003	4156.1	2529.6	383.9	1242.6
2004	4227.3	2480.7	336.7	1410.0
2005	4324.6	2399.3	299.1	1626.2
2006	4445.7	2386.9	277.7	1781.1
2007	4540.3	2383.0	254.5	1902.8
2008	4579.6	2401.7	234.2	1943.7
2009	4678.5	2391.6	212.7	2074.2
2010	4861.5	2447.4	205.2	2208.9
2011	5227.7	2522.4	195.9	2509.4
2012	5458.9	2590.1	188.4	2680.4
2013	6338.3	2472.3	179.1	3686.9
2014	6546.2	2509.0	173.1	3864.1
2015	6527.0	2531.9	156.5	3838.7

1-27 分登记注册类型城镇非私营单位就业人员平均工资
Average Wage of Employed Persons in Urban Units Excluding Private Units by Status of Registration

年 份 Year	合计 Total	#在岗职工 Staff and Workers	国有单位 State-owned Units	城镇集体单位 Urban Collective-owned Units	其他单位 Units of Other Types of Ownership
1995	5348	5500	5553	3934	7728
1996	5980	6210	6207	4312	8521
1997	6444	6470	6679	4516	9092
1998	7446	7479	7579	5314	9241
1999	8319	8346	8443	5758	10142
2000	9333	9371	9441	6241	11238
2001	10834	10870	11045	6851	12437
2002	12373	12422	12701	7636	13486
2003	13969	14040	14358	8627	14843
2004	15920	16024	16445	9723	16519
2005	18200	18364	18978	11176	18362
2006	20856	21001	21706	12866	21004
2007	24721	24932	26100	15444	24271
2008	28898	29229	30287	18103	28552
2009	32244	32736	34130	20607	31350
2010	36539	37147	38359	24010	35801
2011	41799	42452	43483	28791	41323
2012	46769	47593	48357	33784	46360
2013	51483	52388	52657	38905	51453
2014	56360	57361	57296	42742	56485
2015	62029	63241	65296	46607	60906

注：1995-2008年的城镇单位就业人员平均工资即为原来的城镇单位就业人员平均劳动报酬(以下相关表同)。

Note: Average wage of employed persons in urban units from 1995 to 2008 referred to average earning of employed persons in urban units. The Same applies to therelated tables following.

1-28 分登记注册类型城镇非私营单位就业人员平均工资指数
Indices of Average Wage of Employed Persons in Urban Units Excluding Private Units by Status of Registration

年 份 Year	平均货币工资指数(上年=100) Indices of Average Wage (preceding year=100)					平均实际工资指数(上年=100) Indices of Average Real Wage (preceding year=100)				
	合计 Total	#在岗职工 Of Which: Staff and Workers	国有单位 State-owned Units	城镇集体单位 Urban Collective-owned Units	其他单位 Units of Other Types of Ownership	合计 Total	#在岗职工 Of Which: Staff and Workers	国有单位 State-owned Units	城镇集体单位 Urban Collective-owned Units	其他单位 Units of Other Types of Ownership
1995	118.9	121.2	117.3	121.1	119.9	101.8	103.8	100.4	103.7	102.6
1996	111.8	112.9	111.8	109.6	110.3	102.8	103.8	102.7	100.7	101.3
1997	107.8	104.2	107.6	104.7	106.7	104.5	101.1	104.4	101.6	103.5
1998	115.5	106.6	113.5	117.7	101.6	116.2	107.2	114.2	118.4	102.3
1999	111.7	111.6	111.4	108.4	109.8	113.2	113.1	112.9	109.8	111.2
2000	112.2	112.3	111.8	108.4	110.8	111.3	111.4	110.9	107.5	109.9
2001	116.1	116.0	117.0	109.8	110.7	115.3	115.2	116.2	109.0	109.9
2002	114.2	114.3	115.0	111.5	108.4	115.4	115.5	116.2	112.6	109.5
2003	112.9	113.0	113.0	113.0	110.1	111.9	112.0	112.0	112.0	109.1
2004	114.0	114.1	114.5	112.7	111.3	110.3	110.5	110.9	109.1	107.7
2005	114.3	114.6	115.4	114.9	111.2	112.5	112.8	113.6	113.1	109.4
2006	114.6	114.4	114.4	115.1	114.4	112.9	112.7	112.7	113.4	112.7
2007	118.5	118.7	120.2	120.0	115.6	113.4	113.6	115.0	114.8	110.6
2008	116.9	117.2	116.0	117.2	117.6	110.7	111.0	109.8	111.0	111.4
2009	111.6	112.0	112.7	113.8	109.8	112.6	113.0	113.7	114.8	110.8
2010	113.3	113.5	112.4	116.5	114.2	109.8	110.0	108.9	112.9	110.7
2011	114.4	114.3	113.4	119.9	115.4	108.6	108.5	107.7	113.9	109.6
2012	111.9	112.1	111.2	117.3	112.2	109.0	109.2	108.3	114.3	109.2
2013	110.1	110.1	108.9	115.2	111.0	107.3	107.3	106.1	112.2	108.2
2014	109.5	109.5	108.8	109.9	109.8	107.2	107.2	106.6	107.6	107.5
2015	110.1	110.3	114.0	109.0	107.8	108.5	108.6	112.3	107.4	106.2

1-29 分行业城镇非私营单位就业人员平均工资
Average Wage of Employed Persons in Urban Units Excluding Private Units by Sector

单位：元 (yuan)

行　　业	Sector	2003	2004	2005	2006	2007	2008
合　　计	**Total**	**13969**	**15920**	**18200**	**20856**	**24721**	**28898**
农、林、牧、渔业	Agriculture, Forestry, Animal Husbandry and Fishery	6884	7497	8207	9269	10847	12560
采 矿 业	Mining	13627	16774	20449	24125	28185	34233
制 造 业	Manufacturing	12671	14251	15934	18225	21144	24404
电力、热力、燃气及水生产和供应业	Production and Supply of Electricity, Heat, Gas and Water	18574	21543	24750	28424	33470	38515
建 筑 业	Construction	11328	12578	14112	16164	18482	21223
批发和零售业	Wholesale and Retail Trades	10894	13012	15256	17796	21074	25818
交通运输、仓储和邮政业	Transport, Storage and Post	15753	18071	20911	24111	27903	32041
住宿和餐饮业	Hotels and Catering Services	11198	12618	13876	15236	17046	19321
信息传输、软件和信息技术服务业	Information Transmission, Software and Information Technology	30897	33449	38799	43435	47700	54906
金融业	Financial Intermediation	20780	24299	29229	35495	44011	53897
房地产业	Real Estate	17085	18467	20253	22238	26085	30118
租赁和商务服务业	Leasing and Business Services	17020	18723	21233	24510	27807	32915
科学研究和技术服务业	Scientific Research and Technical Services	20442	23351	27155	31644	38432	45512
水利、环境和公共设施管理业	Management of Water Conservancy, Environment and Public Facilities	11774	12884	14322	15630	18383	21103
居民服务、修理和其他服务业	Services to Households, Repair and Other Services	12665	13680	15747	18030	20370	22858
教　　育	Education	14189	16085	18259	20918	25908	29831
卫生和社会工作	Health and Social Service	16185	18386	20808	23590	27892	32185
文化、体育和娱乐业	Culture, Sports and Entertainment	17098	20522	22670	25847	30430	34158
公共管理、社会保障和社会组织	Public Management, Social Security and Social Organization	15355	17372	20234	22546	27731	32296

1-29 续表 continued

单位：元 (yuan)

行　业	Sector	2009	2010	2011	2012	2013	2014	2015
合　计	**Total**	**32244**	**36539**	**41799**	**46769**	**51483**	**56360**	**62029**
农、林、牧、渔业	Agriculture, Forestry, Animal Husbandry and Fishery	14356	16717	19469	22687	25820	28356	31947
采矿业	Mining	38038	44196	52230	56946	60138	61677	59404
制造业	Manufacturing	26810	30916	36665	41650	46431	51369	55324
电力、热力、燃气及水生产和供应业	Production and Supply of Electricity, Heat, Gas and Water	41869	47309	52723	58202	67085	73339	78886
建筑业	Construction	24161	27529	32103	36483	42072	45804	48886
批发和零售业	Wholesale and Retail Trades	29139	33635	40654	46340	50308	55838	60328
交通运输、仓储和邮政业	Transport, Storage and Post	35315	40466	47078	53391	57993	63416	68822
住宿和餐饮业	Hotels and Catering Services	20860	23382	27486	31267	34044	37264	40806
信息传输、软件和信息技术服务业	Information Transmission, Software and Information Technology	58154	64436	70918	80510	90915	100845	112042
金融业	Financial Intermediation	60398	70146	81109	89743	99653	108273	114777
房地产业	Real Estate	32242	35870	42837	46764	51048	55568	60244
租赁和商务服务业	Leasing and Business Services	35494	39566	46976	53162	62538	67131	72489
科学研究和技术服务业	Scientific Research and Technical Services	50143	56376	64252	69254	76602	82259	89410
水利、环境和公共设施管理业	Management of Water Conservancy, Environment and Public Facilities	23159	25544	28868	32343	36123	39198	43528
居民服务、修理和其他服务业	Services to Households, Repair and Other Services	25172	28206	33169	35135	38429	41882	44802
教　育	Education	34543	38968	43194	47734	51950	56580	66592
卫生和社会工作	Health and Social Service	35662	40232	46206	52564	57979	63267	71624
文化、体育和娱乐业	Culture, Sports and Entertainment	37755	41428	47878	53558	59336	64375	72764
公共管理、社会保障和社会组织	Public Management, Social Security and Social Organization	35326	38242	42062	46074	49259	53110	62323

1-30 分地区城镇非私营单位就业人员平均工资
Average Wage of Employed Persons in Urban Units Excluding Private Units by Region

单位：元 (yuan)

地 区	Region	2003	2004	2005	2006	2007	2008	2009	2010	2011	2012	2013	2014	2015
全 国	**National Total**	**13969**	**15920**	**18200**	**20856**	**24721**	**28898**	**32244**	**36539**	**41799**	**46769**	**51483**	**56360**	**62029**
北 京	Beijing	25008	29216	33660	39684	45823	55844	57779	65158	75482	84742	93006	102268	111390
天 津	Tianjin	18511	21146	24122	27628	33312	39990	43937	51489	55658	61514	67773	72773	80090
河 北	Hebei	11105	12793	14583	16456	19742	24276	27774	31451	35309	38658	41501	45114	50921
山 西	Shanxi	10620	12794	15473	18106	21315	25489	28066	33057	39230	44236	46407	48969	51803
内蒙古	Inner Mongolia	11208	13233	15910	18382	21794	25949	30486	35211	41118	46557	50723	53748	57135
辽 宁	Liaoning	12921	14787	17156	19365	22882	27179	30523	34437	38154	41858	45505	48190	52332
吉 林	Jilin	11048	12388	14380	16393	20371	23294	25943	29003	33610	38407	42846	46516	51558
黑龙江	Heilongjiang	10787	12209	13980	15894	18481	21764	24805	27735	31302	36406	40794	44036	48881
上 海	Shanghai	25565	27965	31578	37585	44976	52122	58336	66115	75591	78673	90908	100251	109174
江 苏	Jiangsu	15619	18054	20885	23657	27212	31297	35217	39772	45487	50639	57177	60867	66196
浙 江	Zhejiang	21116	23243	25696	27570	30818	33622	36553	40640	45162	50197	56571	61572	66668
安 徽	Anhui	10419	12693	15019	17610	21699	25703	28723	33341	39352	44601	47806	50894	55139
福 建	Fujian	14343	15627	17190	19424	22277	25555	28366	32340	38588	44525	48538	53426	57628
江 西	Jiangxi	10382	11713	13524	15370	18144	20597	24165	28363	33239	38512	42473	46218	50932
山 东	Shandong	12554	14321	16564	19135	22734	26234	29398	33321	37618	41904	46998	51825	57270
河 南	Henan	10639	11970	14119	16791	20639	24438	26906	29819	33634	37338	38301	42179	45403
湖 北	Hubei	10575	11692	13725	15779	19548	22384	26547	31811	36128	39846	43899	49838	54367
湖 南	Hunan	12002	13624	15306	17400	21060	24146	26534	29670	34586	38971	42726	47117	52357
广 东	Guangdong	20052	22230	24122	26400	29658	33282	36469	40432	45060	50278	53318	59481	65788
广 西	Guangxi	11611	13234	15079	17571	21251	24798	27322	30673	33032	36386	41391	45424	52982
海 南	Hainan	10396	12622	14377	15843	19220	21767	24790	30775	36244	39485	44971	49882	57600
重 庆	Chongqing	12409	14373	16583	19172	22965	26640	30499	34727	39430	44498	50006	55588	60543
四 川	Sichuan	12320	13887	15638	17612	21081	24725	28149	32567	37330	42339	47965	52555	58915
贵 州	Guizhou	10801	12163	14081	16481	20254	23979	27437	30433	36102	41156	47364	52772	59701
云 南	Yunnan	12629	14255	15732	18262	19912	23305	26163	29195	34004	37629	42447	46101	52564
西 藏	Tibet	23730	27339	26437	29119	42820	44055	45347	49898	49464	51705	57773	61235	97849
陕 西	Shaanxi	11276	12907	14562	16646	20977	25478	29566	33384	38143	43073	47446	50535	54994
甘 肃	Gansu	12062	13328	14654	16991	20657	23632	26743	29096	32092	37679	42833	46960	52942
青 海	Qinghai	15044	16601	18556	21981	25318	30101	32481	36121	41370	46483	51393	57084	61090
宁 夏	Ningxia	12811	14431	16973	20900	25723	30050	32916	37166	42703	47436	50476	54858	60380
新 疆	Xinjiang	13185	14406	15507	17704	21249	24686	27617	32003	38238	44576	49064	53471	60117

1-31 分地区按行业分城镇非私营单位就业人员平均工资(2015年)
Average Wage of Employed Persons in Urban Units Excluding Private Units by Sector and Region(2015)

单位：元 (yuan)

地区	Region	合计 Total	农、林、牧、渔业 Agriculture, Forestry, Animal Husbandry and Fishery	采矿业 Mining	制造业 Manufacturing	电力、热力、燃气及水生产和供应业 Production and Supply of Electricity, Heat, Gas and Water	建筑业 Construction	批发和零售业 Wholesale and Retail Trades
全 国	**National Average**	**62029**	**31947**	**59404**	**55324**	**78886**	**48886**	**60328**
北 京	Beijing	111390	50797	88360	88934	129350	82251	94542
天 津	Tianjin	80090	68883	105647	71931	116003	64141	66710
河 北	Hebei	50921	19685	54725	47678	75489	39182	37909
山 西	Shanxi	51803	41729	58198	41093	72867	42494	37986
内蒙古	Inner Mongolia	57135	35597	69067	50655	73717	41132	45942
辽 宁	Liaoning	52332	14360	56332	51623	65747	42319	45681
吉 林	Jilin	51558	29744	51885	54452	66192	40803	40854
黑龙江	Heilongjiang	48881	28592	54707	45422	62714	37948	44615
上 海	Shanghai	109174	62828	122414	86536	153467	80941	117396
江 苏	Jiangsu	66196	33957	60418	62731	113893	55598	63185
浙 江	Zhejiang	66668	53661	49149	55370	107952	48279	64327
安 徽	Anhui	55139	31084	61900	50945	81692	48895	45751
福 建	Fujian	57628	32510	44100	50675	80987	50819	54866
江 西	Jiangxi	50932	32076	41120	46020	62064	46146	45992
山 东	Shandong	57270	51003	61718	48519	70580	47881	44386
河 南	Henan	45403	34941	48777	41338	65713	41283	39990
湖 北	Hubei	54367	29313	49231	49971	78034	51921	44691
湖 南	Hunan	52357	29354	42553	51265	60432	43049	45981
广 东	Guangdong	65788	31380	86026	57419	102758	51001	61351
广 西	Guangxi	52982	30875	46260	46121	70548	45246	46031
海 南	Hainan	57600	28438	59916	51501	69263	44149	48249
重 庆	Chongqing	60543	41146	52541	57993	74068	48586	52454
四 川	Sichuan	58915	47729	61715	52110	79732	45255	50188
贵 州	Guizhou	59701	47704	49503	52027	72900	47832	57576
云 南	Yunnan	52564	29794	43101	45903	73588	38557	46063
西 藏	Tibet	97849	14415	75626	59045	64532	54650	73674
陕 西	Shaanxi	54994	43678	68245	51557	67945	46184	40983
甘 肃	Gansu	52942	37179	63590	50458	63245	40551	39109
青 海	Qinghai	61090	40978	79332	51386	69805	48717	46356
宁 夏	Ningxia	60380	38815	79347	51636	92107	44283	47364
新 疆	Xinjiang	60117	38070	86253	58752	70708	56238	56573

1-31 续表 1 continued

单位：元 (yuan)

地 区	Region	交通运输、仓储和邮政业 Transport, Storage and Post	住宿和餐饮业 Hotels and Catering Services	信息传输、软件和信息技术服务业 Information Transmission, Software and Information Technology	金融业 Financial Intermediation	房地产业 Real Estate	租赁和商务服务业 Leasing and Business Services
全 国	**National Average**	**68822**	**40806**	**112042**	**114777**	**60244**	**72489**
北 京	Beijing	81695	51955	159486	248320	85247	109031
天 津	Tianjin	89389	39538	134331	112059	76842	75266
河 北	Hebei	57090	32836	93983	74795	42697	40070
山 西	Shanxi	64505	26710	60160	75620	40538	36611
内蒙古	Inner Mongolia	64232	36285	65420	76093	42023	45702
辽 宁	Liaoning	65044	37435	83665	83537	49813	41209
吉 林	Jilin	58488	32178	63448	75102	44444	40714
黑龙江	Heilongjiang	58601	42095	64070	65140	44447	44945
上 海	Shanghai	98996	52999	183365	208658	82274	145659
江 苏	Jiangsu	66981	42391	117249	119198	66686	54677
浙 江	Zhejiang	75002	42540	126266	130734	66336	63241
安 徽	Anhui	56659	33629	67922	77300	54252	47458
福 建	Fujian	65314	39599	84288	108537	62253	51927
江 西	Jiangxi	62546	33402	60353	76035	49714	41535
山 东	Shandong	66189	39723	81249	90869	52575	56970
河 南	Henan	52099	33854	60671	74441	45429	41060
湖 北	Hubei	60104	36190	72380	87293	51961	46244
湖 南	Hunan	60105	34414	68020	92826	48892	44013
广 东	Guangdong	79680	43745	126083	138069	66768	66376
广 西	Guangxi	61137	30597	76688	92062	45020	43732
海 南	Hainan	70737	40914	115013	93187	53552	49311
重 庆	Chongqing	60296	35994	92958	120355	59813	44070
四 川	Sichuan	65981	36807	82883	86084	53610	52818
贵 州	Guizhou	65506	37208	80955	123592	48331	48290
云 南	Yunnan	66450	31429	72496	118166	46064	41225
西 藏	Tibet	72789	49633	98675	171441	68608	53851
陕 西	Shaanxi	63194	31506	104928	76896	47517	49740
甘 肃	Gansu	61318	32698	54916	59923	44302	44895
青 海	Qinghai	74669	40313	72527	81359	38887	40891
宁 夏	Ningxia	63157	36158	77487	81019	46157	40239
新 疆	Xinjiang	78215	43885	78238	88212	47160	44595

1-31 续表 2 continued

单位：元 (yuan)

地 区	Region	科学研究和技术服务业 Scientific Research and Technical Services	水利、环境和公共设施管理业 Management of Water Conservancy, Environment and Public Facilities	居民服务、修理和其他服务业 Services to Households, Repair and Other Services	教育 Education	卫生和社会工作 Health and Social Service	文化、体育和娱乐业 Culture, Sports and Entertainment	公共管理、社会保障和社会组织 Public Management, Social Security and Social Organization
全 国	**National Average**	**89410**	**43528**	**44802**	**66592**	**71624**	**72764**	**62323**
北 京	Beijing	132339	72666	48613	111417	139176	130134	91030
天 津	Tianjin	123312	77459	39631	97847	105452	87264	95834
河 北	Hebei	69744	36264	33368	57273	51967	45994	48923
山 西	Shanxi	58390	28074	36933	58974	48349	47387	49859
内蒙古	Inner Mongolia	62973	41682	40348	71528	62665	60979	62272
辽 宁	Liaoning	66150	32406	36726	61114	56455	49918	50389
吉 林	Jilin	59844	31578	31535	58835	53409	50810	48061
黑龙江	Heilongjiang	66168	32980	50275	62673	55776	50931	53007
上 海	Shanghai	158906	73137	62576	100865	117092	117099	100767
江 苏	Jiangsu	91213	54062	54116	78115	81693	77468	82372
浙 江	Zhejiang	98452	55026	48471	90882	104369	87177	93306
安 徽	Anhui	69129	40802	41690	59088	63695	52272	57083
福 建	Fujian	76956	46144	46396	69226	80314	61039	68728
江 西	Jiangxi	66749	37900	44908	55995	61728	53649	54577
山 东	Shandong	70959	42743	42675	73073	70385	71453	65158
河 南	Henan	56866	37552	33857	50152	53308	47591	42587
湖 北	Hubei	74574	39690	39309	56114	62475	58510	55287
湖 南	Hunan	55910	35172	42499	53411	69475	62665	48004
广 东	Guangdong	98929	48589	47483	72368	80838	80069	79848
广 西	Guangxi	63754	36666	43299	54505	64821	56579	55953
海 南	Hainan	59332	40876	29606	72559	70489	56348	62894
重 庆	Chongqing	87023	42617	42910	71512	81600	61544	64506
四 川	Sichuan	86498	40665	44212	63311	73704	58860	63704
贵 州	Guizhou	64338	36336	35528	64268	67511	57257	61370
云 南	Yunnan	64270	38911	37319	62263	59543	56135	56413
西 藏	Tibet	99194	70750	43823	115090	95996	114097	114558
陕 西	Shaanxi	67134	40081	36733	57225	55203	52918	50868
甘 肃	Gansu	67352	45312	41777	61396	56180	55246	55574
青 海	Qinghai	69678	48241	36055	70728	58622	59077	64438
宁 夏	Ningxia	71581	44768	39732	64819	60676	62941	61236
新 疆	Xinjiang	75478	46068	40614	69813	65463	64906	59598

1-32 分地区按行业分城镇私营单位就业人员平均工资(2015年)
Average Wage of Employed Persons in Urban Private Units by Sector and Region (2015)

单位：元 (yuan)

地区	Region	合计 Total	农、林、牧、渔业 Agriculture, Forestry, Animal Husbandry and Fishery	采矿业 Mining	制造业 Manufacturing	电力、热力、燃气及水生产和供应业 Production and Supply of Electricity, Heat, Gas and Water	建筑业 Construction	批发和零售业 Wholesale and Retail Trades
全国	**National Average**	**39589**	**28869**	**38192**	**38948**	**34631**	**41710**	**36635**
北京	Beijing	58689	35077	46236	51971	48066	45909	49431
天津	Tianjin	53352	33620	37390	56010	42861	46771	49237
河北	Hebei	34084	29148	34986	35035	33009	33813	31529
山西	Shanxi	30195	22086	38998	30467	28986	35486	25626
内蒙古	Inner Mongolia	35512	30874	40033	36990	37189	38992	32303
辽宁	Liaoning	33812	26781	29224	32803	28620	37632	33974
吉林	Jilin	27774	21323	29689	26823	24633	29832	26123
黑龙江	Heilongjiang	28586	25011	31468	27966	29179	32129	27481
上海	Shanghai	41762	25560		37217	33279	42506	37472
江苏	Jiangsu	43689	35768	38081	44082	39841	44776	39986
浙江	Zhejiang	41272	32673	39111	39611	40628	43979	38906
安徽	Anhui	37148	28627	39633	38301	30743	42266	29887
福建	Fujian	43385	34729	40954	41581	33574	48804	37131
江西	Jiangxi	33329	24648	37184	33646	31757	35466	29100
山东	Shandong	43608	39982	44082	43587	48763	45462	41325
河南	Henan	30546	25526	29201	30554	25060	34154	27570
湖北	Hubei	31051	24343	34162	31394	30066	33548	26751
湖南	Hunan	33033	27278	37897	32687	34189	35633	25995
广东	Guangdong	44838	32705	35823	43158	33997	45574	45095
广西	Guangxi	33519	27073	31934	34861	36774	35082	31983
海南	Hainan	37093	30679	32762	38819	24109	39026	33444
重庆	Chongqing	44213	34262	48783	45147	40282	45987	38088
四川	Sichuan	35127	29489	35758	35132	36018	35242	33415
贵州	Guizhou	36044	23280	44762	34907	48027	33674	28382
云南	Yunnan	35015	29246	29020	32764	33300	35743	35408
西藏	Tibet							
陕西	Shaanxi	33220	22993	36773	33841	32713	33136	31480
甘肃	Gansu	31091	26297	34446	32110	33692	30687	33872
青海	Qinghai	32248	24668	36740	29623	40673	36597	38146
宁夏	Ningxia	36322	29633	42465	38449	37190	39785	31084
新疆	Xinjiang	37598	30352	50312	39527	43090	45672	29650

1-32 续表 1 continued

单位：元 (yuan)

地区	Region	交通运输、仓储和邮政业 Transport, Storage and Post	住宿和餐饮业 Hotels and Catering Services	信息传输、软件和信息技术服务业 Information Transmission, Software and Information Technology	金融业 Financial Intermediation	房地产业 Real Estate	租赁和商务服务业 Leasing and Business Services
全国	**National Average**	**40495**	**31889**	**57719**	**44898**	**41767**	**43770**
北京	Beijing	40193	40584	90724	111921	74167	62405
天津	Tianjin	53552	42048	79928	57510	54547	58339
河北	Hebei	36950	29791	34832	34564	36766	32821
山西	Shanxi	29737	23134	33029	36095	31869	24712
内蒙古	Inner Mongolia	38508	33152	32234	39567	33921	33047
辽宁	Liaoning	33361	28002	41506	40837	33585	36888
吉林	Jilin	28932	24519	31002	35873	30023	27606
黑龙江	Heilongjiang	30996	25377	31261	32638	31287	26644
上海	Shanghai	43569	34087	72705	59467	39149	49319
江苏	Jiangsu	43236	35818	52318	43725	41083	43948
浙江	Zhejiang	46623	34681	51826	42595	44153	42934
安徽	Anhui	37688	30520	40907	33619	36890	32619
福建	Fujian	43608	30927	63736	52690	42700	38003
江西	Jiangxi	36495	26427	29601	35344	39270	32755
山东	Shandong	48254	39812	50778	48159	43925	44896
河南	Henan	29940	28682	30674	28828	32428	28815
湖北	Hubei	27931	28032	36712	41546	37788	27936
湖南	Hunan	30720	25817	41647	39573	37569	32098
广东	Guangdong	47719	35141	77985	33391	49744	53950
广西	Guangxi	36253	27522	35262	42322	34950	34728
海南	Hainan	41543	32626	44444	39066	51042	34484
重庆	Chongqing	46256	33364	46513	57728	47567	41559
四川	Sichuan	33689	31545	37993	34136	39276	37780
贵州	Guizhou	30593	28309	48944	57600	43108	29281
云南	Yunnan	39647	31553	34790	35053	37736	33148
西藏	Tibet						
陕西	Shaanxi	31296	26799	42117	32253	37933	37018
甘肃	Gansu	30261	26854	30890	29668	27716	33373
青海	Qinghai	37034	29867	30810	26221	26779	25101
宁夏	Ningxia	32869	31837	32637	40028	38001	30848
新疆	Xinjiang	40532	32798	37964	44239	38798	28449

1-33 续表 2 continued

单位：元 (yuan)

地 区	Region	科学研究和技术服务业 Scientific Research and Technical Services	水利、环境和公共设施管理业 Management of Water Conservancy, Environment and Public Facilities	居民服务、修理和其他服务业 Services to Households, Repair and Other Services	教 育 Education	卫生和社会工作 Health and Social Service	文化、体育和娱乐业 Culture, Sports and Entertainment
全 国	**National Average**	**50441**	**37222**	**33203**	**37040**	**40558**	**34974**
北 京	Beijing	66597	52791	40592	58163	58055	49690
天 津	Tianjin	60946	50863	36565	42856	50059	45666
河 北	Hebei	37431	32871	30928	32964	35435	30657
山 西	Shanxi	31594	23139	22849	27113	30028	24893
内蒙古	Inner Mongolia	36934	31050	28082	31420	35589	31068
辽 宁	Liaoning	31557	29829	29334	33066	32597	30660
吉 林	Jilin	38084	24253	27288	34332	34166	24016
黑龙江	Heilongjiang	33246	26537	24661	28264	26033	23913
上 海	Shanghai	58229	36053	32281	46152	52223	42029
江 苏	Jiangsu	46993	45312	41195	44600	41992	39839
浙 江	Zhejiang	54714	40020	34644	38654	51645	35165
安 徽	Anhui	40573	31018	24800	32485	36773	30021
福 建	Fujian	44546	30670	31675	31729	43065	31468
江 西	Jiangxi	33972	36658	27975	29544	39099	28038
山 东	Shandong	47437	43439	45263	44516	42563	42204
河 南	Henan	31556	29130	26621	29957	30145	26439
湖 北	Hubei	34501	26291	27612	30269	28770	27778
湖 南	Hunan	37878	26815	32933	38603	40327	27725
广 东	Guangdong	61761	44577	37720	41673	52402	49836
广 西	Guangxi	42826	30252	28553	31058	35242	27013
海 南	Hainan	41311	35676	29055	33458	31252	28559
重 庆	Chongqing	45493	37295	40176	41212	47805	42064
四 川	Sichuan	42229	35082	30880	35889	39396	34103
贵 州	Guizhou	35945	24663	26491	34334	37494	27813
云 南	Yunnan	51525	39114	34765	38814	36343	33397
西 藏	Tibet						
陕 西	Shaanxi	42208	30194	27793	34863	32283	28439
甘 肃	Gansu	35573	32320	25121	29412	30324	26491
青 海	Qinghai	44716	32552	29895	25887	33940	31282
宁 夏	Ningxia	45598	29872	30328	28175	37375	28980
新 疆	Xinjiang	43162	36161	29206	31574	43449	35444

1-33 国内生产总值及构成
Gross Domestic Product and Its Composition

单位：亿元 (100 million yuan)

年 份 Year	国内生产总 值 Gross Domestic Product	第一产业 Primary Industry		第二产业 Secondary Industry		第三产业 Tertiary Industry		人均国内生产总值(元) Per Capita GDP (yuan)
		绝对数 Value	比重(%) Proportion	绝对数 Value	比重(%) Proportion	绝对数 Value	比重(%) Proportion	
1978	3678.7	1018.5	27.7	1755.2	47.7	905.1	24.6	385
1979	4100.5	1259.0	30.7	1925.4	47.0	916.1	22.3	423
1980	4587.6	1359.5	29.6	2204.7	48.1	1023.4	22.3	468
1981	4935.8	1545.7	31.3	2269.1	46.0	1121.1	22.7	497
1982	5373.4	1761.7	32.8	2397.7	44.6	1214.0	22.6	533
1983	6020.9	1960.9	32.6	2663.0	44.2	1397.0	23.2	588
1984	7278.5	2295.6	31.5	3124.8	42.9	1858.1	25.5	702
1985	9098.9	2541.7	27.9	3886.5	42.7	2670.7	29.4	866
1986	10376.2	2764.1	26.6	4515.2	43.5	3096.9	29.8	973
1987	12174.6	3204.5	26.3	5274.0	43.3	3696.2	30.4	1123
1988	15180.4	3831.2	25.2	6607.4	43.5	4741.8	31.2	1378
1989	17179.7	4228.2	24.6	7300.9	42.5	5650.6	32.9	1536
1990	18872.9	5017.2	26.6	7744.3	41.0	6111.4	32.4	1663
1991	22005.6	5288.8	24.0	9129.8	41.5	7587.0	34.5	1912
1992	27194.5	5800.3	21.3	11725.3	43.1	9668.9	35.6	2334
1993	35673.2	6887.6	19.3	16473.1	46.2	12312.6	34.5	3027
1994	48637.5	9471.8	19.5	22453.1	46.2	16712.5	34.4	4081
1995	61339.9	12020.5	19.6	28677.5	46.8	20641.9	33.7	5091
1996	71813.6	13878.3	19.3	33828.1	47.1	24107.2	33.6	5898
1997	79715.0	14265.2	17.9	37546.0	47.1	27903.8	35.0	6481
1998	85195.5	14618.7	17.2	39018.5	45.8	31558.3	37.0	6860
1999	90564.4	14549.0	16.1	41080.9	45.4	34934.5	38.6	7229
2000	100280.1	14717.4	14.7	45664.8	45.5	39897.9	39.8	7942
2001	110863.1	15502.5	14.0	49660.7	44.8	45700.0	41.2	8717
2002	121717.4	16190.2	13.3	54105.5	44.5	51421.7	42.2	9506
2003	137422.0	16970.2	12.3	62697.4	45.6	57754.4	42.0	10666
2004	161840.2	20904.3	12.9	74286.9	45.9	66648.9	41.2	12487
2005	187318.9	21806.7	11.6	88084.4	47.0	77427.8	41.3	14368
2006	219438.5	23317.0	10.6	104361.8	47.6	91759.7	41.8	16738
2007	270232.3	27788.0	10.3	126633.6	46.9	115810.7	42.9	20505
2008	319515.5	32753.2	10.3	149956.6	46.9	136805.8	42.8	24121
2009	349081.4	34161.8	9.8	160171.7	45.9	154747.9	44.3	26222
2010	413030.3	39362.6	9.5	191629.8	46.4	182038.0	44.1	30876
2011	489300.6	46163.1	9.4	227038.8	46.4	216098.6	44.2	36403
2012	540367.4	50902.3	9.4	244643.3	45.3	244821.9	45.3	40007
2013	595244.4	55329.1	9.3	261956.1	44.0	277959.3	46.7	43852
2014	643974.0	58343.5	9.1	277571.8	43.1	308058.6	47.8	47203
2015	685505.8	60870.5	8.9	280560.3	40.9	344075.0	50.2	49992

注：1.1980年以后国民总收入(原称国民生产总值)与国内生产总值的差额为国外净要素收入。
2.实施研发支出核算方法改革后，对各年度GDP数据进行了系统修订(以下相关表同)。

a) Since 1980, the difference between the Gross Domestic Product and the Gross National Income (formerly, the Gross National Product) is the net factor income from the rest of the world.

b) As methodology of R&D expenditure accounting is reformed, data of GDP of all years are adjusted systematically. The same applies to the relevant tables following.

1-34 国内生产总值指数
Indices of Gross Domestic Product

(上年=100) (preceding year=100)

年 份 Year	国内生产总值 Gross Domestic Product	第一产业 Primary Industry	第二产业 Secondary Industry	第三产业 Tertiary Industry	人均国内生产总值 Per Capita GDP
1978	111.7	104.1	115.0	113.6	110.2
1979	107.6	106.1	108.2	107.8	106.2
1980	107.8	98.5	113.5	106.1	106.5
1981	105.1	107.0	101.9	109.6	103.8
1982	109.0	111.5	105.6	112.7	107.4
1983	110.8	108.3	110.4	114.6	109.2
1984	115.2	112.9	114.4	119.4	113.7
1985	113.4	101.8	118.4	118.1	111.9
1986	108.9	103.3	110.2	112.3	107.3
1987	111.7	104.7	113.6	114.7	109.9
1988	111.2	102.5	114.3	113.2	109.4
1989	104.2	103.1	103.7	105.8	102.6
1990	103.9	107.3	103.2	102.7	102.4
1991	109.3	102.4	113.8	109.2	107.8
1992	114.2	104.7	121.0	112.6	112.8
1993	113.9	104.6	119.7	112.2	112.6
1994	113.0	103.9	118.1	111.4	111.8
1995	111.0	104.9	113.8	110.1	109.8
1996	109.9	105.0	112.1	109.2	108.8
1997	109.2	103.4	110.5	110.4	108.1
1998	107.8	103.4	108.9	108.4	106.8
1999	107.7	102.7	108.2	109.2	106.7
2000	108.5	102.3	109.5	109.8	107.6
2001	108.3	102.6	108.5	110.3	107.6
2002	109.1	102.7	109.9	110.5	108.4
2003	110.0	102.4	112.7	109.5	109.4
2004	110.1	106.1	111.1	110.1	109.5
2005	111.4	105.1	112.1	112.4	110.7
2006	112.7	104.8	113.5	114.1	112.1
2007	114.2	103.5	115.1	116.1	113.6
2008	109.7	105.2	109.8	110.5	109.1
2009	109.4	104.0	110.3	109.6	108.9
2010	110.6	104.3	112.7	109.7	110.1
2011	109.5	104.2	110.7	109.5	109.0
2012	107.9	104.5	108.4	108.0	107.3
2013	107.8	103.8	108.0	108.3	107.2
2014	107.3	104.1	107.4	107.8	106.8
2015	106.9	103.9	106.1	108.3	106.4

注：本表按不变价格计算。
Note: Data in this table are calculated at constant prices.

第二部分

Chapter Two

2015 年全国 1% 人口抽样调查数据

Data from 2015 National 1% Population Sample Survey

2-1 各地区人口数及人口自然变动情况
Total Population and Natural Changes by Region

地 区	Region	出生率 (‰) Birth Rate (‰)	死亡率 (‰) Death Rate (‰)	自然增长率 (‰) Natural Growth Rate (‰)	总人口(年末) (万人) Total Population (year-end) (10000 persons)
全 国	**National Total**	**12.07**	**7.11**	**4.96**	**137462**
北 京	Beijing	7.96	4.95	3.01	2171
天 津	Tianjin	5.84	5.61	0.23	1547
河 北	Hebei	11.35	5.79	5.56	7425
山 西	Shanxi	9.98	5.56	4.42	3664
内蒙古	Inner Mongolia	7.72	5.32	2.40	2511
辽 宁	Liaoning	6.17	6.59	-0.42	4382
吉 林	Jilin	5.87	5.53	0.34	2753
黑龙江	Heilongjiang	6.00	6.60	-0.60	3812
上 海	Shanghai	7.52	5.07	2.45	2415
江 苏	Jiangsu	9.05	7.03	2.02	7976
浙 江	Zhejiang	10.52	5.50	5.02	5539
安 徽	Anhui	12.92	5.94	6.98	6144
福 建	Fujian	13.90	6.10	7.80	3839
江 西	Jiangxi	13.20	6.24	6.96	4566
山 东	Shandong	12.55	6.67	5.88	9847
河 南	Henan	12.70	7.05	5.65	9480
湖 北	Hubei	10.74	5.83	4.91	5852
湖 南	Hunan	13.58	6.86	6.72	6783
广 东	Guangdong	11.12	4.32	6.80	10849
广 西	Guangxi	14.05	6.15	7.90	4796
海 南	Hainan	14.57	6.00	8.57	911
重 庆	Chongqing	11.05	7.19	3.86	3017
四 川	Sichuan	10.30	6.94	3.36	8204
贵 州	Guizhou	13.00	7.20	5.80	3530
云 南	Yunnan	12.88	6.48	6.40	4742
西 藏	Tibet	15.75	5.10	10.65	324
陕 西	Shaanxi	10.10	6.28	3.82	3793
甘 肃	Gansu	12.36	6.15	6.21	2600
青 海	Qinghai	14.72	6.17	8.55	588
宁 夏	Ningxia	12.62	4.58	8.04	668
新 疆	Xinjiang	15.59	4.51	11.08	2360

注：1.本表数据根据2015年全国1%人口抽样调查数据推算。
2.全国总人口包括现役军人数，分地区数字中未包括；全国总人口未包括香港、澳门特别行政区和台湾省的人口数据。
3.全国总人口根据抽样误差和调查误差进行了修正，分地区人口未做修正。

Note:a) Data in this table are estimates from the 2015 National 1% Population Sample Survey.
b) The military personnel were included in the national total population, but were not included in the population by region. The national total population does not include the population of Hong Kong SAR, Macao SAR and Taiwan Province.
c) The national total population were adjusted on the basis of sampling errors and survey errors. Similar adjustments were not made to regional figures.

2-2 各地区人口的城乡构成
Population by Urban and Rural Residence and Region

单位：万人　　(10000 persons)

地 区	Region	总人口(年末) Total Population (year-end)	城镇人口 Urban Population		乡村人口 Rural Population	
			人口数 Population	比重（%） Proportion	人口数 Population	比重（%） Proportion
全 国	**National Total**	**137462**	**77116**	**56.10**	**60346**	**43.90**
北 京	Beijing	2171	1878	86.50	293	13.50
天 津	Tianjin	1547	1278	82.64	269	17.36
河 北	Hebei	7425	3811	51.33	3614	48.67
山 西	Shanxi	3664	2016	55.03	1648	44.97
内蒙古	Inner Mongolia	2511	1514	60.30	997	39.70
辽 宁	Liaoning	4382	2952	67.35	1431	32.65
吉 林	Jilin	2753	1523	55.31	1230	44.69
黑龙江	Heilongjiang	3812	2241	58.80	1571	41.20
上 海	Shanghai	2415	2116	87.60	299	12.40
江 苏	Jiangsu	7976	5306	66.52	2670	33.48
浙 江	Zhejiang	5539	3645	65.80	1894	34.20
安 徽	Anhui	6144	3103	50.50	3041	49.50
福 建	Fujian	3839	2403	62.60	1436	37.40
江 西	Jiangxi	4566	2357	51.62	2209	48.38
山 东	Shandong	9847	5614	57.01	4233	42.99
河 南	Henan	9480	4441	46.85	5039	53.15
湖 北	Hubei	5852	3327	56.85	2525	43.15
湖 南	Hunan	6783	3452	50.89	3331	49.11
广 东	Guangdong	10849	7454	68.71	3395	31.29
广 西	Guangxi	4796	2257	47.06	2539	52.94
海 南	Hainan	911	502	55.12	409	44.88
重 庆	Chongqing	3017	1838	60.94	1178	39.06
四 川	Sichuan	8204	3913	47.69	4291	52.31
贵 州	Guizhou	3530	1483	42.01	2047	57.99
云 南	Yunnan	4742	2055	43.33	2687	56.67
西 藏	Tibet	324	90	27.74	234	72.26
陕 西	Shaanxi	3793	2045	53.92	1748	46.08
甘 肃	Gansu	2600	1123	43.19	1477	56.81
青 海	Qinghai	588	296	50.30	292	49.70
宁 夏	Ningxia	668	369	55.23	299	44.77
新 疆	Xinjiang	2360	1115	47.23	1245	52.77

注：本表数据根据2015年全国1%人口抽样调查数据推算。
Note: Data in the table are estimates from the 2015 National 1% Population Sample Survey.

2-3 全国分年龄、性别的人口数
Population by Age and Sex

单位：人、% (person,%)

年 龄 Age	人口数 Population			占总人口比重 Percentage to Total Population			性别比 (女=100) Sex Ratio (Female=100)
	合计 Total	男 Male	女 Female	合计 Total	男 Male	女 Female	
总计 Total	**21312241**	**10917046**	**10395195**	**100.00**	**51.22**	**48.78**	**105.02**
0-4	**1243566**	**668449**	**575117**	**5.83**	**3.14**	**2.70**	**116.23**
0	212420	112480	99940	1.00	0.53	0.47	112.55
1	241071	129721	111350	1.13	0.61	0.52	116.50
2	252145	135743	116402	1.18	0.64	0.55	116.62
3	279010	150566	128444	1.31	0.71	0.60	117.22
4	258920	139940	118980	1.21	0.66	0.56	117.62
5-9	**1174724**	**638535**	**536190**	**5.51**	**3.00**	**2.52**	**119.09**
5	235205	127490	107715	1.10	0.60	0.51	118.36
6	242956	132344	110612	1.14	0.62	0.52	119.65
7	240704	131109	109595	1.13	0.62	0.51	119.63
8	230017	124864	105152	1.08	0.59	0.49	118.75
9	225843	122728	103115	1.06	0.58	0.48	119.02
10-14	**1103520**	**598685**	**504836**	**5.18**	**2.81**	**2.37**	**118.59**
10	232466	126190	106276	1.09	0.59	0.50	118.74
11	226381	122684	103697	1.06	0.58	0.49	118.31
12	206409	112098	94311	0.97	0.53	0.44	118.86
13	212983	115866	97117	1.00	0.54	0.46	119.31
14	225282	121847	103435	1.06	0.57	0.49	117.80
15-19	**1165548**	**626249**	**539299**	**5.47**	**2.94**	**2.53**	**116.12**
15	210290	117139	93151	0.99	0.55	0.44	125.75
16	222973	120806	102168	1.05	0.57	0.48	118.24
17	247449	132902	114546	1.16	0.62	0.54	116.03
18	233814	124881	108933	1.10	0.59	0.51	114.64
19	251022	130521	120500	1.18	0.61	0.57	108.32
20-24	**1554837**	**809143**	**745694**	**7.30**	**3.80**	**3.50**	**108.51**
20	343834	174942	168892	1.61	0.82	0.79	103.58
21	304879	158112	146767	1.43	0.74	0.69	107.73
22	302120	159248	142872	1.42	0.75	0.67	111.46
23	297057	155658	141400	1.39	0.73	0.66	110.08
24	306947	161184	145763	1.44	0.76	0.68	110.58
25-29	**1992252**	**1007144**	**985108**	**9.35**	**4.73**	**4.62**	**102.24**
25	429074	217098	211976	2.01	1.02	0.99	102.42
26	406662	205417	201246	1.91	0.96	0.94	102.07
27	385115	194542	190574	1.81	0.91	0.89	102.08
28	409523	207303	202221	1.92	0.97	0.95	102.51
29	361877	182786	179092	1.70	0.86	0.84	102.06

注：由于各地区数据采用加权汇总的方法，全国1%人口抽样调查样本数据合计与各分项相加略有误差(以下表同)。

Note: Because data by region are calculated by the method of weighted sum, total data of the National 1% Population Sample Survey is not equal to the sum of each item. The same applies to the tables following.

2-3 续表 1 continued

单位：人、% (person,%)

年 龄 Age	人口数 Population			占总人口比重 Percentage to Total Population			性别比 (女=100) Sex Ratio (Female=100)
	合计 Total	男 Male	女 Female	合计 Total	男 Male	女 Female	
30-34	**1573049**	**794090**	**778959**	**7.38**	**3.73**	**3.65**	**101.94**
30	315885	158993	156892	1.48	0.75	0.74	101.34
31	305557	153658	151899	1.43	0.72	0.71	101.16
32	302016	152294	149722	1.42	0.71	0.70	101.72
33	348080	176772	171308	1.63	0.83	0.80	103.19
34	301510	152372	149138	1.41	0.71	0.70	102.17
35-39	**1507593**	**769056**	**738538**	**7.07**	**3.61**	**3.47**	**104.13**
35	290952	148514	142438	1.37	0.70	0.67	104.27
36	309318	158136	151182	1.45	0.74	0.71	104.60
37	302175	153724	148451	1.42	0.72	0.70	103.55
38	283567	144796	138771	1.33	0.68	0.65	104.34
39	321581	163884	157696	1.51	0.77	0.74	103.92
40-44	**1824946**	**932187**	**892759**	**8.56**	**4.37**	**4.19**	**104.42**
40	328707	168267	160440	1.54	0.79	0.75	104.88
41	352380	180221	172158	1.65	0.85	0.81	104.68
42	369934	189309	180625	1.74	0.89	0.85	104.81
43	382244	194533	187711	1.79	0.91	0.88	103.63
44	391681	199856	191825	1.84	0.94	0.90	104.19
45-49	**1921117**	**976048**	**945069**	**9.01**	**4.58**	**4.43**	**103.28**
45	417275	212824	204451	1.96	1.00	0.96	104.10
46	385266	196057	189209	1.81	0.92	0.89	103.62
47	415144	210535	204610	1.95	0.99	0.96	102.90
48	329775	167275	162500	1.55	0.78	0.76	102.94
49	373656	189356	184300	1.75	0.89	0.86	102.74
50-54	**1615839**	**818405**	**797433**	**7.58**	**3.84**	**3.74**	**102.63**
50	365713	187672	178041	1.72	0.88	0.84	105.41
51	358344	179373	178971	1.68	0.84	0.84	100.22
52	415136	211486	203650	1.95	0.99	0.96	103.85
53	306527	155411	151115	1.44	0.73	0.71	102.84
54	170119	84463	85656	0.80	0.40	0.40	98.61
55-59	**1193350**	**606808**	**586543**	**5.60**	**2.85**	**2.75**	**103.45**
55	211929	107726	104202	0.99	0.51	0.49	103.38
56	195805	100083	95722	0.92	0.47	0.45	104.56
57	251935	128788	123147	1.18	0.60	0.58	104.58
58	278618	141974	136644	1.31	0.67	0.64	103.90
59	255064	128236	126828	1.20	0.60	0.60	101.11
60-64	**1211435**	**604925**	**606510**	**5.68**	**2.84**	**2.85**	**99.74**
60	266885	134522	132363	1.25	0.63	0.62	101.63
61	264820	132604	132215	1.24	0.62	0.62	100.29
62	239497	119036	120461	1.12	0.56	0.57	98.82
63	239916	119319	120596	1.13	0.56	0.57	98.94
64	200318	99444	100875	0.94	0.47	0.47	98.58

2-3 续表 2 continued

单位：人、% (person,%)

年 龄 Age	人口数 Population			占总人口比重 Percentage to Total Population			性别比 (女=100)
	合计 Total	男 Male	女 Female	合计 Total	男 Male	女 Female	Sex Ratio (Female=100)
65-69	**850443**	**425036**	**425407**	**3.99**	**1.99**	**2.00**	**99.91**
65	200952	100119	100833	0.94	0.47	0.47	99.29
66	191184	96921	94263	0.90	0.45	0.44	102.82
67	162532	81123	81409	0.76	0.38	0.38	99.65
68	154725	77368	77357	0.73	0.36	0.36	100.01
69	141050	69505	71545	0.66	0.33	0.34	97.15
70-74	**563097**	**276332**	**286765**	**2.64**	**1.30**	**1.35**	**96.36**
70	128509	63037	65473	0.60	0.30	0.31	96.28
71	119707	59473	60235	0.56	0.28	0.28	98.74
72	108806	53028	55778	0.51	0.25	0.26	95.07
73	104443	51248	53195	0.49	0.24	0.25	96.34
74	101631	49546	52085	0.48	0.23	0.24	95.13
75-79	**411240**	**195597**	**215643**	**1.93**	**0.92**	**1.01**	**90.70**
75	95737	46110	49627	0.45	0.22	0.23	92.91
76	80148	38292	41856	0.38	0.18	0.20	91.49
77	85912	41154	44758	0.40	0.19	0.21	91.95
78	77451	36802	40649	0.36	0.17	0.19	90.54
79	71992	33238	38753	0.34	0.16	0.18	85.77
80-84	**253260**	**111726**	**141534**	**1.19**	**0.52**	**0.66**	**78.94**
80	64216	28785	35431	0.30	0.14	0.17	81.24
81	56390	24952	31438	0.26	0.12	0.15	79.37
82	53555	23846	29709	0.25	0.11	0.14	80.27
83	43522	18846	24676	0.20	0.09	0.12	76.37
84	35577	15297	20280	0.17	0.07	0.10	75.43
85-89	**111758**	**44847**	**66910**	**0.52**	**0.21**	**0.31**	**67.03**
85	34082	14509	19573	0.16	0.07	0.09	74.12
86	24708	9895	14813	0.12	0.05	0.07	66.80
87	22648	8845	13803	0.11	0.04	0.06	64.08
88	17302	6716	10585	0.08	0.03	0.05	63.45
89	13018	4883	8136	0.06	0.02	0.04	60.01
90-94	**33773**	**11838**	**21935**	**0.16**	**0.06**	**0.10**	**53.97**
90	11256	4058	7198	0.05	0.02	0.03	56.37
91	8155	2875	5280	0.04	0.01	0.02	54.46
92	6229	2104	4125	0.03	0.01	0.02	51.00
93	4602	1642	2960	0.02	0.01	0.01	55.48
94	3531	1159	2372	0.02	0.01	0.01	48.88
95-99	**6139**	**1782**	**4357**	**0.03**	**0.01**	**0.02**	**40.89**
95	2359	745	1615	0.01		0.01	46.11
96	1517	444	1074	0.01		0.01	41.32
97	1104	297	807	0.01			36.77
98	680	177	503				35.22
99	478	119	358				33.24
100+	**755**	**165**	**590**				**27.99**

2-4 全国城市分年龄、性别的人口数
City Population by Age and Sex

单位：人、% (person,%)

年龄 Age	人口数 Population 合计 Total	男 Male	女 Female	占总人口比重 Percentage to Total Population 合计 Total	男 Male	女 Female	性别比（女=100）Sex Ratio (Female=100)
总计 Total	**6963196**	**3551934**	**3411262**	**100.00**	**51.01**	**48.99**	**104.12**
0-4	**355707**	**188717**	**166990**	**5.11**	**2.71**	**2.40**	**113.01**
0	57558	30024	27534	0.83	0.43	0.40	109.04
1	74769	39827	34941	1.07	0.57	0.50	113.98
2	72065	38154	33910	1.03	0.55	0.49	112.51
3	80640	42921	37719	1.16	0.62	0.54	113.79
4	70676	37790	32886	1.01	0.54	0.47	114.91
5-9	**262119**	**141063**	**121055**	**3.76**	**2.03**	**1.74**	**116.53**
5	52704	28262	24442	0.76	0.41	0.35	115.63
6	53631	28934	24697	0.77	0.42	0.35	117.16
7	54031	29000	25031	0.78	0.42	0.36	115.86
8	53085	28610	24475	0.76	0.41	0.35	116.89
9	48668	26257	22411	0.70	0.38	0.32	117.16
10-14	**258070**	**139041**	**119029**	**3.71**	**2.00**	**1.71**	**116.81**
10	53604	28725	24879	0.77	0.41	0.36	115.46
11	52166	28098	24068	0.75	0.40	0.35	116.74
12	45887	24892	20995	0.66	0.36	0.30	118.56
13	51983	28045	23937	0.75	0.40	0.34	117.16
14	54431	29281	25150	0.78	0.42	0.36	116.43
15-19	**334540**	**170156**	**164384**	**4.80**	**2.44**	**2.36**	**103.51**
15	43096	24279	18817	0.62	0.35	0.27	129.03
16	55530	28882	26648	0.80	0.41	0.38	108.38
17	70228	34676	35551	1.01	0.50	0.51	97.54
18	74057	37295	36763	1.06	0.54	0.53	101.45
19	91629	45023	46606	1.32	0.65	0.67	96.60
20-24	**640503**	**329711**	**310793**	**9.20**	**4.74**	**4.46**	**106.09**
20	156104	75981	80123	2.24	1.09	1.15	94.83
21	135701	68798	66902	1.95	0.99	0.96	102.83
22	123705	65540	58165	1.78	0.94	0.84	112.68
23	113212	59874	53338	1.63	0.86	0.77	112.25
24	111782	59517	52265	1.61	0.85	0.75	113.88
25-29	**789042**	**406055**	**382988**	**11.33**	**5.83**	**5.50**	**106.02**
25	165450	85658	79791	2.38	1.23	1.15	107.35
26	159528	82352	77176	2.29	1.18	1.11	106.71
27	153317	79198	74119	2.20	1.14	1.06	106.85
28	164209	84237	79972	2.36	1.21	1.15	105.33
29	146539	74609	71930	2.10	1.07	1.03	103.72
30-34	**622313**	**314209**	**308104**	**8.94**	**4.51**	**4.42**	**101.98**
30	121289	61527	59762	1.74	0.88	0.86	102.95
31	118706	59846	58860	1.70	0.86	0.85	101.67
32	121697	61393	60305	1.75	0.88	0.87	101.80
33	141894	71610	70284	2.04	1.03	1.01	101.89
34	118726	59834	58892	1.71	0.86	0.85	101.60

2-4 续表 1 continued

单位：人、% (person,%)

年 龄 Age	人口数 Population			占总人口比重 Percentage to Total Population			性别比 (女=100) Sex Ratio (Female=100)
	合计 Total	男 Male	女 Female	合计 Total	男 Male	女 Female	
35-39	**579431**	**294960**	**284471**	**8.32**	**4.24**	**4.09**	**103.69**
35	113783	57891	55892	1.63	0.83	0.80	103.58
36	122198	62608	59590	1.75	0.90	0.86	105.06
37	116714	59273	57441	1.68	0.85	0.82	103.19
38	108016	54746	53270	1.55	0.79	0.77	102.77
39	118720	60442	58278	1.70	0.87	0.84	103.71
40-44	**641523**	**329350**	**312173**	**9.21**	**4.73**	**4.48**	**105.50**
40	119999	61300	58698	1.72	0.88	0.84	104.43
41	124440	63726	60714	1.79	0.92	0.87	104.96
42	131119	67595	63524	1.88	0.97	0.91	106.41
43	132090	67677	64413	1.90	0.97	0.93	105.07
44	133876	69052	64824	1.92	0.99	0.93	106.52
45-49	**602803**	**310668**	**292135**	**8.66**	**4.46**	**4.20**	**106.34**
45	139617	72150	67467	2.01	1.04	0.97	106.94
46	125966	64786	61180	1.81	0.93	0.88	105.89
47	130384	67056	63328	1.87	0.96	0.91	105.89
48	97132	50219	46913	1.39	0.72	0.67	107.05
49	109703	56456	53247	1.58	0.81	0.76	106.03
50-54	**509411**	**262870**	**246541**	**7.32**	**3.78**	**3.54**	**106.62**
50	111194	57746	53448	1.60	0.83	0.77	108.04
51	112764	57761	55003	1.62	0.83	0.79	105.01
52	135162	69943	65219	1.94	1.00	0.94	107.24
53	94390	48991	45399	1.36	0.70	0.65	107.91
54	55901	28429	27472	0.80	0.41	0.39	103.48
55-59	**378768**	**191013**	**187755**	**5.44**	**2.74**	**2.70**	**101.73**
55	71399	36492	34907	1.03	0.52	0.50	104.54
56	64384	32726	31658	0.92	0.47	0.45	103.37
57	80304	40765	39539	1.15	0.59	0.57	103.10
58	85365	42603	42762	1.23	0.61	0.61	99.63
59	77315	38426	38889	1.11	0.55	0.56	98.81
60-64	**351197**	**172382**	**178815**	**5.04**	**2.48**	**2.57**	**96.40**
60	79837	39680	40157	1.15	0.57	0.58	98.81
61	78484	38774	39710	1.13	0.56	0.57	97.64
62	68704	33214	35490	0.99	0.48	0.51	93.59
63	67323	32928	34395	0.97	0.47	0.49	95.74
64	56848	27786	29063	0.82	0.40	0.42	95.61

2-4 续表 2 continued

单位：人、% (person,%)

年龄 Age	人口数 Population 合计 Total	男 Male	女 Female	占总人口比重 Percentage to Total Population 合计 Total	男 Male	女 Female	性别比(女=100) Sex Ratio (Female=100)
65-69	**236073**	**115035**	**121038**	**3.39**	**1.65**	**1.74**	**95.04**
65	57437	28149	29288	0.82	0.40	0.42	96.11
66	53271	26063	27208	0.77	0.37	0.39	95.79
67	44426	21573	22853	0.64	0.31	0.33	94.40
68	42673	20801	21872	0.61	0.30	0.31	95.10
69	38266	18449	19817	0.55	0.26	0.28	93.10
70-74	**155258**	**73819**	**81439**	**2.23**	**1.06**	**1.17**	**90.64**
70	34718	16520	18199	0.50	0.24	0.26	90.77
71	32131	15463	16668	0.46	0.22	0.24	92.77
72	29477	13949	15528	0.42	0.20	0.22	89.83
73	29762	14132	15630	0.43	0.20	0.22	90.41
74	29168	13755	15413	0.42	0.20	0.22	89.24
75-79	**123028**	**57637**	**65391**	**1.77**	**0.83**	**0.94**	**88.14**
75	27969	13267	14702	0.40	0.19	0.21	90.24
76	24269	11258	13012	0.35	0.16	0.19	86.52
77	25503	11901	13603	0.37	0.17	0.20	87.49
78	23363	11099	12264	0.34	0.16	0.18	90.51
79	21923	10113	11810	0.31	0.15	0.17	85.63
80-84	**76749**	**35236**	**41513**	**1.10**	**0.51**	**0.60**	**84.88**
80	19529	8940	10589	0.28	0.13	0.15	84.43
81	17178	7693	9485	0.25	0.11	0.14	81.10
82	16054	7469	8585	0.23	0.11	0.12	87.00
83	13242	6114	7128	0.19	0.09	0.10	85.76
84	10745	5020	5725	0.15	0.07	0.08	87.69
85-89	**34129**	**15167**	**18962**	**0.49**	**0.22**	**0.27**	**79.99**
85	10488	4821	5667	0.15	0.07	0.08	85.08
86	7602	3409	4193	0.11	0.05	0.06	81.31
87	6791	2974	3818	0.10	0.04	0.05	77.89
88	5261	2272	2989	0.08	0.03	0.04	76.01
89	3988	1692	2296	0.06	0.02	0.03	73.68
90-94	**10494**	**4168**	**6326**	**0.15**	**0.06**	**0.09**	**65.89**
90	3544	1505	2039	0.05	0.02	0.03	73.81
91	2488	982	1505	0.04	0.01	0.02	65.25
92	1925	735	1190	0.03	0.01	0.02	61.78
93	1414	528	885	0.02	0.01	0.01	59.66
94	1123	417	706	0.02	0.01	0.01	59.12
95-99	**1852**	**628**	**1224**	**0.03**	**0.01**	**0.02**	**51.31**
95	691	243	448	0.01		0.01	54.30
96	491	164	327	0.01			50.27
97	313	115	198				58.07
98	214	65	149				43.37
99	143	41	102				40.10
100+	**186**	**49**	**136**				**36.36**

2-5 全国镇分年龄、性别的人口数
Town Population by Age and Sex

单位：人、% (person,%)

年龄 Age	人口数 Population			占总人口比重 Percentage to Total Population			性别比（女=100） Sex Ratio (Female=100)
	合计 Total	男 Male	女 Female	合计 Total	男 Male	女 Female	
总计 Total	**4992911**	**2572372**	**2420539**	**100.00**	**51.52**	**48.48**	**106.27**
0-4	**323014**	**174254**	**148761**	**6.47**	**3.49**	**2.98**	**117.14**
0	54183	28844	25339	1.09	0.58	0.51	113.84
1	62586	33779	28807	1.25	0.68	0.58	117.26
2	65407	35335	30072	1.31	0.71	0.60	117.50
3	72793	39341	33451	1.46	0.79	0.67	117.61
4	68046	36955	31091	1.36	0.74	0.62	118.86
5-9	**263580**	**143587**	**119994**	**5.28**	**2.88**	**2.40**	**119.66**
5	52640	28643	23997	1.05	0.57	0.48	119.36
6	54381	29669	24712	1.09	0.59	0.49	120.06
7	54653	29854	24800	1.09	0.60	0.50	120.38
8	51079	27750	23329	1.02	0.56	0.47	118.95
9	50827	27671	23156	1.02	0.55	0.46	119.50
10-14	**264444**	**144707**	**119736**	**5.30**	**2.90**	**2.40**	**120.85**
10	54861	30184	24677	1.10	0.60	0.49	122.31
11	53514	29304	24211	1.07	0.59	0.48	121.04
12	49504	27040	22464	0.99	0.54	0.45	120.37
13	50764	27831	22933	1.02	0.56	0.46	121.36
14	55801	30349	25452	1.12	0.61	0.51	119.24
15-19	**264074**	**151321**	**112754**	**5.29**	**3.03**	**2.26**	**134.20**
15	48378	28795	19583	0.97	0.58	0.39	147.04
16	57006	32830	24176	1.14	0.66	0.48	135.80
17	61556	35973	25583	1.23	0.72	0.51	140.61
18	49294	28025	21269	0.99	0.56	0.43	131.77
19	47840	25697	22143	0.96	0.51	0.44	116.05
20-24	**339053**	**176323**	**162731**	**6.79**	**3.53**	**3.26**	**108.35**
20	76835	38944	37892	1.54	0.78	0.76	102.78
21	65288	33985	31303	1.31	0.68	0.63	108.57
22	64783	34031	30753	1.30	0.68	0.62	110.66
23	63903	33453	30450	1.28	0.67	0.61	109.86
24	68244	35910	32334	1.37	0.72	0.65	111.06
25-29	**493897**	**249429**	**244468**	**9.89**	**5.00**	**4.90**	**102.03**
25	105301	53237	52063	2.11	1.07	1.04	102.25
26	101079	51246	49834	2.02	1.03	1.00	102.83
27	95706	48028	47677	1.92	0.96	0.95	100.74
28	101752	51269	50483	2.04	1.03	1.01	101.56
29	90060	45649	44411	1.80	0.91	0.89	102.79
30-34	**370394**	**186325**	**184070**	**7.42**	**3.73**	**3.69**	**101.23**
30	75080	37660	37421	1.50	0.75	0.75	100.64
31	72415	36293	36122	1.45	0.73	0.72	100.47
32	70343	35310	35033	1.41	0.71	0.70	100.79
33	81155	41192	39963	1.63	0.83	0.80	103.07
34	71402	35871	35531	1.43	0.72	0.71	100.96

2-5 续表 1 continued

单位：人、%　　(person,%)

年 龄 Age	人口数 Population			占总人口比重 Percentage to Total Population			性别比 (女=100) Sex Ratio (Female=100)
	合计 Total	男 Male	女 Female	合计 Total	男 Male	女 Female	
35-39	**374748**	**190200**	**184548**	**7.51**	**3.81**	**3.70**	**103.06**
35	70835	36229	34606	1.42	0.73	0.69	104.69
36	76138	38585	37553	1.52	0.77	0.75	102.75
37	75502	37982	37520	1.51	0.76	0.75	101.23
38	70599	35891	34708	1.41	0.72	0.70	103.41
39	81674	41514	40160	1.64	0.83	0.80	103.37
40-44	**457665**	**233964**	**223701**	**9.17**	**4.69**	**4.48**	**104.59**
40	83898	43016	40882	1.68	0.86	0.82	105.22
41	88590	45309	43281	1.77	0.91	0.87	104.69
42	92527	47285	45242	1.85	0.95	0.91	104.51
43	95652	48797	46855	1.92	0.98	0.94	104.15
44	96999	49557	47442	1.94	0.99	0.95	104.46
45-49	**475530**	**242097**	**233434**	**9.52**	**4.85**	**4.68**	**103.71**
45	103170	52936	50234	2.07	1.06	1.01	105.38
46	95374	48627	46747	1.91	0.97	0.94	104.02
47	103226	52468	50758	2.07	1.05	1.02	103.37
48	81062	41132	39930	1.62	0.82	0.80	103.01
49	92699	46934	45765	1.86	0.94	0.92	102.56
50-54	**381594**	**193910**	**187683**	**7.64**	**3.88**	**3.76**	**103.32**
50	88723	45771	42952	1.78	0.92	0.86	106.56
51	85062	42644	42418	1.70	0.85	0.85	100.53
52	97661	49885	47776	1.96	1.00	0.96	104.42
53	71778	36708	35070	1.44	0.74	0.70	104.67
54	38371	18902	19468	0.77	0.38	0.39	97.09
55-59	**259617**	**133312**	**126304**	**5.20**	**2.67**	**2.53**	**105.55**
55	45823	23430	22392	0.92	0.47	0.45	104.63
56	42676	21983	20692	0.85	0.44	0.41	106.24
57	55217	28565	26652	1.11	0.57	0.53	107.18
58	60625	31447	29178	1.21	0.63	0.58	107.78
59	55276	27887	27389	1.11	0.56	0.55	101.82
60-64	**258314**	**128475**	**129839**	**5.17**	**2.57**	**2.60**	**98.95**
60	57946	29038	28908	1.16	0.58	0.58	100.45
61	56172	27911	28261	1.13	0.56	0.57	98.76
62	51035	25352	25683	1.02	0.51	0.51	98.71
63	51163	25405	25758	1.02	0.51	0.52	98.63
64	41999	20770	21229	0.84	0.42	0.43	97.83

2-5 续表 2 continued

单位：人、% (person,%)

年龄 Age	人口数 Population			占总人口比重 Percentage to Total Population			性别比 (女=100) Sex Ratio (Female=100)
	合计 Total	男 Male	女 Female	合计 Total	男 Male	女 Female	
65-69	**180267**	**89897**	**90370**	**3.61**	**1.80**	**1.81**	**99.48**
65	42455	21093	21362	0.85	0.42	0.43	98.74
66	40788	20707	20081	0.82	0.41	0.40	103.12
67	34135	16956	17179	0.68	0.34	0.34	98.70
68	33034	16437	16598	0.66	0.33	0.33	99.03
69	29854	14704	15150	0.60	0.29	0.30	97.05
70-74	**119890**	**59074**	**60816**	**2.40**	**1.18**	**1.22**	**97.14**
70	28174	13929	14245	0.56	0.28	0.29	97.78
71	25545	12752	12793	0.51	0.26	0.26	99.68
72	22793	11114	11680	0.46	0.22	0.23	95.16
73	22236	10948	11288	0.45	0.22	0.23	96.99
74	21141	10330	10811	0.42	0.21	0.22	95.56
75-79	**84266**	**40530**	**43736**	**1.69**	**0.81**	**0.88**	**92.67**
75	19855	9714	10141	0.40	0.19	0.20	95.79
76	16449	8000	8450	0.33	0.16	0.17	94.67
77	17521	8539	8982	0.35	0.17	0.18	95.07
78	15820	7522	8298	0.32	0.15	0.17	90.65
79	14620	6755	7865	0.29	0.14	0.16	85.89
80-84	**51548**	**23028**	**28520**	**1.03**	**0.46**	**0.57**	**80.74**
80	13115	5988	7127	0.26	0.12	0.14	84.02
81	11291	4999	6292	0.23	0.10	0.13	79.44
82	11198	5043	6154	0.22	0.10	0.12	81.95
83	8765	3873	4892	0.18	0.08	0.10	79.17
84	7180	3125	4055	0.14	0.06	0.08	77.07
85-89	**22477**	**8997**	**13480**	**0.45**	**0.18**	**0.27**	**66.75**
85	6937	2954	3982	0.14	0.06	0.08	74.18
86	4940	2031	2909	0.10	0.04	0.06	69.82
87	4503	1716	2787	0.09	0.03	0.06	61.56
88	3552	1351	2202	0.07	0.03	0.04	61.34
89	2545	945	1599	0.05	0.02	0.03	59.11
90-94	**7057**	**2524**	**4532**	**0.14**	**0.05**	**0.09**	**55.70**
90	2341	859	1482	0.05	0.02	0.03	58.00
91	1700	598	1102	0.03	0.01	0.02	54.22
92	1295	449	846	0.03	0.01	0.02	53.13
93	1009	374	635	0.02	0.01	0.01	58.96
94	712	244	468	0.01		0.01	52.09
95-99	**1293**	**381**	**912**	**0.03**	**0.01**	**0.02**	**41.75**
95	492	170	322	0.01		0.01	52.79
96	311	103	208	0.01			49.58
97	246	50	196				25.44
98	157	34	123				28.07
99	87	24	64				36.94
100+	**188**	**38**	**150**				**25.60**

2-6 全国乡村分年龄、性别的人口数
Rural Population by Age and Sex

单位：人、% (person,%)

年 龄 Age	人口数 Population			占总人口比重 Percentage to Total Population			性别比（女=100） Sex Ratio (Female=100)
	合计 Total	男 Male	女 Female	合计 Total	男 Male	女 Female	
总计 Total	**9356134**	**4792740**	**4563393**	**100.00**	**51.23**	**48.77**	**105.03**
0-4	**564845**	**305479**	**259366**	**6.04**	**3.27**	**2.77**	**117.78**
0	100679	53612	47068	1.08	0.57	0.50	113.90
1	103716	56115	47602	1.11	0.60	0.51	117.88
2	114673	62254	52419	1.23	0.67	0.56	118.76
3	125577	68304	57273	1.34	0.73	0.61	119.26
4	120198	65195	55004	1.28	0.70	0.59	118.53
5-9	**649026**	**353885**	**295141**	**6.94**	**3.78**	**3.15**	**119.90**
5	129861	70585	59276	1.39	0.75	0.63	119.08
6	134944	73741	61203	1.44	0.79	0.65	120.48
7	132019	72255	59764	1.41	0.77	0.64	120.90
8	125853	68505	57348	1.35	0.73	0.61	119.45
9	126348	68800	57548	1.35	0.74	0.62	119.55
10-14	**581007**	**314936**	**266070**	**6.21**	**3.37**	**2.84**	**118.37**
10	124002	67282	56720	1.33	0.72	0.61	118.62
11	120701	65283	55418	1.29	0.70	0.59	117.80
12	111017	60165	50852	1.19	0.64	0.54	118.32
13	110236	59989	50247	1.18	0.64	0.54	119.39
14	115050	62217	52833	1.23	0.66	0.56	117.76
15-19	**566933**	**304773**	**262161**	**6.06**	**3.26**	**2.80**	**116.25**
15	118816	64065	54751	1.27	0.68	0.59	117.01
16	110438	59094	51344	1.18	0.63	0.55	115.09
17	115665	62253	53412	1.24	0.67	0.57	116.55
18	110463	59561	50902	1.18	0.64	0.54	117.01
19	111552	59801	51751	1.19	0.64	0.55	115.55
20-24	**575280**	**303110**	**272170**	**6.15**	**3.24**	**2.91**	**111.37**
20	110894	60017	50877	1.19	0.64	0.54	117.96
21	103890	55328	48562	1.11	0.59	0.52	113.93
22	113632	59677	53955	1.21	0.64	0.58	110.60
23	119943	62331	57612	1.28	0.67	0.62	108.19
24	126921	65757	61164	1.36	0.70	0.65	107.51
25-29	**709312**	**351660**	**357652**	**7.58**	**3.76**	**3.82**	**98.32**
25	158323	78202	80122	1.69	0.84	0.86	97.60
26	146055	71818	74237	1.56	0.77	0.79	96.74
27	136093	67315	68778	1.45	0.72	0.74	97.87
28	143563	71797	71766	1.53	0.77	0.77	100.04
29	125278	62528	62751	1.34	0.67	0.67	99.65
30-34	**580341**	**293556**	**286786**	**6.20**	**3.14**	**3.07**	**102.36**
30	119516	59807	59709	1.28	0.64	0.64	100.16
31	114437	57519	56917	1.22	0.61	0.61	101.06
32	109976	55591	54384	1.18	0.59	0.58	102.22
33	125031	63971	61061	1.34	0.68	0.65	104.77
34	111382	56668	54715	1.19	0.61	0.58	103.57

2-6 续表 1 continued

单位：人、% (person,%)

年 龄 Age	人口数 Population			占总人口比重 Percentage to Total Population			性别比 (女=100) Sex Ratio (Female=100)
	合计 Total	男 Male	女 Female	合计 Total	男 Male	女 Female	
35-39	**553414**	**283896**	**269518**	**5.91**	**3.03**	**2.88**	**105.33**
35	106335	54395	51940	1.14	0.58	0.56	104.73
36	110981	56943	54038	1.19	0.61	0.58	105.38
37	109960	56470	53490	1.18	0.60	0.57	105.57
38	104952	54159	50793	1.12	0.58	0.54	106.63
39	121187	61928	59258	1.30	0.66	0.63	104.51
40-44	**725757**	**368873**	**356885**	**7.76**	**3.94**	**3.81**	**103.36**
40	124811	63951	60859	1.33	0.68	0.65	105.08
41	139349	71186	68164	1.49	0.76	0.73	104.43
42	146289	74430	71859	1.56	0.80	0.77	103.58
43	154502	78059	76443	1.65	0.83	0.82	102.11
44	160806	81246	79560	1.72	0.87	0.85	102.12
45-49	**842783**	**423283**	**419500**	**9.01**	**4.52**	**4.48**	**100.90**
45	174488	87738	86750	1.86	0.94	0.93	101.14
46	163926	82645	81282	1.75	0.88	0.87	101.68
47	181534	91010	90524	1.94	0.97	0.97	100.54
48	151581	75925	75657	1.62	0.81	0.81	100.35
49	171253	85966	85288	1.83	0.92	0.91	100.79
50-54	**724834**	**361625**	**363209**	**7.75**	**3.87**	**3.88**	**99.56**
50	165796	84155	81642	1.77	0.90	0.87	103.08
51	160519	78969	81550	1.72	0.84	0.87	96.84
52	182313	91658	90655	1.95	0.98	0.97	101.11
53	140358	69712	70646	1.50	0.75	0.76	98.68
54	75847	37131	38716	0.81	0.40	0.41	95.91
55-59	**554966**	**282483**	**272483**	**5.93**	**3.02**	**2.91**	**103.67**
55	94707	47804	46903	1.01	0.51	0.50	101.92
56	88745	45374	43371	0.95	0.48	0.46	104.62
57	116414	59458	56955	1.24	0.64	0.61	104.39
58	132628	67924	64704	1.42	0.73	0.69	104.98
59	122472	61923	60550	1.31	0.66	0.65	102.27
60-64	**601924**	**304068**	**297856**	**6.43**	**3.25**	**3.18**	**102.09**
60	129102	65804	63297	1.38	0.70	0.68	103.96
61	130164	65919	64245	1.39	0.70	0.69	102.61
62	119758	60470	59288	1.28	0.65	0.63	101.99
63	121429	60986	60443	1.30	0.65	0.65	100.90
64	101471	50888	50582	1.08	0.54	0.54	100.60

2-6 续表 2 continued

单位：人、% (person,%)

年 龄 Age	人口数 Population			占总人口比重 Percentage to Total Population			性别比 (女=100) Sex Ratio (Female=100)
	合计 Total	男 Male	女 Female	合计 Total	男 Male	女 Female	
65-69	**434102**	**220103**	**213999**	**4.64**	**2.35**	**2.29**	**102.85**
65	101059	50876	50183	1.08	0.54	0.54	101.38
66	97125	50151	46974	1.04	0.54	0.50	106.76
67	83970	42594	41377	0.90	0.46	0.44	102.94
68	79017	40130	38887	0.84	0.43	0.42	103.20
69	72929	36352	36578	0.78	0.39	0.39	99.38
70-74	**287950**	**143439**	**144511**	**3.08**	**1.53**	**1.54**	**99.26**
70	65617	32588	33029	0.70	0.35	0.35	98.67
71	62031	31257	30774	0.66	0.33	0.33	101.57
72	56536	27966	28570	0.60	0.30	0.31	97.88
73	52445	26168	26277	0.56	0.28	0.28	99.58
74	51321	25460	25861	0.55	0.27	0.28	98.45
75-79	**203945**	**97430**	**106516**	**2.18**	**1.04**	**1.14**	**91.47**
75	47912	23129	24783	0.51	0.25	0.26	93.32
76	39429	19035	20394	0.42	0.20	0.22	93.34
77	42888	20715	22173	0.46	0.22	0.24	93.42
78	38268	18181	20087	0.41	0.19	0.21	90.51
79	35448	16370	19078	0.38	0.17	0.20	85.81
80-84	**124963**	**53462**	**71501**	**1.34**	**0.57**	**0.76**	**74.77**
80	31572	13857	17715	0.34	0.15	0.19	78.22
81	27921	12260	15660	0.30	0.13	0.17	78.29
82	26303	11334	14970	0.28	0.12	0.16	75.71
83	21515	8859	12655	0.23	0.09	0.14	70.01
84	17652	7152	10500	0.19	0.08	0.11	68.11
85-89	**55151**	**20683**	**34469**	**0.59**	**0.22**	**0.37**	**60.00**
85	16658	6733	9924	0.18	0.07	0.11	67.84
86	12166	4455	7711	0.13	0.05	0.08	57.76
87	11353	4156	7198	0.12	0.04	0.08	57.74
88	8489	3094	5395	0.09	0.03	0.06	57.36
89	6486	2245	4240	0.07	0.02	0.05	52.95
90-94	**16223**	**5146**	**11077**	**0.17**	**0.06**	**0.12**	**46.46**
90	5371	1693	3677	0.06	0.02	0.04	46.04
91	3967	1295	2672	0.04	0.01	0.03	48.47
92	3009	920	2090	0.03	0.01	0.02	44.01
93	2180	740	1440	0.02	0.01	0.02	51.38
94	1696	498	1198	0.02	0.01	0.01	41.60
95-99	**2994**	**773**	**2221**	**0.03**	**0.01**	**0.02**	**34.79**
95	1176	331	845	0.01		0.01	39.23
96	715	176	539	0.01		0.01	32.72
97	545	132	413	0.01			31.96
98	309	78	231				33.76
99	247	55	192				28.38
100+	**382**	**77**	**304**				**25.43**

2-7 各地区人口年龄构成和抚养比
Age Composition and Dependency Ratio of Population by Region

地 区	Region	人口数(人) Population (person)	0-14岁 Aged 0-14	15-64岁 Aged 15-64	65+ Aged 65 and Over	总抚养比(%) Gross Dependency Ratio (%)	少儿抚养比 Children Dependency Ratio	老年抚养比 Old Dependency Ratio
全 国	**National Total**	**21312241**	**3521811**	**15559965**	**2230465**	**36.97**	**22.63**	**14.33**
北 京	Beijing	335775	33994	266007	35775	26.23	12.78	13.45
天 津	Tianjin	239370	24253	190476	24641	25.67	12.73	12.94
河 北	Hebei	1155542	210653	827323	117567	39.67	25.46	14.21
山 西	Shanxi	569491	85703	431465	52324	31.99	19.86	12.13
内蒙古	Inner Mongolia	390222	51002	301933	37288	29.24	16.89	12.35
辽 宁	Liaoning	680859	72220	521044	87595	30.67	13.86	16.81
吉 林	Jilin	428511	51351	330390	46769	29.70	15.54	14.16
黑龙江	Heilongjiang	592705	62674	465792	64239	27.25	13.46	13.79
上 海	Shanghai	373956	34935	291086	47936	28.47	12.00	16.47
江 苏	Jiangsu	1238192	167898	913159	157135	35.59	18.39	17.21
浙 江	Zhejiang	859773	111031	651886	96855	31.89	17.03	14.86
安 徽	Anhui	955845	169869	679081	106895	40.76	25.01	15.74
福 建	Fujian	596224	104768	437763	53694	36.20	23.93	12.27
江 西	Jiangxi	710552	152541	493623	64388	43.95	30.90	13.04
山 东	Shandong	1530763	250337	1101954	178471	38.91	22.72	16.20
河 南	Henan	1476154	309790	1020949	145415	44.59	30.34	14.24
湖 北	Hubei	909271	138022	669102	102146	35.89	20.63	15.27
湖 南	Hunan	1056139	194440	743164	118534	42.11	26.16	15.95
广 东	Guangdong	1681666	269349	1288354	123964	30.53	20.91	9.62
广 西	Guangxi	747093	169026	505127	72940	47.90	33.46	14.44
海 南	Hainan	141596	28058	101585	11954	39.39	27.62	11.77
重 庆	Chongqing	468563	73101	333180	62282	40.63	21.94	18.69
四 川	Sichuan	1277289	202831	909185	165273	40.49	22.31	18.18
贵 州	Guizhou	550172	123464	374559	52149	46.89	32.96	13.92
云 南	Yunnan	738612	141197	535328	62088	37.97	26.38	11.60
西 藏	Tibet	50634	11932	35812	2890	41.39	33.32	8.07
陕 西	Shaanxi	589346	88688	439664	60994	34.04	20.17	13.87
甘 肃	Gansu	404863	69226	297726	37912	35.99	23.25	12.73
青 海	Qinghai	91611	18381	66728	6502	37.29	27.55	9.74
宁 夏	Ningxia	103820	20862	75315	7643	37.85	27.70	10.15
新 疆	Xinjiang	367631	80217	261207	26207	40.74	30.71	10.03

2-8 各地区城市人口年龄构成和抚养比
Age Composition and Dependency Ratio of City Population by Region

地 区	Region	人口数 (人) Population (person)	0-14岁 Aged 0-14	15-64岁 Aged 15-64	65+ Aged 65 and Over	总抚养比 (%) Gross Dependency Ratio (%)	少儿抚养比 Children Dependency Ratio	老年抚养比 Old Dependency Ratio
全 国	**National Total**	**6963196**	**875896**	**5449531**	**637769**	**27.78**	**16.07**	**11.70**
北 京	Beijing	268914	27347	212986	28581	26.26	12.84	13.42
天 津	Tianjin	174647	15262	141655	17731	23.29	10.77	12.52
河 北	Hebei	249299	35446	189204	24649	31.76	18.73	13.03
山 西	Shanxi	161466	22162	126636	12669	27.50	17.50	10.00
内蒙古	Inner Mongolia	133309	16439	105010	11860	26.95	15.65	11.29
辽 宁	Liaoning	368357	34635	286530	47193	28.56	12.09	16.47
吉 林	Jilin	152382	15776	118999	17607	28.05	13.26	14.80
黑龙江	Heilongjiang	233600	19116	187107	27377	24.85	10.22	14.63
上 海	Shanghai	278591	26281	216414	35896	28.73	12.14	16.59
江 苏	Jiangsu	484061	58406	376314	49340	28.63	15.52	13.11
浙 江	Zhejiang	352038	44114	278899	29026	26.22	15.82	10.41
安 徽	Anhui	215197	27254	167392	20551	28.56	16.28	12.28
福 建	Fujian	216424	33022	169294	14107	27.84	19.51	8.33
江 西	Jiangxi	127119	20723	93443	12953	36.04	22.18	13.86
山 东	Shandong	485366	72149	370128	43089	31.13	19.49	11.64
河 南	Henan	296834	45302	225827	25705	31.44	20.06	11.38
湖 北	Hubei	323255	38124	255433	29698	26.55	14.93	11.63
湖 南	Hunan	239123	33006	184443	21674	29.65	17.89	11.75
广 东	Guangdong	889516	111672	728283	49561	22.14	15.33	6.81
广 西	Guangxi	156643	26822	117704	12117	33.08	22.79	10.29
海 南	Hainan	41880	7191	31969	2720	31.00	22.49	8.51
重 庆	Chongqing	172201	20183	134395	17623	28.13	15.02	13.11
四 川	Sichuan	283946	33570	220943	29434	28.52	15.19	13.32
贵 州	Guizhou	100259	16616	74883	8760	33.89	22.19	11.70
云 南	Yunnan	132872	18246	104443	10184	27.22	17.47	9.75
西 藏	Tibet	5978	718	4923	338	21.44	14.58	6.86
陕 西	Shaanxi	162531	18462	129255	14815	25.75	14.28	11.46
甘 肃	Gansu	90870	12273	70337	8260	29.19	17.45	11.74
青 海	Qinghai	22971	3405	17824	1742	28.88	19.10	9.77
宁 夏	Ningxia	36766	5723	28342	2701	29.72	20.19	9.53
新 疆	Xinjiang	106782	16455	80517	9810	32.62	20.44	12.18

2-9 各地区镇人口年龄构成和抚养比
Age Composition and Dependency Ratio of Town Population by Region

地区	Region	人口数（人）Population (person)	0-14岁 Aged 0-14	15-64岁 Aged 15-64	65+ Aged 65 and Over	总抚养比（%）Gross Dependency Ratio (%)	少儿抚养比 Children Dependency Ratio	老年抚养比 Old Dependency Ratio
全国	**National Total**	**4992911**	**851038**	**3674888**	**466985**	**35.87**	**23.16**	**12.71**
北京	Beijing	20833	2252	16675	1906	24.94	13.51	11.43
天津	Tianjin	22547	2860	17676	2012	27.56	16.18	11.38
河北	Hebei	338689	62065	247039	29585	37.10	25.12	11.98
山西	Shanxi	149242	24063	113660	11520	31.31	21.17	10.14
内蒙古	Inner Mongolia	100352	14417	77820	8115	28.95	18.53	10.43
辽宁	Liaoning	87788	9826	67253	10710	30.54	14.61	15.92
吉林	Jilin	82879	9101	64839	8939	27.82	14.04	13.79
黑龙江	Heilongjiang	112453	12151	88483	11819	27.09	13.73	13.36
上海	Shanghai	48337	4828	38718	4791	24.84	12.47	12.37
江苏	Jiangsu	334737	47970	247612	39155	35.19	19.37	15.81
浙江	Zhejiang	210232	28910	158865	22457	32.33	18.20	14.14
安徽	Anhui	263015	45422	191061	26531	37.66	23.77	13.89
福建	Fujian	154301	29215	112015	13071	37.75	26.08	11.67
江西	Jiangxi	236504	47538	171146	17821	38.19	27.78	10.41
山东	Shandong	380552	62315	277298	40939	37.24	22.47	14.76
河南	Henan	387945	76642	279481	31822	38.81	27.42	11.39
湖北	Hubei	189472	30179	140219	19074	35.13	21.52	13.60
湖南	Hunan	293836	53217	212029	28591	38.58	25.10	13.48
广东	Guangdong	258969	46708	190953	21308	35.62	24.46	11.16
广西	Guangxi	191665	42623	132911	16131	44.21	32.07	12.14
海南	Hainan	35512	6988	25337	3187	40.16	27.58	12.58
重庆	Chongqing	111308	18480	80267	12561	38.67	23.02	15.65
四川	Sichuan	319333	49600	235745	33988	35.46	21.04	14.42
贵州	Guizhou	128430	28142	90507	9781	41.90	31.09	10.81
云南	Yunnan	183681	33387	135931	14362	35.13	24.56	10.57
西藏	Tibet	7885	1409	6078	398	29.73	23.18	6.55
陕西	Shaanxi	152312	25385	113337	13590	34.39	22.40	11.99
甘肃	Gansu	82045	13296	62585	6164	31.09	21.25	9.85
青海	Qinghai	22705	4297	17034	1375	33.30	25.23	8.07
宁夏	Ningxia	20089	4305	14551	1234	38.06	29.58	8.48
新疆	Xinjiang	65264	13445	47766	4052	36.63	28.15	8.48

2-10 各地区乡村人口年龄构成和抚养比
Age Composition and Dependency Ratio of Rural Population by Region

地 区	Region	人口数(人) Population (person)	0-14岁 Aged 0-14	15-64岁 Aged 15-64	65+ Aged 65 and Over	总抚养比(%) Gross Dependency Ratio (%)	少儿抚养比 Children Dependency Ratio	老年抚养比 Old Dependency Ratio
全 国	**National Total**	**9356134**	**1794877**	**6435546**	**1125710**	**45.38**	**27.89**	**17.49**
北 京	Beijing	46028	4394	36346	5288	26.64	12.09	14.55
天 津	Tianjin	42176	6132	31145	4899	35.42	19.69	15.73
河 北	Hebei	567555	113141	391080	63333	45.12	28.93	16.19
山 西	Shanxi	258783	39479	191169	28135	35.37	20.65	14.72
内蒙古	Inner Mongolia	156561	20146	119102	17314	31.45	16.91	14.54
辽 宁	Liaoning	224713	27759	167262	29692	34.35	16.60	17.75
吉 林	Jilin	193250	26475	146552	20223	31.86	18.07	13.80
黑龙江	Heilongjiang	246653	31408	190202	25043	29.68	16.51	13.17
上 海	Shanghai	47028	3825	35954	7249	30.80	10.64	20.16
江 苏	Jiangsu	419395	61522	289233	68640	45.00	21.27	23.73
浙 江	Zhejiang	297502	38008	214122	45372	38.94	17.75	21.19
安 徽	Anhui	477633	97193	320627	59813	48.97	30.31	18.65
福 建	Fujian	225499	42530	156454	26516	44.13	27.18	16.95
江 西	Jiangxi	346929	84280	229035	33615	51.47	36.80	14.68
山 东	Shandong	664845	115873	454528	94443	46.27	25.49	20.78
河 南	Henan	791376	187846	515641	87889	53.47	36.43	17.04
湖 北	Hubei	396544	69719	273451	53374	45.01	25.50	19.52
湖 南	Hunan	523180	108218	346693	68269	50.91	31.21	19.69
广 东	Guangdong	533181	110970	369117	53095	44.45	30.06	14.38
广 西	Guangxi	398785	99580	254512	44693	56.69	39.13	17.56
海 南	Hainan	64204	13879	44279	6046	45.00	31.34	13.66
重 庆	Chongqing	185055	34438	118518	32098	56.14	29.06	27.08
四 川	Sichuan	674010	119661	452497	101851	48.95	26.44	22.51
贵 州	Guizhou	321483	78706	209169	33609	53.70	37.63	16.07
云 南	Yunnan	422059	89563	294954	37542	43.09	30.37	12.73
西 藏	Tibet	36771	9805	24811	2154	48.20	39.52	8.68
陕 西	Shaanxi	274502	44841	197073	32589	39.29	22.75	16.54
甘 肃	Gansu	231948	43657	164804	23488	40.74	26.49	14.25
青 海	Qinghai	45934	10679	31870	3385	44.13	33.51	10.62
宁 夏	Ningxia	46965	10835	32422	3708	44.86	33.42	11.44
新 疆	Xinjiang	195585	50317	132923	12345	47.14	37.85	9.29

2-11 各地区户数、人口数、性别比和平均家庭户规模
Households, Population, Sex Ratio and Household Size by Region

地 区	Region	户 数 (户) Number of Households (households)	家庭户 Family Household	集体户 Collective Household	人口数 (人) Population (person)	男 Male	女 Female	性别比 (女=100) Sex Ratio (Female=100)
全 国	**National Total**	**6715351**	**6355790**	**359561**	**21312241**	**10917046**	**10395195**	**105.02**
北 京	Beijing	126146	110525	15621	335775	175460	160315	109.45
天 津	Tianjin	76920	68037	8883	239370	130778	108592	120.43
河 北	Hebei	350041	338842	11199	1155542	583919	571624	102.15
山 西	Shanxi	181314	172990	8323	569491	295031	274461	107.49
内蒙古	Inner Mongolia	139371	133437	5934	390222	199239	190983	104.32
辽 宁	Liaoning	242006	234112	7894	680859	341193	339666	100.45
吉 林	Jilin	144359	141275	3084	428511	216398	212112	102.02
黑龙江	Heilongjiang	208837	204569	4267	592705	298696	294010	101.59
上 海	Shanghai	148332	136119	12213	373956	194485	179471	108.37
江 苏	Jiangsu	391135	363675	27460	1238192	628275	609917	103.01
浙 江	Zhejiang	311630	289309	22321	859773	445155	414618	107.37
安 徽	Anhui	289977	277603	12374	955845	489359	466486	104.90
福 建	Fujian	188900	173537	15364	596224	306388	289836	105.71
江 西	Jiangxi	194967	187202	7765	710552	365820	344733	106.12
山 东	Shandong	514223	495703	18520	1530763	782050	748712	104.45
河 南	Henan	427261	414639	12623	1476154	752496	723658	103.99
湖 北	Hubei	290026	273352	16673	909271	463807	445464	104.12
湖 南	Hunan	313240	300823	12416	1056139	535812	520326	102.98
广 东	Guangdong	512564	442394	70170	1681666	894033	787633	113.51
广 西	Guangxi	209878	202424	7454	747093	383669	363424	105.57
海 南	Hainan	38313	35952	2362	141596	74321	67274	110.47
重 庆	Chongqing	159905	152828	7077	468563	234986	233577	100.60
四 川	Sichuan	413182	398375	14807	1277289	641473	635816	100.89
贵 州	Guizhou	160492	156383	4109	550172	284548	265624	107.12
云 南	Yunnan	207401	199586	7815	738612	378276	360337	104.98
西 藏	Tibet	12066	11513	553	50634	25609	25025	102.33
陕 西	Shaanxi	181904	171859	10046	589346	298442	290904	102.59
甘 肃	Gansu	112147	107046	5101	404863	208500	196363	106.18
青 海	Qinghai	26200	24792	1408	91611	47839	43771	109.29
宁 夏	Ningxia	31774	30513	1261	103820	53462	50358	106.16
新 疆	Xinjiang	110839	106374	4465	367631	187526	180105	104.12

2-11 续表 continued

地 区	Region	家庭户人口数（人）Family Household Population (person)	男 Male	女 Female	性别比（女=100）Sex Ratio (Female=100)	集体户人口数（人）Collective Household Population (person)	男 Male	女 Female	性别比（女=100）Sex Ratio (Female=100)	平均家庭户规模（人/户）Average Family Size (person/household)
全 国	**National Total**	**19729405**	**9989351**	**9740054**	**102.56**	**1582836**	**927695**	**655141**	**141.60**	**3.10**
北 京	Beijing	281274	139440	141835	98.31	54501	36021	18481	194.91	2.54
天 津	Tianjin	188974	94440	94533	99.90	50396	36338	14059	258.47	2.78
河 北	Hebei	1096700	554332	542369	102.21	58842	29587	29255	101.13	3.24
山 西	Shanxi	532081	269917	262164	102.96	37410	25113	12297	204.22	3.08
内蒙古	Inner Mongolia	364021	184857	179164	103.18	26201	14382	11819	121.69	2.73
辽 宁	Liaoning	648616	324374	324242	100.04	32243	16819	15425	109.04	2.77
吉 林	Jilin	412951	207928	205023	101.42	15560	8470	7090	119.48	2.92
黑龙江	Heilongjiang	570332	288310	282023	102.23	22373	10386	11987	86.65	2.79
上 海	Shanghai	335047	168645	166402	101.35	38909	25840	13069	197.72	2.46
江 苏	Jiangsu	1123787	558260	565527	98.72	114405	70015	44390	157.73	3.09
浙 江	Zhejiang	779528	395346	384182	102.91	80245	49809	30436	163.65	2.69
安 徽	Anhui	902642	456073	446569	102.13	53203	33286	19917	167.13	3.25
福 建	Fujian	537764	270858	266906	101.48	58460	35530	22929	154.96	3.10
江 西	Jiangxi	668430	342676	325753	105.19	42123	23144	18979	121.94	3.57
山 东	Shandong	1426673	718766	707907	101.53	104089	63284	40805	155.09	2.88
河 南	Henan	1404474	712138	692336	102.86	71680	40358	31322	128.85	3.39
湖 北	Hubei	832740	421272	411469	102.38	76531	42535	33995	125.12	3.05
湖 南	Hunan	988162	501312	486849	102.97	67977	34500	33477	103.06	3.28
广 东	Guangdong	1430729	740179	690550	107.19	250937	153854	97083	158.48	3.23
广 西	Guangxi	710000	366148	343853	106.48	37093	17522	19571	89.53	3.51
海 南	Hainan	131055	68071	62984	108.08	10540	6250	4290	145.69	3.65
重 庆	Chongqing	435853	219030	216824	101.02	32710	15956	16753	95.24	2.85
四 川	Sichuan	1203114	601755	601359	100.07	74174	39718	34457	115.27	3.02
贵 州	Guizhou	529135	271976	257159	105.76	21037	12571	8465	148.50	3.38
云 南	Yunnan	696533	354952	341581	103.91	42079	23324	18755	124.36	3.49
西 藏	Tibet	47581	23638	23943	98.73	3053	1970	1083	182.00	4.13
陕 西	Shaanxi	539791	272628	267163	102.05	49555	25814	23741	108.73	3.14
甘 肃	Gansu	377899	191674	186225	102.93	26965	16826	10139	165.96	3.53
青 海	Qinghai	85696	43473	42223	102.96	5915	4367	1548	282.01	3.46
宁 夏	Ningxia	98074	49882	48192	103.51	5745	3580	2165	165.31	3.21
新 疆	Xinjiang	349747	177000	172747	102.46	17884	10526	7358	143.06	3.29

2-12 各地区城市户数、人口数、性别比和平均家庭户规模
Households, Population, Sex Ratio and Household Size of Cities by Region

地 区	Region	户 数 (户) Number of Households (households)	家庭户 Family Household	集体户 Collective Household	人口数 (人) Population (person)	男 Male	女 Female	性别比 (女=100) Sex Ratio (Female=100)
全 国	**National Total**	**2399255**	**2161092**	**238163**	**6963196**	**3551934**	**3411262**	**104.12**
北 京	Beijing	102496	88906	13589	268914	140204	128711	108.93
天 津	Tianjin	57014	49401	7613	174647	96920	77727	124.69
河 北	Hebei	82519	78353	4167	249299	122130	127169	96.04
山 西	Shanxi	53807	50323	3484	161466	81831	79635	102.76
内蒙古	Inner Mongolia	48687	45486	3201	133309	65578	67731	96.82
辽 宁	Liaoning	140278	132931	7346	368357	183066	185292	98.80
吉 林	Jilin	58473	57044	1429	152382	76908	75474	101.90
黑龙江	Heilongjiang	90038	86839	3199	233600	115184	118415	97.27
上 海	Shanghai	108851	99224	9627	278591	143308	135283	105.93
江 苏	Jiangsu	156411	139759	16651	484061	246713	237348	103.95
浙 江	Zhejiang	129398	115775	13623	352038	183337	168702	108.67
安 徽	Anhui	72378	65044	7334	215197	109917	105280	104.40
福 建	Fujian	73609	63408	10201	216424	112412	104012	108.08
江 西	Jiangxi	38282	36262	2020	127119	64689	62429	103.62
山 东	Shandong	164730	153251	11479	485366	248546	236819	104.95
河 南	Henan	91180	84701	6479	296834	146379	150454	97.29
湖 北	Hubei	106507	93674	12833	323255	162243	161012	100.76
湖 南	Hunan	75993	67353	8640	239123	117231	121892	96.18
广 东	Guangdong	308308	251262	57046	889516	480724	408792	117.60
广 西	Guangxi	48483	44296	4187	156643	77103	79540	96.94
海 南	Hainan	12364	10917	1447	41880	22123	19757	111.97
重 庆	Chongqing	58664	54228	4436	172201	83841	88359	94.89
四 川	Sichuan	97520	90154	7366	283946	139862	144084	97.07
贵 州	Guizhou	32602	30512	2090	100259	50533	49726	101.62
云 南	Yunnan	45402	41144	4258	132872	65712	67160	97.84
西 藏	Tibet	1800	1622	178	5978	2892	3086	93.71
陕 西	Shaanxi	52670	45282	7387	162531	81728	80803	101.14
甘 肃	Gansu	30612	27817	2795	90870	47004	43866	107.15
青 海	Qinghai	8045	7499	546	22971	11721	11250	104.18
宁 夏	Ningxia	12882	12103	780	36766	18738	18028	103.94
新 疆	Xinjiang	39255	36523	2732	106782	53357	53425	99.87

2-12 续表 continued

地 区	Region	家庭户人口数(人) Family Household Population (person)	男 Male	女 Female	性别比(女=100) Sex Ratio (Female=100)	集体户人口数(人) Collective Household Population (person)	男 Male	女 Female	性别比(女=100) Sex Ratio (Female=100)	平均家庭户规模(人/户) Average Family Size (person/household)
全 国	**National Total**	**5988321**	**3003178**	**2985143**	**100.60**	**974875**	**548756**	**426119**	**128.78**	**2.77**
北 京	Beijing	222211	109483	112729	97.12	46703	30721	15982	192.22	2.50
天 津	Tianjin	130407	64737	65670	98.58	44240	32183	12057	266.92	2.64
河 北	Hebei	229563	113912	115651	98.50	19736	8218	11518	71.34	2.93
山 西	Shanxi	145204	72636	72568	100.09	16263	9195	7067	130.11	2.89
内蒙古	Inner Mongolia	118983	59613	59370	100.41	14327	5965	8362	71.33	2.62
辽 宁	Liaoning	339167	167517	171650	97.59	29190	15549	13642	113.98	2.55
吉 林	Jilin	144061	71232	72829	97.81	8321	5676	2646	214.52	2.53
黑龙江	Heilongjiang	215404	106990	108414	98.69	18195	8194	10001	81.93	2.48
上 海	Shanghai	248337	123793	124544	99.40	30254	19516	10738	181.74	2.50
江 苏	Jiangsu	414637	206902	207735	99.60	69424	39811	29613	134.44	2.97
浙 江	Zhejiang	302641	153477	149164	102.89	49398	29860	19538	152.83	2.61
安 徽	Anhui	185998	93038	92959	100.08	29200	16879	12321	137.00	2.86
福 建	Fujian	180653	91127	89526	101.79	35770	21285	14485	146.94	2.85
江 西	Jiangxi	117236	59270	57966	102.25	9882	5419	4463	121.43	3.23
山 东	Shandong	428328	213595	214732	99.47	57038	34951	22087	158.24	2.79
河 南	Henan	265558	133453	132105	101.02	31276	12926	18350	70.44	3.14
湖 北	Hubei	267666	134057	133609	100.34	55589	28185	27403	102.85	2.86
湖 南	Hunan	199862	99662	100200	99.46	39261	17569	21692	80.99	2.97
广 东	Guangdong	690595	359059	331536	108.30	198920	121664	77256	157.48	2.75
广 西	Guangxi	139834	70503	69331	101.69	16809	6599	10209	64.64	3.16
海 南	Hainan	35571	18216	17354	104.96	6309	3907	2403	162.59	3.26
重 庆	Chongqing	151588	74993	76594	97.91	20613	8848	11765	75.21	2.80
四 川	Sichuan	247462	121888	125573	97.07	36484	17974	18510	97.10	2.74
贵 州	Guizhou	91248	46001	45247	101.67	9010	4531	4479	101.17	2.99
云 南	Yunnan	113851	56577	57275	98.78	19021	9136	9885	92.42	2.77
西 藏	Tibet	5176	2452	2724	90.00	802	440	362	121.69	3.19
陕 西	Shaanxi	128147	64158	63989	100.26	34384	17570	16814	104.49	2.83
甘 肃	Gansu	77679	38824	38855	99.92	13191	8181	5011	163.26	2.79
青 海	Qinghai	21149	10600	10549	100.49	1822	1120	701	159.72	2.82
宁 夏	Ningxia	33455	16890	16564	101.97	3311	1847	1464	126.22	2.76
新 疆	Xinjiang	96652	48521	48130	100.81	10130	4836	5294	91.35	2.65

2-13 各地区镇的户数、人口数、性别比和平均家庭户规模
Households, Population, Sex Ratio and Household Size of Towns by Region

地区	Region	户数（户）Number of Households (households)	家庭户 Family Household	集体户 Collective Household	人口数（人）Population (person)	男 Male	女 Female	性别比（女=100）Sex Ratio (Female=100)
全　国	**National Total**	**1525432**	**1442563**	**82869**	**4992911**	**2572372**	**2420539**	**106.27**
北　京	Beijing	7787	7086	701	20833	11096	9737	113.96
天　津	Tianjin	6817	6078	739	22547	12045	10502	114.69
河　北	Hebei	98152	92440	5712	338689	171975	166714	103.16
山　西	Shanxi	46857	43718	3139	149242	78401	70842	110.67
内蒙古	Inner Mongolia	36565	35394	1170	100352	52319	48033	108.93
辽　宁	Liaoning	31040	30852	188	87788	44269	43520	101.72
吉　林	Jilin	29945	28601	1344	82879	40925	41953	97.55
黑龙江	Heilongjiang	42471	41818	653	112453	56902	55552	102.43
上　海	Shanghai	19829	18325	1504	48337	25858	22478	115.04
江　苏	Jiangsu	104020	97127	6893	334737	172310	162427	106.08
浙　江	Zhejiang	76031	71018	5012	210232	107958	102274	105.56
安　徽	Anhui	79378	75336	4041	263015	135851	127164	106.83
福　建	Fujian	47733	44225	3508	154301	79103	75198	105.19
江　西	Jiangxi	63312	58601	4711	236504	121646	114858	105.91
山　东	Shandong	122613	116293	6320	380552	196956	183596	107.28
河　南	Henan	102749	97799	4951	387945	205162	182783	112.24
湖　北	Hubei	59898	57855	2044	189472	96524	92948	103.85
湖　南	Hunan	85590	82586	3004	293836	151405	142432	106.30
广　东	Guangdong	70253	63629	6624	258969	137073	121896	112.45
广　西	Guangxi	51310	48587	2723	191665	99079	92585	107.01
海　南	Hainan	9467	8859	608	35512	18523	16989	109.03
重　庆	Chongqing	36601	34379	2222	111308	56877	54431	104.49
四　川	Sichuan	102992	96867	6125	319333	158958	160375	99.12
贵　州	Guizhou	36801	35385	1416	128430	67263	61166	109.97
云　南	Yunnan	52017	49651	2367	183681	93306	90375	103.24
西　藏	Tibet	2510	2279	231	7885	4042	3843	105.18
陕　西	Shaanxi	46537	45017	1519	152312	77447	74865	103.45
甘　肃	Gansu	22847	21255	1592	82045	42287	39758	106.36
青　海	Qinghai	6628	5965	664	22705	12351	10355	119.28
宁　夏	Ningxia	6149	5882	268	20089	10573	9516	111.11
新　疆	Xinjiang	20534	19655	879	65264	33890	31374	108.02

2-13 续表 continued

地 区	Region	家庭户人口数（人）Family Household Population (person)	男 Male	女 Female	性别比（女=100）Sex Ratio (Female=100)	集体户人口数（人）Collective Household Population (person)	男 Male	女 Female	性别比（女=100）Sex Ratio (Female=100)	平均家庭户规模（人／户）Average Family Size (person/household)
全 国	**National Total**	**4570404**	**2319951**	**2250453**	**103.09**	**422507**	**252421**	**170086**	**148.41**	**3.17**
北 京	Beijing	18546	9382	9164	102.39	2287	1714	573	298.82	2.62
天 津	Tianjin	18621	9421	9199	102.41	3927	2624	1303	201.34	3.06
河 北	Hebei	304446	154393	150053	102.89	34243	17581	16662	105.52	3.29
山 西	Shanxi	135555	68884	66671	103.32	13687	9516	4171	228.15	3.10
内蒙古	Inner Mongolia	94898	48033	46865	102.49	5454	4286	1168	367.08	2.68
辽 宁	Liaoning	87107	43943	43164	101.81	681	325	356	91.43	2.82
吉 林	Jilin	77022	38942	38080	102.26	5856	1983	3873	51.20	2.69
黑龙江	Heilongjiang	109948	55673	54274	102.58	2506	1228	1277	96.15	2.63
上 海	Shanghai	43755	22684	21071	107.65	4582	3175	1407	225.59	2.39
江 苏	Jiangsu	305531	153078	152453	100.41	29206	19232	9974	192.81	3.15
浙 江	Zhejiang	193159	98174	94985	103.36	17073	9784	7289	134.21	2.72
安 徽	Anhui	244745	123770	120975	102.31	18270	12081	6189	195.19	3.25
福 建	Fujian	141427	71104	70323	101.11	12875	8000	4875	164.10	3.20
江 西	Jiangxi	209333	107226	102107	105.01	27171	14420	12751	113.09	3.57
山 东	Shandong	338500	172471	166029	103.88	42052	24485	17567	139.38	2.91
河 南	Henan	354252	182106	172146	105.79	33693	23056	10637	216.76	3.62
湖 北	Hubei	178061	90162	87899	102.57	11411	6361	5049	125.99	3.08
湖 南	Hunan	271585	137541	134044	102.61	22251	13864	8388	165.29	3.29
广 东	Guangdong	232013	120455	111558	107.97	26956	16618	10338	160.75	3.65
广 西	Guangxi	175144	90832	84312	107.73	16521	8248	8273	99.69	3.60
海 南	Hainan	32654	17008	15646	108.70	2857	1515	1342	112.85	3.69
重 庆	Chongqing	101975	51063	50911	100.30	9334	5814	3520	165.18	2.97
四 川	Sichuan	290702	143494	147208	97.48	28630	15464	13167	117.45	3.00
贵 州	Guizhou	120561	61713	58848	104.87	7869	5550	2318	239.39	3.41
云 南	Yunnan	169254	85291	83963	101.58	14427	8016	6411	125.03	3.41
西 藏	Tibet	6654	3247	3407	95.29	1231	795	436	182.50	2.92
陕 西	Shaanxi	143384	72830	70554	103.23	8928	4617	4312	107.08	3.19
甘 肃	Gansu	71876	36526	35350	103.33	10169	5761	4408	130.68	3.38
青 海	Qinghai	19730	10036	9694	103.53	2976	2315	661	350.29	3.31
宁 夏	Ningxia	18820	9662	9158	105.51	1269	911	358	254.35	3.20
新 疆	Xinjiang	61150	30807	30343	101.53	4114	3082	1032	298.81	3.11

2-14 各地区乡村户数、人口数、性别比和平均家庭户规模
Households, Population, Sex Ratio and Household Size of Rural Areas by Region

地 区	Region	户 数 (户) Number of Households (households)	家庭户 Family Household	集体户 Collective Household	人口数 (人) Population (person)	男 Male	女 Female	性别比 (女=100) Sex Ratio (Female=100)
全 国	**National Total**	**2790664**	**2752135**	**38529**	**9356134**	**4792740**	**4563393**	**105.03**
北 京	Beijing	15864	14533	1331	46028	24160	21867	110.49
天 津	Tianjin	13089	12558	531	42176	21813	20363	107.12
河 北	Hebei	169370	168049	1321	567555	289814	277740	104.35
山 西	Shanxi	80650	78950	1700	258783	134799	123984	108.72
内蒙古	Inner Mongolia	54120	52557	1563	156561	81342	75219	108.14
辽 宁	Liaoning	70688	70329	359	224713	113859	110855	102.71
吉 林	Jilin	55940	55630	310	193250	98565	94685	104.10
黑龙江	Heilongjiang	76328	75911	416	246653	126610	120043	105.47
上 海	Shanghai	19651	18570	1081	47028	25318	21710	116.62
江 苏	Jiangsu	130705	126789	3916	419395	209253	210142	99.58
浙 江	Zhejiang	106201	102515	3686	297502	153861	143642	107.11
安 徽	Anhui	138221	137223	998	477633	243591	234042	104.08
福 建	Fujian	67559	65904	1655	225499	114873	110626	103.84
江 西	Jiangxi	93374	92339	1035	346929	179484	167446	107.19
山 东	Shandong	226881	226160	721	664845	336548	328297	102.51
河 南	Henan	233332	232139	1193	791376	400955	390420	102.70
湖 北	Hubei	123620	121823	1797	396544	205041	191503	107.07
湖 南	Hunan	151657	150885	773	523180	267177	256003	104.37
广 东	Guangdong	134003	127503	6500	533181	276237	256945	107.51
广 西	Guangxi	110086	109541	545	398785	207487	191298	108.46
海 南	Hainan	16482	16177	306	64204	33675	30529	110.31
重 庆	Chongqing	64641	64221	419	185055	94267	90787	103.83
四 川	Sichuan	212670	211354	1316	674010	342653	331357	103.41
贵 州	Guizhou	91089	90486	603	321483	166752	154732	107.77
云 南	Yunnan	109981	108790	1191	422059	219257	202802	108.11
西 藏	Tibet	7755	7612	143	36771	18674	18096	103.20
陕 西	Shaanxi	82698	81559	1139	274502	139267	135235	102.98
甘 肃	Gansu	58688	57974	714	231948	119209	112739	105.74
青 海	Qinghai	11526	11329	198	45934	23768	22166	107.23
宁 夏	Ningxia	12742	12529	214	46965	24151	22814	105.86
新 疆	Xinjiang	51051	50196	854	195585	100279	95306	105.22

2-14 续表 continued

地 区	Region	家庭户人口数（人）Family Household Population (person)	男 Male	女 Female	性别比（女=100）Sex Ratio (Female=100)	集体户人口数（人）Collective Household Population (person)	男 Male	女 Female	性别比（女=100）Sex Ratio (Female=100)	平均家庭户规模（人/户）Average Family Size (person/household)
全 国	**National Total**	**9170679**	**4666222**	**4504458**	**103.59**	**185454**	**126519**	**58936**	**214.67**	**3.33**
北 京	Beijing	40517	20575	19942	103.17	5511	3586	1925	186.25	2.79
天 津	Tianjin	39947	20282	19665	103.14	2229	1531	699	219.13	3.18
河 北	Hebei	562691	286026	276665	103.38	4863	3788	1075	352.36	3.35
山 西	Shanxi	251322	128397	122925	104.45	7460	6402	1059	604.67	3.18
内蒙古	Inner Mongolia	150141	77211	72930	105.87	6420	4131	2290	180.42	2.86
辽 宁	Liaoning	222342	112914	109428	103.19	2372	944	1427	66.18	3.16
吉 林	Jilin	191868	97754	94114	103.87	1382	812	570	142.26	3.45
黑龙江	Heilongjiang	244981	125646	119334	105.29	1672	964	708	136.05	3.23
上 海	Shanghai	42955	22169	20787	106.65	4073	3149	923	341.04	2.31
江 苏	Jiangsu	403619	198280	205339	96.56	15776	10973	4803	228.46	3.18
浙 江	Zhejiang	283728	143695	140033	102.62	13774	10166	3608	281.72	2.77
安 徽	Anhui	471900	239265	232635	102.85	5733	4326	1407	307.51	3.44
福 建	Fujian	215685	108628	107057	101.47	9815	6246	3569	175.00	3.27
江 西	Jiangxi	341860	176180	165681	106.34	5069	3304	1765	187.21	3.70
山 东	Shandong	659846	332700	327146	101.70	4999	3848	1151	334.29	2.92
河 南	Henan	784665	396580	388085	102.19	6711	4376	2336	187.35	3.38
湖 北	Hubei	387013	197052	189961	103.73	9531	7988	1543	517.79	3.18
湖 南	Hunan	516715	264110	252605	104.55	6465	3067	3398	90.28	3.42
广 东	Guangdong	508121	260665	247456	105.34	25061	15572	9489	164.10	3.99
广 西	Guangxi	395022	204813	190209	107.68	3763	2675	1089	245.68	3.61
海 南	Hainan	62830	32847	29984	109.55	1374	829	545	152.10	3.88
重 庆	Chongqing	182291	92973	89318	104.09	2763	1294	1469	88.13	2.84
四 川	Sichuan	664950	336373	328578	102.37	9060	6280	2780	225.94	3.15
贵 州	Guizhou	317326	164262	153064	107.32	4158	2490	1668	149.28	3.51
云 南	Yunnan	413428	213085	200343	106.36	8632	6173	2459	251.01	3.80
西 藏	Tibet	35751	17940	17811	100.72	1020	735	285	257.72	4.70
陕 西	Shaanxi	268260	135640	132620	102.28	6242	3627	2615	138.69	3.29
甘 肃	Gansu	228344	116324	112020	103.84	3604	2884	720	400.78	3.94
青 海	Qinghai	44817	22837	21980	103.90	1117	931	186	500.49	3.96
宁 夏	Ningxia	45799	23330	22470	103.83	1165	822	344	238.98	3.66
新 疆	Xinjiang	191945	97672	94274	103.60	3640	2608	1032	252.67	3.82

2-15 各地区按家庭户规模分的户数
Family Households by Size and Region

单位：户 (household)

地区	Region	家庭户户数 Number of Family Households	一人户 One Person	二人户 Two Persons	三人户 Three Persons	四人户 Four Persons	五人户 Five Persons	六人户 Six Persons	七人户 Seven Persons	八人户 Eight Persons	九人户 Nine Persons	十人及以上户 Ten Persons and Over
全 国	**National Total**	**6355790**	**835737**	**1606929**	**1679039**	**1137662**	**655911**	**289024**	**88924**	**34229**	**14667**	**13669**
北 京	Beijing	110525	23836	34214	31383	11358	7480	1565	398	193	63	34
天 津	Tianjin	68037	8790	20353	23457	9046	4492	1467	295	93	30	15
河 北	Hebei	338842	33742	87374	84494	68379	35590	21199	5436	1648	581	400
山 西	Shanxi	172990	18745	44238	48648	37030	15604	6627	1356	457	175	112
内蒙古	Inner Mongolia	133437	16073	42331	47294	18645	6430	2046	435	134	30	18
辽 宁	Liaoning	234112	29010	72962	80497	29513	16164	4775	848	255	56	32
吉 林	Jilin	141275	16112	42497	44256	19041	13700	4106	1014	366	129	53
黑龙江	Heilongjiang	204569	24194	65334	69239	24817	16063	3736	829	251	76	30
上 海	Shanghai	136119	28959	47003	37741	12578	7980	1351	340	115	31	21
江 苏	Jiangsu	363675	43540	96898	99657	56489	43922	16598	4220	1533	487	330
浙 江	Zhejiang	289309	57146	88390	72531	39226	20864	8087	1906	726	239	195
安 徽	Anhui	277603	27924	65085	76274	55387	31387	14816	3823	1609	751	549
福 建	Fujian	173537	27532	41323	41686	31350	17932	9023	2603	1144	516	427
江 西	Jiangxi	187202	15040	36433	43170	44949	26177	13223	4777	1796	842	795
山 东	Shandong	495703	60556	146595	149307	84582	39263	12000	2356	747	222	75
河 南	Henan	414639	41933	88801	96450	95083	53053	27119	7995	2456	987	760
湖 北	Hubei	273352	34801	70774	77407	46935	28003	10743	2730	1161	500	298
湖 南	Hunan	300823	33234	66981	77725	62607	35372	16211	5267	1771	897	759
广 东	Guangdong	442394	88368	92190	85821	74465	49449	26690	12340	6181	3074	3815
广 西	Guangxi	202424	25446	37893	45949	42446	25780	13258	5686	2775	1364	1826
海 南	Hainan	35952	3757	5971	7505	8955	5090	2496	1143	535	242	258
重 庆	Chongqing	152828	26546	41905	38834	25303	13812	4643	1201	381	141	62
四 川	Sichuan	398375	60042	102828	101141	69345	41573	15976	4801	1612	589	469
贵 州	Guizhou	156383	18320	33483	35675	32592	19999	10110	3840	1392	505	467
云 南	Yunnan	199586	22586	36086	45751	44965	26860	15609	4884	1704	668	473
西 藏	Tibet	11513	1416	1724	2131	2043	1615	855	594	403	286	444
陕 西	Shaanxi	171859	20534	40787	46069	34907	19030	7825	1836	553	194	124
甘 肃	Gansu	107046	9319	21106	27121	21776	14441	8795	2891	948	398	252
青 海	Qinghai	24792	2931	4764	5883	5078	3207	1805	636	260	115	112
宁 夏	Ningxia	30513	2887	7332	8585	6500	3028	1467	477	157	49	31
新 疆	Xinjiang	106374	12418	23274	27358	22271	12550	4802	1967	873	428	433

2-16 各地区城市按家庭户规模分的户数
Family Households of Cities by Size and Region

单位：户 (household)

地 区	Region	家庭户户数 Number of Family Households	一人户 One Person	二人户 Two Persons	三人户 Three Persons	四人户 Four Persons	五人户 Five Persons	六人户 Six Persons	七人户 Seven Persons	八人户 Eight Persons	九人户 Nine Persons	十人及以上户 Ten Persons and Over
全 国	**National Total**	**2161092**	**346663**	**601937**	**692391**	**291532**	**157915**	**47546**	**13195**	**5508**	**2246**	**2159**
北 京	Beijing	88906	19669	27553	25869	8887	5492	1014	243	115	39	26
天 津	Tianjin	49401	7087	15275	18302	5404	2642	537	103	34	9	8
河 北	Hebei	78353	8584	22310	26272	11397	6190	2525	659	271	91	54
山 西	Shanxi	50323	5111	13228	19043	8439	3316	890	183	74	25	13
内蒙古	Inner Mongolia	45486	5390	14067	19325	4996	1378	258	53	18	2	
辽 宁	Liaoning	132931	19981	44295	49469	12001	5883	1024	170	80	13	16
吉 林	Jilin	57044	9105	19560	19963	5217	2679	384	87	32	9	7
黑龙江	Heilongjiang	86839	14223	29892	31835	6875	3424	485	79	13	8	6
上 海	Shanghai	99224	19885	32382	30058	9671	5983	915	214	79	20	15
江 苏	Jiangsu	139759	16273	36313	47314	19204	14893	4303	909	374	100	78
浙 江	Zhejiang	115775	23574	35592	31726	13963	7354	2585	570	253	80	78
安 徽	Anhui	65044	7447	17586	24245	9156	4796	1281	337	112	46	38
福 建	Fujian	63408	12209	15444	17070	10010	5607	2100	530	239	110	89
江 西	Jiangxi	36262	3370	8128	11033	7199	4043	1549	516	207	109	108
山 东	Shandong	153251	17748	42824	58694	20811	10001	2466	491	165	38	13
河 南	Henan	84701	8658	18684	27805	16389	8335	3346	919	317	142	108
湖 北	Hubei	93674	12397	25252	31747	13306	8035	2063	511	220	90	54
湖 南	Hunan	67353	8244	16858	22322	11193	5883	1895	579	198	100	81
广 东	Guangdong	251262	64263	60684	54969	36579	20056	8586	3184	1524	676	739
广 西	Guangxi	44296	6322	9011	13400	8081	4337	1633	667	354	205	288
海 南	Hainan	10917	1464	2060	2958	2413	1180	450	198	93	41	59
重 庆	Chongqing	54228	8909	14598	16518	7905	4891	1061	217	86	26	17
四 川	Sichuan	90154	14721	26357	27355	12046	7481	1558	404	140	41	51
贵 州	Guizhou	30512	4268	7370	9204	5469	2713	923	350	107	47	62
云 南	Yunnan	41144	8077	10205	12227	6046	2944	1169	285	100	56	36
西 藏	Tibet	1622	167	370	492	283	196	64	30	13	3	4
陕 西	Shaanxi	45282	6461	12271	14807	6796	3491	1049	250	102	29	27
甘 肃	Gansu	27817	3642	7613	10314	3771	1720	518	150	49	23	16
青 海	Qinghai	7499	1264	2087	2156	1097	544	227	60	32	16	16
宁 夏	Ningxia	12103	1492	3296	4564	1981	557	163	38	9	2	1
新 疆	Xinjiang	36523	6663	10776	11333	4948	1871	524	209	99	51	48

2-17 各地区镇按家庭户规模分的户数
Family Households of Towns by Size and Region

单位：户 (household)

地 区	Region	家庭户户数 Number of Family Households	一人户 One Person	二人户 Two Persons	三人户 Three Persons	四人户 Four Persons	五人户 Five Persons	六人户 Six Persons	七人户 Seven Persons	八人户 Eight Persons	九人户 Nine Persons	十人及以上户 Ten Persons and Over
全 国	**National Total**	**1442563**	**164053**	**350395**	**380045**	**282285**	**156401**	**71825**	**21595**	**8541**	**3802**	**3622**
北 京	Beijing	7086	1390	2187	2027	742	545	142	33	14	4	2
天 津	Tianjin	6078	543	1670	1797	1143	553	275	68	19	7	3
河 北	Hebei	92440	8338	22514	22840	19766	10185	6288	1649	521	200	139
山 西	Shanxi	43718	3851	10916	12416	10545	3913	1594	324	100	39	20
内蒙古	Inner Mongolia	35394	4040	11096	13473	5005	1360	344	49	19	4	4
辽 宁	Liaoning	30852	3179	9625	10517	4230	2407	745	108	32	6	3
吉 林	Jilin	28601	3566	9689	9614	3302	1840	437	93	44	6	10
黑龙江	Heilongjiang	41818	4846	14654	15289	4422	2134	354	84	33	1	2
上 海	Shanghai	18325	4352	6824	4248	1543	1067	211	59	13	5	2
江 苏	Jiangsu	97127	10874	25714	24801	16111	12435	5074	1348	484	172	115
浙 江	Zhejiang	71018	13072	21642	17841	10261	5256	2102	549	184	58	54
安 徽	Anhui	75336	6832	17357	21044	15749	8481	4098	948	476	202	151
福 建	Fujian	44225	5948	9888	10892	8749	4888	2496	733	336	166	129
江 西	Jiangxi	58601	4021	10785	14178	14824	8324	4072	1366	531	240	260
山 东	Shandong	116293	13376	33780	33424	21888	9823	3155	578	186	62	21
河 南	Henan	97799	7396	17071	20842	25471	14962	8153	2443	817	353	292
湖 北	Hubei	57855	6784	14533	16455	10556	6000	2454	607	257	137	74
湖 南	Hunan	82586	7898	18079	22315	17867	9764	4451	1294	464	234	219
广 东	Guangdong	63629	9309	10796	10729	12355	9288	5466	2730	1355	714	886
广 西	Guangxi	48587	5616	8236	10897	10605	6393	3495	1515	831	405	593
海 南	Hainan	8859	877	1425	1723	2234	1298	724	295	147	71	65
重 庆	Chongqing	34379	4990	8887	8773	6419	3474	1315	346	105	43	28
四 川	Sichuan	96867	13487	24973	25473	17496	10094	3731	994	340	162	116
贵 州	Guizhou	35385	3654	6836	8723	7785	4664	2331	844	309	122	116
云 南	Yunnan	49651	5164	9346	12312	11230	6281	3515	1119	402	157	125
西 藏	Tibet	2279	559	504	461	373	199	89	42	28	12	12
陕 西	Shaanxi	45017	4655	9976	12415	10113	5086	2018	500	154	66	34
甘 肃	Gansu	21255	1802	4302	5850	4569	2632	1428	429	153	50	39
青 海	Qinghai	5965	839	1166	1430	1183	708	380	140	61	28	30
宁 夏	Ningxia	5882	544	1334	1631	1416	560	273	83	24	8	7
新 疆	Xinjiang	19655	2249	4590	5615	4334	1787	615	223	102	67	73

2-18 各地区乡村按家庭户规模分的户数
Family Households of Rural Areas by Size and Region

单位：户 (household)

地 区	Region	家庭户户数 Number of Family Households	一人户 One Person	二人户 Two Persons	三人户 Three Persons	四人户 Four Persons	五人户 Five Persons	六人户 Six Persons	七人户 Seven Persons	八人户 Eight Persons	九人户 Nine Persons	十人及以上户 Ten Persons and Over
全 国	**National Total**	**2752135**	**325021**	**654597**	**606603**	**563844**	**341595**	**169652**	**54134**	**20180**	**8619**	**7888**
北 京	Beijing	14533	2778	4474	3487	1729	1443	409	122	64	20	6
天 津	Tianjin	12558	1160	3408	3357	2499	1297	655	124	40	14	4
河 北	Hebei	168049	16820	42550	35381	37216	19215	12386	3128	856	290	207
山 西	Shanxi	78950	9782	20094	17189	18046	8375	4142	849	282	111	79
内蒙古	Inner Mongolia	52557	6643	17168	14496	8645	3692	1444	333	97	25	14
辽 宁	Liaoning	70329	5849	19042	20511	13283	7874	3006	570	143	38	13
吉 林	Jilin	55630	3442	13248	14679	10521	9181	3285	834	289	114	36
黑龙江	Heilongjiang	75911	5125	20788	22115	13521	10505	2897	666	206	67	23
上 海	Shanghai	18570	4721	7797	3435	1363	929	225	67	23	6	4
江 苏	Jiangsu	126789	16394	34871	27543	21175	16595	7222	1963	675	215	137
浙 江	Zhejiang	102515	20501	31156	22964	15002	8253	3400	787	290	100	63
安 徽	Anhui	137223	13646	30142	30985	30482	18110	9437	2538	1021	504	360
福 建	Fujian	65904	9375	15991	13724	12592	7436	4427	1340	569	240	208
江 西	Jiangxi	92339	7649	17520	17958	22926	13810	7603	2895	1058	493	426
山 东	Shandong	226160	29433	69991	57189	41884	19439	6380	1287	395	122	41
河 南	Henan	232139	25880	53047	47803	53223	29757	15621	4634	1322	492	360
湖 北	Hubei	121823	15620	30989	29205	23074	13968	6227	1612	685	273	171
湖 南	Hunan	150885	17092	32045	33088	33546	19724	9865	3393	1110	563	459
广 东	Guangdong	127503	14796	20709	20122	25531	20106	12638	6425	3302	1684	2190
广 西	Guangxi	109541	13508	20646	21652	23761	15051	8130	3504	1590	754	946
海 南	Hainan	16177	1416	2486	2824	4309	2613	1323	650	295	130	133
重 庆	Chongqing	64221	12647	18420	13543	10980	5447	2266	638	191	73	17
四 川	Sichuan	211354	31834	51498	48312	39803	23999	10686	3403	1132	386	302
贵 州	Guizhou	90486	10398	19277	17749	19338	12622	6855	2645	976	336	289
云 南	Yunnan	108790	9345	16535	21213	27688	17635	10925	3480	1203	455	311
西 藏	Tibet	7612	690	851	1178	1387	1221	702	522	362	270	429
陕 西	Shaanxi	81559	9418	18540	18848	17998	10453	4758	1086	297	99	63
甘 肃	Gansu	57974	3875	9191	10957	13435	10088	6849	2312	745	324	197
青 海	Qinghai	11329	828	1511	2297	2798	1955	1198	436	167	71	66
宁 夏	Ningxia	12529	851	2702	2390	3103	1911	1031	355	123	39	23
新 疆	Xinjiang	50196	3505	7908	10411	12989	8891	3663	1535	672	310	312

2-19 各地区家庭户类别
Family Households by Type and Region

单位：户 (household)

地 区	Region	家庭户户数 Number of Family Households	一代户 One Generation	二代户 Two Generations	三代户 Three Generations	四代户 Four Generations	五代及以上户 Five Generations and over
全 国	**National Total**	**6355790**	**2147319**	**2924871**	**1233514**	**50034**	**52**
北 京	Beijing	110525	52922	41897	15398	307	1
天 津	Tianjin	68037	25957	32251	9557	271	
河 北	Hebei	338842	109336	156575	69941	2989	1
山 西	Shanxi	172990	55765	91658	24750	817	1
内蒙古	Inner Mongolia	133437	52321	68822	11993	302	
辽 宁	Liaoning	234112	88535	110109	34671	798	
吉 林	Jilin	141275	52188	63082	25214	788	3
黑龙江	Heilongjiang	204569	78731	95440	29614	785	
上 海	Shanghai	136119	70689	49085	15895	449	1
江 苏	Jiangsu	363675	125793	145196	87335	5339	13
浙 江	Zhejiang	289309	133694	110649	42897	2067	2
安 徽	Anhui	277603	80647	133116	61203	2635	3
福 建	Fujian	173537	61326	74362	36285	1564	1
江 西	Jiangxi	187202	43689	94511	47153	1849	1
山 东	Shandong	495703	188248	236161	69328	1966	
河 南	Henan	414639	111236	205198	94750	3451	4
湖 北	Hubei	273352	90284	122778	57816	2474	
湖 南	Hunan	300823	83320	142920	71214	3363	7
广 东	Guangdong	442394	168630	184431	86619	2712	1
广 西	Guangxi	202424	52913	100903	46541	2065	2
海 南	Hainan	35952	8546	19929	7202	275	
重 庆	Chongqing	152828	57917	64820	29063	1028	
四 川	Sichuan	398375	134802	172202	86941	4426	4
贵 州	Guizhou	156383	44664	80441	30019	1257	1
云 南	Yunnan	199586	48669	97119	50928	2868	2
西 藏	Tibet	11513	2662	6094	2645	112	1
陕 西	Shaanxi	171859	51453	82251	36822	1331	1
甘 肃	Gansu	107046	25595	51740	28433	1277	2
青 海	Qinghai	24792	6472	12408	5706	206	
宁 夏	Ningxia	30513	9039	17343	4036	95	
新 疆	Xinjiang	106374	31277	61381	13547	169	

2-20 各地区城市家庭户类别
Family Households of Cities by Type and Region

单位：户 (household)

地 区	Region	家庭户户数 Number of Family Households	一代户 One Generation	二代户 Two Generations	三代户 Three Generations	四代户 Four Generations	五代及以上户 Five Generations and over
全 国	**National Total**	**2161092**	**855408**	**993456**	**304886**	**7338**	**5**
北 京	Beijing	88906	42784	34174	11787	161	
天 津	Tianjin	49401	19822	23613	5862	104	
河 北	Hebei	78353	28002	37521	12468	362	
山 西	Shanxi	50323	16546	28303	5389	85	
内蒙古	Inner Mongolia	45486	17357	25311	2786	33	
辽 宁	Liaoning	132931	55623	63333	13806	170	
吉 林	Jilin	57044	25335	25826	5805	78	
黑龙江	Heilongjiang	86839	38366	40841	7563	70	
上 海	Shanghai	99224	48009	38672	12293	250	1
江 苏	Jiangsu	139759	47721	62547	28275	1213	2
浙 江	Zhejiang	115775	55382	45208	14615	571	
安 徽	Anhui	65044	22532	33138	9187	187	
福 建	Fujian	63408	25305	27029	10759	315	
江 西	Jiangxi	36262	9947	18762	7362	191	
山 东	Shandong	153251	55051	79124	18708	368	
河 南	Henan	84701	24138	45176	15055	333	
湖 北	Hubei	93674	33188	44401	15714	372	
湖 南	Hunan	67353	21559	33544	11883	364	2
广 东	Guangdong	251262	119701	96549	34376	635	
广 西	Guangxi	44296	13368	22635	8080	213	
海 南	Hainan	10917	3228	5830	1815	44	
重 庆	Chongqing	54228	20334	23636	9968	290	
四 川	Sichuan	90154	36172	38504	15096	382	
贵 州	Guizhou	30512	10091	15658	4667	95	
云 南	Yunnan	41144	16133	18533	6295	183	
西 藏	Tibet	1622	591	812	215	4	
陕 西	Shaanxi	45282	16452	21687	7019	124	
甘 肃	Gansu	27817	9761	14590	3402	64	
青 海	Qinghai	7499	2949	3494	1028	28	
宁 夏	Ningxia	12103	4250	6894	945	13	
新 疆	Xinjiang	36523	15711	18112	2664	35	

2-21 各地区镇家庭户类别
Family Households of Towns by Type and Region

单位：户 (household)

地 区	Region	家庭户户数 Number of Family Households	一代户 One Generation	二代户 Two Generations	三代户 Three Generations	四代户 Four Generations	五代及以上户 Five Generations and over
全 国	**National Total**	**1442563**	**450579**	**690975**	**289009**	**11988**	**12**
北 京	Beijing	7086	3328	2718	994	46	
天 津	Tianjin	6078	2004	2882	1150	43	
河 北	Hebei	92440	27962	43803	19784	891	
山 西	Shanxi	43718	13144	24587	5804	182	
内蒙古	Inner Mongolia	35394	13672	19195	2490	37	
辽 宁	Liaoning	30852	11278	14629	4830	115	
吉 林	Jilin	28601	11931	13071	3528	71	
黑龙江	Heilongjiang	41818	17285	20261	4207	66	
上 海	Shanghai	18325	10708	5649	1878	90	
江 苏	Jiangsu	97127	32920	38340	24277	1585	6
浙 江	Zhejiang	71018	31731	28336	10462	490	
安 徽	Anhui	75336	20997	37446	16241	651	1
福 建	Fujian	44225	13795	20263	9729	439	
江 西	Jiangxi	58601	12620	31231	14226	524	
山 东	Shandong	116293	43195	56136	16498	464	
河 南	Henan	97799	21174	49748	25954	921	2
湖 北	Hubei	57855	18140	26970	12227	519	
湖 南	Hunan	82586	21482	41239	19015	848	2
广 东	Guangdong	63629	18058	28645	16323	604	
广 西	Guangxi	48587	11625	24432	11976	553	1
海 南	Hainan	8859	2014	4768	1997	79	
重 庆	Chongqing	34379	11518	15608	6972	282	
四 川	Sichuan	96867	31760	43450	20658	998	
贵 州	Guizhou	35385	8855	19181	7059	290	
云 南	Yunnan	49651	11874	24733	12417	627	
西 藏	Tibet	2279	905	1066	299	8	
陕 西	Shaanxi	45017	12151	23374	9174	318	
甘 肃	Gansu	21255	5087	11175	4822	171	
青 海	Qinghai	5965	1704	2968	1253	40	
宁 夏	Ningxia	5882	1674	3451	743	13	
新 疆	Xinjiang	19655	5991	11619	2022	24	

2-22 各地区乡村家庭户类别
Family Households of Rural Areas by Type and Region

单位：户 (household)

地 区	Region	家庭户户数 Number of Family Households	一代户 One Generation	二代户 Two Generations	三代户 Three Generations	四代户 Four Generations	五代及以上户 Five Generations and over
全 国	**National Total**	**2752135**	**841332**	**1240440**	**639620**	**30708**	**35**
北 京	Beijing	14533	6810	5005	2618	99	1
天 津	Tianjin	12558	4132	5756	2546	125	
河 北	Hebei	168049	53372	75251	37689	1735	1
山 西	Shanxi	78950	26074	38768	13557	550	1
内蒙古	Inner Mongolia	52557	21292	24316	6717	232	
辽 宁	Liaoning	70329	21634	32147	16035	513	
吉 林	Jilin	55630	14922	24185	15881	639	3
黑龙江	Heilongjiang	75911	23080	34338	17844	649	
上 海	Shanghai	18570	11973	4764	1724	110	
江 苏	Jiangsu	126789	45153	44308	34783	2541	5
浙 江	Zhejiang	102515	46582	37105	17820	1006	2
安 徽	Anhui	137223	37118	62532	35774	1798	2
福 建	Fujian	65904	22226	27070	15797	810	1
江 西	Jiangxi	92339	21122	44518	25564	1134	1
山 东	Shandong	226160	90002	100901	34122	1134	
河 南	Henan	232139	65924	110275	53742	2197	2
湖 北	Hubei	121823	38956	51408	29875	1584	
湖 南	Hunan	150885	40279	68137	40315	2150	4
广 东	Guangdong	127503	30872	59236	35921	1473	1
广 西	Guangxi	109541	27920	53836	26485	1298	1
海 南	Hainan	16177	3304	9331	3390	152	
重 庆	Chongqing	64221	26065	25577	12123	456	
四 川	Sichuan	211354	66870	90247	51187	3046	4
贵 州	Guizhou	90486	25718	45601	18293	872	1
云 南	Yunnan	108790	20662	53853	32216	2058	2
西 藏	Tibet	7612	1165	4216	2130	100	1
陕 西	Shaanxi	81559	22850	37189	20630	888	1
甘 肃	Gansu	57974	10746	25976	20209	1042	2
青 海	Qinghai	11329	1818	5947	3425	138	
宁 夏	Ningxia	12529	3115	6997	2347	69	
新 疆	Xinjiang	50196	9576	31650	8861	110	

2-23 全国家庭户人数和户主的年龄、性别构成
Population of Family Households, Age and Sex Composition of the Household Head

年龄 Age	家庭户人口数 Population of Family Household (person)	男 Male	女 Female	户主数 Number of Household Head (person)	男 Male	女 Female	户主率 Household Head Rate (%)	男 Male	女 Female
总计 Total	**19729405**	**9989351**	**9740054**	**6079480**	**4987951**	**1091529**	**30.81**	**49.93**	**11.21**
14岁及以下	**3486568**	**1886532**	**1600035**	**2692**	**1682**	**1010**	**0.08**	**0.09**	**0.06**
15-19	**850874**	**469151**	**381723**	**11309**	**7642**	**3667**	**1.33**	**1.63**	**0.96**
15	180705	100887	79818	726	514	212	0.40	0.51	0.27
16	165741	92165	73577	1275	886	389	0.77	0.96	0.53
17	175813	97288	78525	2095	1401	694	1.19	1.44	0.88
18	165473	90625	74848	3011	2037	975	1.82	2.25	1.30
19	163142	88187	74956	4202	2805	1397	2.58	3.18	1.86
20-24	**1096128**	**567794**	**528334**	**81431**	**57406**	**24025**	**7.43**	**10.11**	**4.55**
20	196739	104758	91981	7821	5099	2722	3.98	4.87	2.96
21	192280	100863	91418	10215	6777	3438	5.31	6.72	3.76
22	218154	112676	105477	15229	10431	4798	6.98	9.26	4.55
23	234976	120001	114975	20791	14809	5982	8.85	12.34	5.20
24	253979	129496	124483	27374	20289	7085	10.78	15.67	5.69
25-29	**1740375**	**848856**	**891519**	**315232**	**244510**	**70722**	**18.11**	**28.80**	**7.93**
25	360737	176175	184562	48185	36002	12183	13.36	20.44	6.60
26	350241	170200	180041	55596	42405	13190	15.87	24.92	7.33
27	338166	164695	173471	61871	48192	13679	18.30	29.26	7.89
28	365072	178459	186613	75287	59329	15958	20.62	33.25	8.55
29	326159	159327	166832	74293	58581	15712	22.78	36.77	9.42
30-34	**1453889**	**715158**	**738731**	**415058**	**335200**	**79858**	**28.55**	**46.87**	**10.81**
30	287224	140039	147186	70240	56471	13768	24.45	40.33	9.35
31	281083	137767	143317	75010	60665	14345	26.69	44.03	10.01
32	279856	137518	142338	80212	64567	15644	28.66	46.95	10.99
33	323872	160503	163369	99047	80053	18993	30.58	49.88	11.63
34	281853	139331	142521	90550	73443	17107	32.13	52.71	12.00
35-39	**1415717**	**707185**	**708532**	**531009**	**436720**	**94289**	**37.51**	**61.75**	**13.31**
35	272310	135913	136397	92699	75672	17027	34.04	55.68	12.48
36	290340	145202	145138	104203	85342	18860	35.89	58.77	12.99
37	283305	140827	142479	106229	87216	19013	37.50	61.93	13.34
38	267057	133985	133072	104888	86496	18392	39.28	64.56	13.82
39	302705	151259	151446	122991	101994	20997	40.63	67.43	13.86

2-23 续表 continued

年 龄 Age	家庭户人口数 Population of Family Household (person)	男 Male	女 Female	户主数 Number of Household Head (person)	男 Male	女 Female	户主率 Household Head Rate (%)	男 Male	女 Female
40-44	**1727112**	**867964**	**859149**	**769691**	**650756**	**118935**	**44.57**	**74.98**	**13.84**
40	309292	155245	154047	130461	108387	22074	42.18	69.82	14.33
41	332880	167446	165434	144728	121609	23118	43.48	72.63	13.97
42	350503	176452	174051	156325	132050	24275	44.60	74.84	13.95
43	362142	181506	180636	164969	140351	24618	45.55	77.33	13.63
44	372296	187315	184981	173209	148359	24850	46.52	79.20	13.43
45-49	**1835507**	**918885**	**916622**	**890478**	**771447**	**119032**	**48.51**	**83.95**	**12.99**
45	396778	199259	197520	187199	160814	26385	47.18	80.71	13.36
46	367012	184059	182953	176463	152473	23990	48.08	82.84	13.11
47	396563	198161	198401	192891	166892	25999	48.64	84.22	13.10
48	316369	158263	158106	155744	136029	19715	49.23	85.95	12.47
49	358785	179143	179642	178181	155239	22942	49.66	86.66	12.77
50-54	**1563988**	**781313**	**782675**	**790700**	**680703**	**109997**	**50.56**	**87.12**	**14.05**
50	351946	178217	173729	178091	154762	23329	50.60	86.84	13.43
51	346401	170810	175590	172456	148402	24054	49.79	86.88	13.70
52	402353	202304	200050	205680	176469	29211	51.12	87.23	14.60
53	297743	148780	148963	151469	130389	21080	50.87	87.64	14.15
54	165545	81202	84344	83004	70682	12322	50.14	87.04	14.61
55-59	**1168707**	**587838**	**580870**	**601524**	**513001**	**88523**	**51.47**	**87.27**	**15.24**
55	207035	103930	103105	106041	90359	15682	51.22	86.94	15.21
56	191594	96782	94811	98931	84477	14454	51.64	87.29	15.24
57	246475	124695	121780	127346	108733	18612	51.67	87.20	15.28
58	273070	137663	135406	141137	120711	20425	51.69	87.69	15.08
59	250534	124767	125767	128070	108720	19350	51.12	87.14	15.39
60-64	**1195685**	**593181**	**602504**	**609161**	**508373**	**100788**	**50.95**	**85.70**	**16.73**
60	262995	131574	131421	134902	113890	21012	51.29	86.56	15.99
61	261029	129779	131249	133056	111768	21288	50.97	86.12	16.22
62	236472	116717	119755	120562	100355	20206	50.98	85.98	16.87
63	237011	117243	119768	120162	99567	20595	50.70	84.92	17.20
64	198178	97867	100311	100479	82793	17686	50.70	84.60	17.63
65+	**2194854**	**1045495**	**1149359**	**1061194**	**780511**	**280683**	**48.35**	**74.65**	**24.42**

2-24 各地区分性别、受教育程度的人口
Population by Sex, Educational Attainment and Region

单位：人 (person)

地 区	Region	6岁及以上人口 Population Aged 6 and Over	男 Male	女 Female	未上过学 No Schooling	男 Male	女 Female	小 学 Primary School	男 Male	女 Female
全 国	**National Total**	**19833469**	**10121107**	**9712363**	**1128946**	**326099**	**802847**	**5199574**	**2496606**	**2702967**
北 京	Beijing	316773	165403	151370	6180	1500	4680	32650	15352	17298
天 津	Tianjin	228196	124883	103313	5738	1782	3956	35688	18755	16932
河 北	Hebei	1066111	535971	530140	44629	12364	32265	274871	129671	145200
山 西	Shanxi	536025	277401	258623	17212	5355	11857	110913	51420	59493
内蒙古	Inner Mongolia	368717	187863	180854	21579	7062	14517	89268	43057	46211
辽 宁	Liaoning	652806	326721	326085	15151	4595	10556	131839	61282	70558
吉 林	Jilin	409572	206452	203120	12954	4611	8343	100760	48749	52010
黑龙江	Heilongjiang	572233	287954	284279	18889	6447	12442	134603	64074	70529
上 海	Shanghai	355996	185053	170943	11792	2686	9106	46582	21767	24815
江 苏	jiangsu	1163203	588089	575114	65122	15144	49978	270803	122953	147850
浙 江	Zhejiang	810517	418816	391701	52902	14609	38293	239672	117083	122588
安 徽	Anhui	884086	449985	434101	59704	16211	43493	245444	114283	131161
福 建	Fujian	546001	279002	267000	38145	8162	29984	160778	74672	86106
江 西	Jiangxi	651438	332802	318636	31679	8200	23479	195947	90503	105444
山 东	Shandong	1423779	723896	699884	96731	26522	70209	345693	162034	183659
河 南	Henan	1353044	685346	667699	77360	24748	52612	350004	172366	177638
湖 北	Hubei	846998	429721	417277	51048	13336	37712	203950	96174	107776
湖 南	Hunan	976881	492520	484361	36205	10640	25564	259381	124607	134774
广 东	Guangdong	1559777	827565	732212	53925	14887	39037	352377	166246	186131
广 西	Guangxi	675146	344484	330662	32658	8329	24329	210679	102127	108551
海 南	Hainan	129047	67489	61558	6574	1531	5043	27457	13015	14442
重 庆	Chongqing	441611	220924	220687	24737	7460	17276	139391	68241	71150
四 川	Sichuan	1200274	601392	598883	97796	30165	67631	399659	197696	201962
贵 州	Guizhou	501212	257670	243541	60459	16415	44043	172357	89470	82887
云 南	Yunnan	682247	348765	333482	63598	19905	43693	255239	128613	126626
西 藏	Tibet	45898	23178	22720	16503	6825	9678	16848	9333	7515
陕 西	Shaanxi	549196	276983	272213	29519	9110	20409	126830	60191	66638
甘 肃	Gansu	377237	193736	183501	41499	13002	28497	115600	56395	59205
青 海	Qinghai	84198	43997	40202	13950	5150	8801	29610	15164	14446
宁 夏	Ningxia	95349	48936	46413	8397	2578	5820	26334	12762	13572
新 疆	Xinjiang	329900	168109	161791	16311	6765	9546	98351	48551	49800

2-24 续表 1 continued

单位：人 (person)

地 区	Region	初 中 Junior Secondary School	男 Male	女 Female	普通高中 Regular Senior Secondary School	男 Male	女 Female	中 职 Secondary Vocational School	男 Male	女 Female
全 国	**National Total**	**7600489**	**4086432**	**3514057**	**2434365**	**1375728**	**1058637**	**826607**	**441856**	**384751**
北 京	Beijing	80272	45223	35049	42868	22470	20399	20697	10768	9929
天 津	Tianjin	85899	50661	35238	30811	16831	13980	16820	8934	7885
河 北	Hebei	468196	249172	219024	129334	70287	59047	40256	19177	21080
山 西	Shanxi	230264	122164	108100	81434	46459	34975	22541	11605	10936
内蒙古	Inner Mongolia	138368	75680	62688	46638	24973	21665	13338	7923	5415
辽 宁	Liaoning	293115	151504	141611	74717	38464	36253	27460	14074	13387
吉 林	Jilin	174513	90407	84106	54707	29001	25706	12705	6345	6360
黑龙江	Heilongjiang	257250	135028	122222	70680	37320	33360	14798	7501	7297
上 海	Shanghai	120392	65832	54560	52278	28468	23811	22794	12684	10110
江 苏	jiangsu	425735	227649	198086	148594	86680	61914	61962	34687	27276
浙 江	Zhejiang	284255	158307	125948	88734	50212	38522	26107	14986	11121
安 徽	Anhui	352751	188518	164233	97055	55834	41221	25443	12575	12868
福 建	Fujian	189992	107790	82202	60067	36599	23467	26028	13261	12767
江 西	Jiangxi	252488	134891	117597	82379	49658	32721	20081	10309	9772
山 东	Shandong	569311	304015	265295	160761	91015	69746	71427	41671	29756
河 南	Henan	579625	300430	279195	191204	109051	82152	36549	18684	17865
湖 北	Hubei	310274	164602	145672	112916	62680	50235	41871	22327	19544
湖 南	Hunan	369554	190054	179500	155211	87380	67832	40371	18901	21471
广 东	Guangdong	630674	347925	282749	245678	145752	99926	90172	50958	39214
广 西	Guangxi	277465	152146	125320	62958	35678	27279	29221	16424	12797
海 南	Hainan	57970	30871	27099	15974	10235	5740	7066	3932	3134
重 庆	Chongqing	146462	76729	69733	55244	29734	25509	20312	10281	10031
四 川	Sichuan	406996	218149	188847	123250	67617	55633	40607	21181	19426
贵 州	Guizhou	174867	100544	74323	36519	21040	15478	14639	7730	6909
云 南	Yunnan	220696	124866	95830	49715	28840	20876	28321	14053	14267
西 藏	Tibet	6639	3913	2727	2145	1185	961	496	298	198
陕 西	Shaanxi	207427	109406	98021	70284	39169	31115	17697	10221	7476
甘 肃	Gansu	112808	63486	49322	44169	26898	17270	15934	8928	7006
青 海	Qinghai	22619	13478	9141	6769	4007	2762	2450	1438	1011
宁 夏	Ningxia	32026	18043	13983	10361	5591	4770	3698	2171	1527
新 疆	Xinjiang	121585	64950	56635	30910	16599	14311	14745	7828	6917

2-24 续表 2 continued

单位：人 (person)

地区	Region	大学专科 College Students	男 Male	女 Female	大学本科 undergraduate	男 Male	女 Female	研究生 postgraduate	男 Male	女 Female
全国	**National Total**	**1351837**	**714972**	**636865**	**1175198**	**615775**	**559423**	**116455**	**63639**	**52816**
北京	Beijing	42735	21861	20874	70180	36743	33436	21191	11486	9704
天津	Tianjin	23755	12611	11144	26742	13885	12857	2743	1422	1321
河北	Hebei	66187	35252	30935	39560	18484	21077	3078	1565	1513
山西	Shanxi	42620	23828	18791	29197	15686	13511	1844	885	960
内蒙古	Inner Mongolia	31630	15975	15655	26673	12627	14046	1224	567	657
辽宁	Liaoning	54269	27482	26787	51918	27040	24877	4337	2281	2056
吉林	Jilin	26892	13086	13806	25265	13347	11917	1777	905	872
黑龙江	Heilongjiang	38202	19512	18689	35910	17005	18905	1901	1066	835
上海	Shanghai	41476	22096	19380	51011	26363	24648	9670	5157	4513
江苏	jiangsu	94557	49976	44581	83583	43915	39668	12847	7086	5760
浙江	Zhejiang	62059	32774	29285	53159	28757	24402	3629	2087	1542
安徽	Anhui	57909	31445	26464	42716	29364	13352	3063	1755	1309
福建	Fujian	33047	16688	16359	35625	20521	15104	2319	1308	1012
江西	Jiangxi	36854	20212	16643	30600	18196	12404	1409	833	577
山东	Shandong	94518	47887	46631	79396	47573	31824	5943	3178	2764
河南	Henan	69018	35427	33591	46221	22997	23223	3065	1644	1421
湖北	Hubei	60718	35333	25386	60195	32755	27440	6026	2514	3512
湖南	Hunan	62297	34719	27578	50701	24394	26307	3160	1826	1334
广东	Guangdong	108571	58869	49702	72518	39386	33132	5862	3541	2321
广西	Guangxi	32652	16648	16004	28292	12448	15844	1222	684	538
海南	Hainan	7693	4633	3060	6153	3176	2977	160	96	64
重庆	Chongqing	30627	15182	15444	23113	12373	10740	1724	922	802
四川	Sichuan	71454	37608	33847	57286	27155	30131	3226	1820	1407
贵州	Guizhou	21646	11643	10002	20212	10526	9686	514	300	214
云南	Yunnan	33019	16336	16684	28817	14690	14127	2842	1463	1378
西藏	Tibet	1587	791	796	1652	824	829	26	10	16
陕西	Shaanxi	43218	23261	19957	45804	20112	25692	8419	5514	2905
甘肃	Gansu	24794	14372	10422	21224	9943	11280	1209	710	499
青海	Qinghai	4396	2437	1959	4055	2146	1910	348	177	171
宁夏	Ningxia	7262	3646	3617	6978	3993	2985	293	153	140
新疆	Xinjiang	26173	13380	12793	20443	9352	11091	1382	684	699

2-25 各地区城市分性别、受教育程度的人口
City Population by Sex, Educational Attainment and Region

单位：人 (person)

地区	Region	6岁及以上人口 Population Aged 6 and Over	男 Male	女 Female	未上过学 No Schooling	男 Male	女 Female	小学 Primary School	男 Male	女 Female
全国	**National Total**	**6554785**	**3334955**	**3219830**	**150109**	**39161**	**110948**	**993344**	**462685**	**530659**
北京	Beijing	253293	131954	121339	3341	706	2635	22268	10391	11877
天津	Tianjin	166994	92898	74096	2940	992	1948	20251	11311	8939
河北	Hebei	232984	113573	119411	4094	1009	3086	33894	15627	18267
山西	Shanxi	151900	76815	75085	2161	593	1568	19158	8726	10432
内蒙古	Inner Mongolia	125634	61501	64132	3342	1115	2228	16867	7585	9283
辽宁	Liaoning	352844	175087	177757	4475	1205	3270	42931	19178	23753
吉林	Jilin	145594	73393	72201	2518	925	1593	17818	8119	9699
黑龙江	Heilongjiang	226181	111362	114818	3777	1203	2575	26856	12098	14758
上海	Shanghai	264847	136146	128701	5937	1242	4695	26960	12041	14919
江苏	Jiangsu	457066	232290	224775	13058	2865	10193	71320	32276	39044
浙江	Zhejiang	330475	171861	158615	12207	3468	8739	72756	34785	37971
安徽	Anhui	203010	103300	99711	5318	1258	4059	31160	13805	17355
福建	Fujian	200182	103486	96696	6808	1407	5400	39600	18292	21308
江西	Jiangxi	118515	59921	58594	2995	773	2222	21551	9805	11746
山东	Shandong	452772	231396	221377	13080	2897	10183	67774	31327	36447
河南	Henan	277370	136060	141310	6103	1818	4285	39792	19055	20737
湖北	Hubei	305346	152624	152722	7437	1630	5807	40334	18440	21894
湖南	Hunan	224273	109283	114991	2664	736	1928	33721	15735	17986
广东	Guangdong	834300	450631	383669	15601	4380	11221	138129	65859	72270
广西	Guangxi	143638	70137	73502	2497	649	1849	23833	11168	12665
海南	Hainan	38312	20179	18133	858	184	674	5289	2490	2799
重庆	Chongqing	162814	79021	83793	3570	984	2587	30160	13913	16246
四川	Sichuan	269388	132371	137017	6947	1990	4957	50242	23248	26994
贵州	Guizhou	92813	46509	46304	3492	862	2630	18603	8833	9770
云南	Yunnan	124230	61300	62930	3676	890	2786	24015	11544	12471
西藏	Tibet	5696	2752	2944	1212	422	790	1693	852	840
陕西	Shaanxi	153534	77003	76530	2589	663	1927	16122	7342	8780
甘肃	Gansu	86100	44464	41636	2343	540	1803	11970	5407	6563
青海	Qinghai	21526	10991	10535	1161	346	815	4295	2023	2272
宁夏	Ningxia	34305	17385	16920	1010	310	699	5267	2419	2849
新疆	Xinjiang	98849	49261	49587	2896	1100	1796	18714	8989	9724

2-25 续表 1 continued

单位：人 (person)

地区	Region	初中 Junior Secondary School	男 Male	女 Female	普通高中 Regular Senior Secondary School	男 Male	女 Female	中职 Secondary Vocational School	男 Male	女 Female
全 国	**National Total**	**2080344**	**1088278**	**992067**	**1096187**	**585228**	**510959**	**452813**	**233184**	**219630**
北 京	Beijing	52768	29583	23184	35171	18101	17069	15412	7645	7767
天 津	Tianjin	56230	34341	21889	25588	13750	11838	14478	7650	6828
河 北	Hebei	74858	38084	36774	43046	19895	23151	17342	8802	8540
山 西	Shanxi	47941	24509	23432	29605	15672	13933	10804	4997	5807
内蒙古	Inner Mongolia	40458	20742	19716	20781	10727	10054	7725	4526	3199
辽 宁	Liaoning	132013	65885	66129	54576	27967	26609	21932	11118	10814
吉 林	Jilin	49276	24581	24695	32601	16655	15946	8395	4168	4227
黑龙江	Heilongjiang	82223	41399	40824	43865	22493	21372	9718	4818	4900
上 海	Shanghai	78829	41951	36878	43822	23343	20479	18460	10094	8366
江 苏	Jiangsu	138019	72278	65740	71418	39282	32136	32466	17691	14775
浙 江	Zhejiang	108221	58713	49507	41519	23325	18195	13229	7409	5819
安 徽	Anhui	61300	30318	30981	34190	17034	17156	13711	5768	7943
福 建	Fujian	63355	34956	28400	27385	15570	11815	13579	6703	6876
江 西	Jiangxi	37339	18592	18747	21973	12100	9873	6472	3195	3277
山 东	Shandong	146005	74501	71505	68355	35865	32490	36577	18726	17851
河 南	Henan	84304	42486	41817	60618	31878	28740	16023	7517	8506
湖 北	Hubei	84671	42344	42327	53504	27655	25850	26629	13744	12885
湖 南	Hunan	64498	31687	32811	44309	23264	21045	15705	7221	8484
广 东	Guangdong	313573	174224	139349	152370	89001	63369	62425	34963	27462
广 西	Guangxi	46654	23507	23147	22348	11474	10873	14271	7937	6334
海 南	Hainan	13280	6584	6695	7357	4539	2818	3714	1989	1724
重 庆	Chongqing	48741	24060	24682	29594	14995	14599	11302	4980	6322
四 川	Sichuan	77441	39093	38348	44048	22861	21187	17366	8857	8509
贵 州	Guizhou	32828	17550	15278	10805	6004	4801	6367	3212	3155
云 南	Yunnan	36328	19227	17101	15176	8684	6492	11526	4652	6874
西 藏	Tibet	1058	580	479	587	320	267	222	127	95
陕 西	Shaanxi	39007	20003	19004	24287	12659	11628	7918	4267	3651
甘 肃	Gansu	23260	11808	11451	16049	9003	7047	8643	5009	3634
青 海	Qinghai	7131	3952	3178	2834	1539	1295	1227	614	613
宁 夏	Ningxia	10572	5554	5018	5138	2580	2558	2216	1311	906
新 疆	Xinjiang	28165	15185	12980	13270	6995	6275	6957	3472	3485

2-25 续表 2 continued

单位：人 (person)

地 区	Region	大学专科 College Students	男 Male	女 Female	大学本科 undergraduate	男 Male	女 Female	研究生 postgraduate	男 Male	女 Female
全 国	**National Total**	**838800**	**434629**	**404171**	**839426**	**435087**	**404338**	**103762**	**56703**	**47058**
北 京	Beijing	37537	19155	18382	65849	34997	30853	20947	11375	9571
天 津	Tianjin	20961	11040	9921	23871	12421	11450	2676	1393	1283
河 北	Hebei	35046	18032	17013	22372	10915	11456	2332	1208	1124
山 西	Shanxi	22385	12010	10375	18365	9580	8785	1480	728	752
内蒙古	Inner Mongolia	17309	8165	9144	18246	8214	10032	905	429	476
辽 宁	Liaoning	45794	23025	22769	47017	24531	22486	4106	2179	1927
吉 林	Jilin	17112	8935	8177	16734	9455	7279	1140	555	585
黑龙江	Heilongjiang	28294	14338	13956	29774	14056	15718	1674	957	716
上 海	Shanghai	35799	18998	16802	45812	23587	22225	9227	4890	4337
江 苏	Jiangsu	58825	30156	28669	60469	31497	28972	11491	6245	5246
浙 江	Zhejiang	39627	20963	18664	39685	21315	18370	3231	1882	1349
安 徽	Anhui	30021	16246	13775	25112	17677	7435	2200	1193	1007
福 建	Fujian	21205	10313	10892	26137	15051	11085	2114	1194	920
江 西	Jiangxi	16704	8764	7940	10512	6119	4393	970	573	396
山 东	Shandong	60479	31103	29377	55718	34444	21274	4784	2533	2250
河 南	Henan	38041	17827	20214	30282	14268	16014	2208	1210	997
湖 北	Hubei	38385	20690	17695	48916	25921	22994	5471	2201	3270
湖 南	Hunan	30313	16861	13452	30822	12479	18343	2241	1299	942
广 东	Guangdong	84225	44925	39299	62331	33868	28463	5646	3410	2236
广 西	Guangxi	16934	8443	8491	16090	6411	9679	1011	548	464
海 南	Hainan	4485	2507	1978	3197	1811	1386	133	75	58
重 庆	Chongqing	20775	10354	10421	17267	8948	8319	1405	788	617
四 川	Sichuan	36311	18766	17546	34485	16071	18414	2547	1486	1061
贵 州	Guizhou	9580	5157	4423	10747	4668	6079	391	223	168
云 南	Yunnan	15068	6952	8116	15814	7994	7819	2627	1357	1270
西 藏	Tibet	526	263	263	388	186	203	9	2	7
陕 西	Shaanxi	23719	13034	10685	31878	13734	18145	8013	5302	2711
甘 肃	Gansu	12177	7031	5146	10640	5074	5567	1017	593	424
青 海	Qinghai	2240	1172	1068	2318	1187	1130	320	158	163
宁 夏	Ningxia	4798	2308	2490	5040	2768	2272	262	135	128
新 疆	Xinjiang	14125	7097	7028	13539	5841	7698	1183	583	600

2-26 各地区镇分性别、受教育程度的人口
Town Population by Sex, Educational Attainment and Region

单位：人 (person)

地 区	Region	6岁及以上人口 Population Aged 6 and Over	男 Male	女 Female	未上过学 No Schooling	男 Male	女 Female	小 学 Primary School	男 Male	女 Female
全 国	**National Total**	**4617257**	**2369475**	**2247782**	**229551**	**64304**	**165247**	**1143442**	**539837**	**603605**
北 京	Beijing	19629	10466	9163	499	113	386	2646	1288	1358
天 津	Tianjin	21359	11406	9953	783	247	536	4265	2105	2160
河 北	Hebei	311169	157253	153916	11524	3102	8422	73013	34513	38500
山 西	Shanxi	139766	73401	66365	3118	985	2133	25960	12006	13955
内蒙古	Inner Mongolia	94040	48991	45049	4104	1229	2875	20123	9407	10716
辽 宁	Liaoning	84216	42448	41768	1988	618	1370	17850	8258	9592
吉 林	Jilin	79263	38952	40312	2232	817	1415	14679	6995	7684
黑龙江	Heilongjiang	108400	54835	53565	3091	1008	2083	22921	10729	12192
上 海	Shanghai	45858	24509	21349	1985	478	1507	8056	3896	4160
江 苏	Jiangsu	312011	160103	151908	18665	4642	14023	73830	33634	40196
浙 江	Zhejiang	197288	101028	96261	12275	3312	8963	62625	30336	32289
安 徽	Anhui	242710	124834	117877	14157	3920	10237	60877	28202	32675
福 建	Fujian	140004	71343	68661	9611	1983	7628	43284	19718	23566
江 西	Jiangxi	217120	110857	106262	7372	1892	5480	54530	24599	29931
山 东	Shandong	352175	181216	170958	23405	6951	16454	80667	38043	42624
河 南	Henan	354555	186888	167667	16825	5373	11452	79638	39403	40235
湖 北	Hubei	175292	88763	86528	8753	2163	6589	41424	19041	22383
湖 南	Hunan	270397	138562	131835	7489	2098	5391	61737	28884	32853
广 东	Guangdong	237456	125269	112187	10438	2848	7591	60465	28000	32464
广 西	Guangxi	172737	88723	84014	5536	1372	4163	45205	21407	23798
海 南	Hainan	32243	16733	15510	1753	409	1343	6606	3128	3478
重 庆	Chongqing	104254	53190	51064	4764	1388	3376	31503	15015	16488
四 川	Sichuan	298620	148187	150432	16796	4778	12017	84102	40071	44032
贵 州	Guizhou	115974	60429	55545	10480	2661	7819	35701	17797	17904
云 南	Yunnan	169005	85628	83376	10860	3148	7711	52305	25406	26899
西 藏	Tibet	7281	3729	3552	1842	716	1125	2187	1176	1011
陕 西	Shaanxi	140304	70951	69353	6987	2088	4898	32066	15069	16997
甘 肃	Gansu	76315	39213	37102	5837	1662	4175	18265	8554	9711
青 海	Qinghai	20890	11416	9473	2741	981	1760	6788	3432	3356
宁 夏	Ningxia	18226	9581	8645	1172	323	849	5039	2346	2693
新 疆	Xinjiang	58700	30568	28132	2473	997	1476	15088	7381	7707

2-26 续表 1 continued

单位：人 (person)

地 区	Region	初 中 Junior Secondary School	男 Male	女 Female	普通高中 Regular Senior Secondary School	男 Male	女 Female	中 职 Secondary Vocational School	男 Male	女 Female
全 国	**National Total**	**1857893**	**983438**	**874456**	**623806**	**364576**	**259231**	**202828**	**113274**	**89554**
北 京	Beijing	7464	4193	3271	2977	1782	1195	1637	939	698
天 津	Tianjin	9138	5064	4074	2302	1345	957	1044	569	476
河 北	Hebei	133831	71251	62580	42381	24111	18270	15357	6152	9205
山 西	Shanxi	59613	30734	28879	24646	15039	9607	5878	3245	2634
内蒙古	Inner Mongolia	37149	20080	17068	12641	7195	5446	3798	2248	1550
辽 宁	Liaoning	45517	23434	22082	8309	4546	3763	2631	1364	1266
吉 林	Jilin	33710	17361	16348	12049	6637	5412	2595	1338	1257
黑龙江	Heilongjiang	53425	27882	25543	14538	7782	6756	3133	1639	1494
上 海	Shanghai	19966	11113	8853	5004	2999	2004	2493	1458	1035
江 苏	Jiangsu	124701	66602	58099	39503	24076	15427	16096	9335	6761
浙 江	Zhejiang	72671	40180	32490	23310	12427	10883	5719	3316	2402
安 徽	Anhui	99609	51748	47860	30343	18830	11513	7078	4077	3001
福 建	Fujian	52225	29148	23077	14306	9403	4903	7486	3862	3625
江 西	Jiangxi	85372	43656	41716	30699	18546	12153	8504	4251	4254
山 东	Shandong	141968	75699	66269	43987	25159	18828	21091	14653	6438
河 南	Henan	157722	83430	74292	58942	35670	23271	11889	6487	5402
湖 北	Hubei	70271	36756	33515	28638	15255	13383	7860	4421	3439
湖 南	Hunan	101198	50845	50353	51139	29024	22115	12350	6273	6077
广 东	Guangdong	100920	55098	45823	36305	22074	14231	11254	6640	4614
广 西	Guangxi	74556	40145	34411	18949	11019	7929	8251	4642	3609
海 南	Hainan	14767	7740	7026	3891	2494	1397	1557	877	680
重 庆	Chongqing	38841	19888	18953	12593	7125	5467	5847	3531	2316
四 川	Sichuan	107961	55065	52896	37944	21364	16580	12182	6548	5634
贵 州	Guizhou	42453	23709	18744	10086	6014	4072	3851	2030	1821
云 南	Yunnan	59233	31566	27668	17286	10078	7208	8781	4856	3925
西 藏	Tibet	1288	757	531	547	345	202	149	89	60
陕 西	Shaanxi	56328	29493	26835	19275	10946	8329	5711	3614	2097
甘 肃	Gansu	22767	12319	10448	10851	7299	3552	3800	2000	1800
青 海	Qinghai	5772	3555	2217	2193	1389	804	756	553	204
宁 夏	Ningxia	6837	3860	2976	2013	1083	930	702	447	256
新 疆	Xinjiang	20621	11063	9558	6160	3521	2639	3344	1820	1524

2-26 续表 2 continued

单位：人 (person)

地 区	Region	大学专科 College Students	男 Male	女 Female	大学本科 undergraduate	男 Male	女 Female	研究生 postgraduate	男 Male	女 Female
全 国	**National Total**	**314112**	**170924**	**143188**	**236794**	**128209**	**108586**	**8830**	**4915**	**3915**
北 京	Beijing	2156	1117	1040	2077	954	1123	173	80	93
天 津	Tianjin	1727	1013	714	2053	1042	1011	49	22	27
河 北	Hebei	21545	12286	9258	13016	5597	7419	502	240	262
山 西	Shanxi	11922	6412	5510	8387	4861	3526	242	120	122
内蒙古	Inner Mongolia	9738	5436	4302	6256	3297	2959	232	100	132
辽 宁	Liaoning	4713	2577	2136	3079	1590	1489	129	60	69
吉 林	Jilin	6926	2847	4079	6496	2636	3860	577	321	256
黑龙江	Heilongjiang	6690	3577	3114	4432	2139	2293	170	80	89
上 海	Shanghai	3849	2120	1730	4113	2205	1908	392	240	152
江 苏	Jiangsu	21657	12193	9464	16485	8942	7542	1075	679	395
浙 江	Zhejiang	11863	6347	5517	8589	4986	3603	238	124	113
安 徽	Anhui	17845	9059	8785	12173	8562	3612	628	434	194
福 建	Fujian	7079	3837	3243	5881	3319	2562	132	73	59
江 西	Jiangxi	13834	7773	6061	16495	9954	6542	313	187	126
山 东	Shandong	22854	10509	12345	17549	9820	7729	654	382	272
河 南	Henan	18188	10395	7792	10861	5871	4990	491	258	233
湖 北	Hubei	10850	6529	4321	7160	4412	2748	335	185	150
湖 南	Hunan	21632	12253	9380	14214	8827	5387	637	358	279
广 东	Guangdong	12013	7400	4614	5930	3129	2801	129	80	49
广 西	Guangxi	10633	5440	5193	9458	4599	4859	149	98	51
海 南	Hainan	1610	1028	583	2039	1040	999	20	16	4
重 庆	Chongqing	6127	3487	2640	4290	2643	1647	289	112	177
四 川	Sichuan	21621	11721	9901	17521	8419	9102	493	222	270
贵 州	Guizhou	7015	4054	2961	6316	4119	2196	73	45	27
云 南	Yunnan	11399	5852	5547	8976	4631	4345	165	91	73
西 藏	Tibet	531	265	266	725	377	348	12	4	8
陕 西	Shaanxi	11219	5898	5320	8466	3700	4766	253	142	111
甘 肃	Gansu	7276	4293	2983	7403	3011	4392	115	76	39
青 海	Qinghai	1408	835	572	1212	658	554	19	14	5
宁 夏	Ningxia	1221	674	547	1224	838	386	18	10	8
新 疆	Xinjiang	6969	3699	3270	3917	2028	1890	127	59	68

2-27 各地区乡村分性别、受教育程度的人口
Rural Population by Sex, Educational Attainment and Region

单位：人 (person)

地 区	Region	6岁及以上人口 Population Aged 6 and Over	男 Male	女 Female	未上过学 No Schooling	男 Male	女 Female	小 学 Primary School	男 Male	女 Female
全 国	**National Total**	**8661427**	**4416677**	**4244751**	**749286**	**222634**	**526652**	**3062787**	**1494084**	**1568703**
北 京	Beijing	43851	22983	20868	2340	681	1659	7736	3672	4063
天 津	Tianjin	39843	20579	19264	2015	544	1472	11173	5339	5834
河 北	Hebei	521958	265145	256813	29010	8253	20758	167963	79531	88432
山 西	Shanxi	244358	127185	117173	11933	3777	8156	65794	30689	35106
内蒙古	Inner Mongolia	149044	77371	71673	14132	4718	9414	52277	26065	26212
辽 宁	Liaoning	215746	109186	106560	8687	2771	5916	71058	33846	37213
吉 林	Jilin	184715	94107	90608	8204	2869	5336	68263	33636	34627
黑龙江	Heilongjiang	237652	121757	115895	12021	4236	7784	84825	41246	43579
上 海	Shanghai	45290	24398	20893	3870	966	2904	11566	5830	5736
江 苏	Jiangsu	394126	195696	198431	33400	7637	25762	125653	57043	68610
浙 江	Zhejiang	282753	145927	136826	28420	7829	20591	104291	51963	52328
安 徽	Anhui	438365	221852	216513	40229	11032	29197	153407	72277	81130
福 建	Fujian	205815	104173	101642	21727	4771	16955	77894	36662	41232
江 西	Jiangxi	315803	162023	153779	21312	5535	15777	119866	56099	63767
山 东	Shandong	618832	311283	307549	60247	16674	43572	197252	92664	104588
河 南	Henan	721119	362397	358722	54432	17556	36876	230574	113907	116666
湖 北	Hubei	366360	188334	178026	34858	9543	25315	122192	58693	63499
湖 南	Hunan	482211	244676	237535	26051	7807	18245	163923	79987	83935
广 东	Guangdong	488021	251665	236356	27885	7660	20225	153784	72387	81397
广 西	Guangxi	358771	185625	173146	24625	6308	18317	141640	69552	72088
海 南	Hainan	58492	30577	27915	3964	938	3026	15562	7397	8165
重 庆	Chongqing	174542	88712	85830	16402	5089	11313	77729	39313	38416
四 川	Sichuan	632267	320834	311434	74054	23398	50656	265314	134377	130937
贵 州	Guizhou	292425	150732	141693	46487	12893	33595	118053	62840	55213
云 南	Yunnan	389012	201837	187175	49063	15867	33196	178919	91663	87256
西 藏	Tibet	32922	16697	16225	13450	5686	7763	12969	7305	5664
陕 西	Shaanxi	255359	129029	126330	19943	6359	13584	78642	37780	40862
甘 肃	Gansu	214822	110058	104764	33318	10800	22518	85365	42434	42930
青 海	Qinghai	41783	21589	20194	10048	3823	6225	18527	9709	8818
宁 夏	Ningxia	42818	21971	20848	6216	1945	4272	16028	7998	8030
新 疆	Xinjiang	172351	88280	84071	10942	4668	6274	64549	32181	32368

2-27 续表 1 continued

单位：人 (person)

地 区	Region	初 中 Junior Secondary School	男 Male	女 Female	普通高中 Regular Senior Secondary School	男 Male	女 Female	中 职 Secondary Vocational School	男 Male	女 Female
全 国	**National Total**	**3662251**	**2014717**	**1647534**	**714372**	**425924**	**288448**	**170965**	**95398**	**75567**
北 京	Beijing	20041	11446	8595	4721	2587	2134	3648	2184	1464
天 津	Tianjin	20531	11256	9275	2922	1737	1186	1298	716	582
河 北	Hebei	259508	139838	119670	43907	26281	17626	7557	4222	3335
山 西	Shanxi	122709	66920	55789	27183	15748	11435	5859	3363	2496
内蒙古	Inner Mongolia	60762	34858	25904	13216	7052	6165	1815	1150	666
辽 宁	Liaoning	115585	62185	53400	11832	5951	5881	2898	1591	1307
吉 林	Jilin	91527	48465	43063	10057	5709	4348	1715	839	876
黑龙江	Heilongjiang	121602	65747	55855	12278	7046	5232	1947	1044	903
上 海	Shanghai	21597	12768	8829	3452	2125	1327	1840	1131	709
江 苏	Jiangsu	163015	88768	74247	37672	23321	14351	13400	7660	5739
浙 江	Zhejiang	103363	59413	43950	23905	14460	9445	7159	4260	2899
安 徽	Anhui	191843	106451	85392	32522	19970	12552	4654	2730	1924
福 建	Fujian	74412	43687	30725	18376	11626	6749	4963	2697	2266
江 西	Jiangxi	129777	72643	57134	29707	19013	10694	5104	2864	2241
山 东	Shandong	281337	153815	127522	48419	29992	18428	13759	8292	5467
河 南	Henan	337599	174513	163086	71644	41503	30141	8638	4680	3958
湖 北	Hubei	155332	85501	69830	30773	19771	11002	7382	4162	3220
湖 南	Hunan	203858	107521	96337	59763	35092	24672	12316	5406	6910
广 东	Guangdong	216180	118604	97577	57003	34677	22326	16493	9355	7138
广 西	Guangxi	156255	88494	67762	21661	13184	8477	6699	3845	2853
海 南	Hainan	29924	16546	13377	4726	3202	1525	1795	1065	730
重 庆	Chongqing	58880	32781	26099	13058	7614	5443	3163	1770	1393
四 川	Sichuan	221594	123992	97602	41259	23393	17866	11058	5776	5283
贵 州	Guizhou	99586	59286	40301	15628	9023	6606	4421	2488	1933
云 南	Yunnan	125134	74073	51061	17254	10078	7176	8014	4545	3468
西 藏	Tibet	4293	2576	1717	1011	519	492	125	82	42
陕 西	Shaanxi	112091	59910	52182	26722	15564	11158	4067	2339	1728
甘 肃	Gansu	66782	39359	27423	17268	10597	6671	3491	1919	1572
青 海	Qinghai	9716	5971	3746	1741	1079	663	467	272	194
宁 夏	Ningxia	14617	8628	5989	3210	1928	1282	779	414	365
新 疆	Xinjiang	72799	38702	34097	11480	6083	5396	4443	2536	1907

2-27 续表 2 continued

单位：人 (person)

地 区	Region	大学专科 College Students	男 Male	女 Female	大学本科 undergraduate	男 Male	女 Female	研究生 postgraduate	男 Male	女 Female
全 国	**National Total**	**198925**	**109419**	**89506**	**98978**	**52479**	**46499**	**3864**	**2021**	**1842**
北 京	Beijing	3042	1589	1452	2254	793	1461	71	31	40
天 津	Tianjin	1068	559	509	819	422	397	18	7	11
河 北	Hebei	9596	4933	4664	4173	1971	2201	244	117	127
山 西	Shanxi	8313	5406	2906	2444	1244	1200	123	37	85
内蒙古	Inner Mongolia	4583	2374	2209	2171	1116	1055	87	39	48
辽 宁	Liaoning	3762	1881	1882	1822	920	902	101	43	59
吉 林	Jilin	2854	1305	1550	2035	1257	778	60	29	31
黑龙江	Heilongjiang	3218	1598	1620	1704	810	894	58	28	30
上 海	Shanghai	1827	979	849	1087	571	516	51	27	24
江 苏	Jiangsu	14075	7627	6448	6630	3476	3154	281	162	119
浙 江	Zhejiang	10568	5464	5104	4886	2457	2429	161	82	79
安 徽	Anhui	10043	6139	3904	5432	3125	2306	235	127	108
福 建	Fujian	4763	2539	2224	3608	2151	1457	73	40	33
江 西	Jiangxi	6316	3675	2642	3593	2123	1470	126	72	54
山 东	Shandong	11184	6275	4909	6129	3308	2821	505	263	242
河 南	Henan	12789	7204	5585	5077	2858	2220	366	175	191
湖 北	Hubei	11484	8114	3370	4119	2422	1697	220	128	92
湖 南	Hunan	10352	5605	4747	5665	3088	2577	283	170	113
广 东	Guangdong	12333	6544	5789	4256	2388	1868	87	51	36
广 西	Guangxi	5084	2765	2320	2744	1438	1306	61	38	24
海 南	Hainan	1598	1099	499	917	325	592	6	5	2
重 庆	Chongqing	3724	1342	2382	1555	782	774	30	22	9
四 川	Sichuan	13521	7122	6400	5280	2665	2615	186	111	75
贵 州	Guizhou	5050	2432	2618	3149	1739	1410	50	32	18
云 南	Yunnan	6553	3532	3021	4027	2064	1962	50	15	35
西 藏	Tibet	530	264	266	539	260	278	5	4	1
陕 西	Shaanxi	8280	4328	3952	5460	2678	2782	154	70	84
甘 肃	Gansu	5341	3048	2293	3181	1859	1321	77	41	35
青 海	Qinghai	748	429	319	525	300	225	9	6	4
宁 夏	Ningxia	1243	664	579	714	386	327	12	8	4
新 疆	Xinjiang	5079	2584	2495	2987	1484	1503	72	42	30

2-28　各地区分性别的15岁及以上文盲人口
Illiterate Population Aged 15 and Over by Sex and Region

地　区	Region	15岁及以上人口(人) Population Aged 15 and Over (person)	男 Male	女 Female	文盲人口(人) Illiterate Population (person)	男 Male	女 Female	文盲人口占15岁及以上人口的比重(%) % to Total Aged 15 and Over (%)	男 Male	女 Female
全　国	**National Total**	**17790430**	**9011377**	**8779053**	**964050**	**260677**	**703374**	**5.42**	**2.89**	**8.01**
北　京	Beijing	301781	157519	144262	5188	1150	4037	1.72	0.73	2.80
天　津	Tianjin	215117	117901	97216	4490	1191	3299	2.09	1.01	3.39
河　北	Hebei	944890	470806	474084	36479	9084	27395	3.86	1.93	5.78
山　西	Shanxi	483788	249962	233827	14435	4235	10200	2.98	1.69	4.36
内蒙古	Inner Mongolia	339221	172510	166711	18564	5776	12788	5.47	3.35	7.67
辽　宁	Liaoning	608639	303430	305209	11654	3139	8516	1.91	1.03	2.79
吉　林	Jilin	377159	189456	187704	9860	3270	6590	2.61	1.73	3.51
黑龙江	Heilongjiang	530031	265814	264217	14504	4551	9953	2.74	1.71	3.77
上　海	Shanghai	339022	175949	163073	10592	2248	8344	3.12	1.28	5.12
江　苏	Jiangsu	1070294	537019	533275	57833	12584	45249	5.40	2.34	8.49
浙　江	Zhejiang	748742	385894	362848	43947	11197	32751	5.87	2.90	9.03
安　徽	Anhui	785976	395406	390570	51141	13244	37897	6.51	3.35	9.70
福　建	Fujian	491456	249598	241858	32693	6232	26460	6.65	2.50	10.94
江　西	Jiangxi	558012	279649	278362	26098	6029	20069	4.68	2.16	7.21
山　东	Shandong	1280426	645541	634885	85107	22339	62769	6.65	3.46	9.89
河　南	Henan	1166364	579747	586617	61206	18170	43036	5.25	3.13	7.34
湖　北	Hubei	771249	388088	383161	45977	11760	34217	5.96	3.03	8.93
湖　南	Hunan	861699	429028	432671	29042	7846	21195	3.37	1.83	4.90
广　东	Guangdong	1412318	746104	666213	40929	9406	31523	2.90	1.26	4.73
广　西	Guangxi	578067	292388	285679	26921	5858	21063	4.66	2.00	7.37
海　南	Hainan	113538	58818	54720	6025	1295	4730	5.31	2.20	8.64
重　庆	Chongqing	395462	196313	199149	22102	6410	15692	5.59	3.27	7.88
四　川	Sichuan	1074458	534664	539794	87444	25855	61590	8.14	4.84	11.41
贵　州	Guizhou	426708	217321	209387	55494	14375	41120	13.01	6.61	19.64
云　南	Yunnan	597416	304040	293376	56913	17273	39640	9.53	5.68	13.51
西　藏	Tibet	38702	19575	19127	14449	5723	8726	37.33	29.24	45.62
陕　西	Shaanxi	500658	250736	249921	24389	7255	17134	4.87	2.89	6.86
甘　肃	Gansu	335638	171228	164410	37969	11614	26355	11.31	6.78	16.03
青　海	Qinghai	73230	38321	34909	12178	4276	7903	16.63	11.16	22.64
宁　夏	Ningxia	82957	42440	40517	7609	2254	5355	9.17	5.31	13.22
新　疆	Xinjiang	287414	146113	141301	12818	5039	7779	4.46	3.45	5.51

2-29 各地区城市分性别的15岁及以上文盲人口
City Illiterate Population Aged 15 and Over by Sex and Region

地 区	Region	15岁及以上人口(人) Population Aged 15 and Over (person)	男 Male	女 Female	文盲人口(人) Illiterate Population (person)	男 Male	女 Female	文盲人口占15岁及以上人口的比重(%) % to Total Aged 15 and Over (%)	男 Male	女 Female
全 国	**National Total**	**6087300**	**3083113**	**3004188**	**120833**	**27686**	**93147**	**1.99**	**0.90**	**3.10**
北 京	Beijing	241567	125758	115809	2618	447	2171	1.08	0.36	1.87
天 津	Tianjin	159385	88849	70537	2250	624	1626	1.41	0.70	2.31
河 北	Hebei	213853	103316	110537	3185	665	2519	1.49	0.64	2.28
山 西	Shanxi	139305	70301	69004	1683	401	1281	1.21	0.57	1.86
内蒙古	Inner Mongolia	116870	56970	59900	2663	820	1843	2.28	1.44	3.08
辽 宁	Liaoning	333722	165146	168576	3192	699	2493	0.96	0.42	1.48
吉 林	Jilin	136606	68709	67897	1880	675	1205	1.38	0.98	1.78
黑龙江	Heilongjiang	214484	105341	109143	2834	845	1989	1.32	0.80	1.82
上 海	Shanghai	252310	129452	122858	5052	933	4119	2.00	0.72	3.35
江 苏	Jiangsu	425654	215255	210399	11197	2222	8975	2.63	1.03	4.27
浙 江	Zhejiang	307925	159813	148112	9281	2250	7031	3.01	1.41	4.75
安 徽	Anhui	187943	95106	92837	4328	918	3410	2.30	0.97	3.67
福 建	Fujian	183401	94355	89046	5810	1048	4762	3.17	1.11	5.35
江 西	Jiangxi	106395	53157	53239	2493	604	1889	2.34	1.14	3.55
山 东	Shandong	413217	210016	203201	10989	2146	8843	2.66	1.02	4.35
河 南	Henan	251532	121855	129677	4406	1113	3294	1.75	0.91	2.54
湖 北	Hubei	285131	141697	143434	6469	1342	5127	2.27	0.95	3.57
湖 南	Hunan	206117	99319	106798	1881	433	1448	0.91	0.44	1.36
广 东	Guangdong	777844	419266	358578	11622	2716	8906	1.49	0.65	2.48
广 西	Guangxi	129821	62531	67290	1861	343	1518	1.43	0.55	2.26
海 南	Hainan	34689	18114	16575	741	124	617	2.14	0.68	3.73
重 庆	Chongqing	152018	73418	78600	3053	810	2243	2.01	1.10	2.85
四 川	Sichuan	250376	122261	128115	6191	1678	4513	2.47	1.37	3.52
贵 州	Guizhou	83643	41537	42106	2923	639	2284	3.49	1.54	5.42
云 南	Yunnan	114626	56373	58254	3100	692	2408	2.70	1.23	4.13
西 藏	Tibet	5261	2533	2727	1164	407	757	22.13	16.06	27.77
陕 西	Shaanxi	144070	71982	72088	1939	442	1497	1.35	0.61	2.08
甘 肃	Gansu	78597	40321	38276	2125	459	1665	2.70	1.14	4.35
青 海	Qinghai	19566	9965	9601	1021	280	742	5.22	2.81	7.73
宁 夏	Ningxia	31043	15646	15398	861	249	612	2.77	1.59	3.98
新 疆	Xinjiang	90327	44752	45575	2021	661	1360	2.24	1.48	2.98

2-30 各地区镇分性别的15岁及以上文盲人口
Town Illiterate Population Aged 15 and Over by Sex and Region

地 区	Region	15岁及以上人口(人) Population Aged 15 and Over (person)	男 Male	女 Female	文盲人口(人) Illiterate Population (person)	男 Male	女 Female	文盲人口占15岁及以上人口的比重(%) % to Total Aged 15 and Over (%)	男 Male	女 Female
全 国	**National Total**	**4141873**	**2109824**	**2032049**	**195148**	**50738**	**144410**	**4.71**	**2.40**	**7.11**
北 京	Beijing	18580	9933	8647	431	90	341	2.32	0.90	3.95
天 津	Tianjin	19687	10520	9167	622	174	448	3.16	1.65	4.89
河 北	Hebei	276624	138779	137844	9283	2210	7073	3.36	1.59	5.13
山 西	Shanxi	125180	65529	59650	2570	762	1807	2.05	1.16	3.03
内蒙古	Inner Mongolia	85935	44803	41132	3347	917	2430	3.89	2.05	5.91
辽 宁	Liaoning	77962	39087	38875	1517	383	1133	1.95	0.98	2.92
吉 林	Jilin	73778	36067	37711	1762	600	1161	2.39	1.66	3.08
黑龙江	Heilongjiang	100302	50606	49696	2510	753	1757	2.50	1.49	3.53
上 海	Shanghai	43509	23221	20288	1822	409	1413	4.19	1.76	6.96
江 苏	Jiangsu	286767	145965	140802	16664	3877	12787	5.81	2.66	9.08
浙 江	Zhejiang	181322	92495	88827	10333	2658	7675	5.70	2.87	8.64
安 徽	Anhui	217593	110824	106768	12135	3230	8905	5.58	2.91	8.34
福 建	Fujian	125086	63267	61819	8193	1451	6741	6.55	2.29	10.91
江 西	Jiangxi	188967	94853	94113	5980	1349	4632	3.16	1.42	4.92
山 东	Shandong	318237	162287	155950	20516	5881	14635	6.45	3.62	9.38
河 南	Henan	311302	162363	148939	12911	3726	9185	4.15	2.29	6.17
湖 北	Hubei	159293	79957	79336	7873	1882	5992	4.94	2.35	7.55
湖 南	Hunan	240619	122098	118521	5968	1510	4458	2.48	1.24	3.76
广 东	Guangdong	212261	111387	100875	8074	1825	6250	3.80	1.64	6.20
广 西	Guangxi	149041	76066	72976	4367	878	3489	2.93	1.15	4.78
海 南	Hainan	28524	14625	13899	1633	353	1279	5.72	2.42	9.20
重 庆	Chongqing	92828	47063	45765	4332	1214	3118	4.67	2.58	6.81
四 川	Sichuan	269733	133049	136684	14979	4040	10939	5.55	3.04	8.00
贵 州	Guizhou	100288	51793	48495	9472	2256	7216	9.44	4.36	14.88
云 南	Yunnan	150293	75783	74510	9656	2677	6980	6.43	3.53	9.37
西 藏	Tibet	6476	3299	3177	1610	599	1011	24.86	18.15	31.83
陕 西	Shaanxi	126927	63669	63257	5740	1643	4097	4.52	2.58	6.48
甘 肃	Gansu	68749	35024	33725	5383	1512	3871	7.83	4.32	11.48
青 海	Qinghai	18408	10136	8273	2413	823	1589	13.11	8.12	19.21
宁 夏	Ningxia	15785	8298	7486	1050	278	773	6.65	3.34	10.32
新 疆	Xinjiang	51819	26977	24841	2004	780	1224	3.87	2.89	4.93

2-31 各地区乡村分性别的15岁及以上文盲人口
Rural Illiterate Population Aged 15 and Over by Sex and Region

地 区	Region	15岁及以上人口(人) Population Aged 15 and Over (person)	男 Male	女 Female	文盲人口(人) Illiterate Population (person)	男 Male	女 Female	文盲人口占15岁及以上人口的比重(%) % to Total Aged 15 and Over (%)	男 Male	女 Female
全 国	**National Total**	**7561256**	**3818440**	**3742817**	**648069**	**182252**	**465816**	**8.57**	**4.77**	**12.45**
北 京	Beijing	41634	21828	19806	2138	613	1525	5.14	2.81	7.70
天 津	Tianjin	36045	18533	17512	1618	393	1224	4.49	2.12	6.99
河 北	Hebei	454413	228711	225702	24012	6209	17803	5.28	2.71	7.89
山 西	Shanxi	219304	114132	105172	10183	3072	7111	4.64	2.69	6.76
内蒙古	Inner Mongolia	136416	70737	65679	12554	4039	8515	9.20	5.71	12.96
辽 宁	Liaoning	196954	99196	97758	6946	2056	4889	3.53	2.07	5.00
吉 林	Jilin	166775	84679	82096	6217	1994	4223	3.73	2.36	5.14
黑龙江	Heilongjiang	215245	109866	105378	9160	2952	6208	4.26	2.69	5.89
上 海	Shanghai	43203	23276	19927	3719	906	2813	8.61	3.89	14.12
江 苏	Jiangsu	357873	175799	182074	29972	6485	23487	8.38	3.69	12.90
浙 江	Zhejiang	259495	133585	125909	24334	6289	18044	9.38	4.71	14.33
安 徽	Anhui	380440	189475	190965	34678	9096	25582	9.12	4.80	13.40
福 建	Fujian	182969	91976	90993	18690	3733	14957	10.21	4.06	16.44
江 西	Jiangxi	262650	131640	131010	17625	4076	13549	6.71	3.10	10.34
山 东	Shandong	548972	273237	275734	53602	14311	39291	9.76	5.24	14.25
河 南	Henan	603530	295530	308001	43888	13331	30557	7.27	4.51	9.92
湖 北	Hubei	326825	166433	160391	31635	8536	23098	9.68	5.13	14.40
湖 南	Hunan	414962	207611	207351	21192	5903	15290	5.11	2.84	7.37
广 东	Guangdong	422212	215452	206760	21232	4865	16367	5.03	2.26	7.92
广 西	Guangxi	299205	153791	145413	20693	4637	16055	6.92	3.02	11.04
海 南	Hainan	50325	26079	24246	3651	817	2834	7.25	3.13	11.69
重 庆	Chongqing	150616	75832	74784	14717	4386	10331	9.77	5.78	13.81
四 川	Sichuan	554349	279355	274994	66275	20137	46138	11.96	7.21	16.78
贵 州	Guizhou	242778	123991	118787	43100	11480	31620	17.75	9.26	26.62
云 南	Yunnan	332496	171884	160612	44157	13904	30252	13.28	8.09	18.84
西 藏	Tibet	26966	13743	13223	11675	4717	6957	43.29	34.33	52.62
陕 西	Shaanxi	229661	115085	114576	16711	5170	11540	7.28	4.49	10.07
甘 肃	Gansu	188292	95882	92410	30461	9643	20818	16.18	10.06	22.53
青 海	Qinghai	35255	18220	17035	8744	3173	5572	24.80	17.41	32.71
宁 夏	Ningxia	36130	18497	17633	5698	1727	3970	15.77	9.34	22.52
新 疆	Xinjiang	145268	74384	70885	8793	3598	5195	6.05	4.84	7.33

2-32 全国分年龄、性别、婚姻状况的人口
Population by Age, Sex and Marital Status

单位：人 (person)

年龄 Age	合计 Total	男 Male	女 Female	未婚 Never Married	男 Male	女 Female	有配偶 Married	男 Male	女 Female
总计 Total	**17752717**	**8991900**	**8760817**	**3495613**	**2059935**	**1435678**	**12973649**	**6468379**	**6505270**
15-19	**1163052**	**624864**	**538187**	**1144155**	**618941**	**525214**	**18527**	**5739**	**12788**
15	209865	116902	92963	209326	116602	92724	502	278	224
16	222494	120555	101938	221099	119952	101148	1355	586	769
17	246930	132594	114337	244249	131696	112554	2615	866	1749
18	233247	124572	108674	228378	123105	105273	4792	1430	3362
19	250516	130241	120275	241102	127587	113516	9264	2579	6684
20-24	**1551621**	**807365**	**744255**	**1253168**	**698787**	**554381**	**294333**	**106598**	**187735**
20	343178	174585	168593	323399	169052	154348	19518	5436	14082
21	304327	157810	146517	273271	148659	124611	30656	8987	21669
22	301454	158865	142588	248405	140861	107543	52383	17721	34662
23	296427	155313	141114	215665	125347	90318	79651	29432	50218
24	306235	160793	145443	192429	114868	77561	112126	45023	67103
25-29	**1988112**	**1005028**	**983084**	**693448**	**428844**	**264604**	**1270452**	**563157**	**707295**
25	428153	216613	211540	225103	133283	91820	200042	81811	118231
26	405770	204986	200785	168609	103414	65195	233232	99503	133729
27	384322	194135	190187	125709	79168	46541	254071	112488	141584
28	408715	206906	201809	102357	66081	36275	300164	137473	162691
29	361152	182389	178763	71670	46898	24772	282943	131883	151060
30-34	**1569612**	**792302**	**777310**	**167780**	**113755**	**54025**	**1363246**	**656818**	**706428**
30	315174	158623	156551	48582	32427	16154	260107	122535	137573
31	304920	153305	151615	37827	25393	12434	260373	124159	136213
32	301335	151948	149387	30806	20814	9992	263032	126914	136118
33	347283	176374	170909	29410	20123	9287	308540	150950	157589
34	300900	152052	148849	21156	14998	6158	271194	132259	138935
35-39	**1504243**	**767342**	**736901**	**66120**	**49232**	**16888**	**1388039**	**690543**	**697497**
35	290326	148220	142105	17412	12370	5042	264092	130891	133201
36	308674	157820	150854	14715	10968	3747	283960	141290	142670
37	301467	153346	148121	12734	9519	3215	278702	138319	140383
38	282909	144465	138444	10597	8140	2456	262571	130997	131573
39	320867	163491	157377	10662	8234	2428	298715	149045	149670

2-32 续表 1 continued

单位：人 (person)

年 龄 Age	合 计 Total	男 Male	女 Female	未 婚 Never Married	男 Male	女 Female	有配偶 Married	男 Male	女 Female
40-44	**1820878**	**930201**	**890677**	**47280**	**38353**	**8927**	**1704928**	**856285**	**848643**
40	327990	167923	160067	9982	7937	2044	306136	153707	152429
41	351642	179868	171774	9758	7933	1825	329031	164983	164049
42	369064	188873	180191	9559	7783	1776	345593	173868	171724
43	381396	194121	187276	9147	7440	1707	357519	179153	178366
44	390786	199416	191369	8835	7260	1575	366649	184574	182075
45-49	**1916559**	**973698**	**942861**	**34046**	**29369**	**4678**	**1800247**	**905603**	**894644**
45	416262	212323	203939	8597	7247	1350	390860	196954	193906
46	384321	195574	188747	7076	6065	1011	361025	181661	179365
47	414118	210002	204116	7234	6271	964	389124	195385	193738
48	329004	166857	162147	5404	4742	662	309222	155414	153808
49	372853	188942	183911	5734	5044	691	350016	176189	173827
50-54	**1612055**	**816418**	**795638**	**21565**	**19200**	**2365**	**1501405**	**760320**	**741085**
50	364814	187185	177628	5413	4787	626	341152	174288	166864
51	357535	178960	178575	4946	4390	557	333251	166474	166778
52	414105	210932	203173	5370	4792	578	385881	196808	189073
53	305843	155063	150780	3708	3344	364	284217	144595	139622
54	169759	84278	85481	2128	1887	240	156904	78156	78748
55-59	**1190722**	**605437**	**585285**	**17005**	**15788**	**1217**	**1082635**	**554963**	**527672**
55	211464	107458	104006	2758	2474	284	194174	99271	94903
56	195388	99873	95514	2589	2398	191	178688	92025	86663
57	251341	128484	122857	3914	3648	266	228212	117452	110760
58	278009	141684	136325	3907	3664	243	252205	129671	122535
59	254521	127937	126584	3838	3604	234	229356	116544	112812
60-64	**1209024**	**603695**	**605329**	**18349**	**17203**	**1146**	**1060020**	**540958**	**519062**
60	266345	134254	132091	3947	3667	280	237835	121635	116200
61	264276	132335	131941	4044	3804	240	233771	119143	114627
62	238962	118736	120226	3753	3530	224	209025	105955	103070
63	239498	119104	120394	3699	3463	236	207600	106064	101535
64	199943	99266	100677	2906	2740	166	171790	88160	83630
65+	**2226840**	**1065550**	**1161290**	**32697**	**30462**	**2235**	**1489817**	**827396**	**662421**

2-32 续表 2 continued

单位：人 (person)

年龄 Age	离婚 Divorced	男 Male	女 Female	丧偶 Widowed	男 Male	女 Female
总计 Total	**304884**	**174084**	**130800**	**978571**	**289502**	**689069**
15-19	**274**	**128**	**146**	**96**	**56**	**40**
15	21	12	10	16	11	6
16	20	8	12	19	9	10
17	50	23	28	16	9	7
18	64	30	34	13	8	5
19	119	56	63	31	20	12
20-24	**3759**	**1852**	**1907**	**361**	**128**	**232**
20	212	75	138	49	23	26
21	350	150	200	51	14	36
22	607	263	344	59	21	39
23	1021	504	517	91	30	61
24	1569	861	708	111	40	71
25-29	**22685**	**12544**	**10141**	**1527**	**482**	**1045**
25	2816	1449	1366	192	69	123
26	3666	1994	1672	263	74	189
27	4251	2393	1858	290	85	205
28	5822	3233	2589	373	119	253
29	6130	3474	2656	409	134	275
30-34	**35500**	**20757**	**14743**	**3086**	**973**	**2114**
30	6036	3512	2524	449	149	300
31	6179	3593	2585	542	160	382
32	6913	4031	2881	584	189	395
33	8618	5054	3565	715	246	468
34	7754	4567	3188	797	228	569
35-39	**43625**	**25620**	**18005**	**6458**	**1947**	**4512**
35	7909	4691	3218	912	268	644
36	8924	5242	3682	1075	320	755
37	8758	5146	3612	1274	362	911
38	8324	4903	3421	1418	424	994
39	9710	5638	4072	1780	572	1207

2-32 续表 3 continued

单位：人 (person)

年 龄 Age	离 婚 Divorced	男 Male	女 Female	丧 偶 Widowed	男 Male	女 Female
40-44	**53002**	**30634**	**22367**	**15669**	**4929**	**10740**
40	9695	5604	4091	2177	674	1503
41	10258	6130	4128	2595	822	1773
42	10824	6247	4577	3089	975	2114
43	11078	6386	4692	3653	1142	2510
44	11146	6267	4879	4156	1315	2840
45-49	**49854**	**28487**	**21366**	**32412**	**10239**	**22173**
45	11710	6614	5095	5096	1508	3588
46	10472	5967	4505	5748	1881	3866
47	10876	6150	4726	6884	2195	4689
48	8011	4706	3305	6367	1995	4372
49	8784	5050	3735	8318	2659	5658
50-54	**38857**	**21772**	**17084**	**50228**	**15125**	**35103**
50	8901	5112	3788	9348	2998	6350
51	8886	4928	3958	10452	3169	7283
52	9968	5461	4507	12887	3871	9015
53	6987	3949	3038	10931	3175	7756
54	4116	2322	1793	6611	1912	4699
55-59	**23510**	**13643**	**9867**	**67572**	**21043**	**46529**
55	5140	2931	2209	9391	2781	6610
56	4115	2335	1780	9996	3116	6880
57	4994	2905	2089	14221	4478	9743
58	4995	2999	1996	16902	5350	11551
59	4266	2471	1795	17062	5318	11744
60-64	**16100**	**9381**	**6719**	**114555**	**36153**	**78402**
60	4013	2348	1665	20550	6604	13946
61	3653	2119	1534	22809	7269	15540
62	3152	1821	1331	23031	7429	15602
63	3034	1786	1248	25165	7791	17374
64	2248	1306	942	23000	7060	15939
65+	**17719**	**9265**	**8454**	**686607**	**198427**	**488180**

2-33 全国城市分年龄、性别、婚姻状况的人口
City Population by Age, Sex and Marital Status

单位：人 (person)

年龄 Age	合计 Total	男 Male	女 Female	未婚 Never Married	男 Male	女 Female	有配偶 Married	男 Male	女 Female
总计 Total	**6074379**	**3076722**	**2997657**	**1385757**	**766605**	**619152**	**4313839**	**2188544**	**2125295**
15-19	**334131**	**169929**	**164202**	**331667**	**168821**	**162846**	**2417**	**1080**	**1338**
15	43023	24239	18784	42950	24188	18761	69	49	21
16	55444	28836	26608	55252	28725	26527	185	107	78
17	70139	34622	35517	69747	34404	35344	385	215	170
18	73976	37251	36724	73338	36956	36382	626	288	338
19	91549	44980	46569	90380	44548	45832	1152	420	731
20-24	**639746**	**329283**	**310463**	**571774**	**303477**	**268297**	**67444**	**25586**	**41858**
20	155973	75915	80058	152489	74834	77654	3459	1068	2391
21	135572	68726	66847	129564	66899	62665	5971	1810	4160
22	123542	65439	58103	112296	61430	50866	11153	3982	7171
23	113064	59795	53269	94231	52531	41701	18708	7215	11493
24	111594	59409	52185	83194	47783	35411	28153	11510	16643
25-29	**787566**	**405328**	**382238**	**336604**	**200371**	**136233**	**445416**	**202500**	**242916**
25	165159	85516	79643	105059	60204	44855	59583	25092	34491
26	159172	82176	76996	81600	48061	33539	76787	33771	43016
27	153052	79066	73985	62619	37981	24638	89394	40629	48764
28	163935	84113	79823	51033	31541	19492	111409	51900	59509
29	146248	74457	71791	36292	22584	13709	108243	51107	57135
30-34	**621011**	**313592**	**307419**	**81261**	**50620**	**30642**	**527606**	**257502**	**270104**
30	121041	61408	59633	23519	14766	8753	95762	45827	49936
31	118475	59728	58747	18474	11511	6962	98087	47409	50678
32	121417	61264	60152	15228	9353	5875	103802	50831	52971
33	141608	71487	70122	14466	8872	5594	123902	61114	62788
34	118470	59705	58765	9575	6117	3458	106052	52322	53730
35-39	**578228**	**294384**	**283844**	**26658**	**16867**	**9791**	**532620**	**269124**	**263496**
35	113552	57786	55766	7627	4733	2894	102837	51653	51184
36	121941	62490	59451	6128	3933	2195	112067	56859	55209
37	116450	59156	57294	5190	3304	1886	107434	54192	53242
38	107797	54629	53168	3904	2475	1429	100113	50484	49629
39	118488	60322	58165	3808	2421	1387	110168	55936	54232

2-33 续表 1 continued

单位：人 (person)

年 龄 Age	合 计 Total	男 Male	女 Female	未 婚 Never Married	男 Male	女 Female	有配偶 Married	男 Male	女 Female
40-44	**640153**	**328715**	**311438**	**15016**	**9727**	**5289**	**597587**	**307489**	**290098**
40	119769	61200	58569	3290	2124	1166	111858	57151	54707
41	124186	63608	60578	3136	2039	1097	116095	59426	56669
42	130839	67459	63381	3157	2064	1093	122026	62992	59034
43	131784	67529	64255	2856	1833	1023	122848	63152	59697
44	133575	68918	64656	2577	1667	910	124760	64768	59991
45-49	**601446**	**310002**	**291444**	**9010**	**6295**	**2715**	**560710**	**291084**	**269626**
45	139300	72007	67293	2619	1791	828	129786	67451	62335
46	125686	64640	61046	1985	1390	595	117043	60562	56481
47	130094	66916	63178	1877	1311	566	121287	62882	58405
48	96922	50108	46813	1256	893	363	90518	47149	43370
49	109444	56330	53114	1273	909	364	102076	53040	49036
50-54	**508036**	**262150**	**245886**	**5011**	**3643**	**1368**	**469271**	**245542**	**223729**
50	110890	57590	53299	1183	845	338	103018	54069	48949
51	112466	57609	54857	1092	763	329	103885	53982	49903
52	134784	69743	65041	1289	943	346	124514	65417	59097
53	94131	48852	45279	860	658	202	86815	45735	41080
54	55765	28355	27410	587	434	153	51040	26339	24701
55-59	**377684**	**190480**	**187204**	**2967**	**2249**	**718**	**343710**	**177329**	**166381**
55	71218	36394	34824	637	474	163	64850	33775	31075
56	64208	32643	31565	511	393	118	58505	30402	28103
57	80063	40650	39412	656	503	153	72865	37841	35024
58	85113	42485	42628	580	429	150	77513	39617	37896
59	77082	38307	38775	583	449	134	69977	35694	34283
60-64	**350251**	**171933**	**178318**	**2366**	**1790**	**576**	**313031**	**159555**	**153477**
60	79641	39584	40056	549	405	144	71998	36841	35157
61	78270	38689	39581	550	423	127	70410	35958	34453
62	68497	33106	35390	485	372	113	61053	30704	30349
63	67155	32843	34312	451	340	110	59660	30428	29232
64	56689	27710	28979	331	251	81	49910	25625	24285
65+	**636129**	**300928**	**335201**	**3422**	**2745**	**677**	**454027**	**251753**	**202274**

2-33 续表 2 continued

单位：人 (person)

年 龄 Age	离 婚 Divorced	男 Male	女 Female	丧 偶 Widowed	男 Male	女 Female
总计 Total	**137008**	**63379**	**73629**	**237775**	**58194**	**179582**
15–19	**32**	**19**	**12**	**15**	**9**	**5**
15	2	1	1	2	1	1
16	6	2	3	2	1	
17	3	2	1	4	2	2
18	9	6	3	2	1	1
19	11	7	4	6	5	1
20–24	**480**	**201**	**279**	**48**	**19**	**29**
20	17	9	8	8	4	4
21	33	15	18	5	2	3
22	89	25	64	4	1	3
23	113	45	67	12	3	9
24	228	106	122	19	9	9
25–29	**5288**	**2397**	**2891**	**258**	**59**	**199**
25	490	206	284	26	14	13
26	736	332	404	49	12	37
27	991	443	548	47	12	35
28	1427	663	763	67	7	59
29	1643	752	892	69	14	56
30–34	**11564**	**5326**	**6238**	**580**	**144**	**436**
30	1682	792	890	78	23	55
31	1819	792	1027	96	16	79
32	2279	1061	1218	108	19	89
33	3074	1449	1625	167	52	115
34	2711	1232	1479	132	34	98
35–39	**17560**	**8093**	**9467**	**1390**	**300**	**1091**
35	2892	1359	1533	196	42	154
36	3502	1649	1853	243	49	194
37	3543	1604	1938	282	55	228
38	3457	1587	1870	323	83	241
39	4166	1894	2272	345	71	275

2-33　续表 3　continued

单位：人　　　　(person)

年龄 Age	离婚 Divorced	男 Male	女 Female	丧偶 Widowed	男 Male	女 Female
40-44	**24111**	**10818**	**13293**	**3438**	**680**	**2758**
40	4169	1850	2319	452	75	376
41	4392	2021	2371	562	122	440
42	4971	2250	2721	685	152	533
43	5235	2384	2851	845	161	684
44	5343	2313	3031	894	170	724
45-49	**24887**	**11205**	**13682**	**6839**	**1418**	**5421**
45	5789	2558	3231	1106	207	899
46	5383	2437	2946	1275	251	1024
47	5498	2404	3094	1432	319	1113
48	3862	1816	2046	1285	250	1035
49	4355	1991	2364	1741	391	1350
50-54	**22223**	**10448**	**11775**	**11531**	**2517**	**9014**
50	4736	2244	2492	1953	432	1521
51	5038	2342	2696	2451	522	1928
52	5914	2705	3210	3067	678	2388
53	3971	1919	2052	2486	540	1945
54	2563	1238	1325	1575	344	1231
55-59	**14320**	**7004**	**7316**	**16687**	**3897**	**12790**
55	3256	1603	1653	2475	542	1932
56	2573	1251	1322	2619	597	2022
57	3032	1467	1565	3510	839	2671
58	3007	1512	1494	4014	926	3087
59	2452	1170	1282	4070	993	3077
60-64	**8756**	**4277**	**4479**	**26097**	**6310**	**19787**
60	2273	1116	1157	4820	1222	3598
61	2088	1025	1063	5221	1284	3937
62	1721	839	882	5238	1192	4046
63	1520	738	782	5525	1337	4187
64	1154	560	594	5293	1275	4018
65+	**7788**	**3590**	**4198**	**170892**	**42839**	**128052**

2-34 全国镇分年龄、性别、婚姻状况的人口
Town Population by Age, Sex and Marital Status

单位：人 (person)

年 龄 Age	合 计 Total	男 Male	女 Female	未 婚 Never Married	男 Male	女 Female	有配偶 Married	男 Male	女 Female
总计 Total	**4136119**	**2106844**	**2029275**	**748046**	**449482**	**298564**	**3114888**	**1561053**	**1553835**
15-19	**263804**	**151165**	**112639**	**261165**	**150193**	**110971**	**2594**	**946**	**1648**
15	48336	28771	19564	48248	28712	19536	83	57	27
16	56957	32802	24156	56745	32687	24058	205	112	93
17	61499	35936	25563	61120	35789	25331	369	141	228
18	49233	27987	21246	48598	27757	20841	627	226	400
19	47779	25669	22110	46454	25248	21206	1310	410	900
20-24	**338562**	**176064**	**162498**	**268311**	**150302**	**118009**	**69412**	**25366**	**44046**
20	76737	38894	37843	72537	37692	34845	4143	1184	2960
21	65202	33939	31263	58401	32014	26387	6731	1899	4832
22	64691	33981	30710	52233	29706	22528	12334	4218	8116
23	63790	33389	30400	44784	26367	18418	18774	6918	11855
24	68142	35861	32282	40355	24523	15832	27430	11147	16283
25-29	**493280**	**249124**	**244156**	**147963**	**93220**	**54743**	**338991**	**152493**	**186498**
25	105165	53165	52000	50024	30140	19884	54383	22637	31747
26	100957	51189	49768	36808	23246	13562	63101	27373	35727
27	95585	47968	47617	26145	16773	9373	68275	30560	37715
28	101625	51211	50415	20761	13572	7188	79247	36773	42474
29	89949	45592	44357	14225	9489	4736	73985	35150	38835
30-34	**369872**	**186060**	**183811**	**29155**	**20172**	**8983**	**331485**	**160813**	**170672**
30	74982	37602	37380	8925	6017	2908	64455	30682	33773
31	72330	36242	36088	6691	4521	2169	64024	30849	33175
32	70259	35276	34983	5304	3669	1635	63095	30600	32495
33	80992	41110	39881	4801	3434	1367	74069	36502	37567
34	71309	35830	35479	3434	2531	903	65842	32180	33662
35-39	**374214**	**189902**	**184312**	**11010**	**8487**	**2522**	**351213**	**174907**	**176306**
35	70739	36184	34555	2943	2189	754	65614	32800	32813
36	76055	38535	37521	2484	1939	544	71153	35253	35900
37	75384	37904	37480	2108	1618	490	70914	35015	35899
38	70493	35843	34650	1753	1387	366	66475	33217	33258
39	81543	41437	40107	1722	1354	368	77057	38622	38435

2-34 续表 1 continued

单位：人 (person)

年 龄 Age	合 计 Total	男 Male	女 Female	未 婚 Never Married	男 Male	女 Female	有配偶 Married	男 Male	女 Female
40-44	**456985**	**233641**	**223344**	**8030**	**6613**	**1417**	**433189**	**219147**	**214042**
40	83769	42945	40825	1721	1396	325	79238	40054	39184
41	88475	45249	43226	1623	1352	271	83877	42411	41466
42	92383	47226	45157	1537	1275	262	87739	44459	43280
43	95520	48744	46776	1589	1313	276	90619	45746	44872
44	96838	49478	47360	1560	1277	283	91717	46477	45240
45-49	**474758**	**241685**	**233072**	**5829**	**5014**	**815**	**450876**	**228473**	**222403**
45	102994	52838	50156	1444	1217	226	97914	49922	47992
46	95200	48545	46655	1236	1052	185	90432	45827	44605
47	103045	52376	50669	1238	1094	144	97918	49518	48400
48	80935	41053	39882	926	809	117	76802	38809	37993
49	92584	46874	45710	984	841	143	87811	44397	43414
50-54	**380988**	**193593**	**187395**	**3584**	**3224**	**360**	**358721**	**183168**	**175553**
50	88566	45695	42871	920	801	118	83681	43242	40438
51	84949	42586	42363	785	719	66	80164	40310	39854
52	97491	49798	47693	898	801	97	91931	47232	44699
53	71678	36649	35029	634	576	58	67280	34650	32631
54	38304	18866	19438	347	326	21	35665	17734	17931
55-59	**259249**	**133110**	**126139**	**2821**	**2656**	**166**	**238104**	**123942**	**114162**
55	45736	23381	22355	420	369	52	42491	21995	20496
56	42622	21950	20671	436	400	36	39413	20564	18849
57	55139	28518	26621	661	623	39	50516	26484	24032
58	60545	31405	29140	676	653	23	55449	29143	26306
59	55207	27856	27352	628	612	16	50235	25756	24479
60-64	**257946**	**128285**	**129661**	**3292**	**3132**	**160**	**227570**	**116352**	**111218**
60	57867	28999	28868	651	606	45	52069	26623	25446
61	56094	27871	28223	752	725	27	49851	25383	24468
62	50950	25306	25644	663	631	32	44891	22886	22005
63	51096	25370	25727	685	645	40	44589	22895	21694
64	41938	20738	21200	542	525	16	36170	18565	17605
65+	**466460**	**224212**	**242248**	**6888**	**6469**	**419**	**312733**	**175447**	**137286**

2-34 续表 2 continued

单位：人 (person)

年 龄 Age	离 婚 Divorced	男 Male	女 Female	丧 偶 Widowed	男 Male	女 Female
总计 Total	**65161**	**37004**	**28156**	**208024**	**59305**	**148719**
15-19	**32**	**20**	**11**	**13**	**5**	**8**
15	3	1	1	2	2	
16	3	2	1	4	1	4
17	7	5	2	3	2	2
18	7	3	4	1		1
19	12	10	3	2	1	2
20-24	**766**	**378**	**388**	**74**	**19**	**55**
20	40	15	26	17	4	13
21	67	25	42	3	1	1
22	113	55	58	11	3	8
23	214	100	113	18	4	14
24	332	183	148	26	7	19
25-29	**5960**	**3309**	**2651**	**366**	**103**	**264**
25	713	376	337	45	13	32
26	991	558	432	58	12	47
27	1086	620	467	78	15	63
28	1522	835	686	96	30	66
29	1649	920	729	89	33	56
30-34	**8496**	**4900**	**3596**	**736**	**175**	**560**
30	1510	882	628	92	22	70
31	1488	846	642	128	26	102
32	1704	970	734	156	37	118
33	1969	1136	833	154	38	115
34	1825	1066	759	207	53	155
35-39	**10426**	**6107**	**4320**	**1565**	**401**	**1164**
35	1945	1135	810	237	59	178
36	2142	1276	866	277	67	210
37	2070	1207	863	292	64	228
38	1916	1149	767	349	90	259
39	2354	1339	1014	410	121	289

2-34 续表 3 continued

单位：人 (person)

年 龄 Age	离 婚 Divorced	男 Male	女 Female	丧 偶 Widowed	男 Male	女 Female
40-44	**12014**	**6825**	**5189**	**3752**	**1057**	**2696**
40	2291	1346	945	519	149	370
41	2320	1325	995	655	161	494
42	2385	1288	1097	723	205	517
43	2486	1444	1042	826	241	585
44	2532	1423	1109	1030	301	729
45-49	**10587**	**6033**	**4554**	**7466**	**2166**	**5300**
45	2470	1395	1075	1166	303	863
46	2186	1245	941	1346	422	924
47	2314	1323	991	1574	440	1134
48	1708	980	729	1498	455	1043
49	1908	1090	818	1881	546	1335
50-54	**7272**	**4034**	**3238**	**11412**	**3168**	**8244**
50	1787	1008	779	2179	644	1535
51	1651	898	752	2349	658	1691
52	1806	985	821	2856	780	2076
53	1349	751	599	2414	672	1742
54	679	393	286	1613	413	1200
55-59	**3654**	**2169**	**1485**	**14670**	**4343**	**10327**
55	784	437	347	2041	580	1461
56	653	381	272	2120	606	1513
57	784	468	316	3178	943	2235
58	762	475	287	3658	1134	2524
59	672	408	263	3673	1080	2593
60-64	**2638**	**1555**	**1083**	**24446**	**7246**	**17200**
60	676	409	267	4472	1362	3110
61	576	334	242	4915	1429	3486
62	481	278	203	4915	1512	3404
63	531	310	221	5292	1521	3771
64	374	225	149	4853	1423	3430
65+	**3316**	**1674**	**1642**	**143523**	**40622**	**102901**

2-35 全国乡村分年龄、性别、婚姻状况的人口
Rural Population by Age, Sex and Marital Status

单位：人 (person)

年 龄 Age	合 计 Total	男 Male	女 Female	未 婚 Never Married	男 Male	女 Female	有配偶 Married	男 Male	女 Female
总计 Total	**7542218**	**3808334**	**3733885**	**1361810**	**843848**	**517962**	**5544921**	**2718782**	**2826140**
15-19	**565117**	**303771**	**261347**	**551323**	**299926**	**251396**	**13516**	**3714**	**9802**
15	118507	63892	54615	118128	63702	54427	349	173	176
16	110092	58917	51175	109103	58540	50563	965	367	598
17	115292	62035	53257	113382	61503	51879	1861	510	1351
18	110038	59334	50704	106441	58391	48050	3539	915	2624
19	111188	59592	51596	104269	57791	46478	6801	1749	5053
20-24	**573313**	**302018**	**271295**	**413083**	**245008**	**168075**	**157478**	**55646**	**101831**
20	110467	59775	50692	98374	56525	41849	11915	3184	8731
21	103553	55146	48407	85305	49746	35559	17954	5278	12676
22	113221	59446	53775	83876	49725	34150	28896	9520	19376
23	119573	62128	57445	76649	46449	30200	42169	15299	26870
24	126499	65523	60976	68880	42562	26318	56543	22366	34177
25-29	**707266**	**350576**	**356690**	**208881**	**135254**	**73628**	**486045**	**208164**	**277881**
25	157829	77932	79897	70020	42940	27081	86075	34082	51993
26	145642	71621	74021	50202	32107	18095	93344	38359	54985
27	135686	67100	68585	36945	24414	12530	96403	41298	55105
28	143154	71583	71571	30563	20968	9595	109508	48800	60708
29	124955	62340	62616	21152	14825	6327	100715	45625	55090
30-34	**578729**	**292650**	**286079**	**57364**	**42963**	**14401**	**504155**	**238503**	**265652**
30	119151	59613	59538	16138	11644	4493	99890	46027	53864
31	114115	57335	56780	12662	9360	3302	98262	45902	52360
32	109659	55408	54251	10274	7792	2482	96135	45483	50652
33	124683	63777	60906	10144	7817	2327	110569	53335	57234
34	111121	56517	54604	8146	6350	1797	99299	47757	51542
35-39	**551800**	**283056**	**268745**	**28452**	**23878**	**4574**	**504207**	**246512**	**257695**
35	106035	54250	51785	6841	5448	1394	95641	46438	49203
36	110677	56795	53882	6104	5096	1008	100739	49178	51561
37	109633	56286	53347	5436	4597	838	100354	49111	51242
38	104619	53993	50626	4940	4278	661	95982	47296	48686
39	120836	61732	59105	5132	4459	673	111490	54487	57002

2-35 续表 1 continued

单位：人 (person)

年 龄 Age	合 计 Total	男 Male	女 Female	未 婚 Never Married	男 Male	女 Female	有配偶 Married	男 Male	女 Female
40-44	**723740**	**367845**	**355895**	**24233**	**22013**	**2220**	**674152**	**329649**	**344503**
40	124452	63778	60674	4970	4417	554	115040	56503	58537
41	138981	71011	67971	4999	4542	457	129059	63146	65914
42	145842	74188	71653	4865	4444	420	135828	66417	69410
43	154092	77848	76245	4702	4294	407	144052	70254	73798
44	160373	81020	79353	4697	4316	381	150173	73328	76845
45-49	**840355**	**422010**	**418344**	**19207**	**18060**	**1147**	**788660**	**386046**	**402614**
45	173968	87478	86490	4534	4238	296	163160	79581	83579
46	163435	82389	81046	3855	3623	232	153551	75272	78278
47	180980	90710	90270	4119	3866	253	169919	82985	86934
48	151148	75696	75452	3222	3040	182	141901	69456	72445
49	170825	85738	85087	3477	3294	184	160130	78752	81378
50-54	**723031**	**360674**	**362357**	**12970**	**12333**	**637**	**673413**	**331610**	**341803**
50	165358	83900	81458	3310	3140	171	154454	76977	77477
51	160119	78765	81354	3069	2908	161	149202	72181	77020
52	181831	91391	90440	3183	3048	135	169436	84159	85277
53	140034	69562	70472	2214	2110	104	130122	64210	65912
54	75689	37056	38633	1194	1127	66	70199	34082	36117
55-59	**553789**	**281847**	**271942**	**11217**	**10884**	**334**	**500821**	**253691**	**247129**
55	94510	47683	46827	1701	1632	69	86834	43502	43332
56	88558	45280	43277	1642	1605	37	80769	41059	39710
57	116139	59316	56823	2597	2522	75	104830	53126	51704
58	132351	67794	64556	2651	2582	70	119243	60911	58333
59	122231	61774	60457	2626	2543	84	109144	55094	54050
60-64	**600827**	**303477**	**297350**	**12691**	**12281**	**410**	**519418**	**265051**	**254367**
60	128837	65670	63167	2747	2656	91	113768	58171	55597
61	129912	65774	64138	2742	2656	85	113509	57802	55707
62	119515	60323	59192	2606	2527	79	103081	52366	50715
63	121247	60892	60355	2564	2478	86	103351	52742	50609
64	101316	50818	50498	2033	1964	69	85709	43970	41739
65+	**1124251**	**540410**	**583841**	**22388**	**21248**	**1140**	**723057**	**400195**	**322861**

2-35 续表 2 continued

单位：人 (person)

年 龄 Age	离 婚 Divorced	男 Male	女 Female	丧 偶 Widowed	男 Male	女 Female
总计 Total	**102716**	**73701**	**29014**	**532772**	**172003**	**360769**
15–19	**211**	**89**	**122**	**68**	**42**	**26**
15	17	9	8	13	8	5
16	11	4	8	13	7	6
17	40	16	24	9	5	3
18	47	21	27	11	7	4
19	95	39	56	23	14	9
20–24	**2514**	**1274**	**1240**	**239**	**90**	**149**
20	155	51	104	24	15	9
21	251	111	140	43	12	32
22	404	183	222	45	17	27
23	694	358	336	60	22	38
24	1009	572	438	67	24	43
25–29	**11437**	**6838**	**4599**	**903**	**320**	**583**
25	1613	868	745	121	43	78
26	1939	1104	836	156	51	105
27	2174	1330	843	165	58	107
28	2874	1734	1139	210	82	128
29	2837	1802	1035	250	87	163
30–34	**15439**	**10531**	**4908**	**1771**	**653**	**1118**
30	2844	1838	1006	280	104	175
31	2872	1956	916	319	118	201
32	2930	2000	930	320	133	187
33	3576	2468	1107	395	157	238
34	3218	2269	949	458	141	316
35–39	**15639**	**11420**	**4219**	**3503**	**1246**	**2257**
35	3072	2197	876	480	167	312
36	3280	2317	963	554	203	351
37	3144	2334	811	699	243	456
38	2952	2168	784	746	251	494
39	3190	2405	785	1024	380	644

2-35 续表 3 continued

单位：人 (person)

年 龄 Age	离 婚 Divorced	男 Male	女 Female	丧 偶 Widowed	男 Male	女 Female
40-44	**16877**	**12991**	**3886**	**8478**	**3192**	**5286**
40	3235	2409	826	1206	449	757
41	3546	2784	762	1377	539	838
42	3468	2709	759	1681	617	1064
43	3357	2558	799	1982	741	1241
44	3271	2531	740	2232	845	1387
45-49	**14380**	**11249**	**3130**	**18108**	**6655**	**11452**
45	3450	2661	789	2824	998	1826
46	2903	2285	618	3126	1208	1918
47	3064	2423	641	3878	1436	2442
48	2441	1910	531	3583	1290	2293
49	2521	1969	552	4696	1723	2973
50-54	**9362**	**7290**	**2072**	**27285**	**9441**	**17844**
50	2378	1860	518	5215	1922	3293
51	2197	1688	509	5652	1988	3664
52	2247	1771	476	6964	2413	4551
53	1667	1279	387	6031	1962	4069
54	873	692	182	3423	1155	2268
55-59	**5536**	**4469**	**1067**	**36215**	**12803**	**23412**
55	1100	891	209	4876	1659	3217
56	889	703	186	5257	1913	3345
57	1178	970	208	7533	2697	4837
58	1227	1012	214	9230	3290	5940
59	1142	892	250	9319	3245	6074
60-64	**4706**	**3549**	**1157**	**64011**	**22596**	**41415**
60	1064	823	240	11258	4020	7238
61	989	761	228	12672	4555	8117
62	950	705	245	12878	4726	8152
63	984	739	245	14349	4933	9416
64	720	521	199	12854	4362	8492
65+	**6615**	**4001**	**2614**	**372192**	**114966**	**257226**

2-36 各地区分性别、婚姻状况的人口
Population by Sex, Marital Status and Region

单位：人 (person)

地 区	Region	总计 Total	男 Male	女 Female	未 婚 Never Married	男 Male	女 Female	有配偶 Married	男 Male	女 Female
全 国	**National Total**	**17752717**	**8991900**	**8760817**	**3495613**	**2059935**	**1435678**	**12973649**	**6468379**	**6505270**
北 京	Beijing	300830	157063	143768	68685	40131	28555	215191	111598	103593
天 津	Tianjin	214055	117364	96690	41678	24373	17305	159757	88551	71206
河 北	Hebei	944482	470568	473914	150161	83891	66270	732106	363044	369062
山 西	Shanxi	483428	249775	233653	103780	63254	40526	349701	175504	174197
内蒙古	Inner Mongolia	338661	172203	166458	63020	34966	28053	251804	128249	123555
辽 宁	Liaoning	607868	303017	304851	107935	61483	46453	441982	219656	222325
吉 林	Jilin	375635	188653	186982	60802	34868	25934	279905	139474	140431
黑龙江	Heilongjiang	528355	264952	263403	92174	50967	41207	387890	193662	194228
上 海	Shanghai	337291	175102	162189	57729	33725	24004	256912	134178	122734
江 苏	jiangsu	1068564	536183	532380	177235	104304	72931	816527	406040	410487
浙 江	Zhejiang	746203	384546	361657	130664	81014	49650	564757	286627	278130
安 徽	Anhui	783426	394045	389382	152869	92350	60519	575210	280837	294373
福 建	Fujian	487572	247611	239961	95280	57892	37388	359561	179761	179800
江 西	Jiangxi	556694	278969	277725	105919	63004	42916	412865	203291	209574
山 东	Shandong	1279321	644972	634349	216398	130405	85993	974605	483047	491558
河 南	Henan	1166309	579715	586595	232766	134160	98606	854788	414685	440102
湖 北	Hubei	768840	386852	381987	155661	92185	63476	555563	273501	282062
湖 南	Hunan	860561	428444	432118	151578	87826	63752	639681	315666	324015
广 东	Guangdong	1409673	744769	664904	380284	228961	151323	959346	494519	464827
广 西	Guangxi	577276	291976	285300	129709	78509	51199	402118	198464	203654
海 南	Hainan	113516	58807	54710	30828	19230	11599	76068	37715	38353
重 庆	Chongqing	394049	195594	198455	75123	42661	32462	283763	139352	144411
四 川	Sichuan	1072385	533577	538808	202254	117507	84747	776169	380537	395632
贵 州	Guizhou	425633	216731	208902	93165	56375	36790	296878	146648	150230
云 南	Yunnan	595775	303159	292616	128862	77994	50868	421809	209367	212442
西 藏	Tibet	38702	19575	19127	11711	6300	5410	23918	12296	11622
陕 西	Shaanxi	499518	250166	249352	115004	64795	50210	349841	172535	177307
甘 肃	Gansu	335274	171038	164237	76208	45117	31090	234944	117048	117896
青 海	Qinghai	72860	38137	34723	15017	9134	5883	51591	26696	24895
宁 夏	Ningxia	82775	42340	40435	16983	9947	7036	60782	30669	30113
新 疆	Xinjiang	287186	145998	141188	56129	32609	23520	207617	105159	102457

2-36 续表 continued

单位：人 (person)

地 区	Region	离 婚 Divorced	男 Male	女 Female	丧 偶 Widowed	男 Male	女 Female
全 国	**National Total**	**304884**	**174084**	**130800**	**978571**	**289502**	**689069**
北 京	Beijing	5805	2551	3254	11149	2783	8366
天 津	Tianjin	3848	1832	2017	8771	2609	6162
河 北	Hebei	12093	7595	4498	50122	16038	34085
山 西	Shanxi	6167	3986	2181	23780	7032	16749
内蒙古	Inner Mongolia	6753	3971	2782	17084	5017	12067
辽 宁	Liaoning	20972	11009	9963	36979	10869	26110
吉 林	Jilin	12628	7114	5514	22300	7197	15103
黑龙江	Heilongjiang	18494	10721	7773	29797	9602	20195
上 海	Shanghai	7284	3469	3815	15366	3731	11636
江 苏	jiangsu	15417	8956	6460	59385	16882	42502
浙 江	Zhejiang	12547	7173	5374	38235	9732	28503
安 徽	Anhui	10719	6748	3971	44628	14110	30519
福 建	Fujian	6622	3720	2902	26110	6238	19872
江 西	Jiangxi	7336	4554	2783	30573	8120	22452
山 东	Shandong	13703	8514	5189	74614	23006	51609
河 南	Henan	12871	7917	4954	65885	22952	42933
湖 北	Hubei	12161	7071	5090	45455	14095	31360
湖 南	Hunan	15789	9246	6543	53513	15706	37807
广 东	Guangdong	14627	7631	6997	55416	13658	41758
广 西	Guangxi	8513	5083	3429	36937	9920	27017
海 南	Hainan	1150	654	496	5470	1208	4262
重 庆	Chongqing	10194	5589	4605	24970	7993	16977
四 川	Sichuan	23438	13498	9940	70523	22035	48489
贵 州	Guizhou	9385	5719	3666	26204	7989	18215
云 南	Yunnan	11429	6345	5084	33675	9453	24222
西 藏	Tibet	775	254	520	2299	724	1575
陕 西	Shaanxi	5988	3734	2254	28685	9103	19582
甘 肃	Gansu	4682	2816	1866	19441	6056	13385
青 海	Qinghai	2260	1144	1116	3992	1163	2829
宁 夏	Ningxia	1642	835	807	3368	889	2479
新 疆	Xinjiang	9593	4636	4957	13847	3593	10253

2-37 各地区城市分性别、婚姻状况的人口
City Population by Sex, Marital Status and Region

单位：人

地 区	Region	总计 Total	男 Male	女 Female	未 婚 Never Married	男 Male	女 Female	有配偶 Married	男 Male	女 Female
全 国	**National Total**	**6074379**	**3076722**	**2997657**	**1385757**	**766605**	**619152**	**4313839**	**2188544**	**2125295**
北 京	Beijing	240812	125397	115415	58468	34082	24386	169125	87332	81793
天 津	Tianjin	158443	88372	70071	32179	18814	13365	117156	66510	50646
河 北	Hebei	213703	103235	110467	39112	18753	20359	162020	80501	81519
山 西	Shanxi	139302	70299	69003	30932	17181	13751	101631	51053	50578
内蒙古	Inner Mongolia	116782	56928	59855	27084	13288	13796	81594	40885	40709
辽 宁	Liaoning	333194	164857	168337	65624	36330	29294	234137	116765	117371
吉 林	Jilin	136011	68417	67595	22695	13766	8929	98573	49307	49266
黑龙江	Heilongjiang	214179	105192	108987	46466	24271	22195	145784	72831	72953
上 海	Shanghai	250662	128644	122018	47103	26838	20266	186537	96537	90001
江 苏	Jiangsu	424790	214839	209951	89081	49044	40037	311773	158029	153743
浙 江	Zhejiang	307310	159507	147803	65288	39264	26024	227072	115703	111368
安 徽	Anhui	187626	94932	92694	46920	26721	20200	129264	64519	64745
福 建	Fujian	182306	93840	88466	44477	25968	18509	129134	65471	63663
江 西	Jiangxi	106377	53149	53228	21371	12100	9271	77986	38822	39165
山 东	Shandong	412821	209822	202998	81306	47645	33662	309610	155446	154163
河 南	Henan	251528	121851	129676	56579	26489	30090	180830	90700	90130
湖 北	Hubei	284454	141363	143091	76692	40729	35962	190925	95205	95720
湖 南	Hunan	205799	99155	106644	46701	22248	24453	145724	72601	73123
广 东	Guangdong	776652	418688	357964	213748	129782	83967	534021	280524	253497
广 西	Guangxi	129547	62411	67137	31474	15562	15912	90029	44609	45420
海 南	Hainan	34685	18113	16572	10008	6094	3914	23215	11656	11560
重 庆	Chongqing	151645	73251	78394	32396	16335	16061	107177	52557	54620
四 川	Sichuan	249898	122007	127891	54292	27393	26899	178533	88786	89747
贵 州	Guizhou	83566	41490	42076	18807	10241	8566	57515	28888	28627
云 南	Yunnan	114514	56311	58203	29946	15256	14690	77293	38647	38647
西 藏	Tibet	5261	2533	2727	1413	697	716	3564	1767	1797
陕 西	Shaanxi	143452	71674	71778	46496	24350	22146	89962	45027	44935
甘 肃	Gansu	78421	40231	38190	19637	11658	7978	53470	26893	26578
青 海	Qinghai	19356	9860	9496	3556	2005	1550	14250	7367	6883
宁 夏	Ningxia	31023	15633	15389	6660	3659	3002	22345	11317	11028
新 疆	Xinjiang	90260	44716	45544	19243	10046	9198	63590	32292	31298

2-37 续表 continued

单位：人

地 区	Region	离 婚 Divorced	男 Male	女 Female	丧 偶 Widowed	男 Male	女 Female
全 国	**National Total**	**137008**	**63379**	**73629**	**237775**	**58194**	**179582**
北 京	Beijing	4861	1996	2865	8358	1987	6371
天 津	Tianjin	3036	1336	1700	6073	1713	4360
河 北	Hebei	3612	1611	2001	8959	2371	6588
山 西	Shanxi	1927	900	1027	4813	1166	3647
内蒙古	Inner Mongolia	2918	1350	1568	5186	1405	3782
辽 宁	Liaoning	14242	6710	7533	19191	5052	14139
吉 林	Jilin	6510	3075	3435	8233	2269	5964
黑龙江	Heilongjiang	9925	4946	4978	12005	3144	8861
上 海	Shanghai	5865	2682	3183	11156	2588	8568
江 苏	Jiangsu	7346	3534	3811	16591	4232	12359
浙 江	Zhejiang	5005	2326	2679	9944	2213	7732
安 徽	Anhui	3765	1806	1959	7677	1887	5790
福 建	Fujian	2797	1236	1560	5898	1165	4733
江 西	Jiangxi	2408	1178	1230	4612	1050	3562
山 东	Shandong	5637	2588	3049	16268	4143	12125
河 南	Henan	4446	2027	2419	9673	2636	7037
湖 北	Hubei	5867	2781	3086	10971	2648	8323
湖 南	Hunan	5142	2344	2798	8232	1963	6269
广 东	Guangdong	9372	4141	5231	19510	4242	15268
广 西	Guangxi	2863	1189	1673	5181	1050	4131
海 南	Hainan	411	168	243	1051	195	856
重 庆	Chongqing	5787	2808	2980	6284	1551	4733
四 川	Sichuan	7418	3463	3955	9654	2366	7289
贵 州	Guizhou	3659	1649	2011	3585	713	2872
云 南	Yunnan	3290	1538	1751	3985	870	3115
西 藏	Tibet	79	26	53	204	44	161
陕 西	Shaanxi	1922	959	963	5072	1338	3734
甘 肃	Gansu	1919	878	1041	3395	803	2593
青 海	Qinghai	680	306	374	871	182	689
宁 夏	Ningxia	921	387	534	1096	271	825
新 疆	Xinjiang	3381	1441	1940	4045	937	3108

2-38 各地区镇分性别、婚姻状况的人口
Town Population by Sex, Marital Status and Region

单位：人

地 区	Region	总计 Total	男 Male	女 Female	未 婚 Never Married	男 Male	女 Female	有配偶 Married	男 Male	女 Female
全 国	**National Total**	**4136119**	**2106844**	**2029275**	**748046**	**449482**	**298564**	**3114888**	**1561053**	**1553835**
北 京	Beijing	18386	9839	8547	3238	2079	1160	14109	7410	6699
天 津	Tianjin	19629	10490	9138	4175	2350	1825	14405	7757	6649
河 北	Hebei	276573	138752	137822	48702	26418	22284	211907	106397	105510
山 西	Shanxi	125148	65511	59636	26662	17139	9523	91859	46007	45852
内蒙古	Inner Mongolia	85853	44759	41094	12360	7592	4769	67965	35190	32775
辽 宁	Liaoning	77908	39061	38848	10360	6278	4083	60692	30191	30502
吉 林	Jilin	73452	35890	37563	13114	6419	6695	53691	26846	26844
黑龙江	Heilongjiang	100061	50463	49598	13793	7989	5804	77013	38604	38408
上 海	Shanghai	43477	23204	20272	5950	3711	2239	35252	18741	16511
江 苏	Jiangsu	286293	145733	140561	39632	24952	14680	227658	113995	113663
浙 江	Zhejiang	180962	92306	88656	27313	16894	10419	141798	71573	70225
安 徽	Anhui	217008	110529	106479	38780	23966	14814	164380	81356	83024
福 建	Fujian	124270	62852	61419	20657	12931	7725	95127	47463	47665
江 西	Jiangxi	188736	94740	93996	35610	20936	14674	142645	70426	72220
山 东	Shandong	317922	162143	155779	62211	37527	24684	235932	117499	118433
河 南	Henan	311282	162351	148930	62767	39243	23524	230434	116134	114300
湖 北	Hubei	159190	79900	79290	25863	15123	10740	121989	60566	61423
湖 南	Hunan	240493	122030	118463	33506	21248	12258	189673	94918	94755
广 东	Guangdong	211892	111192	100700	51979	31709	20270	148116	75916	72200
广 西	Guangxi	148863	75963	72900	32393	19365	13028	106318	53374	52944
海 南	Hainan	28518	14622	13896	7123	4275	2848	19591	9863	9728
重 庆	Chongqing	92653	46974	45680	16955	10659	6297	68517	33733	34784
四 川	Sichuan	269406	132876	136530	49678	28285	21393	199476	97568	101908
贵 州	Guizhou	100165	51722	48443	19104	12266	6838	73686	36781	36905
云 南	Yunnan	150105	75686	74419	30031	17885	12147	109488	54312	55176
西 藏	Tibet	6476	3299	3177	1667	897	770	4311	2245	2066
陕 西	Shaanxi	126766	63589	63177	23032	12964	10068	96014	47818	48197
甘 肃	Gansu	68730	35015	33715	16733	9262	7472	47982	24298	23684
青 海	Qinghai	18325	10094	8231	3334	2086	1248	13604	7478	6126
宁 夏	Ningxia	15765	8287	7478	2952	1913	1040	11978	6095	5883
新 疆	Xinjiang	51810	26971	24838	8372	5126	3246	39277	20497	18780

2-38 续表 continued

单位：人

地 区	Region	离 婚 Divorced	男 Male	女 Female	丧 偶 Widowed	男 Male	女 Female
全 国	**National Total**	**65161**	**37004**	**28156**	**208024**	**59305**	**148719**
北 京	Beijing	316	157	159	722	193	530
天 津	Tianjin	286	147	139	762	236	526
河 北	Hebei	3153	1971	1183	12811	3966	8845
山 西	Shanxi	1390	824	566	5236	1541	3695
内蒙古	Inner Mongolia	1773	1037	736	3755	940	2815
辽 宁	Liaoning	2301	1245	1057	4554	1348	3207
吉 林	Jilin	2387	1330	1058	4260	1294	2965
黑龙江	Heilongjiang	3611	2019	1592	5643	1851	3793
上 海	Shanghai	745	369	376	1530	384	1146
江 苏	Jiangsu	3802	2346	1456	15202	4440	10762
浙 江	Zhejiang	3037	1703	1334	8814	2137	6678
安 徽	Anhui	2742	1694	1048	11107	3513	7594
福 建	Fujian	1573	906	667	6914	1551	5362
江 西	Jiangxi	2275	1276	999	8206	2102	6104
山 东	Shandong	2922	1936	986	16857	5182	11676
河 南	Henan	3174	1962	1212	14908	5013	9894
湖 北	Hubei	2555	1514	1041	8783	2697	6087
湖 南	Hunan	4525	2421	2103	12789	3442	9347
广 东	Guangdong	1721	1018	702	10077	2549	7528
广 西	Guangxi	2170	1233	937	7982	1991	5991
海 南	Hainan	290	172	118	1514	313	1201
重 庆	Chongqing	1982	1038	944	5199	1544	3655
四 川	Sichuan	5905	3110	2795	14347	3912	10435
贵 州	Guizhou	2203	1274	929	5172	1401	3771
云 南	Yunnan	3198	1625	1573	7387	1864	5524
西 藏	Tibet	150	57	93	348	101	248
陕 西	Shaanxi	1497	906	590	6223	1901	4323
甘 肃	Gansu	827	484	342	3188	970	2217
青 海	Qinghai	539	283	255	850	247	603
宁 夏	Ningxia	266	140	127	568	140	428
新 疆	Xinjiang	1846	806	1040	2315	542	1772

2-39 各地区乡村分性别、婚姻状况的人口
Rural Population by Sex, Marital Status and Region

单位：人

地 区	Region	总计 Total	男 Male	女 Female	未 婚 Never Married	男 Male	女 Female	有配偶 Married	男 Male	女 Female
全 国	**National Total**	**7542218**	**3808334**	**3733885**	**1361810**	**843848**	**517962**	**5544921**	**2718782**	**2826140**
北 京	Beijing	41632	21827	19805	6979	3970	3009	31957	16856	15101
天 津	Tianjin	35982	18501	17481	5324	3209	2115	28196	14285	13911
河 北	Hebei	454206	228581	225625	62347	38720	23626	358179	176146	182033
山 西	Shanxi	218979	113965	105014	46186	28934	17252	156211	78444	77766
内蒙古	Inner Mongolia	136026	70516	65510	23576	14087	9489	102245	52175	50071
辽 宁	Liaoning	196766	99099	97667	31950	18874	13076	147153	72701	74452
吉 林	Jilin	166171	84346	81825	24993	14683	10310	127641	63320	64320
黑龙江	Heilongjiang	214115	109297	104818	31915	18707	13207	165093	82226	82867
上 海	Shanghai	43152	23253	19899	4675	3176	1499	35123	18900	16223
江 苏	Jiangsu	357480	175611	181869	48523	30309	18214	277096	134015	143081
浙 江	Zhejiang	257931	132733	125198	38063	24856	13206	195888	99350	96537
安 徽	Anhui	378792	188583	190209	67169	41663	25506	281567	134962	146604
福 建	Fujian	180996	90919	90077	30146	18993	11154	135299	66828	68472
江 西	Jiangxi	261580	131079	130501	48939	29967	18971	192234	94044	98190
山 东	Shandong	548578	273007	275571	72881	45234	27647	429064	210102	218961
河 南	Henan	603500	295512	307989	113420	68428	44992	443524	207852	235672
湖 北	Hubei	325196	165589	159606	53106	36332	16774	242648	117730	124919
湖 南	Hunan	414269	207259	207011	71371	44330	27041	304284	148147	156137
广 东	Guangdong	421129	214889	206240	114557	67471	47086	277209	138080	139129
广 西	Guangxi	298865	153602	145263	65841	43583	22259	205770	100481	105290
海 南	Hainan	50313	26071	24242	13697	8861	4836	33261	16196	17065
重 庆	Chongqing	149750	75369	74381	25771	15667	10104	108068	53061	55007
四 川	Sichuan	553081	278694	274387	98284	61829	36456	398160	194184	203976
贵 州	Guizhou	241901	123518	118383	55254	33868	21386	165677	80979	84698
云 南	Yunnan	331155	171162	159994	68884	44853	24031	235028	116408	118620
西 藏	Tibet	26966	13743	13223	8631	4706	3925	16043	8284	7759
陕 西	Shaanxi	229299	114903	114396	45476	27481	17995	163865	79689	84175
甘 肃	Gansu	188124	95792	92332	39838	24197	15640	133492	65857	67635
青 海	Qinghai	35178	18182	16996	8128	5043	3085	23737	11851	11887
宁 夏	Ningxia	35988	18419	17569	7370	4376	2995	26459	13258	13201
新 疆	Xinjiang	145116	74310	70806	28514	17438	11076	104749	52370	52379

2-39 续表 continued

单位：人

地 区	Region	离 婚 Divorced	男 Male	女 Female	丧 偶 Widowed	男 Male	女 Female
全 国	**National Total**	**102716**	**73701**	**29014**	**532772**	**172003**	**360769**
北 京	Beijing	628	397	230	2068	603	1465
天 津	Tianjin	527	349	178	1936	659	1277
河 北	Hebei	5328	4013	1314	28353	9701	18652
山 西	Shanxi	2850	2262	589	13732	4325	9407
内蒙古	Inner Mongolia	2062	1584	479	8143	2672	5471
辽 宁	Liaoning	4428	3055	1374	13234	4469	8765
吉 林	Jilin	3730	2710	1021	9807	3634	6174
黑龙江	Heilongjiang	4958	3755	1202	12149	4607	7542
上 海	Shanghai	674	418	256	2680	759	1921
江 苏	Jiangsu	4270	3077	1193	27592	8211	19382
浙 江	Zhejiang	4505	3144	1361	19476	5383	14094
安 徽	Anhui	4212	3248	964	25844	8709	17135
福 建	Fujian	2252	1577	675	13298	3522	9777
江 西	Jiangxi	2654	2100	554	17754	4968	12786
山 东	Shandong	5144	3990	1154	41489	13681	27808
河 南	Henan	5252	3929	1323	41304	15303	26001
湖 北	Hubei	3739	2776	963	25702	8751	16951
湖 南	Hunan	6122	4480	1642	32491	10301	22190
广 东	Guangdong	3535	2472	1063	25828	6867	18962
广 西	Guangxi	3480	2661	819	23774	6878	16896
海 南	Hainan	449	314	135	2905	700	2205
重 庆	Chongqing	2424	1743	681	13487	4898	8589
四 川	Sichuan	10115	6925	3190	46522	15757	30765
贵 州	Guizhou	3523	2797	727	17447	5874	11572
云 南	Yunnan	4941	3181	1760	22302	6719	15583
西 藏	Tibet	545	171	374	1747	580	1166
陕 西	Shaanxi	2569	1868	701	17389	5865	11525
甘 肃	Gansu	1936	1454	482	12858	4283	8575
青 海	Qinghai	1042	555	487	2271	734	1537
宁 夏	Ningxia	455	308	146	1704	478	1226
新 疆	Xinjiang	4366	2388	1977	7487	2114	5373

2-40 全国育龄妇女分年龄、孩次的生育状况（2014年11月1日至2015年10月31日）

Age-specific Fertility Rate of Women at Childbearing Ages by Age of Mother and Birth Order (2014.11.1-2015.10.31)

年　龄 Age	平均育龄妇女人数(人) Average Number of Childbearing Women (person)	出生人数(人) Births (person)				生育率(‰) Fertility Rate (‰)			
			一孩 1st Birth	二孩 2nd Birth	三孩及以上 3rd Birth and Above		一孩 1st Birth	二孩 2nd Birth	三孩及以上 3rd Birth and Above
总计　Total	**5667870**	**175309**	**93098**	**69695**	**12516**	**30.93**	**16.43**	**12.30**	**2.21**
15-19	**577169**	**5305**	**4614**	**644**	**47**	**9.19**	**7.99**	**1.12**	**0.08**
15	97659	106	97	9		1.09	0.99	0.09	
16	108357	340	313	27		3.14	2.89	0.25	
17	111740	747	680	64	3	6.69	6.09	0.57	0.02
18	114717	1410	1237	161	12	12.29	10.78	1.40	0.10
19	144696	2703	2288	383	32	18.68	15.81	2.64	0.22
20-24	**767236**	**42170**	**30821**	**10270**	**1079**	**54.96**	**40.17**	**13.39**	**1.41**
20	157829	4352	3614	672	66	27.57	22.90	4.26	0.42
21	144820	6184	4916	1146	122	42.70	33.95	7.92	0.84
22	142136	8139	6117	1832	191	57.26	43.04	12.89	1.34
23	143581	9960	7088	2611	261	69.37	49.37	18.18	1.82
24	178870	13535	9086	4009	440	75.67	50.79	22.41	2.46
25-29	**957566**	**71154**	**39785**	**27580**	**3788**	**74.31**	**41.55**	**28.80**	**3.96**
25	206611	16015	10178	5209	627	77.51	49.26	25.21	3.04
26	195910	15451	9216	5535	700	78.87	47.04	28.25	3.57
27	196397	14950	8316	5844	789	76.12	42.34	29.76	4.02
28	190656	13683	7016	5829	838	71.77	36.80	30.57	4.39
29	167992	11055	5059	5163	833	65.80	30.11	30.73	4.96
30-34	**771732**	**34969**	**11563**	**19619**	**3787**	**45.31**	**14.98**	**25.42**	**4.91**
30	154396	8893	3503	4572	818	57.60	22.69	29.61	5.30
31	150811	7729	2697	4257	776	51.25	17.88	28.22	5.14
32	160515	7164	2286	4104	775	44.63	14.24	25.56	4.83
33	160223	6281	1810	3719	753	39.20	11.29	23.21	4.70
34	145788	4901	1267	2968	666	33.62	8.69	20.36	4.57
35-39	**747539**	**13906**	**3459**	**8195**	**2253**	**18.60**	**4.63**	**10.96**	**3.01**
35	146810	4101	1014	2494	592	27.93	6.91	16.99	4.03
36	149816	3461	824	2102	534	23.10	5.50	14.03	3.57
37	143611	2588	637	1528	423	18.02	4.43	10.64	2.95
38	148234	2028	526	1140	361	13.68	3.55	7.69	2.44
39	159068	1730	457	930	342	10.88	2.88	5.85	2.15
40-44	**914765**	**4908**	**1688**	**2241**	**979**	**5.37**	**1.85**	**2.45**	**1.07**
40	166299	1379	407	698	273	8.29	2.45	4.20	1.64
41	176392	1104	358	520	225	6.26	2.03	2.95	1.28
42	184168	932	340	403	189	5.06	1.85	2.19	1.02
43	189768	785	303	332	149	4.13	1.60	1.75	0.79
44	198138	710	279	288	143	3.58	1.41	1.45	0.72
45-49	**931864**	**2896**	**1167**	**1146**	**583**	**3.11**	**1.25**	**1.23**	**0.63**
45	196830	651	267	252	132	3.31	1.36	1.28	0.67
46	196909	595	246	240	109	3.02	1.25	1.22	0.55
47	183555	562	234	213	115	3.06	1.27	1.16	0.63
48	173400	531	208	210	112	3.06	1.20	1.21	0.65
49	181170	558	212	231	114	3.08	1.17	1.28	0.63

2-41 全国城市育龄妇女分年龄、孩次的生育状况（2014年11月1日至2015年10月31日）

Age-specific Fertility Rate of City Women at Childbearing Ages by Age of Mother and Birth Order (2014.11.1-2015.10.31)

年 龄 Age	平均育龄妇女人数(人) Average Number of Childbearing Women (person)	出生人数(人) Births (person)	一孩 1st Birth	二孩 2nd Birth	三孩及以上 3rd Birth and Above	生育率(‰) Fertility Rate (‰)	一孩 1st Birth	二孩 2nd Birth	三孩及以上 3rd Birth and Above
总计 Total	**2072364**	**53757**	**33770**	**18380**	**1607**	**25.94**	**16.30**	**8.87**	**0.78**
15-19	**195037**	**497**	**454**	**42**	**1**	**2.55**	**2.33**	**0.21**	**0.01**
15	22732	7	6	1		0.32	0.28	0.04	
16	31100	21	19	2		0.68	0.62	0.06	
17	36157	49	46	3		1.35	1.27	0.08	
18	41684	111	103	8		2.66	2.46	0.19	0.01
19	63364	309	280	28	1	4.87	4.41	0.44	0.02
20-24	**310627**	**8438**	**6962**	**1398**	**78**	**27.17**	**22.41**	**4.50**	**0.25**
20	73513	624	554	66	3	8.48	7.54	0.90	0.05
21	62534	1022	874	142	7	16.35	13.97	2.26	0.11
22	55751	1468	1229	227	11	26.33	22.05	4.08	0.20
23	52802	2034	1680	338	16	38.52	31.82	6.39	0.30
24	66028	3291	2625	626	40	49.84	39.76	9.47	0.61
25-29	**372973**	**23801**	**17143**	**6198**	**460**	**63.82**	**45.96**	**16.62**	**1.23**
25	78483	4450	3460	931	59	56.71	44.09	11.86	0.76
26	75647	4818	3658	1085	75	63.69	48.36	14.34	0.99
27	77045	5192	3808	1284	100	67.39	49.43	16.66	1.30
28	75951	5166	3563	1489	114	68.02	46.92	19.60	1.50
29	65846	4174	2653	1410	112	63.39	40.29	21.41	1.70
30-34	**306169**	**13424**	**6250**	**6660**	**514**	**43.85**	**20.41**	**21.75**	**1.68**
30	59311	3223	1826	1295	102	54.35	30.79	21.84	1.71
31	59582	2894	1445	1353	96	48.56	24.25	22.70	1.61
32	65294	2862	1299	1459	104	43.83	19.89	22.35	1.59
33	64588	2524	1010	1403	111	39.08	15.64	21.72	1.72
34	57392	1921	670	1150	102	33.48	11.68	20.03	1.77
35-39	**285874**	**5416**	**1810**	**3249**	**357**	**18.95**	**6.33**	**11.37**	**1.25**
35	57741	1618	521	1004	93	28.02	9.03	17.39	1.61
36	58516	1369	423	861	85	23.39	7.22	14.71	1.46
37	55355	1026	353	607	65	18.53	6.38	10.97	1.18
38	55774	768	287	427	54	13.77	5.15	7.66	0.97
39	58488	636	226	350	60	10.87	3.87	5.98	1.02
40-44	**316558**	**1518**	**712**	**668**	**138**	**4.80**	**2.25**	**2.11**	**0.44**
40	59706	498	195	255	47	8.34	3.27	4.28	0.79
41	62119	361	166	163	32	5.81	2.67	2.63	0.51
42	63968	270	137	110	23	4.22	2.14	1.72	0.36
43	64618	209	107	82	20	3.23	1.65	1.26	0.31
44	66145	181	107	58	16	2.74	1.61	0.88	0.24
45-49	**285126**	**661**	**438**	**164**	**59**	**2.32**	**1.54**	**0.58**	**0.21**
45	64324	151	106	36	9	2.35	1.65	0.55	0.14
46	62254	131	89	31	10	2.10	1.44	0.50	0.16
47	55121	119	80	30	8	2.15	1.46	0.54	0.15
48	50080	120	79	30	10	2.39	1.59	0.60	0.20
49	53347	141	83	37	21	2.64	1.55	0.70	0.39

2-42 全国镇育龄妇女分年龄、孩次的生育状况
(2014年11月1日至2015年10月31日)
Age-specific Fertility Rate of Town Women at Childbearing Ages by Age of Mother and Birth Order (2014.11.1-2015.10.31)

年 龄 Age	平均育龄妇女人数(人) Average Number of Childbearing Women (person)	出生人数(人) Births (person)	一孩 1st Birth	二孩 2nd Birth	三孩及以上 3rd Birth and Above	生育率(‰) Fertility Rate (‰)	一孩 1st Birth	二孩 2nd Birth	三孩及以上 3rd Birth and Above
总计 Total	**1357390**	**43256**	**22203**	**18136**	**2917**	**31.87**	**16.36**	**13.36**	**2.15**
15-19	**121908**	**798**	**705**	**86**	**7**	**6.54**	**5.78**	**0.71**	**0.05**
15	21879	12	11	1		0.53	0.50	0.03	
16	24879	38	36	2		1.53	1.46	0.08	
17	23426	87	82	4		3.70	3.51	0.18	0.01
18	21706	181	163	17	1	8.34	7.52	0.79	0.03
19	30017	480	412	62	6	15.99	13.72	2.08	0.19
20-24	**169816**	**10394**	**7783**	**2395**	**216**	**61.21**	**45.83**	**14.10**	**1.27**
20	34597	943	805	125	13	27.25	23.27	3.61	0.37
21	31028	1481	1209	249	24	47.74	38.96	8.01	0.77
22	30601	1964	1514	413	36	64.18	49.48	13.50	1.19
23	31392	2412	1771	595	46	76.85	56.42	18.96	1.47
24	42199	3593	2484	1013	97	85.15	58.86	24.01	2.29
25-29	**237147**	**18434**	**9955**	**7597**	**882**	**77.73**	**41.98**	**32.04**	**3.72**
25	50949	4357	2811	1399	147	85.52	55.17	27.46	2.88
26	48755	4107	2413	1536	159	84.24	49.49	31.50	3.26
27	49080	3921	2051	1684	186	79.88	41.79	34.31	3.78
28	47447	3433	1606	1632	195	72.35	33.85	34.40	4.10
29	40916	2617	1074	1347	196	63.95	26.26	32.91	4.78
30-34	**182662**	**8274**	**2344**	**5049**	**880**	**45.29**	**12.83**	**27.64**	**4.82**
30	36771	2125	730	1204	191	57.79	19.85	32.74	5.20
31	35577	1855	566	1114	175	52.14	15.92	31.30	4.92
32	37498	1663	444	1035	184	44.34	11.84	27.59	4.91
33	37747	1475	347	949	178	39.06	9.20	25.15	4.71
34	35069	1156	257	748	152	32.97	7.32	21.32	4.33
35-39	**187686**	**3431**	**700**	**2144**	**587**	**18.28**	**3.73**	**11.42**	**3.13**
35	36080	987	212	628	147	27.36	5.87	17.41	4.07
36	37537	874	167	561	146	23.30	4.44	14.95	3.90
37	36114	647	123	407	118	17.93	3.40	11.26	3.26
38	37434	497	102	301	94	13.27	2.72	8.05	2.51
39	40521	425	97	247	81	10.49	2.38	6.09	2.01
40-44	**228377**	**1203**	**431**	**545**	**228**	**5.27**	**1.89**	**2.39**	**1.00**
40	42081	318	84	170	63	7.55	2.00	4.05	1.51
41	44261	257	81	123	53	5.80	1.82	2.79	1.19
42	46048	232	92	96	45	5.04	1.99	2.08	0.97
43	47148	207	92	82	34	4.39	1.95	1.74	0.71
44	48838	190	83	73	33	3.88	1.70	1.50	0.68
45-49	**229793**	**722**	**285**	**319**	**118**	**3.14**	**1.24**	**1.39**	**0.52**
45	48490	169	68	70	31	3.48	1.40	1.44	0.64
46	48753	152	58	71	23	3.12	1.20	1.46	0.47
47	45344	139	57	62	20	3.07	1.26	1.36	0.45
48	42847	125	50	56	20	2.92	1.16	1.30	0.46
49	44358	137	52	61	25	3.09	1.16	1.37	0.55

2-43 全国乡村育龄妇女分年龄、孩次的生育状况 (2014年11月1日至2015年10月31日)

Age-specific Fertility Rate of Rural Women at Childbearing Ages by Age of Mother and Birth Order(2014.11.1-2015.10.31)

年 龄 Age	平均育龄妇女人数(人) Average Number of Childbearing Women (person)	出生人数(人) Births (person)				生育率(‰) Fertility Rate (‰)			
			一孩 1st Birth	二孩 2nd Birth	三孩及以上 3rd Birth and Above		一孩 1st Birth	二孩 2nd Birth	三孩及以上 3rd Birth and Above
总计 Total	**2238117**	**78296**	**37125**	**33179**	**7992**	**34.98**	**16.59**	**14.82**	**3.57**
15-19	**260224**	**4011**	**3456**	**516**	**39**	**15.41**	**13.28**	**1.98**	**0.15**
15	53048	87	80	7		1.64	1.50	0.14	
16	52378	281	257	24		5.36	4.91	0.45	
17	52157	611	552	57	2	11.72	10.59	1.09	0.05
18	51327	1118	971	136	11	21.77	18.91	2.65	0.21
19	51314	1914	1596	292	25	37.30	31.11	5.70	0.49
20-24	**286792**	**23338**	**16076**	**6477**	**785**	**81.38**	**56.05**	**22.58**	**2.74**
20	49720	2785	2255	481	50	56.02	45.36	9.67	1.00
21	51259	3681	2834	756	91	71.81	55.28	14.75	1.77
22	55783	4707	3373	1191	143	84.38	60.47	21.36	2.56
23	59388	5514	3637	1678	199	92.85	61.24	28.26	3.35
24	70643	6651	3977	2371	303	94.14	56.30	33.56	4.29
25-29	**347446**	**28918**	**12688**	**13785**	**2446**	**83.23**	**36.52**	**39.67**	**7.04**
25	77179	7207	3907	2879	421	93.39	50.62	37.31	5.46
26	71507	6526	3145	2914	466	91.26	43.98	40.76	6.51
27	70272	5837	2457	2876	504	83.06	34.96	40.93	7.17
28	67258	5084	1847	2708	529	75.59	27.46	40.27	7.87
29	61230	4264	1332	2406	526	69.64	21.75	39.30	8.58
30-34	**282901**	**13271**	**2968**	**7909**	**2393**	**46.91**	**10.49**	**27.96**	**8.46**
30	58313	3544	947	2073	525	60.78	16.23	35.55	9.00
31	55651	2981	686	1790	505	53.56	12.32	32.17	9.07
32	57722	2640	543	1610	487	45.73	9.41	27.88	8.44
33	57888	2283	452	1366	464	39.43	7.81	23.61	8.02
34	53327	1823	341	1070	412	34.19	6.39	20.07	7.73
35-39	**273978**	**5059**	**948**	**2801**	**1310**	**18.47**	**3.46**	**10.22**	**4.78**
35	52989	1495	281	862	353	28.22	5.30	16.26	6.66
36	53764	1217	234	680	303	22.64	4.36	12.65	5.63
37	52141	915	161	514	240	17.54	3.09	9.85	4.60
38	55025	763	137	412	214	13.86	2.49	7.48	3.88
39	60059	669	135	334	201	11.15	2.24	5.56	3.35
40-44	**369830**	**2187**	**545**	**1028**	**614**	**5.91**	**1.47**	**2.78**	**1.66**
40	64511	563	128	272	162	8.72	1.98	4.22	2.52
41	70011	486	112	234	141	6.95	1.60	3.34	2.02
42	74151	429	111	197	121	5.79	1.50	2.66	1.63
43	78002	369	104	169	95	4.73	1.34	2.17	1.22
44	83155	339	89	156	94	4.08	1.07	1.88	1.13
45-49	**416946**	**1512**	**444**	**663**	**406**	**3.63**	**1.07**	**1.59**	**0.97**
45	84016	331	93	146	92	3.94	1.11	1.74	1.09
46	85903	312	98	138	76	3.63	1.15	1.60	0.89
47	83090	304	96	121	87	3.66	1.16	1.46	1.05
48	80472	286	79	124	82	3.55	0.98	1.55	1.02
49	83465	280	78	133	69	3.35	0.93	1.60	0.82

2-44 全国分年龄、性别的死亡人口状况（2014年11月1日至2015年10月31日）
Status of Deaths by Age and Sex (2014.11.1-2015.10.31)

年龄 Age	2015年5月1日人口(人) Population of 1-May-15 (person)	男 Male	女 Female	死亡人口(人) Deaths (person)	男 Male	女 Female	死亡率(‰) Death Rate (‰)	男 Male	女 Female
总计 Total	**21281109**	**10903599**	**10377511**	**102913**	**60649**	**42263**	**4.84**	**5.56**	**4.07**
0-4	**1159283**	**623602**	**535681**	**951**	**547**	**403**	**0.82**	**0.88**	**0.75**
0	127950	67529	60421	583	334	248	4.55	4.95	4.11
1	241140	129758	111382	129	73	56	0.54	0.56	0.51
2	252195	135772	116423	95	58	37	0.38	0.43	0.32
3	279058	150593	128465	89	50	39	0.32	0.33	0.30
4	258940	139949	118991	55	32	23	0.21	0.23	0.19
5-9	**1174852**	**638611**	**536240**	**234**	**151**	**83**	**0.20**	**0.24**	**0.15**
5	235241	127509	107732	60	36	24	0.26	0.28	0.23
6	242974	132353	110621	38	21	17	0.16	0.16	0.16
7	240731	131128	109603	57	42	15	0.24	0.32	0.13
8	230040	124875	105165	41	24	16	0.18	0.19	0.16
9	225866	122747	103119	39	29	10	0.17	0.23	0.10
10-14	**1103659**	**598781**	**504878**	**226**	**153**	**73**	**0.20**	**0.26**	**0.14**
10	232492	126210	106282	52	37	14	0.22	0.29	0.14
11	226413	122705	103709	44	25	18	0.19	0.21	0.18
12	206437	112118	94319	42	29	13	0.20	0.26	0.14
13	213009	115888	97122	46	33	12	0.22	0.29	0.13
14	225308	121861	103447	42	28	14	0.19	0.23	0.14
15-19	**1165771**	**626415**	**539356**	**379**	**282**	**97**	**0.32**	**0.45**	**0.18**
15	210328	117167	93161	62	48	13	0.29	0.41	0.14
16	223017	120843	102174	78	63	15	0.35	0.52	0.15
17	247498	132940	114557	77	61	16	0.31	0.46	0.14
18	233859	124906	108953	59	38	21	0.25	0.30	0.19
19	251070	130558	120511	103	72	31	0.41	0.55	0.26
20-24	**1555093**	**809331**	**745762**	**486**	**361**	**125**	**0.31**	**0.45**	**0.17**
20	343883	174973	168910	81	55	26	0.23	0.31	0.15
21	304930	158149	146782	91	64	27	0.30	0.41	0.18
22	302159	159277	142882	92	66	25	0.30	0.42	0.18
23	297106	155698	141407	98	81	17	0.33	0.52	0.12
24	307015	161234	145781	124	94	30	0.41	0.58	0.21
25-29	**1992691**	**1007467**	**985224**	**796**	**587**	**210**	**0.40**	**0.58**	**0.21**
25	429152	217162	211989	174	145	29	0.41	0.67	0.14
26	406753	205481	201272	145	107	38	0.36	0.52	0.19
27	385204	194612	190592	166	127	39	0.43	0.65	0.21
28	409628	207374	202254	169	114	54	0.41	0.55	0.27
29	361955	182838	179117	143	93	49	0.39	0.51	0.28
30-34	**1573528**	**794438**	**779090**	**869**	**627**	**242**	**0.55**	**0.79**	**0.31**
30	315968	159054	156915	135	96	39	0.43	0.60	0.25
31	305636	153717	151920	146	102	43	0.48	0.67	0.28
32	302127	152379	149748	203	156	47	0.67	1.02	0.31
33	348192	176845	171347	199	140	59	0.57	0.79	0.34
34	301604	152444	149160	187	132	55	0.62	0.87	0.37

2-44 续表 1 continued

年 龄 Age	2015年5月1日人口(人) Population of 1-May-15 (person)	男 Male	女 Female	死亡人口(人) Deaths (person)	男 Male	女 Female	死亡率(‰) Death Rate (‰)	男 Male	女 Female
35-39	**1508259**	**769523**	**738736**	**1277**	**890**	**387**	**0.85**	**1.16**	**0.52**
35	291039	148581	142458	177	131	46	0.61	0.88	0.32
36	309448	158223	151225	234	166	69	0.76	1.05	0.45
37	302307	153816	148491	247	164	83	0.82	1.06	0.56
38	283714	144903	138811	281	200	81	0.99	1.38	0.58
39	321751	164000	157750	338	230	108	1.05	1.40	0.69
40-44	**1826249**	**933098**	**893151**	**2380**	**1665**	**715**	**1.30**	**1.78**	**0.80**
40	328917	168404	160513	372	244	127	1.13	1.45	0.79
41	352627	180405	172223	426	302	125	1.21	1.67	0.72
42	370195	189497	180698	504	354	150	1.36	1.87	0.83
43	382496	194720	187776	462	349	112	1.21	1.79	0.60
44	392013	200072	191942	615	415	200	1.57	2.08	1.04
45-49	**1923184**	**977495**	**945689**	**3805**	**2620**	**1186**	**1.98**	**2.68**	**1.25**
45	417648	213092	204556	689	476	213	1.65	2.23	1.04
46	385651	196331	189320	744	518	226	1.93	2.64	1.19
47	415567	210821	204747	723	483	240	1.74	2.29	1.17
48	330182	167568	162614	754	538	216	2.28	3.21	1.33
49	374136	189683	184452	895	604	291	2.39	3.19	1.58
50-54	**1618438**	**820207**	**798231**	**4680**	**3259**	**1420**	**2.89**	**3.97**	**1.78**
50	366223	188036	178187	954	673	281	2.60	3.58	1.58
51	358882	179729	179153	1069	732	337	2.98	4.07	1.88
52	415827	211979	203848	1171	829	343	2.82	3.91	1.68
53	307010	155736	151274	770	527	243	2.51	3.39	1.61
54	170497	84727	85770	715	499	217	4.20	5.88	2.53
55-59	**1196550**	**608961**	**587589**	**6073**	**4131**	**1942**	**5.08**	**6.78**	**3.31**
55	212454	108096	104358	900	627	273	4.23	5.80	2.62
56	196290	100397	95892	1009	689	321	5.14	6.86	3.34
57	252585	129235	123350	1273	864	409	5.04	6.69	3.31
58	279369	142486	136883	1381	929	451	4.94	6.52	3.30
59	255853	128746	127106	1510	1022	488	5.90	7.94	3.84
60-64	**1216347**	**608194**	**608154**	**9145**	**6068**	**3077**	**7.52**	**9.98**	**5.06**
60	267799	135148	132651	1715	1150	565	6.40	8.51	4.26
61	265815	133270	132546	1810	1195	615	6.81	8.96	4.64
62	240521	119700	120820	1901	1274	626	7.90	10.65	5.18
63	240956	120004	120952	1876	1223	653	7.79	10.19	5.40
64	201256	100072	101184	1844	1226	618	9.16	12.25	6.11

2-44 续表 2 continued

年 龄 Age	2015年5月1日人口(人) Population of 1-May-15 (person)	男 Male	女 Female	死亡人口(人) Deaths (person)	男 Male	女 Female	死亡率(‰) Death Rate (‰)	男 Male	女 Female
65-69	**855990**	**428608**	**427382**	**10592**	**6830**	**3762**	**12.37**	**15.93**	**8.80**
65	202036	100838	101198	2099	1377	722	10.39	13.66	7.13
66	192340	97639	94701	2114	1336	778	10.99	13.68	8.22
67	163638	81867	81771	2055	1365	690	12.56	16.67	8.44
68	155776	78045	77731	2062	1324	738	13.24	16.97	9.49
69	142200	70219	71981	2261	1427	834	15.90	20.32	11.58
70-74	**569513**	**280270**	**289243**	**12076**	**7502**	**4574**	**21.20**	**26.77**	**15.81**
70	129708	63792	65916	2169	1370	799	16.72	21.48	12.12
71	120963	60242	60721	2307	1449	857	19.07	24.06	14.12
72	110122	53854	56267	2489	1555	933	22.60	28.88	16.59
73	105771	52038	53733	2479	1494	985	23.44	28.71	18.33
74	102949	50343	52606	2632	1633	999	25.57	32.44	19.00
75-79	**419095**	**200114**	**218980**	**15195**	**8724**	**6470**	**36.26**	**43.60**	**29.55**
75	97198	47004	50194	2714	1623	1091	27.92	34.53	21.74
76	81501	39050	42450	2784	1602	1182	34.16	41.03	27.84
77	87516	42096	45420	3057	1746	1310	34.93	41.48	28.85
78	79081	37743	41339	3171	1837	1335	40.10	48.67	32.28
79	73799	34222	39578	3468	1916	1552	47.00	56.00	39.22
80-84	**261312**	**115987**	**145324**	**16185**	**8616**	**7569**	**61.94**	**74.28**	**52.08**
80	65979	29763	36216	3426	1896	1530	51.93	63.72	42.24
81	57995	25804	32191	3442	1861	1581	59.34	72.10	49.11
82	55330	24795	30535	3457	1889	1568	62.48	76.18	51.35
83	45134	19695	25439	2992	1524	1468	66.29	77.37	57.72
84	36874	15931	20943	2868	1446	1422	77.77	90.77	67.88
85-89	**117411**	**47498**	**69912**	**10988**	**5211**	**5777**	**93.59**	**109.72**	**82.63**
85	35481	15217	20264	2683	1351	1331	75.61	88.79	65.71
86	25906	10472	15434	2380	1176	1204	91.87	112.29	78.02
87	23886	9427	14459	2332	1109	1223	97.64	117.69	84.56
88	18245	7124	11120	1827	808	1019	100.13	113.40	91.62
89	13894	5258	8636	1767	767	1000	127.16	145.85	115.79
90-94	**36260**	**12850**	**23410**	**5059**	**1998**	**3061**	**139.52**	**155.46**	**130.76**
90	12026	4400	7626	1514	631	883	125.86	143.40	115.73
91	8673	3091	5582	1166	487	679	134.43	157.54	121.63
92	6711	2300	4410	947	366	581	141.12	159.13	131.72
93	5008	1785	3223	818	281	537	163.28	157.51	166.48
94	3841	1274	2568	615	233	382	160.00	182.59	148.79
95-99	**6727**	**1962**	**4765**	**1258**	**378**	**880**	**187.04**	**192.72**	**184.71**
95	2552	804	1749	423	133	290	165.68	165.40	165.82
96	1659	494	1165	303	104	199	182.46	210.02	170.77
97	1216	331	886	241	78	163	198.30	236.95	183.87
98	764	200	564	163	39	124	212.76	192.76	219.84
99	535	134	401	129	25	104	240.86	183.58	260.00
100+	**899**	**186**	**713**	**260**	**50**	**210**	**289.60**	**269.98**	**294.73**

2-45 全国城市分年龄、性别的死亡人口状况（2014年11月1日至2015年10月31日）

Status of City Deaths by Age and Sex (2014.11.1-2015.10.31)

年 龄 Age	2015年5月1日人口(人) Population of 1-May-15 (person)	男 Male	女 Female	死亡人口(人) Deaths (person)	男 Male	女 Female	死亡率(‰) Death Rate (‰)	男 Male	女 Female
总计 Total	**6952530**	**3547086**	**3405444**	**21826**	**12869**	**8957**	**3.14**	**3.63**	**2.63**
0-4	**333833**	**177251**	**156582**	**152**	**85**	**67**	**0.46**	**0.48**	**0.43**
0	35665	18550	17114	113	66	47	3.17	3.56	2.75
1	74777	39829	34947	12	5	7	0.16	0.13	0.20
2	72070	38156	33912	11	7	5	0.15	0.18	0.15
3	80643	42923	37720	8	5	3	0.10	0.12	0.08
4	70679	37791	32888	7	3	5	0.10	0.08	0.15
5-9	**262128**	**141066**	**121061**	**20**	**11**	**9**	**0.08**	**0.08**	**0.07**
5	52708	28263	24446	6	2	4	0.11	0.07	0.16
6	53631	28934	24697	2	2		0.04	0.07	
7	54035	29002	25033	7	2	5	0.13	0.07	0.20
8	53085	28610	24475	3	3		0.06	0.10	
9	48668	26257	22411	2	2		0.04	0.08	
10-14	**258084**	**139052**	**119032**	**25**	**20**	**5**	**0.10**	**0.14**	**0.04**
10	53609	28729	24880	9	8	1	0.17	0.28	0.04
11	52169	28101	24068	6	5	1	0.12	0.18	0.04
12	45890	24894	20996	3	2	1	0.07	0.08	0.05
13	51983	28045	23937	2	2		0.04	0.07	
14	54434	29282	25151	5	3	2	0.09	0.10	0.08
15-19	**334563**	**170173**	**164390**	**37**	**29**	**8**	**0.11**	**0.17**	**0.05**
15	43098	24280	18818	5	2	2	0.12	0.08	0.11
16	55538	28889	26649	10	10	1	0.18	0.35	0.04
17	70231	34679	35551	5	5		0.07	0.14	
18	74062	37298	36765	6	5	2	0.08	0.13	0.05
19	91633	45025	46608	11	8	3	0.12	0.18	0.06
20-24	**640534**	**329731**	**310804**	**67**	**51**	**16**	**0.10**	**0.15**	**0.05**
20	156110	75982	80128	13	8	5	0.08	0.11	0.06
21	135705	68801	66903	11	9	3	0.08	0.13	0.04
22	123708	65543	58166	11	9	3	0.09	0.14	0.05
23	113220	59878	53342	17	11	5	0.15	0.18	0.09
24	111791	59526	52265	14	14		0.13	0.24	
25-29	**789102**	**406095**	**383008**	**113**	**80**	**34**	**0.14**	**0.20**	**0.09**
25	165461	85666	79794	18	12	6	0.11	0.14	0.08
26	159539	82359	77180	24	17	7	0.15	0.21	0.09
27	153330	79208	74122	24	18	6	0.16	0.23	0.08
28	164223	84246	79977	27	18	10	0.16	0.21	0.13
29	146552	74616	71936	21	14	6	0.14	0.19	0.08
30-34	**622382**	**314260**	**308123**	**126**	**85**	**42**	**0.20**	**0.27**	**0.14**
30	121297	61532	59765	17	10	7	0.14	0.16	0.12
31	118716	59852	58864	18	9	9	0.15	0.15	0.15
32	121718	61410	60309	37	28	9	0.30	0.46	0.15
33	141914	71624	70290	35	25	10	0.25	0.35	0.14
34	118736	59842	58893	19	12	7	0.16	0.20	0.12

2-45 续表 1 continued

年 龄 Age	2015年5月1日人口(人) Population of 1-May-15 (person)	男 Male	女 Female	死亡人口(人) Deaths (person)	男 Male	女 Female	死亡率(‰) Death Rate (‰)	男 Male	女 Female
35-39	**579559**	**295039**	**284519**	**235**	**158**	**77**	**0.41**	**0.54**	**0.27**
35	113799	57903	55896	29	25	4	0.25	0.43	0.07
36	122215	62616	59600	37	22	15	0.30	0.35	0.25
37	116745	59296	57449	55	38	17	0.47	0.64	0.30
38	108046	54766	53280	59	41	18	0.55	0.75	0.34
39	118753	60458	58295	55	31	24	0.46	0.51	0.41
40-44	**641729**	**329507**	**312222**	**396**	**295**	**101**	**0.62**	**0.90**	**0.32**
40	120036	61327	58708	63	47	15	0.52	0.77	0.26
41	124483	63761	60722	76	56	20	0.61	0.88	0.33
42	131155	67626	63529	76	58	18	0.58	0.86	0.28
43	132132	67710	64422	79	64	14	0.60	0.95	0.22
44	133924	69083	64841	102	69	33	0.76	1.00	0.51
45-49	**603178**	**310929**	**292248**	**685**	**478**	**207**	**1.14**	**1.54**	**0.71**
45	139684	72194	67490	124	86	38	0.89	1.19	0.56
46	126043	64837	61206	140	96	44	1.11	1.48	0.72
47	130464	67114	63350	125	83	42	0.96	1.24	0.66
48	97193	50267	46927	129	98	30	1.33	1.95	0.64
49	109792	56516	53276	167	114	52	1.52	2.02	0.98
50-54	**509925**	**263228**	**246698**	**956**	**691**	**265**	**1.87**	**2.63**	**1.07**
50	111279	57802	53477	179	131	49	1.61	2.27	0.92
51	112885	57845	55040	227	165	63	2.01	2.85	1.14
52	135293	70042	65251	229	171	58	1.69	2.44	0.89
53	94486	49055	45431	165	114	51	1.75	2.32	1.12
54	55983	28484	27499	155	111	45	2.77	3.90	1.64
55-59	**379443**	**191454**	**187989**	**1305**	**881**	**425**	**3.44**	**4.60**	**2.26**
55	71514	36566	34948	198	131	67	2.77	3.58	1.92
56	64492	32801	31691	231	176	55	3.58	5.37	1.74
57	80451	40867	39584	292	199	93	3.63	4.87	2.35
58	85523	42705	42818	296	196	101	3.46	4.59	2.36
59	77462	38514	38949	288	179	109	3.72	4.65	2.80
60-64	**352143**	**173017**	**179125**	**1771**	**1215**	**556**	**5.03**	**7.02**	**3.10**
60	80044	39821	40223	347	248	99	4.34	6.23	2.46
61	78661	38894	39768	346	232	113	4.40	5.96	2.84
62	68882	33337	35545	346	249	98	5.02	7.47	2.76
63	67537	33065	34472	367	247	120	5.43	7.47	3.48
64	57017	27901	29117	365	239	126	6.40	8.57	4.33

2-45 续表 2 continued

年 龄 Age	2015年5月1日人口(人) Population of 1-May-15 (person)	男 Male	女 Female	死亡人口(人) Deaths (person)	男 Male	女 Female	死亡率(‰) Death Rate (‰)	男 Male	女 Female
65-69	**237155**	**115761**	**121394**	**2028**	**1336**	**692**	**8.55**	**11.54**	**5.70**
65	57640	28301	29339	402	280	122	6.97	9.89	4.16
66	53502	26206	27296	395	256	139	7.38	9.77	5.09
67	44662	21737	22925	422	273	149	9.45	12.56	6.50
68	42867	20920	21947	386	244	142	9.00	11.66	6.47
69	38484	18597	19887	423	284	140	10.99	15.27	7.04
70-74	**156506**	**74591**	**81915**	**2379**	**1502**	**877**	**15.20**	**20.14**	**10.71**
70	34918	16652	18267	409	262	147	11.71	15.73	8.05
71	32373	15602	16771	432	260	172	13.34	16.66	10.26
72	29733	14114	15619	472	306	166	15.87	21.68	10.63
73	30044	14301	15744	531	329	202	17.67	23.01	12.83
74	29436	13923	15513	535	346	190	18.18	24.85	12.25
75-79	**124697**	**58607**	**66090**	**3339**	**1893**	**1446**	**26.78**	**32.30**	**21.88**
75	28263	13453	14811	559	335	224	19.78	24.90	15.12
76	24573	11432	13142	644	360	284	26.21	31.49	21.61
77	25820	12095	13726	665	391	273	25.76	32.33	19.89
78	23726	11300	12426	706	398	308	29.76	35.22	24.79
79	22314	10329	11985	766	409	357	34.33	39.60	29.79
80-84	**78606**	**36249**	**42357**	**3747**	**2020**	**1726**	**47.67**	**55.73**	**40.75**
80	19955	9180	10774	788	449	339	39.49	48.91	31.46
81	17577	7921	9656	836	469	367	47.56	59.21	38.01
82	16431	7660	8771	760	391	369	46.25	51.04	42.07
83	13582	6311	7272	646	346	300	47.56	54.82	41.25
84	11060	5178	5882	716	364	352	64.74	70.30	59.84
85-89	**35580**	**15873**	**19707**	**2729**	**1348**	**1381**	**76.70**	**84.92**	**70.08**
85	10839	5008	5830	674	355	319	62.18	70.89	54.72
86	7925	3572	4353	603	315	288	76.09	88.19	66.16
87	7104	3126	3979	572	286	287	80.52	91.49	72.13
88	5502	2380	3122	437	204	233	79.43	85.71	74.63
89	4212	1787	2425	442	188	254	104.94	105.20	104.74
90-94	**11110**	**4456**	**6654**	**1247**	**547**	**700**	**112.24**	**122.76**	**105.20**
90	3720	1598	2123	358	171	187	96.24	107.01	88.08
91	2636	1043	1592	302	130	172	114.57	124.64	108.04
92	2057	799	1257	256	106	151	124.45	132.67	120.13
93	1498	569	928	190	81	108	126.84	142.36	116.38
94	1199	447	753	142	59	83	118.43	131.99	110.23
95-99	**2044**	**690**	**1354**	**383**	**129**	**254**	**187.38**	**186.96**	**187.59**
95	750	262	488	124	46	78	165.33	175.57	159.84
96	533	177	356	99	34	65	185.74	192.09	182.58
97	347	127	220	64	22	42	184.44	173.23	190.91
98	247	75	172	53	17	36	214.57	226.67	209.30
99	167	49	118	43	10	33	257.49	204.08	279.66
100+	**230**	**57**	**172**	**86**	**16**	**69**	**373.91**	**280.70**	**401.16**

2-46 全国镇分年龄、性别的死亡人口状况
(2014年11月1日至2015年10月31日)
Status of Town Deaths by Age and Sex (2014.11.1-2015.10.31)

年 龄 Age	2015年5月1日人口((人) Population of 1-May-15 (person)	男 Male	女 Female	死亡人口(人) Deaths (person)	男 Male	女 Female	死亡率(‰) Death Rate (‰)	男 Male	女 Female
总计 Total	**4982773**	**2567561**	**2415211**	**21173**	**12643**	**8530**	**4.25**	**4.92**	**3.53**
0-4	**301842**	**162879**	**138962**	**175**	**98**	**77**	**0.58**	**0.60**	**0.55**
0	32981	17453	15527	105	58	47	3.18	3.32	3.03
1	62601	33788	28813	28	15	13	0.45	0.44	0.45
2	65414	35338	30076	16	9	7	0.24	0.25	0.23
3	72799	39345	33453	15	8	7	0.21	0.20	0.21
4	68048	36956	31093	11	8	3	0.16	0.22	0.10
5-9	**263604**	**143602**	**120004**	**47**	**31**	**16**	**0.18**	**0.22**	**0.13**
5	52650	28648	24002	15	8	7	0.28	0.28	0.29
6	54385	29671	24714	7	2	5	0.13	0.07	0.20
7	54660	29861	24800	12	12		0.22	0.40	
8	51082	27751	23331	10	8	2	0.20	0.29	0.09
9	50828	27672	23156	3	1	2	0.06	0.04	0.09
10-14	**264475**	**144732**	**119741**	**44**	**33**	**12**	**0.17**	**0.23**	**0.10**
10	54868	30187	24681	14	8	7	0.26	0.27	0.28
11	53526	29316	24212	13	12	1	0.24	0.41	0.04
12	49509	27044	22465	5	5	1	0.10	0.18	0.04
13	50768	27834	22933	7	4	3	0.14	0.14	0.13
14	55804	30352	25452	4	4		0.07	0.13	
15-19	**264137**	**151369**	**112768**	**87**	**65**	**22**	**0.33**	**0.43**	**0.20**
15	48396	28808	19588	19	14	5	0.39	0.49	0.26
16	57020	32843	24177	20	16	5	0.35	0.49	0.21
17	61565	35978	25587	15	11	4	0.24	0.31	0.16
18	49304	28031	21273	12	7	5	0.24	0.25	0.24
19	47852	25708	22144	21	17	4	0.44	0.66	0.18
20-24	**339109**	**176365**	**162745**	**90**	**65**	**24**	**0.27**	**0.37**	**0.15**
20	76843	38949	37895	15	8	7	0.20	0.21	0.18
21	65300	33995	31306	18	14	3	0.28	0.41	0.10
22	64794	34040	30755	15	11	3	0.23	0.32	0.10
23	63914	33464	30451	19	17	2	0.30	0.51	0.07
24	68257	35918	32340	23	15	8	0.34	0.42	0.25
25-29	**493986**	**249502**	**244484**	**177**	**135**	**41**	**0.36**	**0.54**	**0.17**
25	105317	53252	52064	35	30	5	0.33	0.56	0.10
26	101096	51262	49836	28	25	3	0.28	0.49	0.06
27	95720	48039	47680	35	28	7	0.37	0.58	0.15
28	101773	51285	50488	38	28	11	0.37	0.55	0.22
29	90080	45664	44417	39	24	15	0.43	0.53	0.34
30-34	**370496**	**186399**	**184098**	**192**	**137**	**55**	**0.52**	**0.73**	**0.30**
30	75094	37669	37426	27	18	9	0.36	0.48	0.24
31	72436	36308	36128	40	28	12	0.55	0.77	0.33
32	70368	35330	35038	39	32	7	0.55	0.91	0.20
33	81176	41202	39974	38	19	19	0.47	0.46	0.48
34	71422	35890	35532	49	41	8	0.69	1.14	0.23

2-46 续表 1 continued

年 龄 Age	2015年5月1日人口(人) Population of 1-May-15 (person)	男 Male	女 Female	死亡人口(人) Deaths (person)	男 Male	女 Female	死亡率(‰) Death Rate (‰)	男 Male	女 Female
35-39	**374880**	**190287**	**184593**	**273**	**183**	**90**	**0.73**	**0.96**	**0.49**
35	70853	36244	34609	39	28	10	0.55	0.77	0.29
36	76165	38600	37565	41	28	14	0.54	0.73	0.37
37	75529	38000	37529	50	35	14	0.66	0.92	0.37
38	70629	35911	34718	69	46	23	0.98	1.28	0.66
39	81703	41533	40171	74	46	28	0.91	1.11	0.70
40-44	**457918**	**234135**	**223783**	**485**	**325**	**160**	**1.06**	**1.39**	**0.71**
40	83934	43040	40894	86	53	32	1.02	1.23	0.78
41	88639	45342	43297	89	59	31	1.00	1.30	0.72
42	92581	47323	45258	112	74	38	1.21	1.56	0.84
43	95705	48832	46873	94	66	28	0.98	1.35	0.60
44	97060	49598	47462	103	73	30	1.06	1.47	0.63
45-49	**475981**	**242415**	**233567**	**828**	**584**	**244**	**1.74**	**2.41**	**1.04**
45	103258	53004	50254	162	125	38	1.57	2.36	0.76
46	95455	48685	46771	161	116	46	1.69	2.38	0.98
47	103307	52522	50785	133	90	43	1.29	1.71	0.85
48	81154	41195	39958	168	114	54	2.07	2.77	1.35
49	92808	47008	45800	203	139	64	2.19	2.96	1.40
50-54	**382122**	**194274**	**187847**	**974**	**668**	**306**	**2.55**	**3.44**	**1.63**
50	88825	45839	42986	196	134	62	2.21	2.92	1.44
51	85182	42725	42457	235	151	84	2.76	3.53	1.98
52	97816	49998	47818	260	187	73	2.66	3.74	1.53
53	71868	36767	35101	144	100	44	2.00	2.72	1.25
54	38432	18945	19487	140	97	43	3.64	5.12	2.21
55-59	**260323**	**133788**	**126535**	**1312**	**927**	**386**	**5.04**	**6.93**	**3.05**
55	45939	23512	22426	202	149	53	4.40	6.34	2.36
56	42784	22055	20728	230	162	68	5.38	7.35	3.28
57	55366	28659	26707	274	191	83	4.95	6.66	3.11
58	60792	31563	29229	286	199	86	4.70	6.30	2.94
59	55443	27999	27444	321	225	96	5.79	8.04	3.50
60-64	**259374**	**129163**	**130211**	**1958**	**1279**	**680**	**7.55**	**9.90**	**5.22**
60	58139	29169	28970	374	237	137	6.43	8.13	4.73
61	56382	28050	28333	361	237	124	6.40	8.45	4.38
62	51237	25482	25755	402	267	135	7.85	10.48	5.24
63	51410	25555	25854	425	269	157	8.27	10.53	6.07
64	42206	20908	21299	397	270	126	9.41	12.91	5.92

2-46 续表 2 continued

年 龄 Age	2015年5月1日人口(人) Population of 1-May-15 (person)	男 Male	女 Female	死亡人口(人) Deaths (person)	男 Male	女 Female	死亡率(‰) Death Rate (‰)	男 Male	女 Female
65-69	**181468**	**90649**	**90819**	**2243**	**1436**	**807**	**12.36**	**15.84**	**8.89**
65	42683	21241	21442	423	283	140	9.91	13.32	6.53
66	41046	20858	20188	483	301	182	11.77	14.43	9.02
67	34395	17129	17266	452	303	149	13.14	17.69	8.63
68	33244	16578	16667	414	266	148	12.45	16.05	8.88
69	30100	14843	15257	471	282	189	15.65	19.00	12.39
70-74	**121191**	**59879**	**61312**	**2492**	**1564**	**928**	**20.56**	**26.12**	**15.14**
70	28426	14084	14342	427	269	158	15.02	19.10	11.02
71	25802	12911	12891	504	318	186	19.53	24.63	14.43
72	23065	11278	11788	529	326	203	22.94	28.91	17.22
73	22512	11131	11381	521	337	184	23.14	30.28	16.17
74	21385	10473	10911	512	314	197	23.94	29.98	18.06
75-79	**85882**	**41518**	**44364**	**3099**	**1866**	**1233**	**36.08**	**44.94**	**27.79**
75	20193	9926	10267	611	376	234	30.26	37.88	22.79
76	16718	8157	8562	554	328	225	33.14	40.21	26.28
77	17850	8743	9108	611	364	247	34.23	41.63	27.12
78	16135	7729	8407	624	392	232	38.67	50.72	27.60
79	14984	6964	8020	699	405	294	46.65	58.16	36.66
80-84	**53216**	**23912**	**29304**	**3297**	**1782**	**1515**	**61.96**	**74.52**	**51.70**
80	13492	6189	7303	718	386	332	53.22	62.37	45.46
81	11638	5174	6464	691	379	312	59.37	73.25	48.27
82	11575	5260	6314	719	419	300	62.12	79.66	47.51
83	9107	4058	5050	632	325	307	69.40	80.09	60.79
84	7405	3232	4173	536	273	263	72.38	84.47	63.02
85-89	**23591**	**9514**	**14077**	**2107**	**989**	**1119**	**89.31**	**103.95**	**79.49**
85	7214	3088	4125	527	251	277	73.05	81.28	67.15
86	5160	2138	3022	440	217	223	85.27	101.50	73.79
87	4760	1840	2920	454	219	235	95.38	119.02	80.48
88	3748	1437	2312	360	169	191	96.05	117.61	82.61
89	2709	1012	1696	327	133	193	120.71	131.42	113.80
90-94	**7566**	**2734**	**4830**	**1018**	**411**	**607**	**134.55**	**150.33**	**125.67**
90	2485	915	1570	285	114	171	114.69	124.59	108.92
91	1819	653	1165	243	105	138	133.59	160.80	118.45
92	1382	479	903	186	69	118	134.59	144.05	130.68
93	1097	414	683	154	63	91	140.38	152.17	133.24
94	783	273	511	150	60	90	191.57	219.78	176.13
95-99	**1395**	**405**	**990**	**226**	**60**	**166**	**162.01**	**148.15**	**167.68**
95	527	180	348	81	25	56	153.70	138.89	160.92
96	333	108	225	48	13	35	144.14	120.37	155.56
97	263	53	211	43	10	33	163.50	188.68	156.40
98	174	39	136	33	8	25	189.66	205.13	183.82
99	97	26	73	20	4	17	206.19	153.85	232.88
100+	**216**	**41**	**176**	**49**	**5**	**44**	**226.85**	**121.95**	**250.00**

2-47 全国乡村分年龄、性别的死亡人口状况 (2014年11月1日至2015年10月31日)

Status of Rural Deaths by Age and Sex (2014.11.1-2015.10.31)

年 龄 Age	2015年5月1日人口(人) Population on 1-May-15 (person)	男 Male	女 Female	死亡人口(人) Deaths (person)	男 Male	女 Female	死亡率(‰) Death Rate (‰)	男 Male	女 Female
总计 Total	**9345806**	**4788953**	**4556855**	**59914**	**35137**	**24776**	**6.41**	**7.34**	**5.44**
0-4	**523608**	**283472**	**240136**	**625**	**364**	**260**	**1.19**	**1.28**	**1.08**
0	59305	31526	27779	365	211	154	6.15	6.69	5.54
1	103762	56142	47622	90	54	36	0.87	0.96	0.76
2	114711	62277	52434	68	42	26	0.59	0.67	0.50
3	125615	68324	57290	66	37	29	0.53	0.54	0.51
4	120213	65203	55010	37	21	16	0.31	0.32	0.29
5-9	**649120**	**353943**	**295177**	**167**	**110**	**58**	**0.26**	**0.31**	**0.20**
5	129883	70599	59284	40	26	14	0.31	0.37	0.24
6	134958	73748	61210	28	16	12	0.21	0.22	0.20
7	132035	72265	59770	38	28	10	0.29	0.39	0.17
8	125873	68515	57358	27	13	14	0.21	0.19	0.24
9	126370	68818	57552	34	26	8	0.27	0.38	0.14
10-14	**581102**	**314996**	**266104**	**156**	**100**	**56**	**0.27**	**0.32**	**0.21**
10	124016	67295	56721	29	22	7	0.23	0.33	0.12
11	120718	65289	55429	25	9	16	0.21	0.14	0.29
12	111038	60179	50859	34	22	12	0.31	0.37	0.24
13	110259	60007	50252	36	27	9	0.33	0.45	0.18
14	115070	62227	52843	33	21	12	0.29	0.34	0.23
15-19	**567071**	**304874**	**262198**	**255**	**187**	**67**	**0.45**	**0.61**	**0.26**
15	118834	64079	54755	38	32	6	0.32	0.50	0.11
16	110459	59112	51348	48	38	10	0.43	0.64	0.19
17	115702	62283	53419	57	45	12	0.49	0.72	0.22
18	110493	59577	50916	40	26	15	0.36	0.44	0.29
19	111584	59825	51759	71	47	24	0.64	0.79	0.46
20-24	**575450**	**303236**	**272213**	**330**	**244**	**86**	**0.57**	**0.80**	**0.32**
20	110929	60042	50887	52	39	13	0.47	0.65	0.26
21	103925	55352	48573	62	41	21	0.60	0.74	0.43
22	113656	59694	53962	66	46	19	0.58	0.77	0.35
23	119972	62357	57615	62	53	9	0.52	0.85	0.16
24	126967	65791	61177	88	65	22	0.69	0.99	0.36
25-29	**709602**	**351870**	**357732**	**507**	**372**	**135**	**0.71**	**1.06**	**0.38**
25	158374	78244	80131	121	102	19	0.76	1.30	0.24
26	146117	71860	74257	92	65	28	0.63	0.90	0.38
27	136154	67364	68791	107	81	26	0.79	1.20	0.38
28	143633	71844	71789	103	69	34	0.72	0.96	0.47
29	125323	62559	62765	82	55	28	0.65	0.88	0.45
30-34	**580649**	**293780**	**286870**	**550**	**405**	**145**	**0.95**	**1.38**	**0.51**
30	119577	59853	59724	90	67	22	0.75	1.12	0.37
31	114485	57557	56927	88	66	22	0.77	1.15	0.39
32	110041	55638	54402	127	96	31	1.15	1.73	0.57
33	125101	64020	61082	126	96	30	1.01	1.50	0.49
34	111446	56712	54735	119	79	40	1.07	1.39	0.73

2-47 续表 1 continued

年 龄 Age	2015年5月1日人口(人) Population of 1-May-15 (person)	男 Male	女 Female	死亡人口(人) Deaths (person)	男 Male	女 Female	死亡率(‰) Death Rate (‰)	男 Male	女 Female
35-39	**553820**	**284197**	**269623**	**769**	**548**	**220**	**1.39**	**1.93**	**0.82**
35	106388	54435	51953	109	77	32	1.02	1.41	0.62
36	111067	57007	54060	156	116	40	1.40	2.03	0.74
37	110033	56520	53513	142	90	52	1.29	1.59	0.97
38	105038	54225	50813	153	113	40	1.46	2.08	0.79
39	121295	62009	59285	209	153	56	1.72	2.47	0.94
40-44	**726601**	**369456**	**357146**	**1499**	**1044**	**455**	**2.06**	**2.83**	**1.27**
40	124949	64037	60911	223	144	80	1.78	2.25	1.31
41	139505	71302	68204	261	187	75	1.87	2.62	1.10
42	146460	74549	71911	316	222	94	2.16	2.98	1.31
43	154659	78178	76481	289	219	70	1.87	2.80	0.92
44	161029	81389	79639	410	273	137	2.55	3.35	1.72
45-49	**844025**	**424151**	**419874**	**2293**	**1559**	**734**	**2.72**	**3.68**	**1.75**
45	174706	87893	86812	403	266	137	2.31	3.03	1.58
46	164153	82809	81344	443	306	136	2.70	3.70	1.67
47	181796	91184	90612	464	310	154	2.55	3.40	1.70
48	151835	76107	75729	457	326	132	3.01	4.28	1.74
49	171534	86159	85376	525	351	174	3.06	4.07	2.04
50-54	**726391**	**362705**	**363686**	**2749**	**1900**	**849**	**3.78**	**5.24**	**2.33**
50	166119	84395	81725	578	408	170	3.48	4.83	2.08
51	160816	79159	81656	607	417	190	3.77	5.27	2.33
52	182718	91939	90779	683	471	212	3.74	5.12	2.34
53	140655	69914	70741	461	313	148	3.28	4.48	2.09
54	76081	37297	38784	420	291	129	5.52	7.80	3.33
55-59	**556784**	**283720**	**273064**	**3455**	**2323**	**1131**	**6.21**	**8.19**	**4.14**
55	95001	48018	46983	499	347	153	5.25	7.23	3.26
56	89014	45541	43473	548	351	198	6.16	7.71	4.55
57	116768	59709	57059	707	474	233	6.05	7.94	4.08
58	133054	68218	64836	799	535	264	6.01	7.84	4.07
59	122947	62234	60714	902	618	284	7.34	9.93	4.68
60-64	**604831**	**306013**	**298818**	**5416**	**3575**	**1841**	**8.95**	**11.68**	**6.16**
60	129616	66158	63457	994	666	328	7.67	10.07	5.17
61	130772	66326	64446	1103	725	378	8.43	10.93	5.87
62	120401	60881	59520	1153	759	394	9.58	12.47	6.62
63	122009	61383	60626	1084	708	376	8.88	11.53	6.20
64	102033	51264	50767	1082	717	366	10.60	13.99	7.21

2-47 续表 2 continued

年 龄 Age	2015年5月1日人口(人) Population of 1-May-15 (person)	男 Male	女 Female	死亡人口(人) Deaths (person)	男 Male	女 Female	死亡率(‰) Death Rate (‰)	男 Male	女 Female
65-69	**437366**	**222197**	**215170**	**6321**	**4058**	**2263**	**14.45**	**18.26**	**10.52**
65	101712	51295	50418	1274	814	460	12.53	15.87	9.12
66	97791	50574	47217	1236	779	457	12.64	15.40	9.68
67	84580	43000	41580	1182	790	393	13.97	18.37	9.45
68	79665	40548	39117	1262	814	448	15.84	20.07	11.45
69	73616	36779	36837	1366	861	505	18.56	23.41	13.71
70-74	**291817**	**145800**	**146016**	**7205**	**4436**	**2769**	**24.69**	**30.43**	**18.96**
70	66364	33057	33307	1333	839	495	20.09	25.38	14.86
71	62788	31728	31060	1371	872	499	21.84	27.48	16.07
72	57324	28464	28860	1488	923	564	25.96	32.43	19.54
73	53214	26606	26608	1427	829	598	26.82	31.16	22.47
74	52127	25946	26182	1585	973	612	30.41	37.50	23.37
75-79	**208515**	**99989**	**108527**	**8757**	**4965**	**3792**	**42.00**	**49.66**	**34.94**
75	48741	23626	25115	1544	911	633	31.68	38.56	25.20
76	40207	19462	20746	1587	914	673	39.47	46.96	32.44
77	43845	21258	22587	1781	991	790	40.62	46.62	34.98
78	39220	18714	20506	1842	1047	795	46.97	55.95	38.77
79	36502	16929	19573	2003	1102	901	54.87	65.10	46.03
80-84	**129490**	**55826**	**73664**	**9141**	**4814**	**4328**	**70.59**	**86.23**	**58.75**
80	32533	14393	18140	1921	1061	859	59.05	73.72	47.35
81	28780	12710	16069	1914	1012	903	66.50	79.62	56.20
82	27324	11875	15450	1977	1079	899	72.35	90.86	58.19
83	22444	9326	13117	1714	853	861	76.37	91.46	65.64
84	18409	7521	10888	1615	809	806	87.73	107.57	74.03
85-89	**58239**	**22111**	**36129**	**6152**	**2875**	**3277**	**105.63**	**130.03**	**90.70**
85	17429	7120	10308	1481	745	736	84.97	104.63	71.40
86	12821	4762	8059	1337	644	693	104.28	135.24	85.99
87	12021	4462	7560	1306	605	701	108.64	135.59	92.72
88	8995	3308	5687	1030	435	595	114.51	131.50	104.62
89	6974	2459	4515	998	445	553	143.10	180.97	122.48
90-94	**17585**	**5659**	**11926**	**2794**	**1040**	**1754**	**158.89**	**183.78**	**147.07**
90	5821	1886	3934	871	346	525	149.63	183.46	133.45
91	4219	1395	2824	621	251	370	147.19	179.93	131.02
92	3272	1022	2251	505	192	313	154.34	187.87	139.05
93	2415	802	1613	474	137	337	196.27	170.82	208.93
94	1859	554	1304	322	113	209	173.21	203.97	160.28
95-99	**3287**	**867**	**2420**	**649**	**189**	**461**	**197.44**	**217.99**	**190.50**
95	1275	361	914	218	62	156	170.98	171.75	170.68
96	793	208	585	155	57	98	195.46	274.04	167.52
97	606	151	455	134	46	88	221.12	304.64	193.41
98	342	86	256	76	14	63	222.22	162.79	246.09
99	270	60	210	65	10	55	240.74	166.67	261.90
100+	**453**	**88**	**365**	**126**	**29**	**97**	**278.15**	**329.55**	**265.75**

2-48 各地区分性别的各种户口状况人口

单位：人

地 区	Region	人 口 数 Population			住本乡、镇、街道，户口在本乡、镇、街道 Residing in the Townships, Towns and Street Communities with Permanent Household Registration There		
		合 计 Total	男 Male	女 Female	小 计 Sub-total	男 Male	女 Female
全 国	**National Total**	**21312241**	**10917046**	**10395195**	**16649810**	**8459480**	**8190330**
北 京	Beijing	335775	175460	160315	152756	77840	74916
天 津	Tianjin	239370	130778	108592	150928	76116	74813
河 北	Hebei	1155542	583919	571624	1002236	509558	492678
山 西	Shanxi	569491	295031	274461	453454	231849	221605
内蒙古	Inner Mongolia	390222	199239	190983	274080	139971	134109
辽 宁	Liaoning	680859	341193	339666	546049	275840	270210
吉 林	Jilin	428511	216398	212112	344540	175787	168753
黑龙江	Heilongjiang	592705	298696	294010	513916	262252	251664
上 海	Shanghai	373956	194485	179471	162549	80782	81767
江 苏	Jiangsu	1238192	628275	609917	931448	462056	469392
浙 江	Zhejiang	859773	445155	414618	553502	277305	276197
安 徽	Anhui	955845	489359	466486	809375	411542	397833
福 建	Fujian	596224	306388	289836	396264	198552	197713
江 西	Jiangxi	710552	365820	344733	609247	313638	295609
山 东	Shandong	1530763	782050	748712	1282718	649461	633257
河 南	Henan	1476154	752496	723658	1308804	662816	645988
湖 北	Hubei	909271	463807	445464	714229	362301	351928
湖 南	Hunan	1056139	535812	520326	894196	456653	437543
广 东	Guangdong	1681666	894033	787633	1026860	525764	501096
广 西	Guangxi	747093	383669	363424	634204	328786	305418
海 南	Hainan	141596	74321	67274	110072	57963	52109
重 庆	Chongqing	468563	234986	233577	359666	181848	177818
四 川	Sichuan	1277289	641473	635816	1032435	521034	511401
贵 州	Guizhou	550172	284548	265624	457080	236642	220438
云 南	Yunnan	738612	378276	360337	623494	319628	303866
西 藏	Tibet	50634	25609	25025	43917	21880	22037
陕 西	Shaanxi	589346	298442	290904	474436	239634	234802
甘 肃	Gansu	404863	208500	196363	345292	176205	169087
青 海	Qinghai	91611	47839	43771	73291	37792	35498
宁 夏	Ningxia	103820	53462	50358	76453	39056	37397
新 疆	Xinjiang	367631	187526	180105	292319	148929	143390

Population by Sex, Household Registration Status and Region

(person)

住本乡、镇、街道，户口在外乡、镇、街道，离开户口登记地半年以上 Residing in Townships, Towns and Street Communities, with Permanent Household Registration Elsewhere, Having Been Away from That Places For More Than 6 Months.			住本乡、镇、街道，户口待定 Residing in Townships, Towns and Street Communities, with Place of Permanent Household Registration Unsettled			居住港澳台或国外，户口在本乡、镇、街道 Residing in Taiwan, Macao, Hong Kong Special Administrative Region and other countries, with Place of Permanent Household Registration in Township, Towns and Street Communities		
小计 Sub-total	男 Male	女 Female	小计 Sub-total	男 Male	女 Female	小计 Sub-total	男 Male	女 Female
4545865	**2398359**	**2147506**	**89209**	**44455**	**44754**	**27357**	**14751**	**12606**
180600	96515	84086	963	464	499	1456	641	814
87774	54297	33477	471	275	195	198	90	107
149875	72519	77357	3047	1555	1492	384	287	97
114244	62267	51977	1731	881	850	62	34	28
114930	58678	56252	1130	549	582	81	41	40
132238	63972	68266	1419	771	648	1154	611	543
81553	39339	42214	622	308	314	1796	964	832
75798	34874	40924	1624	847	777	1368	723	645
208345	112335	96010	818	396	422	2244	971	1273
301568	163289	138279	3369	1741	1629	1807	1190	617
298662	163908	134754	3381	1743	1638	4227	2198	2029
142132	75739	66393	4089	1929	2159	249	148	101
188373	101909	86464	6261	2970	3291	5326	2958	2368
98487	50816	47671	2660	1277	1383	159	88	70
244074	130520	113554	2883	1420	1463	1088	649	439
161968	86741	75227	4869	2548	2321	513	392	121
190012	98921	91092	4419	2273	2146	611	312	298
157549	76952	80597	3928	1950	1979	466	258	207
640143	360865	279278	12537	6342	6195	2127	1064	1064
107037	51946	55091	5366	2752	2614	486	186	300
30401	15829	14572	1028	490	538	94	39	55
106858	52060	54799	1942	1025	917	96	53	44
238741	117133	121609	5682	3017	2664	431	290	142
88951	45972	42979	4058	1879	2179	83	55	28
111076	56717	54359	3707	1720	1987	335	210	125
6533	3620	2913	178	106	73	6	3	3
112446	57623	54823	2185	1022	1163	278	162	116
57559	31508	26052	1945	748	1197	67	40	27
17914	9850	8065	395	190	204	11	7	4
27038	14243	12794	301	144	157	28	18	10
72984	37404	35580	2203	1126	1077	126	68	57

2-49 各地区城市分性别的各种户口状况人口

单位：人

地 区	Region	人口数 Population			住本乡、镇、街道，户口在本乡、镇、街道 Residing in the Townships, Towns and Street Communities with Permanent Household Registration There		
		合 计 Total	男 Male	女 Female	小 计 Sub-total	男 Male	女 Female
全 国	**National Total**	**6963196**	**3551934**	**3411262**	**3921647**	**1960384**	**1961263**
北 京	Beijing	268914	140204	128711	111895	57236	54659
天 津	Tianjin	174647	96920	77727	94422	47347	47075
河 北	Hebei	249299	122130	127169	178007	88952	89055
山 西	Shanxi	161466	81831	79635	96765	49004	47760
内蒙古	Inner Mongolia	133309	65578	67731	65226	31879	33347
辽 宁	Liaoning	368357	183066	185292	256130	127688	128442
吉 林	Jilin	152382	76908	75474	96647	48966	47681
黑龙江	Heilongjiang	233600	115184	118415	184197	93056	91141
上 海	Shanghai	278591	143308	135283	119510	59599	59911
江 苏	Jiangsu	484061	246713	237348	296181	147390	148790
浙 江	Zhejiang	352038	183337	168702	172546	85888	86657
安 徽	Anhui	215197	109917	105280	128734	64873	63861
福 建	Fujian	216424	112412	104012	92130	45771	46360
江 西	Jiangxi	127119	64689	62429	89896	45699	44197
山 东	Shandong	485366	248546	236819	319964	160321	159643
河 南	Henan	296834	146379	150454	210262	104233	106030
湖 北	Hubei	323255	162243	161012	178780	88727	90053
湖 南	Hunan	239123	117231	121892	144060	71335	72725
广 东	Guangdong	889516	480724	408792	346227	175596	170631
广 西	Guangxi	156643	77103	79540	94173	46813	47361
海 南	Hainan	41880	22123	19757	21241	10985	10256
重 庆	Chongqing	172201	83841	88359	95180	47013	48167
四 川	Sichuan	283946	139862	144084	157555	77398	80156
贵 州	Guizhou	100259	50533	49726	54101	26102	27999
云 南	Yunnan	132872	65712	67160	71801	35354	36447
西 藏	Tibet	5978	2892	3086	3781	1760	2021
陕 西	Shaanxi	162531	81728	80803	90973	45521	45452
甘 肃	Gansu	90870	47004	43866	56084	28093	27991
青 海	Qinghai	22971	11721	11250	12390	6128	6262
宁 夏	Ningxia	36766	18738	18028	21371	10866	10505
新 疆	Xinjiang	106782	53357	53425	61420	30792	30629

City Population by Sex, Household Registration Status and Region

(person)

住本乡、镇、街道，户口在外乡、镇、街道，离开户口登记地半年以上 Residing in Townships, Towns and Street Communities, with Permanent Household Registration Elsewhere, Having Been Away from That Places For More Than 6 Months.			住本乡、镇、街道，户口待定 Residing in Townships, Towns and Street Communities, with Place of Permanent Household Registration Unsettled			居住港澳台或国外，户口在本乡、镇、街道 Residing in Taiwan, Macao, Hong Kong Special Administrative Region and other countries, with Place of Permanent Household Registration in Township, Towns and Street Communities		
小 计 Sub-total	男 Male	女 Female	小 计 Sub-total	男 Male	女 Female	小 计 Sub-total	男 Male	女 Female
2999338	**1570158**	**1429179**	**30013**	**15641**	**14372**	**12198**	**5751**	**6448**
154850	81943	72907	722	385	337	1447	640	808
79654	49260	30394	376	225	151	195	88	107
70628	32813	37815	560	315	245	104	50	54
64150	32545	31605	520	267	253	32	15	17
67561	33442	34119	493	241	252	28	15	13
110473	54416	56058	948	550	398	806	412	394
54760	27446	27314	322	179	143	653	317	336
48132	21459	26673	1122	598	524	150	72	78
156341	82484	73858	564	283	281	2176	943	1233
185833	98244	87588	1217	644	573	830	434	396
176416	95856	80561	1707	911	796	1369	681	688
85586	44577	41009	742	395	347	136	73	63
121214	65067	56147	1815	926	889	1264	649	616
36704	18713	17991	456	246	210	62	31	31
163991	87547	76444	920	456	464	491	223	268
85760	41742	44019	713	353	360	98	52	46
142568	72527	70041	1487	798	688	421	191	230
93663	45247	48416	1233	555	678	166	94	73
536293	301506	234787	5941	3135	2806	1056	487	569
60447	29145	31302	1796	1117	679	227	28	198
20324	10977	9347	304	158	146	11	3	8
75956	36247	39709	1017	560	457	48	21	27
124865	61597	63268	1411	791	621	115	76	39
45662	24187	21476	473	238	235	23	6	16
60521	30100	30422	514	239	275	36	19	17
2154	1108	1046	44	25	19			
70688	35797	34891	723	339	384	147	71	77
33970	18713	15257	774	176	598	42	22	20
10487	5547	4940	89	43	46	5	3	2
15262	7806	7455	116	56	61	17	10	7
44424	22101	22323	895	439	455	43	25	18

2-50 各地区镇分性别的各种户口状况人口

单位：人

地 区	Region	人口数 Population			住本乡、镇、街道，户口在本乡、镇、街道 Residing in the Townships, Towns and Street Communities with Permanent Household Registration There		
		合计 Total	男 Male	女 Female	小计 Sub-total	男 Male	女 Female
全 国	**National Total**	**4992911**	**2572372**	**2420539**	**3922366**	**2001968**	**1920398**
北 京	Beijing	20833	11096	9737	10498	5304	5193
天 津	Tianjin	22547	12045	10502	17469	8894	8575
河 北	Hebei	338689	171975	166714	276168	140791	135378
山 西	Shanxi	149242	78401	70842	112655	57590	55065
内蒙古	Inner Mongolia	100352	52319	48033	65980	33774	32206
辽 宁	Liaoning	87788	44269	43520	76160	38701	37459
吉 林	Jilin	82879	40925	41953	62543	31815	30728
黑龙江	Heilongjiang	112453	56902	55552	92954	47309	45644
上 海	Shanghai	48337	25858	22478	19529	9746	9782
江 苏	Jiangsu	334737	172310	162427	260091	130197	129894
浙 江	Zhejiang	210232	107958	102274	138247	69172	69074
安 徽	Anhui	263015	135851	127164	219382	112199	107182
福 建	Fujian	154301	79103	75198	106672	53393	53279
江 西	Jiangxi	236504	121646	114858	183728	94433	89295
山 东	Shandong	380552	196956	183596	312304	160448	151855
河 南	Henan	387945	205162	182783	330303	170569	159733
湖 北	Hubei	189472	96524	92948	160464	81417	79047
湖 南	Hunan	293836	151405	142432	242896	125015	117882
广 东	Guangdong	258969	137073	121896	200560	103954	96606
广 西	Guangxi	191665	99079	92585	156227	81243	74984
海 南	Hainan	35512	18523	16989	29424	15483	13942
重 庆	Chongqing	111308	56877	54431	87203	44381	42822
四 川	Sichuan	319333	158958	160375	240318	120628	119691
贵 州	Guizhou	128430	67263	61166	99866	51683	48183
云 南	Yunnan	183681	93306	90375	150194	75642	74552
西 藏	Tibet	7885	4042	3843	5868	2852	3016
陕 西	Shaanxi	152312	77447	74865	121009	61493	59516
甘 肃	Gansu	82045	42287	39758	64200	33061	31140
青 海	Qinghai	22705	12351	10355	17287	9199	8088
宁 夏	Ningxia	20089	10573	9516	12805	6592	6213
新 疆	Xinjiang	65264	33890	31374	49362	24988	24374

Town Population by Sex, Household Registration Status and Region

(person)

住本乡、镇、街道，户口在外乡、镇、街道，离开户口登记地半年以上 Residing in Townships, Towns and Street Communities, with Permanent Household Registration Elsewhere, Having Been Away from That Places For More Than 6 Months.			住本乡、镇、街道，户口待定 Residing in Townships, Towns and Street Communities, with Place of Permanent Household Registration Unsettled			居住港澳台或国外，户口在本乡、镇、街道 Residing in Taiwan, Macao, Hong Kong Special Administrative Region and other countries, with Place of Permanent Household Registration in Township, Towns and Street Communities		
小计 Sub-total	男 Male	女 Female	小计 Sub-total	男 Male	女 Female	小计 Sub-total	男 Male	女 Female
1045173	**557091**	**488083**	**21538**	**11063**	**10475**	**3834**	**2250**	**1584**
10285	5769	4516	47	22	26	3	1	2
5006	3114	1892	71	36	35	1		
61388	30609	30779	1082	535	547	52	41	11
36058	20546	15512	516	258	258	14	7	7
33956	18350	15606	399	189	210	17	6	11
11444	5462	5982	115	62	54	69	43	25
19950	8907	11043	104	51	53	281	152	129
19206	9424	9782	168	95	73	125	73	52
28641	16035	12606	134	63	71	33	15	18
73292	41349	31943	1015	510	505	339	254	84
70521	38034	32487	803	402	401	661	350	312
42480	23119	19361	1105	502	602	48	30	18
44531	24149	20382	1937	916	1020	1162	645	516
51798	26749	25050	935	442	493	43	22	20
67438	36050	31388	620	325	294	191	133	58
55569	33403	22166	1957	1091	866	116	98	18
28004	14579	13425	952	500	453	52	27	25
49890	25817	24073	998	541	457	51	31	20
56072	31924	24148	2065	1047	1018	272	147	124
34173	17187	16986	1196	614	581	69	34	35
5782	2886	2896	281	145	137	25	10	15
23707	12293	11414	385	197	188	13	6	7
77487	37360	40127	1458	930	529	69	40	28
27533	15060	12473	1013	508	504	19	13	6
32703	17269	15435	737	368	369	46	28	18
2000	1183	817	17	7	10			
30717	15675	15042	549	254	295	37	25	12
17561	9081	8479	276	139	137	8	6	2
5340	3114	2226	77	37	39	1		1
7226	3956	3270	56	24	32	2	1	1
15413	8636	6777	471	255	216	18	11	7

2-51 各地区乡村分性别的各种户口状况人口

单位：人

地 区	Region	人口数 Population			住本乡、镇、街道，户口在本乡、镇、街道 Residing in the Townships, Towns and Street Communities with Permanent Household Registration There		
		合计 Total	男 Male	女 Female	小计 Sub-total	男 Male	女 Female
全 国	**National Total**	**9356134**	**4792740**	**4563393**	**8805797**	**4497128**	**4308669**
北 京	Beijing	46028	24160	21867	30363	15300	15063
天 津	Tianjin	42176	21813	20363	39037	19875	19163
河 北	Hebei	567555	289814	277740	548061	279815	268246
山 西	Shanxi	258783	134799	123984	244035	125255	118780
内蒙古	Inner Mongolia	156561	81342	75219	142874	74318	68556
辽 宁	Liaoning	224713	113859	110855	213759	109451	104309
吉 林	Jilin	193250	98565	94685	185350	95006	90344
黑龙江	Heilongjiang	246653	126610	120043	236765	121887	114879
上 海	Shanghai	47028	25318	21710	23510	11437	12074
江 苏	Jiangsu	419395	209253	210142	375176	184469	190707
浙 江	Zhejiang	297502	153861	143642	242710	122245	120465
安 徽	Anhui	477633	243591	234042	461259	234470	226789
福 建	Fujian	225499	114873	110626	197462	99388	98074
江 西	Jiangxi	346929	179484	167446	335622	173506	162116
山 东	Shandong	664845	336548	328297	650450	328692	321758
河 南	Henan	791376	400955	390420	768239	388014	380225
湖 北	Hubei	396544	205041	191503	374985	192157	182828
湖 南	Hunan	523180	267177	256003	507239	260304	246935
广 东	Guangdong	533181	276237	256945	480073	246214	233859
广 西	Guangxi	398785	207487	191298	383803	200730	183074
海 南	Hainan	64204	33675	30529	59407	31496	27912
重 庆	Chongqing	185055	94267	90787	177284	90455	86829
四 川	Sichuan	674010	342653	331357	634562	323008	311554
贵 州	Guizhou	321483	166752	154732	303114	158858	144256
云 南	Yunnan	422059	219257	202802	401499	208632	192868
西 藏	Tibet	36771	18674	18096	34268	17268	17000
陕 西	Shaanxi	274502	139267	135235	262453	132619	129834
甘 肃	Gansu	231948	119209	112739	225008	115051	109957
青 海	Qinghai	45934	23768	22166	43614	22466	21148
宁 夏	Ningxia	46965	24151	22814	42277	21598	20679
新 疆	Xinjiang	195585	100279	95306	181536	93149	88388

Rural Population by Sex, Household Registration Status and Region

(person)

住本乡、镇、街道，户口在外乡、镇、街道，离开户口登记地半年以上 Residing in Townships, Towns and Street Communities, with Permanent Household Registration Elsewhere, Having Been Away from That Places For More Than 6 Months.			住本乡、镇、街道，户口待定 Residing in Townships, Towns and Street Communities, with Place of Permanent Household Registration Unsettled			居住港澳台或国外，户口在本乡、镇、街道 Residing in Taiwan, Macao, Hong Kong Special Administrative Region and other countries, with Place of Permanent Household Registration in Township, Towns and Street Communities		
小 计 Sub-total	男 Male	女 Female	小 计 Sub-total	男 Male	女 Female	小 计 Sub-total	男 Male	女 Female
501354	**271110**	**230243**	**37659**	**17752**	**19907**	**11325**	**6750**	**4575**
15465	8803	6663	193	57	137	6	1	5
3113	1922	1191	23	14	10	3	3	
17860	9097	8763	1405	706	699	229	196	32
14036	9176	4860	695	356	340	17	12	5
13413	6886	6527	238	118	120	36	20	16
10320	4094	6226	355	159	196	279	155	124
6843	2986	3857	195	78	118	862	496	366
8460	3991	4469	334	154	180	1093	578	515
23362	13817	9546	120	51	69	35	14	22
42444	23695	18748	1137	587	550	638	501	137
51725	30018	21706	871	430	441	2196	1167	1029
14066	8043	6023	2242	1032	1210	65	45	20
22629	12694	9935	2509	1128	1381	2900	1664	1236
9985	5354	4630	1269	589	680	54	35	19
12645	6923	5722	1344	639	704	406	293	112
20639	11596	9043	2199	1103	1096	299	242	57
19441	11815	7626	1980	975	1006	138	94	44
13995	5887	8108	1698	853	844	248	133	115
47778	27434	20344	4531	2159	2371	800	430	370
12417	5614	6803	2374	1021	1354	190	123	67
4296	1966	2330	443	188	255	58	26	32
7195	3519	3676	541	269	272	35	25	10
36389	18176	18213	2812	1296	1515	248	173	75
15756	6726	9030	2573	1133	1440	41	35	6
17851	9349	8502	2455	1113	1342	254	163	90
2379	1329	1050	117	74	43	6	3	3
11042	6152	4890	913	430	483	94	66	28
6029	3713	2316	895	434	461	16	11	6
2087	1188	899	229	110	119	5	4	1
4550	2481	2069	128	64	64	9	8	2
13147	6666	6481	837	432	406	65	32	32

第三部分

Chapter Three

2015 年劳动力调查主要数据

Main Data from 2015 Labor Force Survey

3-1 分地区全国就业人员受教育程度构成

单位：%

地 区	Region	就业人员 Employed Persons	男 Male	女 Female	未上过学 No Schooling	小学 Primary School
全 国	**National Total**	**100.0**	**58.1**	**41.9**	**2.8**	**17.8**
北 京	Beijing	100.0	60.5	39.5	0.2	3.0
天 津	Tianjin	100.0	58.0	42.0	0.5	8.4
河 北	Hebei	100.0	57.6	42.4	1.3	13.6
山 西	Shanxi	100.0	61.8	38.2	1.3	11.6
内蒙古	Inner Mongolia	100.0	61.8	38.2	2.4	17.7
辽 宁	Liaoning	100.0	58.1	41.9	0.5	12.7
吉 林	Jilin	100.0	57.1	42.9	1.2	20.9
黑龙江	Heilongjiang	100.0	60.5	39.5	0.9	14.0
上 海	Shanghai	100.0	58.8	41.2	0.8	4.9
江 苏	Jiangsu	100.0	56.8	43.2	2.0	13.1
浙 江	Zhejiang	100.0	57.3	42.7	2.7	16.5
安 徽	Anhui	100.0	59.1	40.9	7.4	20.6
福 建	Fujian	100.0	58.8	41.2	3.0	20.3
江 西	Jiangxi	100.0	58.9	41.1	2.7	20.6
山 东	Shandong	100.0	57.7	42.3	2.7	14.0
河 南	Henan	100.0	57.0	43.0	2.4	14.6
湖 北	Hubei	100.0	56.6	43.4	3.4	17.4
湖 南	Hunan	100.0	58.6	41.4	2.2	17.9
广 东	Guangdong	100.0	59.4	40.6	0.9	12.8
广 西	Guangxi	100.0	56.4	43.6	1.7	19.2
海 南	Hainan	100.0	56.5	43.5	2.5	14.1
重 庆	Chongqing	100.0	57.4	42.6	2.9	24.7
四 川	Sichuan	100.0	56.7	43.3	4.2	29.8
贵 州	Guizhou	100.0	55.4	44.6	8.7	32.2
云 南	Yunnan	100.0	54.4	45.6	6.1	34.3
西 藏	Tibet	100.0	57.3	42.7	30.5	40.7
陕 西	Shaanxi	100.0	60.3	39.7	2.7	14.7
甘 肃	Gansu	100.0	58.5	41.5	5.6	27.7
青 海	Qinghai	100.0	57.2	42.8	7.2	27.5
宁 夏	Ningxia	100.0	58.8	41.2	6.1	19.8
新 疆	Xinjiang	100.0	58.1	41.9	2.2	16.9

注：劳动力调查自2015年开始使用新的受教育程度分类。
资料来源：2015年劳动力调查资料(下表同)。
Note:The new classification of Education attanment has been used since 2015 in the Labour Force Survey (same as below).
Data Source: Labor Force Survey in 2015. The same applies to the tables following.

Educational Attainment of Employed Persons by Region

(%)

初 中 Junior Secondary School	高 中 Senior Secondary School	中等职业教育 Medium Vocational Education	高等职业教育 High Vocational Education	大 学 专 科 College	大 学 本 科 University	研究生 Graduate and Higher Level
43.3	**12.5**	**4.8**	**1.4**	**9.2**	**7.5**	**0.7**
21.5	13.6	7.3	1.9	19.8	26.8	6.1
33.5	12.1	9.8	1.3	14.8	17.3	2.3
49.4	13.6	5.2	1.1	9.2	6.0	0.5
47.5	13.0	4.9	0.9	10.9	9.1	0.8
45.2	12.5	3.4	0.8	10.2	7.6	0.3
50.3	10.1	5.1	1.4	9.8	9.3	0.9
43.1	13.9	3.7	1.4	7.6	7.8	0.4
49.8	12.7	3.3	1.3	9.4	8.1	0.5
29.3	12.9	6.6	1.6	17.1	22.0	4.8
40.6	13.6	5.6	2.1	12.0	10.0	0.9
37.6	13.7	3.5	1.3	12.4	11.5	0.8
45.2	8.9	3.9	0.8	7.3	5.6	0.4
41.0	11.2	5.6	1.1	8.8	8.5	0.6
44.8	14.1	4.1	1.2	7.2	5.0	0.4
47.9	13.1	6.1	1.5	8.3	5.9	0.5
51.2	13.8	4.0	1.3	7.6	4.8	0.4
41.9	13.7	5.8	1.5	8.7	6.8	0.8
44.7	15.2	3.9	1.1	8.2	6.2	0.4
42.7	17.4	6.6	2.3	9.8	6.9	0.6
50.0	9.3	5.1	1.3	8.1	5.0	0.4
50.8	12.1	5.3	1.3	7.7	5.9	0.3
35.7	12.4	4.4	1.3	10.1	7.5	0.9
39.0	10.0	3.7	1.2	7.0	4.6	0.4
40.3	5.6	3.0	0.7	5.3	4.0	0.2
39.7	5.7	3.5	0.8	4.9	4.6	0.4
13.6	3.0	1.8	0.3	5.9	4.0	0.1
45.5	13.8	3.9	1.8	10.0	6.8	0.8
36.9	11.8	3.7	1.0	6.8	6.2	0.4
35.0	8.9	2.8	0.7	9.9	7.8	0.2
38.8	11.5	3.7	0.9	10.7	8.3	0.4
41.0	10.6	5.1	1.3	12.3	9.9	0.8

3-2 分地区全国男性就业人员受教育程度构成
Educational Attainment of Male Employed Persons by Region

单位：% (%)

地 区	Region	男性就业人员 Male Employed Persons	未上过学 No Schooling	小学 Primary School	初中 Junior Secondary School	高中 Senior Secondary School	中等职业教育 Medium Vocational Education	高等职业教育 High Vocational Education	大学专科 College	大学本科 University	研究生 Graduate and Higher Level
全 国	**National Total**	**100.0**	**1.5**	**15.3**	**45.7**	**14.2**	**4.9**	**1.4**	**9.0**	**7.2**	**0.8**
北 京	Beijing	100.0	0.1	3.1	22.9	15.2	7.3	2.0	18.3	25.4	5.8
天 津	Tianjin	100.0	0.4	8.6	35.3	13.7	10.3	1.5	13.5	14.8	1.9
河 北	Hebei	100.0	0.7	11.6	52.1	15.1	5.4	0.8	8.7	5.1	0.5
山 西	Shanxi	100.0	0.8	9.9	51.1	13.9	4.9	0.9	10.0	7.7	0.7
内蒙古	Inner Mongolia	100.0	1.2	15.8	48.0	13.7	3.5	1.0	9.9	6.6	0.2
辽 宁	Liaoning	100.0	0.4	11.4	52.6	11.0	5.2	1.4	9.3	8.1	0.6
吉 林	Jilin	100.0	1.1	18.5	45.1	15.1	4.0	1.5	7.0	7.4	0.4
黑龙江	Heilongjiang	100.0	0.5	14.0	51.2	13.6	3.2	1.2	8.8	7.1	0.3
上 海	Shanghai	100.0	0.3	3.9	30.0	15.3	7.6	1.6	16.1	19.8	5.4
江 苏	Jiangsu	100.0	1.0	10.6	41.9	15.4	6.2	2.4	12.1	9.5	1.1
浙 江	Zhejiang	100.0	1.5	15.9	39.0	15.4	3.8	1.4	11.3	10.9	0.8
安 徽	Anhui	100.0	3.4	18.0	49.3	10.8	4.2	0.8	7.3	5.8	0.4
福 建	Fujian	100.0	1.6	17.9	44.7	12.9	5.3	0.9	8.1	8.1	0.6
江 西	Jiangxi	100.0	1.2	16.6	47.5	16.5	4.0	1.3	7.3	5.3	0.2
山 东	Shandong	100.0	1.3	11.1	49.9	15.1	6.1	1.7	8.3	6.0	0.5
河 南	Henan	100.0	1.4	12.4	52.6	15.3	3.9	1.4	8.0	4.6	0.3
湖 北	Hubei	100.0	1.6	14.2	44.6	15.8	5.8	1.6	8.7	6.8	0.8
湖 南	Hunan	100.0	1.3	15.3	46.6	17.3	3.8	1.1	7.9	6.3	0.5
广 东	Guangdong	100.0	0.4	10.0	43.5	19.4	6.8	2.4	9.8	7.0	0.7
广 西	Guangxi	100.0	0.9	15.8	52.6	10.7	5.2	1.4	8.0	4.9	0.4
海 南	Hainan	100.0	0.9	10.8	51.8	14.9	5.4	1.3	8.2	6.4	0.3
重 庆	Chongqing	100.0	1.7	23.2	37.3	13.6	4.7	1.5	9.7	7.4	0.9
四 川	Sichuan	100.0	2.8	26.6	41.7	11.4	3.9	1.2	7.1	4.7	0.5
贵 州	Guizhou	100.0	3.8	29.5	46.7	7.0	2.9	0.7	5.4	3.9	0.2
云 南	Yunnan	100.0	3.2	31.8	44.4	6.4	3.5	1.0	4.9	4.4	0.4
西 藏	Tibet	100.0	19.4	47.7	17.5	3.0	1.4	0.3	7.3	3.2	0.3
陕 西	Shaanxi	100.0	1.7	12.0	48.9	14.8	3.8	1.7	9.7	6.5	0.8
甘 肃	Gansu	100.0	3.2	23.7	40.5	14.5	3.3	0.8	7.1	6.4	0.5
青 海	Qinghai	100.0	4.2	26.3	39.4	9.4	2.8	0.6	9.9	7.3	0.2
宁 夏	Ningxia	100.0	4.1	16.4	43.4	13.0	3.7	1.0	9.7	8.2	0.4
新 疆	Xinjiang	100.0	1.7	15.9	42.4	11.5	5.1	1.2	11.8	9.6	0.7

3-3 分地区全国女性就业人员受教育程度构成
Educational Attainment of Female Employed Persons by Region

单位：% (%)

地区	Region	女性就业人员 Female Employed Persons	未上过学 No Schooling	小学 Primary School	初中 Junior Secondary School	高中 Senior Secondary School	中等职业教育 Medium Vocational Education	高等职业教育 High Vocational Education	大学专科 College	大学本科 University	研究生 Graduate and Higher Level
全国	**National Total**	**100.0**	**4.6**	**21.0**	**40.1**	**10.3**	**4.6**	**1.3**	**9.4**	**7.9**	**0.7**
北京	Beijing	100.0	0.4	2.8	19.3	11.2	7.3	1.6	22.1	28.9	6.5
天津	Tianjin	100.0	0.6	8.0	31.1	9.8	9.2	1.0	16.6	20.8	2.9
河北	Hebei	100.0	2.1	16.5	45.7	11.5	4.9	1.4	9.9	7.4	0.5
山西	Shanxi	100.0	2.1	14.3	41.4	11.6	4.9	1.0	12.3	11.3	1.0
内蒙古	Inner Mongolia	100.0	4.0	20.5	40.8	10.6	3.4	0.6	10.5	9.0	0.5
辽宁	Liaoning	100.0	0.7	14.4	47.0	9.0	5.0	1.4	10.4	10.9	1.1
吉林	Jilin	100.0	1.2	24.0	40.6	12.4	3.4	1.3	8.4	8.2	0.4
黑龙江	Heilongjiang	100.0	1.5	14.0	47.7	11.5	3.4	1.4	10.4	9.5	0.7
上海	Shanghai	100.0	1.4	6.4	28.3	9.5	5.2	1.5	18.6	25.2	3.8
江苏	Jiangsu	100.0	3.4	16.4	39.1	11.3	4.8	1.8	11.8	10.6	0.8
浙江	Zhejiang	100.0	4.3	17.3	35.7	11.3	3.1	1.1	13.9	12.3	0.8
安徽	Anhui	100.0	12.8	24.2	39.5	6.2	3.6	0.8	7.4	5.2	0.3
福建	Fujian	100.0	5.1	23.9	35.4	8.8	6.1	1.2	9.9	9.0	0.6
江西	Jiangxi	100.0	4.6	26.0	41.2	10.7	4.2	1.2	7.0	4.5	0.6
山东	Shandong	100.0	4.6	17.8	45.3	10.4	6.0	1.2	8.3	5.8	0.6
河南	Henan	100.0	3.6	17.3	49.4	12.0	4.1	1.1	7.1	5.0	0.5
湖北	Hubei	100.0	5.6	21.4	38.4	11.0	5.8	1.3	8.8	6.9	0.8
湖南	Hunan	100.0	3.5	21.6	42.0	12.4	4.0	1.2	8.7	6.2	0.4
广东	Guangdong	100.0	1.5	16.5	41.5	14.8	6.2	2.1	9.9	6.9	0.5
广西	Guangxi	100.0	2.8	23.5	46.6	7.6	4.9	1.1	8.1	5.0	0.4
海南	Hainan	100.0	4.5	18.3	49.4	8.6	5.2	1.2	7.0	5.4	0.4
重庆	Chongqing	100.0	4.5	26.7	33.6	10.9	4.1	1.1	10.5	7.7	0.8
四川	Sichuan	100.0	5.9	33.7	35.8	8.4	3.5	1.2	6.7	4.6	0.2
贵州	Guizhou	100.0	14.6	35.5	32.7	4.0	3.1	0.8	5.2	4.1	0.1
云南	Yunnan	100.0	9.6	37.1	34.1	4.9	3.5	0.6	5.0	4.8	0.3
西藏	Tibet	100.0	44.2	32.1	8.8	3.1	2.3	0.3	4.1	5.1	
陕西	Shaanxi	100.0	4.0	18.5	40.7	12.4	4.0	1.9	10.6	7.2	0.7
甘肃	Gansu	100.0	8.6	32.7	32.3	8.4	4.1	1.2	6.4	5.9	0.4
青海	Qinghai	100.0	11.4	29.1	29.1	8.3	2.8	0.9	9.9	8.5	0.1
宁夏	Ningxia	100.0	8.8	24.3	32.5	9.3	3.6	0.6	12.1	8.4	0.4
新疆	Xinjiang	100.0	2.7	18.3	39.2	9.5	5.0	1.3	12.9	10.3	0.8

3-4 按年龄、性别分的全国就业人员受教育程度构成
Educational Attainment of Employed Persons by Age and Sex

单位：% (%)

年龄 Age	就业人员 Employed Persons	未上过学 No Schooling	小学 Primary School	初中 Junior Secondary School	高中 Senior Secondary School	中等职业教育 Medium Vocational Education	高等职业教育 High Vocational Education	大学专科 College	大学本科 University	研究生 Graduate and Higher Level
总计 Total	**100.0**	**2.8**	**17.8**	**43.3**	**12.5**	**4.8**	**1.4**	**9.2**	**7.5**	**0.7**
16-19	100.0	0.5	5.1	61.9	17.7	10.9	1.4	2.1	0.4	0.0
20-24	100.0	0.3	3.7	39.2	16.9	9.5	2.9	17.0	10.3	0.1
25-29	100.0	0.4	4.5	39.4	14.3	7.3	2.3	16.5	14.1	1.2
30-34	100.0	0.7	6.2	42.5	12.5	6.9	1.6	13.5	14.0	1.9
35-39	100.0	0.9	10.3	46.4	12.7	6.7	1.6	10.6	9.5	1.2
40-44	100.0	1.3	16.1	50.4	12.2	4.2	1.2	8.0	6.1	0.6
45-49	100.0	2.0	21.1	50.9	11.3	2.5	0.9	6.1	4.6	0.5
50-54	100.0	2.6	23.0	47.3	14.8	1.9	0.8	5.3	3.9	0.4
55-59	100.0	6.3	35.4	37.4	13.9	1.6	0.6	3.0	1.6	0.2
60-64	100.0	11.2	53.8	28.5	4.8	0.6	0.2	0.6	0.3	0.0
65+	100.0	20.9	58.7	17.3	2.0	0.4	0.1	0.4	0.2	0.0
男 Male	**100.0**	**1.5**	**15.3**	**45.7**	**14.2**	**4.9**	**1.4**	**9.0**	**7.2**	**0.8**
16-19	100.0	0.4	5.5	64.8	17.5	8.7	1.2	1.6	0.3	
20-24	100.0	0.2	3.9	42.4	17.9	9.7	3.0	14.0	8.7	0.1
25-29	100.0	0.3	4.1	41.2	15.7	7.5	2.3	15.5	12.3	1.0
30-34	100.0	0.5	5.6	43.6	13.4	7.1	1.7	13.0	13.2	1.8
35-39	100.0	0.7	8.3	47.1	13.5	7.0	1.6	10.9	9.5	1.3
40-44	100.0	0.8	13.2	51.7	13.3	4.2	1.3	8.4	6.5	0.7
45-49	100.0	1.1	16.7	53.4	12.7	2.6	1.1	6.4	5.3	0.7
50-54	100.0	1.1	16.5	49.6	18.2	2.2	0.9	6.3	4.7	0.5
55-59	100.0	2.5	26.8	42.6	18.3	2.2	0.8	4.3	2.2	0.2
60-64	100.0	5.3	48.6	36.8	7.1	0.7	0.2	0.9	0.4	0.0
65+	100.0	11.4	61.3	22.9	3.0	0.6	0.1	0.5	0.3	0.0
女 Female	**100.0**	**4.6**	**21.0**	**40.1**	**10.3**	**4.6**	**1.3**	**9.4**	**7.9**	**0.7**
16-19	100.0	0.7	4.5	58.0	17.9	13.9	1.7	2.7	0.7	
20-24	100.0	0.5	3.3	34.9	15.5	9.1	2.9	21.2	12.5	0.2
25-29	100.0	0.6	5.0	37.2	12.5	7.0	2.3	17.8	16.3	1.4
30-34	100.0	1.0	7.1	41.2	11.4	6.8	1.6	14.0	15.1	2.0
35-39	100.0	1.2	12.9	45.5	11.7	6.4	1.5	10.3	9.5	1.1
40-44	100.0	2.0	19.7	48.7	10.8	4.1	1.1	7.6	5.5	0.4
45-49	100.0	3.1	26.5	47.7	9.7	2.4	0.8	5.7	3.8	0.3
50-54	100.0	4.9	33.2	43.7	9.4	1.5	0.6	3.7	2.8	0.3
55-59	100.0	12.8	50.0	28.7	6.5	0.5	0.3	0.7	0.5	0.0
60-64	100.0	19.2	60.8	17.2	1.9	0.3	0.1	0.3	0.1	0.0
65+	100.0	35.5	54.8	8.7	0.5	0.2	0.0	0.2	0.0	

3-5 按受教育程度、性别分的全国就业人员年龄构成
Age Composition of Employed Persons by Educational Attainment and Sex

单位：% (%)

年龄 Age	就业人员 Employed Persons	未上过学 No Schooling	小学 Primary School	初中 Junior Secondary School	高中 Senior Secondary School	中等职业教育 Medium Vocational Education	高等职业教育 High Vocational Education	大学专科 College	大学本科 University	研究生 Graduate and Higher Level
总计 Total	**100.0**	**100.0**	**100.0**	**100.0**	**100.0**	**100.0**	**100.0**	**100.0**	**100.0**	**100.0**
16-19	1.6	0.3	0.5	2.3	2.3	3.6	1.7	0.4	0.1	
20-24	8.1	1.0	1.7	7.3	10.9	15.9	17.3	14.9	11.1	1.5
25-29	13.1	2.0	3.3	11.9	15.0	19.9	21.6	23.5	24.5	20.9
30-34	12.3	3.2	4.3	12.1	12.3	17.8	14.9	18.0	23.1	31.2
35-39	11.3	3.6	6.6	12.2	11.5	15.9	13.0	13.1	14.4	18.8
40-44	14.8	7.0	13.4	17.2	14.4	12.8	12.9	12.9	11.9	11.6
45-49	13.0	9.2	15.4	15.3	11.8	6.9	9.0	8.6	8.0	8.9
50-54	10.4	9.4	13.4	11.3	12.2	4.1	6.1	6.0	5.4	5.5
55-59	6.3	14.1	12.6	5.4	7.0	2.1	2.7	2.0	1.3	1.3
60-64	5.1	20.1	15.4	3.3	2.0	0.6	0.6	0.4	0.2	0.2
65+	4.1	30.0	13.4	1.6	0.7	0.4	0.2	0.2	0.1	0.1
男 Male	**100.0**	**100.0**	**100.0**	**100.0**	**100.0**	**100.0**	**100.0**	**100.0**	**100.0**	**100.0**
16-19	1.6	0.5	0.6	2.3	2.0	2.9	1.4	0.3	0.1	
20-24	8.2	1.3	2.1	7.6	10.4	16.1	17.1	12.7	9.9	1.2
25-29	12.9	2.6	3.5	11.7	14.4	19.8	20.4	22.3	22.0	17.5
30-34	12.0	4.3	4.4	11.4	11.4	17.2	14.5	17.3	21.8	28.4
35-39	11.0	5.0	6.0	11.4	10.5	15.7	12.6	13.3	14.5	19.2
40-44	14.2	7.3	12.2	16.1	13.4	12.3	12.6	13.3	12.8	13.4
45-49	12.6	9.4	13.8	14.7	11.3	6.8	9.4	9.0	9.2	11.0
50-54	11.1	7.9	11.9	12.0	14.3	4.9	7.3	7.8	7.2	6.9
55-59	6.9	11.5	12.1	6.5	9.0	3.2	3.7	3.3	2.1	2.0
60-64	5.1	17.8	16.3	4.1	2.6	0.8	0.8	0.5	0.3	0.3
65+	4.3	32.4	17.2	2.2	0.9	0.5	0.3	0.2	0.2	0.1
女 Female	**100.0**	**100.0**	**100.0**	**100.0**	**100.0**	**100.0**	**100.0**	**100.0**	**100.0**	**100.0**
16-19	1.6	0.2	0.3	2.3	2.7	4.7	2.1	0.4	0.1	
20-24	7.9	0.8	1.3	6.9	11.8	15.5	17.6	17.7	12.5	1.8
25-29	13.3	1.7	3.2	12.3	16.1	20.1	23.4	25.0	27.5	25.7
30-34	12.8	2.7	4.3	13.2	14.1	18.7	15.5	19.0	24.5	35.1
35-39	11.8	3.0	7.2	13.4	13.3	16.2	13.6	12.8	14.2	18.2
40-44	15.5	6.9	14.5	18.9	16.3	13.7	13.4	12.5	10.9	9.2
45-49	13.5	9.1	17.0	16.1	12.6	7.0	8.5	8.2	6.5	6.1
50-54	9.4	10.1	14.9	10.2	8.5	3.0	4.3	3.7	3.3	3.5
55-59	5.4	15.3	13.0	3.9	3.4	0.5	1.2	0.4	0.4	0.3
60-64	5.0	21.1	14.6	2.2	0.9	0.4	0.3	0.2	0.1	0.2
65+	3.7	29.0	9.7	0.8	0.2	0.2	0.1	0.1	0.0	

3-6 按行业、性别分的全国就业人员受教育程度构成
Educational Attainment of Employed Persons by Sector and Sex

单位：%

受教育程度	Educational Attainment	就业人员 Employed Persons	农、林、牧、渔业 Agriculture, Forestry, Animal Husbandry and Fishery	采矿业 Mining	制造业 Manu-facturing	电力、热力、燃气及水生产和供应业 Production and Supply of Electricity Power, Heat Power, Gas and Water	建筑业 Construction	批发和零售业 Wholesale and Retail Trades
总　计	**Total**	**100.0**	**100.0**	**100.0**	**100.0**	**100.0**	**100.0**	**100.0**
未上过学	No Schooling	2.8	7.4	0.7	1.0	0.1	1.4	0.8
小　学	Primary School	17.8	38.4	7.9	10.2	3.9	18.4	8.2
初　中	Junior Secondary School	43.3	47.3	44.9	49.5	26.5	58.2	43.5
高　中	Senior Secondary School	12.5	5.3	17.1	15.8	19.5	10.8	20.2
中等职业教育	Medium Vocational Education	4.8	0.7	8.4	6.7	9.6	2.5	7.4
高等职业教育	High Vocational Education	1.4	0.1	2.1	1.7	2.8	0.8	2.2
大学专科	College	9.2	0.6	11.9	9.2	20.5	4.7	11.5
大学本科	University	7.5	0.1	6.8	5.4	15.8	3.1	5.7
研究生	Graduate and Higher Level	0.7	0.0	0.3	0.5	1.3	0.1	0.3
男	**Male**	**100.0**	**100.0**	**100.0**	**100.0**	**100.0**	**100.0**	**100.0**
未上过学	No Schooling	1.5	4.1	0.7	0.5	0.1	1.2	0.5
小　学	Primary School	15.3	34.9	8.6	8.0	4.0	17.6	7.7
初　中	Junior Secondary School	45.7	51.8	47.5	47.8	29.6	60.2	42.5
高　中	Senior Secondary School	14.2	7.2	16.5	17.9	20.2	11.2	20.6
中等职业教育	Medium Vocational Education	4.9	0.9	7.9	7.6	8.7	2.3	6.9
高等职业教育	High Vocational Education	1.4	0.2	2.0	1.9	2.5	0.8	2.5
大学专科	College	9.0	0.8	10.6	9.9	19.1	4.1	12.1
大学本科	University	7.2	0.2	5.9	5.8	14.8	2.5	6.8
研究生	Graduate and Higher Level	0.8	0.0	0.3	0.6	1.0	0.1	0.4
女	**Female**	**100.0**	**100.0**	**100.0**	**100.0**	**100.0**	**100.0**	**100.0**
未上过学	No Schooling	4.6	10.6	0.3	1.7	0.3	3.0	1.0
小　学	Primary School	21.0	41.7	4.3	13.3	3.5	24.0	8.7
初　中	Junior Secondary School	40.1	43.0	33.0	52.1	17.7	44.8	44.5
高　中	Senior Secondary School	10.3	3.6	20.1	12.7	17.4	7.7	19.9
中等职业教育	Medium Vocational Education	4.6	0.5	10.9	5.5	12.4	3.5	7.9
高等职业教育	High Vocational Education	1.3	0.1	2.2	1.4	3.5	0.9	2.0
大学专科	College	9.4	0.4	17.7	8.2	24.5	9.0	11.0
大学本科	University	7.9	0.1	10.9	4.7	18.6	6.9	4.8
研究生	Graduate and Higher Level	0.7	0.0	0.6	0.4	2.1	0.2	0.2

3-6 续表 1 continued

单位：%

受教育程度	Educational Attainment	交通运输、仓储和邮政业 Transport, Storage and Post	住宿和餐饮业 Hotels and Catering Services	信息传输、软件和信息技术服务业 Information Transmission, Software and Information Technical Services	金融业 Financial Intermediation	房地产业 Real Estate	租赁和商务服务业 Leasing and Business Services	科学研究和技术服务业 Scientific Research and Technical Services
总　计	**Total**	**100.0**	**100.0**	**100.0**	**100.0**	**100.0**	**100.0**	**100.0**
未上过学	No Schooling	0.7	1.0	0.2	0.2	0.7	0.6	0.2
小　学	Primary School	8.1	11.8	1.0	0.9	6.4	5.2	1.3
初　中	Junior Secondary School	50.4	54.8	12.5	9.6	29.0	30.5	13.5
高　中	Senior Secondary School	17.9	16.9	11.8	12.8	18.0	15.5	11.2
中等职业教育	Medium Vocational Education	6.1	5.8	7.3	5.5	8.7	6.7	6.7
高等职业教育	High Vocational Education	1.8	1.5	2.6	2.2	2.8	2.5	1.3
大学专科	College	9.3	5.8	27.6	30.2	19.6	19.6	24.4
大学本科	University	5.3	2.4	33.0	35.4	14.0	17.6	33.2
研究生	Graduate and Higher Level	0.3	0.1	4.0	3.3	0.9	1.8	8.2
男	**Male**	**100.0**	**100.0**	**100.0**	**100.0**	**100.0**	**100.0**	**100.0**
未上过学	No Schooling	0.6	0.5	0.3	0.1	0.5	0.4	0.3
小　学	Primary School	8.4	8.5	0.9	1.0	6.3	5.3	1.4
初　中	Junior Secondary School	53.1	54.2	12.5	10.2	31.0	34.4	14.8
高　中	Senior Secondary School	18.4	18.9	12.1	13.8	19.4	17.1	12.4
中等职业教育	Medium Vocational Education	5.8	7.3	7.2	5.4	8.9	6.6	7.7
高等职业教育	High Vocational Education	1.8	1.7	2.5	2.2	2.3	2.7	1.0
大学专科	College	7.8	6.3	26.6	29.9	18.4	16.5	24.1
大学本科	University	4.0	2.5	33.6	33.4	12.6	15.4	30.1
研究生	Graduate and Higher Level	0.2	0.1	4.3	4.1	0.7	1.7	8.2
女	**Female**	**100.0**	**100.0**	**100.0**	**100.0**	**100.0**	**100.0**	**100.0**
未上过学	No Schooling	1.0	1.5	0.1	0.2	1.1	0.9	
小　学	Primary School	6.8	14.8	1.1	0.7	6.5	5.1	1.1
初　中	Junior Secondary School	35.2	55.3	12.5	9.0	25.7	24.8	10.9
高　中	Senior Secondary School	15.0	15.1	11.3	11.7	15.7	13.1	8.8
中等职业教育	Medium Vocational Education	7.8	4.4	7.5	5.7	8.4	6.8	4.9
高等职业教育	High Vocational Education	2.0	1.3	2.7	2.2	3.6	2.3	1.8
大学专科	College	18.5	5.3	29.2	30.4	21.7	24.1	25.0
大学本科	University	13.2	2.2	32.1	37.5	16.1	20.9	39.3
研究生	Graduate and Higher Level	0.6	0.1	3.4	2.5	1.1	1.9	8.2

3-6 续表 2 continued

单位：%

受教育程度	Educational Attainment	水利、环境和公共设施管理业 Management of Water Conservancy, Environment and Public Facilities	居民服务、修理和其他服务业 Services to Households, Repair and Other Services	教育 Education	卫生和社会工作 Health and Society	文化、体育和娱乐业 Culture, Sports and Entertainment	公共管理、社会保障和社会组织 Public Management Social Security and Social Organizations	国际组织 International Organizations
总　计	**Total**	**100.0**	**100.0**	**100.0**	**100.0**	**100.0**	**100.0**	**100.0**
未上过学	No Schooling	2.8	2.1	0.3	0.6	0.5	0.5	
小　学	Primary School	16.6	13.9	1.8	2.8	4.2	2.5	17.8
初　中	Junior Secondary School	34.1	49.3	9.7	11.8	28.1	13.4	5.2
高　中	Senior Secondary School	14.4	16.7	7.6	8.6	15.0	14.4	8.8
中等职业教育	Medium Vocational Education	5.0	6.1	7.0	14.1	8.6	6.2	
高等职业教育	High Vocational Education	1.7	1.5	2.6	3.1	2.9	2.2	
大学专科	College	13.9	7.0	24.8	29.8	19.9	28.1	38.8
大学本科	University	10.4	3.2	39.7	26.0	19.1	30.5	29.5
研究生	Graduate and Higher Level	1.0	0.2	6.6	3.3	1.7	2.3	
男	**Male**	**100.0**	**100.0**	**100.0**	**100.0**	**100.0**	**100.0**	**100.0**
未上过学	No Schooling	1.8	1.1	0.2	0.7	0.3	0.3	
小　学	Primary School	13.6	11.6	2.1	2.6	3.8	2.2	
初　中	Junior Secondary School	34.6	50.8	9.1	15.7	26.4	14.4	8.4
高　中	Senior Secondary School	16.9	18.7	8.2	11.0	17.7	15.5	14.3
中等职业教育	Medium Vocational Education	6.0	6.4	5.7	11.4	10.0	6.2	
高等职业教育	High Vocational Education	2.0	1.6	2.0	2.3	2.5	2.3	
大学专科	College	13.6	6.6	23.4	24.4	18.8	27.7	63.3
大学本科	University	10.3	3.2	41.0	26.9	19.2	29.2	13.9
研究生	Graduate and Higher Level	1.1	0.1	8.2	4.9	1.3	2.2	
女	**Female**	**100.0**	**100.0**	**100.0**	**100.0**	**100.0**	**100.0**	**100.0**
未上过学	No Schooling	4.6	3.4	0.3	0.6	0.8	0.8	
小　学	Primary School	22.1	16.8	1.6	2.8	4.6	3.0	46.0
初　中	Junior Secondary School	33.3	47.4	10.1	9.5	30.2	11.6	
高　中	Senior Secondary School	10.0	14.3	7.2	7.2	11.8	12.3	
中等职业教育	Medium Vocational Education	3.2	5.7	7.8	15.7	6.9	6.0	
高等职业教育	High Vocational Education	1.2	1.4	2.9	3.5	3.3	1.9	
大学专科	College	14.4	7.6	25.6	33.0	21.3	29.0	
大学本科	University	10.6	3.3	38.9	25.5	19.0	32.9	54.0
研究生	Graduate and Higher Level	0.7	0.2	5.6	2.3	2.2	2.5	

3-7 按职业、性别分的全国就业人员受教育程度构成
Educational Attainment of Employed Persons by Occupation and Sex

单位：%　　(%)

受教育程度	Educational Attainment	就业人员 Employed Persons	单位负责人 Unit Heads	专业技术人员 Technical Personnel	办事人员和有关人员 Clerk and Related Workers	商业、服务业人员 Business Service Personnel	农林牧渔水利业生产人员 Producers of Agriculture, Forestry, Animal Husbandry, Fishery and Water Conservancy	生产运输设备操作人员及有关人员 Production, Transport Equipment Operators and Related Workers	其他 Others
总计	**Total**	**100.0**	**100.0**	**100.0**	**100.0**	**100.0**	**100.0**	**100.0**	**100.0**
未上过学	No Schooling	2.8	0.4	0.7	0.4	1.2	7.5	1.2	1.1
小学	Primary School	17.8	4.1	4.2	4.0	10.4	38.6	13.7	12.4
初中	Junior Secondary School	43.3	29.4	19.2	20.4	46.7	47.2	57.6	51.8
高中	Senior Secondary School	12.5	18.4	10.6	16.4	18.3	5.3	14.0	17.2
中等职业教育	Medium Vocational Education	4.8	5.5	7.8	7.3	6.8	0.7	5.0	3.8
高等职业教育	High Vocational Education	1.4	2.4	2.3	2.5	2.0	0.1	1.2	1.5
大学专科	College	9.2	19.9	23.4	24.4	9.7	0.5	5.0	7.2
大学本科	University	7.5	17.9	27.9	22.9	4.7	0.1	2.2	4.8
研究生	Graduate and Higher Level	0.7	2.1	3.9	1.8	0.2	0.0	0.1	0.2
男	**Male**	**100.0**	**100.0**	**100.0**	**100.0**	**100.0**	**100.0**	**100.0**	**100.0**
未上过学	No Schooling	1.5	0.3	0.5	0.3	0.7	4.2	0.8	0.8
小学	Primary School	15.3	3.9	4.8	4.7	9.1	35.2	12.4	10.3
初中	Junior Secondary School	45.7	29.6	23.5	23.1	46.6	51.7	57.4	50.3
高中	Senior Secondary School	14.2	18.8	12.2	17.6	19.3	7.1	15.1	20.4
中等职业教育	Medium Vocational Education	4.9	5.3	7.0	7.0	6.8	0.9	5.3	4.5
高等职业教育	High Vocational Education	1.4	2.3	2.1	2.4	2.1	0.2	1.3	1.4
大学专科	College	9.0	20.0	20.3	22.1	10.1	0.6	5.4	6.5
大学本科	University	7.2	17.5	25.5	21.0	5.0	0.2	2.2	5.4
研究生	Graduate and Higher Level	0.8	2.3	4.1	1.7	0.2	0.0	0.1	0.4
女	**Female**	**100.0**	**100.0**	**100.0**	**100.0**	**100.0**	**100.0**	**100.0**	**100.0**
未上过学	No Schooling	4.6	0.5	0.9	0.5	1.7	10.6	2.0	1.5
小学	Primary School	21.0	4.7	3.5	2.9	11.8	41.9	17.4	15.4
初中	Junior Secondary School	40.1	28.9	14.4	15.7	46.7	42.9	57.9	53.9
高中	Senior Secondary School	10.3	17.2	8.8	14.3	17.3	3.6	11.1	12.7
中等职业教育	Medium Vocational Education	4.6	6.0	8.7	7.7	6.9	0.5	4.3	2.8
高等职业教育	High Vocational Education	1.3	2.7	2.6	2.6	1.8	0.1	1.0	1.7
大学专科	College	9.4	19.4	26.8	28.3	9.3	0.3	4.2	8.1
大学本科	University	7.9	18.8	30.6	26.0	4.3	0.1	2.0	3.8
研究生	Graduate and Higher Level	0.7	1.8	3.7	2.0	0.2	0.0	0.1	0.1

3-8 按受教育程度、性别分的全国就业人员职业构成
Occupation of Employed Persons by Educational Attainment and Sex

单位：% (%)

受教育程度	Educational Attainment	就业人员 Employed Persons	单位负责人 Unit Heads	专业技术人员 Technical Personnel	办事人员和有关人员 Clerk and Related Workers	商业、服务业人员 Business Service Personnel	农林牧渔水利业生产人员 Producers of Agriculture, Forestry, Animal Husbandry, Fishery and Water Conservancy	生产运输设备操作人员及有关人员 Production, Transport Equipment Operators and Related	其他 Others
总计	**Total**	**100.0**	**2.0**	**11.7**	**9.5**	**24.7**	**28.3**	**23.4**	**0.4**
未上过学	No Schooling	100.0	0.2	3.0	1.2	10.5	75.3	9.6	0.2
小学	Primary School	100.0	0.5	2.7	2.2	14.5	61.7	18.1	0.3
初中	Junior Secondary School	100.0	1.3	5.2	4.5	26.6	30.8	31.1	0.4
高中	Senior Secondary School	100.0	2.9	9.9	12.4	36.1	12.0	26.2	0.5
中等职业教育	Medium Vocational Education	100.0	2.2	19.1	14.5	35.3	4.1	24.4	0.4
高等职业教育	High Vocational Education	100.0	3.5	19.8	17.2	35.6	2.8	20.7	0.4
大学专科	College	100.0	4.2	29.8	25.2	26.2	1.4	12.9	0.4
大学本科	University	100.0	4.6	43.5	29.0	15.3	0.5	6.7	0.3
研究生	Graduate and Higher Level	100.0	5.6	60.5	23.1	6.7	0.2	3.7	0.2
男	**Male**	**100.0**	**2.5**	**10.7**	**10.5**	**21.9**	**24.0**	**29.9**	**0.4**
未上过学	No Schooling	100.0	0.5	3.9	2.1	10.5	66.3	16.3	0.3
小学	Primary School	100.0	0.7	3.4	3.3	13.0	55.2	24.2	0.3
初中	Junior Secondary School	100.0	1.6	5.5	5.3	22.3	27.2	37.6	0.4
高中	Senior Secondary School	100.0	3.4	9.3	13.0	29.8	12.1	31.9	0.5
中等职业教育	Medium Vocational Education	100.0	2.7	15.2	15.0	30.1	4.4	32.1	0.4
高等职业教育	High Vocational Education	100.0	4.2	15.7	17.6	32.1	2.8	27.3	0.4
大学专科	College	100.0	5.7	24.2	25.7	24.6	1.7	17.8	0.4
大学本科	University	100.0	6.2	37.9	30.6	15.2	0.6	9.2	0.4
研究生	Graduate and Higher Level	100.0	7.6	57.3	23.7	6.7	0.3	4.1	0.3
女	**Female**	**100.0**	**1.2**	**13.0**	**8.2**	**28.5**	**34.0**	**14.8**	**0.4**
未上过学	No Schooling	100.0	0.1	2.6	0.8	10.5	79.2	6.6	0.2
小学	Primary School	100.0	0.3	2.2	1.1	16.0	68.0	12.3	0.2
初中	Junior Secondary School	100.0	0.8	4.7	3.2	33.1	36.4	21.3	0.4
高中	Senior Secondary School	100.0	1.9	11.0	11.4	47.6	11.9	15.9	0.4
中等职业教育	Medium Vocational Education	100.0	1.5	24.5	13.7	42.5	3.7	13.7	0.4
高等职业教育	High Vocational Education	100.0	2.5	25.9	16.7	40.7	2.8	11.1	0.4
大学专科	College	100.0	2.4	36.8	24.6	28.2	1.0	6.6	0.4
大学本科	University	100.0	2.8	50.4	27.1	15.5	0.3	3.7	0.2
研究生	Graduate and Higher Level	100.0	2.9	64.8	22.3	6.7	0.2	3.0	0.1

3-9 按年龄、性别分的全国就业人员就业身份构成
Employment Status of Employed Persons by Age and Sex

单位：% (%)

年龄 Age	就业人员 Employed Persons	雇员 Employee	雇主 Employer	自营劳动者 Self-Employed	家庭帮工 Unpaid Familial Worker
总计 Total	**100.0**	**56.2**	**3.1**	**37.8**	**2.9**
16-19	100.0	73.3	0.5	22.3	3.8
20-24	100.0	78.3	1.5	17.2	3.0
25-29	100.0	72.6	2.7	21.9	2.7
30-34	100.0	67.5	3.8	26.3	2.4
35-39	100.0	61.4	4.4	32.2	2.1
40-44	100.0	57.0	4.1	36.3	2.6
45-49	100.0	52.2	3.6	41.6	2.6
50-54	100.0	47.2	3.2	46.7	3.0
55-59	100.0	36.8	2.2	57.8	3.3
60-64	100.0	21.6	1.3	72.8	4.3
65+	100.0	11.3	0.8	82.4	5.5
男 Male	**100.0**	**59.0**	**3.8**	**35.7**	**1.5**
16-19	100.0	71.9	0.7	23.7	3.7
20-24	100.0	77.4	1.8	18.0	2.8
25-29	100.0	73.4	3.2	21.7	1.7
30-34	100.0	68.3	4.6	26.1	1.0
35-39	100.0	62.3	5.5	31.5	0.7
40-44	100.0	58.7	5.2	35.2	1.0
45-49	100.0	55.7	4.6	38.7	1.0
50-54	100.0	55.3	4.0	39.5	1.2
55-59	100.0	48.0	2.6	48.0	1.4
60-64	100.0	29.0	1.8	66.5	2.7
65+	100.0	14.8	1.1	80.5	3.7
女 Female	**100.0**	**52.6**	**2.2**	**40.6**	**4.7**
16-19	100.0	75.3	0.4	20.4	4.0
20-24	100.0	79.4	1.1	16.2	3.2
25-29	100.0	71.6	2.1	22.2	4.0
30-34	100.0	66.5	2.8	26.5	4.1
35-39	100.0	60.2	3.1	33.0	3.7
40-44	100.0	54.9	2.8	37.7	4.5
45-49	100.0	47.8	2.4	45.1	4.6
50-54	100.0	34.4	2.1	57.8	5.7
55-59	100.0	17.9	1.4	74.3	6.4
60-64	100.0	11.6	0.7	81.3	6.4
65+	100.0	6.0	0.5	85.3	8.3

3-10 按就业身份、性别分的全国就业人员年龄构成
Age Composition of Employed Persons by Employment Status and Sex

单位：% (%)

年 龄 Age	就业人员 Employed Persons	雇 员 Employee	雇 主 Employer	自营劳动者 Self-Employed	家庭帮工 Unpaid Familial Worker
总计 Total	**100.0**	**100.0**	**100.0**	**100.0**	**100.0**
16-19	1.6	2.1	0.3	0.9	2.1
20-24	8.1	11.2	3.9	3.7	8.4
25-29	13.1	16.9	11.5	7.6	12.5
30-34	12.3	14.8	15.1	8.6	10.4
35-39	11.3	12.4	16.0	9.7	8.2
40-44	14.8	15.0	19.7	14.2	13.2
45-49	13.0	12.1	15.2	14.3	11.9
50-54	10.4	8.7	10.8	12.8	10.7
55-59	6.3	4.1	4.4	9.6	7.2
60-64	5.1	2.0	2.1	9.8	7.6
65+	4.1	0.8	1.1	8.8	7.8
男 Male	**100.0**	**100.0**	**100.0**	**100.0**	**100.0**
16-19	1.6	2.0	0.3	1.1	4.1
20-24	8.2	10.8	3.9	4.1	15.3
25-29	12.9	16.1	10.9	7.9	14.9
30-34	12.0	13.9	14.5	8.7	8.0
35-39	11.0	11.6	15.8	9.7	5.4
40-44	14.2	14.2	19.5	14.0	9.1
45-49	12.6	11.9	15.3	13.7	8.2
50-54	11.1	10.4	11.6	12.3	8.6
55-59	6.9	5.6	4.7	9.3	6.6
60-64	5.1	2.5	2.4	9.5	9.2
65+	4.3	1.1	1.2	9.7	10.5
女 Female	**100.0**	**100.0**	**100.0**	**100.0**	**100.0**
16-19	1.6	2.2	0.3	0.8	1.3
20-24	7.9	11.9	4.1	3.2	5.4
25-29	13.3	18.1	12.8	7.3	11.4
30-34	12.8	16.2	16.5	8.4	11.4
35-39	11.8	13.5	16.5	9.6	9.4
40-44	15.5	16.2	20.1	14.5	15.0
45-49	13.5	12.3	15.0	15.0	13.4
50-54	9.4	6.1	8.9	13.4	11.6
55-59	5.4	1.9	3.5	10.0	7.4
60-64	5.0	1.1	1.6	10.1	6.9
65+	3.7	0.4	0.8	7.8	6.6

3-11 按受教育程度、性别分的全国就业人员就业身份构成
Employment Status of Employed Persons by Educational Attainment and Sex

单位：% (%)

受教育程度	Educational Attainment	就业人员 Employed Persons	雇员 Employee	雇主 Employer	自营劳动者 Self-Employed	家庭帮工 Unpaid Familial Worker
总计	**Total**	**100.0**	**56.2**	**3.1**	**37.8**	**2.9**
未上过学	No Schooling	100.0	15.9	0.7	77.9	5.5
小学	Primary School	100.0	26.9	1.6	67.3	4.2
初中	Junior Secondary School	100.0	49.8	3.4	43.5	3.2
高中	Senior Secondary School	100.0	67.7	4.8	24.8	2.6
中等职业教育	Medium Vocational Education	100.0	80.9	3.5	13.7	1.8
高等职业教育	High Vocational Education	100.0	80.5	4.9	12.6	2.0
大学专科	College	100.0	89.1	3.3	6.7	1.0
大学本科	University	100.0	94.2	2.2	3.2	0.4
研究生	Graduate and Higher Level	100.0	96.7	1.7	1.5	0.1
男	**Male**	**100.0**	**59.0**	**3.8**	**35.7**	**1.5**
未上过学	No Schooling	100.0	23.3	1.2	72.6	2.9
小学	Primary School	100.0	32.1	2.0	63.6	2.3
初中	Junior Secondary School	100.0	52.3	4.0	42.1	1.5
高中	Senior Secondary School	100.0	67.0	5.4	26.0	1.6
中等职业教育	Medium Vocational Education	100.0	79.7	4.1	15.1	1.1
高等职业教育	High Vocational Education	100.0	78.9	5.8	14.1	1.1
大学专科	College	100.0	87.3	4.1	7.8	0.8
大学本科	University	100.0	92.9	2.8	3.8	0.4
研究生	Graduate and Higher Level	100.0	95.6	2.5	1.9	
女	**Female**	**100.0**	**52.6**	**2.2**	**40.6**	**4.7**
未上过学	No Schooling	100.0	12.7	0.5	80.2	6.6
小学	Primary School	100.0	21.9	1.2	71.0	6.0
初中	Junior Secondary School	100.0	46.1	2.6	45.6	5.8
高中	Senior Secondary School	100.0	69.1	3.8	22.6	4.5
中等职业教育	Medium Vocational Education	100.0	82.8	2.8	11.7	2.8
高等职业教育	High Vocational Education	100.0	82.7	3.6	10.3	3.4
大学专科	College	100.0	91.3	2.2	5.2	1.2
大学本科	University	100.0	95.8	1.4	2.4	0.4
研究生	Graduate and Higher Level	100.0	98.2	0.6	1.0	0.2

3-12 按就业身份、性别分的全国就业人员受教育程度构成
Educational Attainment of Employed Persons by Employment Status and Sex

单位：% (%)

受教育程度	Educational Attainment	就业人员 Employed Persons	雇 员 Employee	雇 主 Employer	自营劳动者 Self-Employed	家庭帮工 Unpaid Familial Worker
总 计	**Total**	**100.0**	**100.0**	**100.0**	**100.0**	**100.0**
未上过学	No Schooling	2.8	0.8	0.7	5.8	5.4
小 学	Primary School	17.8	8.5	9.0	31.6	25.9
初 中	Junior Secondary School	43.3	38.3	48.0	49.8	48.8
高 中	Senior Secondary School	12.5	15.1	19.3	8.2	11.5
中等职业教育	Medium Vocational Education	4.8	6.9	5.5	1.7	3.1
高等职业教育	High Vocational Education	1.4	2.0	2.2	0.5	1.0
大学专科	College	9.2	14.6	9.7	1.6	3.2
大学本科	University	7.5	12.6	5.3	0.6	1.1
研究生	Graduate and Higher Level	0.7	1.3	0.4	0.0	0.0
男	**Male**	**100.0**	**100.0**	**100.0**	**100.0**	**100.0**
未上过学	No Schooling	1.5	0.6	0.5	3.1	2.9
小 学	Primary School	15.3	8.3	8.1	27.3	23.3
初 中	Junior Secondary School	45.7	40.5	48.4	53.9	47.1
高 中	Senior Secondary School	14.2	16.1	20.0	10.3	15.1
中等职业教育	Medium Vocational Education	4.9	6.7	5.3	2.1	3.8
高等职业教育	High Vocational Education	1.4	1.9	2.2	0.6	1.0
大学专科	College	9.0	13.3	9.7	2.0	4.9
大学本科	University	7.2	11.4	5.4	0.8	2.0
研究生	Graduate and Higher Level	0.8	1.2	0.5	0.0	
女	**Female**	**100.0**	**100.0**	**100.0**	**100.0**	**100.0**
未上过学	No Schooling	4.6	1.1	1.1	9.0	6.5
小 学	Primary School	21.0	8.7	11.2	36.7	27.1
初 中	Junior Secondary School	40.1	35.1	47.1	45.1	49.5
高 中	Senior Secondary School	10.3	13.6	17.8	5.7	10.0
中等职业教育	Medium Vocational Education	4.6	7.3	5.9	1.3	2.8
高等职业教育	High Vocational Education	1.3	2.0	2.1	0.3	0.9
大学专科	College	9.4	16.4	9.7	1.2	2.5
大学本科	University	7.9	14.4	4.9	0.5	0.7
研究生	Graduate and Higher Level	0.7	1.4	0.2	0.0	0.0

3-13 按年龄、性别分的城镇就业人员就业身份构成
Employment Status of Urban Employed Persons by Age and Sex

单位：% (%)

年龄 Age	城镇就业人员 Urban Employed Persons	雇员 Employee	雇主 Employer	自营劳动者 Self-Employed	家庭帮工 Unpaid Familial Worker
总计 Total	**100.0**	**73.7**	**4.3**	**19.4**	**2.6**
16-19	100.0	86.6	1.1	7.8	4.5
20-24	100.0	86.6	1.8	8.7	2.9
25-29	100.0	81.7	3.4	12.4	2.4
30-34	100.0	78.2	4.6	15.2	2.0
35-39	100.0	74.3	5.4	18.4	1.8
40-44	100.0	72.4	5.4	20.1	2.1
45-49	100.0	70.1	5.1	22.2	2.5
50-54	100.0	68.1	4.7	24.3	2.9
55-59	100.0	61.2	3.8	31.4	3.7
60-64	100.0	39.9	2.8	50.7	6.6
65+	100.0	27.2	1.8	62.3	8.6
男 Male	**100.0**	**73.7**	**5.1**	**19.9**	**1.3**
16-19	100.0	84.8	1.4	9.4	4.3
20-24	100.0	84.8	2.0	10.1	3.0
25-29	100.0	80.6	4.1	13.5	1.8
30-34	100.0	76.9	5.5	16.7	0.9
35-39	100.0	73.0	6.5	19.9	0.6
40-44	100.0	71.2	6.5	21.6	0.7
45-49	100.0	70.5	6.1	22.6	0.8
50-54	100.0	72.6	5.1	21.2	1.1
55-59	100.0	70.1	3.9	24.7	1.3
60-64	100.0	47.9	3.3	45.5	3.4
65+	100.0	33.2	2.4	58.6	5.7
女 Female	**100.0**	**73.7**	**3.3**	**18.7**	**4.3**
16-19	100.0	88.8	0.6	5.7	4.8
20-24	100.0	88.9	1.4	6.9	2.8
25-29	100.0	83.1	2.6	11.0	3.2
30-34	100.0	79.9	3.5	13.3	3.3
35-39	100.0	76.0	4.1	16.6	3.3
40-44	100.0	74.0	3.9	18.3	3.8
45-49	100.0	69.7	3.8	21.8	4.7
50-54	100.0	58.9	3.9	30.6	6.6
55-59	100.0	36.6	3.5	49.7	10.2
60-64	100.0	25.8	2.0	59.9	12.4
65+	100.0	16.6	0.8	68.8	13.8

3-14 按就业身份、性别分的城镇就业人员年龄构成
Age Composition of Urban Employed Persons by Employment Status and Sex

单位：% (%)

年龄 Age	城镇就业人员 Urban Employed Persons	雇员 Employee	雇主 Employer	自营劳动者 Self-Employed	家庭帮工 Unpaid Familial Worker
总计 Total	**100.0**	**100.0**	**100.0**	**100.0**	**100.0**
16-19	1.2	1.4	0.3	0.5	2.1
20-24	8.6	10.1	3.5	3.9	9.8
25-29	14.9	16.5	11.8	9.5	14.0
30-34	15.0	16.0	16.0	11.8	11.5
35-39	13.3	13.5	16.7	12.7	9.2
40-44	16.0	15.7	19.8	16.6	12.9
45-49	13.1	12.5	15.4	15.0	12.7
50-54	9.6	8.9	10.4	12.1	10.8
55-59	4.6	3.8	4.0	7.4	6.5
60-64	2.3	1.2	1.5	6.0	5.9
65+	1.4	0.5	0.6	4.5	4.7
男 Male	**100.0**	**100.0**	**100.0**	**100.0**	**100.0**
16-19	1.2	1.4	0.3	0.6	3.8
20-24	8.4	9.6	3.3	4.3	19.0
25-29	14.2	15.5	11.5	9.7	18.8
30-34	14.3	14.9	15.4	12.0	9.3
35-39	12.8	12.7	16.5	12.8	5.4
40-44	15.4	14.9	19.6	16.8	8.5
45-49	12.8	12.2	15.3	14.6	7.8
50-54	11.1	10.9	11.2	11.9	8.9
55-59	5.8	5.5	4.4	7.2	5.6
60-64	2.5	1.6	1.6	5.7	6.3
65+	1.5	0.7	0.7	4.6	6.6
女 Female	**100.0**	**100.0**	**100.0**	**100.0**	**100.0**
16-19	1.2	1.5	0.2	0.4	1.4
20-24	8.9	10.7	3.9	3.3	5.8
25-29	15.8	17.8	12.4	9.3	11.9
30-34	16.1	17.5	17.0	11.5	12.4
35-39	14.1	14.5	17.3	12.5	10.9
40-44	16.8	16.8	20.0	16.4	14.7
45-49	13.5	12.8	15.7	15.7	14.8
50-54	7.5	6.0	8.8	12.3	11.6
55-59	2.9	1.5	3.1	7.8	7.0
60-64	2.0	0.7	1.2	6.3	5.7
65+	1.2	0.3	0.3	4.5	3.9

3-15 按受教育程度、性别分的城镇就业人员就业身份构成
Employment Status of Urban Employed Persons by Educational Attainment and Sex

单位：% (%)

受教育程度	Educational Attainment	城镇就业人员 Urban Employed Persons	雇员 Employee	雇主 Employer	自营劳动者 Self-Employed	家庭帮工 Unpaid Familial Worker
总计	**Total**	**100.0**	**73.7**	**4.3**	**19.4**	**2.6**
未上过学	No Schooling	100.0	34.6	2.7	54.5	8.1
小学	Primary School	100.0	44.8	3.6	45.8	5.8
初中	Junior Secondary School	100.0	63.0	5.2	28.2	3.5
高中	Senior Secondary School	100.0	74.4	5.8	17.3	2.6
中等职业教育	Medium Vocational Education	100.0	83.2	3.9	11.0	1.8
高等职业教育	High Vocational Education	100.0	81.3	5.5	11.3	1.8
大学专科	College	100.0	89.7	3.4	6.0	0.9
大学本科	University	100.0	94.4	2.2	3.0	0.4
研究生	Graduate and Higher Level	100.0	96.8	1.7	1.4	0.1
男	**Male**	**100.0**	**73.7**	**5.1**	**19.9**	**1.3**
未上过学	No Schooling	100.0	42.8	3.9	48.4	4.9
小学	Primary School	100.0	48.9	4.2	44.4	2.5
初中	Junior Secondary School	100.0	63.7	5.9	28.8	1.6
高中	Senior Secondary School	100.0	73.4	6.4	18.5	1.6
中等职业教育	Medium Vocational Education	100.0	82.0	4.4	12.4	1.2
高等职业教育	High Vocational Education	100.0	80.2	6.4	12.6	0.8
大学专科	College	100.0	88.2	4.2	6.9	0.8
大学本科	University	100.0	93.0	2.9	3.7	0.3
研究生	Graduate and Higher Level	100.0	95.6	2.6	1.8	
女	**Female**	**100.0**	**73.7**	**3.3**	**18.7**	**4.3**
未上过学	No Schooling	100.0	30.5	2.1	57.7	9.7
小学	Primary School	100.0	40.5	2.9	47.4	9.2
初中	Junior Secondary School	100.0	62.1	4.2	27.3	6.4
高中	Senior Secondary School	100.0	76.0	4.6	15.1	4.3
中等职业教育	Medium Vocational Education	100.0	85.0	3.1	9.1	2.7
高等职业教育	High Vocational Education	100.0	82.9	4.3	9.4	3.4
大学专科	College	100.0	91.6	2.5	4.8	1.1
大学本科	University	100.0	96.0	1.4	2.2	0.4
研究生	Graduate and Higher Level	100.0	98.3	0.6	0.8	0.2

3-16 按就业身份、性别分的城镇就业人员受教育程度构成
Educational Attainment of Urban Employed Persons by Employment Status and Sex

单位：% (%)

受教育程度	Educational Attainment	城镇就业人员 Urban Employed Persons	雇员 Employee	雇主 Employer	自营劳动者 Self-Employed	家庭帮工 Unpaid Familial Worker
总计	**Total**	**100.0**	**100.0**	**100.0**	**100.0**	**100.0**
未上过学	No Schooling	1.1	0.5	0.7	3.0	3.3
小学	Primary School	8.3	5.0	6.8	19.7	18.7
初中	Junior Secondary School	34.5	29.5	41.7	50.3	47.1
高中	Senior Secondary School	16.6	16.8	22.1	14.8	16.7
中等职业教育	Medium Vocational Education	7.2	8.1	6.4	4.1	5.1
高等职业教育	High Vocational Education	2.1	2.3	2.7	1.2	1.5
大学专科	College	15.4	18.8	12.1	4.7	5.6
大学本科	University	13.4	17.1	6.9	2.1	1.9
研究生	Graduate and Higher Level	1.4	1.8	0.6	0.1	0.1
男	**Male**	**100.0**	**100.0**	**100.0**	**100.0**	**100.0**
未上过学	No Schooling	0.6	0.4	0.5	1.5	2.3
小学	Primary School	7.3	4.8	6.0	16.2	13.8
初中	Junior Secondary School	35.7	30.8	41.5	51.8	43.1
高中	Senior Secondary School	18.1	18.1	22.9	16.9	21.6
中等职业教育	Medium Vocational Education	7.2	8.0	6.2	4.5	6.4
高等职业教育	High Vocational Education	2.2	2.4	2.7	1.4	1.2
大学专科	College	14.8	17.7	12.2	5.2	8.5
大学本科	University	12.7	16.1	7.3	2.4	3.2
研究生	Graduate and Higher Level	1.4	1.8	0.7	0.1	
女	**Female**	**100.0**	**100.0**	**100.0**	**100.0**	**100.0**
未上过学	No Schooling	1.7	0.7	1.1	5.1	3.8
小学	Primary School	9.7	5.4	8.6	24.7	20.8
初中	Junior Secondary School	32.9	27.7	42.0	48.0	48.8
高中	Senior Secondary School	14.5	15.0	20.3	11.7	14.7
中等职业教育	Medium Vocational Education	7.2	8.3	6.8	3.5	4.6
高等职业教育	High Vocational Education	2.0	2.3	2.6	1.0	1.6
大学专科	College	16.3	20.2	12.1	4.1	4.4
大学本科	University	14.3	18.6	6.2	1.7	1.3
研究生	Graduate and Higher Level	1.4	1.9	0.3	0.1	0.1

3-17 按年龄、性别分的城镇就业人员行业构成
Urban Employed Persons by Age, Sex and Sector

单位：%

年龄 Age	城镇就业人员 Urban Employed Persons	农、林、牧、渔业 Agriculture, Forestry, Animal Husbandry and Fishery	采矿业 Mining	制造业 Manu-facturing	电力、热力、燃气及水生产和供应业 Production and Supply of Electricity Power, Heat Power, Gas and Water	建筑业 Construction	批发和零售业 Wholesale and Retail Trades
总计 Total	**100.0**	**7.8**	**1.8**	**20.7**	**1.5**	**7.2**	**17.9**
16-19	100.0	5.7	0.3	29.2	0.1	4.1	19.6
20-24	100.0	3.5	0.9	25.0	0.9	6.1	19.6
25-29	100.0	3.3	1.4	22.4	1.3	6.3	20.7
30-34	100.0	3.5	1.6	21.8	1.5	6.1	20.1
35-39	100.0	4.3	1.9	21.0	1.6	6.7	20.0
40-44	100.0	6.1	2.4	21.3	1.9	8.1	17.8
45-49	100.0	8.4	2.4	20.4	1.7	8.2	16.4
50-54	100.0	11.7	2.5	17.7	1.9	8.7	13.9
55-59	100.0	20.9	1.5	14.8	1.6	8.4	11.9
60-64	100.0	40.7	0.5	11.2	0.7	8.2	10.3
65+	100.0	54.9	0.4	8.4	0.3	4.6	8.5
男 Male	**100.0**	**6.6**	**2.5**	**21.8**	**1.9**	**10.6**	**14.5**
16-19	100.0	6.5	0.4	30.9	0.1	6.8	13.1
20-24	100.0	3.6	1.3	28.4	1.1	9.0	16.6
25-29	100.0	2.9	2.0	24.7	1.6	9.6	17.0
30-34	100.0	3.1	2.2	23.4	1.9	9.3	16.0
35-39	100.0	3.6	2.5	21.8	1.9	9.9	15.8
40-44	100.0	5.2	3.3	21.2	2.2	12.3	14.0
45-49	100.0	6.8	3.4	20.4	2.1	12.2	13.3
50-54	100.0	8.0	3.3	18.8	2.5	11.6	12.4
55-59	100.0	13.5	1.9	16.4	2.1	10.7	10.9
60-64	100.0	33.3	0.8	12.9	1.0	12.4	10.5
65+	100.0	49.3	0.6	9.5	0.5	6.9	8.8
女 Female	**100.0**	**9.5**	**0.9**	**19.3**	**1.0**	**2.5**	**22.6**
16-19	100.0	4.6	0.1	26.9	0.2	0.7	28.2
20-24	100.0	3.5	0.3	20.6	0.7	2.3	23.6
25-29	100.0	3.9	0.7	19.4	0.9	2.2	25.3
30-34	100.0	4.0	0.8	19.8	1.0	2.2	25.1
35-39	100.0	5.3	1.1	20.1	1.1	2.6	25.3
40-44	100.0	7.3	1.3	21.3	1.4	2.9	22.6
45-49	100.0	10.6	1.2	20.4	1.2	3.1	20.5
50-54	100.0	19.5	0.7	15.4	0.8	2.7	17.0
55-59	100.0	41.2	0.5	10.7	0.3	2.0	14.5
60-64	100.0	53.8	0.2	8.2	0.1	0.9	9.9
65+	100.0	64.7		6.4	0.1	0.6	8.1

3-17 续表 1 continued

单位：%

年 龄 Age	交通运输、仓储和邮政业 Transport, Storage and Post	住宿和餐饮业 Hotels and Catering Services	信息传输、软件和信息技术服务业 Information Transmission, Software and Information Technical Services	金融业 Financial Intermediation	房地产业 Real Estate	租赁和商务服务业 Leasing and Business Services	科学研究和技术服务业 Scientific Research and Technical Services
总计 Total	**5.9**	**5.3**	**2.0**	**2.6**	**1.5**	**2.1**	**0.9**
16-19	2.7	13.1	1.9	0.8	0.8	1.5	0.6
20-24	3.9	6.9	3.8	3.3	1.8	3.1	1.1
25-29	5.3	5.5	3.3	4.1	1.7	2.8	1.1
30-34	5.6	5.4	3.3	3.1	1.7	2.3	1.1
35-39	6.8	5.0	2.1	2.2	1.5	2.0	0.7
40-44	7.1	5.2	1.2	2.4	1.2	1.6	0.7
45-49	6.7	5.2	0.9	2.4	1.5	1.7	0.7
50-54	6.3	4.4	0.7	2.0	1.6	1.7	0.8
55-59	5.8	4.0	0.5	1.4	1.9	1.6	0.5
60-64	2.3	3.6	0.2	0.4	1.5	1.3	0.2
65+	1.1	1.5	0.1	0.1	0.8	1.5	0.2
男 Male	**8.4**	**4.3**	**2.2**	**2.3**	**1.6**	**2.1**	**1.0**
16-19	3.8	13.2	2.3	1.1	1.0	1.9	1.1
20-24	5.3	7.0	4.1	2.8	2.0	2.8	1.1
25-29	7.4	5.0	3.5	3.4	1.7	2.8	1.1
30-34	8.3	5.0	3.7	2.5	1.8	2.2	1.3
35-39	10.2	4.2	2.4	1.9	1.5	2.1	0.9
40-44	10.3	3.7	1.4	2.1	1.2	1.6	0.8
45-49	9.9	3.4	1.0	2.2	1.5	1.9	0.8
50-54	8.5	2.9	0.8	2.0	1.7	1.9	0.9
55-59	7.4	2.9	0.5	1.6	2.3	1.9	0.7
60-64	3.3	3.0	0.2	0.4	1.9	1.4	0.3
65+	1.7	1.4	0.2	0.2	1.1	1.6	0.3
女 Female	**2.3**	**6.6**	**1.8**	**3.1**	**1.4**	**2.1**	**0.7**
16-19	1.1	13.0	1.3	0.4	0.6	1.1	
20-24	2.1	6.8	3.5	4.0	1.6	3.5	1.0
25-29	2.6	6.2	3.0	4.9	1.7	2.9	1.0
30-34	2.2	5.9	2.8	3.7	1.6	2.4	0.9
35-39	2.4	6.1	1.8	2.5	1.5	2.0	0.5
40-44	2.9	7.1	1.0	2.7	1.2	1.6	0.6
45-49	2.5	7.6	0.7	2.7	1.5	1.5	0.6
50-54	1.7	7.4	0.5	2.0	1.3	1.1	0.6
55-59	1.3	7.0	0.2	0.8	1.0	0.8	0.2
60-64	0.6	4.6	0.1	0.3	0.7	1.1	
65+	0.1	1.7		0.1	0.2	1.2	0.1

3-17 续表 2 continued

单位：%

年 龄 Age	水利、环境和公共设施管理业 Management of Water Conservancy, Environment and Public Facilities	居民服务、修理和其他服务业 Services to Households, Repair and Other Services	教育 Education	卫生和社会工作 Health and Society	文化、体育和娱乐业 Culture, Sports and Entertainment	公共管理、社会保障和社会组织 Public Management Social Security and Social Organizations	国际组织 International Organizations
总计 Total	**0.8**	**5.5**	**5.3**	**3.1**	**1.1**	**7.0**	**0.0**
16-19	0.5	10.5	2.9	2.1	1.8	1.9	
20-24	0.5	5.6	4.0	4.2	1.9	3.8	0.0
25-29	0.5	5.2	4.4	3.4	1.5	5.8	
30-34	0.6	4.8	6.1	3.5	1.3	6.7	0.0
35-39	0.7	4.8	6.7	3.0	1.0	7.8	
40-44	0.7	5.2	5.5	2.9	0.9	7.8	0.0
45-49	0.9	5.7	5.3	2.5	0.8	7.9	0.0
50-54	1.2	6.1	5.9	2.8	0.9	9.4	0.0
55-59	1.4	6.6	4.5	2.5	0.8	9.4	0.0
60-64	1.6	8.9	1.9	2.0	0.5	4.1	
65+	1.7	9.0	1.4	2.4	0.3	2.8	
男 Male	**0.9**	**5.2**	**3.5**	**1.9**	**1.1**	**7.8**	**0.0**
16-19	0.6	11.6	0.6	0.4	2.4	2.4	
20-24	0.5	5.7	1.2	1.5	1.9	4.0	0.0
25-29	0.6	5.5	2.1	1.5	1.6	6.0	
30-34	0.8	4.8	3.2	1.9	1.2	7.4	
35-39	0.7	4.6	4.4	2.1	0.9	8.5	
40-44	0.8	4.5	3.8	2.0	0.8	8.7	0.0
45-49	0.9	4.8	4.0	1.7	0.7	8.8	0.0
50-54	1.2	5.2	5.1	2.1	0.8	10.4	0.0
55-59	1.5	5.9	5.0	2.3	0.8	11.6	0.0
60-64	1.5	7.4	2.1	2.2	0.4	5.2	
65+	1.8	7.9	1.6	2.7	0.4	3.7	
女 Female	**0.7**	**6.0**	**7.7**	**4.7**	**1.2**	**5.8**	**0.0**
16-19	0.4	9.1	5.9	4.3	1.0	1.1	
20-24	0.4	5.5	7.5	7.8	1.9	3.6	
25-29	0.4	4.9	7.4	5.8	1.4	5.4	
30-34	0.5	4.7	9.7	5.4	1.5	5.9	0.0
35-39	0.6	5.1	9.6	4.3	1.1	7.0	
40-44	0.7	6.1	7.5	4.0	1.1	6.6	0.0
45-49	0.8	6.9	7.0	3.5	1.0	6.6	
50-54	1.3	7.8	7.4	4.3	1.0	7.5	
55-59	1.2	8.3	3.1	3.0	0.6	3.4	
60-64	1.8	11.4	1.6	1.7	0.8	2.2	
65+	1.7	11.0	1.0	1.8	0.1	1.1	

3-18 按行业、性别分的城镇就业人员年龄构成
Age Composition of Urban Employed Persons by Sector and Sex

单位：%

年 龄 Age	城 镇 就业人员 Urban Employed Persons	农、林、牧、渔业 Agriculture, Forestry, Animal Husbandry and Fishery	采矿业 Mining	制造业 Manu-facturing	电力、热力、燃气及水生产和供应业 Production and Supply of Electricity Power, Heat Power, Gas and Water	建筑业 Construction	批发和零售业 Wholesale and Retail Trades
总计 Total	**100.0**	**100.0**	**100.0**	**100.0**	**100.0**	**100.0**	**100.0**
16-19	1.2	0.9	0.2	1.7	0.1	0.7	1.3
20-24	8.6	3.9	4.2	10.4	5.2	7.3	9.4
25-29	14.9	6.3	11.5	16.1	12.6	13.1	17.2
30-34	15.0	6.7	13.4	15.8	14.9	12.8	16.8
35-39	13.3	7.4	13.8	13.5	14.0	12.5	14.9
40-44	16.0	12.5	21.4	16.4	19.7	18.1	15.9
45-49	13.1	14.1	17.5	12.9	15.2	15.0	12.0
50-54	9.6	14.4	13.1	8.2	12.2	11.6	7.4
55-59	4.6	12.2	3.9	3.3	4.8	5.4	3.0
60-64	2.3	11.8	0.7	1.2	1.0	2.6	1.3
65+	1.4	9.8	0.3	0.6	0.3	0.9	0.7
男 Male	**100.0**	**100.0**	**100.0**	**100.0**	**100.0**	**100.0**	**100.0**
16-19	1.2	1.2	0.2	1.7	0.1	0.8	1.1
20-24	8.4	4.5	4.5	10.9	4.9	7.1	9.6
25-29	14.2	6.3	11.2	16.2	12.1	13.0	16.6
30-34	14.3	6.7	12.8	15.3	14.3	12.5	15.7
35-39	12.8	7.0	12.8	12.8	13.3	12.1	14.0
40-44	15.4	12.1	20.6	15.0	18.1	17.9	14.9
45-49	12.8	13.1	17.4	12.0	14.6	14.7	11.7
50-54	11.1	13.4	14.8	9.6	14.6	12.2	9.5
55-59	5.8	11.7	4.5	4.3	6.3	5.9	4.3
60-64	2.5	12.6	0.8	1.5	1.3	2.9	1.8
65+	1.5	11.5	0.4	0.7	0.4	1.0	0.9
女 Female	**100.0**	**100.0**	**100.0**	**100.0**	**100.0**	**100.0**	**100.0**
16-19	1.2	0.6	0.2	1.7	0.2	0.4	1.6
20-24	8.9	3.3	3.0	9.5	5.9	8.2	9.3
25-29	15.8	6.4	13.0	15.9	13.7	14.1	17.7
30-34	16.1	6.7	15.8	16.5	16.6	14.4	17.9
35-39	14.1	7.8	17.5	14.6	15.8	14.9	15.8
40-44	16.8	12.8	24.4	18.5	23.7	19.4	16.8
45-49	13.5	15.0	18.0	14.3	16.9	16.8	12.2
50-54	7.5	15.4	6.2	6.0	5.8	8.3	5.7
55-59	2.9	12.6	1.7	1.6	0.9	2.4	1.9
60-64	2.0	11.1	0.3	0.8	0.3	0.8	0.9
65+	1.2	8.2	0.0	0.4	0.1	0.3	0.4

3-18 续表 1 continued

单位：%

年 龄 Age	交通运输、仓储和邮政业 Transport, Storage and Post	住宿和餐饮业 Hotels and Catering Services	信息传输、软件和信息技术服务业 Information Transmission, Software and Information Technical Services	金融业 Financial Intermediation	房地产业 Real Estate	租赁和商务服务业 Leasing and Business Services	科学研究和技术服务业 Scientific Research and Technical Services
总计 Total	**100.0**	**100.0**	**100.0**	**100.0**	**100.0**	**100.0**	**100.0**
16-19	0.6	3.0	1.1	0.4	0.6	0.9	0.9
20-24	5.8	11.2	16.3	10.9	10.0	12.8	10.7
25-29	13.4	15.6	24.1	23.1	16.5	20.1	19.0
30-34	14.4	15.4	24.5	17.6	16.6	16.5	20.2
35-39	15.5	12.7	14.1	11.1	13.0	12.9	11.6
40-44	19.3	15.8	9.8	14.6	12.2	12.5	13.8
45-49	15.1	13.0	5.6	12.1	12.6	10.8	11.1
50-54	10.3	7.9	3.2	7.2	9.9	7.6	9.0
55-59	4.5	3.4	1.0	2.5	5.7	3.5	2.9
60-64	0.9	1.5	0.2	0.3	2.2	1.4	0.5
65+	0.3	0.4	0.1	0.1	0.7	1.0	0.3
男 Male	**100.0**	**100.0**	**100.0**	**100.0**	**100.0**	**100.0**	**100.0**
16-19	0.5	3.6	1.2	0.6	0.7	1.0	1.3
20-24	5.3	13.7	15.8	10.4	10.1	11.1	9.6
25-29	12.6	16.7	23.1	21.1	14.9	18.5	17.0
30-34	14.2	16.5	24.4	15.9	15.8	15.0	19.9
35-39	15.6	12.5	14.0	10.7	11.7	12.6	12.5
40-44	18.9	13.3	10.0	14.4	11.1	11.8	13.2
45-49	15.1	10.2	5.7	12.6	11.7	11.6	10.6
50-54	11.3	7.5	3.9	9.6	11.8	10.2	10.7
55-59	5.1	3.8	1.5	4.2	8.1	5.2	4.1
60-64	1.0	1.7	0.3	0.5	2.9	1.7	0.7
65+	0.3	0.5	0.1	0.1	1.1	1.2	0.4
女 Female	**100.0**	**100.0**	**100.0**	**100.0**	**100.0**	**100.0**	**100.0**
16-19	0.6	2.4	0.9	0.1	0.5	0.6	
20-24	8.2	9.1	17.2	11.5	9.7	15.2	12.8
25-29	17.5	14.7	25.8	25.2	19.0	22.2	22.6
30-34	15.4	14.4	24.7	19.4	17.8	18.5	20.9
35-39	14.8	12.9	14.2	11.6	14.9	13.4	9.9
40-44	21.1	18.0	9.4	14.8	13.9	13.5	15.0
45-49	14.8	15.5	5.4	11.7	13.9	9.7	12.0
50-54	5.5	8.3	2.0	4.8	6.9	3.9	5.9
55-59	1.6	3.1	0.3	0.7	2.0	1.1	0.6
60-64	0.5	1.4	0.1	0.2	1.0	1.1	0.1
65+	0.1	0.3		0.0	0.2	0.7	0.1

3-18 续表 2 continued

单位：%

年　龄 Age	水利、环境和公共设施管理业 Management of Water Conservancy, Environment and Public Facilities	居民服务、修理和其他服务业 Services to Households, Repair and Other Services	教　育 Education	卫生和社会工作 Health and Society	文化、体育和娱乐业 Culture, Sports and Entertainment	公共管理、社会保障和社会组织 Public Management Social Security and Social Organizations	国际组织 International Organizations
总计　Total	**100.0**	**100.0**	**100.0**	**100.0**	**100.0**	**100.0**	**100.0**
16-19	0.8	2.3	0.7	0.8	1.9	0.3	
20-24	5.0	8.7	6.5	11.8	14.5	4.7	32.3
25-29	9.2	14.0	12.5	16.5	20.1	12.2	
30-34	12.0	12.9	17.6	17.0	17.3	14.4	14.9
35-39	11.5	11.6	17.1	13.2	11.5	14.9	
40-44	15.2	15.1	16.6	14.9	12.9	17.7	32.6
45-49	15.0	13.5	13.3	10.7	9.6	14.7	8.5
50-54	15.1	10.5	10.7	8.9	7.6	12.9	6.5
55-59	8.4	5.4	3.9	3.7	3.2	6.2	5.2
60-64	4.8	3.6	0.8	1.5	1.0	1.3	
65+	3.1	2.3	0.4	1.1	0.4	0.6	
男　Male	**100.0**	**100.0**	**100.0**	**100.0**	**100.0**	**100.0**	**100.0**
16-19	0.8	2.6	0.2	0.2	2.6	0.4	
20-24	4.8	9.2	3.0	6.7	15.1	4.3	52.7
25-29	9.6	15.1	8.4	11.2	21.3	10.9	
30-34	12.6	13.0	13.3	14.4	15.8	13.5	
35-39	10.3	11.3	16.4	14.2	10.8	13.8	
40-44	14.6	13.4	17.0	16.5	10.9	17.1	14.3
45-49	14.0	11.8	14.9	12.0	8.5	14.4	13.9
50-54	15.5	11.1	16.3	12.5	8.8	14.7	10.6
55-59	10.3	6.6	8.3	7.1	4.6	8.6	8.4
60-64	4.4	3.5	1.5	3.0	0.9	1.7	
65+	3.2	2.3	0.7	2.2	0.6	0.7	
女　Female	**100.0**	**100.0**	**100.0**	**100.0**	**100.0**	**100.0**	**100.0**
16-19	0.7	1.9	1.0	1.1	1.1	0.2	
20-24	5.3	8.1	8.7	14.6	13.7	5.5	
25-29	8.5	12.8	15.1	19.3	18.6	14.7	
30-34	10.9	12.8	20.2	18.4	19.2	16.2	38.6
35-39	13.6	11.9	17.5	12.6	12.4	16.8	
40-44	16.3	17.2	16.4	14.0	15.2	18.9	61.4
45-49	16.7	15.5	12.3	10.0	10.8	15.3	
50-54	14.4	9.8	7.2	6.9	6.1	9.6	
55-59	5.2	4.1	1.2	1.9	1.5	1.7	
60-64	5.4	3.8	0.4	0.7	1.2	0.7	
65+	3.1	2.2	0.2	0.5	0.1	0.2	

3-19 按受教育程度、性别分的城镇就业人员行业构成
Urban Employed Persons by Sex, Educational Attainment and Sector

单位：%

受教育程度	Educational Attainment	城镇就业人员 Urban Employed Persons	农、林、牧、渔业 Agriculture, Forestry, Animal Husbandry and Fishery	采矿业 Mining	制造业 Manu-facturing	电力、热力、燃气及水生产和供应业 Production and Supply of Electricity Power, Heat Power, Gas and Water	建筑业 Construction	批发和零售业 Wholesale and Retail Trades
总 计	**Total**	**100.0**	**7.8**	**1.8**	**20.7**	**1.5**	**7.2**	**17.9**
未上过学	No Schooling	100.0	47.7	0.8	10.2	0.2	6.5	10.5
小 学	Primary School	100.0	31.3	0.9	17.7	0.3	11.5	14.0
初 中	Junior Secondary School	100.0	11.0	1.9	24.8	0.8	10.5	19.7
高 中	Senior Secondary School	100.0	3.7	2.2	23.4	1.9	6.1	23.8
中等职业教育	Medium Vocational Education	100.0	1.4	2.8	25.1	2.3	4.1	21.2
高等职业教育	High Vocational Education	100.0	1.0	2.4	21.6	2.1	4.5	22.9
大学专科	College	100.0	0.9	1.8	17.1	2.3	4.3	16.3
大学本科	University	100.0	0.4	1.2	12.3	2.1	3.4	9.7
研究生	Graduate and Higher Level	100.0	0.1	0.6	11.7	1.8	1.4	4.7
男	**Male**	**100.0**	**6.6**	**2.5**	**21.8**	**1.9**	**10.6**	**14.5**
未上过学	No Schooling	100.0	37.7	2.0	10.4	0.4	13.2	11.0
小 学	Primary School	100.0	26.5	1.6	16.3	0.5	18.7	11.9
初 中	Junior Secondary School	100.0	9.6	2.8	23.7	1.2	15.7	14.8
高 中	Senior Secondary School	100.0	3.8	2.7	25.0	2.2	8.6	18.2
中等职业教育	Medium Vocational Education	100.0	1.7	3.7	28.5	2.6	5.6	15.8
高等职业教育	High Vocational Education	100.0	0.8	3.2	24.7	2.3	6.4	20.0
大学专科	College	100.0	1.0	2.4	19.7	2.8	5.7	14.5
大学本科	University	100.0	0.4	1.6	14.4	2.7	4.4	9.8
研究生	Graduate and Higher Level	100.0	0.2	0.8	14.0	1.8	1.9	4.5
女	**Female**	**100.0**	**9.5**	**0.9**	**19.3**	**1.0**	**2.5**	**22.6**
未上过学	No Schooling	100.0	52.9	0.1	10.1	0.0	3.0	10.3
小 学	Primary School	100.0	36.3	0.2	19.1	0.1	4.1	16.2
初 中	Junior Secondary School	100.0	13.1	0.6	26.4	0.4	2.7	27.2
高 中	Senior Secondary School	100.0	3.6	1.4	20.8	1.2	1.7	33.5
中等职业教育	Medium Vocational Education	100.0	1.2	1.5	20.5	2.0	1.9	28.5
高等职业教育	High Vocational Education	100.0	1.2	1.2	17.0	1.8	1.7	27.3
大学专科	College	100.0	0.7	1.1	13.8	1.6	2.4	18.5
大学本科	University	100.0	0.4	0.8	9.8	1.5	2.1	9.6
研究生	Graduate and Higher Level	100.0	0.0	0.4	8.5	1.7	0.8	5.0

3-19 续表 1 continued

单位: %

受教育程度	Educational Attainment	交通运输、仓储和邮政业 Transport, Storage and Post	住宿和餐饮业 Hotels and Catering Services	信息传输、软件和信息技术服务业 Information Transmission, Software and Information Technical Services	金融业 Financial Intermediation	房地产业 Real Estate	租赁和商务服务业 Leasing and Business Services	科学研究和技术服务业 Scientific Research and Technical Services
总　计	**Total**	**5.9**	**5.3**	**2.0**	**2.6**	**1.5**	**2.1**	**0.9**
未上过学	No Schooling	3.0	5.2	0.4	0.3	1.0	1.0	0.1
小　学	Primary School	4.2	6.1	0.2	0.2	0.9	1.0	0.1
初　中	Junior Secondary School	7.2	7.5	0.5	0.6	1.2	1.6	0.3
高　中	Senior Secondary School	7.4	6.4	1.3	1.9	1.7	2.1	0.6
中等职业教育	Medium Vocational Education	6.2	5.1	2.1	1.9	1.9	2.0	0.8
高等职业教育	High Vocational Education	6.5	5.0	2.3	2.5	2.2	2.7	0.6
大学专科	College	4.8	2.6	3.8	5.3	2.1	2.9	1.4
大学本科	University	3.2	1.3	5.4	7.3	1.8	3.1	2.2
研究生	Graduate and Higher Level	1.7	0.4	6.5	6.8	1.0	3.2	5.6
男	**Male**	**8.4**	**4.3**	**2.2**	**2.3**	**1.6**	**2.1**	**1.0**
未上过学	No Schooling	6.9	2.8	1.0	0.2	1.2	1.1	0.2
小　学	Primary School	7.1	4.0	0.2	0.2	1.0	1.3	0.1
初　中	Junior Secondary School	10.7	5.7	0.5	0.5	1.3	1.7	0.3
高　中	Senior Secondary School	10.1	5.3	1.4	1.6	1.7	2.2	0.7
中等职业教育	Medium Vocational Education	8.5	5.1	2.3	1.6	2.1	2.0	0.9
高等职业教育	High Vocational Education	8.9	4.4	2.4	2.2	1.9	2.9	0.5
大学专科	College	6.1	2.5	4.0	4.8	2.2	2.6	1.6
大学本科	University	3.7	1.2	6.2	6.4	1.9	2.9	2.5
研究生	Graduate and Higher Level	2.0	0.4	7.8	7.3	0.8	3.2	6.4
女	**Female**	**2.3**	**6.6**	**1.8**	**3.1**	**1.4**	**2.1**	**0.7**
未上过学	No Schooling	1.0	6.5	0.1	0.4	0.9	0.9	
小　学	Primary School	1.1	8.2	0.2	0.2	0.8	0.8	0.1
初　中	Junior Secondary School	2.0	10.3	0.5	0.6	1.0	1.3	0.2
高　中	Senior Secondary School	2.8	8.3	1.3	2.4	1.6	1.9	0.4
中等职业教育	Medium Vocational Education	2.9	5.1	1.9	2.3	1.5	1.9	0.5
高等职业教育	High Vocational Education	2.9	5.8	2.3	3.1	2.7	2.6	0.7
大学专科	College	3.1	2.9	3.4	6.0	2.0	3.3	1.1
大学本科	University	2.5	1.4	4.5	8.6	1.8	3.3	2.0
研究生	Graduate and Higher Level	1.3	0.4	4.7	6.1	1.3	3.3	4.4

3-19 续表 2 continued

单位：%

受教育程度	Educational Attainment	水利、环境和公共设施管理业 Management of Water Conservancy, Environment and Public Facilities	居民服务、修理和其他服务业 Services to Households, Repair and Other Services	教 育 Education	卫生和社会工作 Health and Society	文化、体育和娱乐业 Culture, Sports and Entertainment	公共管理、社会保障和社会组织 Public Management Social Security and Social Organizations	国际组织 International Organizations
总 计	**Total**	**0.8**	**5.5**	**5.3**	**3.1**	**1.1**	**7.0**	**0.0**
未上过学	No Schooling	1.6	7.9	1.1	1.0	0.3	1.5	
小 学	Primary School	1.1	7.4	0.7	0.6	0.5	1.2	0.0
初 中	Junior Secondary School	0.7	7.2	1.1	0.7	0.7	2.0	0.0
高 中	Senior Secondary School	0.8	6.4	2.1	1.5	1.1	5.7	0.0
中等职业教育	Medium Vocational Education	0.6	5.8	4.3	5.4	1.4	5.9	
高等职业教育	High Vocational Education	0.8	4.7	5.0	4.3	1.7	7.1	
大学专科	College	0.9	3.3	8.6	6.4	1.6	13.7	0.0
大学本科	University	0.8	1.9	17.4	6.9	1.9	17.7	0.0
研究生	Graduate and Higher Level	0.7	0.9	29.4	8.8	1.7	12.8	
男	**Male**	**0.9**	**5.2**	**3.5**	**1.9**	**1.1**	**7.8**	**0.0**
未上过学	No Schooling	1.3	7.4	0.9	1.3	0.1	1.2	
小 学	Primary School	1.1	6.6	0.7	0.5	0.4	1.3	
初 中	Junior Secondary School	0.7	6.7	0.7	0.5	0.6	2.3	0.0
高 中	Senior Secondary School	0.9	6.1	1.3	1.0	1.1	6.2	0.0
中等职业教育	Medium Vocational Education	0.8	5.9	2.3	2.5	1.6	6.5	
高等职业教育	High Vocational Education	0.9	4.5	2.5	2.0	1.4	8.2	
大学专科	College	1.0	2.9	5.4	3.4	1.5	15.9	0.0
大学本科	University	0.9	1.9	12.4	4.8	1.9	20.3	0.0
研究生	Graduate and Higher Level	0.9	0.8	23.8	8.4	1.3	13.7	
女	**Female**	**0.7**	**6.0**	**7.7**	**4.7**	**1.2**	**5.8**	**0.0**
未上过学	No Schooling	1.7	8.1	1.2	0.8	0.4	1.6	
小 学	Primary School	1.0	8.3	0.8	0.8	0.6	1.1	0.0
初 中	Junior Secondary School	0.6	8.0	1.6	1.1	0.9	1.6	
高 中	Senior Secondary School	0.5	7.1	3.3	2.3	1.1	4.8	
中等职业教育	Medium Vocational Education	0.3	5.6	7.0	9.3	1.1	5.0	
高等职业教育	High Vocational Education	0.5	5.0	8.6	7.8	2.1	5.6	
大学专科	College	0.8	3.7	12.7	10.2	1.7	10.9	
大学本科	University	0.6	1.8	23.5	9.5	1.9	14.5	0.0
研究生	Graduate and Higher Level	0.5	1.1	37.2	9.2	2.3	11.7	

3-20 按行业、性别分的城镇就业人员受教育程度构成
Educational Attainment of Urban Employed Persons by Sector and Sex

单位：%

受教育程度	Educational Attainment	城镇就业人员 Urban Employed Persons	农、林、牧、渔业 Agriculture, Forestry, Animal Husbandry and Fishery	采矿业 Mining	制造业 Manu-facturing	电力、热力、燃气及水生产和供应业 Production and Supply of Electricity Power, Heat Power, Gas and Water	建筑业 Construction	批发和零售业 Wholesale and Retail Trades
总　计	**Total**	**100.0**	**100.0**	**100.0**	**100.0**	**100.0**	**100.0**	**100.0**
未上过学	No Schooling	1.1	6.4	0.4	0.5	0.1	1.0	0.6
小　学	Primary School	8.3	33.2	4.2	7.1	1.8	13.3	6.5
初　中	Junior Secondary School	34.5	48.5	36.5	41.3	19.4	50.5	38.0
高　中	Senior Secondary School	16.6	7.9	20.1	18.8	20.6	14.1	22.1
中等职业教育	Medium Vocational Education	7.2	1.3	11.0	8.7	11.0	4.1	8.5
高等职业教育	High Vocational Education	2.1	0.3	2.8	2.2	3.0	1.3	2.7
大学专科	College	15.4	1.7	15.5	12.7	23.6	9.2	14.0
大学本科	University	13.4	0.7	9.1	8.0	18.9	6.3	7.2
研究生	Graduate and Higher Level	1.4	0.0	0.5	0.8	1.6	0.3	0.4
男	**Male**	**100.0**	**100.0**	**100.0**	**100.0**	**100.0**	**100.0**	**100.0**
未上过学	No Schooling	0.6	3.5	0.5	0.3	0.1	0.8	0.5
小　学	Primary School	7.3	29.2	4.7	5.4	1.9	12.9	5.9
初　中	Junior Secondary School	35.7	51.9	39.5	38.9	22.1	52.9	36.3
高　中	Senior Secondary School	18.1	10.4	19.4	20.8	21.6	14.8	22.7
中等职业教育	Medium Vocational Education	7.2	1.8	10.5	9.3	9.8	3.8	7.8
高等职业教育	High Vocational Education	2.2	0.3	2.8	2.5	2.7	1.3	3.0
大学专科	College	14.8	2.2	14.1	13.4	22.3	8.0	14.8
大学本科	University	12.7	0.8	8.1	8.4	18.1	5.3	8.6
研究生	Graduate and Higher Level	1.4	0.0	0.4	0.9	1.3	0.3	0.4
女	**Female**	**100.0**	**100.0**	**100.0**	**100.0**	**100.0**	**100.0**	**100.0**
未上过学	No Schooling	1.7	9.2	0.2	0.9	0.1	2.0	0.8
小　学	Primary School	9.7	37.2	2.0	9.6	1.5	16.1	7.0
初　中	Junior Secondary School	32.9	45.2	24.6	44.9	12.3	36.1	39.5
高　中	Senior Secondary School	14.5	5.5	22.8	15.6	18.1	10.3	21.5
中等职业教育	Medium Vocational Education	7.2	0.9	12.7	7.6	14.2	5.6	9.1
高等职业教育	High Vocational Education	2.0	0.3	2.8	1.8	3.7	1.4	2.5
大学专科	College	16.3	1.2	21.2	11.6	26.9	16.0	13.3
大学本科	University	14.3	0.6	13.1	7.3	21.0	12.1	6.1
研究生	Graduate and Higher Level	1.4	0.0	0.7	0.6	2.4	0.5	0.3

3-20 续表 1 continued

单位：%

受教育程度	Educational Attainment	交通运输、仓储和邮政业 Transport, Storage and Post	住宿和餐饮业 Hotels and Catering Services	信息传输、软件和信息技术服务业 Information Transmission, Software and Information Technical Services	金融业 Financial Intermediation	房地产业 Real Estate	租赁和商务服务业 Leasing and Business Services	科学研究和技术服务业 Scientific Research and Technical Services
总　计	**Total**	**100.0**	**100.0**	**100.0**	**100.0**	**100.0**	**100.0**	**100.0**
未上过学	No Schooling	0.5	1.0	0.2	0.1	0.7	0.5	0.1
小　学	Primary School	5.9	9.6	0.7	0.7	5.0	4.0	1.1
初　中	Junior Secondary School	42.5	49.3	8.6	7.3	26.2	25.9	10.4
高　中	Senior Secondary School	21.0	20.1	11.0	12.1	18.4	16.5	11.1
中等职业教育	Medium Vocational Education	7.5	6.9	7.6	5.2	8.7	6.7	6.4
高等职业教育	High Vocational Education	2.3	2.0	2.4	2.1	3.1	2.8	1.4
大学专科	College	12.6	7.7	28.9	31.3	21.1	21.5	25.1
大学本科	University	7.2	3.3	36.0	37.6	16.0	19.9	35.2
研究生	Graduate and Higher Level	0.4	0.1	4.5	3.6	1.0	2.2	9.1
男	**Male**	**100.0**	**100.0**	**100.0**	**100.0**	**100.0**	**100.0**	**100.0**
未上过学	No Schooling	0.5	0.4	0.3	0.1	0.5	0.3	0.1
小　学	Primary School	6.2	6.7	0.5	0.7	4.7	4.3	1.1
初　中	Junior Secondary School	45.4	47.7	8.7	7.9	28.0	29.1	11.4
高　中	Senior Secondary School	21.7	22.3	11.6	13.0	19.6	18.6	12.4
中等职业教育	Medium Vocational Education	7.3	8.4	7.6	5.0	9.5	6.9	7.0
高等职业教育	High Vocational Education	2.3	2.2	2.4	2.1	2.5	2.9	1.2
大学专科	College	10.7	8.6	27.7	31.2	19.8	18.2	25.0
大学本科	University	5.6	3.5	36.3	35.6	14.6	17.5	32.6
研究生	Graduate and Higher Level	0.3	0.1	5.0	4.4	0.7	2.1	9.3
女	**Female**	**100.0**	**100.0**	**100.0**	**100.0**	**100.0**	**100.0**	**100.0**
未上过学	No Schooling	0.7	1.6	0.1	0.2	1.0	0.7	
小　学	Primary School	4.6	12.1	0.9	0.8	5.4	3.6	1.1
初　中	Junior Secondary School	27.7	50.7	8.3	6.8	23.3	21.3	8.6
高　中	Senior Secondary School	17.4	18.2	10.2	11.2	16.3	13.6	8.7
中等职业教育	Medium Vocational Education	8.8	5.5	7.7	5.3	7.3	6.5	5.3
高等职业教育	High Vocational Education	2.6	1.8	2.6	2.0	3.9	2.5	2.0
大学专科	College	21.9	7.0	31.0	31.4	23.2	26.2	25.5
大学本科	University	15.5	3.0	35.5	39.5	18.2	23.3	40.0
研究生	Graduate and Higher Level	0.8	0.1	3.7	2.8	1.3	2.3	8.8

3-20 续表 2 continued

单位：%

受教育程度	Educational Attainment	水利、环境和公共设施管理业 Management of Water Conservancy, Environment and Public Facilities	居民服务、修理和其他服务业 Services to Households, Repair and Other Services	教育 Education	卫生和社会工作 Health and Society	文化、体育和娱乐业 Culture, Sports and Entertainment	公共管理、社会保障和社会组织 Public Management Social Security and Social Organizations	国际组织 International Organizations
总　计	**Total**	**100.0**	**100.0**	**100.0**	**100.0**	**100.0**	**100.0**	**100.0**
未上过学	No Schooling	2.1	1.5	0.2	0.3	0.3	0.2	
小　学	Primary School	11.6	11.1	1.2	1.7	3.5	1.4	17.8
初　中	Junior Secondary School	30.2	44.8	6.9	8.4	22.9	10.1	5.2
高　中	Senior Secondary School	16.5	19.4	6.5	7.9	15.5	13.5	8.8
中等职业教育	Medium Vocational Education	5.5	7.5	5.8	12.6	8.8	6.0	
高等职业教育	High Vocational Education	2.0	1.8	2.0	3.0	3.2	2.2	
大学专科	College	17.4	9.2	25.3	32.1	21.7	30.2	38.8
大学本科	University	13.3	4.5	44.3	30.0	22.1	33.9	29.5
研究生	Graduate and Higher Level	1.3	0.2	7.8	4.0	2.1	2.6	
男	**Male**	**100.0**	**100.0**	**100.0**	**100.0**	**100.0**	**100.0**	**100.0**
未上过学	No Schooling	0.9	0.9	0.2	0.4	0.0	0.1	
小　学	Primary School	9.5	9.2	1.4	2.0	2.6	1.2	
初　中	Junior Secondary School	29.5	45.6	7.3	10.1	21.2	10.7	8.4
高　中	Senior Secondary School	19.6	21.2	6.9	9.7	18.0	14.3	14.3
中等职业教育	Medium Vocational Education	6.5	8.1	4.7	9.6	10.5	6.0	
高等职业教育	High Vocational Education	2.3	1.9	1.6	2.3	2.9	2.3	
大学专科	College	16.9	8.4	22.9	27.1	20.9	30.1	63.3
大学本科	University	13.3	4.7	45.5	32.7	22.3	33.0	13.9
研究生	Graduate and Higher Level	1.5	0.2	9.5	6.2	1.6	2.4	
女	**Female**	**100.0**	**100.0**	**100.0**	**100.0**	**100.0**	**100.0**	**100.0**
未上过学	No Schooling	4.2	2.2	0.3	0.3	0.6	0.5	
小　学	Primary School	15.2	13.5	1.0	1.6	4.6	1.8	46.0
初　中	Junior Secondary School	31.6	43.7	6.7	7.5	24.9	8.9	
高　中	Senior Secondary School	11.0	17.2	6.3	6.9	12.6	12.0	
中等职业教育	Medium Vocational Education	3.7	6.8	6.5	14.2	6.6	6.2	
高等职业教育	High Vocational Education	1.6	1.7	2.3	3.3	3.6	1.9	
大学专科	College	18.3	10.2	26.7	34.8	22.6	30.4	
大学本科	University	13.4	4.4	43.5	28.6	21.9	35.5	54.0
研究生	Graduate and Higher Level	1.0	0.3	6.8	2.7	2.6	2.8	

3-21 按年龄、性别分的城镇就业人员职业构成

Occupation of Urban Employed Persons by Age and Sex

单位：% (%)

年 龄 Age	城镇就业人员 Urban Employed Persons	单位负责人 Unit Heads	专业技术人员 Technical Personnel	办事人员和有关人员 Clerk and Related Workers	商业、服务业人员 Business Service Personnel	农林牧渔水利业生产人员 Producers of Agriculture, Forestry, Animal Husbandry, Fishery and Water Conservancy	生产运输设备操作人员及有关人员 Production, Transport Equipment Operators and Related Workers	其他 Others
总计 Total	**100.0**	**3.1**	**17.2**	**15.4**	**33.0**	**7.5**	**23.3**	**0.5**
16-19	100.0	0.7	10.0	8.4	43.5	5.7	31.1	0.6
20-24	100.0	1.4	19.5	14.2	36.7	3.3	24.3	0.6
25-29	100.0	2.4	20.5	16.1	35.3	3.2	22.1	0.4
30-34	100.0	3.4	21.0	16.4	33.9	3.3	21.6	0.4
35-39	100.0	4.0	18.9	16.0	33.8	4.1	22.7	0.5
40-44	100.0	3.5	16.7	14.8	32.9	5.8	25.8	0.5
45-49	100.0	3.7	14.7	14.9	32.3	8.1	25.9	0.5
50-54	100.0	3.7	14.2	17.3	29.0	11.3	23.9	0.6
55-59	100.0	3.1	10.7	17.9	27.4	20.2	20.0	0.6
60-64	100.0	1.6	5.8	9.9	26.2	40.0	15.9	0.6
65+	100.0	1.0	5.2	6.7	22.7	54.1	10.0	0.4
男 Male	**100.0**	**3.9**	**15.0**	**16.5**	**28.4**	**6.3**	**29.3**	**0.5**
16-19	100.0	0.8	8.5	9.1	37.1	6.5	37.6	0.4
20-24	100.0	1.6	15.7	12.8	33.6	3.3	32.4	0.6
25-29	100.0	2.8	17.0	15.1	32.0	2.9	29.8	0.5
30-34	100.0	4.1	17.7	16.4	30.4	2.9	28.1	0.4
35-39	100.0	5.1	16.6	16.8	29.1	3.4	28.6	0.5
40-44	100.0	4.7	14.9	16.2	27.1	4.9	31.7	0.5
45-49	100.0	4.9	13.4	16.8	26.3	6.4	31.7	0.5
50-54	100.0	4.6	13.7	20.3	24.3	7.6	29.0	0.7
55-59	100.0	3.8	12.2	22.4	24.2	12.9	23.8	0.7
60-64	100.0	2.3	6.8	13.6	23.0	32.5	21.2	0.6
65+	100.0	1.4	6.7	9.1	21.7	48.3	12.4	0.4
女 Female	**100.0**	**2.0**	**20.2**	**13.9**	**39.3**	**9.2**	**14.9**	**0.5**
16-19	100.0	0.5	12.0	7.5	51.7	4.8	22.7	0.8
20-24	100.0	1.1	24.5	16.0	40.9	3.3	13.8	0.5
25-29	100.0	1.8	24.8	17.3	39.5	3.7	12.5	0.4
30-34	100.0	2.6	25.0	16.4	38.1	3.7	13.8	0.4
35-39	100.0	2.6	21.9	14.9	39.7	5.1	15.3	0.5
40-44	100.0	2.0	19.0	13.0	40.2	7.0	18.4	0.5
45-49	100.0	2.2	16.3	12.3	40.1	10.3	18.2	0.6
50-54	100.0	1.8	15.3	11.3	38.8	19.0	13.4	0.4
55-59	100.0	1.4	6.6	5.7	36.4	40.0	9.4	0.4
60-64	100.0	0.5	4.0	3.4	32.0	53.0	6.5	0.6
65+	100.0	0.3	2.7	2.4	24.4	64.2	5.7	0.3

3-22 按职业、性别分的城镇就业人员年龄构成
Age Composition of Urban Employed Persons by Occupation and Sex

单位：% (%)

年龄 Age	城镇就业人员 Urban Employed Persons	单位负责人 Unit Heads	专业技术人员 Technical Personnel	办事人员和有关人员 Clerk and Related Workers	商业、服务业人员 Business Service Personnel	农林牧渔水利业生产人员 Producers of Agriculture, Forestry, Animal Husbandry, Fishery and Water Conservancy	生产运输设备操作人员及有关人员 Production, Transport Equipment Operators and Related Workers	其他 Others
总计 Total	**100.0**	**100.0**	**100.0**	**100.0**	**100.0**	**100.0**	**100.0**	**100.0**
16-19	1.2	0.3	0.7	0.7	1.6	0.9	1.6	1.7
20-24	8.6	3.7	9.8	7.9	9.6	3.7	9.0	10.9
25-29	14.9	11.3	17.7	15.5	15.9	6.4	14.1	12.3
30-34	15.0	16.5	18.4	16.0	15.4	6.5	14.0	12.0
35-39	13.3	17.0	14.7	13.8	13.7	7.3	13.0	13.3
40-44	16.0	17.9	15.5	15.3	15.9	12.3	17.7	16.1
45-49	13.1	15.7	11.2	12.7	12.8	14.0	14.6	13.7
50-54	9.6	11.4	8.0	10.8	8.5	14.4	9.9	9.2
55-59	4.6	4.6	2.9	5.3	3.8	12.2	3.9	6.8
60-64	2.3	1.2	0.8	1.5	1.8	12.1	1.6	3.0
65+	1.4	0.4	0.4	0.6	1.0	10.1	0.6	1.2
男 Male	**100.0**	**100.0**	**100.0**	**100.0**	**100.0**	**100.0**	**100.0**	**100.0**
16-19	1.2	0.2	0.7	0.7	1.5	1.2	1.5	1.2
20-24	8.4	3.4	8.8	6.5	9.9	4.4	9.3	10.3
25-29	14.2	10.2	16.1	13.0	16.0	6.5	14.4	11.5
30-34	14.3	14.9	16.8	14.1	15.3	6.6	13.6	11.5
35-39	12.8	16.5	14.2	13.0	13.1	6.9	12.5	12.3
40-44	15.4	18.3	15.4	15.2	14.7	11.9	16.7	15.7
45-49	12.8	15.8	11.4	13.1	11.8	12.9	13.8	12.3
50-54	11.1	13.0	10.2	13.7	9.5	13.3	11.0	11.4
55-59	5.8	5.6	4.7	7.9	4.9	11.8	4.7	9.1
60-64	2.5	1.5	1.1	2.1	2.0	12.8	1.8	3.3
65+	1.5	0.5	0.7	0.8	1.2	11.8	0.7	1.4
女 Female	**100.0**	**100.0**	**100.0**	**100.0**	**100.0**	**100.0**	**100.0**	**100.0**
16-19	1.2	0.3	0.7	0.7	1.6	0.6	1.9	2.4
20-24	8.9	4.7	10.8	10.2	9.3	3.2	8.3	11.8
25-29	15.8	14.2	19.4	19.5	15.9	6.3	13.2	13.5
30-34	16.1	21.0	20.0	19.0	15.6	6.5	14.9	12.6
35-39	14.1	18.2	15.3	15.0	14.2	7.7	14.5	14.6
40-44	16.8	16.7	15.7	15.6	17.1	12.8	20.7	16.6
45-49	13.5	15.2	10.9	12.0	13.8	15.0	16.5	15.7
50-54	7.5	6.9	5.7	6.1	7.4	15.4	6.8	5.9
55-59	2.9	2.0	1.0	1.2	2.7	12.7	1.9	3.3
60-64	2.0	0.5	0.4	0.5	1.6	11.3	0.9	2.5
65+	1.2	0.2	0.2	0.2	0.8	8.4	0.5	1.0

3-23 按受教育程度、性别分的城镇就业人员职业构成
Occupation of Urban Employed Persons by Educational Attainment and Sex

单位：% (%)

受教育程度	Educational Attainment	城镇就业人员 Urban Employed Persons	单位负责人 Unit Heads	专业技术人员 Technical Personnel	办事人员和有关人员 Clerk and Related Workers	商业、服务业人员 Business Service Personnel	农林牧渔水利业生产人员 Producers in the Sectors of Agriculture, Forestry,Animal Husbandry, Fishery and Water Conservancy	生产运输设备操作人员及有关人员 Production, Transport Equipment Operators and Related Workers	其他 Others
总　计	**Total**	**100.0**	**3.1**	**17.2**	**15.4**	**33.0**	**7.5**	**23.3**	**0.5**
未上过学	No Schooling	100.0	0.8	3.3	3.9	28.0	46.9	16.6	0.4
小　学	Primary School	100.0	1.3	3.5	4.6	32.2	30.7	27.3	0.4
初　中	Junior Secondary School	100.0	2.2	6.1	7.4	39.2	10.6	34.0	0.6
高　中	Senior Secondary School	100.0	3.4	10.6	15.1	41.4	3.5	25.5	0.5
中等职业教育	Medium Vocational Education	100.0	2.6	18.9	16.1	36.8	1.4	23.8	0.4
高等职业教育	High Vocational Education	100.0	3.9	19.1	18.3	38.7	0.9	18.8	0.3
大学专科	College	100.0	4.4	29.6	26.7	26.2	0.6	12.0	0.4
大学本科	University	100.0	4.9	43.4	29.7	15.1	0.2	6.4	0.3
研究生	Graduate and Higher Level	100.0	5.5	61.0	23.4	6.8	0.1	3.0	0.2
男	**Male**	**100.0**	**3.9**	**15.0**	**16.5**	**28.4**	**6.3**	**29.3**	**0.5**
未上过学	No Schooling	100.0	1.3	4.7	7.1	24.0	37.1	25.3	0.4
小　学	Primary School	100.0	1.7	4.2	6.5	27.0	25.8	34.3	0.4
初　中	Junior Secondary School	100.0	2.6	6.4	8.7	31.7	9.2	40.8	0.6
高　中	Senior Secondary School	100.0	4.0	9.8	15.9	34.6	3.6	31.5	0.6
中等职业教育	Medium Vocational Education	100.0	3.2	15.2	16.6	31.7	1.6	31.2	0.4
高等职业教育	High Vocational Education	100.0	4.6	15.8	19.1	34.8	0.8	24.6	0.3
大学专科	College	100.0	6.0	24.0	27.4	24.8	0.7	16.7	0.4
大学本科	University	100.0	6.5	38.0	31.3	15.0	0.3	8.6	0.3
研究生	Graduate and Higher Level	100.0	7.4	58.1	24.2	6.8	0.2	3.1	0.3
女	**Female**	**100.0**	**2.0**	**20.2**	**13.9**	**39.3**	**9.2**	**14.9**	**0.5**
未上过学	No Schooling	100.0	0.6	2.6	2.2	30.1	51.9	12.1	0.4
小　学	Primary School	100.0	0.8	2.7	2.6	37.6	35.8	20.0	0.4
初　中	Junior Secondary School	100.0	1.5	5.7	5.3	50.4	12.7	23.8	0.6
高　中	Senior Secondary School	100.0	2.4	12.1	13.6	53.1	3.4	15.0	0.5
中等职业教育	Medium Vocational Education	100.0	1.8	24.0	15.4	43.9	1.2	13.4	0.4
高等职业教育	High Vocational Education	100.0	3.0	23.9	17.1	44.4	0.9	10.3	0.3
大学专科	College	100.0	2.5	36.8	25.8	27.9	0.4	6.1	0.4
大学本科	University	100.0	3.0	50.1	27.8	15.2	0.1	3.6	0.3
研究生	Graduate and Higher Level	100.0	2.9	65.0	22.4	6.8		2.8	0.1

3-24 按职业、性别分的城镇就业人员受教育程度构成
Educational Attainment of Urban Employed Persons by Occupation and Sex

单位：% (%)

受教育程度	Educational Attainment	城镇就业人员 Urban Employed Persons	单位负责人 Unit Heads	专业技术人员 Technical Personnel	办事人员和有关人员 Clerk and Related Workers	商业、服务业人员 Business Service Personnel	农林牧渔水利业生产人员 Producers in the Sectors of Agriculture, Forestry,Animal Husbandry, Fishery and Water Conservancy	生产运输设备操作人员及有关人员 Production, Transport Equipment Operators and Related Workers	其他 Others
总计	**Total**	**100.0**	**100.0**	**100.0**	**100.0**	**100.0**	**100.0**	**100.0**	**100.0**
未上过学	No Schooling	1.1	0.3	0.2	0.3	0.9	6.5	0.8	0.7
小学	Primary School	8.3	3.4	1.7	2.5	8.1	33.8	9.7	8.2
初中	Junior Secondary School	34.5	23.9	12.3	16.5	41.0	48.5	50.5	45.1
高中	Senior Secondary School	16.6	18.3	10.3	16.2	20.8	7.8	18.2	18.2
中等职业教育	Medium Vocational Education	7.2	6.0	7.9	7.5	8.0	1.4	7.3	8.5
高等职业教育	High Vocational Education	2.1	2.7	2.3	2.5	2.5	0.2	1.7	1.1
大学专科	College	15.4	22.0	26.6	26.7	12.2	1.2	8.0	11.3
大学本科	University	13.4	21.0	33.8	25.7	6.1	0.4	3.7	6.5
研究生	Graduate and Higher Level	1.4	2.5	4.9	2.1	0.3	0.0	0.2	0.4
男	**Male**	**100.0**	**100.0**	**100.0**	**100.0**	**100.0**	**100.0**	**100.0**	**100.0**
未上过学	No Schooling	0.6	0.2	0.2	0.3	0.5	3.6	0.5	0.4
小学	Primary School	7.3	3.2	2.0	2.9	6.9	29.6	8.5	6.7
初中	Junior Secondary School	35.7	23.6	15.3	18.9	39.9	51.9	49.7	43.8
高中	Senior Secondary School	18.1	18.5	11.8	17.5	22.1	10.4	19.5	20.4
中等职业教育	Medium Vocational Education	7.2	5.9	7.2	7.2	8.0	1.8	7.6	9.6
高等职业教育	High Vocational Education	2.2	2.5	2.3	2.5	2.6	0.3	1.8	1.0
大学专科	College	14.8	22.5	23.7	24.6	12.9	1.7	8.4	10.7
大学本科	University	12.7	21.0	32.1	24.1	6.7	0.6	3.7	6.8
研究生	Graduate and Higher Level	1.4	2.6	5.3	2.0	0.3	0.0	0.1	0.6
女	**Female**	**100.0**	**100.0**	**100.0**	**100.0**	**100.0**	**100.0**	**100.0**	**100.0**
未上过学	No Schooling	1.7	0.5	0.2	0.3	1.3	9.4	1.4	1.3
小学	Primary School	9.7	3.9	1.3	1.8	9.3	37.8	13.1	10.2
初中	Junior Secondary School	32.9	24.8	9.3	12.6	42.2	45.3	52.7	47.0
高中	Senior Secondary School	14.5	17.6	8.7	14.1	19.6	5.4	14.6	14.8
中等职业教育	Medium Vocational Education	7.2	6.4	8.5	7.9	8.0	0.9	6.5	6.9
高等职业教育	High Vocational Education	2.0	3.1	2.4	2.5	2.3	0.2	1.4	1.1
大学专科	College	16.3	20.7	29.6	30.1	11.5	0.8	6.7	12.3
大学本科	University	14.3	21.2	35.5	28.4	5.5	0.2	3.4	6.1
研究生	Graduate and Higher Level	1.4	2.0	4.5	2.3	0.2		0.3	0.2

3-25 城镇就业人员调查周平均工作时间
Weekly Working Hours of Urban Employed Persons

单位：小时／周 (hours/per week)

分 组	Group	2010年	2011年	2012年	2013年	2014年	2015年
全 部	**Total**	**47.0**	**46.2**	**46.3**	**46.6**	**46.6**	**45.5**
一、按年龄分组	**By Age**						
	16-19	49.1	48.0	47.7	49.3	49.3	48.4
	20-24	47.8	46.8	47.1	47.6	47.7	46.2
	25-29	47.1	46.6	46.8	47.0	47.2	45.8
	30-34	47.5	47.0	46.9	47.2	47.0	45.7
	35-39	47.8	47.2	47.3	47.6	47.5	45.9
	40-44	47.6	46.9	47.1	47.6	47.5	46.1
	45-49	46.8	46.0	46.2	46.8	46.7	45.7
	50-54	45.8	44.8	45.2	45.5	45.6	44.9
	55-59	44.7	43.4	43.6	43.8	44.1	43.9
	60-64	42.6	40.1	41.4	41.2	41.2	42.4
	65+	38.5	35.0	35.7	35.7	35.6	37.2
二、按职业分组	**By Occupation**						
单位负责人	Unit Head	47.1	47.7	48.2	48.4	48.4	46.9
专业技术人员	Technical Personnel	43.1	43.7	43.7	43.9	43.9	42.9
办事人员和有关人员	Clerk and Related Workers	44.0	43.9	44.0	44.0	43.8	43.1
商业、服务业人员	Business Service Personnel	49.8	49.5	49.6	49.9	49.9	47.7
农林牧渔水利业生产人员	Producers in the Sectors of Agriculture, Forestry,Animal Husbandry,Fishery and Water Conservancy	41.5	38.2	38.3	38.2	37.6	38.9
生产、运输设备操作人员及有关人员	Production, Transport Equipment Operators and Related Workers	49.7	48.7	48.8	49.5	49.5	47.9
其 他	Others	47.8	47.7	49.8	49.2	44.0	44.6
三、按受教育程度分组	**By Educational Attaiment**						
未上过学	No Schooling	43.5	40.1	39.8	39.6	40.1	42.1
小 学	Primary School	47.2	45.0	44.5	44.8	44.6	45.3
初 中	Junior Secondary School	48.9	48.1	48.2	48.8	48.7	48.1
高 中	Senior Secondary School	47.2	47.1	47.4	47.6	47.8	46.2
中等职业教育	Medium Vocational Education						45.6
高等职业教育	High Vocational Education						44.6
大学专科	College	43.7	43.8	44.0	44.3	44.5	43.2
大学本科	University	42.1	42.4	42.4	42.5	42.6	41.7
研究生	Graduate and Higher Level	41.1	41.7	41.6	41.8	41.4	41.0

3-26 城镇男性就业人员调查周平均工作时间
Weekly Working Hours of Urban Male Employed Persons

单位：小时／周 (hours/per week)

分 组	Group	2010年	2011年	2012年	2013年	2014年	2015年
全 部	**Total**	**47.7**	**47.0**	**47.1**	**47.5**	**47.5**	**46.1**
一、按年龄分组	**By Age**						
	16-19	49.3	48.0	47.9	49.5	49.8	49.1
	20-24	48.5	47.5	47.7	48.5	48.5	46.9
	25-29	47.9	47.4	47.7	47.8	48.1	46.6
	30-34	48.2	47.8	47.6	47.9	47.8	46.4
	35-39	48.4	48.0	48.0	48.3	48.2	46.5
	40-44	48.3	47.9	47.9	48.4	48.3	46.7
	45-49	47.5	46.8	47.1	47.7	47.7	46.2
	50-54	46.6	45.5	46.0	46.4	46.5	45.3
	55-59	45.7	44.8	45.2	45.4	45.5	44.6
	60-64	44.4	42.1	44.0	43.8	43.8	44.2
	65+	40.1	37.4	38.0	38.3	37.9	39.0
二、按职业分组	**By Occupation**						
单位负责人	Unit Head	47.0	47.7	48.2	48.5	48.5	47.0
专业技术人员	Technical Personnel	43.6	44.2	44.2	44.6	44.5	43.4
办事人员和有关人员	Clerk and Related Workers	44.6	44.4	44.5	44.6	44.4	43.6
商业、服务业人员	Business Service Personnel	50.2	50.1	50.1	50.3	50.3	48.2
农林牧渔水利业生产人员	Producers in the Sectors of Agriculture, Forestry,Animal Husbandry,Fishery and Water Conservancy	43.3	40.6	40.8	40.8	40.5	40.9
生产、运输设备操作人员及有关人员	Production, Transport Equipment Operators and Related Workers	49.9	48.9	48.9	49.7	49.6	47.9
其 他	Others	48.2	49.2	50.2	48.9	45.6	45.2
三、按受教育程度分组	**By Educational Attaiment**						
未上过学	No Schooling	45.2	42.6	43.7	42.9	43.3	44.3
小 学	Primary School	48.4	46.8	46.3	46.8	46.3	46.3
初 中	Junior Secondary School	49.6	48.9	49.1	49.7	49.8	48.7
高 中	Senior Secondary School	47.6	47.4	47.8	48.1	48.2	46.5
中等职业教育	Medium Vocational Education						46.2
高等职业教育	High Vocational Education						45.1
大学专科	College	44.0	44.5	44.4	44.7	44.9	43.7
大学本科	University	42.4	42.6	42.8	42.9	43.0	42.0
研究生	Graduate and Higher Level	41.3	41.8	41.9	42.4	41.5	41.2

3-27 城镇女性就业人员调查周平均工作时间
Weekly Working Hours of Urban Female Employed Persons

单位：小时／周 (hours/per week)

分　组	Group	2010年	2011年	2012年	2013年	2014年	2015年
全　部	**Total**	**46.1**	**45.2**	**45.2**	**45.5**	**45.5**	**44.7**
一、按年龄分组	**By Age**						
	16-19	48.8	48.1	47.4	49.2	48.5	47.6
	20-24	47.0	46.1	46.3	46.7	46.7	45.4
	25-29	46.1	45.8	45.7	46.0	46.1	44.8
	30-34	46.6	46.1	46.0	46.3	46.2	44.8
	35-39	46.9	46.2	46.4	46.6	46.6	45.2
	40-44	46.7	45.8	46.2	46.6	46.6	45.2
	45-49	45.8	45.0	45.0	45.6	45.5	45.1
	50-54	44.2	43.1	43.5	43.7	44.0	44.0
	55-59	42.2	40.1	40.1	40.2	40.8	42.0
	60-64	39.3	36.6	37.2	36.9	37.0	39.1
	65+	35.3	31.2	31.8	31.4	31.9	33.9
二、按职业分组	**By Occupation**						
单位负责人	Unit Head	47.2	47.8	48.2	48.1	48.2	46.7
专业技术人员	Technical Personnel	42.7	43.2	43.2	43.3	43.4	42.3
办事人员和有关人员	Clerk and Related Workers	42.8	43.0	43.1	43.0	42.8	42.3
商业、服务业人员	Business Service Personnel	49.5	49.0	49.1	49.4	49.5	47.2
农林牧渔水利业生产人员	Producers in the Sectors of Agriculture, Forestry,Animal Husbandry,Fishery and Water Conservancy	39.6	35.7	35.8	35.6	34.9	37.1
生产、运输设备操作人员及有关人员	Production, Transport Equipment Operators and Related Workers	49.5	48.4	48.6	49.0	49.1	47.7
其　他	Others	47.1	44.9	49.2	49.6	42.0	43.9
三、按受教育程度分组	**By Educational Attaiment**						
未上过学	No Schooling	42.6	38.9	37.7	38.0	38.4	41.0
小　学	Primary School	45.9	43.1	42.6	42.9	42.9	44.3
初　中	Junior Secondary School	47.9	47.1	46.9	47.5	47.3	47.3
高　中	Senior Secondary School	46.5	46.5	46.7	46.8	47.3	45.6
中等职业教育	Medium Vocational Education						44.7
高等职业教育	High Vocational Education						43.8
大学专科	College	43.2	43.0	43.6	43.8	44.0	42.7
大学本科	University	41.7	42.0	42.0	42.1	42.0	41.2
研究生	Graduate and Higher Level	40.7	41.4	41.1	41.0	41.2	40.8

3-28 按年龄、性别分的城镇就业人员工作时间构成
Working Hours of Urban Employed Persons by Age and Sex

单位：% (%)

年 龄 Age	城 镇 就业人员 Urban Employed Persons	1-8小时 1-8 Hours	9-19小时 9-19 Hours	20-39小时 20-39 Hours	40小时 40 Hours	41-48小时 41-48 Hours	48小时以上 48 Hours Above
总计 Total	**100.0**	**1.5**	**1.4**	**6.5**	**42.8**	**17.3**	**30.4**
16-19	100.0	1.7	1.2	5.7	26.7	22.3	42.3
20-24	100.0	1.4	1.2	5.0	39.6	21.2	31.6
25-29	100.0	1.5	1.0	4.4	44.7	18.9	29.5
30-34	100.0	1.4	0.9	4.7	46.4	17.9	28.7
35-39	100.0	1.4	1.0	5.0	45.2	17.1	30.4
40-44	100.0	1.5	1.1	5.6	43.5	16.5	31.9
45-49	100.0	1.5	1.4	6.6	42.8	16.3	31.4
50-54	100.0	1.5	1.7	8.5	43.5	14.9	29.8
55-59	100.0	1.6	2.4	11.9	39.8	15.3	28.9
60-64	100.0	2.4	4.3	20.5	26.3	15.6	31.0
65+	100.0	4.4	9.9	26.7	22.8	14.0	22.3
男 Male	**100.0**	**1.4**	**1.2**	**5.8**	**42.1**	**17.0**	**32.4**
16-19	100.0	1.4	0.7	6.2	25.8	21.4	44.6
20-24	100.0	1.6	1.1	4.7	37.0	20.9	34.7
25-29	100.0	1.4	0.9	4.2	42.5	18.5	32.5
30-34	100.0	1.3	0.9	4.4	44.1	17.7	31.6
35-39	100.0	1.4	0.9	4.5	44.0	16.4	32.8
40-44	100.0	1.3	1.0	4.7	42.9	16.1	34.0
45-49	100.0	1.4	1.2	5.6	42.7	16.1	32.9
50-54	100.0	1.5	1.2	6.7	45.8	15.2	29.6
55-59	100.0	1.5	1.5	9.1	44.1	15.0	28.8
60-64	100.0	1.7	3.3	16.8	27.4	16.4	34.4
65+	100.0	3.5	8.6	24.0	23.5	14.8	25.6
女 Female	**100.0**	**1.7**	**1.6**	**7.5**	**43.8**	**17.8**	**27.6**
16-19	100.0	2.2	1.9	5.2	27.9	23.4	39.4
20-24	100.0	1.1	1.2	5.6	42.9	21.6	27.6
25-29	100.0	1.7	1.1	4.7	47.4	19.5	25.6
30-34	100.0	1.5	1.0	5.1	49.2	18.2	25.1
35-39	100.0	1.3	1.1	5.8	46.6	18.0	27.2
40-44	100.0	1.7	1.2	6.7	44.2	16.9	29.3
45-49	100.0	1.5	1.6	8.0	42.9	16.7	29.3
50-54	100.0	1.7	2.7	12.2	38.9	14.3	30.2
55-59	100.0	2.0	4.8	19.8	28.1	16.0	29.3
60-64	100.0	3.5	6.1	27.1	24.2	14.1	25.0
65+	100.0	5.9	12.1	31.5	21.4	12.5	16.5

3-29 按受教育程度、性别分的城镇就业人员工作时间构成
Working Hours of Urban Employed Persons by Educational Attainment and Sex

单位：% (%)

受教育程度	Educational Attainment	城镇就业人员 Urban Employed Persons	1-8小时 1-8 Hours	9-19小时 9-19 Hours	20-39小时 20-39 Hours	40小时 40 Hours	41-48小时 41-48 Hours	48小时以上 48 Hours Above
总　计	**Total**	**100.0**	**1.5**	**1.4**	**6.5**	**42.8**	**17.3**	**30.4**
未上过学	No Schooling	100.0	3.0	5.9	22.1	21.4	13.1	34.5
小　学	Primary School	100.0	2.4	4.1	15.4	22.6	15.8	39.7
初　中	Junior Secondary School	100.0	1.5	1.8	7.3	27.3	18.2	43.9
高　中	Senior Secondary School	100.0	1.8	1.0	4.9	40.5	19.4	32.4
中等职业教育	Medium Vocational Education	100.0	1.5	0.8	4.2	45.8	20.6	27.2
高等职业教育	High Vocational Education	100.0	2.0	0.8	4.0	49.9	20.6	22.7
大学专科	College	100.0	1.1	0.4	4.0	61.7	17.2	15.6
大学本科	University	100.0	1.0	0.5	4.3	72.0	12.7	9.5
研究生	Graduate and Higher Level	100.0	0.6	0.5	5.4	76.9	9.4	7.2
男	**Male**	**100.0**	**1.4**	**1.2**	**5.8**	**42.1**	**17.0**	**32.4**
未上过学	No Schooling	100.0	2.6	5.1	17.0	22.3	12.3	40.7
小　学	Primary School	100.0	2.4	3.6	13.7	22.5	15.2	42.6
初　中	Junior Secondary School	100.0	1.4	1.6	6.6	27.4	17.7	45.4
高　中	Senior Secondary School	100.0	1.8	0.9	4.6	40.2	18.6	33.9
中等职业教育	Medium Vocational Education	100.0	1.3	0.7	4.0	45.0	19.3	29.7
高等职业教育	High Vocational Education	100.0	2.2	0.8	3.0	49.4	19.9	24.6
大学专科	College	100.0	1.2	0.4	3.8	60.0	17.1	17.6
大学本科	University	100.0	1.0	0.5	4.0	70.7	13.1	10.8
研究生	Graduate and Higher Level	100.0	0.5	0.6	4.8	76.9	9.2	8.0
女	**Female**	**100.0**	**1.7**	**1.6**	**7.5**	**43.8**	**17.8**	**27.6**
未上过学	No Schooling	100.0	3.2	6.3	24.7	20.9	13.6	31.3
小　学	Primary School	100.0	2.5	4.6	17.1	22.7	16.3	36.7
初　中	Junior Secondary School	100.0	1.8	2.2	8.5	27.0	18.9	41.6
高　中	Senior Secondary School	100.0	1.8	1.1	5.4	41.1	20.9	29.8
中等职业教育	Medium Vocational Education	100.0	1.7	0.8	4.6	46.9	22.3	23.7
高等职业教育	High Vocational Education	100.0	1.5	0.7	5.4	50.7	21.8	19.8
大学专科	College	100.0	1.1	0.5	4.2	63.8	17.3	13.1
大学本科	University	100.0	1.2	0.5	4.7	73.7	12.1	7.9
研究生	Graduate and Higher Level	100.0	0.6	0.2	6.4	76.9	9.8	6.1

3-30 按户口性质、性别分的城镇就业人员工作时间构成
Working Hours of Urban Employed Persons by Household Registration and Sex

单位：% (%)

户口性质	Household Registration	城镇就业人员 Urban Employed Persons	1-8小时 1-8 Hours	9-19小时 9-19 Hours	20-39小时 20-39 Hours	40小时 40 Hours	41-48小时 41-48 Hours	48小时以上 48 Hours Above
总　计	**Total**	**100.0**	**1.5**	**1.4**	**6.5**	**42.8**	**17.3**	**30.4**
农　业	Agriculture	100.0	1.8	2.6	10.6	24.5	18.5	41.9
非农业	Non-Agriculture	100.0	1.4	0.8	4.6	51.5	16.8	24.9
男	**Male**	**100.0**	**1.4**	**1.2**	**5.8**	**42.1**	**17.0**	**32.4**
农　业	Agriculture	100.0	1.6	2.1	8.9	24.4	18.1	44.9
非农业	Non-Agriculture	100.0	1.4	0.8	4.2	50.9	16.5	26.2
女	**Female**	**100.0**	**1.7**	**1.6**	**7.5**	**43.8**	**17.8**	**27.6**
农　业	Agriculture	100.0	2.1	3.4	13.1	24.7	19.2	37.5
非农业	Non-Agriculture	100.0	1.5	0.9	5.0	52.4	17.2	23.1

注：农业人口是指本人户口所在家庭拥有农村土地承包权的人口。
Note:Agricultural population refer to the people who register in the families which own farmland contracts.

3-31 按就业身份、性别分的城镇就业人员工作时间构成
Working Hours of Urban Employed Persons by Employment Status and Sex

单位：% (%)

就业身份	Employment Status	城镇就业人员 Urban Employed Persons	1-8小时 1-8 Hours	9-19小时 9-19 Hours	20-39小时 20-39 Hours	40小时 40 Hours	41-48小时 41-48 Hours	48小时以上 48 Hours Above
总　计	**Total**	**100.0**	**1.5**	**1.4**	**6.5**	**42.8**	**17.3**	**30.4**
雇　员	Employee	100.0	1.4	0.6	4.5	49.2	18.6	25.7
雇　主	Employer	100.0	1.2	1.3	4.3	31.1	13.9	48.3
自营劳动者	Self-Employed	100.0	2.1	3.9	13.6	23.6	13.8	42.9
家庭帮工	Unpaid Familial Worker	100.0	2.0	4.3	15.6	24.7	12.5	40.9
男	**Male**	**100.0**	**1.4**	**1.2**	**5.8**	**42.1**	**17.0**	**32.4**
雇　员	Employee	100.0	1.4	0.7	4.2	48.2	18.1	27.6
雇　主	Employer	100.0	1.1	1.2	4.2	31.1	13.8	48.7
自营劳动者	Self-Employed	100.0	1.7	3.0	11.4	23.7	14.2	46.0
家庭帮工	Unpaid Familial Worker	100.0	2.0	4.9	15.8	25.2	13.4	38.6
女	**Female**	**100.0**	**1.7**	**1.6**	**7.5**	**43.8**	**17.8**	**27.6**
雇　员	Employee	100.0	1.4	0.6	4.8	50.7	19.4	23.1
雇　主	Employer	100.0	1.3	1.6	4.5	31.0	14.2	47.5
自营劳动者	Self-Employed	100.0	2.7	5.2	16.9	23.4	13.3	38.5
家庭帮工	Unpaid Familial Worker	100.0	2.0	4.1	15.5	24.5	12.1	41.8

3-32 按行业、性别分的城镇就业人员工作时间构成
Working Hours of Urban Employed Persons by Sector and Sex

单位：% (%)

项目	Item	城镇就业人员 Urban Employed Persons	1-8小时 1-8 Hours	9-19小时 9-19 Hours	20-39小时 20-39 Hours	40小时 40 Hours	41-48小时 41-48 Hours	48小时以上 48 Hours Above
总　计	**National Total**	**100.0**	**1.5**	**1.4**	**6.5**	**42.8**	**17.3**	**30.4**
农、林、牧、渔业	Agriculture,Forestry,Animal Husbandry and Fishery	100.0	3.4	7.1	25.0	23.5	14.9	26.1
采矿业	Mining	100.0	1.0	0.6	2.6	53.0	14.7	28.1
制造业	Manufacturing	100.0	1.4	0.7	3.8	37.2	23.3	33.6
电力、热力、燃气及水生产和供应业	Production and Supply of Electricity Power, Heat Power, Gas and Water	100.0	1.1	0.3	4.5	65.6	12.5	16.0
建筑业	Construction	100.0	1.4	1.3	7.5	31.9	16.7	41.2
批发和零售业	Wholesale and Retail Trades	100.0	1.4	1.2	4.4	33.3	18.8	40.8
交通运输、仓储和邮政业	Transport,Storage and Post	100.0	1.7	1.0	5.3	39.5	16.2	36.2
住宿和餐饮业	Hotels and Catering Services	100.0	1.6	1.3	4.8	28.8	16.8	46.9
信息传输、软件和信息技术服务业	Information Transmission, Software and Information Technical Services	100.0	1.1	0.6	4.5	64.2	15.9	13.7
金融业	Financial Intermediation	100.0	0.8	0.4	4.7	69.0	14.0	11.1
房地产业	Real Estate	100.0	1.2	0.5	3.2	51.9	20.2	23.0
租赁和商务服务业	Leasing and Business Services	100.0	1.3	0.8	5.9	53.2	16.7	22.1
科学研究和技术服务业	Scientific Research and Technical Services	100.0	1.1	0.8	5.3	68.6	13.0	11.1
水利、环境和公共设施管理业	Management of Water Conservancy, Environment and Public Facilities	100.0	1.2	1.0	5.1	53.2	16.7	22.8
居民服务、修理和其他服务业	Services to Households, Repair and Other Services	100.0	1.5	1.6	7.5	34.7	17.2	37.4
教育	Education	100.0	1.4	0.7	5.6	71.9	10.2	10.2
卫生和社会工作	Health and Society	100.0	1.4	0.5	4.5	56.9	19.0	17.7
文化体育和娱乐业	Culture, Sports and Entertainment	100.0	1.6	0.6	5.8	52.4	15.8	23.9
公共管理、社会保障和社会组织	Public Management, Social Security and Social	100.0	1.1	0.3	5.7	74.0	9.3	9.6
国际组织	Organizations International Organizations	100.0				67.7	32.3	
男	**Male**	**100.0**	**1.4**	**1.2**	**5.8**	**42.1**	**17.0**	**32.4**
农、林、牧、渔业	Agriculture,Forestry,Animal Husbandry and Fishery	100.0	2.7	5.5	22.0	24.2	15.2	30.4
采矿业	Mining	100.0	0.9	0.6	2.5	49.2	15.2	31.7
制造业	Manufacturing	100.0	1.4	0.7	3.5	38.3	22.6	33.5
电力、热力、燃气及水生产和供应业	Production and Supply of Electricity Power, Heat Power, Gas and Water	100.0	1.1	0.4	4.3	63.5	13.0	17.7
建筑业	Construction	100.0	1.3	1.3	7.1	30.1	16.6	43.5
批发和零售业	Wholesale and Retail Trades	100.0	1.4	1.3	4.1	33.5	17.5	42.2
交通运输、仓储和邮政业	Transport,Storage and Post	100.0	1.7	1.1	5.2	37.1	15.9	39.0
住宿和餐饮业	Hotels and Catering Services	100.0	1.5	1.2	3.8	28.3	15.9	49.3
信息传输、软件和信息技术服务业	Information Transmission, Software and Information Technical Services	100.0	1.3	0.7	4.3	62.7	16.3	14.7
金融业	Financial Intermediation	100.0	0.7	0.3	4.5	68.4	13.7	12.3

3-32 续表 continued

单位：% (%)

项 目	Item	城镇就业人员 Urban Employed Persons	1-8小时 1-8 Hours	9-19小时 9-19 Hours	20-39小时 20-39 Hours	40小时 40 Hours	41-48小时 41-48 Hours	48小时以上 48 Hours Above
房地产业	Real Estate	100.0	1.1	0.4	3.0	48.4	20.4	26.7
租赁和商务服务业	Leasing and Business Services	100.0	1.3	0.9	5.7	51.4	15.9	24.7
科学研究和技术服务业	Scientific Research and Technical Services	100.0	1.4	0.7	5.6	66.9	13.9	11.5
水利、环境和公共设施管理业	Management of Water Conservancy, Environment and Public Facilities	100.0	1.0	1.0	3.7	54.2	16.2	23.9
居民服务、修理和其他服务业	Services to Households, Repair and Other Services	100.0	1.4	1.4	6.0	33.5	17.5	40.2
教育	Education	100.0	1.5	0.8	5.4	70.0	10.6	11.6
卫生和社会工作	Health and Society	100.0	1.6	0.6	4.4	55.0	17.9	20.5
文化体育和娱乐业	Culture, Sports and Entertainment	100.0	1.5	0.5	6.1	51.0	15.9	25.0
公共管理、社会保障和社会组织	Public Management, Social Security and Social Organizations	100.0	1.1	0.3	5.1	73.0	9.5	11.0
国际组织	International Organizations	100.0				47.3	52.7	
女	**Female**	**100.0**	**1.7**	**1.6**	**7.5**	**43.8**	**17.8**	**27.6**
农、林、牧、渔业	Agriculture,Forestry,Animal Husbandry and Fishery	100.0	4.0	8.7	28.0	22.7	14.7	21.9
采矿业	Mining	100.0	1.7	0.5	3.3	68.2	12.9	13.4
制造业	Manufacturing	100.0	1.3	0.7	4.4	35.5	24.3	33.8
电力、热力、燃气及水生产和供应业	Production and Supply of Electricity Power, Heat Power, Gas and Water	100.0	1.3	0.1	5.0	71.0	11.2	11.5
建筑业	Construction	100.0	1.7	1.6	9.6	42.3	17.0	27.8
批发和零售业	Wholesale and Retail Trades	100.0	1.5	1.2	4.6	33.1	19.9	39.7
交通运输、仓储和邮政业	Transport,Storage and Post	100.0	1.9	0.8	6.3	51.8	17.4	21.8
住宿和餐饮业	Hotels and Catering Services	100.0	1.6	1.3	5.7	29.2	17.5	44.7
信息传输、软件和信息技术服务业	Information Transmission, Software and Information Technical Services	100.0	0.8	0.4	4.8	66.6	15.3	12.1
金融业	Financial Intermediation	100.0	0.9	0.5	4.9	69.6	14.2	9.9
房地产业	Real Estate	100.0	1.3	0.5	3.7	57.4	20.0	17.0
租赁和商务服务业	Leasing and Business Services	100.0	1.4	0.5	6.1	55.6	17.9	18.4
科学研究和技术服务业	Scientific Research and Technical Services	100.0	0.6	1.1	4.8	71.6	11.5	10.5
水利、环境和公共设施管理业	Management of Water Conservancy, Environment and Public Facilities	100.0	1.6	1.0	7.5	51.4	17.7	20.7
居民服务、修理和其他服务业	Services to Households, Repair and Other Services	100.0	1.7	1.9	9.4	36.1	16.8	34.1
教育	Education	100.0	1.3	0.7	5.7	73.1	9.9	9.3
卫生和社会工作	Health and Society	100.0	1.3	0.4	4.6	57.9	19.7	16.2
文化体育和娱乐业	Culture, Sports and Entertainment	100.0	1.7	0.6	5.3	54.0	15.7	22.6
公共管理、社会保障和社会组织	Public Management, Social Security and Social Organizations	100.0	1.1	0.4	6.7	75.8	9.1	7.0
国际组织	International Organizations	100.0				100.0		

3-33 按职业、性别分的城镇就业人员工作时间构成
Working Hours of Urban Employed Persons by Occupation and Sex

单位：%　　(%)

职　业	Occupation	城　镇就业人员 Urban Employed Persons	1-8小时 1-8 Hours	9-19小时 9-19 Hours	20-39小时 20-39 Hours	40小时 40 Hours	41-48小时 41-48 Hours	48小时以上 48 Hours Above
合　计	**Total**	**100.0**	**1.5**	**1.4**	**6.5**	**42.9**	**17.3**	**30.4**
单位负责人	Unit Head	100.0	0.7	1.1	3.2	47.4	15.8	31.8
专业技术人员	Technical Personnel	100.0	1.2	0.7	4.8	62.2	15.3	15.8
办事人员和有关人员	Clerk and Related Workers	100.0	1.3	0.4	4.4	63.7	14.7	15.6
商业、服务业人员	Business Service Personnel	100.0	1.5	1.3	5.5	34.3	18.3	39.1
农林牧渔水利业生产人员	Producers in the Sectors of Agriculture, Forestry, Animal Husbandry, Fishery and Water Conservancy	100.0	3.4	7.3	25.3	23.2	15.1	25.7
生产运输设备操作人员及有关人员	Production,Transport Equipment Operators and Related Workers	100.0	1.4	0.9	5.1	32.5	20.2	39.8
其　他	Others	100.0	0.2	0.7	9.7	30.1	26.9	32.4
男	**Male**	**100.0**	**1.4**	**1.2**	**5.8**	**42.2**	**17.0**	**32.4**
单位负责人	Unit Head	100.0	0.6	0.9	3.0	47.1	16.4	32.0
专业技术人员	Technical Personnel	100.0	1.2	0.7	4.6	59.6	15.2	18.7
办事人员和有关人员	Clerk and Related Workers	100.0	1.3	0.4	4.2	61.6	14.5	18.0
商业、服务业人员	Business Service Personnel	100.0	1.5	1.3	4.9	34.4	17.4	40.5
农林牧渔水利业生产人员	Producers in the Sectors of Agriculture, Forestry, Animal Husbandry, Fishery and Water Conservancy	100.0	2.8	5.7	22.3	24.2	15.5	29.7
生产运输设备操作人员及有关人员	Production,Transport Equipment Operators and Related Workers	100.0	1.4	1.0	4.9	32.9	19.4	40.3
其　他	Others	100.0	0.2	0.4	7.4	30.6	29.2	32.2
女	**Female**	**100.0**	**1.6**	**1.6**	**7.5**	**43.8**	**17.8**	**27.6**
单位负责人	Unit Head	100.0	0.8	1.7	3.8	48.2	14.2	31.3
专业技术人员	Technical Personnel	100.0	1.2	0.6	5.0	64.9	15.4	12.9
办事人员和有关人员	Clerk and Related Workers	100.0	1.3	0.4	4.6	67.1	15.0	11.5
商业、服务业人员	Business Service Personnel	100.0	1.6	1.3	6.0	34.3	19.1	37.7
农林牧渔水利业生产人员	Producers in the Sectors of Agriculture, Forestry, Animal Husbandry, Fishery and Water Conservancy	100.0	4.0	8.8	28.2	22.3	14.7	22.0
生产运输设备操作人员及有关人员	Production,Transport Equipment Operators and Related Workers	100.0	1.4	0.9	5.6	31.3	22.5	38.4
其　他	Others	100.0	0.2	1.1	12.8	29.5	23.5	32.9

3-34 按年龄、性别分的城镇失业人员未工作原因构成
Reason for Unemployment of Urban Unemployed Persons by Age and Sex

单位：% (%)

年龄 Age	城镇失业人员 Urban Unemployed Persons	正在上学 Studying	毕业后未工作 Job-off after Graduated	因单位原因失去工作 Lose Job for Working Unit Reasons	因个人原因失去工作 Lose Job for Individual Reasons	承包土地被征用 Land Expropriated	离退休 Retired	料理家务 Take Care of Housework	其他 Others
总计 Total	**100.0**	**2.3**	**17.7**	**16.2**	**24.2**	**1.5**	**3.6**	**17.9**	**16.6**
16-19	100.0	11.4	49.6	3.2	16.6	0.6		1.1	17.6
20-24	100.0	7.2	53.1	5.7	17.3	0.2		4.4	12.0
25-29	100.0	1.4	20.7	10.3	33.2	0.9		17.4	16.1
30-34	100.0	0.2	4.8	15.2	34.1	0.7		26.4	18.5
35-39	100.0		1.4	17.8	26.7	1.2		32.7	20.2
40-44	100.0	0.1	1.1	25.8	25.2	1.3		28.1	18.4
45-49	100.0	0.4	0.4	29.6	23.1	3.6	2.9	20.7	19.2
50-54	100.0		0.2	27.6	18.4	3.6	16.7	16.6	16.8
55-59	100.0			31.2	15.8	3.8	19.1	13.4	16.7
60-64	100.0		0.6	6.5	9.8	2.1	52.2	15.0	13.8
65+	100.0			1.0	12.6	5.3	45.2	17.3	18.6
男 Male	**100.0**	**2.8**	**20.1**	**20.6**	**27.0**	**1.8**	**2.7**	**2.8**	**22.2**
16-19	100.0	8.5	49.2	4.1	18.9			0.7	18.5
20-24	100.0	8.1	53.1	6.9	17.2	0.4		0.7	13.7
25-29	100.0	1.8	24.8	13.5	37.4	0.6		1.3	20.5
30-34	100.0	0.4	5.7	24.2	39.8	1.0		1.9	27.0
35-39	100.0		1.5	23.1	34.7	1.8		4.8	34.1
40-44	100.0	0.2	1.0	32.0	31.3	2.2		5.9	27.5
45-49	100.0	0.6	0.5	34.9	28.1	3.6		4.8	27.4
50-54	100.0			38.6	24.0	5.0	4.0	4.1	24.4
55-59	100.0			40.6	18.8	3.8	10.3	4.4	22.0
60-64	100.0			9.0	11.0	3.1	55.5	3.3	18.0
65+	100.0			1.4	15.0	7.4	46.3	8.7	21.1
女 Female	**100.0**	**1.8**	**15.2**	**11.4**	**21.2**	**1.1**	**4.6**	**33.9**	**10.7**
16-19	100.0	15.8	50.3	1.7	13.0	1.4		1.7	16.1
20-24	100.0	6.0	53.1	4.0	17.5	0.0		9.8	9.6
25-29	100.0	1.1	16.7	7.2	29.1	1.2		32.6	12.0
30-34	100.0	0.0	4.2	8.4	29.7	0.5		45.1	12.1
35-39	100.0		1.3	14.3	21.3	0.9		51.2	11.0
40-44	100.0	0.1	1.2	20.9	20.4	0.6		45.6	11.2
45-49	100.0	0.2	0.3	24.6	18.5	3.6	5.7	35.5	11.6
50-54	100.0		0.4	11.2	10.2	1.6	35.7	35.4	5.5
55-59	100.0			7.3	8.1	4.0	41.1	36.2	3.3
60-64	100.0		2.0	1.1	7.1		45.1	40.0	4.6
65+	100.0				6.3		42.2	39.5	12.0

3-35 按未工作原因、性别分的城镇失业人员年龄构成
Age Composition of Urban Unemployed Persons by Reason and Sex

单位：%　　　　(%)

年 龄 Age	城镇失业人员 Urban Unemployed Persons	正在上学 Studying	毕业后未工作 Job-off after Graduated	因单位原因失去工作 Lose Job for Working Unit Reasons	因个人原因失去工作 Lose Job for Individual Reasons	承包土地被征用 Land Expropriated	离退休 Retired	料理家务 Take Care of Housework	其 他 Others
总计 Total	**100.0**	**100.0**	**100.0**	**100.0**	**100.0**	**100.0**	**100.0**	**100.0**	**100.0**
16-19	4.0	19.6	11.2	0.8	2.8	1.5		0.2	4.2
20-24	21.5	66.8	64.5	7.6	15.4	3.5		5.3	15.6
25-29	16.5	10.2	19.2	10.5	22.6	10.7		16.0	16.0
30-34	11.9	0.9	3.2	11.2	16.7	5.7		17.5	13.2
35-39	10.1		0.8	11.1	11.1	8.5		18.4	12.2
40-44	11.5	0.7	0.7	18.4	12.0	10.2		18.2	12.8
45-49	10.2	1.8	0.2	18.7	9.8	25.1	8.3	11.8	11.8
50-54	8.1		0.1	13.9	6.2	20.1	37.8	7.6	8.2
55-59	3.6			7.0	2.4	9.5	19.3	2.7	3.7
60-64	1.7		0.1	0.7	0.7	2.5	25.3	1.5	1.4
65+	0.7			0.0	0.4	2.7	9.3	0.7	0.8
男 Male	**100.0**	**100.0**	**100.0**	**100.0**	**100.0**	**100.0**	**100.0**	**100.0**	**100.0**
16-19	4.7	14.5	11.6	1.0	3.3			1.3	4.0
20-24	24.7	71.3	65.1	8.2	15.7	5.1		5.9	15.3
25-29	15.6	10.2	19.2	10.2	21.6	5.5		7.2	14.4
30-34	9.9	1.3	2.8	11.7	14.6	5.4		6.7	12.1
35-39	7.8		0.6	8.7	10.0	7.7		13.3	12.0
40-44	9.9	0.5	0.5	15.3	11.4	12.1		20.9	12.2
45-49	9.6	2.2	0.2	16.2	9.9	19.1		16.5	11.8
50-54	9.5			17.7	8.4	26.1	14.2	14.0	10.4
55-59	5.1			10.0	3.5	10.7	19.7	8.1	5.0
60-64	2.3			1.0	0.9	4.0	48.1	2.8	1.9
65+	1.0			0.1	0.6	4.3	18.0	3.3	1.0
女 Female	**100.0**	**100.0**	**100.0**	**100.0**	**100.0**	**100.0**	**100.0**	**100.0**	**100.0**
16-19	3.2	27.8	10.7	0.5	2.0	4.1		0.2	4.9
20-24	18.2	59.3	63.6	6.5	15.1	0.8		5.3	16.3
25-29	17.4	10.2	19.2	11.0	24.0	19.4		16.8	19.6
30-34	13.9	0.4	3.8	10.3	19.5	6.2		18.5	15.6
35-39	12.5		1.1	15.7	12.6	9.9		18.8	12.8
40-44	13.3	0.9	1.0	24.5	12.8	7.0		17.9	13.9
45-49	10.9	1.3	0.2	23.6	9.5	35.2	13.5	11.4	11.8
50-54	6.7		0.2	6.6	3.2	9.7	52.3	7.0	3.5
55-59	2.1			1.4	0.8	7.6	19.1	2.3	0.6
60-64	1.1		0.1	0.1	0.4		11.2	1.3	0.5
65+	0.4				0.1		3.9	0.5	0.5

3-36 按受教育程度、性别分的城镇失业人员未工作原因构成
Reason for Unemployment of Urban Unemployed Persons by Educational Attainment and Sex

单位：%　　　　(%)

受教育程度	Educational Attainment	城镇失业人员 Urban Unemployed Persons	正在上学 Studying	毕业后未工作 Job-off after Graduated	因单位原因失去工作 Lose Job for Working Unit Reasons	因个人原因失去工作 Lose Job for Individual Reasons	承包土地被征用 Land Expropriated	离退休 Retired	料理家务 Take Care of Housework	其他 Others
总　计	**Total**	**100.0**	**2.3**	**17.7**	**16.2**	**24.2**	**1.5**	**3.6**	**17.9**	**16.6**
未上过学	No Schooling	100.0			9.8	16.9	3.7	3.7	42.3	23.6
小　学	Primary School	100.0	0.7	1.8	13.7	23.1	3.3	6.0	27.2	24.1
初　中	Junior Secondary School	100.0	0.2	6.6	18.1	24.4	2.7	3.9	23.3	20.8
高　中	Senior Secondary School	100.0	1.5	12.1	21.6	24.4	1.0	5.5	16.6	17.2
中等职业教育	Medium Vocational Education	100.0	2.7	21.3	14.6	27.2	0.5	2.4	15.8	15.6
高等职业教育	High Vocational Education	100.0	7.8	24.7	15.2	30.4		2.0	10.0	9.9
大学专科	College	100.0	3.7	36.0	13.1	23.8	0.1	2.1	11.4	9.7
大学本科	University	100.0	7.9	47.1	8.1	21.2	0.0	1.0	6.3	8.3
研究生	Graduate and Higher Level	100.0	29.1	40.6	2.1	13.1			9.2	5.8
男	**Male**	**100.0**	**2.8**	**20.1**	**20.6**	**27.0**	**1.8**	**2.7**	**2.8**	**22.2**
未上过学	No Schooling	100.0			20.2	26.1	7.8	1.6	2.1	42.2
小　学	Primary School	100.0	0.8	1.7	18.8	31.5	4.5	5.9	5.4	31.5
初　中	Junior Secondary School	100.0	0.2	9.3	23.5	28.3	3.0	2.8	3.8	29.2
高　中	Senior Secondary School	100.0	1.9	13.7	26.1	26.6	1.2	3.6	2.9	24.0
中等职业教育	Medium Vocational Education	100.0	2.3	28.4	17.6	28.0	0.8	2.1	1.9	19.0
高等职业教育	High Vocational Education	100.0	6.0	33.4	20.8	28.2		2.4	1.1	8.0
大学专科	College	100.0	4.8	39.1	17.1	26.0	0.3	1.2	1.3	10.0
大学本科	University	100.0	10.3	48.1	9.2	21.0		0.9	0.3	10.1
研究生	Graduate and Higher Level	100.0	47.0	38.8	4.1	3.7				6.4
女	**Female**	**100.0**	**1.8**	**15.2**	**11.4**	**21.2**	**1.1**	**4.6**	**33.9**	**10.7**
未上过学	No Schooling	100.0			4.3	12.0	1.5	4.9	63.8	13.6
小　学	Primary School	100.0	0.5	2.0	7.7	13.2	1.8	6.3	53.2	15.4
初　中	Junior Secondary School	100.0	0.2	3.8	12.5	20.2	2.3	5.2	43.8	11.9
高　中	Senior Secondary School	100.0	0.9	10.2	16.3	21.7	0.8	7.9	33.1	9.2
中等职业教育	Medium Vocational Education	100.0	3.2	14.1	11.5	26.3	0.1	2.7	29.9	12.1
高等职业教育	High Vocational Education	100.0	9.9	15.0	9.0	32.7		1.5	19.8	12.1
大学专科	College	100.0	2.5	33.0	9.1	21.6		3.0	21.4	9.3
大学本科	University	100.0	5.6	46.2	6.9	21.4	0.1	1.0	12.2	6.6
研究生	Graduate and Higher Level	100.0	10.1	42.6		23.1			19.0	5.2

3-37 按未工作原因、性别分的城镇失业人员受教育程度构成
Educational Attainment of Urban Unemployed Persons by Reason and Sex

单位：% (%)

受教育程度	Educational Attainment	城镇失业人员 Urban Unemployed Persons	正在上学 Studying	毕业后未工作 Job-off after Graduated	因单位原因失去工作 Lose Job for Working Unit Reasons	因个人原因失去工作 Lose Job for Individual Reasons	承包土地被征用 Land Expropriated	离退休 Retired	料理家务 Take Care of Housework	其他 Others
总　计	**Total**	**100.0**	**100.0**	**100.0**	**100.0**	**100.0**	**100.0**	**100.0**	**100.0**	**100.0**
未上过学	No Schooling	0.7			0.4	0.5	1.8	0.7	1.7	1.0
小　学	Primary School	7.2	2.0	0.7	6.1	6.9	16.1	12.1	11.0	10.5
初　中	Junior Secondary School	35.9	3.2	13.4	40.3	36.2	64.8	39.3	46.7	44.8
高　中	Senior Secondary School	18.7	11.9	12.8	25.0	18.8	12.7	28.7	17.4	19.4
中等职业教育	Medium Vocational Education	9.4	11.1	11.3	8.5	10.6	2.9	6.2	8.4	8.9
高等职业教育	High Vocational Education	2.5	8.3	3.4	2.3	3.1		1.4	1.4	1.5
大学专科	College	15.2	24.0	30.9	12.3	15.0	1.5	8.9	9.7	8.9
大学本科	University	9.9	33.6	26.3	4.9	8.7	0.2	2.7	3.5	5.0
研究生	Graduate and Higher Level	0.5	5.9	1.1	0.1	0.3			0.2	0.2
男	**Male**	**100.0**	**100.0**	**100.0**	**100.0**	**100.0**	**100.0**	**100.0**	**100.0**	**100.0**
未上过学	No Schooling	0.5			0.5	0.5	2.1	0.3	0.4	0.9
小　学	Primary School	7.6	2.2	0.6	6.9	8.9	19.3	16.7	14.9	10.8
初　中	Junior Secondary School	35.7	2.5	16.5	40.7	37.5	59.0	37.0	48.7	47.0
高　中	Senior Secondary School	19.8	13.8	13.5	25.0	19.4	13.1	26.4	20.7	21.3
中等职业教育	Medium Vocational Education	9.2	7.6	13.0	7.9	9.5	4.1	7.2	6.2	7.9
高等职业教育	High Vocational Education	2.5	5.4	4.2	2.5	2.6		2.3	1.0	0.9
大学专科	College	14.7	25.4	28.6	12.2	14.1	2.4	6.8	7.1	6.6
大学本科	University	9.5	35.1	22.7	4.3	7.4		3.3	1.1	4.3
研究生	Graduate and Higher Level	0.5	7.9	0.9	0.1	0.1				0.1
女	**Female**	**100.0**	**100.0**	**100.0**	**100.0**	**100.0**	**100.0**	**100.0**	**100.0**	**100.0**
未上过学	No Schooling	1.0			0.4	0.5	1.2	1.0	1.8	1.2
小　学	Primary School	6.8	1.7	0.9	4.6	4.2	10.6	9.3	10.6	9.8
初　中	Junior Secondary School	36.0	4.3	9.0	39.4	34.4	74.6	40.7	46.6	39.9
高　中	Senior Secondary School	17.6	8.9	11.8	25.0	18.0	12.0	30.0	17.1	15.1
中等职业教育	Medium Vocational Education	9.7	16.8	9.0	9.7	12.0	1.0	5.7	8.5	11.0
高等职业教育	High Vocational Education	2.4	13.0	2.4	1.9	3.7		0.8	1.4	2.7
大学专科	College	15.8	21.7	34.3	12.6	16.1		10.2	10.0	13.8
大学本科	University	10.3	31.1	31.3	6.3	10.4	0.5	2.3	3.7	6.3
研究生	Graduate and Higher Level	0.5	2.6	1.3		0.5			0.3	0.2

3-38 按年龄、性别分的城镇失业人员受教育程度构成
Educational Attainment of Urban Unemployed Persons by Age and Sex

单位：% (%)

年 龄 Age	城 镇 失业人员 Urban Unemployed Persons	未上过学 No Schooling	小学 Primary School	初中 Junior Secondary School	高中 Senior Secondary School	中等职业教育 Medium Vocational Education	高等职业教育 High Vocational Education	大学专科 College	大学本科 University	研究生 Graduate and Higher Level
总计 Total	**100.0**	**0.7**	**7.2**	**35.9**	**18.7**	**9.4**	**2.5**	**15.2**	**9.9**	**0.5**
16-19	100.0		3.4	38.8	21.7	22.8	4.4	8.0	0.9	
20-24	100.0	0.1	1.7	17.7	14.4	12.8	3.7	26.9	22.3	0.5
25-29	100.0	0.1	2.0	29.1	16.8	9.9	2.6	22.8	15.1	1.6
30-34	100.0	0.4	3.5	35.2	17.6	11.3	2.8	18.0	10.8	0.4
35-39	100.0	0.2	7.2	42.8	19.4	12.8	2.0	10.6	4.7	0.2
40-44	100.0	1.1	10.3	49.9	19.7	6.2	1.8	8.3	2.3	0.4
45-49	100.0	1.4	14.3	52.2	20.7	3.7	0.9	4.5	2.4	
50-54	100.0	1.2	11.1	47.5	28.2	2.8	1.3	5.6	2.3	
55-59	100.0	1.9	20.7	41.4	24.7	2.5	2.4	5.0	1.5	
60-64	100.0	4.9	35.9	32.6	13.6	4.0	1.2	5.0	2.8	
65+	100.0	11.2	43.6	26.3	9.1	4.3	2.5	2.1	0.9	
男 Male	**100.0**	**0.5**	**7.6**	**35.7**	**19.8**	**9.2**	**2.5**	**14.7**	**9.5**	**0.5**
16-19	100.0		3.3	39.8	21.2	23.2	4.2	7.3	0.9	
20-24	100.0	0.1	2.4	19.3	15.3	13.1	3.5	24.9	20.8	0.6
25-29	100.0		1.9	29.4	16.6	10.9	3.3	22.2	13.8	1.8
30-34	100.0	0.1	3.3	36.4	20.1	9.2	2.9	19.3	8.5	0.2
35-39	100.0	0.2	8.4	41.6	22.0	12.1	1.7	8.3	5.7	
40-44	100.0	1.0	11.3	50.5	20.8	5.0	1.0	7.7	2.2	0.4
45-49	100.0	1.3	15.2	53.4	18.9	3.4	0.6	4.9	2.4	
50-54	100.0	0.8	9.8	46.4	30.2	2.3	1.5	6.0	3.1	
55-59	100.0	0.5	16.3	42.6	28.7	2.3	2.7	5.0	1.8	
60-64	100.0	1.3	35.5	32.0	16.3	5.5	1.8	5.3	2.2	
65+	100.0	7.2	44.2	27.2	11.2	5.4	3.5		1.3	
女 Female	**100.0**	**1.0**	**6.8**	**36.0**	**17.6**	**9.7**	**2.4**	**15.8**	**10.3**	**0.5**
16-19	100.0		3.5	37.2	22.5	22.3	4.6	9.0	0.9	
20-24	100.0		0.8	15.4	13.2	12.3	3.9	29.7	24.5	0.3
25-29	100.0	0.3	2.0	28.8	17.0	8.9	2.0	23.3	16.4	1.4
30-34	100.0	0.6	3.6	34.3	15.6	12.9	2.8	17.1	12.5	0.6
35-39	100.0	0.3	6.4	43.5	17.7	13.3	2.3	12.2	4.0	0.3
40-44	100.0	1.2	9.5	49.4	18.8	7.2	2.4	8.7	2.4	0.3
45-49	100.0	1.5	13.4	51.1	22.3	4.0	1.1	4.2	2.3	
50-54	100.0	1.8	13.1	49.2	25.2	3.6	1.0	5.0	1.1	
55-59	100.0	5.5	31.7	38.3	14.5	3.0	1.5	5.0	0.7	
60-64	100.0	12.6	36.7	33.7	7.7	0.8		4.4	4.1	
65+	100.0	21.3	42.2	23.8	3.9	1.6		7.2		

3-39 按受教育程度、性别分的城镇失业人员年龄构成
Age Composition of Urban Unemployed Persons by Educational Attainment and Sex

单位：% (%)

年龄 Age	城镇失业人员 Urban Unemployed Persons	未上过学 No Schooling	小学 Primary School	初中 Junior Secondary School	高中 Senior Secondary School	中等职业教育 Medium Vocational Education	高等职业教育 High Vocational Education	大学专科 College	大学本科 University	研究生 Graduate and Higher Level
总计 Total	**100.0**	**100.0**	**100.0**	**100.0**	**100.0**	**100.0**	**100.0**	**100.0**	**100.0**	**100.0**
16-19	4.0		1.9	4.3	4.7	9.7	7.1	2.1	0.4	
20-24	21.5	2.1	5.2	10.6	16.6	29.1	32.1	38.0	48.5	21.3
25-29	16.5	3.1	4.5	13.4	14.8	17.2	17.6	24.6	25.2	55.1
30-34	11.9	6.3	5.7	11.6	11.1	14.2	13.6	14.0	12.9	10.1
35-39	10.1	3.2	10.0	12.0	10.5	13.6	8.3	7.0	4.8	4.0
40-44	11.5	17.4	16.5	16.1	12.2	7.6	8.4	6.3	2.7	9.6
45-49	10.2	20.6	20.2	14.9	11.3	4.0	3.6	3.0	2.4	
50-54	8.1	13.8	12.5	10.8	12.3	2.4	4.2	3.0	1.9	
55-59	3.6	9.9	10.4	4.2	4.8	1.0	3.5	1.2	0.5	
60-64	1.7	11.9	8.7	1.6	1.3	0.7	0.9	0.6	0.5	
65+	0.7	11.7	4.5	0.5	0.4	0.3	0.8	0.1	0.1	
男 Male	**100.0**	**100.0**	**100.0**	**100.0**	**100.0**	**100.0**	**100.0**	**100.0**	**100.0**	**100.0**
16-19	4.7		2.0	5.3	5.1	11.9	7.9	2.4	0.4	
20-24	24.7	6.1	7.8	13.3	19.1	35.0	34.6	41.8	53.9	29.3
25-29	15.6		3.9	12.8	13.1	18.3	20.5	23.6	22.7	58.2
30-34	9.9	2.1	4.3	10.1	10.1	10.0	11.5	13.0	8.9	3.2
35-39	7.8	2.5	8.6	9.1	8.7	10.2	5.2	4.4	4.6	
40-44	9.9	19.5	14.6	13.9	10.4	5.4	3.9	5.2	2.3	9.2
45-49	9.6	26.6	19.0	14.3	9.1	3.5	2.2	3.2	2.4	
50-54	9.5	16.1	12.1	12.3	14.5	2.4	5.5	3.9	3.1	
55-59	5.1	5.4	10.9	6.1	7.4	1.3	5.5	1.7	0.9	
60-64	2.3	6.3	10.8	2.1	1.9	1.4	1.7	0.8	0.5	
65+	1.0	15.5	6.0	0.8	0.6	0.6	1.5		0.1	
女 Female	**100.0**	**100.0**	**100.0**	**100.0**	**100.0**	**100.0**	**100.0**	**100.0**	**100.0**	**100.0**
16-19	3.2		1.7	3.3	4.2	7.4	6.1	1.9	0.3	
20-24	18.2		2.0	7.8	13.7	23.1	29.3	34.2	43.3	12.7
25-29	17.4	4.7	5.2	13.9	16.9	16.1	14.4	25.7	27.7	51.8
30-34	13.9	8.5	7.3	13.2	12.4	18.5	15.9	15.0	16.9	17.3
35-39	12.5	3.6	11.8	15.1	12.6	17.1	11.8	9.6	4.9	8.2
40-44	13.3	16.3	18.7	18.3	14.3	9.9	13.4	7.3	3.1	9.9
45-49	10.9	17.4	21.6	15.5	13.9	4.5	5.1	2.9	2.4	
50-54	6.7	12.5	13.0	9.2	9.7	2.5	2.7	2.1	0.7	
55-59	2.1	12.3	9.9	2.3	1.8	0.7	1.3	0.7	0.1	
60-64	1.1	15.0	6.1	1.1	0.5	0.1		0.3	0.5	
65+	0.4	9.7	2.7	0.3	0.1	0.1		0.2		

3-40 按年龄、性别分的城镇失业人员寻找工作方式构成
Method of Job-seeking of Urban Unemployed Persons by Age and Sex

单位：% (%)

年 龄 Age	城镇失业人员 Urban Unemployed Persons	在职业介绍机构登记 Register in Employment Agency Office	委托亲友找工作 Ask Friends Relatives about Job	直接与单位或雇主联系 Contact Directly with Employers	应答或刊登广告 Answer or Advertise	浏览招聘广告 Scan and Want Ads	参加招聘会 Take Part in Employment Advertise Meeting	为自己经营作准备 Prepare for Own Business	其他 Others
总计 Total	**100.0**	**7.1**	**43.4**	**7.4**	**0.9**	**12.1**	**7.7**	**5.8**	**15.6**
16-19	100.0	5.5	43.3	6.9	0.4	16.9	5.7	3.3	18.0
20-24	100.0	10.1	31.4	7.5	0.9	15.0	18.1	3.9	13.1
25-29	100.0	7.9	38.7	8.5	0.9	13.9	9.8	6.5	13.7
30-34	100.0	6.3	39.8	8.0	1.4	16.7	5.1	7.8	15.0
35-39	100.0	5.7	45.9	6.9	0.4	10.3	4.3	8.5	18.0
40-44	100.0	6.7	49.2	7.8	0.9	9.3	3.7	6.5	15.8
45-49	100.0	5.7	53.5	7.4	0.8	9.1	2.5	6.0	15.1
50-54	100.0	6.1	54.9	6.0	0.9	5.8	2.1	5.2	19.1
55-59	100.0	5.2	57.9	5.9	0.7	7.3	2.1	3.8	17.1
60-64	100.0	3.8	57.8	6.9	0.7	2.4	0.4	1.7	26.4
65+	100.0	1.7	57.5	3.6		8.2		1.4	27.7
男 Male	**100.0**	**7.1**	**41.9**	**8.3**	**0.8**	**11.4**	**8.4**	**7.0**	**15.2**
16-19	100.0	4.5	47.9	7.4	0.7	14.0	4.4	5.0	16.2
20-24	100.0	9.3	33.1	6.5	0.8	15.0	17.5	4.8	13.0
25-29	100.0	7.7	36.0	10.1	0.4	13.6	11.3	7.6	13.3
30-34	100.0	6.0	35.2	10.0	1.4	15.8	6.2	10.5	15.0
35-39	100.0	5.2	40.3	10.4	0.5	9.3	4.2	11.5	18.6
40-44	100.0	6.6	47.8	9.0	1.0	8.2	4.4	9.1	13.9
45-49	100.0	7.2	50.9	9.0	0.5	8.5	2.8	8.1	12.9
50-54	100.0	6.8	52.9	6.6	0.8	5.1	2.8	6.0	19.0
55-59	100.0	6.2	53.7	7.4	1.0	7.7	2.5	3.8	17.9
60-64	100.0	4.6	54.4	6.3	1.0	2.4	0.6	2.5	28.3
65+	100.0	2.4	63.1	5.0		7.7		1.3	20.5
女 Female	**100.0**	**7.1**	**45.0**	**6.6**	**0.9**	**12.8**	**7.0**	**4.5**	**16.1**
16-19	100.0	7.1	36.1	6.2		21.5	7.6	0.7	20.8
20-24	100.0	11.1	29.0	8.9	1.0	15.2	18.8	2.6	13.3
25-29	100.0	8.2	41.2	7.0	1.4	14.2	8.3	5.5	14.2
30-34	100.0	6.6	43.3	6.5	1.3	17.4	4.2	5.8	14.9
35-39	100.0	6.0	49.6	4.6	0.3	10.9	4.4	6.6	17.7
40-44	100.0	6.8	50.4	6.9	0.9	10.2	3.1	4.4	17.3
45-49	100.0	4.2	56.0	5.8	1.0	9.6	2.1	4.1	17.1
50-54	100.0	4.9	57.9	5.1	0.9	7.0	1.0	4.0	19.2
55-59	100.0	2.7	68.7	2.1		6.2	1.3	3.9	15.1
60-64	100.0	2.0	65.2	8.1		2.5			22.2
65+	100.0		43.2			9.4		1.6	45.8

3-41 按受教育程度、性别分的城镇失业人员寻找工作方式构成
Method of Job-seeking of Urban Unemployed Persons by Educational Attainment and Sex

单位：% (%)

受教育程度	Educational Attainment	城镇失业人员 Urban Unemployed Persons	在职业介绍机构登记 Register in Employment Agency Office	委托亲友找工作 Ask Friends Relatives about Job	直接与单位或雇主联系 Contact Directly with Employers
总 计	**Total**	**100.0**	**7.1**	**43.4**	**7.4**
未上过学	No Schooling	100.0	3.8	56.8	7.8
小 学	Primary School	100.0	2.9	56.4	7.4
初 中	Junior Secondary School	100.0	4.4	52.9	8.0
高 中	Senior Secondary School	100.0	7.2	45.1	7.4
中等职业教育	Medium Vocational Education	100.0	9.8	40.1	6.8
高等职业教育	High Vocational Education	100.0	11.1	36.8	9.0
大学专科	College	100.0	10.8	29.9	7.1
大学本科	University	100.0	10.8	22.3	6.3
研究生	Graduate and Higher Level	100.0	13.1	6.3	5.7
男	**Male**	**100.0**	**7.1**	**41.9**	**8.3**
未上过学	No Schooling	100.0	11.0	56.5	6.9
小 学	Primary School	100.0	3.7	54.6	7.8
初 中	Junior Secondary School	100.0	4.6	52.0	9.1
高 中	Senior Secondary School	100.0	8.1	42.6	8.3
中等职业教育	Medium Vocational Education	100.0	9.6	40.7	7.5
高等职业教育	High Vocational Education	100.0	7.7	40.0	7.8
大学专科	College	100.0	10.8	25.4	7.6
大学本科	University	100.0	8.6	20.5	7.8
研究生	Graduate and Higher Level	100.0	19.1	3.2	
女	**Female**	**100.0**	**7.1**	**45.0**	**6.6**
未上过学	No Schooling	100.0		56.9	8.3
小 学	Primary School	100.0	1.9	58.6	6.9
初 中	Junior Secondary School	100.0	4.2	53.9	6.9
高 中	Senior Secondary School	100.0	6.1	48.1	6.3
中等职业教育	Medium Vocational Education	100.0	10.0	39.5	6.0
高等职业教育	High Vocational Education	100.0	14.9	33.2	10.2
大学专科	College	100.0	10.9	34.4	6.5
大学本科	University	100.0	12.9	24.1	4.9
研究生	Graduate and Higher Level	100.0	6.8	9.6	11.8

3-41 续表 continued

单位：% (%)

受教育程度	Educational Attainment	应答或刊登广告 Answer or Advertise	浏览招聘广告 Scan and Want Ads	参加招聘会 Take Part in Employment Advertise Meeting	为自己经营作准备 Prepare for Own Business	其他 Others
总计	**Total**	**0.9**	**12.1**	**7.7**	**5.8**	**15.6**
未上过学	No Schooling		1.9	1.0	5.2	23.5
小学	Primary School	0.5	7.1	1.8	4.6	19.2
初中	Junior Secondary School	0.6	7.3	3.0	5.9	17.8
高中	Senior Secondary School	1.0	11.5	5.0	7.4	15.4
中等职业教育	Medium Vocational Education	1.1	14.5	7.6	3.8	16.3
高等职业教育	High Vocational Education	0.7	12.9	12.0	4.6	12.8
大学专科	College	1.1	18.6	14.7	5.8	12.0
大学本科	University	0.9	20.9	22.4	5.6	10.7
研究生	Graduate and Higher Level	3.7	36.9	19.5	4.2	10.6
男	**Male**	**0.8**	**11.4**	**8.4**	**7.0**	**15.2**
未上过学	No Schooling		5.4		3.0	17.0
小学	Primary School	0.8	5.8	2.2	5.2	20.0
初中	Junior Secondary School	0.4	6.3	3.3	7.2	17.1
高中	Senior Secondary School	1.0	10.7	5.3	8.6	15.4
中等职业教育	Medium Vocational Education	1.3	11.8	10.0	4.5	14.5
高等职业教育	High Vocational Education		14.6	12.4	5.9	11.5
大学专科	College	1.1	19.3	16.2	7.9	11.8
大学本科	University	1.0	21.8	23.7	6.2	10.4
研究生	Graduate and Higher Level		36.6	24.0	8.1	9.1
女	**Female**	**0.9**	**12.8**	**7.0**	**4.5**	**16.1**
未上过学	No Schooling			1.5	6.4	27.0
小学	Primary School	0.3	8.7	1.3	4.0	18.3
初中	Junior Secondary School	0.8	8.4	2.7	4.6	18.6
高中	Senior Secondary School	1.1	12.5	4.6	5.9	15.4
中等职业教育	Medium Vocational Education	0.9	17.2	5.2	3.0	18.1
高等职业教育	High Vocational Education	1.5	11.1	11.6	3.2	14.3
大学专科	College	1.1	17.9	13.2	3.8	12.1
大学本科	University	0.9	20.0	21.2	5.0	10.9
研究生	Graduate and Higher Level	7.6	37.2	14.7		12.3

3-42 按年龄、性别分的城镇失业人员失业前的行业构成
Sector of Urban Unemployed Persons (Prior to Unemployment) by Age and Sex

单位：%

年龄 Age	城镇失业人员 Urban Unemployed Persons	农、林、牧、渔业 Agriculture, Forestry, Animal Husbandry and Fishery	采矿业 Mining	制造业 Manufacturing	电力、热力、燃气及水生产和供应业 Production and Supply of Electricity Power, Heat Power, Gas and Water	建筑业 Construction	批发和零售业 Wholesale and Retail Trades
总计 Total	**100.0**	**5.4**	**2.4**	**26.0**	**0.7**	**8.9**	**22.9**
16-19	100.0	11.2		27.5		6.3	20.6
20-24	100.0	2.8	0.1	25.5	0.5	5.4	24.0
25-29	100.0	3.2	1.5	22.3	0.5	7.3	26.9
30-34	100.0	4.7	2.7	21.3	0.4	8.2	29.8
35-39	100.0	3.3	3.5	26.7	0.5	9.3	24.7
40-44	100.0	4.3	1.9	28.7	0.8	8.8	23.9
45-49	100.0	6.3	3.7	30.9	0.8	10.3	20.3
50-54	100.0	8.0	3.8	28.7	0.7	10.0	17.0
55-59	100.0	10.6	3.3	28.0	1.1	13.3	12.0
60-64	100.0	12.7	0.9	25.1	4.1	14.4	5.2
65+	100.0	28.1	2.9	20.9		19.2	2.8
男 Male	**100.0**	**4.8**	**3.5**	**26.9**	**1.0**	**14.2**	**14.9**
16-19	100.0	6.3		32.5		8.7	17.3
20-24	100.0	2.5	0.1	28.6	0.8	8.9	15.3
25-29	100.0	3.1	1.4	21.9	1.1	11.3	18.1
30-34	100.0	4.1	4.5	21.6	0.6	14.4	18.9
35-39	100.0	4.1	8.0	28.0	0.8	17.0	11.5
40-44	100.0	4.6	2.4	30.3	0.9	16.1	13.6
45-49	100.0	3.9	5.0	29.0	1.4	17.1	14.3
50-54	100.0	7.6	5.1	29.0	0.6	14.4	16.3
55-59	100.0	5.8	4.1	29.3	1.4	17.1	12.2
60-64	100.0	8.5	1.2	26.4	4.6	17.5	5.3
65+	100.0	22.7	3.7	24.9		16.2	0.6
女 Female	**100.0**	**6.0**	**1.2**	**25.1**	**0.3**	**3.2**	**31.4**
16-19	100.0	22.4		16.3		0.9	27.9
20-24	100.0	3.2		21.7		1.1	34.8
25-29	100.0	3.3	1.6	22.6	0.1	3.6	35.1
30-34	100.0	5.3	1.1	21.0	0.2	2.9	39.0
35-39	100.0	2.8	0.2	25.8	0.4	3.7	34.2
40-44	100.0	4.0	1.5	27.4	0.7	2.9	32.3
45-49	100.0	8.7	2.3	32.8	0.2	3.4	26.4
50-54	100.0	8.6	1.5	28.1	0.8	3.0	18.2
55-59	100.0	24.8	0.9	24.0	0.2	2.2	11.4
60-64	100.0	23.1		21.7	2.9	6.9	4.9
65+	100.0	47.1		6.8		29.9	10.6

3-42 续表 1 continued

单位：%

年 龄 Age	交通运输、仓储和邮政业 Transport, Storage and Post	住宿和餐饮业 Hotels and Catering Services	信息传输、软件和信息技术服务业 Information Transmission, Software and Information Technical Services	金融业 Financial Intermediation	房地产业 Real Estate	租赁和商务服务业 Leasing and Business Services	科学研究和技术服务业 Scientific Research and Technical Services
总计 Total	**5.4**	**7.3**	**1.7**	**1.9**	**1.6**	**2.2**	**0.4**
16-19		15.3			1.5	0.3	
20-24	4.3	9.5	3.5	2.3	1.4	2.8	0.1
25-29	5.2	8.1	3.5	2.6	1.6	3.8	0.6
30-34	5.2	6.8	3.3	2.6	1.7	2.5	0.7
35-39	5.2	8.5	0.7	1.6	2.1	1.9	0.2
40-44	6.0	7.4	0.7	1.7	0.9	1.2	0.7
45-49	6.4	6.3	0.5	1.3	1.3	1.6	0.4
50-54	6.0	5.6	0.2	1.8	2.1	1.2	0.4
55-59	6.0	3.9	0.2	1.7	2.5	1.5	0.4
60-64	6.3	5.0		1.0	0.5	1.3	0.2
65+	0.4					3.0	
男 Male	**8.1**	**5.9**	**1.7**	**1.5**	**1.9**	**2.1**	**0.4**
16-19		14.4			2.2		
20-24	4.5	10.3	3.9	2.0	1.6	2.8	0.2
25-29	8.7	7.9	3.5	2.4	2.3	2.9	0.6
30-34	9.1	7.2	3.4	1.5	2.2	2.0	0.8
35-39	9.5	5.5	0.5	0.8	2.7	1.8	
40-44	10.0	4.1	0.6	1.6	1.0	1.2	0.4
45-49	10.0	4.0	0.8	1.3	1.7	2.1	0.3
50-54	8.4	3.2	0.2	1.4	2.0	2.0	0.6
55-59	7.1	2.8	0.2	1.1	2.9	2.0	0.5
60-64	6.7	2.9		1.4	0.7	1.2	0.2
65+	0.5					3.8	
女 Female	**2.5**	**8.8**	**1.7**	**2.4**	**1.2**	**2.2**	**0.5**
16-19		17.3				0.9	
20-24	4.1	8.4	3.0	2.7	1.0	2.7	
25-29	1.9	8.2	3.4	2.7	1.0	4.7	0.7
30-34	1.8	6.4	3.1	3.5	1.3	2.9	0.6
35-39	2.1	10.8	0.8	2.2	1.6	2.0	0.3
40-44	2.8	10.0	0.7	1.8	0.8	1.3	0.9
45-49	2.9	8.7	0.2	1.4	0.8	1.0	0.5
50-54	2.2	9.5	0.4	2.5	2.2		
55-59	3.1	6.9		3.6	1.3		
60-64	5.4	10.2				1.4	
65+							

3-42 续表 2 continued

单位：%

年 龄 Age	水利、环境和公共设施管理业 Management of Water Conservancy, Environment and Public Facilities	居民服务、修理和其他服务业 Services to Households, Repair and Other Services	教 育 Education	卫生和社会工作 Health and Society	文化、体育和娱乐业 Culture, Sports and Entertainment	公共管理、社会保障和社会组织 Public Management Social Security and Social Organizations	国际组织 International Organizations
总计 Total	**0.5**	**5.8**	**2.3**	**1.1**	**1.2**	**2.3**	
16-19		12.9	2.9	1.2	0.3		
20-24	0.0	5.1	4.5	2.0	2.0	4.3	
25-29	0.3	6.0	2.6	0.6	1.7	1.6	
30-34	0.5	4.4	1.9	1.0	1.3	1.2	
35-39	0.3	5.5	1.6	1.0	0.6	2.9	
40-44	0.4	6.7	2.2	0.8	1.0	1.8	
45-49	0.3	6.3	0.4	0.8	0.6	1.5	
50-54	1.3	6.7	1.8	1.1	0.5	3.0	
55-59	2.2	3.9	2.5	1.6	1.8	3.6	
60-64	0.5	6.1	6.6	1.7	1.5	7.0	
65+	0.8	3.7	10.7	4.1	1.4	2.0	
男 Male	**0.6**	**6.0**	**1.5**	**0.7**	**1.1**	**3.1**	
16-19		15.0	3.6				
20-24	0.1	6.3	3.9	0.7	1.6	5.9	
25-29	0.3	8.1	1.2	0.5	1.5	3.1	
30-34	0.4	5.6		0.4	1.0	2.2	
35-39	0.1	4.3	1.2	0.3	0.7	3.3	
40-44	0.7	6.3	1.4	1.2	1.3	2.3	
45-49	0.3	5.6	0.4	0.5	0.9	1.3	
50-54	1.0	4.4	0.0	0.4	0.4	3.0	
55-59	2.6	3.7	1.3	1.0	1.4	3.5	
60-64	0.6	5.8	5.0	2.4	1.9	7.6	
65+	1.1	3.9	13.7	4.6	1.7	2.5	
女 Female	**0.4**	**5.7**	**3.2**	**1.5**	**1.2**	**1.6**	
16-19		8.2	1.5	3.8	0.8		
20-24		3.6	5.1	3.6	2.6	2.4	
25-29	0.2	4.0	4.0	0.7	1.9	0.2	
30-34	0.5	3.4	3.5	1.5	1.7	0.4	
35-39	0.4	6.3	1.9	1.5	0.5	2.6	
40-44	0.2	7.0	2.9	0.5	0.8	1.5	
45-49	0.4	7.1	0.4	1.1	0.3	1.6	
50-54	1.7	10.5	4.7	2.2	0.7	3.2	
55-59	1.1	4.3	5.9	3.5	3.0	3.9	
60-64		6.8	10.6		0.7	5.3	
65+		3.2		2.5			

3-43 按受教育程度、性别分的城镇失业人员失业前的行业构成
Sector of Urban Unemployed Persons (Prior to Unemployment) by Educational Attainment and Sex

单位：%

受教育程度	Educational Attainment	城镇失业人员 Urban Unemployed Persons	农、林、牧、渔业 Agriculture, Forestry, Animal Husbandry and Fishery	采矿业 Mining	制造业 Manufacturing	电力、热力、燃气及水生产和供应业 Production and Supply of Electricity Power, Heat Power, Gas and Water	建筑业 Construction	批发和零售业 Wholesale and Retail Trades
总　计	**Total**	**100.0**	**5.4**	**2.4**	**26.0**	**0.7**	**8.9**	**22.9**
未上过学	No Schooling	100.0	26.7	0.7	8.2		25.1	23.3
小　学	Primary School	100.0	16.6	1.6	23.0	0.9	18.3	12.3
初　中	Junior Secondary School	100.0	6.6	2.9	29.0	0.8	11.1	20.3
高　中	Senior Secondary School	100.0	3.0	2.3	28.0	0.4	6.3	26.3
中等职业教育	Medium Vocational Education	100.0	2.4	1.3	28.2	0.8	4.9	28.8
高等职业教育	High Vocational Education	100.0	0.4	2.4	20.4	0.2	1.5	33.7
大学专科	College	100.0	1.5	2.4	21.3	0.5	5.3	26.1
大学本科	University	100.0	1.7	2.4	16.5	0.7	4.5	25.1
研究生	Graduate and Higher Level	100.0			6.7			14.8
男	**Male**	**100.0**	**4.8**	**3.5**	**26.9**	**1.0**	**14.2**	**14.9**
未上过学	No Schooling	100.0	16.1	1.7			42.2	13.3
小　学	Primary School	100.0	13.9	1.8	17.1	1.7	27.3	8.0
初　中	Junior Secondary School	100.0	5.5	4.5	28.2	1.0	18.0	12.4
高　中	Senior Secondary School	100.0	3.2	2.9	31.6	0.8	9.8	15.9
中等职业教育	Medium Vocational Education	100.0	2.2	2.0	33.4	1.4	9.4	17.8
高等职业教育	High Vocational Education	100.0		4.9	28.1	0.3	0.3	29.9
大学专科	College	100.0	1.9	3.2	22.7	0.7	8.0	21.2
大学本科	University	100.0	2.1	3.4	17.3	1.1	5.8	18.4
研究生	Graduate and Higher Level	100.0						22.5
女	**Female**	**100.0**	**6.0**	**1.2**	**25.1**	**0.3**	**3.2**	**31.4**
未上过学	No Schooling	100.0	34.1		14.0		13.1	30.3
小　学	Primary School	100.0	19.9	1.4	29.9		7.7	17.4
初　中	Junior Secondary School	100.0	7.9	1.0	29.8	0.7	3.2	29.3
高　中	Senior Secondary School	100.0	2.7	1.5	23.8		2.1	38.5
中等职业教育	Medium Vocational Education	100.0	2.7	0.6	23.3	0.2	0.8	38.9
高等职业教育	High Vocational Education	100.0	0.8		12.9		2.7	37.5
大学专科	College	100.0	1.2	1.6	20.1	0.3	3.0	30.4
大学本科	University	100.0	1.4	1.5	15.9	0.3	3.4	30.7
研究生	Graduate and Higher Level	100.0			10.5			10.4

3-43 续表 1 continued

单位：%

受教育程度	Educational Attainment	交通运输、仓储和邮政业 Transport, Storage and Post	住宿和餐饮业 Hotels and Catering Services	信息传输、软件和信息技术服务业 Information Transmission, Software and Information Technical Services	金融业 Financial Intermediation	房地产业 Real Estate	租赁和商务服务业 Leasing and Business Services	科学研究和技术服务业 Scientific Research and Technical Services
总　计	**Total**	**5.4**	**7.3**	**1.7**	**1.9**	**1.6**	**2.2**	**0.4**
未上过学	No Schooling	1.4	4.5					
小　学	Primary School	6.3	5.5	0.1		1.6	1.6	
初　中	Junior Secondary School	6.2	8.9	0.6	0.7	1.0	1.1	0.3
高　中	Senior Secondary School	6.1	7.6	1.2	1.4	1.6	1.9	0.7
中等职业教育	Medium Vocational Education	4.3	7.5	2.1	1.9	1.1	2.6	0.6
高等职业教育	High Vocational Education	4.4	13.5	1.8	5.4	1.9	1.5	
大学专科	College	3.2	3.4	4.8	6.3	2.5	3.3	0.6
大学本科	University	3.7	4.0	5.8	4.2	3.5	7.7	0.9
研究生	Graduate and Higher Level		9.4	3.8	2.6	7.1	6.7	8.6
男	**Male**	**8.1**	**5.9**	**1.7**	**1.5**	**1.9**	**2.1**	**0.4**
未上过学	No Schooling	3.4	5.7					
小　学	Primary School	9.3	2.5	0.2		2.6	2.5	
初　中	Junior Secondary School	9.7	6.1	0.5	0.7	1.2	1.4	0.2
高　中	Senior Secondary School	9.4	6.7	0.9	0.9	2.2	1.8	0.9
中等职业教育	Medium Vocational Education	5.5	8.4	1.7	2.4	1.9	2.4	0.5
高等职业教育	High Vocational Education	6.1	14.0	1.5	1.5	0.9		
大学专科	College	3.3	3.6	6.0	4.4	2.9	3.3	0.4
大学本科	University	5.2	3.7	7.2	5.5	3.9	5.7	0.6
研究生	Graduate and Higher Level		13.1			14.9		
女	**Female**	**2.5**	**8.8**	**1.7**	**2.4**	**1.2**	**2.2**	**0.5**
未上过学	No Schooling		3.6					
小　学	Primary School	2.9	9.0			0.3	0.5	
初　中	Junior Secondary School	2.1	12.1	0.7	0.7	0.8	0.8	0.3
高　中	Senior Secondary School	2.3	8.6	1.4	2.1	1.0	2.0	0.4
中等职业教育	Medium Vocational Education	3.1	6.7	2.4	1.5	0.4	2.7	0.7
高等职业教育	High Vocational Education	2.7	13.1	2.1	9.2	2.9	2.9	
大学专科	College	3.1	3.2	3.7	8.0	2.2	3.3	0.7
大学本科	University	2.5	4.3	4.6	3.2	3.2	9.3	1.1
研究生	Graduate and Higher Level		7.3	5.9	4.1	2.6	10.4	13.4

3-43 续表 2 continued

单位：%

受教育程度	Educational Attainment	水利、环境和公共设施管理业 Management of Water Conservancy, Environment and Public Facilities	居民服务、修理和其他服务业 Services to Households, Repair and Other Services	教育 Education	卫生和社会工作 Health and Society	文化、体育和娱乐业 Culture, Sports and Entertainment	公共管理、社会保障和社会组织 Public Management Social Security and Social Organizations	国际组织 International Organizations
总 计	**Total**	**0.5**	**5.8**	**2.3**	**1.1**	**1.2**	**2.3**	
未上过学	No Schooling		4.3				5.8	
小 学	Primary School	0.7	7.6	0.6	0.7	1.5	1.0	
初 中	Junior Secondary School	0.5	6.8	0.9	0.6	0.8	1.2	
高 中	Senior Secondary School	0.6	6.4	1.4	0.8	0.9	3.2	
中等职业教育	Medium Vocational Education	0.6	4.7	2.5	2.5	1.6	1.8	
高等职业教育	High Vocational Education		2.6	3.9	2.0		4.5	
大学专科	College	0.4	4.0	6.1	1.5	2.5	4.3	
大学本科	University	0.3	2.7	7.8	2.5	1.2	4.7	
研究生	Graduate and Higher Level			31.2		4.6	4.6	
男	**Male**	**0.6**	**6.0**	**1.5**	**0.7**	**1.1**	**3.1**	
未上过学	No Schooling		3.5				14.1	
小 学	Primary School	0.9	7.0	0.7	0.7	2.1	1.7	
初 中	Junior Secondary School	0.6	6.8	0.4	0.4	0.7	1.7	
高 中	Senior Secondary School	0.7	6.3	0.8	0.6	0.7	3.8	
中等职业教育	Medium Vocational Education	0.5	4.8	1.3	1.3	0.8	2.1	
高等职业教育	High Vocational Education		2.5	5.2			4.8	
大学专科	College	0.2	4.5	4.4	0.9	2.4	5.8	
大学本科	University	0.4	3.7	4.9	2.0	1.8	7.3	
研究生	Graduate and Higher Level			49.4				
女	**Female**	**0.4**	**5.7**	**3.2**	**1.5**	**1.2**	**1.6**	
未上过学	No Schooling		4.9					
小 学	Primary School	0.5	8.4	0.5	0.7	0.6	0.3	
初 中	Junior Secondary School	0.4	6.8	1.4	0.7	0.9	0.6	
高 中	Senior Secondary School	0.5	6.5	2.0	1.0	1.1	2.4	
中等职业教育	Medium Vocational Education	0.6	4.6	3.6	3.6	2.3	1.4	
高等职业教育	High Vocational Education		2.7	2.6	4.0		4.1	
大学专科	College	0.5	3.5	7.6	2.1	2.5	3.1	
大学本科	University	0.2	1.9	10.2	2.9	0.7	2.6	
研究生	Graduate and Higher Level			20.9		7.2	7.2	

3-44 按年龄、性别分的城镇失业人员失业前的职业构成
Occupation of Urban Unemployed Persons (Prior to Unemployment) by Age and Sex

单位：% (%)

年龄 Age	城镇失业人员 Urban Unemployed Persons	单位负责人 Unit Heads	专业技术人员 Technical Personnel	办事人员和有关人员 Clerk and Related Workers	商业、服务业人员 Business Service Personnel	农林牧渔水利业生产人员 Producers in the Sectors of Agriculture, Forestry, Animal Husbandry, Fishery and Water Conservancy	生产运输设备操作人员及有关人员 Production, Transport Equipment Operators and Related Workers	其他 Others
总计 Total	**100.0**	**1.1**	**12.7**	**10.6**	**40.3**	**4.8**	**29.9**	**0.5**
16-19	100.0		7.8	1.0	44.4	11.2	35.5	0.1
20-24	100.0	0.2	15.8	11.9	42.6	3.2	25.9	0.5
25-29	100.0	0.7	13.1	10.0	47.0	2.7	25.7	0.7
30-34	100.0	1.4	14.1	11.4	43.9	4.7	23.9	0.6
35-39	100.0	1.6	11.0	11.8	42.5	2.9	29.5	0.7
40-44	100.0	0.6	12.1	7.2	43.4	3.7	32.5	0.5
45-49	100.0	1.3	8.7	10.0	36.1	6.0	37.5	0.4
50-54	100.0	2.0	12.7	11.6	32.5	6.7	34.3	0.4
55-59	100.0	2.8	13.2	12.3	27.6	9.5	34.0	0.6
60-64	100.0	1.9	18.1	16.3	19.9	10.5	33.0	0.3
65+	100.0	0.9	24.1	19.8	12.9	20.7	21.4	0.2
男 Male	**100.0**	**1.6**	**12.2**	**11.8**	**31.1**	**4.3**	**38.5**	**0.5**
16-19	100.0		9.2	1.1	40.0	6.3	43.4	
20-24	100.0	0.1	16.8	13.1	34.6	3.1	31.6	0.8
25-29	100.0	0.8	12.1	11.0	39.6	2.3	33.8	0.5
30-34	100.0	2.1	10.9	9.0	40.0	4.3	33.1	0.6
35-39	100.0	1.2	9.3	13.3	27.9	3.4	44.3	0.6
40-44	100.0	0.9	12.6	8.3	28.9	4.3	44.5	0.6
45-49	100.0	1.8	9.6	11.3	27.1	4.2	45.5	0.5
50-54	100.0	3.2	12.9	14.7	22.7	6.2	40.1	0.2
55-59	100.0	3.8	10.6	14.5	26.2	5.6	38.7	0.6
60-64	100.0	2.7	17.6	16.9	18.5	5.2	39.1	
65+	100.0	1.2	23.5	23.5	11.9	14.9	24.7	0.3
女 Female	**100.0**	**0.7**	**13.2**	**9.4**	**50.1**	**5.4**	**20.8**	**0.6**
16-19	100.0		4.7	0.6	54.1	22.3	17.9	0.3
20-24	100.0	0.3	14.6	10.3	52.6	3.2	18.7	0.2
25-29	100.0	0.6	14.0	9.2	54.1	3.0	18.3	0.9
30-34	100.0	0.7	16.9	13.4	47.2	5.0	16.1	0.6
35-39	100.0	1.8	12.3	10.7	53.1	2.5	18.9	0.7
40-44	100.0	0.3	11.8	6.4	55.0	3.3	22.8	0.5
45-49	100.0	0.7	7.8	8.8	45.1	7.9	29.6	0.3
50-54	100.0		12.3	6.6	48.3	7.4	24.8	0.5
55-59	100.0		20.6	5.8	31.6	20.7	20.5	0.7
60-64	100.0		19.3	14.8	23.4	23.3	18.2	0.9
65+	100.0		26.0	6.6	16.4	41.0	10.0	

3-45 按受教育程度、性别分的城镇失业人员失业前的职业构成
Occupation of Urban Unemployed Persons (Prior to Unemployment) by Educational Attainment and Sex

单位：% (%)

受教育程度	Educational Attainment	城镇失业人员 Urban Unemployed Persons	单位负责人 Unit Heads	专业技术人员 Technical Personnel	办事人员和有关人员 Clerk and Related Workers	商业、服务业人员 Business Service Personnel	农林牧渔水利业生产人员 Producers in the Sectors of Agriculture, Forestry, Animal Husbandry, Fishery and Water Conservancy	生产运输设备操作人员及有关人员 Production, Transport Equipment Operators and Related Workers	其他 Others
总 计	**Total**	**100.0**	**1.1**	**12.7**	**10.6**	**40.3**	**4.8**	**29.9**	**0.5**
未上过学	No Schooling	100.0		2.9	9.6	36.9	26.7	23.9	
小 学	Primary School	100.0	0.9	8.7	7.0	32.0	14.6	36.2	0.4
初 中	Junior Secondary School	100.0	0.9	7.7	7.0	40.3	6.2	37.3	0.6
高 中	Senior Secondary School	100.0	1.0	10.2	9.6	45.9	2.6	30.2	0.5
中等职业教育	Medium Vocational Education	100.0	1.3	16.5	9.4	42.9	2.2	27.2	0.4
高等职业教育	High Vocational Education	100.0	2.0	17.4	16.9	46.4	0.4	16.4	0.5
大学专科	College	100.0	1.4	24.1	18.7	36.8	1.2	17.2	0.5
大学本科	University	100.0	2.6	26.6	23.5	36.1	1.0	9.6	0.7
研究生	Graduate and Higher Level	100.0	2.6	42.7	37.2	17.5			
男	**Male**	**100.0**	**1.6**	**12.2**	**11.8**	**31.1**	**4.3**	**38.5**	**0.5**
未上过学	No Schooling	100.0		6.9	19.4	33.7	16.1	23.9	
小 学	Primary School	100.0	1.4	11.8	9.8	23.2	10.9	42.8	0.1
初 中	Junior Secondary School	100.0	1.4	8.7	9.4	29.4	5.5	45.1	0.5
高 中	Senior Secondary School	100.0	1.5	9.9	11.0	33.5	2.7	40.7	0.7
中等职业教育	Medium Vocational Education	100.0	1.1	13.6	9.2	35.6	1.7	38.4	0.4
高等职业教育	High Vocational Education	100.0	3.0	14.3	12.2	46.6		23.5	0.4
大学专科	College	100.0	1.7	21.5	19.6	31.4	1.9	23.5	0.3
大学本科	University	100.0	3.6	25.6	21.4	33.0	0.8	15.0	0.6
研究生	Graduate and Higher Level	100.0		29.6	34.7	35.7			
女	**Female**	**100.0**	**0.7**	**13.2**	**9.4**	**50.1**	**5.4**	**20.8**	**0.6**
未上过学	No Schooling	100.0			2.8	39.2	34.1	23.9	
小 学	Primary School	100.0	0.2	5.2	3.9	42.4	19.1	28.5	0.6
初 中	Junior Secondary School	100.0	0.3	6.6	4.3	52.8	7.0	28.5	0.6
高 中	Senior Secondary School	100.0	0.3	10.7	7.9	60.3	2.4	18.0	0.4
中等职业教育	Medium Vocational Education	100.0	1.5	19.2	9.6	49.8	2.8	16.7	0.4
高等职业教育	High Vocational Education	100.0	1.0	20.5	21.5	46.2	0.8	9.5	0.6
大学专科	College	100.0	1.1	26.4	17.9	41.6	0.6	11.7	0.7
大学本科	University	100.0	1.7	27.4	25.2	38.7	1.1	5.0	0.9
研究生	Graduate and Higher Level	100.0	4.1	50.1	38.6	7.3			

3-46 按受教育程度、性别分的城镇失业人员未工作时间构成
Unemployment Duration of Urban Unemployed Persons by Educational Attainment and Sex

单位：% (%)

受教育程度	Educational Attainment	城镇失业人员 Urban Unemployed Persons	1个月 1 Month	2-3个月 2-3 Months	4-6个月 4-6 Months	7-12个月 7-12 Months	13-24个月 13-24 Months	25个月以上 25+ Months+
总　计	**Total**	**100.0**	**9.9**	**19.8**	**17.2**	**26.8**	**11.9**	**14.4**
未上过学	No Schooling	100.0	7.3	22.4	15.9	31.4	2.2	20.8
小　学	Primary School	100.0	11.4	18.7	15.1	29.5	12.1	13.1
初　中	Junior Secondary School	100.0	10.5	18.1	16.2	27.3	11.4	16.6
高　中	Senior Secondary School	100.0	8.8	17.4	16.4	29.2	12.8	15.4
中等职业教育	Medium Vocational Education	100.0	10.3	17.7	18.8	25.6	13.1	14.4
高等职业教育	High Vocational Education	100.0	7.7	24.0	16.0	27.4	14.6	10.2
大学专科	College	100.0	8.4	23.3	19.8	23.9	12.3	12.4
大学本科	University	100.0	10.4	27.3	18.4	23.8	10.2	9.9
研究生	Graduate and Higher Level	100.0	24.7	19.1	19.9	26.7	2.5	7.1
男	**Male**	**100.0**	**11.5**	**22.3**	**17.8**	**26.8**	**10.2**	**11.4**
未上过学	No Schooling	100.0	11.4	22.9	30.4	28.6	0.5	6.2
小　学	Primary School	100.0	12.7	21.6	16.3	32.0	9.5	7.8
初　中	Junior Secondary School	100.0	12.3	20.7	17.5	27.1	9.6	12.8
高　中	Senior Secondary School	100.0	9.8	20.2	17.4	28.7	10.5	13.4
中等职业教育	Medium Vocational Education	100.0	12.3	20.6	20.0	22.8	12.1	12.4
高等职业教育	High Vocational Education	100.0	7.7	29.3	11.4	31.4	13.1	7.0
大学专科	College	100.0	9.9	25.5	19.4	24.5	10.9	9.9
大学本科	University	100.0	12.8	28.8	17.9	23.2	9.2	8.1
研究生	Graduate and Higher Level	100.0	30.0	7.3	19.5	27.8	4.9	10.4
女	**Female**	**100.0**	**8.1**	**17.3**	**16.5**	**26.8**	**13.6**	**17.6**
未上过学	No Schooling	100.0	5.1	22.1	8.2	33.0	3.1	28.6
小　学	Primary School	100.0	9.8	15.3	13.7	26.4	15.2	19.5
初　中	Junior Secondary School	100.0	8.6	15.3	14.9	27.4	13.2	20.6
高　中	Senior Secondary School	100.0	7.6	14.1	15.2	29.8	15.6	17.8
中等职业教育	Medium Vocational Education	100.0	8.4	14.7	17.7	28.6	14.2	16.5
高等职业教育	High Vocational Education	100.0	7.7	18.2	21.1	23.0	16.2	13.7
大学专科	College	100.0	6.9	21.2	20.2	23.3	13.7	14.8
大学本科	University	100.0	8.1	25.9	18.8	24.5	11.2	11.6
研究生	Graduate and Higher Level	100.0	19.1	31.6	20.2	25.5		3.7

3-47 按年龄、性别分的城镇失业人员未工作时间构成
Unemployment Duration of Urban Unemployed Persons by Age and Sex

单位：% (%)

年 龄 Age	城 镇 失业人员 Urban Unemployed Persons	1个月 1 Month	2-3个月 2-3 Months	4-6个月 4-6 Months	7-12个月 7-12 Months	13-24个月 13-24 Months	25个月以上 25+ Months+
总计 Total	**100.0**	**9.9**	**19.8**	**17.2**	**26.8**	**11.9**	**14.4**
16-19	100.0	11.8	26.5	25.0	24.5	9.4	2.8
20-24	100.0	10.8	26.6	20.6	27.6	8.0	6.4
25-29	100.0	11.3	20.9	16.5	25.1	13.6	12.6
30-34	100.0	9.9	18.9	16.0	23.7	14.2	17.3
35-39	100.0	10.9	14.8	16.7	26.4	12.0	19.2
40-44	100.0	9.1	16.5	16.0	26.9	13.6	18.0
45-49	100.0	7.7	17.0	14.2	29.7	11.8	19.6
50-54	100.0	7.6	16.4	16.6	29.7	13.0	16.7
55-59	100.0	8.7	15.2	14.6	27.9	11.9	21.7
60-64	100.0	6.4	14.8	12.2	28.2	16.1	22.4
65+	100.0	7.9	11.7	7.2	27.2	11.7	34.3
男 Male	**100.0**	**11.5**	**22.3**	**17.8**	**26.8**	**10.2**	**11.4**
16-19	100.0	11.6	28.9	22.9	24.0	9.5	3.1
20-24	100.0	11.6	25.1	18.9	29.2	8.3	6.8
25-29	100.0	13.4	24.2	17.2	23.8	10.9	10.6
30-34	100.0	12.2	24.0	14.1	24.7	12.6	12.4
35-39	100.0	13.4	20.8	21.6	24.2	8.5	11.4
40-44	100.0	12.1	19.5	19.6	26.4	10.2	12.3
45-49	100.0	10.6	21.4	14.5	27.9	10.0	15.6
50-54	100.0	8.5	17.6	17.8	29.4	12.0	14.7
55-59	100.0	9.4	15.6	17.3	27.7	9.7	20.2
60-64	100.0	7.7	16.3	14.9	27.2	15.7	18.3
65+	100.0	6.6	13.8	10.0	29.8	11.9	27.8
女 Female	**100.0**	**8.1**	**17.3**	**16.5**	**26.8**	**13.6**	**17.6**
16-19	100.0	12.0	22.8	28.3	25.3	9.2	2.4
20-24	100.0	9.6	28.6	23.1	25.3	7.5	5.9
25-29	100.0	9.3	17.9	15.8	26.4	16.2	14.4
30-34	100.0	8.2	15.1	17.5	22.9	15.3	21.0
35-39	100.0	9.3	10.8	13.4	27.9	14.3	24.4
40-44	100.0	6.7	14.1	13.2	27.3	16.3	22.4
45-49	100.0	5.0	12.9	13.9	31.4	13.5	23.3
50-54	100.0	6.1	14.7	14.8	30.0	14.5	19.8
55-59	100.0	6.9	14.1	7.5	28.2	17.6	25.6
60-64	100.0	3.5	11.7	6.3	30.5	17.0	31.0
65+	100.0	11.3	6.2		20.4	11.3	50.8

第四部分

Chapter Four

2015年城镇单位就业人员统计数据

Data from Statistics on Employment in Urban Units in 2015

4-1 各地区分行业国有单位就业人员数
Employed Persons in State-owned Units by Sector and Region

单位：人 (person)

地　区	Region	国有单位合　计 Total	(一)中央 I. Under Central Government	(二)省、自治区、直辖市 II. Under Provincial Government	(三)地区 III. Under Prefectural Government	(四)县及县以下 IV. At and Below County Level	(五)其他 V. Other	(一)企业 I. Enterprises	#地方 Local
总　计	**National Total**	**62082666**	**8545789**	**8388549**	**11541094**	**32247282**	**1359952**	**16737956**	**10203861**
北　京	Beijing	1828768	735533	426234	560324	86846	19831	537080	234180
天　津	Tianjin	723615	107614	280081	222610	97190	16120	228916	155971
河　北	Hebei	2882162	218085	245181	488763	1908505	21628	542997	379908
山　西	Shanxi	2019356	252353	314515	373606	1050351	28531	548587	321992
内蒙古	Inner Mongolia	1680412	225017	223473	338071	879810	14041	518624	412314
辽　宁	Liaoning	2801928	575194	291507	646137	1243606	45484	1087913	577991
吉　林	Jilin	1639270	388349	200394	300326	744816	5385	563428	233585
黑龙江	Heilongjiang	2678459	330124	1027602	411167	900240	9326	1378546	1064316
上　海	Shanghai	1027000	230864	309548	419588	41302	25698	323716	200437
江　苏	Jiangsu	2943115	312151	345291	530576	1624631	130466	748181	524078
浙　江	Zhejiang	2195644	139510	224225	361492	1399732	70685	331554	233979
安　徽	Anhui	1890654	192418	251571	363637	1038421	44607	414837	256279
福　建	Fujian	1551819	146272	179750	341320	857145	27332	394894	281831
江　西	Jiangxi	1961553	164324	268137	323862	1192643	12587	519501	373135
山　东	Shandong	3909493	447795	349056	754270	2281716	76656	938196	591767
河　南	Henan	3663409	284382	311497	612268	2368417	86845	819658	566527
湖　北	Hubei	2776395	533845	231775	452313	1526669	31793	799454	381307
湖　南	Hunan	2445734	280622	236206	405279	1464466	59161	529312	292972
广　东	Guangdong	3888071	288170	372246	921386	2157483	148786	897542	717173
广　西	Guangxi	2023654	180112	293566	382703	870728	296545	421693	276289
海　南	Hainan	432617	25275	113429	67738	213067	13108	89726	74249
重　庆	Chongqing	1195472	133599	209500	261288	562561	28524	243892	167440
四　川	Sichuan	3440785	545394	319742	628427	1901450	45772	924538	503492
贵　州	Guizhou	1688399	174544	166329	188226	1140726	18574	362167	203639
云　南	Yunnan	1853629	156198	284954	227224	1181212	4041	357433	225340
西　藏	Tibet	277851	15758	42353	54901	164698	141	36332	25948
陕　西	Shaanxi	2376801	422860	295061	389188	1232958	36734	799786	424504
甘　肃	Gansu	1538780	246485	248462	184049	853601	6183	428500	205044
青　海	Qinghai	342046	51196	75206	41770	172628	1246	80592	37319
宁　夏	Ningxia	353525	46502	78727	66722	144769	16805	78369	37428
新　疆	Xinjiang	2052250	695244	172931	221863	944895	17317	791992	223427

4-1 续表 1 continued

单位：人 (person)

地 区	Region	(二)事业 II. Institutions	#地方 Local	(三)机关 III. Agencies and Organizations	#地方 Local	(四)民间非营利组织 IV. Civil Nonprofit Organizations	(五)其他 V. Other	(一)农、林、牧、渔业 I. Agriculture, Forestry, Animal Husbandry and Fishery	1.农业 1.Farming
总 计	**National Total**	**31277340**	**29733073**	**13771972**	**13231433**	**46932**	**248466**	**2484296**	**1456989**
北 京	Beijing	907972	532622	369105	315316	11839	2772	7274	1353
天 津	Tianjin	346583	325766	143473	131435	1343	3300	4562	530
河 北	Hebei	1609999	1573862	727271	708626	433	1462	39668	26930
山 西	Shanxi	1016754	1006129	451553	436606		2462	16239	3157
内蒙古	Inner Mongolia	769957	758990	390092	377495	49	1690	227211	106904
辽 宁	Liaoning	1239069	1199277	470406	445482		4540	219863	200694
吉 林	Jilin	795737	749719	276795	264307	289	3021	124275	24618
黑龙江	Heilongjiang	917674	830800	381785	356413		454	647577	360389
上 海	Shanghai	531787	439259	166179	151129	2720	2598	4375	1948
江 苏	Jiangsu	1570144	1502138	601112	581574	346	23332	56295	45691
浙 江	Zhejiang	1264251	1242652	578685	561339	3197	17957	3426	988
安 徽	Anhui	1033267	1010278	436372	425528		6178	43081	22846
福 建	Fujian	778332	762963	377559	359719	58	976	41127	15943
江 西	Jiangxi	999871	984311	438902	428787	9	3270	47707	18089
山 东	Shandong	2067523	1998100	889660	859286	170	13944	13487	2229
河 南	Henan	2036599	2019016	779213	765749	5386	22553	15205	7108
湖 北	Hubei	1457849	1362168	484619	464587	14715	19758	89084	67937
湖 南	Hunan	1254190	1229314	599233	588637	2388	60611	12192	2433
广 东	Guangdong	2004504	1845678	965431	899713	1043	19551	50445	27535
广 西	Guangxi	1183456	1172257	408349	392031	58	10098	76047	44401
海 南	Hainan	230706	225905	104637	99656	1208	6340	35008	3283
重 庆	Chongqing	676142	655489	271832	263374	140	3466	8039	190
四 川	Sichuan	1658495	1556276	855110	832973		2642	25898	1104
贵 州	Guizhou	897511	887180	423035	417439	363	5323	8525	1108
云 南	Yunnan	998982	989299	497042	482699		172	62398	21184
西 藏	Tibet	92960	92403	148559	143742			10898	470
陕 西	Shaanxi	1081201	1040080	492385	485793	871	2558	20806	3288
甘 肃	Gansu	742258	724898	365981	360338	76	1965	48066	20613
青 海	Qinghai	165711	162018	95587	91236		156	10589	2505
宁 夏	Ningxia	188738	185674	86190	83693		228	11006	6770
新 疆	Xinjiang	759118	668552	495820	456731	231	5089	503923	414751

4-1 续表 2 continued

单位：人 (person)

地 区	Region	2.林业 2.Forestry	3.畜牧业 3.Animal Husbandry	4.渔业 4.Fishery	5.农、林、牧、渔服务业 5.Service in Support of Agriculture	(二)采矿业 II. Mining	1.煤炭开采和洗选业 1.Mining and Washing of Coal	2.石油和天然气开采业 2.Extraction of Petroleum and Natural Gas	3.黑色金属矿采选业 3.Mining and Processing of Ferrous Metal Ores
总 计	**National Total**	**640762**	**118514**	**15939**	**252092**	**547769**	**316130**	**75580**	**15137**
北 京	Beijing	1337	3283	226	1075				
天 津	Tianjin	466	1329	134	2103	32			
河 北	Hebei	4213	3237	11	5277	28748	24949	23	5
山 西	Shanxi	6439	353	106	6184	29185	28453		248
内蒙古	Inner Mongolia	73757	20380	2327	23843	32382	31457		
辽 宁	Liaoning	10809	653	1064	6643	56510	1270		1039
吉 林	Jilin	71373	5782	2281	20221	3891	775		
黑龙江	Heilongjiang	265372	7397	1505	12914	7789	1479		8
上 海	Shanghai	153	801	25	1448	81			
江 苏	Jiangsu	2960	2003	419	5222	15317	1041	9206	2658
浙 江	Zhejiang	1701	234	43	460	961			87
安 徽	Anhui	8304	445	506	10980	18606	9675		6636
福 建	Fujian	11084	196	121	13783	5876	1692		541
江 西	Jiangxi	17342	678	762	10836	26520	22439		163
山 东	Shandong	3771	212	401	6874	68356	64001		2879
河 南	Henan	1768	497	336	5496	38692	17436	20198	
湖 北	Hubei	4453	607	2426	13661	10527	1262		
湖 南	Hunan	5646	179	1091	2843	16853	14134		26
广 东	Guangdong	15582	496	758	6074	5183		1585	209
广 西	Guangxi	24065	595	880	6106	4896	913		119
海 南	Hainan	30216	120	51	1338	502		46	
重 庆	Chongqing	2310	114	22	5403	6076	6076		
四 川	Sichuan	14360	1259	38	9137	21805	12841	3853	67
贵 州	Guizhou	3579	142	138	3558	9601	7740		3
云 南	Yunnan	20427	123	30	20634	28284	27688		
西 藏	Tibet	9621	141		666	2174			118
陕 西	Shaanxi	7702	497	57	9262	62874	31866	16179	321
甘 肃	Gansu	12350	730	17	14356	32121	6838	24490	
青 海	Qinghai	2751	1588	41	3704	647	634		
宁 夏	Ningxia	1734	262	60	2180	421	20		
新 疆	Xinjiang	5117	64181	63	19811	12859	1451		10

4-1 续表 3 continued

单位：人 (person)

地区	Region	4.有色金属矿采选业 4.Mining and Processing of Non-ferrous Metal Ores	5.非金属矿采选业 5.Mining and Processing of Non-metal Ores	6.开采辅助活动 6.Support Activities for Mining	7.其他采矿业 7.Mining of Other Ores	(三)制造业 III. Manufacturing	1.农副食品加工业 1.Processing of Food from Agricultural Products	2.食品制造业 2.Manufacture of Foods	3.酒、饮料和精制茶制造业 3.Manufacture of Liquor, Beverages and Refined Tea
总　计	**National Total**	**20166**	**26180**	**93950**	**626**	**1807503**	**54468**	**17179**	**39677**
北　京	Beijing					38454	910	212	7910
天　津	Tianjin		32			45353	1752	164	292
河　北	Hebei	45	3698	28		45713	1081	564	102
山　西	Shanxi		484			59207	1279	734	363
内蒙古	Inner Mongolia	164	743	18		19449	883	425	40
辽　宁	Liaoning	559	248	53291	103	192089	4918	873	195
吉　林	Jilin	2932	89		95	179425	245	431	
黑龙江	Heilongjiang	21	388	5893		68716	3582	1018	188
上　海	Shanghai		81			45311	147	320	608
江　苏	Jiangsu	397	2015			49359	1012	54	402
浙　江	Zhejiang		874			15552	3362	654	114
安　徽	Anhui	1627	668			43687	1195	454	86
福　建	Fujian	117	3505		21	12575	275	34	1175
江　西	Jiangxi	2707	586	435	190	101134	2026	862	1051
山　东	Shandong	572	904			88267	9181	2063	1949
河　南	Henan	1015	43			47304	2046	3010	58
湖　北	Hubei	31	775	8439	20	148894	2292	1188	520
湖　南	Hunan	1362	1306		25	47470	2742	471	8
广　东	Guangdong	702	1634	1037	16	40087	4974	964	778
广　西	Guangxi	3447	412		5	49691	3676	362	489
海　南	Hainan		456			4270	924	176	
重　庆	Chongqing					26731	1060	6	165
四　川	Sichuan	195	4846	3		82134	961	1068	637
贵　州	Guizhou	365	1296	197		59305	485	135	20362
云　南	Yunnan	144	452			37502	945	48	1462
西　藏	Tibet	2045	9		2	1421	117	239	
陕　西	Shaanxi	892	156	13460		214233	609	449	42
甘　肃	Gansu	662		6	125	30223	842	2	437
青　海	Qinghai		13			3789	143	43	63
宁　夏	Ningxia	145		256		1276	125		
新　疆	Xinjiang	20	467	10887	24	8882	679	156	181

4-1 续表 4 continued

单位：人 (person)

地 区	Region	4.烟草制品业 4.Manufacture of Tobacco	5.纺织业 5.Manufacture of Textile	6.纺织服装、服饰业 6.Manufacture of Textile Wearing Apparel, and Accessories	7.皮革、毛皮、羽毛及其制品和制鞋业 7.Manufacture of Leather, Fur, Feather and Related Products and Footwear	8.木材加工和木、竹、藤、棕、草制品业 8.Processing of Timbers, Manufacture of Wood, Bamboo, Rattan, Palm and Straw Products	9.家具制造业 9.Manufacture of Furniture	10.造纸和纸制品业 10.Manufacture of Paper and Paper Products	11.印刷和记录媒介复制业 11.Printing and Reproduction of Recording Media
总 计	**National Total**	**58795**	**24039**	**18028**	**5952**	**16823**	**3009**	**14432**	**40886**
北 京	Beijing	916	51	82			6	52	4756
天 津	Tianjin	906	433	180	170	288	23	80	751
河 北	Hebei	1480	444	328	982		244		3131
山 西	Shanxi		1923	74	3		8		1016
内蒙古	Inner Mongolia						4	2259	673
辽 宁	Liaoning		674	609	244	265	26	677	3488
吉 林	Jilin	1821		44	34	6839			337
黑龙江	Heilongjiang	2540	3066	13	817	1446	633	89	1106
上 海	Shanghai		960	170	38	377	27	218	860
江 苏	Jiangsu	2092	3091	3549	134			1094	1167
浙 江	Zhejiang	3938		205	8				80
安 徽	Anhui	11128	259	37	9	3		193	196
福 建	Fujian	1994	119	140		13	108		1107
江 西	Jiangxi	412	240	7260	197	521	700	1016	1160
山 东	Shandong	5740	1645			398	159	6118	3648
河 南	Henan	4422	508	301	533	68		67	947
湖 北	Hubei	1852	2306	730	1023	205	15	28	1220
湖 南	Hunan	9848	339	153	8	1717			1165
广 东	Guangdong	2150	4669	824	667	368	601	569	1905
广 西	Guangxi		48	824	46	1349		129	1812
海 南	Hainan		276			96	50		568
重 庆	Chongqing		62				44	41	128
四 川	Sichuan	2153	1249	266		165	32	1269	954
贵 州	Guizhou	254	18	75		1134		24	540
云 南	Yunnan	2737	18	1107	960	1051	41	414	1397
西 藏	Tibet		24		79	107	10		303
陕 西	Shaanxi	827	1115	227		409	166	95	412
甘 肃	Gansu	1121	2				76		3652
青 海	Qinghai			613					612
宁 夏	Ningxia	464		134					106
新 疆	Xinjiang		500	83		4	36		1689

4-1 续表 5 continued

单位：人 (person)

地 区	Region	12.文教工美、体育和娱乐用品制造业 12.Manufacture of Articles for Culture, Education, Arts and Crafts, Sport and Entertainment Activities	13.石油加工、炼焦和核燃料加工业 13.Processing of Petroleum, Coking, Processing of Nuclear Fuel	14.化学原料和化学制品制造业 14.Manufacture of Chemical Raw Material and Chemical Products	15.医药制造业 15.Manufacture of Medicines	16.化学纤维制造业 16.Manufacture of Chemical Fibres	17.橡胶和塑料制品业 17.Manufacture of Rubber and Plastics Products	18.非金属矿物制品业 18.Manufacture of Non-metallic Mineral Products
总 计	**National Total**	**8279**	**36594**	**108807**	**17130**	**730**	**26011**	**100201**
北 京	Beijing	276	123	1416	1990		193	668
天 津	Tianjin	589	651	994	151	11	114	407
河 北	Hebei		579	1976	581	265	80	1942
山 西	Shanxi	155		4227	340	16	805	4926
内蒙古	Inner Mongolia		3457	1562				1691
辽 宁	Liaoning	52	19000	8206	886	5	234	3982
吉 林	Jilin			15198	562		394	525
黑龙江	Heilongjiang	252	2045	4475	698	13	993	17783
上 海	Shanghai	420		2454	1478		364	724
江 苏	Jiangsu		1057	5199		45	363	2832
浙 江	Zhejiang	19		165				111
安 徽	Anhui	154		1090	7		533	2342
福 建	Fujian	156		1390	50		156	236
江 西	Jiangxi	644	48	2740	210		202	2261
山 东	Shandong	125	853	12128	668	54	35	3861
河 南	Henan			4445	154		29	5734
湖 北	Hubei	33	12	2618	117	1		18557
湖 南	Hunan	227		8062	862		241	4083
广 东	Guangdong	1191	24	876	2261		441	708
广 西	Guangxi	44		2376	692		494	3062
海 南	Hainan	76		27	56			91
重 庆	Chongqing			3627	15		311	1293
四 川	Sichuan	116	4	2966	506		82	12742
贵 州	Guizhou	82		435	105		84	912
云 南	Yunnan	43		4893	1927		5702	2656
西 藏	Tibet			341	83			61
陕 西	Shaanxi	3625	3835	11952	964		13185	3562
甘 肃	Gansu		4906	643	1482	320	353	1309
青 海	Qinghai			924	232			37
宁 夏	Ningxia			109	22			304
新 疆	Xinjiang			1293	31		623	799

4-1 续表 6 continued

单位：人 (person)

地 区	Region	19.黑色金属冶炼和压延加工业 19.Smelting and Processing of Ferrous Metals	20.有色金属冶炼和压延加工业 20.Smelting and Processing of Non-ferrous Metals	21.金属制品业 21.Manufacture of Metal Products	22.通用设备制造业 22.Manufacture of General Purpose Machinery	23.专用设备制造业 23.Manufacture of Special Purpose Machinery	24.汽车制造业 24.Manufacture of Automobiles	25.铁路、船舶、航空航天和其他运输设备制造业 25. Manufacture of Railway,Ship, Aerospace and Other Transport Equipment
总 计	**National Total**	**244964**	**59337**	**41652**	**94667**	**82032**	**247970**	**222406**
北 京	Beijing	15	177	485	1496	2504	20	10330
天 津	Tianjin	3276	41	449	1715	2378	1359	25803
河 北	Hebei	530		353	5984	3590	2363	5627
山 西	Shanxi	12284		13579	7016	1568	2540	3977
内蒙古	Inner Mongolia	3747	3308		66	194		
辽 宁	Liaoning	116106	1096	3081	7301	3197	1714	8339
吉 林	Jilin	95		523	3696	2802	142907	596
黑龙江	Heilongjiang	1279	990	644	1812	5276	5377	9769
上 海	Shanghai	427	79	1073	2024	2347	1887	8623
江 苏	Jiangsu	512	103	2633	4695	2366	3638	5435
浙 江	Zhejiang			48	573	1900		2513
安 徽	Anhui	135	15	1920	5440	8053	1556	2346
福 建	Fujian	36	8	61	175	552	73	2694
江 西	Jiangxi	17	26116	853	1787	1681	37468	695
山 东	Shandong	2862	1009	604	9613	9718	3402	5222
河 南	Henan	293	13711	772	2487	2128	944	1699
湖 北	Hubei	71744		2118	4063	1674	5795	4865
湖 南	Hunan	1223	1326	6	1239	1106	2363	7594
广 东	Guangdong	238	219	1692	306	1197	632	5883
广 西	Guangxi	16153	18	950	673	1698	3365	9324
海 南	Hainan		15	87				
重 庆	Chongqing		542	292	1806	1443	6207	1113
四 川	Sichuan	5009	15	3323	2798	9742	2199	23893
贵 州	Guizhou	540	1359	1692	2963	2131	646	17058
云 南	Yunnan	1527	37	2905	3996	1492	231	959
西 藏	Tibet		57					
陕 西	Shaanxi	6326	815	612	19713	10118	21284	53873
甘 肃	Gansu		7663	725	1097	265		3453
青 海	Qinghai		523			20		
宁 夏	Ningxia					12		
新 疆	Xinjiang	590	95	172	133	880		723

4-1 续表 7 continued

单位：人 (person)

地　区	Region	26.电气机械和器材制造业 26.Manufacture of Electrical Machinery and Apparatus	27.计算机、通信和其他电子设备制造业 27.Manufacture of Computers, Communication and Other Electronic Equipment	28.仪器仪表制造业 28.Manufacture of Measuring Instruments and Machinery	29.其他制造业 29. Other Manufature	30.废弃资源综合利用业 30. Utilization of Waste Resources	31.金属制品、机械和设备修理业 31. Repair Service of Metal Products, Machinery and Eguipment	(四) 电力、热力、燃气及水生产和供应业 Production and Supply of Electricity, Heat, Gas and Water
总　计	**National Total**	**61917**	**62765**	**47603**	**19986**	**1096**	**30068**	**1788056**
北　京	Beijing	292	854	974	1708		38	18007
天　津	Tianjin	134	683	410	1069		80	12626
河　北	Hebei	5150	266	2366	160		5545	99003
山　西	Shanxi	212	753	471	884	54		61381
内蒙古	Inner Mongolia	628	494				18	51180
辽　宁	Liaoning	628	2391	277	3382	116	127	71791
吉　林	Jilin	150	21	5		11	2189	39014
黑龙江	Heilongjiang	1009	952	466	7	338	40	85612
上　海	Shanghai	341	2483	2306	153	12	14391	17910
江　苏	Jiangsu	2486	1450	3864	3	83		88242
浙　江	Zhejiang	74	38	791			959	40945
安　徽	Anhui	68	3340	5	850		2273	39390
福　建	Fujian	149	1802	34	5		33	18143
江　西	Jiangxi	1049	603	9110	200	5		23967
山　东	Shandong	6400	339	229	108	14	122	110705
河　南	Henan	554	352	1990		40	12	136316
湖　北	Hubei	870	23571	1345			132	112670
湖　南	Hunan	1022	1187	293		185		115224
广　东	Guangdong	464	2225	303	1204	139	1615	96347
广　西	Guangxi	793	1078	157			79	45458
海　南	Hainan	149	739				940	12552
重　庆	Chongqing	1457	1540	2016	3525	38		8408
四　川	Sichuan	1228	2017	109	6535		96	132204
贵　州	Guizhou	1323	672	6173	27	11	65	90016
云　南	Yunnan	227	617	110				33433
西　藏	Tibet							5909
陕　西	Shaanxi	33995	12169	13799	55			62570
甘　肃	Gansu	973	129		111		662	89766
青　海	Qinghai						579	10530
宁　夏	Ningxia							17571
新　疆	Xinjiang	92				50	73	41166

4-1 续表 8 continued

单位：人 (person)

地 区	Region	1.电力、热力生产和供应业 1.Production and Supply of Electric Power and Heat Power	2.燃气生产和供应业 2.Production and Supply of Gas	3.水的生产和供应业 3.Production and Supply of Water	(五)建筑业 V. Construction	1.房屋建筑业 1. Construction of Buildings	2.土木工程建筑业 2. Civil Engineering	3.建筑安装业 3.Building Installation
总 计	**National Total**	**1492325**	**30797**	**264934**	**1929164**	**1038248**	**740585**	**88423**
北 京	Beijing	15601	1523	883	26432	10871	12130	1381
天 津	Tianjin	11402	441	783	15054	4232	7598	2647
河 北	Hebei	78753	3436	16814	57222	16888	37182	1732
山 西	Shanxi	41092	7217	13072	56949	23100	29563	495
内蒙古	Inner Mongolia	42137	137	8906	9433	6766	2438	229
辽 宁	Liaoning	47960	3038	20793	119944	52708	50571	11387
吉 林	Jilin	27251	1046	10717	23887	10718	10005	2919
黑龙江	Heilongjiang	74895	370	10347	68363	33710	25919	4765
上 海	Shanghai	15572	303	2035	9349	1934	6328	195
江 苏	Jiangsu	76004	241	11997	97276	30003	61265	1588
浙 江	Zhejiang	38049	593	2303	21071	1263	17005	967
安 徽	Anhui	32163	129	7098	61502	43454	14703	594
福 建	Fujian	12234	159	5750	64270	40566	21197	1430
江 西	Jiangxi	16957	101	6909	76235	57670	16770	877
山 东	Shandong	89536	2531	18638	137204	36335	94957	2527
河 南	Henan	120156	383	15777	64015	20137	37862	5155
湖 北	Hubei	98898	83	13689	79133	22737	42851	9006
湖 南	Hunan	96797	269	18158	88687	26557	58368	1905
广 东	Guangdong	76673		19674	160961	112576	31283	14001
广 西	Guangxi	37707	5	7746	45956	22037	20798	1209
海 南	Hainan	10065	5	2482	9704	8103	1389	5
重 庆	Chongqing	2990	3206	2212	53013	39047	12406	102
四 川	Sichuan	116702	3809	11693	261276	210735	42179	5784
贵 州	Guizhou	84136	275	5605	62587	45698	15574	533
云 南	Yunnan	28790	116	4527	37123	17784	14340	2155
西 藏	Tibet	5587	8	314	4764	3019	1723	
陕 西	Shaanxi	50072	1306	11192	84508	62342	17991	2842
甘 肃	Gansu	81866		7900	76014	47748	15629	9000
青 海	Qinghai	9711		819	13743	2768	9692	1263
宁 夏	Ningxia	15911		1660	9720	4355	4330	930
新 疆	Xinjiang	36658	67	4441	33769	22387	6539	800

4-1 续表 9 continued

单位：人 (person)

地区	Region	4.建筑装饰和其他建筑业 4.Building Decoration and Other Constructions	(六)批发和零售业 VI. Wholesale and Retail Trades	1.批发业 1.Wholesale Trade	2.零售业 2.Retail Trade	(七)交通运输、仓储和邮政业 VII. Transport, Storage and Post	1.铁路运输业 1.Railway Transport	2.道路运输业 2.Road Transport
总计	**National Total**	**61908**	**907552**	**660932**	**246620**	**3734437**	**1703481**	**1025368**
北京	Beijing	2050	27294	17194	10100	101556	75409	2725
天津	Tianjin	577	10789	6249	4540	53195	18654	22135
河北	Hebei	1420	32607	20573	12034	161622	52911	75810
山西	Shanxi	3791	47042	36022	11020	176242	115196	33404
内蒙古	Inner Mongolia		19711	14397	5314	151634	98666	29939
辽宁	Liaoning	5278	33720	23162	10558	207785	108234	57976
吉林	Jilin	245	22065	19793	2272	118219	64939	21854
黑龙江	Heilongjiang	3969	45303	33413	11890	245370	133440	58504
上海	Shanghai	892	13712	7353	6359	88321	38437	10115
江苏	Jiangsu	4420	42659	34062	8597	146316	22179	59305
浙江	Zhejiang	1836	24097	21530	2567	71712	21697	23231
安徽	Anhui	2751	31156	24598	6558	90823	39881	18401
福建	Fujian	1077	33994	24489	9505	94911	37981	20794
江西	Jiangxi	918	29500	24541	4959	125726	61114	32240
山东	Shandong	3385	55211	36507	18704	201097	80695	62991
河南	Henan	861	92195	64503	27692	226165	108055	66671
湖北	Hubei	4539	43022	25336	17686	191633	86349	41873
湖南	Hunan	1857	34393	26882	7511	145404	77156	34392
广东	Guangdong	3101	49844	32457	17387	158237	730	84791
广西	Guangxi	1912	25010	18345	6665	97478	56984	13675
海南	Hainan	207	2608	2076	532	12668	145	5884
重庆	Chongqing	1458	16181	11344	4837	69492	29188	11854
四川	Sichuan	2578	38570	29731	8839	195462	64966	50007
贵州	Guizhou	782	28490	25806	2684	59696	33378	14355
云南	Yunnan	2844	38266	34222	4044	77784	38717	23197
西藏	Tibet	22	3625	2059	1566	7370	71	4714
陕西	Shaanxi	1333	34712	20713	13999	181420	93884	53080
甘肃	Gansu	3637	13540	9961	3579	88405	54669	18901
青海	Qinghai	20	2830	2099	731	33403	21242	9005
宁夏	Ningxia	105	3486	2595	891	24354	15681	4013
新疆	Xinjiang	4043	11920	8920	3000	130937	52833	59532

4-1 续表 10 continued

单位：人 (person)

地 区	Region	3.水上运输业 3.Water Transport	4.航空运输业 4.Air Transport	5.管道运输业 5.Transport Via Pipeline	6.装卸搬运和运输代理业 6.Loading Unloading and Forwarding Ageney	7.仓储业 7.Storage	8.邮政业 8.Post	(八) 住宿和餐饮业 VIII. Hotels and Catering Services
总 计	**National Total**	**68880**	**67410**	**6143**	**32078**	**129200**	**701877**	**374087**
北 京	Beijing	1	120		730	3991	18580	37902
天 津	Tianjin	866	2554	166	972	1586	6262	5414
河 北	Hebei	143	1178		1345	5937	24298	18829
山 西	Shanxi	45	713	108	899	5369	20508	14256
内蒙古	Inner Mongolia	23	536		169	4177	18124	7508
辽 宁	Liaoning	4714	8911	1252	1499	5681	19518	19082
吉 林	Jilin	130	6266	30	254	10849	13897	9788
黑龙江	Heilongjiang	3471	4279	623	1210	14846	28997	20231
上 海	Shanghai	14332	2938		3128	1510	17861	15384
江 苏	Jiangsu	8293	1400	1803	2297	5044	45995	17853
浙 江	Zhejiang	2037	1839		558	920	21430	10227
安 徽	Anhui	266	948		719	5863	24745	5458
福 建	Fujian	2534	2078		2410	2097	27017	9688
江 西	Jiangxi	1177	2872	28	205	6052	22038	8945
山 东	Shandong	5324	1351	923	2382	5968	41463	34023
河 南	Henan	242	582		2278	16187	32150	19289
湖 北	Hubei	5196	1417	415	1253	4119	51011	8866
湖 南	Hunan	296	2640		254	3692	26974	10572
广 东	Guangdong	5898	6512		3504	4926	51876	24661
广 西	Guangxi	1068	4774		704	3336	16937	9432
海 南	Hainan	477	645		67	179	5271	3236
重 庆	Chongqing	2158		1	62	615	25614	3081
四 川	Sichuan	9550	1088	52	2693	4646	62460	9297
贵 州	Guizhou	486	196		272	1787	9222	4072
云 南	Yunnan	46	1815		613	801	12595	9156
西 藏	Tibet		807			288	1490	2448
陕 西	Shaanxi	79	1271	742	588	4025	27751	11088
甘 肃	Gansu	24	214		63	1962	12572	9590
青 海	Qinghai	4	297		18	754	2083	1792
宁 夏	Ningxia		283		260	630	3487	1815
新 疆	Xinjiang		6886		672	1363	9651	11104

4-1 续表 11 continued

单位：人 (person)

地 区	Region	1.住宿业 1.Hotels	2.餐饮业 2.Catering Services	(九) 信息传输、软件和信息技术服务业 Information Transmission, Software and Information Technology	1.电信、广播电视和卫星传输服务 1.Telecommu-nication, Radio and Television and Satellite Transmission Service	2.互联网和相关服务 2.Internet and Related Service	3.软件和信息技术服务业 3.Software and Information Technology	(十) 金融业 X. Financial Intermediation
总 计	**National Total**	**319692**	**54395**	**355277**	**319479**	**11436**	**24362**	**1466213**
北 京	Beijing	34591	3311	9536	1696	2229	5611	9929
天 津	Tianjin	4350	1064	818	134	159	525	11961
河 北	Hebei	16811	2018	12760	12425	246	89	23538
山 西	Shanxi	11462	2794	8207	7204	532	471	51777
内蒙古	Inner Mongolia	6170	1338	16898	16483	199	216	41754
辽 宁	Liaoning	17793	1289	18440	15914	408	2118	85785
吉 林	Jilin	8420	1368	13942	13158	450	334	45451
黑龙江	Heilongjiang	17731	2500	19481	17512	917	1052	59693
上 海	Shanghai	13347	2037	2407	835	247	1325	20702
江 苏	Jiangsu	14784	3069	43959	41268	432	2259	107984
浙 江	Zhejiang	9328	899	8569	6769	166	1634	51199
安 徽	Anhui	4283	1175	13947	13790	19	138	68118
福 建	Fujian	8215	1473	11885	10053	1289	543	63493
江 西	Jiangxi	7694	1251	10383	9459	241	683	55990
山 东	Shandong	25349	8674	19669	18745	32	892	102813
河 南	Henan	17081	2208	19616	18747	681	188	61112
湖 北	Hubei	7723	1143	16954	14875	914	1165	71359
湖 南	Hunan	9776	796	9255	8858	37	360	19963
广 东	Guangdong	19747	4914	35783	33940	376	1467	111279
广 西	Guangxi	8071	1361	7072	6711	150	211	52630
海 南	Hainan	2989	247	2153	1523	66	564	8348
重 庆	Chongqing	2913	168	3645	2428	427	790	38061
四 川	Sichuan	7616	1681	17424	16571	488	365	108252
贵 州	Guizhou	3223	849	2451	2318	55	78	21457
云 南	Yunnan	8155	1001	6542	6337	71	134	44608
西 藏	Tibet	2448		2796	2771		25	7518
陕 西	Shaanxi	9397	1691	5027	4237	192	598	38937
甘 肃	Gansu	8588	1002	7783	7379	243	161	28921
青 海	Qinghai	1792		409	368		41	15690
宁 夏	Ningxia	1087	728	518	460	58		8721
新 疆	Xinjiang	8758	2346	6948	6511	112	325	29170

4-1 续表 12 continued

单位：人 (person)

地 区	Region	1.货币金融服务 1.Monetay and Financial Service	2.资本市场服务 2.Capital Market Service	3.保险业 3.Insurance	4.其他金融业 4.Other Financial Activities	（十一）房地产业 XI. Real Estate	#房地产开发经营 Development and Management of Real Estate	#物业管理 Property Management
总 计	**National Total**	**1140795**	**29516**	**286161**	**9741**	**331166**	**91185**	**136269**
北 京	Beijing	6578	2331	836	184	28034	2708	17290
天 津	Tianjin	10537	94	1200	130	8948	3029	4738
河 北	Hebei	22553	253	398	334	8711	1574	2989
山 西	Shanxi	43537	302	7285	653	8715	3833	2123
内蒙古	Inner Mongolia	33476	307	7691	280	5349	537	859
辽 宁	Liaoning	67051	853	17602	279	18166	3050	8335
吉 林	Jilin	38161	998	6115	177	9320	985	2814
黑龙江	Heilongjiang	51226	55	7961	451	13292	1508	7234
上 海	Shanghai	17452	1983	772	495	13656	3335	6597
江 苏	Jiangsu	75513	315	31811	345	12612	4449	3660
浙 江	Zhejiang	41485	4874	4436	404	9920	2110	2377
安 徽	Anhui	38161	1829	27846	282	9331	2888	1882
福 建	Fujian	40573	3425	18709	786	14845	4691	6802
江 西	Jiangxi	45348	409	9871	362	9274	3240	2419
山 东	Shandong	81672	945	19969	227	19496	7154	8322
河 南	Henan	43192	2676	15103	141	10820	2707	1818
湖 北	Hubei	57028	605	13453	273	8780	3864	1931
湖 南	Hunan	18281	614	1063	5	7313	3033	2463
广 东	Guangdong	85533	2069	23018	659	46923	5691	34789
广 西	Guangxi	37929	342	12900	1459	9155	2507	3090
海 南	Hainan	7735	18	499	96	4251	2286	1170
重 庆	Chongqing	36619	169	939	334	4345	1559	1802
四 川	Sichuan	78685	424	28751	392	7023	2186	1514
贵 州	Guizhou	18292	257	2702	206	4018	1241	654
云 南	Yunnan	36384	332	7661	231	3495	1462	687
西 藏	Tibet	7444		12	62	219	136	41
陕 西	Shaanxi	29176	2861	6708	192	20574	11965	4281
甘 肃	Gansu	24868	30	3925	98	7228	4703	677
青 海	Qinghai	12970	14	2579	127	873	443	217
宁 夏	Ningxia	7996	7	718		2179	1695	295
新 疆	Xinjiang	25340	125	3628	77	4301	616	2399

4-1 续表 13 continued

单位：人 (person)

地区	Region	#房地产中介服务 Agency Services for Real Estate	(十二) 租赁和商务服务业 XII. Leasing and Business Services	1.租赁业 1.Leasing	2.商务服务业 2.Business Services	(十三) 科学研究和技术服务业 XIII. Scientific Research and Technical Services	1.研究和试验发展 1.Research and Experimental Development	2.专业技术服务业 2.Professional Technical Services
总　计	**National Total**	**15209**	**1206104**	**11485**	**1194619**	**2132163**	**606259**	**1228522**
北　京	Beijing	320	173190	607	172583	164936	90432	58733
天　津	Tianjin	254	7959	439	7520	43784	10661	30825
河　北	Hebei	748	56754	86	56668	70490	15604	50115
山　西	Shanxi	456	50979	500	50479	58127	15307	37303
内蒙古	Inner Mongolia	562	20400	2818	17582	42085	6171	29354
辽　宁	Liaoning	1006	55887	164	55723	111437	30177	69109
吉　林	Jilin	1080	20756	57	20699	55061	11377	36998
黑龙江	Heilongjiang	546	31133	125	31008	100886	15359	78199
上　海	Shanghai	147	60441	86	60355	67019	40718	19222
江　苏	Jiangsu	232	83494	867	82627	86422	34756	42289
浙　江	Zhejiang	146	78569	1080	77489	66506	12742	46093
安　徽	Anhui	617	18042	49	17993	58412	10733	39020
福　建	Fujian	692	36929	215	36714	43466	5201	31806
江　西	Jiangxi	909	26402	367	26035	44121	8889	29616
山　东	Shandong	910	81214	175	81039	88960	17186	63300
河　南	Henan	1214	35703	330	35373	90729	25231	50940
湖　北	Hubei	735	31284	187	31097	92637	27399	51398
湖　南	Hunan	17	21467	66	21401	54347	13031	34575
广　东	Guangdong	1273	125643	729	124914	99868	18387	73763
广　西	Guangxi	582	36762	703	36059	77645	12661	48281
海　南	Hainan	205	4840	314	4526	11960	3211	7404
重　庆	Chongqing	242	9786	7	9779	38986	8756	24589
四　川	Sichuan	745	47164	594	46570	151841	72332	67365
贵　州	Guizhou	138	7790	67	7723	56698	4629	26195
云　南	Yunnan	230	13551	155	13396	75424	9735	38206
西　藏	Tibet		385		385	12071	1354	9301
陕　西	Shaanxi	696	19481	446	19035	135174	60916	52678
甘　肃	Gansu	167	18040	56	17984	56342	13414	31370
青　海	Qinghai	53	1208	18	1190	18561	2142	11453
宁　夏	Ningxia	126	3208		3208	9983	1259	6492
新　疆	Xinjiang	161	27643	178	27465	48185	6489	32530

4-1 续表 14 continued

单位：人 (person)

地 区	Region	3.科技推广和应用服务业 3.Science and Technology Popularization and Application Services	(十四)水利、环境和公共设施管理业 XIV. Management of Water Conservancy, Enviroment and Public Facilities	1.水利管理业 1.Management of Water Conservancy	2.生态保护和环境治理业 2.Ecological Protection and Environmental Treatment	3.公共设施管理业 3.Management of Public Facilities	(十五)居民服务、修理和其他服务业 XV. Service to Households, Repair and Other Services	1.居民服务业 1.Service to Households
总 计	**National Total**	**297382**	**2107067**	**458816**	**88734**	**1559517**	**219676**	**134705**
北 京	Beijing	15771	62392	7301	1820	53271	13753	8911
天 津	Tianjin	2298	32950	5893	705	26352	38052	1931
河 北	Hebei	4771	104894	19988	5315	79591	5383	3411
山 西	Shanxi	5517	83179	14078	2852	66249	3064	1709
内蒙古	Inner Mongolia	6560	70005	14688	3416	51901	4968	4733
辽 宁	Liaoning	12151	143140	20485	5992	116663	16594	10126
吉 林	Jilin	6686	66914	16378	3080	47456	7835	6353
黑龙江	Heilongjiang	7328	97350	15492	3082	78776	36998	36314
上 海	Shanghai	7079	22533	3196	1128	18209	8605	4365
江 苏	Jiangsu	9377	94424	31470	3286	59668	4915	3716
浙 江	Zhejiang	7671	70160	8003	1851	60306	6239	5256
安 徽	Anhui	8659	71165	20083	1737	49345	2924	2579
福 建	Fujian	6459	44864	7214	1936	35714	7247	3147
江 西	Jiangxi	5616	64732	18365	1122	45245	2513	1480
山 东	Shandong	8474	117664	25252	2163	90249	5634	3752
河 南	Henan	14558	107315	30741	4156	72418	5847	4502
湖 北	Hubei	13840	93186	26814	3211	63161	4825	2929
湖 南	Hunan	6741	73704	17081	2483	54140	2315	2112
广 东	Guangdong	7718	114935	24325	6264	84346	13248	10239
广 西	Guangxi	16703	84900	14247	3515	67138	2508	1840
海 南	Hainan	1345	20034	2767	1635	15632	534	243
重 庆	Chongqing	5641	45734	3013	1645	41076	1772	1535
四 川	Sichuan	12144	100948	12130	6893	81925	4772	3427
贵 州	Guizhou	25874	42973	6789	1210	34974	3777	3416
云 南	Yunnan	27483	54968	12918	5631	36419	2381	1231
西 藏	Tibet	1416	1762	230	146	1386	78	46
陕 西	Shaanxi	21580	80162	27900	4775	47487	5754	1607
甘 肃	Gansu	11558	56754	22126	4056	30572	2344	1764
青 海	Qinghai	4966	9819	3836	512	5471	309	239
宁 夏	Ningxia	2232	20623	5923	834	13866	118	48
新 疆	Xinjiang	9166	52884	20090	2283	30511	4370	1744

4-1 续表 15 continued

单位：人 (person)

地 区	Region	2.机动车、电子产品和日用产品修理业 2.Repair of Motor Vehicle, Electronics and Household Products	3.其他服务业 3.Other Sevices	(十六) 教育 XVI. Education	#初等教育 Primary Education	#中等教育 Secondary Education	#高等教育 Senior Education	(十七) 卫生和社会工作 XVII. Health and Social Service
总 计	**National Total**	**19717**	**65254**	**16073302**	**5723226**	**7167536**	**2073653**	**7330915**
北 京	Beijing	1629	3213	360102	64011	91465	154899	216154
天 津	Tianjin	1700	34421	168142	30571	55166	45605	87884
河 北	Hebei	777	1195	877378	349803	396638	80489	331590
山 西	Shanxi	424	931	498750	176277	238048	50392	176480
内蒙古	Inner Mongolia	20	215	345500	138079	144888	35589	139567
辽 宁	Liaoning	915	5553	551315	150651	235726	111033	304462
吉 林	Jilin	400	1082	351670	131347	145381	55217	164986
黑龙江	Heilongjiang	262	422	437422	142092	185953	73115	214746
上 海	Shanghai	2809	1431	262671	41087	82434	77633	157548
江 苏	Jiangsu	532	667	890456	289913	382152	150947	353856
浙 江	Zhejiang	263	720	608504	194491	241728	95933	388558
安 徽	Anhui	153	192	597629	223040	287758	65487	211183
福 建	Fujian	395	3705	460681	181825	191018	50959	166665
江 西	Jiangxi	325	708	544735	228782	232024	51345	226683
山 东	Shandong	667	1215	1075670	342399	552406	118187	515657
河 南	Henan	365	980	1081198	362984	562257	87220	473225
湖 北	Hubei	505	1391	701098	208984	328739	128767	383067
湖 南	Hunan	86	117	610440	171416	335230	76865	328366
广 东	Guangdong	1315	1694	1085165	415869	502157	106841	538572
广 西	Guangxi	194	474	596479	277146	243012	47893	296139
海 南	Hainan	230	61	109509	46865	47611	9920	50292
重 庆	Chongqing	97	140	375241	138394	180038	38192	153734
四 川	Sichuan	666	679	889033	348315	387937	104134	393642
贵 州	Guizhou	233	128	518315	241326	216279	32323	185502
云 南	Yunnan	213	937	552352	273373	214338	39018	225880
西 藏	Tibet		32	48152	25174	17030	3486	17690
陕 西	Shaanxi	3495	652	548726	186246	225964	98695	237510
甘 肃	Gansu	574	6	386760	139552	184909	37955	136848
青 海	Qinghai	52	18	72438	28841	32675	5102	36918
宁 夏	Ningxia	35	35	86844	31899	41837	8525	41798
新 疆	Xinjiang	386	2240	380927	142474	184738	31887	175713

4-1 续表 16 continued

单位：人 (person)

地 区	Region	1.卫生 1.Health	2.社会工作 2.Social Service	(十八) 文化、体育和娱乐业 XVIII. Culture, Sports and Entertainment	1.新闻和出版业 1.Journalism and Publishing Activities	2.广播、电视、电影和影视录音制作业 2.Radio, Television, Motion Picture and Videotape Programme Production Services	3.文化艺术业 3.Cultural and Art Activities	4.体育 4.Sports Activities
总 计	**National Total**	**7159946**	**170969**	**1044127**	**237069**	**345682**	**373752**	**62842**
北 京	Beijing	209245	6909	106921	49840	23919	25051	7266
天 津	Tianjin	85883	2001	14848	1488	4300	6500	2019
河 北	Hebei	323557	8033	45064	7639	19530	14015	1285
山 西	Shanxi	172472	4008	40134	8224	12724	16752	1944
内蒙古	Inner Mongolia	135333	4234	33215	6816	10866	14098	1061
辽 宁	Liaoning	282459	22003	40375	7598	12916	17471	1820
吉 林	Jilin	161004	3982	28324	5372	9319	11215	1832
黑龙江	Heilongjiang	208211	6535	34957	5574	12752	12354	2591
上 海	Shanghai	152122	5426	23558	5443	1804	9911	5772
江 苏	Jiangsu	347156	6700	43134	8007	17464	14755	2131
浙 江	Zhejiang	380475	8083	50803	9466	18768	19454	2124
安 徽	Anhui	208212	2971	25369	4476	12095	7431	1204
福 建	Fujian	161572	5093	29486	4535	10394	10935	2734
江 西	Jiangxi	221812	4871	26249	6211	8944	9207	1234
山 东	Shandong	508754	6903	51340	9418	21327	16785	2808
河 南	Henan	466856	6369	58912	14242	20382	20490	2268
湖 北	Hubei	374210	8857	50653	15925	16350	15713	1570
湖 南	Hunan	323136	5230	34253	4784	15804	11579	1384
广 东	Guangdong	526948	11624	68454	15734	20355	19607	7040
广 西	Guangxi	291321	4818	25170	3721	8379	10520	2097
海 南	Hainan	49483	809	5875	1123	2637	1824	113
重 庆	Chongqing	150594	3140	17385	5425	5339	5131	1477
四 川	Sichuan	383729	9913	46627	14478	12099	17705	1820
贵 州	Guizhou	182690	2812	13352	2231	4818	5638	521
云 南	Yunnan	220763	5117	23365	3230	7208	11258	1274
西 藏	Tibet	17146	544	6496	666	3110	2452	237
陕 西	Shaanxi	231915	5595	34514	4928	9805	17910	1605
甘 肃	Gansu	134444	2404	22497	2159	7468	11228	1424
青 海	Qinghai	35024	1894	6959	1133	2445	2865	364
宁 夏	Ningxia	40815	983	7694	1519	2359	2650	1018
新 疆	Xinjiang	172605	3108	28144	5664	10002	11248	805

4-1 续表 17 continued

单位：人 (person)

地 区	Region	5.娱乐业 5.Entertainment	(十九)公共管理、社会保障和社会组织 XIX.Public Management, Social Security and Social Organization	#中国共产党机关 Organs of Communist Party of China	#国家机构 Government Agencies	#人民政协、民主党派 People's Political Consultative Conference and Democratic Parties	#社会保障 Social Security	#群众社团、社会团体和其他成员组织 Non-Governmental Organizations, Social Organizations and Membership Organizations
总 计	**National Total**	**24782**	**16243792**	**603462**	**15021694**	**101504**	**171792**	**328306**
北 京	Beijing	845	426902	12817	391500	2148	2804	17633
天 津	Tianjin	541	161244	3233	152279	277	2560	2089
河 北	Hebei	2595	862188	32801	806283	4971	6560	11573
山 西	Shanxi	490	579443	20677	536292	3228	8194	10878
内蒙古	Inner Mongolia	374	442163	18571	403341	3410	5414	11321
辽 宁	Liaoning	570	535543	24059	486274	3348	7928	13587
吉 林	Jilin	586	354447	12979	325880	1924	8279	5385
黑龙江	Heilongjiang	1686	443540	15035	413166	2485	5363	7467
上 海	Shanghai	628	193417	3077	181357	738	4784	3052
江 苏	Jiangsu	777	708542	14922	676538	2910	6176	7897
浙 江	Zhejiang	991	668626	22168	627792	3698	5728	9240
安 徽	Anhui	163	480831	16676	451976	2749	3218	6005
福 建	Fujian	888	391674	14395	358523	3402	5437	9078
江 西	Jiangxi	653	510737	18824	469850	3691	3961	14411
山 东	Shandong	1002	1123026	43113	1049154	5861	8933	15845
河 南	Henan	1530	1079751	33089	1008974	5702	8767	23158
湖 北	Hubei	1095	638723	30319	556752	4924	8630	38061
湖 南	Hunan	702	813516	26374	767619	3933	8176	7414
广 东	Guangdong	5718	1062436	28946	998226	3835	8174	23255
广 西	Guangxi	453	481226	16909	443363	3239	8923	8792
海 南	Hainan	178	134273	3615	126176	631	1287	2564
重 庆	Chongqing	13	315762	9506	294292	1787	3377	6800
四 川	Sichuan	525	907413	36618	820878	7181	10788	21329
贵 州	Guizhou	144	509774	21274	472076	3852	2698	9874
云 南	Yunnan	395	527117	28342	474531	6471	5766	9940
西 藏	Tibet	31	142075	10801	123656	1315	503	5800
陕 西	Shaanxi	266	578731	26239	533973	4537	4801	8675
甘 肃	Gansu	218	427538	23194	390004	4494	2248	7179
青 海	Qinghai	152	101539	5232	90269	1448	1682	2908
宁 夏	Ningxia	148	102190	3583	94686	776	1029	1922
新 疆	Xinjiang	425	539405	26074	496014	2539	9604	5174

4-2 各地区分行业城镇集体单位就业人员数
Employed Persons in Urban Collective-owned Units by Sector and Region

单位：人

地 区	Region	城镇集体单位合计 Total	(一)企业 I. Enterprises	(二)事业 II. Institu-tions	(三)机关 III. Agencies and Organi-zations	(四)民间非营利组织 IV. Civil Nonprofit Organi-zations	(五)其他 V. Other	(一)农、林、牧、渔业 I.Agri-culture, Forestry, Animal Husbandry and Fishery
总 计	**National Total**	**4814449**	**3942470**	**794048**	**7843**	**25625**	**44463**	**21291**
北 京	Beijing	169303	130904	19356		10910	8133	3323
天 津	Tianjin	64911	59487	4963		331	130	11
河 北	Hebei	143885	113824	29056	561		444	754
山 西	Shanxi	176424	145646	29862	365		551	493
内蒙古	Inner Mongolia	58833	45405	13405		5	18	570
辽 宁	Liaoning	285455	265685	17071	949	970	780	354
吉 林	Jilin	62596	47399	14985	178		34	2850
黑龙江	Heilongjiang	141049	128452	12283	302	12		767
上 海	Shanghai	132500	91020	38417		2252	811	324
江 苏	Jiangsu	337082	219441	115766	245	67	1563	603
浙 江	Zhejiang	155313	123988	24027	284	3764	3250	49
安 徽	Anhui	147438	92995	53814	296	236	97	433
福 建	Fujian	113963	74040	39341	133	287	162	271
江 西	Jiangxi	146448	134391	11569	195	17	276	253
山 东	Shandong	474295	387824	79776	369	696	5630	1725
河 南	Henan	389782	302851	81180	749	1470	3532	1877
湖 北	Hubei	138456	112223	23139	1534	566	994	1039
湖 南	Hunan	185314	157264	24491	7	762	2790	1062
广 东	Guangdong	503377	447544	44777	269	1003	9784	401
广 西	Guangxi	132727	127997	3097	52	483	1098	288
海 南	Hainan	18436	13839	3923	78	233	363	426
重 庆	Chongqing	88131	70118	17117	57	621	218	407
四 川	Sichuan	262454	200295	60779	811	269	300	1845
贵 州	Guizhou	52193	48953	1089	15	361	1775	98
云 南	Yunnan	121213	107253	13549	267		144	340
西 藏	Tibet	3175	3168	7				30
陕 西	Shaanxi	161690	150889	9515	10	284	992	361
甘 肃	Gansu	101697	97715	3582	52		348	136
青 海	Qinghai	11000	10676	324				68
宁 夏	Ningxia	7316	5283	1802	31	6	194	53
新 疆	Xinjiang	27993	25901	1986	34	20	52	80

4-2 续表 1 continued

单位：人

地　区	Region	1.农业 1.Farming	2.林业 2.Forestry	3.畜牧业 3.Animal Husbandry	4.渔业 4.Fishery	5.农、林、牧、渔服务业 5.Service in support of Agriculture	(二) 采矿业 II. Mining	1.煤炭开采和洗选业 1.Mining and Washing of Coal
总　计	**National Total**	**5632**	**6914**	**1517**	**1054**	**6174**	**106660**	**52275**
北　京	Beijing	1642	611	434	76	560	614	
天　津	Tianjin			11			142	
河　北	Hebei	60	427	13	74	180	2674	1567
山　西	Shanxi	348	45			100	10137	9825
内蒙古	Inner Mongolia	255		59		256	1393	636
辽　宁	Liaoning	84	50	2	124	94	9448	3433
吉　林	Jilin	20	2519		128	183	1838	492
黑龙江	Heilongjiang	274	133	52	16	292	7643	6173
上　海	Shanghai					324		
江　苏	Jiangsu	440		12	78	73	562	
浙　江	Zhejiang		14	9	25	1	564	
安　徽	Anhui	45			56	332	943	
福　建	Fujian	18	151		74	28	4245	2599
江　西	Jiangxi	32	117			104	2305	1858
山　东	Shandong	1023	8	34	36	624	5401	1106
河　南	Henan	453		311		1113	20396	226
湖　北	Hubei	446	139	20	99	335	3805	1508
湖　南	Hunan	64	293	133	216	356	13501	10904
广　东	Guangdong	75	102	71	5	148	796	
广　西	Guangxi		114	160	14		469	
海　南	Hainan		382			44	11	
重　庆	Chongqing	29	27		33	318	2292	1133
四　川	Sichuan		1271	5		569	1924	995
贵　州	Guizhou		68	30			1281	453
云　南	Yunnan	124	120	96			6153	5104
西　藏	Tibet			7		23	200	
陕　西	Shaanxi	71	226			64	2627	2365
甘　肃	Gansu	18	44	39		35	5042	1735
青　海	Qinghai	58				10	60	
宁　夏	Ningxia		53				10	10
新　疆	Xinjiang	53		19		8	184	153

4-2 续表 2 continued

单位：人

地 区	Region	2.石油和天然气开采业 2.Extraction of Petroleum and Natural Gas	3.黑色金属矿采选业 3.Mining and Processing of Ferrous Metal Ores	4.有色金属矿采选业 4.Mining and Processing of Non-ferrous Metal Ores	5.非金属矿采选业 5.Mining and Processing of Non-metal Ores	6.开采辅助活动 6.Support Activities for Mining	7.其他采矿业 7.Mining of Other Ores	(三)制造业 III. Manufacturing
总 计	**National Total**	**6**	**10055**	**19267**	**19917**	**5021**	**119**	**743777**
北 京	Beijing		548		66			18739
天 津	Tianjin		142					8610
河 北	Hebei		1107					23661
山 西	Shanxi		292	17	3			31378
内蒙古	Inner Mongolia		748		9			8032
辽 宁	Liaoning		1849	282	3884			96496
吉 林	Jilin		70		109	1167		8173
黑龙江	Heilongjiang				88	1382		44383
上 海	Shanghai							25339
江 苏	Jiangsu				562			68166
浙 江	Zhejiang		20		544			5719
安 徽	Anhui		824				119	8000
福 建	Fujian		558	391	697			10720
江 西	Jiangxi			425	22			8077
山 东	Shandong		130	3033	1132			80574
河 南	Henan			12618	7552			63154
湖 北	Hubei		858	109	1330			22913
湖 南	Hunan		1679	354	564			24636
广 东	Guangdong		3		793			103547
广 西	Guangxi		30		439			19264
海 南	Hainan				11			122
重 庆	Chongqing			256	895	8		10825
四 川	Sichuan		309		620			11121
贵 州	Guizhou	6	668	20	134			5133
云 南	Yunnan			773	276			6983
西 藏	Tibet		192		8			1146
陕 西	Shaanxi		28	128	106			19441
甘 肃	Gansu			861	45	2401		5820
青 海	Qinghai					60		1060
宁 夏	Ningxia							200
新 疆	Xinjiang				28	3		2345

4-2 续表 3 continued

单位：人

地 区	Region	1.农副食品加工业 1.Processing of Food from Agricultural Products	2.食品制造业 2.Manufacture of Foods	3.酒、饮料和精制茶制造业 3.Manufacture of Liquor, Beverages and Refined Tea	4.烟草制品业 4.Manufacture of Tobacco	5.纺织业 5.Manufacture of Textile	6.纺织服装、服饰业 6.Manufacture of Textile Wearing Apparel, and Accessories	7.皮革、毛皮、羽毛及其制品和制鞋业 7.Manufacture of Leather, Fur, Feather and Related Products and Footwear
总 计	**National Total**	**24071**	**7464**	**6189**	**4372**	**21474**	**28394**	**22741**
北 京	Beijing	416	116	268		185	1648	151
天 津	Tianjin	291	47	20		266	895	
河 北	Hebei	337	112			519	545	139
山 西	Shanxi	525	176	104		215	837	119
内蒙古	Inner Mongolia	1322		6		37	334	3
辽 宁	Liaoning	192	202	162	213	450	983	209
吉 林	Jilin	215	38			19	530	113
黑龙江	Heilongjiang	1203	1166	890	216	3552	2464	1587
上 海	Shanghai		264			693	607	545
江 苏	Jiangsu	234	371	79		4002	1585	318
浙 江	Zhejiang	40				596	74	23
安 徽	Anhui	105	33	78	1136	8	72	138
福 建	Fujian	511	183	945		604	364	279
江 西	Jiangxi	745	433	59		154	388	62
山 东	Shandong	4167	492	826		1969	1710	1302
河 南	Henan	4113	724	1220	1836	2036	1965	1323
湖 北	Hubei	2373	358	418		1077	295	33
湖 南	Hunan	893	389	93		89	361	235
广 东	Guangdong	730	1288	141		3481	11346	13040
广 西	Guangxi	459	248	200		122	324	112
海 南	Hainan							
重 庆	Chongqing	1035	150	133		71	76	1689
四 川	Sichuan	44	35	48	195	24	39	77
贵 州	Guizhou	52	179	283		376	73	775
云 南	Yunnan	185	224	39	744	511	486	95
西 藏	Tibet			26		115	145	
陕 西	Shaanxi	3702	148	82	32	204	57	25
甘 肃	Gansu	171		62		5	121	345
青 海	Qinghai						3	
宁 夏	Ningxia						27	
新 疆	Xinjiang	11	88	7		94	40	4

4-2 续表 4 continued

单位：人

地 区	Region	8.木材加工和木、竹、藤、棕、草制品业 8.Processing of Timbers, Manufacture of Wood, Bamboo, Rattan, Palm and Straw Products	9.家具制造业 9.Manufacture of Furniture	10.造纸和纸制品业 10.Manufacture of Paper and Paper Products	11.印刷业和记录媒介的复制 11.Printing and Reproduction of Recording Media	12.文教工美、体育和娱乐用品制造业 12.Manufacture of Articles for Culture, Education, Arts and Crafts, Sport and Entertainment Activities	13.石油加工、炼焦和核燃料加工业 13.Processing of Petroleum , Coking, Processing of Nuclear Fuel	14.化学原料和化学制品制造业 14.Manufacture of Chemical Raw Material and Chemical Products
总 计	**National Total**	**6472**	**1771**	**19580**	**30316**	**39061**	**12951**	**48417**
北 京	Beijing	150	77	1041	2558	309	33	656
天 津	Tianjin	27	10	466	45	36	49	1797
河 北	Hebei	103	205	1695	844	36	411	1172
山 西	Shanxi	267	48	115	986	79	47	414
内蒙古	Inner Mongolia	2	7	105	419	20		383
辽 宁	Liaoning	494	109	482	1825	1538	11416	7667
吉 林	Jilin	209	1	72	877	86		1450
黑龙江	Heilongjiang	487	99	3045	1156	241	15	7135
上 海	Shanghai	336	23	23	799	678	44	734
江 苏	Jiangsu	263	164	762	821	1825	65	3317
浙 江	Zhejiang	63	14	115	495	71	19	170
安 徽	Anhui	100	20	320	591	35		158
福 建	Fujian	33	87	994	728	647		86
江 西	Jiangxi	80	37	131	651	269		201
山 东	Shandong	285	141	1851	844	164	94	3647
河 南	Henan	284	15	448	2380	1325	702	3098
湖 北	Hubei	572		1000	205	19		1437
湖 南	Hunan	315	81	462	1051	1168		1907
广 东	Guangdong	969	300	4454	1925	29701		1327
广 西	Guangxi	366	41	391	408	68		7112
海 南	Hainan				89			17
重 庆	Chongqing	429	115	253	309	18		514
四 川	Sichuan	600		39	446	90		514
贵 州	Guizhou	11	18	95	392	7		209
云 南	Yunnan	22	14	959	202	35	6	361
西 藏	Tibet		64			423		50
陕 西	Shaanxi		43	179	8784	48		440
甘 肃	Gansu		12		238	60	48	1871
青 海	Qinghai				146			68
宁 夏	Ningxia		3		31			28
新 疆	Xinjiang	5	23	83	71	65	2	477

4-2 续表 5 continued

单位：人

地 区	Region	15.医药制造业 15.Manufacture of Medicines	16.化学纤维制造业 16.Manufacture of Chemical Fibres	17.橡胶和塑料制品业 17.Manufacture of Rubber and Plastics Products	18.非金属矿物制品业 18.Manufacture of Non-metallic Mineral Products	19.黑色金属冶炼和压延加工业 19.Smelting and Processing of Ferrous Metals	20.有色金属冶炼和压延加工业 20.Smelting and Processing of Non-ferrous Metals	21.金属制品业 21.Manufacture of Metal Products
总 计	**National Total**	**14970**	**923**	**30286**	**55673**	**45675**	**15119**	**49809**
北 京	Beijing	216		1110	1897	250	257	2105
天 津	Tianjin	5	8	969	184	256	400	1068
河 北	Hebei	150	160	309	2726	291	52	3356
山 西	Shanxi			877	802	952	81	4695
内蒙古	Inner Mongolia	203		179	735	965	132	1218
辽 宁	Liaoning	30	99	4188	6103	9283	815	12996
吉 林	Jilin	114		673	1479	487	25	87
黑龙江	Heilongjiang	10	10	2366	2387	1306	58	884
上 海	Shanghai	562	102	1082	565	237	133	2157
江 苏	Jiangsu	59	179	1604	1459	21091	5388	2214
浙 江	Zhejiang	90		200	549	361	35	655
安 徽	Anhui	450		191	1161	119		839
福 建	Fujian	79		744	1375	93		908
江 西	Jiangxi	1		481	1458	902	140	252
山 东	Shandong	390	251	2524	3774	1844	3097	6449
河 南	Henan	11332		1495	5811	179	820	3679
湖 北	Hubei			774	4224	1217	719	1973
湖 南	Hunan	614	25	2034	7690	1812	547	315
广 东	Guangdong	21		5451	1498	3	873	1103
广 西	Guangxi	155		790	3551	128		404
海 南	Hainan			8				8
重 庆	Chongqing	74		44	808	349	163	200
四 川	Sichuan	16	24	448	1875	736	199	601
贵 州	Guizhou	104		187	1034	292	121	286
云 南	Yunnan	141		288	498	324	281	441
西 藏	Tibet	78			232			
陕 西	Shaanxi	76	65	746	1078	315	313	690
甘 肃	Gansu			450	159	1488		45
青 海	Qinghai				15	6	446	86
宁 夏	Ningxia			4	17			62
新 疆	Xinjiang			70	529	389	24	33

4-2 续表 6 continued

单位：人

地 区	Region	22.通用设备制造业 22.Manufacture of General Purpose Machinery	23.专用设备制造业 23.Manufacture of Special Purpose Machinery	24.汽车制造业 24.Manufacture of Automobiles	25.铁路、船舶、航空航天和其他运输设备制造业 25. Manufacture of Railway,Ship, Aerospace and Other Transport Equipment	26.电气机械和器材制造业 26.Manufacture of Electrical Machinery and Apparatus	27.计算机、通信和其他电子设备制造业 27.Manufacture of Computers, Communication and Other Electronic Equipment	28.仪器仪表制造业 28.Manufacture of Measuring Instruments and Machinery
总 计	**National Total**	**74009**	**33299**	**14385**	**29950**	**50827**	**32712**	**6847**
北 京	Beijing	1531	954	583	173	852	461	404
天 津	Tianjin	488	460	104	170	303	133	77
河 北	Hebei	2688	3590	266	1627	1490	17	119
山 西	Shanxi	4225	11927	83	2492	870	18	199
内蒙古	Inner Mongolia	384	40	322	170	124		
辽 宁	Liaoning	10771	2691	981	12279	3079	4155	592
吉 林	Jilin	329	349	439	296	128	4	59
黑龙江	Heilongjiang	3861	1369	629	2921	2460	1877	73
上 海	Shanghai	10925	1078	1266	404	1672	39	92
江 苏	Jiangsu	4791	550	582	920	4845	7644	1252
浙 江	Zhejiang	522	75		152	766	495	54
安 徽	Anhui	306	347		732	989	50	
福 建	Fujian	1288	163	55	46	161	86	83
江 西	Jiangxi	190	228	223	83	117	424	30
山 东	Shandong	17496	1901	2044	403	21552	92	1078
河 南	Henan	4952	3766	943	902	6264	259	250
湖 北	Hubei	578	830	1160	647	166		250
湖 南	Hunan	679	395	849	271	900	62	257
广 东	Guangdong	3593	696	202	379	1816	16786	934
广 西	Guangxi	190	167	996	1980	377	12	643
海 南	Hainan							
重 庆	Chongqing	597	161	1461	1655	113		98
四 川	Sichuan	1665	627	751	1018	635	4	77
贵 州	Guizhou	266	128	10	77	92		58
云 南	Yunnan	360	360	114	11	81	66	33
西 藏	Tibet		13					
陕 西	Shaanxi	984	374	277	99	622	28	
甘 肃	Gansu	322	13		43	120		135
青 海	Qinghai			24		211		
宁 夏	Ningxia	28						
新 疆	Xinjiang		47	21		22		

4-2 续表 7 continued

单位：人

地 区	Region	29.其他制造业 29. Other Manufature	30.废弃资源综合利用业 30. Utilization of Waste Resources	31.金属制品、机械和设备修理业 31. Repair Service of Metal Products, Machinery and Eguipment	(四) 电力、热力、燃气及水生产和供应业 Production and Supply of Electricity, Heat, Gas and Water	1.电力、热力生产和供应业 1.Production and Supply of Electric Power and Heat Power	2.燃气生产和供应业 2.Production and Supply of Gas	3.水的生产和供应业 3.Production and Supply of Water
总 计	**National Total**	**3693**	**5200**	**7127**	**38089**	**20123**	**691**	**17275**
北 京	Beijing	44	128	166	728	548	8	172
天 津	Tianjin			36	83	21		62
河 北	Hebei	3		699	230	54	12	164
山 西	Shanxi	54		171	541	386		155
内蒙古	Inner Mongolia	761		161	704	182		522
辽 宁	Liaoning	648	393	1451	1475	977	128	370
吉 林	Jilin		54	40	483	276	86	121
黑龙江	Heilongjiang	35	135	746	835	722		113
上 海	Shanghai	57	37	185	1342	1287		55
江 苏	Jiangsu	591	1000	191	1724	800	15	909
浙 江	Zhejiang			85	2102	964	106	1032
安 徽	Anhui	6	16		1128	1054		74
福 建	Fujian	27		151	2484	2154	8	322
江 西	Jiangxi	13		325	104			104
山 东	Shandong	31	139	17	919	543	26	350
河 南	Henan		45	988	2973	833	12	2128
湖 北	Hubei		1559	1029	1226	312		914
湖 南	Hunan		1112	30	2444	1792		652
广 东	Guangdong	1383	92	15	10134	4054	34	6046
广 西	Guangxi			20	660	370	53	237
海 南	Hainan				9		9	
重 庆	Chongqing		280	30	1169	495	46	628
四 川	Sichuan		1	293	2588	902	148	1538
贵 州	Guizhou	8			404	279		125
云 南	Yunnan	32	70		312	153		159
西 藏	Tibet							
陕 西	Shaanxi		27	3	641	627		14
甘 肃	Gansu		112		324	286		38
青 海	Qinghai			55				
宁 夏	Ningxia							
新 疆	Xinjiang			240	323	52		271

4-2 续表 8 continued

单位：人

地 区	Region	(五) 建筑业 V. Construction	1.房屋 建筑业 1. Construction of Buildings	2.土木 工程 建筑业 2. Civil Engineering	3.建筑 安装业 3.Building Installation	4.建筑 装饰和其他 建筑业 4.Building Decoration and Other Constructions	(六) 批发和 零售业 VI. Wholesale and Retail Trades	1.批发业 1.Wholesale Trade
总 计	**National Total**	**1546684**	**1301405**	**141459**	**82926**	**20894**	**316949**	**125736**
北 京	Beijing	15764	8847	2833	3391	693	9541	3643
天 津	Tianjin	23286	17534	2791	2742	219	5826	1556
河 北	Hebei	23350	20263	1847	973	267	18163	7486
山 西	Shanxi	25097	15720	4748	4161	468	26653	12950
内蒙古	Inner Mongolia	4182	2596	1137	219	230	1540	545
辽 宁	Liaoning	80349	42597	16458	20564	730	10600	3772
吉 林	Jilin	9504	5859	1405	2068	172	1967	851
黑龙江	Heilongjiang	28796	16489	9786	2000	521	11671	5026
上 海	Shanghai	10465	8758	492	963	252	6643	2464
江 苏	Jiangsu	53072	33409	12195	2529	4939	12706	5031
浙 江	Zhejiang	77019	66566	8774	1310	369	4868	2172
安 徽	Anhui	42950	29188	2126	6755	4881	4016	2315
福 建	Fujian	22328	20168	1514	357	289	9027	2545
江 西	Jiangxi	95876	88277	5754	1377	468	3657	1911
山 东	Shandong	179904	163924	9356	5617	1007	35939	14160
河 南	Henan	88622	72423	8846	6917	436	53358	17808
湖 北	Hubei	38192	32779	2779	2248	386	18169	3486
湖 南	Hunan	86583	81931	3077	797	778	5700	1142
广 东	Guangdong	166576	156529	4979	4474	594	27594	15640
广 西	Guangxi	68341	64658	2119	1481	83	7680	3798
海 南	Hainan	9786	9138	638	10		963	122
重 庆	Chongqing	44063	40498	1544	1024	997	3787	1416
四 川	Sichuan	124461	102106	17380	4561	414	8448	4067
贵 州	Guizhou	19144	18382	483	153	126	3954	2237
云 南	Yunnan	56110	47808	6891	1195	216	6929	2073
西 藏	Tibet	1591	1206	385			55	5
陕 西	Shaanxi	81028	74071	4593	1218	1146	9386	2721
甘 肃	Gansu	60760	54671	2937	2949	203	4516	2004
青 海	Qinghai	4864	2098	2262	504		525	110
宁 夏	Ningxia	2556	2499	50	7		196	141
新 疆	Xinjiang	2065	413	1280	362	10	2872	2539

4-2 续表 9 continued

单位：人

地 区	Region	2.零售业 2.Retail Trade	（七）交通运输、仓储和邮政业 VII. Transport, Storage and Post	1.铁路运输业 1.Railway Transport	2.道路运输业 2.Road Transport	3.水上运输业 3.Water Transport	4.航空运输业 4.Air Transport	5.管道运输业 5.Transport Via Pipeline
总 计	**National Total**	**191213**	**147938**	**4454**	**86686**	**17993**	**72**	**43**
北 京	Beijing	5898	6707	24	4642			
天 津	Tianjin	4270	5106	65	4743			
河 北	Hebei	10677	4954	35	3290			
山 西	Shanxi	13703	3982	424	2571			
内蒙古	Inner Mongolia	995	2015	60	251			
辽 宁	Liaoning	6828	12119	725	9787	27	39	
吉 林	Jilin	1116	657	63	484			
黑龙江	Heilongjiang	6645	1569	22	890	89		
上 海	Shanghai	4179	6517	908	4660	72		
江 苏	Jiangsu	7675	15822	894	6901	4525		
浙 江	Zhejiang	2696	3371	48	1675	680		
安 徽	Anhui	1701	6989	218	3798	2558		
福 建	Fujian	6482	2681	64	1333	230		
江 西	Jiangxi	1746	3938	34	968	2072		
山 东	Shandong	21779	8739	211	7091	18		
河 南	Henan	35550	15792	213	8784	2564		
湖 北	Hubei	14683	4529		2884	600		
湖 南	Hunan	4558	5851		3914	239		
广 东	Guangdong	11954	8374	8	5667	1335	25	
广 西	Guangxi	3882	5856		1510	2269		
海 南	Hainan	841	211		154	29		
重 庆	Chongqing	2371	2808	32	1161	218		
四 川	Sichuan	4381	9006	14	6179	468		43
贵 州	Guizhou	1717	1454	64	181			
云 南	Yunnan	4856	1708		262			
西 藏	Tibet	50	13		13			
陕 西	Shaanxi	6665	3873		691		8	
甘 肃	Gansu	2512	2363	56	2145			
青 海	Qinghai	415	291	272	19			
宁 夏	Ningxia	55						
新 疆	Xinjiang	333	643		38			

4-2 续表 10 continued

单位：人

地 区	Region	6.装卸搬运和运输代理业 6.Loading Unloading and Forwarding Ageney	7.仓储业 7.Storage	8.邮政业 8.Post	(八)住宿和餐饮业 VIII. Hotels and Catering Services	1.住宿业 1.Hotels	2.餐饮业 2.Catering Services	(九)信息传输、软件和信息技术服务业 Information Transmission, Software and Information Technology
总 计	**National Total**	**29282**	**5927**	**3481**	**54465**	**39418**	**15047**	**7354**
北 京	Beijing	1194	826	21	8475	6275	2200	437
天 津	Tianjin	15	283		1079	921	158	89
河 北	Hebei	1551	78		1159	979	180	360
山 西	Shanxi	698	289		1914	1576	338	182
内蒙古	Inner Mongolia	601	1017	86	811	607	204	33
辽 宁	Liaoning	1311	185	45	2655	2350	305	217
吉 林	Jilin	50	60		751	479	272	7
黑龙江	Heilongjiang	501	67		2143	1622	521	55
上 海	Shanghai	393	319	165	3086	1511	1575	18
江 苏	Jiangsu	3306	149	47	2528	1555	973	225
浙 江	Zhejiang	860	49	59	1951	1822	129	1080
安 徽	Anhui	415			801	362	439	189
福 建	Fujian	879	175		1085	663	422	70
江 西	Jiangxi	595	269		168	23	145	264
山 东	Shandong	1137	282		3614	2359	1255	195
河 南	Henan	3145	969	117	4791	4067	724	2101
湖 北	Hubei	785	106	154	1318	1083	235	221
湖 南	Hunan	1577	121		1415	1214	201	81
广 东	Guangdong	1029	236	74	5559	3326	2233	782
广 西	Guangxi	699	60	1318	1118	760	358	104
海 南	Hainan	28			113	113		27
重 庆	Chongqing	1309	88		1655	668	987	262
四 川	Sichuan	2089	13	200	1108	726	382	134
贵 州	Guizhou	1200	9		497	430	67	34
云 南	Yunnan	1422	24		1813	1535	278	76
西 藏	Tibet				91	91		
陕 西	Shaanxi	1979		1195	1225	868	357	52
甘 肃	Gansu		162		611	556	55	39
青 海	Qinghai				383	338	45	
宁 夏	Ningxia				49	44	5	
新 疆	Xinjiang	514	91		499	495	4	20

4-2 续表 11 continued

单位：人

地区	Region	1.电信、广播电视和卫星传输服务 1.Telecommunication, Radio and Television and Satellite Transmission Service	2.互联网和相关服务 2.Internet and Related Service	3.软件和信息技术服务业 3.Software and Information Tcchnology	(十)金融业 X. Financial Intermediation	1.货币金融服务 1.Monetay and Financial Service	2.资本市场服务 2.Capital Market Service	3.保险业 3.Insurance
总 计	**National Total**	**4946**	**327**	**2081**	**464842**	**454513**	**574**	**8136**
北 京	Beijing	75	4	358	120		26	
天 津	Tianjin			89	29	9	19	
河 北	Hebei	267	48	45	25170	24720		
山 西	Shanxi	182			39971	39174	5	633
内蒙古	Inner Mongolia			33	23601	23601		
辽 宁	Liaoning	179	34	4	25582	24395		903
吉 林	Jilin			7	15724	15404		320
黑龙江	Heilongjiang	41		14	19239	18809		406
上 海	Shanghai			18	89	17		
江 苏	Jiangsu	68	151	6	20884	20871	13	
浙 江	Zhejiang	768		312	4774	4677	97	
安 徽	Anhui	189			16440	16427		13
福 建	Fujian	13	38	19	9987	9502	46	117
江 西	Jiangxi	95		169	17688	17648		40
山 东	Shandong	116		79	34959	34450		509
河 南	Henan	1736	25	340	32039	31204		814
湖 北	Hubei	140		81	12418	12353	45	
湖 南	Hunan	57		24	9029	9029		
广 东	Guangdong	550		232	41049	37660		3375
广 西	Guangxi			104	13792	13514		278
海 南	Hainan		27		729	729		
重 庆	Chongqing	249		13	11		11	
四 川	Sichuan	55		79	24697	24256	19	413
贵 州	Guizhou			34	11583	11559	24	
云 南	Yunnan	69		7	19759	19612		
西 藏	Tibet							
陕 西	Shaanxi	52			17714	17405	236	71
甘 肃	Gansu	39			13788	13606		182
青 海	Qinghai				2532	2510	22	
宁 夏	Ningxia				1326	1315	11	
新 疆	Xinjiang	6		14	10119	10057		62

4-2 续表 12 continued

单位：人

地　区	Region	4.其他金融业 4.Other Financial Activities	(十一) 房地产业 XI. Real Estate	#房地产开发经营 Development and Management of Real Estate	#物业管理 Property Management	#房地产中介服务 Agency Services for Real Estate	(十二) 租赁和商务服务业 XII. Leasing and Business Services	1.租赁业 1.Leasing
总　计	**National Total**	**1619**	**80367**	**15633**	**39607**	**2716**	**317692**	**4191**
北　京	Beijing	94	18726	309	9350	33	44322	938
天　津	Tianjin	1	898	136	703	5	4961	
河　北	Hebei	450	689	5	321	245	9155	10
山　西	Shanxi	159	1353	400	484	242	4037	61
内蒙古	Inner Mongolia		71	12	59		771	30
辽　宁	Liaoning	284	2093	282	1196	426	16120	22
吉　林	Jilin		322	11	142	10	1713	
黑龙江	Heilongjiang	24	503	207	132		7055	14
上　海	Shanghai	72	6167	417	4660	43	27441	105
江　苏	Jiangsu		3465	1052	1677	150	27580	393
浙　江	Zhejiang		2731	306	1627	51	17332	9
安　徽	Anhui		1438	130	1226		5604	388
福　建	Fujian	322	2461	386	1586	119	7858	38
江　西	Jiangxi		858	590	106		3298	26
山　东	Shandong		10503	5451	3475	244	14626	316
河　南	Henan	21	2947	423	1660	313	7441	123
湖　北	Hubei	20	1132	333	667	75	3646	
湖　南	Hunan		839	127	102	93	5833	
广　东	Guangdong	14	14770	3761	6772	228	62128	548
广　西	Guangxi		1817	226	942	152	7544	52
海　南	Hainan		500	67	121	116	129	
重　庆	Chongqing		1193	65	530		1212	27
四　川	Sichuan	9	499	251	131	102	11810	17
贵　州	Guizhou		1156	110	545		3154	54
云　南	Yunnan	147	672	55	264	45	1857	15
西　藏	Tibet						4	
陕　西	Shaanxi	2	1239	319	319		10209	51
甘　肃	Gansu		402	153	249		3883	78
青　海	Qinghai		15		15		401	
宁　夏	Ningxia		378		294	18	730	
新　疆	Xinjiang		530	49	252	6	5838	876

4-2 续表 13 continued

单位：人

地 区	Region	2.商务服务业 2.Business Services	(十三) 科学研究和技术服务业 XIII. Scientific Research and Technical Services	1.研究和试验发展 1.Research and Experimental Development	2.专业技术服务业 2.Professional Technical Services	3.科技推广和应用服务业 3.Science and Technology Popularization and Application Services	(十四) 水利、环境和公共设施管理业 XIV. Management of Water Conservancy, Enviroment and Public Facilities	1.水利管理业 1.Management of Water Conservancy
总 计	**National Total**	**313501**	**47963**	**3586**	**35415**	**8962**	**109217**	**9718**
北 京	Beijing	43384	5338	943	2879	1516	3012	237
天 津	Tianjin	4961	1420	52	1315	53	2404	18
河 北	Hebei	9145	1047		975	72	2196	493
山 西	Shanxi	3976	525	2	474	49	6012	231
内蒙古	Inner Mongolia	741	803		797	6	2687	89
辽 宁	Liaoning	16098	4045	204	3246	595	3019	344
吉 林	Jilin	1713	367	14	353		8963	225
黑龙江	Heilongjiang	7041	938	3	831	104	4912	277
上 海	Shanghai	27336	1538	246	515	777	3972	
江 苏	Jiangsu	27187	3795	257	2975	563	26279	789
浙 江	Zhejiang	17323	1986	78	1789	119	2876	101
安 徽	Anhui	5216	953	50	633	270	1492	148
福 建	Fujian	7820	1232		684	548	2001	311
江 西	Jiangxi	3272	70		70		3161	91
山 东	Shandong	14310	3237	670	1818	749	4704	174
河 南	Henan	7318	2927	216	2492	219	2094	680
湖 北	Hubei	3646	2452	99	1169	1184	7409	1597
湖 南	Hunan	5833	745	50	485	210	1991	895
广 东	Guangdong	61580	5582	94	5262	226	9630	2106
广 西	Guangxi	7492	758	91	646	21	887	46
海 南	Hainan	129	663	286	336	41	306	
重 庆	Chongqing	1185	744	155	484	105	3035	164
四 川	Sichuan	11793	1681		941	740	3886	183
贵 州	Guizhou	3100	324	38	194	92	326	119
云 南	Yunnan	1842	1994	14	1442	538	773	76
西 藏	Tibet	4						
陕 西	Shaanxi	10158	1857	24	1722	111	515	324
甘 肃	Gansu	3805	313		276	37		
青 海	Qinghai	401	146		146		79	
宁 夏	Ningxia	730	23		23		596	
新 疆	Xinjiang	4962	460		443	17		

4-2 续表 14 continued

单位：人

地 区	Region	2.生态保护和环境治理业 2.Ecological Protection and Environ-mental Treatment	3.公共设施管理业 3.Manage-ment of Public Facilities	(十五) 居民服务、修理和其他服务业 XV. Service to Households, Repair and Other Services	1.居民服务业 1.Service to Households	2.机动车、电子产品和日用产品修理业 2.Repair of Motor Vehicle, Electronics and Household Products	3.其他服务业 3.Other Sevices	(十六) 教育 XVI. Education
总 计	**National Total**	**2093**	**97406**	**48906**	**17341**	**10923**	**20642**	**208648**
北 京	Beijing		2775	6859	2906	1616	2337	10793
天 津	Tianjin		2386	6065	295	26	5744	771
河 北	Hebei	15	1688	974	130	730	114	1459
山 西	Shanxi		5781	1257	871	174	212	3127
内蒙古	Inner Mongolia		2598	1948	330	872	746	293
辽 宁	Liaoning	187	2488	2321	985	505	831	3176
吉 林	Jilin		8738	1719	448	99	1172	94
黑龙江	Heilongjiang	7	4628	2804	189	575	2040	1962
上 海	Shanghai		3972	4655	2339	1044	1272	3709
江 苏	Jiangsu	393	25097	4105	2817	463	825	16645
浙 江	Zhejiang		2775	1450	960	174	316	12876
安 徽	Anhui		1344	504	196	61	247	2537
福 建	Fujian	52	1638	297	152	83	62	3123
江 西	Jiangxi	39	3031	332	278	14	40	391
山 东	Shandong	3	4527	2144	865	575	704	30462
河 南	Henan	33	1381	1680	770	357	553	60138
湖 北	Hubei	245	5567	723	134		589	3715
湖 南	Hunan	16	1080	752	173	76	503	6729
广 东	Guangdong	287	7237	2507	981	936	590	19827
广 西	Guangxi		841	1460		478	982	1880
海 南	Hainan	69	237	42		35	7	575
重 庆	Chongqing	16	2855	657	174	443	40	1009
四 川	Sichuan	29	3674	931	73	739	119	7820
贵 州	Guizhou	97	110	293	136	73	84	1580
云 南	Yunnan		697	708	280	241	187	10686
西 藏	Tibet			20	20			
陕 西	Shaanxi	37	154	1142	613	365	164	2120
甘 肃	Gansu			218	53	165		542
青 海	Qinghai		79	84	84			
宁 夏	Ningxia	568	28					495
新 疆	Xinjiang			255	89	4	162	114

4-2 续表 15 continued

单位：人

地 区	Region	#初等教育 Primary Education	#中等教育 Secondary Education	#高等教育 Senior Education	(十七) 卫生和社会工作 XVII. Health and Social Service	1.卫生 1.Health	2.社会工作 2.Social Service	(十八) 文化、体育和娱乐业 XVIII. Culture, Sports and Entertainment
总 计	**National Total**	**64992**	**66956**	**8449**	**515272**	**506314**	**8958**	**18446**
北 京	Beijing	812	1667	2233	13440	11532	1908	1293
天 津	Tianjin	140	34		3845	3843	2	286
河 北	Hebei	100	526		26028	25967	61	912
山 西	Shanxi	100	2278		18342	18330	12	1409
内蒙古	Inner Mongolia		92	69	9350	9327	23	29
辽 宁	Liaoning	362	914	192	13582	13068	514	626
吉 林	Jilin	62	1		7165	6710	455	91
黑龙江	Heilongjiang	21	45	1107	5076	5064	12	602
上 海	Shanghai	113	761		21434	20992	442	1391
江 苏	Jiangsu	4895	3335	52	76588	75804	784	2066
浙 江	Zhejiang	3143	2403	1044	13633	12851	782	339
安 徽	Anhui	419	1312		50594	50486	108	703
福 建	Fujian	305	1118	530	33816	33778	38	272
江 西	Jiangxi	92			5931	5846	85	
山 东	Shandong	10688	15273	67	54278	53220	1058	699
河 南	Henan	32771	24410	101	23757	23609	148	1410
湖 北	Hubei	1549	597	647	14970	14203	767	493
湖 南	Hunan	2182	3148	194	17544	17326	218	403
广 东	Guangdong	596	937	339	21173	20614	559	2878
广 西	Guangxi	432	924	25	644	558	86	8
海 南	Hainan	215	228		3664	3664		131
重 庆	Chongqing	488	165		12351	12066	285	282
四 川	Sichuan	107	4737		49670	49336	334	791
贵 州	Guizhou	1030	335		1691	1652	39	
云 南	Yunnan	3273	469	1800	4076	4003	73	58
西 藏	Tibet							25
陕 西	Shaanxi	957	638	49	7724	7559	165	455
甘 肃	Gansu		356		2475	2475		446
青 海	Qinghai				224	224		268
宁 夏	Ningxia	140	238		576	576		76
新 疆	Xinjiang		15		1631	1631		4

4-2 续表 16 continued

单位：人

地 区	Region	1.新闻和出版业 1.Journalism and Publishing Activities	2.广播、电视、电影和影视录音制作业 2.Radio, Television, Motion Picture and Videotape Programme Production Services	3.文化艺术业 3.Cultural and Art Activities	4.体育 4.Sports Activities	5.娱乐业 5.Entertainment	(十九)公共管理、社会保障和社会组织 XIX. Public Management, Social Security and Social Organization	#群众社团、社会团体和其他成员组织 Non-Governmental Organizations, Social Organizations and Membership Organizations
总 计	**National Total**	**2487**	**4537**	**9043**	**905**	**1474**	**19889**	**4887**
北 京	Beijing	425	37	239	420	172	1072	876
天 津	Tianjin			87	136	63		
河 北	Hebei	66	65	734	30	17	950	144
山 西	Shanxi	123	62	1112	12	100	14	14
内蒙古	Inner Mongolia		28	1				
辽 宁	Liaoning	379	50	69	23	105	1178	32
吉 林	Jilin	23	23	24		21	208	
黑龙江	Heilongjiang	66	263	3		270	96	
上 海	Shanghai	2	171	1183	35		8370	1392
江 苏	Jiangsu		268	1637	18	143	267	92
浙 江	Zhejiang	30	123	116	52	18	593	473
安 徽	Anhui		107	596			1724	214
福 建	Fujian		3	196	27	46	5	5
江 西	Jiangxi						77	37
山 东	Shandong		133	491		75	1673	161
河 南	Henan	91	763	428		128	2285	343
湖 北	Hubei	102	125	253	5	8	86	50
湖 南	Hunan	43	42	280	28	10	176	176
广 东	Guangdong	228	2061	273	52	264	70	56
广 西	Guangxi				5	3	157	137
海 南	Hainan	7	36	88			29	18
重 庆	Chongqing	60	146	60	16		369	369
四 川	Sichuan	178	12	560	25	16	34	20
贵 州	Guizhou						87	87
云 南	Yunnan	13	9		21	15	206	94
西 藏	Tibet			25				
陕 西	Shaanxi	10	3	442			81	46
甘 肃	Gansu	373	7	66			19	19
青 海	Qinghai	268						
宁 夏	Ningxia			76			52	21
新 疆	Xinjiang			4			11	11

4-3 各地区分行业其他单位就业人员数
Employed Persons in Units of Other Types of Ownership by Sector and Region

单位：人

地 区	Region	其他单位合计 Total	(一)内资 I. Domestic Funded	1.股份合作 1.Cooperative Units	2.联营 2.Joint Ownership Units	#国有联营 State Joint Ownership Units	#集体联营 Collective Joint Ownership Units	3.有限责任公司 3.Limited Liability Corporations	#国有独资 State Funded Corporations
总 计	**National Total**	**113727799**	**85830127**	**916651**	**202601**	**52796**	**47875**	**63893861**	**7996318**
北 京	Beijing	5775377	4343074	51627	3868	916	467	2973184	441647
天 津	Tianjin	2159275	1350955	14305	3769	1480	1397	1028313	170274
河 北	Hebei	3410421	2983392	37233	34846	418	426	2195311	267538
山 西	Shanxi	2206885	2014513	7681	3560	1041	1545	1711048	372272
内蒙古	Inner Mongolia	1243413	1163672	8954	540	112	318	907972	190147
辽 宁	Liaoning	3096566	2408154	27396	3179	817	402	1735601	295681
吉 林	Jilin	1548754	1390995	9463	2342	528	1444	928701	174274
黑龙江	Heilongjiang	1515643	1377680	54302	3357	165	1010	1010657	227264
上 海	Shanghai	5212828	2552012	22044	9194	2310	1263	1756259	268924
江 苏	Jiangsu	12240583	7890999	40492	11274	3302	2493	6016614	347683
浙 江	Zhejiang	8483121	6535636	97740	4529	629	1138	4745943	264320
安 徽	Anhui	3099843	2743027	32555	2715	405	737	2036624	372988
福 建	Fujian	4965008	3265207	63772	9832	2672	3811	2685653	198832
江 西	Jiangxi	2696946	2157839	22083	2202	292	1081	1754784	166484
山 东	Shandong	7983365	6467859	70809	25585	15804	6685	4753073	756565
河 南	Henan	7205333	6451370	66165	11509	2909	4231	4931208	254043
湖 北	Hubei	4208479	3693940	20837	6878	2574	622	2872392	303664
湖 南	Hunan	3160403	2819648	31315	10895	2409	3640	1978474	263178
广 东	Guangdong	15088946	7402327	72139	22739	7523	5044	5406181	530399
广 西	Guangxi	1897727	1604844	20558	1382	433	224	1252091	377510
海 南	Hainan	552512	491876	5743	1785	1025	158	330208	21476
重 庆	Chongqing	2872486	2490632	16979	3790	615	1174	2038423	291840
四 川	Sichuan	4251438	3819392	53548	5323	719	825	2834689	278147
贵 州	Guizhou	1334152	1284379	16897	3111	740	947	1028102	315222
云 南	Yunnan	2171758	2073246	14120	3179	538	1787	1177791	160560
西 藏	Tibet	52870	49291	1462	111	37		35619	15203
陕 西	Shaanxi	2579864	2382141	17840	9061	1812	4479	1849740	290878
甘 肃	Gansu	977086	952965	7003	746	101	272	706477	108636
青 海	Qinghai	274090	262788	3623	213	152	33	161624	37998
宁 夏	Ningxia	370387	343811	3474	349	80	149	253417	93439
新 疆	Xinjiang	1092240	1062463	4492	738	238	73	797688	139232

4-3 续表 1 continued

单位：人

地 区	Region	4.股份有限公司 4.Share-holding Corporations Ltd	5.其他 5.Others	(二) 港、澳、台商投资 II.Units with funds Entrepreneurs from Hong Kong, Macao and Taiwan	(三) 外商投资 III. Foreign Funded Units	(一) 企业 I. Enterprises	(二) 事业 II. Institutions	(三) 机关 III. Agencies and Organi-zations	(四) 民间非营利组织 IV. Civil Nonprofit Organi-zations
总 计	**National Total**	**17979500**	**2837514**	**13439148**	**14458524**	**112571447**	**429355**	**13465**	**324649**
北 京	Beijing	1135440	178955	596520	835783	5648486	24592		52655
天 津	Tianjin	269125	35443	298175	510145	2142855	7587	100	2958
河 北	Hebei	686240	29762	184949	242080	3393405	9792	161	3124
山 西	Shanxi	270185	22039	108177	84195	2192838	6145	508	1762
内蒙古	Inner Mongolia	232623	13583	24526	55215	1235709	3981	737	865
辽 宁	Liaoning	579976	62002	180026	508386	3065049	12363	1815	14575
吉 林	Jilin	383695	66794	51562	106197	1537637	4009	95	3963
黑龙江	Heilongjiang	300111	9253	47402	90561	1514191	457	863	
上 海	Shanghai	722216	42299	929944	1730872	5193892	5657		10414
江 苏	Jiangsu	1693823	128796	1644306	2705278	12190271	27227		4703
浙 江	Zhejiang	1514156	173268	971249	976236	8348766	27437		54916
安 徽	Anhui	607523	63610	158535	198281	3059261	18624		11157
福 建	Fujian	433421	72529	1033441	666360	4935218	9097	164	11842
江 西	Jiangxi	355232	23538	342099	197008	2691434	1425	370	6
山 东	Shandong	1446475	171917	417859	1097647	7923594	21459	1781	15819
河 南	Henan	1215929	226559	568231	185732	7079304	54634	1789	24396
湖 北	Hubei	724327	69506	190260	324279	4177825	20515	573	1531
湖 南	Hunan	638936	160028	202966	137789	3082204	32681		19325
广 东	Guangdong	1639880	261388	4751970	2934649	14959829	47618	547	33403
广 西	Guangxi	275460	55353	163635	129248	1861726	9258	1832	9645
海 南	Hainan	125951	28189	25036	35600	525060	7940	32	12199
重 庆	Chongqing	368436	63004	158041	223813	2832217	26177	99	5488
四 川	Sichuan	819229	106603	225233	206813	4212507	23273	224	8754
贵 州	Guizhou	196997	39272	26048	23725	1318344	1384	385	2666
云 南	Yunnan	234044	644112	43049	55463	2155303	12023	617	552
西 藏	Tibet	11912	187	1907	1672	52795			
陕 西	Shaanxi	458069	47431	49867	147856	2545701	5931	14	12154
甘 肃	Gansu	220522	18217	8521	15600	974130	1157	18	212
青 海	Qinghai	92150	5178	4946	6356	270150	145		3528
宁 夏	Ningxia	75422	11149	14720	11856	361507	6045	629	1016
新 疆	Xinjiang	251995	7550	15948	13829	1090239	722	112	1021

4-3 续表 2 continued

单位：人

地 区	Region	(五) 其他 V.Other	(一) 农、林、牧、渔业 I. Agriculture, Forestry, Animal Husbandry and Fishery	1.农业 1.Farming	2.林业 2.Forestry	3.畜牧业 3.Animal Husbandry	4.渔业 4.Fishery	5.农、林、牧、渔服务业 5.Service in support of Agriculture	(二) 采矿业 II. Mining
总 计	**National Total**	**388883**	**194201**	**112363**	**14199**	**37723**	**13350**	**16566**	**4803370**
北 京	Beijing	49644	28352	12175	3068	11111	324	1674	52245
天 津	Tianjin	5775	730	406		202	78	44	64785
河 北	Hebei	3939	1290	56	14	1048	115	57	214959
山 西	Shanxi	5632	1449	320	319	722	3	85	914013
内蒙古	Inner Mongolia	2121	7738	2184	82	4649	8	815	145313
辽 宁	Liaoning	2764	4491	748	21	233	3443	46	221508
吉 林	Jilin	3050	1269	513	5	411	42	298	135069
黑龙江	Heilongjiang	132	6793	5784	6	627	146	230	303206
上 海	Shanghai	2865	20129	7781	364	5307	6308	369	534
江 苏	Jiangsu	18382	1432	502	104	108	109	609	90160
浙 江	Zhejiang	52002	1268	500	100	116	371	181	5474
安 徽	Anhui	10801	210		11	199			250893
福 建	Fujian	8687	3428	2078	979	107	139	125	14913
江 西	Jiangxi	3711	1050	653	169	228			43292
山 东	Shandong	20712	1605	311	66	471	557	200	571339
河 南	Henan	45210	8176	3078	357	2424	121	2196	457319
湖 北	Hubei	8035	1928	1288	123	172	144	201	56461
湖 南	Hunan	26193	10526	2296	1882	1300	683	4365	72271
广 东	Guangdong	47549	1995	465	403	437	223	467	24246
广 西	Guangxi	15266	5478	2528	1267	1512	43	128	24617
海 南	Hainan	7281	52654	50398	164	1261	226	605	5849
重 庆	Chongqing	8505	3292	1879	287	874	62	190	65112
四 川	Sichuan	6680	1264	547	406	206	48	57	171813
贵 州	Guizhou	11373	2855	1718	166	771	63	137	143790
云 南	Yunnan	3263	2688	1199	1176	92	3	218	118341
西 藏	Tibet	75							2932
陕 西	Shaanxi	16064	1146	323	143	572	15	93	288195
甘 肃	Gansu	1569	1519	899	48			572	81429
青 海	Qinghai	267	2847	2583		264			38575
宁 夏	Ningxia	1190	3138	1131	594	75		1338	59245
新 疆	Xinjiang	146	13461	8020	1875	2224	76	1266	165472

4-3 续表 3 continued

单位：人

地 区	Region	1.煤炭开采和洗选业 1.Mining and Washing of Coal	2.石油和天然气开采业 2.Extraction of Petroleum and Natural Gas	3.黑色金属矿采选业 3.Mining and Processing of Ferrous Metal Ores	4.有色金属矿采选业 4.Mining and Processing of Non-ferrous Metal Ores	5.非金属矿采选业 5.Mining and Processing of Nonmetal Ores	6.开采辅助活动 6.Support Activities for Mining	7.其他采矿业 7.Mining of Other Ores	(三) 制造业 III. Manufacturing
总 计	**National Total**	**3380436**	**656104**	**209372**	**207458**	**153370**	**195553**	**1077**	**48135753**
北 京	Beijing	8950	2207	20681		234	20171	2	864720
天 津	Tianjin	19252	20706	1963		6868	15996		1053796
河 北	Hebei	143655	28203	38175		4926			1339133
山 西	Shanxi	900978	5022	5697	1789	527			563583
内蒙古	Inner Mongolia	123917	4514	4405	9152	3279		46	439392
辽 宁	Liaoning	149456	45003	10368	9767	4977	1694	243	1217693
吉 林	Jilin	67752	32095	7443	6107	1179	20493		654709
黑龙江	Heilongjiang	182118	113882	1093	1985	1627	2491	10	460425
上 海	Shanghai		172			362			1858666
江 苏	Jiangsu	70293	2854	1523	826	14391	273		5834431
浙 江	Zhejiang			1060	1106	3308			3284685
安 徽	Anhui	226579		20891	1201	1128	1094		1157794
福 建	Fujian	10011		241	997	3659	5		2331443
江 西	Jiangxi	22225		1821	15023	4223			1273159
山 东	Shandong	392377	102058	18840	26371	4959	26734		4006590
河 南	Henan	372767	32977	2966	21540	3000	23820	249	3418382
湖 北	Hubei	5471	16556	9539	1768	15153	7834	140	1722401
湖 南	Hunan	34453		3147	22682	11989			1145427
广 东	Guangdong		5780	3113	4615	9727	996	15	9666417
广 西	Guangxi	9888	123	5835	4334	4437			693130
海 南	Hainan			4497	408	944			83735
重 庆	Chongqing	57117	1492	1008	520	4975			864383
四 川	Sichuan	62473	31601	9186	13211	13546	41796		1503311
贵 州	Guizhou	130067		3773	1716	7938	8	288	360522
云 南	Yunnan	68174	133	9878	27585	12506	40	25	630043
西 藏	Tibet			744	2067	121			8994
陕 西	Shaanxi	139658	116980	10574	13760	4992	2194	37	810719
甘 肃	Gansu	65408	1136	2965	7559	3171	1190		320187
青 海	Qinghai	7747	22595	1794	3028	3411			103997
宁 夏	Ningxia	58473	215	512		45			126719
新 疆	Xinjiang	51177	69800	5640	8341	1768	28724	22	337167

4-3 续表 4 continued

单位：人

地区	Region	1.农副食品加工业 1.Processing of Food from Agricultural Products	2.食品制造业 2.Manufacture of Foods	3.酒、饮料和精制茶制造业 3.Manufacture of Liquor, Beverages and Refined Tea	4.烟草制品业 4.Manufacture of Tobacco	5.纺织业 5.Manufacture of Textile	6.纺织服装、服饰业 6.Manufacture of Textile Wearing Apparel, and Accessories	7.皮革、毛皮、羽毛及其制品和制鞋业 7.Manufacture of Leather, Fur, Feather and Related Products and Footwear	8.木材加工和木、竹、藤、棕、草制品业 8.Processing of Timbers, Manufacture of Wood, Bamboo, Rattan, Palm and Straw Products
总　计	**National Total**	**1779348**	**1223487**	**1005112**	**164506**	**2013593**	**2448414**	**1660570**	**390940**
北　京	Beijing	25793	45650	19019		4057	30461	1686	1895
天　津	Tianjin	13551	50209	13439		12894	66937	6683	1650
河　北	Hebei	50843	38194	18706	3908	49319	25444	21854	4171
山　西	Shanxi	12694	7610	21561	955	5270	3672		289
内蒙古	Inner Mongolia	29920	40792	15571	2837	12708	6752	2485	7196
辽　宁	Liaoning	57333	22176	20917	1947	12725	53231	4344	11414
吉　林	Jilin	52923	15375	20561	2453	29728	7933	409	42772
黑龙江	Heilongjiang	59566	26817	21530	5780	11069	1217	71	14858
上　海	Shanghai	15709	73669	13328	3914	24139	77687	19282	6122
江　苏	Jiangsu	82388	54017	66722	4036	318730	354893	73386	47170
浙　江	Zhejiang	36231	51727	32639	271	281055	295855	119496	17499
安　徽	Anhui	38623	23014	39131	715	49912	65181	24300	8589
福　建	Fujian	76131	67933	44814	3930	101040	273834	433734	17392
江　西	Jiangxi	39877	24374	21574	6320	49969	111591	110255	16058
山　东	Shandong	355753	91036	66258	6041	391952	193414	75982	22868
河　南	Henan	245636	168366	86541	19161	162360	147126	118722	28899
湖　北	Hubei	85584	60535	74264	7698	114019	87640	25021	14688
湖　南	Hunan	60174	37646	26608	3962	22249	17153	61976	13761
广　东	Guangdong	96969	137789	74805	7434	205186	561436	482304	39638
广　西	Guangxi	76367	17453	25586	3520	21976	8606	27773	26697
海　南	Hainan	12801	6236	4510	583	486	155		2003
重　庆	Chongqing	29634	16145	12452	5113	8893	13849	7222	3746
四　川	Sichuan	65955	44467	137273	4893	47081	16678	32868	14238
贵　州	Guizhou	13721	8344	20167	8170	1552	6339	3745	9438
云　南	Yunnan	56997	24899	45173	47555	6983	2754	2549	13216
西　藏	Tibet	210	442	1770		84			760
陕　西	Shaanxi	34552	27325	30209	9249	28178	7573	1959	2782
甘　肃	Gansu	16126	5966	13289	3297	3863	1205	1855	240
青　海	Qinghai	1898	878	4403		2087	1260		
宁　夏	Ningxia	5199	13748	2126		8428	1097	349	20
新　疆	Xinjiang	30190	20655	10166	764	25601	7441	260	871

4-3 续表 5 continued

单位：人

地 区	Region	9.家具制造业 9.Manufacture of Furniture	10.造纸及纸制品业 10.Manufacture of Paper and Paper Products	11.印刷和记录媒介复制业 11.Printing and Reproduction of Recording Media	12.文教工美、体育和娱乐用品制造业 12.Manufacture of Articles for Culture, Education, Arts and Crafts, Sport and Entertainment Activities	13.石油加工、炼焦和核燃料加工业 13.Processing of Petroleum , Coking, Processing of Nuclear Fuel	14.化学原料和化学制品制造业 14.Manufacture of Chemical Raw Material and Chemical Products	15.医药制造业 15.Manufacture of Medicines	16.化学纤维制造业 16.Manufacture of Chemical Fibres
总 计	**National Total**	**554750**	**666674**	**515575**	**1246554**	**642335**	**2600579**	**1554061**	**245031**
北 京	Beijing	9852	6372	20009	7437	10867	30013	66367	726
天 津	Tianjin	6921	10733	8367	16993	14469	43694	44610	581
河 北	Hebei	9165	10251	9073	16045	25168	94761	57997	5295
山 西	Shanxi	220	464	4041	1372	56145	81747	23124	
内蒙古	Inner Mongolia	910	2317	1563	1166	32219	53540	9947	84
辽 宁	Liaoning	14064	7691	4968	6155	68852	46807	30345	3199
吉 林	Jilin	2649	4866	5850	1819	3952	47069	122148	8654
黑龙江	Heilongjiang	5971	4394	2999	3017	40376	17895	44094	1433
上 海	Shanghai	28379	20628	20568	22919	16477	94657	53152	2191
江 苏	Jiangsu	27422	57438	49766	121452	23778	355995	141048	66362
浙 江	Zhejiang	94744	54216	29474	84666	9306	146329	101696	69233
安 徽	Anhui	4661	7758	17362	15317	5253	72575	39970	7911
福 建	Fujian	31427	46813	16700	133836	5715	41718	19709	15592
江 西	Jiangxi	11580	12149	14055	47777	18867	76355	47006	3925
山 东	Shandong	25468	94580	25023	95749	79617	282984	161928	12033
河 南	Henan	24355	57888	41775	81565	16454	171774	121683	12207
湖 北	Hubei	7915	26450	18474	9623	7425	130715	84439	4633
湖 南	Hunan	4973	24381	10186	11390	15221	103114	31577	2072
广 东	Guangdong	202922	128667	155049	529874	24714	206880	103355	8038
广 西	Guangxi	3227	21702	3896	13949	2851	30995	24244	
海 南	Hainan	426	5286	917	164	2242	4081	14816	82
重 庆	Chongqing	4720	13055	8521	4735	2673	45290	34589	521
四 川	Sichuan	26413	18173	19403	4715	7741	111717	62889	13592
贵 州	Guizhou	1855	3818	3361	1866	4644	47222	31682	106
云 南	Yunnan	1405	10059	9924	6604	12572	61690	25543	461
西 藏	Tibet	50		385	18		531	1000	
陕 西	Shaanxi	2589	10785	9735	1290	55290	51720	34395	776
甘 肃	Gansu	299	747	1117	783	25548	30525	8887	200
青 海	Qinghai		60	612	3487	171	31601	2527	
宁 夏	Ningxia	7	2515	1163		15521	22607	3581	15
新 疆	Xinjiang	161	2418	1239	771	38207	63978	5713	5109

4-3 续表 6 continued

单位：人

地 区	Region	17.橡胶和塑料制品业 17.Manufacture of Rubber and Plastics Products	18.非金属矿物制品业 18.Manufacture of Non-metallic Mineral Products	19.黑色金属冶炼和压延加工业 19.Smelting and Processing of Ferrous Metals	20.有色金属冶炼和压延加工业 20.Smelting and Processing of Non-ferrous Metals	21.金属制品业 21.Manufacture of Metal Products	22.通用设备制造业 22.Manufacture of General Purpose Machinery	23.专用设备制造业 23.Manufacture of Special Purpose Machinery	24.汽车制造业 24.Manufacture of Automobiles
总 计	**National Total**	**1793682**	**2332135**	**1987159**	**1181030**	**1667803**	**2539617**	**1972096**	**3082286**
北 京	Beijing	16216	42761	6410	4604	34080	51666	59807	142307
天 津	Tianjin	33319	24984	93702	12471	45096	68135	85986	116168
河 北	Hebei	31995	69832	285231	10974	57160	59966	62271	130093
山 西	Shanxi	6037	33240	55145	36303	23949	13302	37363	13440
内蒙古	Inner Mongolia	4123	25527	75614	64725	6183	12585	7133	10670
辽 宁	Liaoning	40786	46787	143390	33678	51586	143497	88872	110664
吉 林	Jilin	11276	33698	25085	9752	11878	14902	15953	110593
黑龙江	Heilongjiang	12213	27597	17280	5973	10587	45046	19431	16741
上 海	Shanghai	87626	43252	66253	13565	80067	168552	99054	186907
江 苏	Jiangsu	180983	140579	161175	52814	192128	419463	252854	254961
浙 江	Zhejiang	141170	84224	58427	39271	119798	289935	114802	212794
安 徽	Anhui	55236	54426	51259	40534	42824	83500	43407	120212
福 建	Fujian	114523	113623	50591	29483	54083	65126	41774	73387
江 西	Jiangxi	29064	108453	54833	53797	24676	41130	27385	39551
山 东	Shandong	136546	209352	203692	93365	138195	256612	182552	230101
河 南	Henan	103662	288887	116727	112828	84145	163000	204229	147450
湖 北	Hubei	52109	98468	45759	31030	57612	61407	67725	302475
湖 南	Hunan	17876	104693	55487	62559	28244	46130	84217	64308
广 东	Guangdong	577027	317651	60665	79824	480788	321241	274477	329901
广 西	Guangxi	14399	61868	29488	36253	9291	19826	29781	84143
海 南	Hainan	2210	7987	772	592	2143	386	801	5677
重 庆	Chongqing	25781	47282	20295	18386	21708	30558	24823	195396
四 川	Sichuan	32762	92080	107190	16492	37473	78898	55868	62552
贵 州	Guizhou	15366	46786	27786	16542	13984	8248	6924	16871
云 南	Yunnan	15940	60075	57453	102321	9396	8314	10538	12283
西 藏	Tibet		3421					16	
陕 西	Shaanxi	17243	60879	34691	66634	16577	45060	47222	89009
甘 肃	Gansu	5730	31417	32387	70194	4956	10988	19196	1106
青 海	Qinghai	50	7364	13607	25159	408	5287	191	16
宁 夏	Ningxia	3831	7412	7804	15162	2673	4989	4912	6
新 疆	Xinjiang	8583	37530	28961	25745	6115	1868	2532	2504

4-3 续表 7 continued

单位：人

地　区	Region	25.铁路、船舶、航空航天和其他运输设备制造业 25. Manufacture of Railway,Ship, Aerospace and Other Transport Equipment	26.电气机械和器材制造业 26.Manufacture of Electrical Machinery and Apparatus	27.计算机、通信和其他电子设备制造业 27.Manufacture of Computers, Communication and Other Electronic Equipment	28.仪器仪表制造业 28.Manufacture of Measuring Instruments and Machinery	29.其他制造业 29. Other Manufature	30.废弃资源综合利用业 30. Utilization of Waste Resources	31.金属制品、机械和设备修理业 31. Repair Service of Metal Products, Machinery and Eguipment
总　计	**National Total**	**956147**	**3753193**	**7120523**	**701314**	**191125**	**66530**	**79584**
北　京	Beijing	24219	48228	107844	29908	6225	744	9497
天　津	Tianjin	34317	51976	154070	8565	7653	2571	3052
河　北	Hebei	32393	76571	67803	9200	3721	1025	704
山　西	Shanxi	14058	12263	92222	3834	359	219	2685
内蒙古	Inner Mongolia	1304	8202	2028		70	222	999
辽　宁	Liaoning	51976	61243	53649	17746	2874	2282	2495
吉　林	Jilin	22779	11119	8024	7212	432	1958	887
黑龙江	Heilongjiang	14660	18010	2321	4569	3439	162	1309
上　海	Shanghai	52635	143162	366620	39628	9080	1221	8223
江　苏	Jiangsu	184572	545126	1468333	119109	11695	4002	2034
浙　江	Zhejiang	45534	373016	258843	79203	29389	8462	5380
安　徽	Anhui	8066	134133	91667	6119	2755	2532	852
福　建	Fujian	20468	141273	227931	26149	32410	1473	8831
江　西	Jiangxi	12902	129381	120840	11550	5258	2538	69
山　东	Shandong	80568	171687	277808	34489	8375	1804	758
河　南	Henan	45123	166623	429508	31730	9830	4821	5307
湖　北	Hubei	28284	114411	75883	14171	3214	4262	6468
湖　南	Hunan	46498	55830	117942	9965	1715	2471	1049
广　东	Guangdong	88961	1272526	2641138	194260	40310	13910	8678
广　西	Guangxi	3176	23870	64579	2367	3192	1913	142
海　南	Hainan	551	6436	619	447	13	261	52
重　庆	Chongqing	66663	32135	151449	15215	517	768	2249
四　川	Sichuan	20632	75275	277773	8752	3501	3527	2440
贵　州	Guizhou	17424	9864	10320	2238	1682	220	237
云　南	Yunnan	1746	12604	4905	3448	1352	661	623
西　藏	Tibet		137			170		
陕　西	Shaanxi	34072	33055	35222	19055	1611	1283	699
甘　肃	Gansu	2316	11800	10966	1312	44	882	2946
青　海	Qinghai	65	2139	84	380	239	24	
宁　夏	Ningxia	26	2872		518		118	20
新　疆	Xinjiang	159	8226	132	175		194	899

4-3 续表 8 continued

单位：人

地区	Region	(四) 电力、热力、燃气及水生产和供应业 Production and Supply of Electricity, Heat, Gas and Water	1.电力、热力生产和供应业 1.Production and Supply of Electric Power and Heat Power	2.燃气生产和供应业 2.Production and Supply of Gas	3.水的生产和供应业 3.Production and Supply of Water	(五) 建筑业 V. Construction	1.房屋建筑业 1. Construction of Buildings	2.土木工程建筑业 2. Civil Engineering	3.建筑安装业 3.Building Installation
总　计	**National Total**	**2133941**	**1609468**	**226254**	**298219**	**24484134**	**17218505**	**4412116**	**1346461**
北　京	Beijing	63539	41433	10689	11417	411123	167151	110781	80500
天　津	Tianjin	32529	21269	6125	5135	257089	93229	88326	38042
河　北	Hebei	87890	65700	10347	11843	763067	570386	130108	36654
山　西	Shanxi	54913	42665	6120	6128	251355	74058	155262	13791
内蒙古	Inner Mongolia	90608	76872	4355	9381	202139	139139	52070	7622
辽　宁	Liaoning	72584	52846	10545	9193	636422	352535	161431	80007
吉　林	Jilin	90469	78883	4536	7050	259245	137839	69895	31709
黑龙江	Heilongjiang	94174	79089	5849	9236	214043	108777	68930	19952
上　海	Shanghai	23504	8292	5752	9460	331682	191409	68550	35392
江　苏	Jiangsu	83960	48345	15260	20355	4022971	3259448	372520	209730
浙　江	Zhejiang	66794	33021	7123	26650	3136080	2536658	406652	73331
安　徽	Anhui	62968	46671	8012	8285	822045	463277	221820	53503
福　建	Fujian	69677	53920	5108	10649	1542751	1067853	159121	44325
江　西	Jiangxi	117152	102348	5996	8808	747040	580972	125038	17432
山　东	Shandong	123079	91710	15689	15680	1319692	995246	229394	59857
河　南	Henan	113918	77236	17377	19305	1635655	1056469	353107	99406
湖　北	Hubei	49155	29277	7753	12125	1267710	858012	264130	77861
湖　南	Hunan	55523	41178	5647	8698	887496	665171	163621	29388
广　东	Guangdong	200615	156200	14259	30156	1088011	604379	216294	99061
广　西	Guangxi	92491	83723	2383	6385	537269	427594	89287	12337
海　南	Hainan	11357	6306	1654	3397	49582	40193	1800	3577
重　庆	Chongqing	57234	41542	7858	7834	918022	661909	154396	50893
四　川	Sichuan	126645	95876	17286	13483	1152839	860190	193692	59447
贵　州	Guizhou	37692	27749	4229	5714	346447	201004	107378	27676
云　南	Yunnan	72226	62530	4066	5630	587014	433095	102959	27003
西　藏	Tibet	4834	4583		251	13772	6447	6387	833
陕　西	Shaanxi	73461	58289	8906	6266	478180	262872	182817	24309
甘　肃	Gansu	30547	24313	3790	2444	301383	216748	61839	15891
青　海	Qinghai	9038	7487	296	1255	51471	16885	30535	2556
宁　夏	Ningxia	17575	14598	1386	1591	41061	28226	9287	2835
新　疆	Xinjiang	47790	35517	7858	4415	211478	141334	54689	11541

4-3 续表 9 continued

单位：人

地 区	Region	4.建筑装饰和其他建筑业 4.Building Decoration and Other Constructions	(六) 批发和零售业 VI. Wholesale and Retail Trades	1.批发业 1.Wholesale Trade	2.零售业 2.Retail Trade	(七) 交通运输、仓储和邮政业 VII. Transport, Storage and Post	1.铁路运输业 1.Railway Transport	2.道路运输业 2.Road Transport	3.水上运输业 3.Water Transport
总 计	**National Total**	**1507052**	**7608713**	**3127067**	**4481646**	**4661518**	**166513**	**2767603**	**379636**
北 京	Beijing	52691	733705	394043	339662	492003	35777	281420	278
天 津	Tianjin	37492	161840	78748	83092	91783	2171	29251	18180
河 北	Hebei	25919	220634	69249	151385	125215	5204	71098	24250
山 西	Shanxi	8244	100957	48428	52529	60992	4613	48713	25
内蒙古	Inner Mongolia	3308	74845	20464	54381	52716	5809	36375	
辽 宁	Liaoning	42449	213365	67719	145646	141216	4793	66760	35072
吉 林	Jilin	19802	89580	21427	68153	47013	813	34045	13
黑龙江	Heilongjiang	16384	125101	43575	81526	28016	1212	15111	191
上 海	Shanghai	36331	761803	413160	348643	419703	2413	192093	40303
江 苏	Jiangsu	181273	530667	211987	318680	330180	226	187584	66664
浙 江	Zhejiang	119439	392051	181873	210178	244477	6974	140334	28659
安 徽	Anhui	83445	201282	62544	138738	124829	162	100954	8851
福 建	Fujian	271452	240582	92207	148375	147420	896	85670	13914
江 西	Jiangxi	23598	147897	62178	85719	82002	261	71603	5305
山 东	Shandong	35195	507793	174963	332830	274113	1611	154459	58668
河 南	Henan	126673	403593	135063	268530	210737	2155	174444	1635
湖 北	Hubei	67707	332408	128960	203448	147915	571	115569	9614
湖 南	Hunan	29316	172533	48872	123661	92797	2310	65300	2274
广 东	Guangdong	168277	890730	431745	458985	661327	60211	294863	44730
广 西	Guangxi	8051	101306	36984	64322	97006	5774	63415	3813
海 南	Hainan	4012	52610	25045	27565	52408	5527	13630	5948
重 庆	Chongqing	50824	201187	73849	127338	198910		166910	10399
四 川	Sichuan	39510	261929	66191	195738	202590	2284	136811	392
贵 州	Guizhou	10389	91459	36430	55029	55281	883	41119	151
云 南	Yunnan	23957	205177	62123	143054	91780	259	56925	216
西 藏	Tibet	105	7950	4630	3320	1544		958	
陕 西	Shaanxi	8182	213913	60794	153119	94637	11175	58477	
甘 肃	Gansu	6905	63680	19332	44348	34949	652	27788	
青 海	Qinghai	1495	19511	8362	11149	9038	90	6017	
宁 夏	Ningxia	713	21031	6265	14766	13403	1168	8627	91
新 疆	Xinjiang	3914	67594	39857	27737	35518	519	21280	

4-3 续表 10 continued

单位：人

地 区	Region	4.航空运输业 4.Air Transport	5.管道运输业 5.Transport Via Pipeline	6.装卸搬运和运输代理业 6.Loading Unloading and Forwarding Ageney	7.仓储业 7.Storage	8.邮政业 8.Post	(八)住宿和餐饮业 VIII. Hotels and Catering Services	1.住宿业 1.Hotels	2.餐饮业 2.Catering Services
总 计	**National Total**	**485876**	**32350**	**369831**	**190594**	**269115**	**2332679**	**1099161**	**1233518**
北 京	Beijing	70588	6249	39747	6796	51148	251182	86925	164257
天 津	Tianjin	7214	248	14842	17411	2466	45303	14253	31050
河 北	Hebei	4360	1235	7770	5471	5827	38084	24010	14074
山 西	Shanxi	4408	330	840	1095	968	25975	10776	15199
内蒙古	Inner Mongolia	3705		2395	674	3758	32372	16653	15719
辽 宁	Liaoning	10778	1975	15482	5225	1131	45802	25795	20007
吉 林	Jilin	131	1054	789	5224	4944	18980	11068	7912
黑龙江	Heilongjiang	2882	9	2568	5388	655	19137	13202	5935
上 海	Shanghai	70491	1345	67453	30262	15343	221564	52202	169362
江 苏	Jiangsu	13152	9240	29765	13414	10135	153048	60575	92473
浙 江	Zhejiang	9651	171	21638	10433	26617	122772	71893	50879
安 徽	Anhui	3191		5020	3884	2767	53257	26291	26966
福 建	Fujian	14740	12	20822	3842	7524	87200	49382	37818
江 西	Jiangxi		50	965	1221	2597	35097	22194	12903
山 东	Shandong	14774	2845	25048	13848	2860	102733	49700	53033
河 南	Henan	9809	205	7112	12291	3086	88644	51748	36896
湖 北	Hubei	5815	131	6786	6813	2616	89312	35053	54259
湖 南	Hunan	5812	208	4576	1195	11122	71443	44330	27113
广 东	Guangdong	108100	287	51484	26980	74672	340969	155654	185315
广 西	Guangxi	4722	35	11835	2088	5324	37270	22467	14803
海 南	Hainan	20070	28	4757	390	2058	56179	49823	6356
重 庆	Chongqing	10157	11	5908	2809	2716	58632	22515	36117
四 川	Sichuan	41727	532	5736	1941	13167	95199	42581	52618
贵 州	Guizhou	7453	192	993	661	3829	24445	18010	6435
云 南	Yunnan	19055	345	10107	1276	3597	73284	49061	24223
西 藏	Tibet			15		571	2109	1983	126
陕 西	Shaanxi	10803	1850	3127	5414	3791	98362	43413	54949
甘 肃	Gansu	2219	88	807	2946	449	23215	12330	10885
青 海	Qinghai	1748		221	152	810	3745	2519	1226
宁 夏	Ningxia	2443		218	274	582	4908	2960	1948
新 疆	Xinjiang	5878	3675	1005	1176	1985	12457	9795	2662

4-3 续表 11 continued

单位：人

地 区	Region	(九) 信息传输、软件和信息技术服务业 Information Transmission, software and Information Technology	1.电信、广播电视和卫星传输服务 1.Telecommunication, Radio and Television and Satellite Transmission Service	2.互联网和相关服务 2.Internet and Related Service	3.软件和信息技术服务业 3.Software and Information Technology	(十) 金融业 X. Financial Intermediation	1.货币金融服务 1.Monetay and Financial Service	2.资本市场服务 2.Capital Market Service	3.保险业 3.Insurance
总 计	**National Total**	**3136066**	**1468187**	**219866**	**1448013**	**4137291**	**1948805**	**189321**	**1903788**
北 京	Beijing	670097	98127	94154	477816	461587	202093	52911	161720
天 津	Tianjin	42634	17661	2329	22644	109359	34336	227	46556
河 北	Hebei	75345	56932	1130	17283	250394	121742	2602	125910
山 西	Shanxi	47008	40168	1465	5375	76479	37729	1930	36629
内蒙古	Inner Mongolia	33309	31303	152	1854	50357	29917	572	19730
辽 宁	Liaoning	114230	55250	1999	56981	148750	64641	2237	81513
吉 林	Jilin	51553	40276	1049	10228	57112	37247	2079	17238
黑龙江	Heilongjiang	54233	47251	1057	5925	108088	39051	1206	66477
上 海	Shanghai	251997	37377	20656	193964	316606	156685	23481	134947
江 苏	Jiangsu	238413	106888	12438	119087	221645	113729	9529	98199
浙 江	Zhejiang	160958	54260	26016	80682	367072	194520	8634	161967
安 徽	Anhui	62409	47055	3432	11922	106596	53424	2224	49874
福 建	Fujian	78012	40298	3969	33745	105274	52085	2994	48771
江 西	Jiangxi	56381	41136	1063	14182	52081	26921	644	24478
山 东	Shandong	154488	111042	2823	40623	277832	135101	4131	138181
河 南	Henan	82575	60726	3414	18435	150396	77871	631	70141
湖 北	Hubei	97484	51641	1303	44540	110909	48780	6639	53869
湖 南	Hunan	63072	47387	3775	11910	211427	105625	10205	95225
广 东	Guangdong	316555	118622	23752	174181	308388	151613	37064	116220
广 西	Guangxi	36340	34748	674	918	66289	33483	1161	31594
海 南	Hainan	13149	7707	1209	4233	31879	10355	403	20137
重 庆	Chongqing	42765	25771	2121	14873	94731	31091	4845	57506
四 川	Sichuan	164957	122983	6846	35128	125745	40865	5086	79042
贵 州	Guizhou	30103	24322	722	5059	53427	33479	2143	17131
云 南	Yunnan	42280	37692	291	4297	35132	17666	1542	15470
西 藏	Tibet	2094	1991		103	1455		1335	120
陕 西	Shaanxi	97173	58436	1712	37025	123353	46015	2049	74110
甘 肃	Gansu	19478	18123	62	1293	32038	16812	8	15218
青 海	Qinghai	7775	7418		357	4323	2744		1554
宁 夏	Ningxia	7505	6840	5	660	27620	15016	346	12258
新 疆	Xinjiang	21694	18756	248	2690	50947	18169	463	32003

4-3 续表 12 continued

单位：人

地 区	Region	4.其他金融业 4.Other Financial Activities	(十一) 房地产业 XI. Real Estate	#房地产开发经营 Development and Management of Real Estate	#物业管理 Property Management	#房地产中介服务 Agency Services for Real Estate	(十二) 租赁和商务服务业 XII. Leasing and Business Services	1.租赁业 1.Leasing
总 计	**National Total**	**95377**	**3761881**	**1713488**	**1754307**	**208737**	**3216617**	**97145**
北 京	Beijing	44863	374814	81981	216504	36815	583375	17530
天 津	Tianjin	28240	63590	27136	27849	8143	69083	10496
河 北	Hebei	140	100380	58612	39270	2087	68473	1669
山 西	Shanxi	191	26048	14128	11599	67	33836	1083
内蒙古	Inner Mongolia	138	48531	23245	25036	66	24930	280
辽 宁	Liaoning	359	112685	52851	51682	5735	46462	641
吉 林	Jilin	548	50425	26070	22964	830	27268	555
黑龙江	Heilongjiang	1354	46075	26511	18909	162	24712	454
上 海	Shanghai	1493	242325	54299	161089	23813	432099	20996
江 苏	Jiangsu	188	210374	93721	108668	6046	202107	5665
浙 江	Zhejiang	1951	187872	68850	106234	9092	183201	2378
安 徽	Anhui	1074	93401	63417	26079	3472	38868	917
福 建	Fujian	1424	135599	65022	64886	3116	80836	1467
江 西	Jiangxi	38	53461	41455	11047	667	22308	1265
山 东	Shandong	419	230827	149940	71433	6740	119098	4175
河 南	Henan	1753	197884	140077	49432	3752	117961	5907
湖 北	Hubei	1621	121324	78645	38109	3997	54797	3288
湖 南	Hunan	372	115418	67791	43811	2816	71131	1584
广 东	Guangdong	3491	529245	148091	307716	58712	459068	9012
广 西	Guangxi	51	68328	36803	30283	811	67749	719
海 南	Hainan	984	72216	38997	29705	3039	16168	827
重 庆	Chongqing	1289	119621	49340	62535	7503	110603	592
四 川	Sichuan	752	178743	84216	76510	17496	83010	1411
贵 州	Guizhou	674	82320	48022	32454	1396	34799	1301
云 南	Yunnan	454	105085	67824	34269	1745	80395	1023
西 藏	Tibet		1289	784	486	19	3070	362
陕 西	Shaanxi	1179	89383	51354	37250	101	79683	429
甘 肃	Gansu		37249	23366	13845		8016	137
青 海	Qinghai	25	7631	4067	3403	93	6273	
宁 夏	Ningxia		13981	5644	8063	97	15601	5
新 疆	Xinjiang	312	45757	21229	23187	309	51637	977

4-3 续表 13 continued

单位：人

地区	Region	2.商务服务业 2.Business Services	(十三) 科学研究和技术服务业 XIII. Scientific Research and Technical Services	1.研究和试验发展 1.Research and Experimental Development	2.专业技术服务业 2.Professional Technical Services	3.科技推广和应用服务业 3.Science and Technology Popularization and Application Services	(十四) 水利、环境和公共设施管理业 XIV. Management of Water Conservancy, Enviroment and Public Facilities	1.水利管理业 1.Management of Water Conservancy
总　计	**National Total**	**3119472**	**1925703**	**200217**	**1413988**	**311498**	**517009**	**25552**
北　京	Beijing	565845	423197	37832	254060	131305	36545	1143
天　津	Tianjin	58587	67971	2819	60688	4464	5995	212
河　北	Hebei	66804	76575	2930	71126	2519	10516	1334
山　西	Shanxi	32753	16591	533	15337	721	6331	564
内蒙古	Inner Mongolia	24650	20324	347	17699	2278	8203	533
辽　宁	Liaoning	45821	43611	4307	34278	5026	12814	2415
吉　林	Jilin	26713	19944	914	17786	1244	7231	322
黑龙江	Heilongjiang	24258	9985	1200	7135	1650	6532	1970
上　海	Shanghai	411103	156643	34851	109258	12534	56813	822
江　苏	Jiangsu	196442	127439	11118	95618	20703	33837	1172
浙　江	Zhejiang	180823	92979	8757	70884	13338	42515	1564
安　徽	Anhui	37951	32383	2442	28265	1676	8905	28
福　建	Fujian	79369	41037	860	38692	1485	8471	440
江　西	Jiangxi	21043	12873	441	12222	210	8984	303
山　东	Shandong	114923	87587	9925	56240	21422	60155	856
河　南	Henan	112054	77871	8051	55638	14182	25770	2363
湖　北	Hubei	51509	67715	2411	53472	11832	12926	493
湖　南	Hunan	69547	60342	4084	31061	25197	8184	920
广　东	Guangdong	450056	241873	39661	180466	21746	49489	1306
广　西	Guangxi	67030	16998	581	14276	2141	7493	739
海　南	Hainan	15341	8975	902	7397	676	9141	274
重　庆	Chongqing	110011	39844	9519	29034	1291	15227	1063
四　川	Sichuan	81599	56579	6204	48284	2091	23652	1865
贵　州	Guizhou	33498	19836	1258	13960	4618	6321	696
云　南	Yunnan	79372	22984	1037	20859	1088	19223	426
西　藏	Tibet	2708					84	
陕　西	Shaanxi	79254	46127	5216	35969	4942	15401	912
甘　肃	Gansu	7879	13034	1113	11488	433	2612	98
青　海	Qinghai	6273	3338	443	2732	163	491	298
宁　夏	Ningxia	15596	5443	186	4837	420	1435	169
新　疆	Xinjiang	50660	15605	275	15227	103	5713	252

4-3 续表 14 continued

单位：人

地 区	Region	2.生态保护和环境治理业 2.Ecological Protection and Environ-mental Treatment	3.公共设施管理业 3.Manage-ment of Public Facilities	（十五）居民服务、修理和其他服务业 XV. Service to Households, Repair and Other Services	1.居民服务业 1.Service to Households	2.机动车、电子产品和日用产品修理业 2.Repair of Motor Vehicle, Electronics and Household Products	3.其他服务业 3.Other Service	（十六）教育 XVI. Education
总 计	**National Total**	**40059**	**451398**	**483249**	**150861**	**92714**	**239674**	**1082730**
北 京	Beijing	5949	29453	69625	20870	18785	29970	102323
天 津	Tianjin	183	5600	65751	9371	524	55856	10782
河 北	Hebei	468	8714	10656	5047	1336	4273	11880
山 西	Shanxi	422	5345	2169	1194	246	729	15207
内蒙古	Inner Mongolia	32	7638	1799	890	342	567	5685
辽 宁	Liaoning	1132	9267	6705	3058	1738	1909	25326
吉 林	Jilin	273	6636	12943	4006	1207	7730	9457
黑龙江	Heilongjiang	340	4222	3298	1390	921	987	3238
上 海	Shanghai	4405	51586	51682	9328	15356	26998	24566
江 苏	Jiangsu	2586	30079	24452	4446	6624	13382	52679
浙 江	Zhejiang	3324	37627	17106	6533	3731	6842	88067
安 徽	Anhui	788	8089	5281	1108	928	3245	43382
福 建	Fujian	1325	6706	10231	6116	1594	2521	39487
江 西	Jiangxi	321	8360	6950	5258	641	1051	12846
山 东	Shandong	1984	57315	23294	7347	6098	9849	65669
河 南	Henan	2236	21171	19524	9714	5471	4339	108655
湖 北	Hubei	2073	10360	10030	3091	1433	5506	33907
湖 南	Hunan	1511	5753	13581	9309	1181	3091	55317
广 东	Guangdong	4703	43480	58633	13456	10604	34573	150100
广 西	Guangxi	694	6060	3830	1429	803	1598	21986
海 南	Hainan	92	8775	4676	763	369	3544	19598
重 庆	Chongqing	2530	11634	12293	3067	1217	8009	35987
四 川	Sichuan	232	21555	13675	4332	5188	4155	51173
贵 州	Guizhou	389	5236	8324	5955	1520	849	16659
云 南	Yunnan	563	18234	10615	5646	1912	3057	36982
西 藏	Tibet		84	1921		57	1864	
陕 西	Shaanxi	952	13537	9998	6132	2206	1660	28429
甘 肃	Gansu		2514	505	391	59	55	1525
青 海	Qinghai	19	174	479	103	301	75	3336
宁 夏	Ningxia	326	940	723	639	39	45	5562
新 疆	Xinjiang	207	5254	2500	872	283	1345	2920

4-3 续表 15 continued

单位：人

地 区	Region	#初等教育 Primary Education	#中等教育 Secondary Education	#高等教育 Senior Education	(十七) 卫生和社会工作 XVII. Health and Social Service	1.卫生 1.Health	2.社会工作 2.Social Service	(十八) 文化、体育和娱乐业 XVIII. Culture, Sports and Entertainment
总 计	**National Total**	**149617**	**308994**	**153004**	**570295**	**542279**	**28016**	**428311**
北 京	Beijing	9095	10803	13603	43146	38131	5015	74425
天 津	Tianjin	918	2857	3550	5396	4643	753	6951
河 北	Hebei	1036	3394	3278	6910	6650	260	8885
山 西	Shanxi	3181	6203	667	5542	5364	178	4293
内蒙古	Inner Mongolia	798	1661	800	3594	3530	64	1288
辽 宁	Liaoning	1892	6290	1777	18639	17901	738	9966
吉 林	Jilin	738	2507	3757	9138	8967	171	7284
黑龙江	Heilongjiang	52	366	110	3887	3869	18	4406
上 海	Shanghai	1240	6351	6778	9952	9708	244	31166
江 苏	Jiangsu	6260	21229	6496	48880	48501	379	32500
浙 江	Zhejiang	12040	30902	6321	35080	32229	2851	22975
安 徽	Anhui	3532	21431	5882	28936	28692	244	6356
福 建	Fujian	3539	16530	6006	15115	14026	1089	13333
江 西	Jiangxi	724	6179	333	12511	12430	81	11540
山 东	Shandong	9689	13291	7578	36963	34298	2665	17649
河 南	Henan	24813	43468	11136	55194	54094	1100	17915
湖 北	Hubei	1342	8888	6945	19999	19559	440	11910
湖 南	Hunan	11429	20971	6354	29086	27490	1596	20039
广 东	Guangdong	27391	30363	23210	53548	48536	5012	44761
广 西	Guangxi	3290	3655	2229	10545	10175	370	8540
海 南	Hainan	3824	5170	2563	5337	5125	212	5633
重 庆	Chongqing	8058	6331	8890	23516	21026	2490	11127
四 川	Sichuan	3247	17285	9798	24334	24070	264	13576
贵 州	Guizhou	2265	4069	812	11874	11397	477	7352
云 南	Yunnan	5284	7128	3041	26809	26432	377	11430
西 藏	Tibet				529	529		293
陕 西	Shaanxi	2699	8761	9401	16288	15968	320	14821
甘 肃	Gansu	55	330		3481	3481		2203
青 海	Qinghai		318		925	925		1297
宁 夏	Ningxia	495	2005	1598	2265	1729	536	2762
新 疆	Xinjiang	691	258	91	2876	2804	72	1635

4-3 续表 16 continued

单位：人

地 区	Region	1.新闻和出版业 1.Journalism and Publishing Activities	2.广播、电视、电影和影视录音制作业 2.Radio, Television, Motion Picture and Videotape Programme Production Services	3.文化艺术业 3.Cultural and Art Activities	4.体育 4.Sports Activities	5.娱乐业 5.Entertainment	（十九）公共管理、社会保障和社会组织 XIX.Public Management, Social Security and Social Organization	#群众社团、社会团体和其他成员组织 Non-Governmental Organizations, Social Organizations and Membership Organizations
总 计	**National Total**	**100727**	**109986**	**71285**	**69092**	**77221**	**114338**	**35165**
北 京	Beijing	19417	15357	16062	15802	7787	39374	11798
天 津	Tianjin	1857	2052	712	1148	1182	3908	1071
河 北	Hebei	2145	2681	1355	1590	1114	135	
山 西	Shanxi	1653	835	1479	194	132	144	
内蒙古	Inner Mongolia	353	399	79	185	272	270	270
辽 宁	Liaoning	3357	1749	969	1120	2771	4297	1008
吉 林	Jilin	2516	2037	543	1812	376	65	65
黑龙江	Heilongjiang	1667	1696	379	135	529	294	5
上 海	Shanghai	6498	9593	2864	7502	4709	1394	187
江 苏	Jiangsu	7121	8936	3782	2610	10051	1408	291
浙 江	Zhejiang	4695	6216	4949	2924	4191	31695	4518
安 徽	Anhui	1932	1456	2140	314	514	48	
福 建	Fujian	2733	2133	1985	2359	4123	199	187
江 西	Jiangxi	887	7942	1976	316	419	322	231
山 东	Shandong	3421	6550	1227	3045	3406	2859	930
河 南	Henan	3658	3850	4745	1040	4622	15164	4951
湖 北	Hubei	2629	3339	2475	710	2757	188	104
湖 南	Hunan	4080	4648	3819	1232	6260	4790	4790
广 东	Guangdong	10792	9046	2982	16061	5880	2976	2614
广 西	Guangxi	3062	670	1579	1900	1329	1062	96
海 南	Hainan	1117	648	254	2130	1484	1366	306
重 庆	Chongqing	3798	2495	2057	573	2204		
四 川	Sichuan	4126	4977	1424	1041	2008	404	398
贵 州	Guizhou	2156	2129	1291	681	1095	646	629
云 南	Yunnan	2256	1260	3070	1864	2980	270	84
西 藏	Tibet			182		111		
陕 西	Shaanxi	1740	5346	4810	633	2292	595	445
甘 肃	Gansu	319	609	807		468	36	36
青 海	Qinghai	74	903	320				
宁 夏	Ningxia	159	334	465	38	1766	410	142
新 疆	Xinjiang	509	100	504	133	389	19	9

第五部分

Chapter Five

2015 年全国户籍统计人口数据

Data from Household Registration in 2015

5-1 各地区总户数、总人口
Households and Population by Region

地 区	Region	总户数 (户) Number of Households (household)	总人口 (人) Total Population (person)	男 Male	女 Female	平均每户人数 (人/户) Average Family Size (person/household)	性别比 (女=100) Sex Ratio (Female=100)
全 国	**National Total**	**445496486**	**1381146413**	**709624244**	**671522169**	**3.10**	**105.67**
北 京	Beijing	5292333	13452653	6733808	6718845	2.54	100.22
天 津	Tianjin	3705786	10268965	5149815	5119150	2.77	100.60
河 北	Hebei	23560440	76498101	38996317	37501784	3.25	103.99
山 西	Shanxi	12977367	34980301	17853072	17127229	2.70	104.24
内蒙古	Inner Mongolia	9903587	24407859	12418234	11989625	2.46	103.57
辽 宁	Liaoning	15120818	42296590	21227092	21069498	2.80	100.75
吉 林	Jilin	10098734	26620780	13411890	13208890	2.64	101.54
黑龙江	Heilongjiang	15044449	36900421	18614825	18285596	2.45	101.80
上 海	Shanghai	5367581	14429676	7163698	7265978	2.69	98.59
江 苏	Jiangsu	24395787	77175913	39082743	38093170	3.16	102.60
浙 江	Zhejiang	16424184	48733389	24627630	24105759	2.97	102.16
安 徽	Anhui	21317387	69491109	36150344	33340765	3.26	108.43
福 建	Fujian	10669934	37206894	19181912	18024982	3.49	106.42
江 西	Jiangxi	14968271	49412124	25870176	23541948	3.30	109.89
山 东	Shandong	32070026	98217271	49992652	48224619	3.06	103.67
河 南	Henan	32092130	112169858	58095211	54074647	3.50	107.44
湖 北	Hubei	20616461	61389106	31900824	29488282	2.98	108.18
湖 南	Hunan	23301159	72420233	37610867	34809366	3.11	108.05
广 东	Guangdong	24159025	90083778	46371314	43712464	3.73	106.08
广 西	Guangxi	15754911	55182323	29127115	26055208	3.50	111.79
海 南	Hainan	2634211	9076669	4754762	4321907	3.45	110.02
重 庆	Chongqing	12545384	33718367	17364905	16353462	2.69	106.18
四 川	Sichuan	32414049	91020429	46800991	44219438	2.81	105.84
贵 州	Guizhou	13052717	43953268	22975242	20978026	3.37	109.52
云 南	Yunnan	15157710	46472107	23997118	22474989	3.07	106.77
西 藏	Tibet	852454	3138516	1577545	1560971	3.68	101.06
陕 西	Shaanxi	12680819	39411181	20369191	19041990	3.11	106.97
甘 肃	Gansu	8344897	27420800	14144269	13276531	3.29	106.54
青 海	Qinghai	1799933	5739387	2910061	2829326	3.19	102.85
宁 夏	Ningxia	2274561	6641119	3366983	3274136	2.92	102.84
新 疆	Xinjiang	6899381	23217226	11783638	11433588	3.37	103.06

5-2 各地区市总户数、总人口
Households and Population in Cities by Region

地区	Region	总户数(户) Number of Households (household)	总人口(人) Total Population (person)	男 Male	女 Female	平均每户人数(人/户) Average Family Size (person/household)	性别比(女=100) Sex Ratio (Female=100)
全　国	**National Total**	**226304831**	**679246695**	**344858560**	**334388135**	**3.00**	**103.13**
北　京	Beijing	4945404	12736932	6374866	6362066	2.58	100.20
天　津	Tianjin	3078252	8422799	4211970	4210829	2.74	100.03
河　北	Hebei	8897920	28761522	14502779	14258743	3.23	101.71
山　西	Shanxi	4898024	13970351	7081247	6889104	2.85	102.79
内蒙古	Inner Mongolia	3439703	8937687	4481385	4456302	2.60	100.56
辽　宁	Liaoning	11137148	30373750	15135360	15238390	2.73	99.32
吉　林	Jilin	7285774	19146286	9594024	9552262	2.63	100.44
黑龙江	Heilongjiang	9327401	22203011	11120598	11082413	2.38	100.34
上　海	Shanghai	5067843	13757367	6833654	6923713	2.71	98.70
江　苏	Jiangsu	18340654	55729613	27990699	27738914	3.04	100.91
浙　江	Zhejiang	11397693	33612975	16850957	16762018	2.95	100.53
安　徽	Anhui	7871217	24110994	12389447	11721547	3.06	105.70
福　建	Fujian	5596918	19162899	9765735	9397164	3.42	103.92
江　西	Jiangxi	5092983	16289019	8459768	7829251	3.20	108.05
山　东	Shandong	18798178	56814338	28651392	28162946	3.02	101.73
河　南	Henan	11419897	38652962	19710452	18942510	3.38	104.05
湖　北	Hubei	13421822	39335050	20310208	19024842	2.93	106.76
湖　南	Hunan	8744797	25704254	13164445	12539809	2.94	104.98
广　东	Guangdong	18477732	67492503	34671797	32820706	3.65	105.64
广　西	Guangxi	5949520	20690187	10827164	9863023	3.48	109.78
海　南	Hainan	1624898	5566420	2899984	2666436	3.43	108.76
重　庆	Chongqing	7655082	19493996	9911553	9582443	2.55	103.43
四　川	Sichuan	13531270	36442444	18463058	17979386	2.69	102.69
贵　州	Guizhou	3428957	11242031	5770628	5471403	3.28	105.47
云　南	Yunnan	4335226	12459115	6320800	6138315	2.87	102.97
西　藏	Tibet	137264	325843	161577	164266	2.37	98.36
陕　西	Shaanxi	4738442	14588404	7436305	7152099	3.08	103.97
甘　肃	Gansu	2908810	8802922	4488484	4314438	3.03	104.03
青　海	Qinghai	525405	1547171	769848	777323	2.94	99.04
宁　夏	Ningxia	1261203	3496139	1754532	1741607	2.77	100.74
新　疆	Xinjiang	2969394	9377711	4753844	4623867	3.16	102.81

注：市，指经国务院批准设立市建制的市，本表中市的各项数字不包括市辖县的数字(表5-5同)。

5-3 各地区县总户数、总人口

Households and Population in Counties by Region

地 区	Region	总户数 (户) Number of Households (household)	总人口 (人) Total Population (person)	男 Male	女 Female	平均每户人数 (人/户) Average Family Size (person/household)	性别比 (女=100) Sex Ratio (Female=100)
全 国	**National Total**	**219191655**	**701899718**	**364765684**	**337134034**	**3.20**	**108.20**
北 京	Beijing	346929	715721	358942	356779	2.06	100.61
天 津	Tianjin	627534	1846166	937845	908321	2.94	103.25
河 北	Hebei	14662520	47736579	24493538	23243041	3.26	105.38
山 西	Shanxi	8079343	21009950	10771825	10238125	2.60	105.21
内蒙古	Inner Mongolia	6463884	15470172	7936849	7533323	2.39	105.36
辽 宁	Liaoning	3983670	11922840	6091732	5831108	2.99	104.47
吉 林	Jilin	2812960	7474494	3817866	3656628	2.66	104.41
黑龙江	Heilongjiang	5717048	14697410	7494227	7203183	2.57	104.04
上 海	Shanghai	299738	672309	330044	342265	2.24	96.43
江 苏	Jiangsu	6055133	21446300	11092044	10354256	3.54	107.13
浙 江	Zhejiang	5026491	15120414	7776673	7343741	3.01	105.90
安 徽	Anhui	13446170	45380115	23760897	21619218	3.37	109.91
福 建	Fujian	5073016	18043995	9416177	8627818	3.56	109.14
江 西	Jiangxi	9875288	33123105	17410408	15712697	3.35	110.80
山 东	Shandong	13271848	41402933	21341260	20061673	3.12	106.38
河 南	Henan	20672233	73516896	38384759	35132137	3.56	109.26
湖 北	Hubei	7194639	22054056	11590616	10463440	3.07	110.77
湖 南	Hunan	14556362	46715979	24446422	22269557	3.21	109.78
广 东	Guangdong	5681293	22591275	11699517	10891758	3.98	107.42
广 西	Guangxi	9805391	34492136	18299951	16192185	3.52	113.02
海 南	Hainan	1009313	3510249	1854778	1655471	3.48	112.04
重 庆	Chongqing	4890302	14224371	7453352	6771019	2.91	110.08
四 川	Sichuan	18882779	54577985	28337933	26240052	2.89	107.99
贵 州	Guizhou	9623760	32711237	17204614	15506623	3.40	110.95
云 南	Yunnan	10822484	34012992	17676318	16336674	3.14	108.20
西 藏	Tibet	715190	2812673	1415968	1396705	3.93	101.38
陕 西	Shaanxi	7942377	24822777	12932886	11889891	3.13	108.77
甘 肃	Gansu	5436087	18617878	9655785	8962093	3.42	107.74
青 海	Qinghai	1274528	4192216	2140213	2052003	3.29	104.30
宁 夏	Ningxia	1013358	3144980	1612451	1532529	3.10	105.22
新 疆	Xinjiang	3929987	13839515	7029794	6809721	3.52	103.23

5-4 各地区区县人口数
Population in Counties by Region

单位：人 (person)

城　市	City	人　数 Population	城　市	City	人　数 Population
全　国	**National Total**	**1381146413**	裕华区	Yuhua	590037
北京市	**Beijing**	**13452653**	藁城区	Gaocheng	837568
市辖区	**District**	**12736932**	鹿泉区	Luquan	419520
东城区	Dongcheng	974267	栾城区	Luancheng	346286
西城区	Xicheng	1451845	井陉县	Jingxing	332547
朝阳区	Chaoyang	2074466	正定县	Zhengding	500110
丰台区	Fengtai	1136505	行唐县	Xingtang	460015
石景山区	Shijingshan	382546	灵寿县	Lingshou	346407
海淀区	Haidian	2395111	高邑县	Gaoyi	201123
门头沟区	Mentougou	249436	深泽县	Shenze	261576
房山区	Fangshan	799354	赞皇县	Zanhuang	276185
通州区	Tongzhou	717571	无极县	Wuji	532971
顺义区	Shunyi	614872	平山县	Pingshan	502685
昌平区	Changping	594903	元氏县	Yuanshi	440699
大兴区	Daxing	663495	赵　县	Zhaoxian	613204
怀柔区	Huairou	281937	辛集市	Xinji	637249
平谷区	Pinggu	400624	晋州市	Jinzhou	566560
县	**County**	**715721**	新乐市	Xinle	513710
密云县	Miyun	433439	**唐山市**	**Tangshan**	**7549570**
延庆县	Yanqing	282282	**市辖区**	**District**	**3342754**
天津市	**Tianjin**	**10268965**	路南区	Lunan	348976
市辖区	**District**	**8422799**	路北区	Lubei	819950
和平区	Heping	415667	古冶区	Guye	354170
河东区	Hedong	750818	开平区	Kaiping	254003
河西区	Hexi	821447	丰南区	Fengnan	529762
南开区	Nankai	862323	丰润区	Fengrun	827378
河北区	Hebei	629256	曹妃甸区	Caofeidian	208515
红桥区	Hongqiao	516570	滦　县	Luanxian	561600
东丽区	Dongli	367240	滦南县	Luannan	574061
西青区	Xiqing	388521	乐亭县	Leting	451652
津南区	Jinnan	436181	迁西县	Qianxi	397970
北辰区	Beichen	393695	玉田县	Yutan	702005
武清区	Wuqing	900831	遵化市	Zunhua	757595
宝坻区	Baodi	701061	迁安市	Qian'an	761933
滨海新区	Binhaixinqu	1239189	**秦皇岛市**	**Qinhuangdao**	**2956374**
县	**County**	**1846166**	**市辖区**	**District**	**1054483**
宁河县	Ninghe	397252	海港区	Haigang	786340
静海县	Jinghai	592316	山海关区	Shanhaiguan	145054
蓟　县	Jixian	856598	北戴河区	Beidaihe	123089
河北省	**Hebei**	**76498101**	青龙满族自治县	Qinglong	566324
石家庄市	**Shijiazhuang**	**10288384**	昌黎县	Changli	561751
市辖区	**District**	**4103343**	抚宁县	Funing	350843
长安区	Chang'an	633897	卢龙县	Lulong	422973
桥西区	Qiaoxi	685785	**邯郸市**	**Handan**	**10496969**
新华区	Xinhua	497066	**市辖区**	**District**	**1580918**
井陉矿区	Jingxing Mining Area	93184	邯山区	Hanshan	363401

5-4 续表 1 continued

单位：人 (person)

城 市	City	人 数 Population	城 市	City	人 数 Population
从台区	Congtai	421918	阜平县	Fuping	230493
复兴区	Fuxing	288368	徐水县	Xushui	617705
峰峰矿区	Fengfengkuangqu	507231	定兴县	Dingxing	603823
邯郸县	Handan	436167	唐 县	Tangxian	604358
临漳县	Linzhang	750392	高阳县	Gaoyang	357363
成安县	Cheng'an	457722	容城县	Rongcheng	272770
大名县	Daming	940834	涞源县	Laiyuan	289792
涉 县	Shexian	422638	望都县	Wangdu	274286
磁 县	Cixian	725964	安新县	Anxin	465822
肥乡县	Fenxiang	412889	易 县	Yixian	583560
永年县	Yongnian	1108347	曲阳县	Quyang	644821
邱 县	Qiuxian	258232	蠡 县	Lixian	548993
鸡泽县	Jize	335292	顺平县	Shunping	320743
广平县	Guangping	309984	博野县	Boye	275079
馆陶县	Guantao	363807	雄 县	Xiongxian	392260
魏 县	Weixian	1043128	涿州市	Zhuozhou	680775
曲周县	Quzhou	513610	定州市	Dingzhou	1243596
武安市	Wu'an	837045	安国市	Anguo	418420
邢台市	**Xingtai**	**7803874**	高碑店市	Gaobeidian	635687
市辖区	**District**	**881387**	**张家口市**	**Zhangjiakou**	**4690069**
桥东区	Qiaodong	473396	**市辖区**	**District**	**912425**
桥西区	Qiaoxi	407991	桥东区	Qiaodong	283304
邢台县	Xingtai	355100	桥西区	Qiaoxi	241585
临城县	Lincheng	219567	宣化区	Xuanhua	320757
内丘县	Neiqiu	292353	下花园区	Xiahuayuan	66779
柏乡县	Boxiang	204458	宣化县	Xuanhua	307344
隆尧县	Longrao	554755	张北县	Zhangbei	385580
任 县	Renxian	378569	康保县	Tangbao	274268
南和县	Nanhe	382822	沽源县	Guyuan	231512
宁晋县	Ningjin	844482	尚义县	Shangyi	191619
巨鹿县	Julu	421635	蔚 县	Weixian	502841
新河县	Xinhe	178439	阳原县	Yangyuan	274983
广宗县	Guangzong	328495	怀安县	Huaian	246448
平乡县	Pingxiang	355878	万全县	Wanquan	225021
威 县	Weixian	637053	怀来县	Huailai	359896
清河县	Qinghe	430156	涿鹿县	Zhuolu	352159
临西县	Linxi	391740	赤城县	Chicheng	299324
南宫市	Nangong	501835	崇礼县	Chongli	126649
沙河市	Shahe	445150	**承德市**	**Chengde**	**3823489**
保定市	**Baoding**	**12021919**	**市辖区**	**District**	**596477**
市辖区	**District**	**1113770**	双桥区	Shuangqiao	383328
新市区	Xinshi	500187	双滦区	Shuangruan	148133
北市区	Beishi	342788	鹰手营子矿区	Yingshouyingzikuangqu	65016
南市区	Nanshi	270795	承德县	Chengde	426114
满城县	Mancheng	405413	兴隆县	Xinglong	329065
清苑县	Qingyuan	685620	平泉县	Pingquan	483138
涞水县	Laishui	356770	滦平县	Luanping	327882

5-4 续表 2 continued

单位：人 (person)

城 市	City	人 数 Population	城 市	City	人 数 Population
隆化县	Longhua	448185	**山西省**	**Shanxi**	**34980301**
丰宁满族自治县	Fengning	409978	**太原市**	**Taiyuan**	**3673857**
宽城满族自治县	Kuancheng	260175	**市辖区**	**District**	**2850789**
围场满族蒙古族自治县	Weichang	542475	小店区	Xiaodian	623332
沧州市	**Cangzhou**	**7743556**	迎泽区	Yingze	531355
市辖区	**District**	**549664**	杏花岭区	Xinghualing	595853
新华区	Xinhua	227679	尖草坪区	Jiancaoping	335506
运河区	Yunhe	321985	万柏林区	Wanbailin	564744
沧 县	Cangxian	735885	晋源区	Jinyuan	199999
青 县	Qingxian	436148	清徐县	Qingxu	328541
东光县	Dongguang	382017	阳曲县	Yangqu	150927
海兴县	Haixing	238026	娄烦县	Loufan	125584
盐山县	Yanshan	493020	古交市	Gujiao	218016
肃宁县	Suning	365360	**大同市**	**Datong**	**3162235**
南皮县	Nanpi	399204	**市辖区**	**District**	**1569797**
吴桥县	Wuqiao	284415	城 区	Chengqu	684268
献 县	Xianxian	651085	矿 区	Kuangqu	478972
孟村回族自治县	Mengcun	232606	南郊区	Nanjiao	303862
泊头市	Potou	634381	新荣区	Xinrong	102695
任丘市	Renqiu	892228	阳高县	Gaoyang	285376
黄骅市	Huanghua	567924	天镇县	Tianzhen	213131
河间市	Hejian	881593	广灵县	Guangling	182436
廊坊市	**Langfang**	**4601298**	灵丘县	Lingqiu	244164
市辖区	**District**	**850668**	浑源县	Hunyuan	349172
安次区	Anci	366539	左云县	Zuoyun	140875
广阳区	Guangyang	484129	大同县	Datong	177284
固安县	Gu'an	500462	**阳泉市**	**Yangquan**	**1321643**
永清县	Yongqing	405346	**市辖区**	**District**	**700154**
香河县	Xianghe	361914	城 区	Chengqu	233016
大城县	Dacheng	519471	矿 区	Kuangqu	266586
文安县	Wen'an	537630	郊 区	Jiaoqu	200552
大厂回族自治县	Daguang	128833	平定县	Pingding	315686
霸州市	Bazhou	645443	盂 县	Yuxian	305803
三河市	Sanhe	651531	**长治市**	**Changzhi**	**3368546**
衡水市	**Hengshui**	**4522599**	**市辖区**	**District**	**734671**
市辖区	**District**	**558967**	城 区	Chengqu	414277
桃城区	Taocheng	558967	郊 区	Jiaoqu	320394
枣强县	Zaoqiang	409121	长治县	Changzhi	346096
武邑县	Wuyi	323026	襄垣县	Xiangyuan	264735
武强县	Wuqiang	219518	屯留县	Tunliu	275913
饶阳县	Raoyang	291900	平顺县	Pingshun	153663
安平县	Anping	336130	黎城县	Licheng	166194
故城县	Gucheng	529842	壶关县	Huguan	296979
景 县	Jingxian	554168	长子县	Changzi	361704
阜城县	Fucheng	355916	武乡县	Wuxiang	210293
冀州市	Jizhou	367862	沁 县	Qinxian	173680
深州市	Shenzhou	576149	沁源县	Qinyuan	159227

5-4 续表 3 continued

单位：人 (person)

城 市	City	人 数 Population
潞城市	Lucheng	225391
晋城市	**Jincheng**	**2194372**
市辖区	**District**	**377512**
城 区	Chengqu	377512
沁水县	Qinshui	203699
阳城县	Yangcheng	383211
陵川县	Linchuan	254720
泽州县	Zezhou	493112
高平市	Gaoping	482118
朔州市	**Shuozhou**	**1615133**
市辖区	**District**	**667730**
朔城区	Shuocheng	441619
平鲁区	Pinglu	226111
山阴县	Shanyin	243622
应 县	Yingxian	305878
右玉县	Youyu	110672
怀仁县	Huairen	287231
晋中市	**Jinzhong**	**3296551**
市辖区	**District**	**612263**
榆次区	Yuci	612263
榆社县	Yushe	144521
左权县	Zuoquan	163604
和顺县	Heshun	140524
昔阳县	Xiyang	236437
寿阳县	Yangshou	213210
太谷县	Taigu	290648
祁 县	Qixian	274747
平遥县	Pingyao	529933
灵石县	Lingshi	262505
介休市	Jiexiu	428159
运城市	**Yuncheng**	**5102037**
市辖区	**District**	**681694**
盐湖区	Yanhu	681694
临猗县	Linyi	555303
万荣县	Wanrong	441245
闻喜县	Wenxi	402351
稷山县	Jishan	357283
新绛县	Xinjiang	329750
绛 县	Jiangxian	280779
垣曲县	Yuanqu	223981
夏 县	Xiaxian	360719
平陆县	Pinglu	246333
芮城县	Ruicheng	380639
永济市	Yongji	443329
河津市	Hejing	398631
忻州市	**Xinzhou**	**3065238**
市辖区	**District**	**541324**
忻府区	Xinfu	541324
定襄县	Dingxiang	222721
五台县	Wutai	314120
代 县	Daixian	204456
繁峙县	Fanshi	278415
宁武县	Ningwu	160833
静乐县	Qingle	156479
神池县	Shenchi	96601
五寨县	Wuzhai	112043
岢岚县	Kelan	80115
河曲县	Hequ	144038
保德县	Baode	160700
偏关县	Piangu	104417
原平市	Yuanping	488976
临汾市	**Linfen**	**4305929**
市辖区	**District**	**809311**
尧都区	Raodu	809311
曲沃县	Quwo	231528
翼城县	Yicheng	310554
襄汾县	Xiangfen	501089
洪洞县	Hongtong	760756
古 县	Guxian	90478
安泽县	Anze	82483
浮山县	Fushan	129210
吉 县	Jixian	108083
乡宁县	Xiangning	236544
大宁县	Daning	66156
隰 县	Xixian	108055
永和县	Yonghe	65031
蒲 县	Puxian	109062
汾西县	Fenxi	147518
侯马市	Houma	242201
霍州市	Huozhou	307870
吕梁市	**Lvliang**	**3874760**
市辖区	**District**	**280375**
离石区	Lishi	280375
文水县	Wenshui	447671
交城县	Jiaocheng	230881
兴 县	Xingxian	284742
临 县	Linxian	648658
柳林县	Liulin	341877
石楼县	Shilou	119978
岚 县	Lanxian	184985
方山县	Fangshan	152795
中阳县	Zhongyang	154080
交口县	Jiaokou	118678
孝义市	Xiaoyi	484307

5-4 续表 4 continued

单位：人 (person)

城　市	City	人　数 Population	城　市	City	人　数 Population
汾阳市	Fenyang	425733	科尔沁左翼后旗	Horqin zyoyi houqi	408894
内蒙古自治区	**Inner Mongolia**	**24407859**	开鲁县	Kailu	398143
呼和浩特市	**Hohhot**	**2385832**	库伦旗	Kulun	179868
市辖区	**District**	**1300954**	奈曼旗	Naiman	447591
新城区	Xincheng	393124	扎鲁特旗	Jarud Banner	303584
回民区	Huimin	237135	霍林郭勒市	Holingola	82143
玉泉区	Yuquan	202159	**鄂尔多斯市**	**Ordos**	**1573204**
赛罕区	Saihan	468536	**市辖区**	**District**	**280754**
土默特左旗	Tumd Left Banner	365819	东胜区	Dongsheng	280754
托克托县	Tuoketuo	203144	达拉特旗	Dalad Banner	364257
和林格尔县	Helingeer	200883	准格尔旗	Jungar Banner	324205
清水河县	Qingshuihe	142047	鄂托克前旗	Otog Front Banner	78750
武川县	Wuchuan	172985	鄂托克旗	Otog Banner	97650
包头市	**Baotou**	**2238642**	杭锦旗	Hangjin	142379
市辖区	**District**	**1556216**	乌审旗	Wushen	111510
东河区	Donghe	424117	伊金霍洛旗	Yijinhuoluo	173699
昆都仑区	Kundulun	510318	**呼伦贝尔市**	**Hulunbuir**	**2593015**
青山区	Qingshan	384224	**市辖区**	**District**	**368586**
石拐区	Shiguai	55671	海拉尔区	Hailaer	280382
白云鄂博矿区	Baiyunerbo	17638	扎赉诺尔区	Zhalainuoer	88204
九原区	Jiuyuan	164248	阿荣旗	Arun Banner	319596
土默特右旗	Tumd Right Banner	364536	莫力达瓦达斡尔族自治旗	Daur Autonomous Banner of Morin Dawa	319086
固阳县	Guyang	205102	鄂伦春自治旗	Oroqen Autonomous Banner	255321
达尔罕茂明安联合旗	Darhan Muminggan Joint Banner	112788	鄂温克族自治旗	Ewenki Autonomous Banner	139775
乌海市	**Wuhai**	**444914**	陈巴尔虎旗	Prairie Chenbarhu banner	56768
市辖区	**District**	**444914**	新巴尔虎左旗	Xin Barag Left Banner	42052
海勃湾区	Haibowan	234721	新巴尔虎右旗	Xin Barag Right Banner	34987
海南区	Hainan	89277	满洲里市	Manzhouli	83142
乌达区	Wuda	120916	牙克石市	Yakeshi	339424
赤峰市	**Chifeng**	**4626342**	扎兰屯市	ZhaLanTun	411091
市辖区	**District**	**1257797**	额尔古纳市	Erguna	81166
红山区	Hongshan	357181	根河市	Genhe	142021
元宝山区	Yuanbaoshan	324775	**巴彦淖尔市**	**Bayan Nur**	**1746587**
松山区	Songshan	575841	**市辖区**	**District**	**520388**
阿鲁科尔沁旗	Ar Horqin Banner	298997	临河区	Linhe	520388
巴林左旗	Balinzuoqi	347478	五原县	Wuyuan	280377
巴林右旗	Balinyouqi	183877	磴口县	Dengkou	116346
林西县	Linxi	234593	乌拉特前旗	Wulateqianqi	332528
克什克腾旗	Hexigten Banner	248809	乌拉特中旗	Wulatezhongqi	141664
翁牛特旗	Wengniuteqi	479772	乌拉特后旗	Wulatehouqi	58837
喀喇沁旗	Kalaqinqi	350102	杭锦后旗	Hangjinhouqi	296447
宁城县	Ningcheng	615834	**乌兰察布市**	**Ulanqab**	**2738675**
敖汉旗	Aohan	609083	**市辖区**	**District**	**316003**
通辽市	**Tongliao**	**3193714**	集宁区	Jining	316003
市辖区	**District**	**854401**	卓资县	Zhuozi	204245
科尔沁区	Horqin	854401	化德县	Huade	164871
科尔沁左翼中旗	Horqin Left Wing Middle Banner	519090	商都县	Shangdu	333183

5-4 续表 5 continued

单位：人 (person)

城 市	City	人 数 Population	城 市	City	人 数 Population
兴和县	Xinghe	319477	**大连市**	**Dalian**	**5935638**
凉城县	Liangcheng	237988	**市辖区**	**District**	**3048998**
察哈尔右翼前旗	Chahar Right Front Banne	217146	中山区	Zhongshan	360722
察哈尔右翼中旗	Chahar Right Middle Banner	204601	西岗区	Xigang	293316
察哈尔右翼后旗	Chahar Right Back Banner	209934	沙河口区	Shahekou	648719
四子王旗	Siziwangqi	212666	甘井子区	Ganjingzi	843342
丰镇市	Fengzhen	318561	旅顺口区	Lvshunkou	221356
兴安盟	**Xing'anmeng**	**1645564**	金州区	Jinzhou	681543
乌兰浩特市	Ulanhot	318984	长海县	Changhai	72033
阿尔山市	arxan	46503	瓦房店市	Wafangdian	997830
科尔沁右翼前旗	Horqin Right Wing Front Banner	332087	普兰店市	Pulandian	915595
科尔沁右翼中旗	Horqin Right Wing Middle Banner	253900	庄河市	Zhuanghe	901182
扎赉特旗	Jalaid Banner	390276	**鞍山市**	**Anshan**	**3460451**
突泉县	Tuquan	303814	**市辖区**	**District**	**1501014**
锡林郭勒盟	**Xilin Gol League**	**1030383**	铁东区	Tiedong	531380
二连浩特市	Erenhot	30833	铁西区	Tiexi	305566
锡林浩特市	xilin hot	183806	立山区	Lishan	412421
阿巴嘎旗	Obagaqi	44644	千山区	Qianshan	251647
苏尼特左旗	Sunitezuoqi	34648	台安县	Taian	370653
苏尼特右旗	Suniteyouqi	68337	岫岩满族自治县	Youyan	509500
东乌珠穆沁旗	Dongwuzhumuqinqi	81147	海城市	Haicheng	1079284
西乌珠穆沁旗	Xiwuzhumuqinqi	79793	**抚顺市**	**Fushun**	**2157588**
太仆寺旗	Taipusiqi	210526	**市辖区**	**District**	**1412300**
镶黄旗	Xianghuangqi	31349	新抚区	Xinfu	302237
正镶白旗	Zhengxiangbaiqi	72277	东洲区	Dongzhou	299770
正蓝旗	Zhenglanqi	83229	望花区	Wanghua	379650
多伦县	Duolun	109794	顺城区	Shuncheng	430643
阿拉善盟	Alxa League	190987	抚顺县	Fushun	115869
阿拉善左旗	Alxa Left Banner	147843	新宾满族自治县	Xinbin	296970
阿拉善右旗	Alxa Right Banner	25012	清原满族自治县	Qingyuan	332449
额济纳旗	Ejin Banner	18132	**本溪市**	**Benxi**	**1512103**
辽宁省	**Liaoning**	**42296590**	**市辖区**	**District**	**925403**
沈阳市	**Shenyang**	**7304051**	平山区	Pingshan	309473
市辖区	**District**	**5298637**	溪湖区	Xihu	201127
和平区	Heping	651557	明山区	Mingshan	340399
沈河区	Shenhe	711914	南芬区	Nanfen	74404
大东区	Dadong	681607	本溪满族自治县	Benxi	288939
皇姑区	Huanggu	818015	桓仁满族自治县	Huanren	297761
铁西区	Tiexi	908652	**丹东市**	**Dandong**	**2381519**
苏家屯区	Sujiatun	427158	**市辖区**	**District**	**780052**
浑南区	Hunnan	333563	元宝区	Yuanbao	182707
沈北新区	Shenbeixinqu	320337	振兴区	Zhenxing	425014
于洪区	Yuhong	445834	振安区	Zhen'an	172331
辽中县	Liaozhong	525635	宽甸满族自治县	Kuandian	427892
康平县	Kangping	349138	东港市	Donggang	605956
法库县	Faku	447894	凤城市	Fengcheng	567619
新民市	Xinmin	682747	**锦州市**	**Jinzhou**	**3025629**

5-4 续表 6 continued

单位：人 (person)

城　市	City	人　数 Population
市辖区	**District**	**971935**
古塔区	Guta	256135
凌河区	Linghe	372358
太和区	Taihe	343442
黑山县	Heishan	607775
义　县	Yixian	418964
凌海市	Linghai	514873
北镇市	Beizhen	512082
营口市	**Yingkou**	**2326161**
市辖区	**District**	**927902**
站前区	Zhanqian	272885
西市区	Xishi	172470
鲅鱼圈区	Bayuquan	374288
老边区	Laobian	108259
盖州市	Gaizhou	698938
大石桥市	Dashiqiao	699321
阜新市	**Fuxin**	**1894680**
市辖区	**District**	**764196**
海州区	Haizhou	264185
新邱区	Xinqiu	81711
太平区	Taiping	161100
清河门区	Qinghemen	66730
细河区	Xihe	190470
阜新蒙古族自治县	Fuxin	722830
彰武县	Zhangwu	407654
辽阳市	**Liaoyang**	**1789600**
市辖区	**District**	**871852**
白塔区	Baita	362550
文圣区	Wensheng	127662
宏伟区	Hongwei	139565
弓长岭区	Gongchangling	89824
太子河区	Taizihe	152251
辽阳县	Liaoyang	473320
灯塔市	Dengta	444428
盘锦市	**Panjin**	**1295351**
市辖区	**District**	**645012**
双台子区	Shuangtaizi	200696
兴隆台区	Xinglongtai	444316
大洼县	Dawa	376927
盘山县	Panshan	273412
铁岭市	**Tieling**	**3003829**
市辖区	**District**	**435185**
银州区	Yinzhou	339475
清河区	Qinghe	95710
铁岭县	Tieling	387504
西丰县	Xifeng	342702
昌图县	Changtu	1023493
调兵山市	Diaobingshan	235027
开原市	Kaiyuan	579918
朝阳市	**Chaoyang**	**3409021**
市辖区	**District**	**611090**
双塔区	Shuangta	404481
龙城区	Longcheng	206609
朝阳县	Chaoyang	564923
建平县	Jianping	585591
喀喇沁左翼蒙古族自治县	Harqin Left Wing	426044
北票市	Beipiao	572428
凌源市	Lingyuan	648945
葫芦岛市	**Huludao**	**2800969**
市辖区	**District**	**981385**
连山区	Lianshan	467122
龙港区	Longgang	229381
南票区	Nanpiao	284882
绥中县	Suizhong	648851
建昌县	Jianchang	628117
兴城市	Xingcheng	542616
吉林省	**Jilin**	**26620780**
长春市	**Changchun**	**7538335**
市辖区	**District**	**4361115**
南关区	Nanguan	698626
宽城区	Kuancheng	643251
朝阳区	Chaoyang	718403
二道区	Erdao	572318
绿园区	Luyuan	659009
双阳区	Shuangyang	376413
九台区	Jiutai	693095
农安县	Nong'an	1086844
榆树市	Yushu	1263160
德惠市	Dehui	827216
吉林市	**Jilin**	**4262431**
市辖区	**District**	**1818779**
昌邑区	Changyi	619805
龙潭区	Longtan	459016
船营区	Chuanying	465404
丰满区	Fengman	274554
永吉县	Yongji	392463
蛟河市	Jiaohe	440440
桦甸市	Huadian	443238
舒兰市	Shulan	638374
磐石市	Panshi	529137
四平市	**Siping**	**3264062**
市辖区	**District**	**583976**
铁西区	Tiexi	256604
铁东区	Tiedong	327372

5-4 续表 7 continued

单位：人 (person)

城市	City	人数 Population
梨树县	Lishu	767863
伊通满族自治县	Yitong	455242
公主岭市	Gongzhuling	1057362
双辽市	Tongliao	399619
辽源市	**Liaoyuan**	**1208035**
市辖区	**District**	**466152**
龙山区	Longshan	301934
西安区	Xi'an	164218
东丰县	Dongfeng	398075
东辽县	Dongliao	343808
通化市	**Tonghua**	**2211041**
市辖区	**District**	**440495**
东昌区	Dongchang	315431
二道江区	Erdaojiang	125064
通化县	Tonghua	240956
辉南县	Huinan	341457
柳河县	Liuhe	367127
梅河口市	Meihekou	605342
集安市	Ji'an	215664
白山市	**Baishan**	**1253709**
市辖区	**District**	**567613**
浑江区	Hunjiang	337229
江源区	Jiangyuan	230384
抚松县	Fusong	298159
靖宇县	Jingyu	141638
长白朝鲜族自治县	Changba	81107
临江市	Linjiang	165192
松原市	**Songyuan**	**2780675**
市辖区	**District**	**568972**
宁江区	Jiangning	568972
前郭尔罗斯蒙古族自治县	Mongolian Autonomous County of Qian Gorlos	578385
长岭县	Changling	634085
乾安县	Qian'an	275179
扶余市	Fuyu	724054
白城市	**Baicheng**	**1966735**
市辖区	**District**	**497164**
洮北区	Taobei	497164
镇赉县	Zhenlai	274071
通榆县	Tongyu	364275
洮南市	Taonan	430393
大安市	Daan	400832
延边朝鲜族自治州	Yanbian	2135757
延吉市	Yanji	541323
图们市	Tumen	119089
敦化市	Dunhua	470006
珲春市	Huichun	227897
龙井市	Longjing	164011
和龙市	Longjing	179671
汪清县	Wangqing	228575
安图县	Antu	205185
黑龙江省	**Heilongjiang**	**36900421**
哈尔滨市	**Harbin**	**9613743**
市辖区	**District**	**4700572**
道里区	Daoli	732411
南岗区	Nangang	1011116
道外区	Daowai	674629
平房区	Pingfang	161207
松北区	Songbei	198645
香坊区	Xiangfang	745756
呼兰区	Hulan	617603
阿城区	Acheng	559205
双城市	Shuangcheng	786621
依兰县	Yilan	392139
方正县	Fangzheng	229565
宾县	Bingxian	579740
巴彦县	Bayan	668345
木兰县	Mulan	256269
通河县	Tonghe	244641
延寿县	Yanshou	253004
尚志市	Shangzhi	584225
五常市	Wuchang	918622
齐齐哈尔市	**Qiqihar**	**5493897**
市辖区	**District**	**1365859**
龙沙区	Longsha	287626
建华区	Jianhua	247200
铁锋区	Tiefeng	281301
昂昂溪区	Ananxiqu	76410
富拉尔基区	Fularjiqu	231321
碾子山区	Nianzishanqu	74380
梅里斯达斡尔族区	Meirhysdaur district	167621
龙江县	Longjiang	594965
依安县	Yi'an	487699
泰来县	Tailai	312800
甘南县	Gannan	384787
富裕县	Fuyu	289648
克山县	Keshan	482597
克东县	Kedong	287820
拜泉县	Baiquan	574134
讷河市	nehe	713588
鸡西市	**Jixi**	**1811696**
市辖区	**District**	**833211**
鸡冠区	Jiguan	338208
恒山区	Hengshan	154500
滴道区	Zhaidao	105644

5-4 续表 8 continued

单位：人 (person)

城　　市	City	人　数 Population	城　　市	City	人　数 Population
梨树区	Lishu	80362	五营区	Wuying	34865
城子河区	Chengzihe	124904	乌马河区	Wumahe	34683
麻山区	Mashan	29593	汤旺河区	Tangwanghe	32876
鸡东县	Jidong	283936	带岭区	Dailing	33681
虎林市	Hulin	282676	乌伊岭区	Wuyiling	22526
密山市	Mishan	411873	红星区	Hongxing	23669
鹤岗市	**Hegang**	**1056070**	上甘岭区	Shangganling	20528
市辖区	**District**	**648570**	嘉荫县	Jiayin	72822
向阳区	Xiangyang	93775	铁力市	Tieli	370193
工农区	Gongnong	176250	**佳木斯市**	**Jimusi**	**2375499**
南山区	Nanshan	124784	**市辖区**	**District**	**776335**
兴安区	Xing'an	140692	向阳区	Xiangyang	219379
东山区	Dongshan	69716	前进区	Qianjin	160129
兴山区	Xingshan	43353	东风区	Dongfeng	133563
萝北县	Luobei	221756	郊区	Jiaoqu	263264
绥滨县	Suibin	185744	桦南县	Huanan	422700
双鸭山市	**Shuangyashan**	**1474346**	桦川县	Huachuan	208094
市辖区	**District**	**494462**	汤原县	Tangyuan	248574
尖山区	Jianshan	243112	抚远县	Fuyuan	83563
岭东区	Lingdong	66336	同江市	Tongjiang	176160
四方台区	Sifangtai	62294	富锦市	Fujin	460073
宝山区	Baoshan	122720	**七台河市**	**Qitaihe**	**831095**
集贤县	Jixian	307965	**市辖区**	**District**	**499447**
友谊县	Youyi	111218	新兴区	Xinxing	183547
宝清县	Baoqing	418536	桃山区	Taoshan	185545
饶河县	Raohe	142165	茄子河区	Qiezihe	130355
大庆市	**Daqing**	**2774848**	勃利县	Bolil	331648
市辖区	**District**	**1369769**	**牡丹江市**	**Mudanjiang**	**2620419**
萨尔图区	Sartu	353258	**市辖区**	**District**	**883203**
龙凤区	Longfeng	192788	东安区	Dong'an	190411
让胡路区	Ranghulu	474625	阳明区	Yangming	225661
红岗区	Honggang	119389	爱民区	Aimin	222235
大同区	Datong	229709	西安区	Xi'an	244896
肇州县	Zhaozhou	439909	东宁县	Dongning	209604
肇源县	Zhaoyuan	453845	林口县	Linkou	354037
林甸县	Lindian	263365	绥芬河市	Suifenhe	70190
杜尔伯特蒙古族自治县	dorbod	247960	海林市	Meilin	387046
伊春市	**Yichun**	**1211895**	宁安市	Ning'an	424840
市辖区	**District**	**768880**	穆棱市	Muling	291499
伊春区	Yichun	162001	**黑河市**	**Heihe**	**1679423**
南岔区	Nancha	121395	**市辖区**	**District**	**188311**
友好区	Youhao	60346	爱辉区	Aihui	188311
西林区	Xilin	44921	嫩江县	Neijiang	493549
翠峦区	Cuiruan	47862	逊克县	Xunke	99498
新青区	Xinqing	45252	孙吴县	Sunke	96648
美溪区	Meixi	40474	北安市	Beian	451511
金山屯区	Jinshantun	43801	五大连池市	Wudalianchi	349906

5-4 续表 9 continued

单位：人 (person)

城 市	City	人 数 Population
绥化市	**Suihua**	**5485074**
市辖区	**District**	**835256**
北林区	Beilin	835256
望奎县	Wangkui	458607
兰西县	Lanxi	495609
青冈县	Qinggang	513916
庆安县	Qing'an	372246
明水县	Mingshui	343547
绥棱县	Suiling	305780
安达市	Anda	471503
肇东市	Zhaodong	907043
海伦市	Hailun	781567
大兴安岭地区	Daxing'anling	472416
呼玛县	Huma	312423
塔河县	Tahe	81964
漠河县	Mohe	78029
上海市	**Shanghai**	**14429676**
市辖区	**District**	**13757367**
黄浦区	Huangpu	873895
徐汇区	Xuhui	919666
长宁区	Changning	585878
静安区	Jing'an	288070
普陀区	Putuo	894678
闸北区	Zhabei	677150
虹口区	Hongkou	772515
杨浦区	Yangpu	1084786
闵行区	Minxing	1065783
宝山区	Baoshan	948019
嘉定区	Jiading	598097
浦东新区	Pudongxinqu	2918687
金山区	Jinshan	518349
松江区	Songjiang	611556
青浦区	Qingpu	471766
奉贤区	Fengxian	528472
县	**County**	**672309**
崇明县	Chongming	672309
江苏省	**Jiangsu**	**77175913**
南京市	**Nanjing**	**6534039**
市辖区	**District**	**6534039**
玄武区	Xuanwu	486506
秦淮区	Qinhuai	699114
建邺区	Jianye	300696
鼓楼区	Gulou	930524
浦口区	Pukou	642787
栖霞区	Qixia	450760
雨花台区	Yuhuatai	258270
江宁区	Jiangning	993595
六合区	Liuhe	903399
溧水区	Lishui	429553
高淳区	Gaochun	438835
无锡市	**Wuxi**	**4809007**
市辖区	**District**	**2485033**
崇安区	Chong'an	186366
南长区	Nanchang	324507
北塘区	Beitang	256057
锡山区	Xishan	435107
惠山区	Huishan	456791
滨湖区	Binhu	826205
江阴市	Jiangyin	1241045
宜兴市	Yixing	1082929
徐州市	**Xuzhou**	**10286991**
市辖区	**District**	**3392677**
鼓楼区	Gulou	605921
云龙区	Yunlong	336953
贾汪区	Jiawang	520693
泉山区	Quanshan	622812
铜山区	Tongshan	1306298
丰 县	Fengxian	1206718
沛 县	Penxian	1243206
睢宁县	Zhining	1442817
新沂市	Xinyi	1126626
邳州市	Pizhou	1874947
常州市	**Changzhou**	**3708519**
市辖区	**District**	**2363246**
天宁区	Tianning	461807
钟楼区	Gulou	422224
戚墅堰区	Qishuyan	78363
新北区	Xinbei	548870
武进区	Wujin	851982
溧阳市	Liyang	795979
金坛市	Jintan	549294
苏州市	**Suzhou**	**6670124**
市辖区	**District**	**3412564**
虎丘区	Huqu	823248
吴中区	Wuzhong	631602
相城区	Xiangcheng	405400
姑苏区	Gusu	734362
吴江区	Wujiang	817952
常熟市	Changshu	1068211
张家港市	Zhangjiagang	922757
昆山市	Kunshan	787031
太仓市	Taicang	479561
南通市	**Nantong**	**7667672**
市辖区	**District**	**2130648**

5-4 续表 10 continued

单位：人 (person)

城　市	City	人　数 Population	城　市	City	人　数 Population
崇川区	Chongchuan	672332	京口区	Jingkou	497811
港闸区	Gangzha	192445	润州区	Runzhou	243981
通州区	Tongzhou	1265871	丹徒区	Dantu	289965
海安县	Haian	940104	丹阳市	Danyang	812061
如东县	Rudong	1039603	扬中市	Yangzhong	281606
启东市	Qidong	1120611	句容市	Jurong	591291
如皋市	Rugao	1436301	**泰州市**	**Taizhou**	**5078455**
海门市	Haimen	1000405	**市辖区**	**District**	**1635419**
连云港市	**Lianyungang**	**5305600**	海陵区	Hailing	584550
市辖区	**District**	**2207219**	高港区	Gaogang	262680
连云区	Lianyun	256718	姜堰区	Jiangyan	788189
海州区	Haizhou	754223	兴化市	Xinghua	1581620
赣榆区	Ganyu	1196278	靖江市	Jingjiang	666138
东海县	Donghai	1228431	泰兴市	Taixing	1195278
灌云县	Guanyun	1048241	**宿迁市**	**Suqian**	**5862806**
灌南县	Guannan	821709	**市辖区**	**District**	**1740566**
淮安市	**Huaian**	**5644479**	宿城区	Sucheng	1081085
市辖区	**District**	**2936121**	宿豫区	Suyu	659481
清河区	Qinghe	463804	沭阳县	Muyang	1953654
淮安区	Huaian	1189371	泗阳县	Siyang	1067614
淮阴区	Huaiyin	933158	泗洪县	Sihong	1100972
清浦区	Qingpu	349788	**浙江省**	**Zhejiang**	**48733389**
涟水县	Lianshui	1149724	**杭州市**	**Hangzhou**	**7235545**
洪泽县	Hongze	396496	**市辖区**	**District**	**4660767**
盱眙县	Yutai	802520	上城区	Shangcheng	327924
金湖县	Jinhu	359618	下城区	Xiacheng	402526
盐城市	**Yancheng**	**8280285**	江干区	Jianggan	501191
市辖区	**District**	**1703323**	拱墅区	Gongshu	333592
亭湖区	Tinghu	989144	西湖区	Xihu	676490
盐都区	Yandu	714179	滨江区	Bingjiang	204864
响水县	Xiangshui	623682	萧山区	Xiaoshan	1263307
滨海县	Binghai	1223476	余杭区	Yuhang	950873
阜宁县	Funing	1122804	桐庐县	Tonglu	409381
射阳县	Sheyang	963208	淳安县	Chun'an	459416
建湖县	Jianhu	800063	建德市	Jiande	508673
东台市	Dongtai	1126527	富阳市	Fuyang	667861
大丰市	Dafeng	717202	临安市	Lin'an	529447
扬州市	**Yangzhou**	**4611221**	**宁波市**	**Ningbo**	**5865731**
市辖区	**District**	**2287651**	**市辖区**	**District**	**2321297**
广陵区	Guangling	495723	海曙区	Haishu	297544
邗江区	Hanjiang	729367	江东区	Jiangdong	282732
江都区	Jiangdu	1062561	江北区	Jiangbei	244329
宝应县	Baoying	911640	北仑区	Beilun	395492
仪征市	Yizheng	596093	镇海区	Zhenhai	235336
高邮市	Gaoyou	815837	鄞州区	Yinzhou	865864
镇江市	**Zhenjiang**	**2716715**	象山县	Xiangshan	549655
市辖区	**District**	**1031757**	宁海县	Ninghai	627794

5-4 续表 11 continued

单位：人 (person)

城　市	City	人　数 Population	城　市	City	人　数 Population
余姚市	Yuyao	836530	兰溪市	Lanxi	663341
慈溪市	Cixi	1047057	义乌市	Yiwu	771570
奉化市	Fenghua	483398	东阳市	Dongyang	836397
温州市	**Wenzhou**	**8112128**	永康市	Yongkang	597003
市辖区	**District**	**1528760**	**衢州市**	**Quzhou**	**2563791**
鹿城区	Lucheng	746992	**市辖区**	**District**	**845852**
龙湾区	Longwan	350884	柯城区	Kecheng	434541
瓯海区	Ouhai	430884	衢江区	Jujiang	411311
洞头县	Dongtou	130526	常山县	Changshan	342038
永嘉县	Yongjia	964880	开化县	Kaihua	359868
平阳县	Pingyang	882438	龙游县	Longyou	405138
苍南县	Cangnan	1331183	江山市	Jiangshan	610895
文成县	Wencheng	395957	**舟山市**	**Zhoushan**	**973632**
泰顺县	Taishun	369158	**市辖区**	**District**	**709648**
瑞安市	Ruian	1228841	定海区	Dinghai	387726
乐清市	Leqing	1280385	普陀区	Putuo	321922
嘉兴市	**Jiaxing**	**3494779**	岱山县	Daishan	186485
市辖区	**District**	**871344**	嵊泗县	Shengsi	77499
南湖区	Nanhu	491458	**台州市**	**Taizhou**	**5974938**
秀洲区	Xiuzhou	379886	**市辖区**	**District**	**1592892**
嘉善县	Jiashan	387506	椒江区	Jiaojiang	529865
海盐县	Haiyan	378966	黄岩区	Huangyan	610070
海宁市	Haining	676478	路桥区	Luqiao	452957
平湖市	Pinghu	491479	玉环县	Yuhuan	430228
桐乡市	Tongxiang	689006	三门县	Sanmen	441122
湖州市	**Huzhou**	**2637139**	天台县	Tiantai	593701
市辖区	**District**	**1106616**	仙居县	Xianju	506048
吴兴区	Wuxing	617739	温岭市	Wenling	1215258
南浔区	Nanxun	488877	临海市	Linhai	1195689
德清县	Deqing	436981	**丽水市**	**Lishui**	**2663758**
长兴县	Changxing	629430	**市辖区**	**District**	**401404**
安吉县	Ji'an	464112	莲都区	Liandu	401404
绍兴市	Shaoxing	4431052	青田县	Qingtian	545493
市辖区	District	2184356	缙云县	Jinyun	464273
越城区	Yuecheng	750922	遂昌县	Suichang	231905
柯桥区	Keqiao	653631	松阳县	Songyang	239858
上虞区	Shangyu	779803	云和县	Yunhe	113271
新昌县	Xinchang	436877	庆元县	Qingyuan	205738
诸暨市	Zhuji	1079358	景宁畲族自治县	Jingning	171928
嵊州市	Shengzhou	730461	龙泉市	Longquan	289888
金华市	**Jinhua**	**4780896**	**安徽省**	**Anhui**	**69491109**
市辖区	**District**	**961024**	**合肥市**	**Hefeng**	**7177243**
婺城区	Wucheng	635511	**市辖区**	**District**	**2510408**
金东区	Jindong	325513	瑶海区	Yaohai	626458
武义县	Wuyi	341628	庐阳区	Luyang	468416
浦江县	Pujiang	398181	蜀山区	Shushan	859072
磐安县	Pan'an	211752	包河区	Baohe	556462

5-4 续表 12 continued

单位：人 (person)

城　市	City	人　数 Population	城　市	City	人　数 Population
长丰县	Changyang	758340	**市辖区**	**District**	**448089**
肥东县	Fendong	1052583	铜官山区	Tongguanshan	260403
肥西县	Fenxi	802498	狮子山区	Shizishan	104609
庐江县	Lujiang	1197942	郊　区	Jiaoqu	83077
巢湖市	Chaohu	855472	铜陵县	Tongling	289926
芜湖市	**Fuhu**	**3847920**	**安庆市**	**Anqing**	**6221008**
市辖区	**District**	**1459229**	**市辖区**	**District**	**736391**
镜湖区	Jinghu	450279	迎江区	Yingjiang	208965
弋江区	Yijiang	226978	大观区	Daguan	266762
鸠江区	Jiujiang	589151	宜秀区	Yixiu	260664
三山区	Sanshan	192821	怀宁县	Huaining	701432
芜湖县	Fuhu	345829	枞阳县	Zongyang	966248
繁昌县	Fanchang	279564	潜山县	Qianshan	583662
南陵县	Nanling	550677	太湖县	Yuhuan	573771
无为县	Wuwei	1212621	宿松县	Susong	863328
蚌埠市	**Bengbu**	**3763484**	望江县	Wangjiang	633509
市辖区	**District**	**1136184**	岳西县	Yuexi	408681
龙子湖区	Longzihu	183694	桐城市	Tongcheng	753986
蚌山区	Bengshan	328198	黄山市	Huangshan	1476923
禹会区	Yuhui	356238	市辖区	District	450656
淮上区	Huaishang	268054	屯溪区	Tunxi	194293
怀远县	Huaiyuan	1309536	黄山区	Huangshan	161888
五河县	Wuhe	676907	徽州区	Huizhou	94475
固镇县	Guzhen	640857	歙　县	Hexian	475301
淮南市	**Huainan**	**2461981**	休宁县	Xiuning	269281
市辖区	**District**	**1710625**	黟　县	Yixian	94246
大通区	Datong	185048	祁门县	Qimen	187439
田家庵区	Tianjiaan	559778	**滁州市**	**Chuzhou**	**4490553**
谢家集区	Xiejiaji	319714	**市辖区**	**District**	**537072**
八公山区	Bagongshan	198672	琅琊区	Langya	282231
潘集区	Panji	447413	南谯区	Nanqiao	254841
凤台县	Fengtai	751356	来安县	Laian	489476
马鞍山市	**Maanshan**	**2285045**	全椒县	Quanjiao	458709
市辖区	**District**	**822458**	定远县	Dingyuan	961838
花山区	Huashan	377623	凤阳县	Fengyang	763329
雨山区	Yushan	259508	苏滁现代产业园	Suchu	8364
博望区	Bowang	185327	天长市	Tianchang	631533
当涂县	Dangtu	475067	明光市	Mingguang	640232
含山县	Hanshan	445282	**阜阳市**	**Fuyang**	**10426487**
和　县	Hexian	542238	**市辖区**	**District**	**2225521**
淮北市	**Haibei**	**2164975**	颍州区	Yingzhou	849769
市辖区	**District**	**1048295**	颍东区	Yingdong	649573
杜集区	Duji	311360	颍泉区	Yingquan	726179
相山区	Xiangshan	404829	临泉县	Linquan	2233339
烈山区	Lieshan	332106	太和县	Taihe	1730135
濉溪县	Suixi	1116680	阜南县	Funan	1697354
铜陵市	**Tongling**	**738015**	颍上县	Yingshang	1737757

5-4 续表 13 continued

单位：人 (person)

城 市	City	人 数 Population	城 市	City	人 数 Population
界首市	Jieshou	802381	连江县	Lianjiang	665101
宿州市	**Suzhou**	**6495092**	罗源县	Luoyuan	264533
市辖区	**District**	**1886088**	闽清县	Minqing	321926
埇桥区	Yongqiao	1886088	永泰县	Yongtai	379990
砀山县	Dangshan	986082	平潭县	Pingtan	431107
萧 县	Xiaoxian	1389526	福清市	Fuqing	1344179
灵璧县	Lingbi	1279444	长乐市	Changle	712525
泗 县	Sixian	953952	**厦门市**	**Xiamen**	**2111465**
六安市	**Liu'an**	**7177273**	**市辖区**	**District**	**2111465**
市辖区	**District**	**1903188**	思明区	Siming	730174
金安区	Jin'an	878604	海沧区	Haicang	166820
裕安区	Yu'an	1024584	湖里区	Huli	284666
寿 县	Shouxian	1371933	集美区	Jimei	242580
霍邱县	Huoqiu	1870154	同安区	Tong'an	358260
舒城县	Shucheng	994993	翔安区	Xiang'an	328965
金寨县	Jinzhai	674359	**莆田市**	**Putian**	**3442637**
霍山县	Huoshan	362646	**市辖区**	**District**	**2306660**
亳州市	**Bozhou**	**6349546**	城厢区	Chengxiang	405496
市辖区	**District**	**1632014**	涵江区	Hanjiang	443645
谯城区	Qiaocheng	1632014	荔城区	Licheng	548284
涡阳县	Guoyang	1644538	秀屿区	Xiuyu	909235
蒙城县	Mengcheng	1394994	仙游县	Xianyou	1135977
利辛县	Lixin	1678000	**三明市**	**Sanming**	**2842135**
池州市	**Chizhou**	**1616114**	**市辖区**	**District**	**282490**
市辖区	**District**	**667756**	梅列区	Meilie	142276
贵池区	Guichi	667756	三元区	Sanyuan	140214
东至县	Dongzhi	547958	明溪县	Mingxi	118203
石台县	Shitai	108285	清流县	Qingliu	155994
青阳县	Qingyang	292115	宁化县	Ninghua	377014
宣城市	**Xuancheng**	**2799450**	大田县	Datian	391704
市辖区	**District**	**867508**	尤溪县	Youxi	440503
宣州区	Xuanzhou	867508	沙 县	Shaxian	266606
郎溪县	Langxi	346578	将乐县	Jiangle	184885
广德县	Guangde	518541	泰宁县	Taining	136692
泾 县	Jingxian	354744	建宁县	Jian'an	156437
绩溪县	Jixi	176185	永安市	Yong'an	331607
旌德县	Jingde	149986	**泉州市**	**Quanzhou**	**7224541**
宁国市	Ningguo	385908	**市辖区**	**District**	**1075106**
福建省	**Fujian**	**37206894**	鲤城区	Licheng	251671
福州市	**Fuzhou**	**6783656**	丰泽区	Fengze	235318
市辖区	**District**	**1999589**	洛江区	Luojiang	186146
鼓楼区	Gulou	576355	泉港区	Quangang	401971
台江区	Taijiang	326151	惠安县	Huian	1005990
仓山区	Cangshan	538257	安溪县	Anxi	1184188
马尾区	Mawei	172102	永春县	Yongcun	590848
晋安区	Jin'an	386724	德化县	Dehua	332104
闽侯县	Minhou	664706	金门县	Jinmen	

5-4 续表 14 continued

单位：人 (person)

城　市	City	人　数 Population	城　市	City	人　数 Population
石狮市	Shishi	327599	福鼎市	Fuding	594287
晋江市	Jinjiang	1118178	**江西省**	**Jiangxi**	**49412124**
南安市	Nan'an	1590528	**南昌市**	**Nanchang**	**5191421**
漳州市	**Zhangzhou**	**5020812**	**市辖区**	**District**	**1982185**
市辖区	**District**	**592748**	东湖区	Donghu	577171
芗城区	Xiangcheng	451031	西湖区	Xihu	449148
龙文区	Longwen	141717	青云谱区	Qingyunpu	269194
云霄县	Yunxiao	453342	湾里区	Wanli	79223
漳浦县	Zhangpu	898373	青山湖区	Qingshanhu	607449
诏安县	Zhaoan	650895	南昌县	Nanchang	1226342
长泰县	Changtai	206349	新建县	Xinjian	834363
东山县	Dongshan	215348	安义县	Anyi	300635
南靖县	Nanjing	360996	进贤县	Jinxian	847896
平和县	Pinghe	612827	**景德镇市**	**Jingdezhen**	**1667347**
华安县	Huaan	168096	**市辖区**	**District**	**459564**
龙海市	Longhai	861838	昌江区	Changjiang	150256
南平市	**Nanping**	**3198638**	珠山区	Zhushan	309308
市辖区	**District**	**503345**	浮梁县	Fuliang	275928
延平区	Yanping	503345	乐平市	Leping	931855
顺昌县	Shunchang	238600	萍乡市	Pingxiang	1983412
浦城县	Pucheng	433565	市辖区	District	882856
光泽县	Guangze	164626	安源区	Anyuan	471719
松溪县	Songxi	166939	湘东区	Xiangdong	411137
政和县	Zhenghe	233462	莲花县	Lianhua	277488
邵武市	Shaowu	308592	上栗县	Shangli	513430
武夷山市	Wuyishan	240555	芦溪县	Luxi	309638
建瓯市	Jian'ou	554335	**九江市**	**Jiujiang**	**5165866**
建阳市	Jianyang	354619	**市辖区**	**District**	**669521**
龙岩市	**Longyan**	**3093833**	庐山区	Lushan	380078
市辖区	**District**	**512761**	浔阳区	Xunyang	289443
新罗区	Xinluo	512761	九江县	Jiujiang	333739
长汀县	Changting	529309	武宁县	Wuning	403896
永定县	Yongding	504520	修水县	Xiushui	870703
上杭县	Shanghang	518803	永修县	Yongxiu	396303
武平县	Wuping	391069	德安县	Dean	174912
连城县	Liancheng	342195	星子县	Xingzi	281161
漳平市	Zhangping	295176	都昌县	Duchang	818457
宁德市	**Ningde**	**3489177**	湖口县	Hukou	300971
市辖区	**District**	**481307**	彭泽县	Pengze	383051
蕉城区	Jiaocheng	481307	瑞昌市	Ruichang	460623
霞浦县	Xiapu	543803	共青城市	Gongqingcheng	72529
古田县	Gutian	430923	**新余市**	**Xinyu**	**1235224**
屏南县	Pingnan	191343	**市辖区**	**District**	**894884**
寿宁县	Shouning	264374	渝水区	Yushui	894884
周宁县	Zhouning	210913	分宜县	Fenyi	340340
柘荣县	Tuorong	108817	**鹰潭市**	**Yingtan**	**1272598**
福安市	Fu'an	663410	**市辖区**	**District**	**237360**

5-4 续表 15 continued

单位：人 (person)

城 市	City	人 数 Population	城 市	City	人 数 Population
月湖区	Yuehu	237360	丰城市	Fengcheng	1494149
余江县	Yujiang	395336	樟树市	Zhangshu	607395
贵溪市	Guixi	639902	高安市	Gaoan	870160
赣州市	**Ganzhou**	**9606332**	**抚州市**	**Fuzhou**	**4272443**
市辖区	**District**	**1544684**	**市辖区**	**District**	**1199831**
章贡区	Zhanggong	687740	临川区	Linchuan	1199831
南康区	Nankang	856944	南城县	Nancheng	338910
赣 县	Ganxian	646812	黎川县	Lichuan	250930
信丰县	Xinfeng	762321	南丰县	Nanfeng	312528
大余县	Dayu	312666	崇仁县	Chongren	381733
上犹县	Shangyou	322163	乐安县	Le'an	387519
崇义县	Chongyi	215849	宜黄县	Yihuang	235821
安远县	Anyuan	398614	金溪县	Jinxi	317923
龙南县	Longnan	331783	资溪县	Zixi	116606
定南县	Dingnan	220332	东乡县	Dongxiang	483492
全南县	Jinnan	196351	广昌县	Guangchang	247150
宁都县	Ningdu	837536	**上饶市**	**Shangrao**	**7744010**
于都县	Yudu	1098299	**市辖区**	**District**	**424269**
兴国县	Xingguo	836396	信州区	Xinzhou	424269
会昌县	Huichang	525836	上饶县	Shangrao	834121
寻乌县	Xunwu	328224	广丰县	Guangfeng	961261
石城县	Shicheng	330888	玉山县	Yushan	637963
瑞金市	Ruijin	697578	铅山县	Qianshan	477715
吉安市	**Ji'an**	**5303568**	横峰县	Hengfeng	225677
市辖区	**District**	**581259**	弋阳县	Yiyang	420688
吉州区	Jizhou	359712	余干县	Yugan	1064634
青原区	Qingyuan	221547	鄱阳县	Poyang	1559773
吉安县	Ji'an	515428	万年县	Wangnian	430734
吉水县	Jishui	556845	婺源县	Ziyuan	370450
峡江县	Xiajiang	187847	德兴市	Deying	336725
新干县	Xingan	350151	**山东省**	**Shandong**	**98217271**
永丰县	Yongfeng	484152	**济南市**	**Jinan**	**6257253**
泰和县	Taihe	587549	**市辖区**	**District**	**3645377**
遂川县	Suichuan	610832	历下区	Lixia	603295
万安县	Wan'an	317058	市中区	Shizhong	608542
安福县	Anfu	416054	槐荫区	Huaiyin	402950
永新县	Yongxin	527836	天桥区	Tianqiao	514540
井冈山市	Jingangshan	168557	历城区	Licheng	957297
宜春市	**Yichun**	**5969903**	长清区	Changqing	558753
市辖区	**District**	**1133133**	平阴县	Pingyin	373724
袁州区	Yuanzhou	1133133	济阳县	Jiyang	575622
奉新县	Fengxin	334851	商河县	Shanghe	636853
万载县	Wanzai	565012	章丘市	Zhangqiu	1025677
上高县	Shanggao	374053	**青岛市**	**Qingdao**	**7830857**
宜丰县	Yifeng	299897	**市辖区**	**District**	**3728429**
靖安县	Jing'an	151663	市南区	Shinan	543968
铜鼓县	Tonggu	139590	市北区	Shibei	881702

5-4 续表 16 continued

单位：人 (person)

城　市	City	人 数 Population	城　市	City	人 数 Population
黄岛区	Huangdao	1185931	**潍坊市**	**Weifang**	**8937068**
崂山区	Laoshan	277505	**市辖区**	**District**	**1873356**
李沧区	Licang	340784	潍城区	Weicheng	369619
城阳区	Chengyang	498539	寒亭区	Hangting	436374
胶州市	Jiaozhou	827741	坊子区	Fangzi	543252
即墨市	Jimo	1149146	奎文区	Kuiwen	524111
平度市	Pingdu	1385660	临朐县	Linqu	897135
莱西市	Laixi	739881	昌乐县	Changle	624291
淄博市	**Zibo**	**4295975**	青州市	Qingzhou	936583
市辖区	**District**	**2857982**	诸城市	Zhucheng	1102199
淄川区	Zichuan	670426	寿光市	Shouguang	1073831
张店区	Zhangdian	800486	安丘市	Anqiu	955414
博山区	Boshan	451303	高密市	Gaomi	889550
临淄区	Linzi	614676	昌邑市	Changyi	584709
周村区	Zhoucun	321091	**济宁市**	**Jining**	**8674354**
桓台县	Huantai	502072	**市辖区**	**District**	**1825150**
高青县	Gaoqing	368279	任城区	Rencheng	1178612
沂源县	Yiyuan	567642	兖州区	Yanzhou	646538
枣庄市	**Zaozhuang**	**4077703**	微山县	Weishan	721641
市辖区	**District**	**2379228**	鱼台县	Yutai	472076
市中区	Shizhong	569285	金乡县	Jinxiang	655819
薛城区	Xuecheng	530124	嘉祥县	Jiayu	912855
峄城区	Yicheng	422807	汶上县	Wenshang	803875
台儿庄区	Taierzhuang	330131	泗水县	Sishui	632921
山亭区	Shanting	526881	梁山县	Liangshan	820354
滕州市	Jiaozhou	1698475	曲阜市	Qufu	644929
东营市	**Dongying**	**1906186**	邹城市	Zoucheng	1184734
市辖区	**District**	**857772**	**泰安市**	**Taian**	**5657141**
东营区	Dongying	639301	**市辖区**	**District**	**1620488**
河口区	Hekou	218471	泰山区	Taishan	640762
垦利县	Kenli	227918	岱岳区	Daiyue	979726
利津县	Lijin	303650	宁阳县	Ningyang	832348
广饶县	Guangrao	516846	东平县	Dongping	801548
烟台市	**Yantai**	**6532813**	新泰市	Xintai	1412792
市辖区	**District**	**1851396**	肥城市	Feicheng	989965
芝罘区	Zhibu	691609	**威海市**	**Weihai**	**2547487**
福山区	Fushan	466838	**市辖区**	**District**	**1321432**
牟平区	Muping	457663	环翠区	Huancui	740201
莱山区	Laishan	235286	文登区	Wendeng	581231
长岛县	Changdao	42183	荣成市	Rongcheng	667758
龙口市	Longkou	636283	乳山市	Rushan	558297
莱阳市	Laiyang	868586	**日照市**	**Rizhao**	**2959527**
莱州市	Laizhou	851196	**市辖区**	**District**	**1336248**
蓬莱市	Penglai	448746	东港区	Donggang	908615
招远市	Zhaoyuan	566518	岚山区	Lanshan	427633
栖霞市	Qixia	612815	五莲县	Wulian	511181
海阳市	Haiyang	655090	莒　县	Juxian	1112098

5-4 续表 17 continued

单位：人 (person)

城市	City	人数 Population	城市	City	人数 Population
莱芜市	**Laiwu**	**1283220**	无棣县	Wudi	475827
市辖区	**Shangrao**	**1283220**	博兴县	Boxing	495622
莱城区	Laicheng	980205	邹平县	Zouping	735493
钢城区	Gangcheng	303015	**菏泽市**	**Heze**	**10030635**
临沂市	**Linyi**	**11240358**	**市辖区**	**District**	**1581700**
市辖区	**District**	**2620382**	牡丹区	Mudan	1581700
兰山区	Lanshan	1195837	曹　县	Caoxian	1674677
罗庄区	Luzhuang	632083	单　县	Shanxian	1253957
河东区	Hedong	792462	成武县	Chengwu	720071
沂南县	Yinan	938158	巨野县	Juye	1073860
郯城县	Yancheng	977890	郓城县	Yuncheng	1270418
沂水县	Yishui	1151129	鄄城县	Juancheng	908455
兰陵县	Lanling	1374741	定陶县	Dingtao	692503
费　县	Feixian	864857	东明县	Dongming	854994
平邑县	Pingyi	1053946	**河南省**	**Henan**	**112169858**
莒南县	Junan	1038278	**郑州市**	**Zhengzhou**	**8104716**
蒙阴县	Mengyin	568519	**市辖区**	**District**	**3352919**
临沭县	Linshu	652458	中原区	Zhongyuan	760855
德州市	**Dezhou**	**5872658**	二七区	erqi	585949
市辖区	**District**	**1220193**	管城回族区	Guancheng	498017
德城区	Decheng	627111	金水区	Jinshui	1164304
陵城区	Lingcheng	593082	上街区	Shangjie	116535
宁津县	Ningjin	487659	惠济区	Huiji	227259
庆云县	Qingyun	331102	中牟县	Zhongmu	846745
临邑县	Liyi	546548	巩义市	Gongyi	834980
齐河县	Qihe	636727	荥阳市	Xingyang	682824
平原县	Pingyuan	471823	新密市	Xinmi	886636
夏津县	Xiajing	542531	新郑市	Xinzheng	778630
武城县	Wucheng	394767	登封市	Dengfeng	721982
乐陵市	Laoling	707080	**开封市**	**Kaifeng**	**5538519**
禹城市	Yucheng	534228	**市辖区**	**District**	**874652**
聊城市	**Liaocheng**	**6223365**	龙亭区	Longting	125267
市辖区	**District**	**1231119**	顺河回族区	Shunhe	244961
东昌府区	Dongchangfu	1231119	鼓楼区	Gulou	151598
阳谷县	Yanggu	813538	禹王台区	Yuwangtai	132376
莘　县	Shenxian	1053682	金明区	Jinming	220450
茌平县	Chiping	559231	杞　县	Qixian	1220640
东阿县	Dong'er	404177	通许县	Tongxu	686852
冠　县	Guanxian	853186	尉氏县	Weishi	1017787
高唐县	Gaotang	506249	开封县	Kaifeng	811059
临清市	Linqing	802183	兰考县	Lankao	927529
滨州市	**Binzhou**	**3890671**	**洛阳市**	**Luoyang**	**7284558**
市辖区	**District**	**1070800**	**市辖区**	**District**	**2011059**
滨城区	Bincheng	675273	老城区	Laocheng	170556
沾化区	Zhanhua	395527	西工区	Xigong	332444
惠民县	Huimin	649005	瀍河回族区	Chanhe	176891
阳信县	Yangyin	463924	涧西区	Jianxi	555221

5-4 续表 18 continued

单位：人 (person)

城　市	City	人　数 Population	城　市	City	人　数 Population
吉利区	Jili	67962	新乡县	Xinxiang	365170
洛龙区	Luolong	707985	获嘉县	Huojia	450031
孟津县	Mengjin	479280	原阳县	Yuanyang	788075
新安县	Xin'an	539553	延津县	Yanjin	516756
栾川县	Luanchuan	351206	封丘县	Fengqiu	824149
嵩　县	Songxian	630595	长垣县	Changyuan	969483
汝阳县	Ruyang	519747	卫辉市	Weihui	541461
宜阳县	Yiyang	711581	辉县市	Huixian	866913
洛宁县	Luoning	512092	**焦作市**	**Jiaozuo**	**3716843**
伊川县	Yichuan	902985	**市辖区**	**District**	**985627**
偃师市	Yanshi	626460	解放区	Jiefang	303478
平顶山市	**Pingdingshan**	**5622880**	中站区	Zhongzhan	115171
市辖区	**District**	**1104021**	马村区	Macun	143650
新华区	Xinhua	411500	山阳区	Shanyang	423328
卫东区	Weidong	360622	修武县	Xiuwu	270727
石龙区	Shilong	72863	博爱县	Boai	392330
湛河区	Zhanhe	259036	武陟县	Wuzhi	724411
宝丰县	Baofeng	541061	温　县	Wenxian	467665
叶　县	Yexian	867329	沁阳市	Qinyang	493313
鲁山县	Lushan	967863	孟州市	Mengzhou	382770
郏　县	Jiaxian	652795	**濮阳市**	**Puyang**	**4290715**
舞钢市	Wugang	342658	**市辖区**	**District**	**706641**
汝州市	Ruzhou	1147153	华龙区	Hualong	706641
安阳市	**Anyang**	**6174531**	清丰县	Qingfeng	746989
市辖区	**District**	**1155488**	南乐县	Nanle	577549
文峰区	Wenfeng	454126	范　县	Fanxian	600359
北关区	Beiguan	247189	台前县	Taiqian	419507
殷都区	Yindu	237330	濮阳县	Puyang	1239670
龙安区	Long'an	216843	**许昌市**	**Xuchang**	**5047665**
安阳县	Anyang	1077309	**市辖区**	**District**	**415186**
汤阴县	Tangyin	520217	魏都区	Weidu	415186
滑　县	Huaxian	1472013	许昌县	Xuchang	917063
内黄县	Neihuang	823131	鄢陵县	Yanling	704240
林州市	Linzhou	1126373	襄城县	Xiangcheng	905942
鹤壁市	**Hebi**	**1687443**	禹州市	Yuzhou	1320139
市辖区	**District**	**639687**	长葛市	Changge	785095
鹤山区	Heshan	98112	**漯河市**	**Luohe**	**2680432**
山城区	Shancheng	200033	**市辖区**	**District**	**1346671**
淇滨区	Qibin	341542	源汇区	Yuanhui	314363
浚　县	Xunxian	749386	郾城区	Yancheng	505584
淇　县	Qixian	298370	召陵区	Zhaoling	526724
新乡市	**Xinxiang**	**6374419**	舞阳县	Wuyang	604801
市辖区	**District**	**1052381**	临颍县	Linning	728960
红旗区	Hongqi	357069	**三门峡市**	**Sanmenxia**	**2282686**
卫滨区	Weibin	232872	**市辖区**	**District**	**293078**
凤泉区	Fengquan	143939	湖滨区	Hubin	293078
牧野区	Muye	318501	渑池县	Mianchi	357678

5-4 续表 19 continued

单位：人 (person)

城 市	City	人 数 Population	城 市	City	人 数 Population
陕 县	Xiaxian	339215	商水县	Shangshui	1311375
卢氏县	Lushi	379218	沈丘县	Shenqiu	1395492
义马市	Yima	161351	郸城县	Dancheng	1550173
灵宝市	Lingbao	752146	淮阳县	Huaiyang	1487219
南阳市	**Nanyang**	**12267691**	太康县	Taikang	1608624
市辖区	**District**	**1996321**	鹿邑县	Luyi	1336615
宛城区	Wancheng	942962	项城市	Xiangcheng	1362849
卧龙区	Wolong	1053359	**驻马店市**	**Zhumadian**	**9308877**
南召县	Nanzhao	683701	**市辖区**	**District**	**843100**
方城县	Fangcheng	1168386	驿城区	Yicheng	843100
西峡县	Xixia	486200	西平县	Xiping	885198
镇平县	Zhenping	1083257	上蔡县	Shangcai	1620477
内乡县	Neixiang	727968	平舆县	Pingyu	1005192
淅川县	Xichuan	723021	正阳县	Zhengyang	860091
社旗县	Sheqi	758585	确山县	Queshan	538439
唐河县	Tanghe	1473855	泌阳县	Biyang	949956
新野县	Xinye	838929	汝南县	Runan	875345
桐柏县	Tongbo	499403	遂平县	Suiping	574942
邓州市	Dengzhou	1828065	新蔡县	Xincai	1156137
商丘市	**Shangqiu**	**9610853**	**省直管单位**	**Shengzhiguan**	**706754**
市辖区	**District**	**1818604**	济源市	Jiyuan	706754
梁园区	Liaoyuan	886909	**湖北省**	**Hubei**	**61389106**
睢阳区	Suiyang	931695	**武汉市**	**Wuhan**	**8292666**
民权县	Minquan	994480	**市辖区**	**District**	**8292666**
睢 县	Suixian	897456	江岸区	Jiang'an	719531
宁陵县	Ningling	703508	江汉区	Jianghan	486430
柘城县	Zhecheng	1067740	硚口区	Qiaokou	526494
虞城县	Yucheng	1286880	汉阳区	Hanyang	585373
夏邑县	Xiayi	1267388	武昌区	Wuchang	1090780
永城市	Yongcheng	1574797	青山区	Qingshan	433676
信阳市	**Yinyang**	**9026816**	洪山区	Hongshan	914142
市辖区	**District**	**1534706**	东西湖区	Dongxihu	288541
浉河区	Shihe	659006	汉南区	Hannan	113189
平桥区	Pingqiao	875700	蔡甸区	Caidian	456551
罗山县	Luoshan	780882	江夏区	Jiangxia	590510
光山县	Guangshan	933497	黄陂区	Huangpi	1124832
新 县	Xinxian	382621	新洲区	Xinzhou	962617
商城县	Shangcheng	801456	**黄石市**	**Huangshi**	**2679708**
固始县	Gushi	1782010	**市辖区**	**District**	**625956**
潢川县	Huangchuan	889093	黄石港区	Huangshigang	205004
淮滨县	Huaibin	812425	西塞山区	Xisaishan	215030
息 县	Xixian	1110126	下陆区	Xialu	154102
周口市	**Zhoukou**	**12443460**	铁山区	Tieshan	51820
市辖区	**District**	**599472**	阳新县	Yangxin	1079930
川汇区	Chuanhui	599472	大冶市	Daye	973822
扶沟县	Fugou	794832	**十堰市**	**Shiyan**	**3459372**
西华县	Xihua	996809	**市辖区**	**District**	**1179157**

5-4 续表 20 continued

单位：人 (person)

城　市	City	人　数 Population
茅箭区	Maojian	289131
张湾区	Zhangwan	261575
郧阳区	Yunyang	628451
郧西县	Yunxi	517182
竹山县	Zhushan	463241
竹溪县	Zhuxi	359634
房　县	Fangshan	477584
丹江口市	Danjiangkou	462574
宜昌市	**Yichang**	**3981773**
市辖区	**District**	**1282749**
西陵区	Xiling	435978
伍家岗区	Wujiagang	167763
点军区	Dianjun	105055
猇亭区	Xiaoting	050592
夷陵区	Yiling	523361
远安县	Yuan'an	194471
兴山县	Xingshan	169853
秭归县	Zigui	380191
长阳土家族自治县	Changyang	398886
五峰土家族自治县	Wufeng	200376
宜都市	Yidu	392082
当阳市	Dangyang	476606
枝江市	Zhijiang	486559
襄阳市	**Xiangyang**	**5915775**
市辖区	**District**	**2246379**
襄城区	Xiangcheng	458973
樊城区	Fancheng	788421
襄州区	Xiangzhou	998985
南漳县	Nanzhang	580576
谷城县	Gucheng	599200
保康县	Baokang	269228
老河口市	Laohekou	522235
枣阳市	Zaoyang	1135580
宜城市	Yicheng	562577
鄂州市	**Ezhou**	**1102941**
市辖区	**District**	**1102941**
梁子湖区	Liangzihu	188667
华容区	Huarong	262527
鄂城区	Echengqu	651747
荆门市	**Jingmen**	**2990878**
市辖区	**Nanzhao**	**694696**
东宝区	Dongbao	368345
掇刀区	Duodao	326351
京山县	Jingshan	644080
沙洋县	Shayang	593112
钟祥市	Zhongxiang	1058990
孝感市	**Xiaogan**	**5264823**
市辖区	**District**	**973410**
孝南区	Xiaonan	973410
孝昌县	Xiaochang	671283
大悟县	Dawu	633509
云梦县	Yunmeng	580388
应城市	Yingcheng	667294
安陆市	Anlu	622311
汉川市	Hanchuan	1116628
荆州市	**Jinzhou**	**6431942**
市辖区	**District**	**1082896**
沙市区	Shashi	535520
荆州区	Jinzhou	547376
公安县	Gong'an	1011634
监利县	Jianli	1549067
江陵县	Jiangling	394401
石首市	Shishou	629170
洪湖市	Honghu	927350
松滋市	Songci	837424
黄冈市	**Huanggang**	**7444196**
市辖区	**District**	**348208**
黄州区	Huangzhou	348208
团风县	Tuanfeng	375317
红安县	Hong'an	656016
罗田县	Luotian	596444
英山县	Yingshan	403094
浠水县	Xishui	1024962
蕲春县	Qichun	1012710
黄梅县	Huangmei	1043567
麻城市	Macheng	1166646
武穴市	Wuxue	817232
咸宁市	**Xianning**	**3004126**
市辖区	**District**	**614917**
咸安区	Xian'an	614917
嘉鱼县	Jiayu	370012
通城县	Tongcheng	517640
崇阳县	Chongyang	501828
通山县	Tongshan	468922
赤壁市	Chibi	530807
随州市	**Suizhou**	**2509707**
市辖区	**District**	**649810**
曾都区	Zengdu	649810
随　县	Suixian	932835
广水市	Guangshui	927062
恩施土家族苗族自治州	**Enshi**	**4026138**
恩施市	Enshi	805545
利川市	Lichuan	916279
建始县	Jianshi	513832

5-4 续表 21 continued

单位：人 (person)

城　市	City	人　数 Population	城　市	City	人　数 Population
巴东县	Badong	492589	衡南县	Hengnan	1094923
宣恩县	Xuan'en	360378	衡山县	Hengshan	452209
咸丰县	Xianfeng	385686	衡东县	Hengdong	754393
来凤县	Laifeng	331067	祁东县	Qidong	1065670
鹤峰县	Hefeng	220762	耒阳市	Leiyang	1419974
仙桃市	Xiantao	1560795	常宁市	Changning	954802
潜江市	Qianjiang	1017701	**邵阳市**	**Shaoyang**	**8213695**
天门市	Tianmen	1627996	**市辖区**	**District**	**700475**
神农架林区	Shennongjia	78569	双清区	Shuanqing	278158
湖南省	**Hunan**	**72420233**	大祥区	Daxiang	325191
长沙市	**Changsha**	**6803579**	北塔区	Beita	97126
市辖区	**District**	**3184995**	邵东县	Shaodong	1335915
芙蓉区	Furong	403073	新邵县	Xinshao	828077
天心区	Tianxin	445700	邵阳县	Shaoyang	1048235
岳麓区	Yuelu	692190	隆回县	Longhui	1262913
开福区	Kaifu	461884	洞口县	Dongkou	887125
雨花区	Yuhua	648812	绥宁县	Suining	383906
望城区	Wangcheng	533336	新宁县	Xinning	649703
长沙县	Changsha	743210	城步苗族自治县	Chengbu	276004
宁乡县	Ningxiang	1406270	武冈市	Wugang	841342
浏阳市	Liuyang	1469104	**岳阳市**	**Yueyang**	**5643909**
株洲市	**Zhuzhou**	**4029176**	**市辖区**	**District**	**1088118**
市辖区	**District**	**964307**	岳阳楼区	Yueyanglou	675276
荷塘区	Hetang	212739	云溪区	Yunxi	169736
芦淞区	Lusong	243472	君山区	Junshan	243106
石峰区	Shifeng	250138	岳阳县	Yueyang	720660
天元区	Tianyuan	257958	华容县	Huarong	723768
株洲县	Zhuzhou	348848	湘阴县	Xiangyin	713530
攸　县	Youxian	819845	平江县	Pingjiang	1106881
茶陵县	Chaling	643376	汨罗市	Miluo	753442
炎陵县	Yanling	192788	临湘市	Linxiang	537510
醴陵市	Liling	1060012	**常德市**	**Changde**	**6091791**
湘潭市	**Xiangtan**	**2892965**	**市辖区**	**District**	**1407723**
市辖区	**District**	**870972**	武陵区	Wuling	606095
雨湖区	Yuhu	520477	鼎城区	Dingcheng	801628
岳塘区	Yuetang	350495	安乡县	Anxiang	552985
湘潭县	Xiangtan	979620	汉寿县	Hanshou	870916
湘乡市	Xiangxiang	924137	澧　县	Lixian	924881
韶山市	Shaoshan	118236	临澧县	Linli	453580
衡阳市	**Hengyang**	**7992674**	桃源县	Taoyuan	971292
市辖区	**District**	**1003725**	石门县	Shimen	669741
珠晖区	Zhuhui	290259	津市市	Jinshi	240673
雁峰区	Yanfeng	193451	**张家界市**	**Zhangjiajie**	**1699735**
石鼓区	Shigu	202836	**市辖区**	**District**	**524655**
蒸湘区	Zhenxiang	258936	永定区	Yongding	468363
南岳区	Nanyue	58243	武陵源区	Wulingyuan	56292
衡阳县	Hengyang	1246978	慈利县	Cili	703452

5-4 续表 22 continued

单位：人 (person)

城　市	City	人数 Population	城　市	City	人数 Population
桑植县	Sangzhi	471628	通道侗族自治县	Tongdao	237771
益阳市	**Yiyang**	**4808202**	洪江市	Hongjiang	500624
市辖区	**District**	**1363442**	**娄底市**	**Loudi**	**4477030**
资阳区	Ziyang	428002	**市辖区**	**District**	**490073**
赫山区	Haoshan	935440	娄星区	Louxing	490073
南　县	Nanxian	795458	双峰县	Shuangfeng	968911
桃江县	Taojiang	888440	新化县	Xinhua	1471144
安化县	Anhua	1017463	冷水江市	Lengshuijiang	372064
沅江市	Yuanjiang	743399	涟源市	Lianyuan	1174838
郴州市	**Chenzhou**	**5282741**	**湘西土家族苗族自治州**	**Xiangxi**	**2951636**
市辖区	**District**	**768593**	吉首市	Jishou	303747
北湖区	Beihu	389223	泸溪县	Luxi	310800
苏仙区	Suxian	379370	凤凰县	Fenghuang	428294
桂阳县	Guiyang	915354	花垣县	Huayuan	312805
宜章县	Yizhang	644303	保靖县	Baojing	311245
永兴县	Yongxing	695674	古丈县	Guzhang	142934
嘉禾县	Jiahe	424080	永顺县	Yongshun	538203
临武县	Linwu	374396	龙山县	Longshan	603608
汝城县	Rucheng	407836	**广东省**	**Guangdong**	**90083778**
桂东县	Guidong	208196	**广州市**	**Guangzhou**	**8541913**
安仁县	Anren	465808	**市辖区**	**District**	**8541913**
资兴市	Zixing	378501	荔湾区	Liwan	720978
永州市	**Yongzhou**	**6352819**	越秀区	Yuexiu	1174794
市辖区	**District**	**1163718**	海珠区	Haizhu	1010503
零陵区	Lingling	611452	天河区	Tianhe	844576
冷水滩区	Lengshuitan	552266	白云区	Baiyun	917827
祁阳县	Qiyang	1061034	黄埔区	Huangpu	213001
东安县	Dong'an	642937	番禺区	Panyu	855654
双牌县	Shuangpai	182108	花都区	Huadu	706805
道　县	Daoxian	799719	南沙区	Nansha	383526
江永县	Jiangyong	278984	萝岗区	Luogang	226546
宁远县	Ningyuan	868405	从化区	Conghua	615155
蓝山县	Lanshan	400211	增城区	Zengcheng	872548
新田县	Xintian	431788	**韶关市**	**Shaoguan**	**3302061**
江华瑶族自治县	Jianghua	523915	**市辖区**	**District**	**926650**
怀化市	**Huaihua**	**5180281**	武江区	Wujiang	268505
市辖区	**District**	**381053**	浈江区	Zhenjiang	345611
鹤城区	Hecheng	381053	曲江区	Qujiang	312534
中方县	Zhongfang	289054	始兴县	Shixing	253730
沅陵县	Yuanling	637014	仁化县	Renhua	242455
辰溪县	Chenxi	529976	翁源县	Wengyuan	400408
溆浦县	Xupu	932379	乳源瑶族自治县	Ruyuan	216759
会同县	Huitong	365810	新丰县	Xinfeng	262018
麻阳苗族自治县	Mayang	396879	乐昌市	Lechang	518793
新晃侗族自治县	Xinhuang	258246	南雄市	Nanxiong	481248
芷江侗族自治县	Zhijiang	379905	**深圳市**	**Shenzhen**	**3696368**
靖州苗族侗族自治县	Jingzhou	271570	**市辖区**	**District**	**3696368**

5-4 续表 23 continued

单位：人 (person)

城 市	City	人 数 Population	城 市	City	人 数 Population
罗湖区	Luohu	589827	**茂名市**	**Maoming**	**7858428**
福田区	Futian	915803	**市辖区**	**District**	**2902283**
南山区	Nanshan	791666	茂南区	Maonan	862266
宝安区	Baoan	728352	电白区	Dianbai	2040017
龙岗区	Longgang	604417	高州市	Gaozhou	1783785
盐田区	Yantian	66303	化州市	Huazhou	1725473
珠海市	**Zhuhai**	**1124540**	信宜市	Xinyi	1446887
市辖区	**District**	**1124540**	**肇庆市**	**Zhaoqing**	**4382729**
香洲区	Xiangzhou	631526	**市辖区**	**District**	**536913**
斗门区	Doumen	353408	端州区	Duanzhou	378378
金湾区	Jinwan	139606	鼎湖区	Dinghu	158535
汕头市	**Shantou**	**5504599**	广宁县	Guangning	579800
市辖区	**District**	**5428904**	怀集县	Huaiji	1101010
龙湖区	Longhu	432324	封开县	Fengkai	509969
金平区	Jinping	750664	德庆县	Deqing	390313
濠江区	Haojiang	289577	高要市	Gaoyao	807547
潮阳区	Chaoyang	1773517	四会市	Sihui	457177
潮南区	Chaonan	1404844	**惠州市**	**Huizhou**	**3570738**
澄海区	Denghai	777978	**市辖区**	**District**	**1454266**
南澳县	Nan'ao	75695	惠城区	Huicheng	994775
佛山市	**Feshan**	**3889720**	惠阳区	Huiyang	459491
市辖区	**District**	**3889720**	博罗县	Boluo	883838
禅城区	Chancheng	617589	惠东县	Huidong	870495
南海区	Nanhai	1280028	龙门县	Longmen	362139
顺德区	Shunde	1284881	**梅州市**	**Meizhou**	**5437897**
三水区	Sanshui	405996	**市辖区**	**District**	**967716**
高明区	Gaoming	301226	梅江区	Meijiang	357547
江门市	**Jiangmen**	**3914146**	梅县区	Meixian	610169
市辖区	**District**	**1403947**	大埔县	Dapu	571902
蓬江区	Pengjiang	485907	丰顺县	Fengshun	750144
江海区	Jianghai	162203	五华县	Wuhua	1463929
新会区	Xinhui	755837	平远县	Pingyuan	264256
台山市	Taishan	968298	蕉岭县	Jiaoling	236187
开平市	Kaiping	682583	兴宁市	Xingning	1183763
鹤山市	Heshan	369891	**汕尾市**	**Shanwei**	**3589559**
恩平市	Enping	489427	**市辖区**	**District**	**502036**
湛江市	**Zhanjiang**	**8229609**	城 区	Chengqu	502036
市辖区	**District**	**1627581**	海丰县	Haifeng	845446
赤坎区	Chikan	245398	陆河县	Luhe	352175
霞山区	Xiashan	418219	陆丰市	Lufeng	1889902
坡头区	Potou	418651	**河源市**	**Heyuan**	**3664136**
麻章区	Mazhang	545313	**市辖区**	**District**	**314019**
遂溪县	Suixi	1083141	源城区	Yuancheng	314019
徐闻县	Xuwen	765523	紫金县	Zijin	838028
廉江市	Lianjiang	1796005	龙川县	Longchuan	978752
雷州市	Lenzhou	1773516	连平县	Lianping	410611
吴川市	Wuchuan	1183843	和平县	Heping	549220

5-4 续表 24 continued

单位：人 (person)

城　市	City	人数 Population	城　市	City	人数 Population
东源县	Dongyuan	573506	武鸣县	Wuming	708127
阳江市	**Yangjiang**	**2921220**	隆安县	Long'an	419361
市辖区	**District**	**699915**	马山县	Mashan	563310
江城区	Jiangcheng	699915	上林县	Shanglin	496007
阳西县	Yangxi	533656	宾阳县	Binyang	1051283
阳东县	Yangdong	502676	横　县	Hengxian	1259577
阳春市	Yangchun	1184973	**柳州市**	**Liuzhou**	**3816233**
清远市	**Qingyuan**	**4185092**	**市辖区**	**District**	**1194966**
市辖区	**District**	**1373914**	城中区	Chengzhong	149854
清城区	Qingcheng	689098	鱼峰区	Yufeng	342179
清新区	Qingxin	684816	柳南区	Liunan	354040
佛冈县	Fogang	333754	柳北区	Liubei	348893
阳山县	Yangshan	547535	柳江县	Liujiang	563713
连山壮族瑶族自治县	Lianshan	121676	柳城县	Liucheng	409415
连南瑶族自治县	Liannan	170791	鹿寨县	Luzhai	409315
英德市	Yingde	1103723	融安县	Rong'an	327395
连州市	Lianzhou	533699	融水苗族自治县	Rongshui	515479
东莞市	**Dongguan**	**1950089**	三江侗族自治县	Sanjiang	395950
中山市	**Zhongshan**	**1586833**	**桂林市**	**Guilin**	**5289710**
潮州市	**Chaozhou**	**2728029**	**市辖区**	**District**	**1280671**
市辖区	**District**	**1655424**	秀峰区	Xiufeng	111135
湘桥区	Xiangqiao	513528	叠彩区	Decai	148330
潮安区	Chaoan	1141896	象山区	Xiangshan	242514
饶平县	Raoping	1072605	七星区	Qixing	209738
揭阳市	**Jieyang**	**7016799**	雁山区	Yanshan	68840
市辖区	**District**	**2093116**	临桂区	Lingui	500114
榕城区	Rongcheng	982894	阳朔县	Yangshuo	325812
揭东区	Jiedong	1110222	灵川县	Lingchuan	385200
揭西县	Jiexi	1009127	全州县	Quanzhou	835977
惠来县	Huilai	1441811	兴安县	Xing'an	387072
普宁市	Puning	2472745	永福县	Yongfu	286624
云浮市	**Yunfu**	**2989273**	灌阳县	Guanyang	294211
市辖区	**District**	**677968**	龙胜各族自治县	Longsheng	171287
云城区	Yuncheng	333163	资源县	Ziyuan	178414
云安区	Yun'an	344805	平乐县	Pingle	459270
新兴县	Xinxing	490501	荔浦县	Lipu	382586
郁南县	Yunan	535694	恭城瑶族自治县	Gongcheng	302586
罗定市	Luoding	1285110	**梧州市**	**Wuzhou**	**3439188**
广西壮族自治区	**Guangxi**	**55182323**	**市辖区**	**District**	**785979**
南宁市	**Nanning**	**7402302**	万秀区	Wanxiu	307761
市辖区	**District**	**2904637**	长洲区	Changzhou	172734
兴宁区	Xingning	316760	龙圩区	Longxu	305484
青秀区	Qingxiu	687048	苍梧县	Cangwu	402115
江南区	Jiangnan	497376	藤　县	Tengxian	1083879
西乡塘区	Xixiangtang	777358	蒙山县	Mengshan	222630
良庆区	Liangqing	272019	岑溪市	Cenxi	944585
邕宁区	Yongning	354076	**北海市**	**Beihai**	**1719658**

5-4 续表 25 continued

单位：人 (person)

城 市	City	人 数 Population	城 市	City	人 数 Population
市辖区	**District**	**648707**	**贺州市**	**Hezhou**	**2397860**
海城区	Haicheng	303493	**市辖区**	**District**	**1098176**
银海区	Yinhai	162604	八步区	Babu	1098176
铁山港区	Tieshangang	182610	昭平县	Shaoping	442560
合浦县	Hepu	1070951	钟山县	Zhongshan	524883
防城港市	**Fangchenggang**	**956135**	富川瑶族自治县	Fuchuan	332241
市辖区	**District**	**567514**	**河池市**	**Hechi**	**4245350**
港口区	Gangkou	135565	**市辖区**	**District**	**341282**
防城区	Fangcheng	431949	金城江区	Jinchengjiang	341282
上思县	Shangsi	244074	南丹县	Nandan	317728
东兴市	Dongxing	144547	天峨县	Tian'e	174539
钦州市	**Qinzhou**	**4040963**	凤山县	Fengshan	217362
市辖区	**District**	**1477313**	东兰县	Donglan	309750
钦南区	Qinnan	630927	罗城仫佬族自治县	Luocheng	383245
钦北区	Qinbei	846386	环江毛南族自治县	Huanjiang	374312
灵山县	Lingshan	1635354	巴马瑶族自治县	Bama	286843
浦北县	Pubei	928296	都安瑶族自治县	Du'an	709602
贵港市	**Guigang**	**5489395**	大化瑶族自治县	Dahua	468326
市辖区	**District**	**1984518**	宜州市	Yizhou	662361
港北区	Gangbei	694505	**来宾市**	**Laibin**	**2658365**
港南区	Gangnan	687705	**市辖区**	**District**	**1114938**
覃塘区	Tantang	602308	兴宾区	Xingbin	1114938
平南县	Pingnan	1508829	忻城县	Xincheng	430155
桂平市	Guiping	1996048	象州县	Xiangzhou	368361
玉林市	**Yulin**	**7107251**	武宣县	Wuxuan	450390
市辖区	**District**	**1088921**	金秀瑶族自治县	Jinxiu	156538
玉州区	Yuzhou	657636	合山市	Heshan	137983
福绵区	Fumian	431285	**崇左市**	**Chongzuo**	**2487998**
容 县	Rongxian	853983	**市辖区**	**District**	**368069**
陆川县	Luchuan	1087091	江州区	Jiangzhou	368069
博白县	Bobai	1841832	扶绥县	Fusui	460421
兴业县	Xingye	757547	宁明县	Ningming	440076
北流市	Beiliu	1477877	龙州县	Longzhou	271549
百色市	**Baise**	**4131915**	大新县	Daxin	381004
市辖区	**District**	**358565**	天等县	Tiandeng	454349
右江区	Youjiang	358565	凭祥市	Pingxiang	112530
田阳县	Tianyang	353616	**海南省**	**Hainan**	**9076669**
田东县	Tiandong	433510	**海口市**	**Haikou**	**1648005**
平果县	Pingguo	513918	**市辖区**	**District**	**1648005**
德保县	Debao	367405	秀英区	Xiuying	299397
靖西县	Jingxi	654351	龙华区	Longhua	459559
那坡县	Napo	214667	琼山区	Qiongshan	383134
凌云县	Lingyun	218703	美兰区	Meilan	505915
乐业县	Leye	175508	**三亚市**	**Sanya**	**577820**
田林县	Tianlin	262455	**市辖区**	**District**	**577820**
西林县	Xilin	158922	海棠区	Haitang	75698
隆林各族自治县	Longlin	420295	吉阳区	Jiyang	158145

5-4 续表 26 continued

单位：人 (person)

城　市	City	人　数 Population	城　市	City	人　数 Population
天涯区	Tianya	244139	丰都县	Fengdu	829007
崖州区	Yazhou	99838	垫江县	Dianjiang	970519
三沙市	Sansha	448	武隆县	Wulong	414250
五指山市	Wuzhishan	109720	忠　县	Zhongxian	1004615
琼海市	Qionghai	509413	开　县	Kaixian	1683540
儋州市	Danzhou	1045356	云阳县	Yunyang	1346372
文昌市	Wenchang	593925	奉节县	Fengjie	1064136
万宁市	Wanning	637973	巫山县	Wushan	638289
东方市	Dongfang	443760	巫溪县	Wuxi	543880
定安县	Ding'an	339726	石柱土家族自治县	Shizhu	546588
屯昌县	Tunchang	308691	秀山土家族苗族自治县	Xiushan	662138
澄迈县	Chengmai	578206	酉阳土家族苗族自治县	Youyang	849970
临高县	Lingao	520560	彭水苗族土家族自治县	Pengshui	698059
白沙黎族自治县	Baisha	194690	**四川省**	**Sichuan**	**91020429**
昌江黎族自治县	Changjiang	254427	**成都市**	**Chendu**	**12280485**
乐东黎族自治县	Ledong	530366	**市辖区**	**District**	**5942523**
陵水黎族自治县	Lingshui	386437	锦江区	Jinjiang	511578
保亭黎族苗族自治县	Baoting	171084	青羊区	Qingyang	656091
琼中黎族苗族自治县	Qiongzhong	226062	金牛区	Jinniu	755994
重庆市	**Chongqing**	**33718367**	武侯区	Wuhou	1085989
市辖区	**District**	**19493996**	成华区	Chenghua	722776
万州区	Wanzhou	1754738	龙泉驿区	Longquanyi	643441
涪陵区	Fuling	1161934	青白江区	Qingbaijiang	417718
渝中区	Yuzhong	530722	新都区	Xindu	733601
大渡口区	Dadukou	256362	温江区	Wenjiang	415335
江北区	Jiangbei	601805	金堂县	Jintang	892037
沙坪坝区	Shapingba	803716	双流县	Shuangliu	1038843
九龙坡区	Jiulongpo	899964	郫　县	Pixian	558600
南岸区	Nan'an	681445	大邑县	Dayi	511811
北碚区	Beibei	631643	蒲江县	Pujiang	267792
綦江区	Qijiang	1206507	新津县	Xinjin	312956
大足区	Dazu	1053875	都江堰市	Dujiangyan	620468
渝北区	Yubei	1210132	彭州市	Pengzhou	808140
巴南区	Banan	906247	邛崃市	Qionglai	658733
黔江区	Qianjiang	550477	崇州市	Chongzuo	668582
长寿区	Changshou	901665	**自贡市**	**Zigong**	**3274605**
江津区	Jiangjin	1495342	**市辖区**	**District**	**1505348**
合川区	Hechuan	1544310	自流井区	Ziliujing	405082
永川区	Yongchuan	1131463	贡井区	Gongjing	294967
南川区	Nanchuan	686925	大安区	Daan	451427
璧山区	Bishan	639470	沿滩区	Yantan	353872
铜梁区	Tongliang	845254	荣　县	Rongxian	686058
县	**County**	**14224371**	富顺县	Fushun	1083199
潼南县	Tongnan	952144	**攀枝花市**	**Panzhihua**	**1106558**
荣昌县	Rongchang	844755	**市辖区**	**District**	**677388**
梁平县	Liangping	925463	东　区	Dongqu	305244
城口县	Chengkou	250646	西　区	Xiqu	140655

5-4 续表 27 continued

单位：人 (person)

城　市	City	人　数 Population
仁和区	Renhe	231489
米易县	Miyi	219751
盐边县	Yanbian	209419
泸州市	**Luzhou**	**5056843**
市辖区	**District**	**1500885**
江阳区	Jiangyang	664742
纳溪区	Naxi	472231
龙马潭区	Longmatan	363912
泸　县	Luxian	1072759
合江县	Hejiang	899229
叙永县	Xuyong	723381
古蔺县	Gulin	860589
德阳市	**Deyang**	**3899866**
市辖区	**District**	**691900**
旌阳区	Jingyang	691900
中江县	Zhongjiang	1413301
罗江县	Luojiang	249430
广汉市	Guanghan	606731
什邡市	Shifang	434958
绵竹市	Mianzhu	503546
绵阳市	**Mianyang**	**5454788**
市辖区	**District**	**1281342**
涪城区	Pucheng	719451
游仙区	Youxian	561891
三台县	Santai	1459291
盐亭县	Yanting	576285
安　县	Anxian	447500
梓潼县	Zitong	383637
北川羌族自治县	Beichuan	238647
平武县	Pingwu	182466
江油市	Jiangyou	885620
广元市	**Guangyuan**	**3053129**
市辖区	**District**	**930798**
利州区	Lizhou	488787
昭化区	Zhaohua	237006
朝天区	Chaotian	205005
旺苍县	Wangcang	450954
青川县	Qingchuan	234835
剑阁县	Jiange	664046
苍溪县	Cangxi	772496
遂宁市	**Suining**	**3787495**
市辖区	**District**	**1520937**
船山区	Chuanshan	719051
安居区	Anju	801886
蓬溪县	Pengxi	712564
射洪县	Shehong	1001018
大英县	Daying	552976
内江市	**Neijiang**	**4204299**
市辖区	**District**	**1414765**
市中区	Shizhong	531748
东兴区	Dongxing	883017
威远县	Weiyuan	729410
资中县	Zizhong	1281025
隆昌县	Longchang	779099
乐山市	**Leshan**	**3537887**
市辖区	**District**	**1160679**
市中区	Shizhong	616670
沙湾区	Shawan	183273
五通桥区	Wutongqiao	309704
金口河区	Jinkouhe	51032
犍为县	Qianwei	566722
井研县	Jingyan	410676
夹江县	Jiajiang	348676
沐川县	Muchuan	255650
峨边彝族自治县	Ebian	148656
马边彝族自治县	Mabian	215449
峨眉山市	Emeishan	431379
南充市	**Nanchong**	**7423265**
市辖区	**District**	**1944775**
顺庆区	Shunqing	655826
高坪区	Gaoping	597366
嘉陵区	Jialing	691583
南部县	Nanbu	1272642
营山县	Yingshan	936505
蓬安县	Peng'an	695709
仪陇县	Yilong	1089103
西充县	Xichong	623294
阆中市	Langzhong	861237
眉山市	**Meishan**	**3491661**
市辖区	**District**	**877164**
东坡区	Dongpo	877164
仁寿县	Renshou	1570378
彭山县	Pengshan	333771
洪雅县	Hongya	350552
丹棱县	Danling	162717
青神县	Qingshen	197079
宜宾市	**Yibin**	**5520756**
市辖区	**District**	**1270667**
翠屏区	Cuiping	839003
南溪区	Nanxi	431664
宜宾县	Yibin	1027338
江安县	Jiang'an	559165
长宁县	Changning	466346
高　县	Gaoxian	533146

5-4 续表 28 continued

单位：人 (person)

城　市	City	人　数 Population	城　市	City	人　数 Population
珙　县	Gongxian	430243	**甘孜藏族自治州**	**Ganzi**	**1092299**
筠连县	Junlian	437676	康定县	Kangding	110975
兴文县	Xingwen	483137	泸定县	Luding	87746
屏山县	Pingshan	313038	丹巴县	Ganba	59894
广安市	**Guang'an**	**4673929**	九龙县	Jiulong	66427
市辖区	**District**	**1265952**	雅江县	Yajiang	51143
广安区	Guang'an	897738	道孚县	Daofu	56943
前锋区	Qianfeng	368214	炉霍县	Luhuo	46858
岳池县	Yuechi	1180379	甘孜县	Ganzi	67986
武胜县	Wusheng	841715	新龙县	Xinlong	49471
邻水县	Linshui	1024467	德格县	Dege	85689
华蓥市	Huaying	361416	白玉县	Baiyu	55143
达州市	**Dazhou**	**6828050**	石渠县	Shiqu	91284
市辖区	**District**	**1801710**	色达县	Seda	53846
通川区	Tongchuan	597165	理塘县	Litang	67633
达川区	Dachuan	1204545	巴塘县	Batang	53617
宣汉县	Xuanhan	1319027	乡城县	Xiangcheng	30132
开江县	Kaijiang	602955	稻城县	Daocheng	31643
大竹县	Dazhu	1111880	得荣县	Derong	25869
渠　县	Quxian	1404339	**凉山彝族自治州**	**Liangshan**	**5039302**
万源市	Wanyuan	588139	西昌市	Xichang	652971
雅安市	**Yaan**	**1549107**	木里藏族自治县	Muli	136921
市辖区	**District**	**622130**	盐源县	Yanyuan	377177
雨城区	Yucheng	343204	德昌县	Dechang	212737
名山区	Mingshan	278926	会理县	Huili	462485
荥经县	Yingjing	149977	会东县	Huidong	421130
汉源县	Hanyuan	321070	宁南县	Ningnan	192150
石棉县	Shimian	122029	普格县	Puge	197835
天全县	Tianquan	154476	布拖县	Butuo	179243
芦山县	Lushan	120952	金阳县	Jinyang	191603
宝兴县	Baoxing	58473	昭觉县	Zhaojue	313033
巴中市	**Bazhong**	**3795155**	喜德县	Xide	217044
市辖区	**District**	**1360326**	冕宁县	Mianning	396312
巴州区	Bazhou	789303	越西县	Yuexi	349929
恩阳区	Enyang	571023	甘洛县	Ganluo	223076
通江县	Tongjiang	749038	美姑县	Meigu	259575
南江县	Nanjiang	664246	雷波县	Leibo	256081
平昌县	Pingchang	1021545	**贵州省**	**Guizhou**	**43953268**
资阳市	**Ziyang**	**5036844**	**贵阳市**	**Guiyang**	**3917851**
市辖区	**District**	**1104530**	**市辖区**	**District**	**2361548**
雁江区	Yanjiang	1104530	南明区	Nanming	578618
安岳县	Anyue	1608007	云岩区	Yunyan	628975
乐至县	Lezhi	837602	花溪区	Huaxi	502691
简阳市	Jianyang	1486705	乌当区	Wudang	207358
阿坝藏族羌族自治州	**Aba**	**914106**	白云区	Baiyun	201114
汶川县	Wenchuan	97915	观山湖区	Guanshanhu	242792
理　县	Lixian	44817	开阳县	Kaiyang	450183
茂　县	Maoxian	111578	息烽县	Xifeng	268890
松潘县	Songpan	74945	修文县	Xiuwen	318617
九寨沟县	Jiuzhaigou	67519	清镇市	Qingzhen	518613
金川县	Jinchuan	72274	六盘水市	Liupanshui	3334044
小金县	Xiaojin	80392	钟山区	Zhongshan	466379
黑水县	Heishui	060854	六枝特区	Liuzhite	727682
马尔康县	Maerkang	055388	水城县	Shuicheng	934729
壤塘县	Rangtang	043092	盘　县	Panxian	1205254
阿坝县	Abaxian	079505	**遵义市**	**Zunyi**	**7933530**
若尔盖县	Ruoergai	078641	**市辖区**	**District**	**912493**
红原县	Hongyuan	047186	红花岗区	Honghuagang	537057

5-4 续表 29 continued

单位：人 (person)

城 市	City	人 数 Population
汇川区	Huichuan	375436
遵义县	Zunyixian	1245790
桐梓县	Tongzi	747034
绥阳县	Suiyang	557171
正安县	Zheng'an	650815
道真仡佬族苗族自治县	Daozhen	348597
务川仡佬族苗族自治县	Wuchuan	465036
凤冈县	Fenggang	441496
湄潭县	Meitan	503096
余庆县	Yuqing	305306
习水县	Xishui	746939
赤水市	Chishui	314118
仁怀市	Renhuai	695639
安顺市	**Anshun**	**2964930**
市辖区	**District**	**910053**
西秀区	Xixiu	910053
平坝县	Pingba	370940
普定县	Puding	495551
镇宁布依族苗族自治县	Zhenning	400149
关岭布依族苗族自治县	Guanling	392699
紫云苗族布依族自治县	Ziyun	395538
毕节市	**Bijie**	**9041993**
市辖区	**District**	**1621337**
七星关区	Qixingguan	1621337
大方县	Dafang	1185076
黔西县	Qianxi	979163
金沙县	Jinsha	695276
织金县	Zhijin	1197474
纳雍县	Nayong	1043820
威宁彝族回族苗族自治县	Weining	1473706
赫章县	Hezhang	846141
铜仁市	**Tongren**	**4368320**
市辖区	**District**	**473768**
碧江区	Bijiang	312815
万山区	Wanshan	160953
江口县	Jiangkou	246493
玉屏侗族自治县	Yuping	157498
石阡县	Shiqian	413887
思南县	Sinan	680057
印江土家族苗族自治县	Yinjiang	449696
德江县	Dejiang	545808
沿河土家族自治县	Yanhe	676737
松桃苗族自治县	Songtao	724376
黔西南布依族苗族自治州	**Qianxinan**	**3516831**
兴义市	Xingyi	848448
兴仁县	Xingren	549026
普安县	Puan	340109
晴隆县	Qinglong	334332
贞丰县	Zhenfeng	410674
望谟县	Wangmo	318943
册亨县	Ceheng	240575
安龙县	Anlong	474724
黔东南苗族侗族自治州	**Qiandongnan**	**4735449**
凯里市	Kaili	569453
黄平县	Huangping	387824
施秉县	Shibing	174057
三穗县	Sansui	227805
镇远县	Zhenyuan	275973
岑巩县	Cengong	233092
天柱县	Tianzhu	413695
锦屏县	Jinping	235222
剑河县	Jianhe	274289
台江县	Taijiang	167732
黎平县	Liping	549488
榕江县	Rongjiang	366750
从江县	Congjiang	351518
雷山县	Leishan	161004
麻江县	Majiang	168851
丹寨县	Danzhai	178696
黔南布依族苗族自治州	**Qiannan**	**4140320**
都匀市	Duyun	490459
福泉市	Fuquan	332041
荔波县	Libo	178578
贵定县	Guiding	297043
瓮安县	Weng'an	481048
独山县	Dushan	353056
平塘县	Pingtang	329483
罗甸县	Luodian	353104
长顺县	Changshun	263112
龙里县	Longli	232377
惠水县	Huishui	458651
三都水族自治县	Sandu	371368
云南省	**Yunnan**	**46472107**
昆明市	**Kunming**	**5530395**
市辖区	**District**	**2793844**
五华区	Wuhua	629646
盘龙区	Panlong	540711
官渡区	Guandu	577212
西山区	**Xishan**	**534911**
东川区	Dongchuan	318753
呈贡区	Chenggong	192611
晋宁县	Puning	282698
富民县	Fumin	152169
宜良县	Yiliang	432535
石林彝族自治县	Shilin	249627
嵩明县	Songming	303389
禄劝彝族苗族自治县	Luquan	485121
寻甸回族彝族自治县	Xundian	559351
安宁市	Anning	271661
曲靖市	**Qujing**	**6478544**
市辖区	**District**	**731623**
麒麟区	Qilin	731623
马龙县	Malong	208088
陆良县	Luliang	677163

5-4 续表 30 continued

单位：人 (person)

城 市	City	人 数 Population	城 市	City	人 数 Population
师宗县	Shizong	424155	宁洱哈尼族彝族自治县	Ning'er	191546
罗平县	Luoping	630285	墨江哈尼族自治县	Mojiang	369479
富源县	Fuyuan	814965	景东彝族自治县	Jingdong	364310
会泽县	Huize	1033711	景谷傣族彝族自治县	Jinggu	316898
沾益县	Zhanyi	429091	镇沅彝族哈尼族拉祜族自治县	Zhenyuan	212000
宣威市	Xuanwei	1529463	江城哈尼族彝族自治县	Jiangcheng	115042
玉溪市	**Yuxi**	**2185324**	孟连傣族拉祜族佤族自治县	Menglian	126560
市辖区	**District**	**438151**	澜沧拉祜族自治县	Lancang	484027
红塔区	Hongta	438151	西盟佤族自治县	Ximeng	92722
江川县	Jiangchuan	278408	**临沧市**	**Lincang**	**2353149**
澄江县	Chengjiang	168271	**市辖区**	**District**	**318996**
通海县	Tonghai	286085	临翔区	Linxiang	318996
华宁县	Huaning	211420	凤庆县	Fengqing	435660
易门县	Yimen	165469	云 县	Yunxian	438076
峨山彝族自治县	Eshan	154957	永德县	Yongde	352699
新平彝族傣族自治县	Xinping	275082	镇康县	Zhenkang	178169
元江哈尼族彝族傣族自治县	Yuanjiang	207481	双江拉祜族佤族布朗族傣族自治县	Shuangjiang	173099
保山市	**Baoshan**	**2591037**	耿马傣族佤族自治县	Genma	288758
市辖区	**District**	**924038**	沧源佤族自治县	Cangyuan	167692
隆阳区	Longyang	924038	**楚雄彝族自治州**	**Chuxiong**	**2625535**
施甸县	Shidian	344464	楚雄市	Chuxiong	521352
腾冲县	Tengchong	674041	双柏县	Shuangbai	152458
龙陵县	Longling	297522	牟定县	Mouding	201657
昌宁县	Changning	350972	南华县	Nanhua	240891
昭通市	**Zhaotong**	**5993029**	姚安县	Yao'an	208436
市辖区	**District**	**891398**	大姚县	Dayao	279745
昭阳区	Zhaoyang	891398	永仁县	Yongren	105588
鲁甸县	Ludian	458152	元谋县	Yuanmou	215696
巧家县	Qiaojia	602785	武定县	Wuding	275829
盐津县	Yanjin	388404	禄丰县	Lufeng	423883
大关县	Daguan	283298	**红河哈尼族彝族自治州**	**Honghe**	**4545769**
永善县	Yongshan	468482	个旧市	Gejiu	387839
绥江县	Suijiang	167917	开远市	Kaiyuan	284250
镇雄县	Zhenxiong	1583508	蒙自市	Mengzi	396961
彝良县	Yiliang	607252	弥勒市	Mile	537788
威信县	Weixin	435896	屏边苗族自治县	Pingbian	157715
水富县	Shuifu	105937	建水县	Jianshui	538455
丽江市	**Lijiang**	**1208564**	石屏县	Shiping	314664
市辖区	**District**	**153579**	泸西县	Luxi	437206
古城区	Gucheng	153579	元阳县	Yuanyang	442868
玉龙纳西族自治县	Yulong	219757	红河县	Honghe	336278
永胜县	Yongsheng	402765	金平苗族瑶族傣族自治县	Jinping	381175
华坪县	Huaping	160578	绿春县	Lvchun	239161
宁蒗彝族自治县	Ninglang	271885	河口瑶族自治县	Hekou	91409
普洱市	**Puer**	**2499691**	**文山壮族苗族自治州**	**Wenshan**	**3827009**
市辖区	**District**	**227107**	文山市	Wenshan	498474
思茅区	Simao	227107	砚山县	Yanshan	513092

5-4 续表 31 continued

单位：人 (person)

城　市	City	人 数 Population	城　市	City	人 数 Population
西畴县	Xichou	261283	达孜县	Dazi	30385
麻栗坡县	Malipo	292750	墨竹工卡县	Mozhugongka	53552
马关县	Maguan	380150	**日喀则市**	**Shigatse**	**778028**
丘北县	Qiubei	547909	桑珠孜区	Sangzhuzi	116911
广南县	Guangnan	886212	南木林县	Nanmulin	87539
富宁县	Funing	447139	江孜县	Jiangzi	70816
西双版纳傣族自治州	**Xishuangbanna**	**982317**	定日县	Dingri	55514
景洪市	Jinghong	417423	萨迦县	Sajia	51652
勐海县	Menghai	325560	拉孜县	Lazi	57058
勐腊县	Mengla	239334	昂仁县	Angren	57349
大理白族自治州	**Dali**	**3584449**	谢通门县	Xietongmen	48354
大理市	Dali	617760	白朗县	Bailang	48273
漾濞彝族自治县	Yangbi	105921	仁布县	Renbu	36022
祥云县	Xiangyun	477450	康马县	Kangma	22684
宾川县	Binchuan	361701	定结县	Dingjie	21806
弥渡县	Midu	327996	仲巴县	Zhongba	24746
南涧彝族自治县	Nanjian	226788	亚东县	Yadong	13792
巍山彝族回族自治县	Weishan	319176	吉隆县	Jilong	16141
永平县	Yongping	184073	聂拉木县	Nielamu	22289
云龙县	Yunlong	207573	萨嘎县	Saga	15551
洱源县	Eryuan	295432	岗巴县	Gangba	11531
剑川县	Jianchuan	182573	**昌都地区**	**Changdu**	**690755**
鹤庆县	Heqing	278006	昌都县	Changdu	109801
德宏傣族景颇族自治州	**Dehong**	**1174921**	江达县	Jiangda	90380
瑞丽市	Ruili	132357	贡觉县	Gongjue	44498
芒　市	Mangshi	385051	类乌齐县	Leiwuqi	52256
梁河县	Lianghe	169521	丁青县	Dingqing	79782
盈江县	Yingjiang	299558	察雅县	Chaya	59278
陇川县	Longchuan	188434	八宿县	Basu	44843
怒江傈僳族自治州	**Nujiang**	**531035**	左贡县	Zuogong	40868
泸水县	Lushui	177771	芒康县	Mangkang	80560
福贡县	Fugong	104158	洛隆县	Luolong	51070
贡山独龙族怒族自治县	Gongshan	34900	边坝县	Bianba	37419
兰坪白族普米族自治县	Lanping	214206	**山南地区**	**Shannan**	**350567**
迪庆藏族自治州	**Diqing**	**361339**	乃东县	Naidong	61952
香格里拉县	Xianggelila	147327	扎囊县	Zhanang	38765
德钦县	Deqin	60245	贡嘎县	Gongga	50633
维西傈僳族自治县	Weixi	153767	桑日县	Sangren	17606
西藏自治区	**Xizang**	**3138516**	琼结县	Qiongjie	18472
拉萨市	**Lasa**	**530290**	曲松县	Qusong	16718
市辖区	**District**	**208932**	措美县	Cuomei	14819
城关区	Chenggu	208932	洛扎县	Luozha	20055
林周县	Linzhou	63800	加查县	Jiacha	22270
当雄县	Dangxiong	52468	隆子县	Longzi	35701
尼木县	Nimu	33639	错那县	Cuona	15411
曲水县	Qushui	36035	浪卡子县	Langkazi	38165
堆龙德庆县	Duilong	51479	**那曲地区**	**Naqu**	**501261**

5-4 续表 32 continued

单位：人 (person)

城 市	City	人 数 Population	城 市	City	人 数 Population
那曲县	Naqu	109259	耀州区	Yaozhou	333845
嘉黎县	Jiali	34939	宜君县	Yijun	92578
比如县	Biru	72217	**宝鸡市**	**Baoji**	**3845440**
聂荣县	Sherong	35171	**市辖区**	**District**	**1423084**
安多县	Anduo	40932	渭滨区	Weibin	436268
申扎县	Shenzha	20748	金台区	Jintai	380101
索 县	Suoxian	50019	陈仓区	Chencang	606715
班戈县	Bange	40790	凤翔县	Fengxiang	525044
巴青县	Baqing	52634	岐山县	Qishan	477075
尼玛县	Nima	31334	扶风县	Fufeng	452848
双湖县	Shuanghu	13218	眉 县	Meixian	327186
阿里地区	**Ali**	**101672**	陇 县	Longxian	272494
普兰县	Pulan	9572	千阳县	Qianyang	134249
札达县	Zhada	7671	麟游县	Linyou	88188
噶尔县	Geer	18201	凤 县	Fengxian	95940
日土县	Ritu	9914	太白县	Taibai	49332
革吉县	Geji	16962	**咸阳市**	**Xianyang**	**5465840**
改则县	Gaize	24197	**市辖区**	**District**	**1113590**
措勤县	Cuoqin	15155	秦都区	Qindu	511577
林芝地区	**Linzhi**	**185943**	杨陵区	Yangling	189948
林芝县	Linzhi	43071	渭城区	Weicheng	412065
工布江达县	Gongbujiangda	32564	三原县	Sanyuan	416648
米林县	Milin	22628	泾阳县	Jingyang	537959
墨脱县	Motuo	12140	乾 县	Qianxian	596451
波密县	Bomi	31287	礼泉县	Liquan	483239
察隅县	Zayu	27419	永寿县	Yongshou	207367
朗 县	Langxian	16834	彬 县	Binxian	368433
陕西省	**Shaanxi**	**39411181**	长武县	Changwu	186603
西安市	**Xi'an**	**8156561**	旬邑县	Xunyi	294244
市辖区	**District**	**5884220**	淳化县	Chunhua	196820
新城区	Xincheng	504571	武功县	Wugong	447938
碑林区	Beilin	698590	兴平市	Xingping	616548
莲湖区	Lianhu	658633	**渭南市**	**Weinan**	**5567154**
灞桥区	Baqiao	538907	**市辖区**	**District**	**968016**
未央区	Weiyang	599559	临渭区	Linwei	968016
雁塔区	Yanta	844884	华 县	Huaxian	342527
阎良区	Yanliang	262693	潼关县	Tongguan	154767
临潼区	Lintong	711122	大荔县	Dali	734604
长安区	Chang'an	1065261	合阳县	Heyang	451905
蓝田县	Lantian	651968	澄城县	Chengcheng	392602
周至县	Zhouzhi	683308	蒲城县	Pucheng	787613
户 县	Huxian	607457	白水县	Baishui	287808
高陵县	Gaoling	329608	富平县	Fuping	793697
铜川市	**Tongchuan**	**836444**	韩城市	Hancheng	398978
市辖区	**District**	**743866**	华阴市	Huayin	254637
王益区	Wangyi	198031	**延安市**	**Yan'an**	**2355017**
印台区	Yintai	211990	**市辖区**	**District**	**472310**

5-4 续表 33 continued

单位：人 (person)

城　市	City	人　数 Population	城　市	City	人　数 Population
宝塔区	Baota	472310	岚皋县	Langao	167804
延长县	Yanchang	155861	平利县	Pingli	232095
延川县	Yanchuan	190206	镇坪县	Zhenping	59387
子长县	Zichang	268764	旬阳县	Xunyang	456740
安塞县	Ansai	195474	白河县	Baihe	213336
志丹县	Zhidan	159489	**商洛市**	**Shangluo**	**2510056**
吴起县	Wuqi	143256	**市辖区**	**District**	**559541**
甘泉县	Ganquan	89153	商州区	Shangzhou	559541
富　县	Fuxian	156609	洛南县	Luonan	461788
洛川县	Luochuan	223369	丹凤县	Danfeng	311722
宜川县	Yichuan	124213	商南县	Shangnan	245912
黄龙县	Huanglong	50094	山阳县	Shanyang	465447
黄陵县	Huangling	126219	镇安县	Zhen'an	302971
汉中市	**Hanzhong**	**3852105**	柞水县	Zhashui	162675
市辖区	**District**	**575156**	**甘肃省**	**Gansu**	**27420800**
汉台区	Hanzhong	575156	**兰州市**	**Lanzhou**	**3218984**
南郑县	Nanzheng	567889	**市辖区**	**District**	**2047436**
城固县	Chenggu	539764	城关区	Chengguan	929148
洋　县	Yangxian	446678	七里河区	Qilihe	466328
西乡县	Xixiang	419975	西固区	Xigu	322302
勉　县	Mianxian	427861	安宁区	Anning	185548
宁强县	Ningqiang	327164	红古区	Honggu	144110
略阳县	Lueyang	186517	永登县	Yongdeng	536133
镇巴县	Zhenba	285512	皋兰县	Gaolan	188712
留坝县	Liuba	42610	榆中县	Yuzhong	446703
佛坪县	Foping	32979	**嘉峪关市**	**Jiayuguan**	**202544**
榆林市	**Yulin**	**3774565**	**市辖区**	**District**	**202544**
市辖区	**District**	**570015**	金昌市	Jinchang	456859
榆阳区	Yuyang	570015	市辖区	District	207549
神木县	Shenmu	436991	金川区	Jinchuan	207549
府谷县	Fugu	247794	永昌县	Yongchang	249310
横山县	Hengshan	375140	**白银市**	**Baiyin**	**1807636**
靖边县	Jingbian	346992	市辖区	District	494371
定边县	Dingbian	346991	白银区	Baiyin	287204
绥德县	Suide	357656	平川区	Pingchuan	207167
米脂县	Mizhi	221901	靖远县	Jingyuan	498339
佳　县	Jiaxian	268292	会宁县	Huining	575872
吴堡县	Wubu	83970	景泰县	Jingtai	239054
清涧县	Qingjian	216026	**天水市**	**Tianshui**	**3671723**
子洲县	Zizhou	302797	**市辖区**	**District**	**1305892**
安康市	**Ankang**	**3047999**	秦州区	Taizhou	692192
市辖区	**District**	**1008443**	麦积区	Maiji	613700
汉滨区	Hanbin	1008443	清水县	Qingshui	323211
汉阴县	Hanyin	313391	秦安县	Qin'an	585944
石泉县	Shiquan	182533	甘谷县	Gangu	634091
宁陕县	Ningshan	73899	武山县	Wushan	463111
紫阳县	Ziyang	340371	张家川回族自治县	Zhangjiachuan	359474

5-4 续表 34 continued

单位：人 (person)

城　市	City	人　数 Population	城　市	City	人　数 Population
武威市	**Wuwei**	**1900427**	渭源县	Weiyuan	346971
市辖区	**District**	**1031509**	临洮县	Lintao	547160
凉州区	Liangzhou	1031509	漳　县	Zhangxian	209441
民勤县	Minqin	273631	岷　县	Minxian	485441
古浪县	Gulang	386464	**陇南市**	**Longnan**	**2857608**
天祝藏族自治县	Tianzhu	208823	**市辖区**	**District**	**591971**
张掖市	**Zhangye**	**1300726**	武都区	Wudu	591971
市辖区	**District**	**508170**	成　县	Chengxian	260325
甘州区	Ganzhou	508170	文　县	Wenxian	245323
肃南裕固族自治县	Sunan	38414	宕昌县	Tanchang	311922
民乐县	Minle	246940	康　县	Kangxian	199326
临泽县	Linze	149332	西和县	Xihe	437633
高台县	Gaotai	157654	礼　县	Lixian	538665
山丹县	Shandan	200216	徽　县	Huixian	223495
平凉市	**Pingliang**	**2330761**	两当县	Liangdang	48948
市辖区	District	512474	**临夏回族自治州**	**Linxia**	**2250230**
崆峒区	Kongtong	512474	临夏市	Linxia	255436
泾川县	Jingchuan	359540	临夏县	Linxia	408975
灵台县	Lingtai	233027	康乐县	Kangle	285533
崇信县	Chongxin	100740	永靖县	Yongjing	205001
华亭县	Huating	188014	广河县	Guanghe	272306
庄浪县	Zhuanglang	449203	和政县	Hezheng	221031
静宁县	Jingning	487763	东乡族自治县	Dongxiang	335328
酒泉市	**Jiuquan**	**1013170**	积石山保安族东乡族撒拉族自治县	Jishishan	266620
市辖区	**District**	**414383**	**甘南藏族自治州**	**Gannan**	**728276**
肃州区	Suzhou	414383	合作市	Hezuo	85989
金塔县	Jinta	148758	临潭县	Lintan	157251
瓜州县	Guazhou	126949	卓尼县	Zhuoni	109278
肃北蒙古族自治县	Subei	11980	舟曲县	Zhouqu	141722
阿克塞哈萨克族自治县	Aksay	9020	迭部县	Diebu	57052
玉门市	Yumen	159522	玛曲县	Maqu	52040
敦煌市	Dunhuang	142558	碌曲县	Luqu	36517
庆阳市	**Qingyang**	**2673111**	夏河县	Xiahe	88427
市辖区	**District**	**382412**	**青海省**	**Qinghai**	**5739387**
西峰区	Xifeng	382412	**西宁市**	**Xining**	**2013583**
庆城县	Qingcheng	289035	**市辖区**	**District**	**942446**
环　县	Huanxian	353666	城东区	Chengdong	252636
华池县	Huachi	133636	城中区	Chengzhong	241972
合水县	Heshui	179637	城西区	Chengxi	226188
正宁县	Zhengning	244485	城北区	Chengbei	221650
宁　县	Ningxian	558699	大通回族土族自治县	Datong	462614
镇原县	Zhenyuan	531541	湟中县	Hongzhong	477154
定西市	**Dingxi**	**3008745**	湟源县	Huangyuan	131369
市辖区	**District**	**460706**	**海东市**	**Haidong**	**1700191**
安定区	Anding	460706	乐都区	Ledu	287216
通渭县	Tongwei	439752	平安县	Ping'an	126482
陇西县	Longxi	519274	民和回族土族自治县	Minhe	431725

5-4 续表 35 continued

单位：人 (person)

城 市	City	人 数 Population	城 市	City	人 数 Population
互助土族自治县	Huzhu	398473	灵武市	Lingwu	245831
化隆回族自治县	Hualong	300117	**石嘴山市**	**Shizuishan**	**745342**
循化撒拉族自治县	Xunhua	156178	**市辖区**	**District**	**437387**
海北藏族自治州	**Haibei**	**297001**	大武口区	Dawukou	261077
门源回族自治县	Menyuan	162712	惠农区	Huinong	176310
祁连县	Qilian	52027	平罗县	Pingluo	307955
海晏县	Haiyan	36337	**吴忠市**	**Wuzhong**	**1404061**
刚察县	Gangcha	45925	**市辖区**	**District**	**580822**
黄南藏族自治州	**Huangnan**	**270557**	利通区	Litong	409712
同仁县	Tongren	98273	红寺堡区	Hongsibu	171110
尖扎县	Jianzha	60898	盐池县	Yanchi	170259
泽库县	Zeku	72790	同心县	Tongxin	371027
河南蒙古族自治县	Henan	38596	青铜峡市	Qingtongxia	281953
海南藏族自治州	**Hainan**	**466921**	**固原市**	**Guyuan**	**1497672**
共和县	Gonghe	136348	**市辖区**	**District**	**455620**
同德县	Tongde	61813	原州区	Yuanzhou	455620
贵德县	Guide	108770	西吉县	Xiji	496325
兴海县	Xinghai	79645	隆德县	Longde	176806
贵南县	Guinan	80345	泾源县	Jingyuan	117048
果洛藏族自治州	**Guoluo**	**197212**	彭阳县	Pengyang	251873
玛沁县	Maqin	47007	**中卫市**	**Zhongwei**	**1201706**
班玛县	Banma	29500	**市辖区**	**District**	**405420**
甘德县	Gande	37257	沙坡头区	Shapotou	405420
达日县	Dari	42012	中宁县	Zhongning	344506
久治县	Jiuzhi	26454	海原县	Haiyuan	451780
玛多县	Maduo	14982	**新疆维吾尔自治区**	**Xinjiang**	**23217226**
玉树藏族自治州	**Yushu**	**391853**	**乌鲁木齐市**	**Urumqi**	**2668315**
玉树市	Yushu	109479	**市辖区**	**District**	**2605424**
杂多县	Zaduo	60755	天山区	Tianshan	572556
称多县	Chengduo	60176	沙依巴克区	Shayibake	551498
治多县	Zhiduo	33641	新市区	Xinshi	641248
囊谦县	Nangqian	95164	水磨沟区	Shuimogou	292172
曲麻莱县	Qumalai	32638	头屯河区	Toutunhe	219419
海西蒙古族藏族自治州	**Haixi**	**402069**	达坂城区	Daban	41329
格尔木市	Golmud	134841	米东区	Midong	287202
德令哈市	Delhi	73189	乌鲁木齐县	Urumqi	62891
乌兰县	Wulan	99958	**克拉玛依市**	**Karamay**	**299720**
都兰县	Dulan	71516	**市辖区**	**District**	**299720**
天峻县	Tianjun	22565	独山子区	Dushanzi	57852
宁夏回族自治区	**Niaxia**	**6641119**	克拉玛依区	Karamay	200078
银川市	**Yinchuan**	**1792338**	白碱滩区	Baijiantan	39613
市辖区	**District**	**1089106**	乌尔禾区	Wuerhe	2177
兴庆区	Xingqing	563322	**吐鲁番地区**	**Turpan**	**651853**
西夏区	Xixia	239011	吐鲁番市	Turpan	297215
金凤区	Jinfeng	286773	鄯善县	Shanshan	230598
永宁县	Yongning	232685	托克逊县	Tuokexun	124040
贺兰县	Helan	224716	**哈密地区**	**Hami**	**616711**

5-4 续表 36 continued

单位：人 (person)

城　　市	City	人　数 Population	城　　市	City	人　数 Population
哈密市	Hami	488964	莎车县	Shache	851374
巴里坤哈萨克自治县	Balikun	104459	叶城县	Yecheng	519962
伊吾县	Yiwu	23288	麦盖提县	Maigaiti	272010
昌吉回族自治州	**Changji**	**1392762**	岳普湖县	Yuepuhu	177955
昌吉市	Changji	371359	伽师县	Jiashi	445846
阜康市	Fukang	166955	巴楚县	Bachu	382186
呼图壁县	Hutubi	215033	塔什库尔干塔吉克自治县	Taxkorgan	40381
玛纳斯县	Manasi	174206	**和田地区**	**Hetian**	**2324287**
奇台县	Qitai	238584	和田市	Hetian	348289
吉木萨尔县	Jimusaer	138466	和田县	Hetian	327533
木垒哈萨克自治县	Mulei	88159	墨玉县	Moyu	577391
博尔塔拉蒙古自治州	**Boertala**	**479737**	皮山县	Pishan	296075
博乐市	Bole	258002	洛浦县	Luopu	287590
阿拉山口市	Alashankou	1716	策勒县	Cele	166735
精河县	Jinghe	144689	于田县	Yutian	282182
温泉县	Wenquan	75330	民丰县	Minfeng	38492
巴音郭楞蒙古自治州	**Bayinguoleng**	**1393812**	**伊犁哈萨克自治州**	**Yili**	**3004170**
库尔勒市	Korla	558968	伊宁市	Yining	587507
轮台县	Luntai	146219	奎屯市	Kuitun	289397
尉犁县	Weili	103143	伊宁县	Yining	439179
若羌县	Ruoqiang	34020	察布查尔锡伯自治县	Chabuchaerxibo	196742
且末县	Qiemo	69464	霍城县	Huocheng	413758
焉耆回族自治县	Yanqi	172861	巩留县	Gongliu	203492
和静县	Hejing	183533	新源县	Xinyuan	321739
和硕县	Heshuo	65704	昭苏县	Zhaosu	187710
博湖县	Bohu	59900	特克斯县	Tekesi	174883
阿克苏地区	**Aksu**	**2530506**	尼勒克县	Nileke	189763
阿克苏市	Aksu	513682	**塔城地区**	**Tacheng**	**1024164**
温宿县	Wensu	259305	塔城市	Tacheng	168742
库车县	Kuche	492535	乌苏市	Wusu	224707
沙雅县	Shaya	274382	额敏县	Emin	212926
新和县	Xinhe	195920	沙湾县	Shawan	206318
拜城县	Baicheng	241079	托里县	Tuoli	96873
乌什县	Wushi	235336	裕民县	Yumin	59552
阿瓦提县	Awat	262842	和布克赛尔蒙古自治县	Hebukesaier	55046
柯坪县	Keping	55425	**阿勒泰地区**	**Aletai**	**667988**
克孜勒苏柯尔克孜自治州	**Kizilsu Kirghiz**	**596064**	阿勒泰市	Aletai	231466
阿图什市	Atushi	269317	布尔津县	Buerjin	72378
阿克陶县	Aketao	221526	富蕴县	Fuyun	97113
阿合奇县	Aheqi	44656	福海县	Fuhai	75486
乌恰县	Wuqia	60565	哈巴河县	Habahe	87356
喀什地区	**Kashgar**	**4499158**	青河县	Qinghe	65290
喀什市	Kashgar	628302	吉木乃县	Jeminay	38899
疏附县	Shufu	277877	石河子市	Shihezi	632606
疏勒县	Shule	377029	阿拉尔市	Alaer	179214
英吉沙县	Yingjisha	302542	图木舒克市	Tumushuke	163101
泽普县	Zepu	223694	五家渠市	Wujiaqu	93058

5-5 按总人口排序的市及人口数
Cities and Population by Size of Total Population

单位：人 (person)

城 市	City	人 数 Population
全 国	**National Total**	**679246695**
400万以上	**over 4 million**	**118159793**
重庆市	Chongqing	19493996
上海市	Shanghai	13757367
北京市	Beijing	12736932
广州市	Guangzhou	8541913
天津市	Tianjin	8422799
武汉市	Wuhan	8292666
南京市	Nanjing	6534039
成都市	Chengdu	5942523
西安市	Xi'an	5884220
汕头市	Shantou	5428904
沈阳市	Shenyang	5298637
哈尔滨市	Harbin	4700572
杭州市	Hangzhou	4660767
长春市	Changchun	4361115
石家庄市	Shijiazhuang	4103343
200万-400万	**from 2 million to 4 million**	**97911278**
佛山市	Foshan	3889720
青岛市	Qingdao	3728429
深圳市	Shenzhen	3696368
济南市	Jinan	3645377
苏州市	Suzhou	3412564
徐州市	Xuzhou	3392677
郑州市	Zhengzhou	3352919
唐山市	Tangshan	3342754
长沙市	Changsha	3184995
大连市	Dalian	3048998
淮安市	Huaian	2936121
南宁市	Nanning	2904637
茂名市	Maoming	2902283
淄博市	Zibo	2857982
太原市	Taiyuan	2850789
昆明市	Kunming	2793844
临沂市	Linyi	2620382
乌鲁木齐市	Wulumuqi	2605424
合肥市	Hefei	2510408
无锡市	Wuxi	2485033
普宁市	Puning	2472745
枣庄市	Zaozhuang	2379228
常州市	Changzhou	2363246
贵阳市	Guigang	2361548
宁波市	Ningbo	2321297
莆田市	Putian	2306660
扬州市	Yangzhou	2287651
襄阳市	Xiangyang	2246379
阜阳市	Fuyang	2225521
连云港市	Lianyungang	2207219
绍兴市	Shaoxing	2184356
南通市	Nantong	2130648
厦门市	Xiamen	2111465
揭阳市	Jieyang	2093116
兰州市	Lanzhou	2047436
洛阳市	Luoyang	2011059
100万-200万	**from 1 million to 2 million**	**221016050**
福州市	Fuzhou	1999589
南阳市	Nanyang	1996321
桂平市	Guiping	1996048
贵港市	Guiyang	1984518
南昌市	Nanchang	1982185
东莞市	Dongguan	1950089
南充市	Nanchong	1944775
六安市	Liuan	1903188
陆丰市	Lufeng	1889902
宿州市	Suzhou	1886088
邳州市	Pizhou	1874947
潍坊市	Weifang	1873356
烟台市	Yantai	1851396
邓州市	Dengzhou	1828065
济宁市	Jining	1825150
吉林市	Jilin	1818779
商丘市	Shangqiu	1818604
达州市	Dazhou	1801710
廉江市	Lianjiang	1796005
高州市	Gaozhou	1783785
雷州市	Leizhou	1773516
宿迁市	Suqian	1740566
化州市	Huazhou	1725473
淮南市	Huainan	1710625
盐城市	Yancheng	1703323

5-5 续表 1 continued

单位：人 (person)

城 市	City	人 数 Population	城 市	City	人 数 Population
滕州市	Tengzhou	1698475	江门市	Jiangmen	1403947
潮州市	Chaozhou	1655424	平度市	Pingdu	1385660
海口市	Haikou	1648005	清远市	Qingyuan	1373914
泰州市	Taizhou	1635419	大庆市	Daqing	1369769
亳州市	Bozhou	1632014	齐齐哈尔市	Qiqihar	1365859
天门市	Tianmen	1627996	益阳市	Yiyang	1363442
湛江市	Zhanjiang	1627581	项城市	Xiangcheng	1362849
毕节市	Bijie	1621337	巴中市	Bazhong	1360326
泰安市	Taian	1620488	漯河市	Luohe	1346671
台州市	Taizhou	1592892	福清市	Fuqing	1344179
南安市	Nan'an	1590528	日照市	Rizhao	1336248
中山市	Zhongshan	1586833	威海市	Weihai	1321432
菏泽市	Heze	1581700	禹州市	Yuzhou	1320139
兴化市	Xinghua	1581620	天水市	Tianshui	1305892
邯郸市	Handan	1580918	呼和浩特市	Hohhot	1300954
永城市	Yongcheng	1574797	罗定市	Luoding	1285110
大同市	Datong	1569797	莱芜市	Laiwu	1283220
仙桃市	Xiantao	1560795	宜昌市	Yichang	1282749
包头市	Baotou	1556216	绵阳市	Mianyang	1281342
赣州市	Ganzhou	1544684	桂林市	Guilin	1280671
信阳市	Xinyang	1534706	乐清市	Yueqing	1280385
宣威市	Xuanwei	1529463	宜宾市	Yibin	1270667
温州市	Wenzhou	1528760	广安市	Guang'an	1265952
遂宁市	Suining	1520937	榆树市	Yushu	1263160
自贡市	Zigong	1505348	赤峰市	Chifeng	1257797
鞍山市	Anshan	1501014	定州市	Dingzhou	1243596
泸州市	Luzhou	1500885	江阴市	Jiangyin	1241045
丰城市	Fengcheng	1494149	聊城市	Liaocheng	1231119
简阳市	Jianyang	1486705	瑞安市	Ruian	1228841
北流市	Beiliu	1477877	德州市	Dezhou	1220193
钦州市	Qinzhou	1477313	温岭市	Wenling	1215258
浏阳市	Liuyang	1469104	抚州市	Fuzhou	1199831
芜湖市	Fuhu	1459229	临海市	Linhai	1195689
惠州市	Huizhou	1454266	泰兴市	Taixing	1195278
信宜市	Xinyi	1446887	柳州市	Liuzhou	1194966
如皋市	Rugao	1436301	六盘水市	Liupanshui	1194061
宝鸡市	Baoji	1423084	阳春市	Yangchun	1184973
耒阳市	Leiyang	1419974	邹城市	Zoucheng	1184734
内江市	Neijiang	1414765	吴川市	Wuchuan	1183843
新泰市	Xintai	1412792	兴宁市	Xingning	1183763
抚顺市	Fushun	1412300	十堰市	Shiyan	1179157
常德市	Changde	1407723	涟源市	Lianyuan	1174838

5-5 续表 2 continued

单位：人 (person)

城　　市	City	人　数 Population	城　　市	City	人　数 Population
麻城市	Macheng	1166646	淮北市	Huaibei	1048295
永州市	Yongzhou	1163718	慈溪市	Cixi	1047057
乐山市	Leshan	1160679	儋州市	Danzhou	1045356
安阳市	Anyang	1155488	镇江市	Zhenjiang	1031757
即墨市	Jimo	1149146	武威市	Wuwei	1031509
汝州市	Ruzhou	1147153	章丘市	Zhangqiu	1025677
蚌埠市	Bengbu	1136184	潜江市	Qianjiang	1017701
枣阳市	Zaoyang	1135580	安康市	Ankang	1008443
宜春市	Yichun	1133133	衡阳市	Hengyang	1003725
新沂市	Xinyi	1126626	海门市	Haimen	1000405
东台市	Dongtai	1126527	**80万—100万**	**from 800 thousand to 1 million**	**32998809**
林州市	Linzhou	1126373	瓦房店市	Wafangdian	997830
珠海市	Zhuhai	1124540	肥城市	Feicheng	989965
启东市	Qidong	1120611	焦作市	Jiaozuo	985627
晋江市	Jinjiang	1118178	葫芦岛市	Huludao	981385
汉川市	Hanchuan	1116628	大冶市	Daye	973822
来宾市	Laibin	1114938	孝感市	Xiaogan	973410
保定市	Baoding	1113770	锦州市	Jinzhou	971935
咸阳市	Xianyang	1113590	台山市	Taishan	968298
湖州市	Huzhou	1106616	渭南市	Weinan	968016
资阳市	Ziyang	1104530	梅州市	Meizhou	967716
平顶山市	Pingdingshan	1104021	株洲市	Zhuzhou	964307
英德市	Yingde	1103723	金华市	Jinhua	961024
鄂州市	Ezhou	1102941	安丘市	Anqiu	955414
诸城市	Zhucheng	1102199	常宁市	Changning	954802
贺州市	Hezhou	1098176	岑溪市	Cenxi	944585
银川市	Yinchuan	1089106	西宁市	Xining	942446
玉林市	Yulin	1088921	青州市	Qingzhou	936583
岳阳市	Yueyang	1088118	乐平市	Leping	931855
宜兴市	Yixing	1082929	广元市	Guangyuan	930798
荆州市	Jingzhou	1082896	营口市	Yingkou	927902
诸暨市	Zhuji	1079358	洪湖市	Honghu	927350
海城市	Haicheng	1079284	广水市	Guangshui	927062
泉州市	Quanzhou	1075106	韶关市	Shaoguan	926650
寿光市	Shouguang	1073831	本溪市	Benxi	925403
滨州市	Binzhou	1070800	湘乡市	Xiangxiang	924137
常熟市	Changshu	1068211	保山市	Baoshan	924038
醴陵市	Liling	1060012	张家港市	Zhangjiagang	922757
钟祥市	Zhongxiang	1058990	五常市	Wuchang	918622
公主岭市	Gongzhuling	1057362	利川市	Lichuan	916279
秦皇岛市	Qinhuangdao	1054483	普兰店市	Pulandian	915595
新乡市	Xinxiang	1052381	遵义市	Zunyi	912493

5-5 续表 3 continued

单位：人 (person)

城　市	City	人 数 Population	城　市	City	人 数 Population
张家口市	Zhangjiakou	912425	胶州市	Jiaozhou	827741
安顺市	Anshun	910053	德惠市	Dehui	827216
肇东市	Zhaodong	907043	马鞍山市	Maanshan	822458
庄河市	Zhuanghe	901182	武穴市	Wuxue	817232
50万—80万	**from 500 thousand to 800 thousand**	**151275502**	高邮市	Gaoyou	815837
新余市	Xinyu	894884	丹阳市	Danyang	812061
任丘市	Renqiu	892228	临汾市	Linfen	809311
昭通市	Zhaotong	891398	彭州市	Pengzhou	808140
高密市	Gaomi	889550	高要市	Gaoyao	807547
新密市	Xinmi	886636	恩施市	Enshi	805545
江油市	Jiangyou	885620	界首市	Jieshou	802381
牡丹江市	Mudanjiang	883203	临清市	Linqing	802183
萍乡市	Pingxiang	882856	溧阳市	Liyang	795979
河间市	Hejian	881593	昆山市	Kunshan	787031
邢台市	Xingtai	881387	双城市	Shuangcheng	786621
眉山市	Meishan	877164	梧州市	Wuzhou	785979
开封市	Kaifeng	874652	长葛市	Zhangge	785095
辽阳市	Liaoyang	871852	海伦市	Hailun	781567
嘉兴市	Jiaxing	871344	丹东市	Dandong	780052
湘潭市	Xiangtan	870972	新郑市	Xinzheng	778630
高安市	Gaoan	870160	佳木斯市	Kiamusze	776335
莱阳市	Laiyang	868586	义乌市	Yiwu	771570
宣城市	Xuancheng	867508	伊春市	Yichun	768880
辉县市	Huixian	866913	郴州市	Chenzhou	768593
龙海市	Longhai	861838	阜新市	Fuxin	764196
阆中市	Langzhong	861237	迁安市	Qian'an	761933
东营市	Dongying	857772	遵化市	Zunhua	757595
巢湖市	Chaohu	855472	桐城市	Tongcheng	753986
通辽市	Tongliao	854401	汨罗市	Miluo	753442
莱州市	Laizhou	851196	灵宝市	Lingbao	752146
廊坊市	Langfang	850668	铜川市	Tongchuan	743866
兴义市	Xingyi	848448	沅江市	Yuanjiang	743399
衢州市	Quzhou	845852	莱西市	Laixi	739881
驻马店市	Zhumadian	843100	安庆市	Anqing	736391
武冈市	Wugang	841342	长治市	Changzhi	734671
松滋市	Songzi	837424	曲靖市	Qujing	731623
武安市	Wuan	837045	嵊州市	Shengzhou	730461
余姚市	Yuyao	836530	扶余市	Fuyu	724054
东阳市	Dongyang	836397	登封市	Dengfeng	721982
绥化市	Suihua	835256	大丰市	Dafeng	717202
巩义市	Gongyi	834980	讷河市	Nehe	713588
鸡西市	Jixi	833211	长乐市	Changle	712525

5-5 续表 4 continued

单位：人 (person)

城市	City	人数 Population	城市	City	人数 Population
舟山市	Zhoushan	709648	盘锦市	Panjin	645012
乐陵市	Laoling	707080	曲阜市	Qufu	644929
济源市	Jiyuan	706754	明光市	Mingguang	640232
濮阳市	Puyang	706641	贵溪市	Guixi	639902
邵阳市	Shaoyang	700475	鹤壁市	Hebi	639687
阳泉市	Yangquan	700154	舒兰市	Shulan	638374
阳江市	Yangjiang	699915	万宁市	Wanning	637973
大石桥市	Dashiqiao	699321	辛集市	Xinji	637249
盖州市	Gaizhou	698938	龙口市	Longkou	636283
瑞金市	Ruijin	697578	高碑店市	Gaobeidian	635687
仁怀市	Renhuai	695639	泊头市	Botou	634381
荆门市	Jingmen	694696	石河子市	Shihezi	632606
德阳市	Deyang	691900	天长市	Tianchang	631533
桐乡市	Tongxiang	689006	石首市	Shishou	629170
荥阳市	Xingyang	682824	喀什市	Kashar	628302
新民市	Xinmin	682747	偃师市	Yanshi	626460
开平市	Kaiping	682583	黄石市	Huangshi	625956
运城市	Yuncheng	681694	安陆市	Anlu	622311
涿州市	Zhuozhou	680775	雅安市	Yaan	622130
云浮市	Yunfu	677968	都江堰市	Dujiangyan	620468
攀枝花市	Panzhihua	677388	大理市	Dali	617760
海宁市	Haining	676478	兴平市	Xingping	616548
九江市	Jiujiang	669521	咸宁市	Xianning	614917
崇州市	Chongzhou	668582	栖霞市	Qixia	612815
富阳市	Fuyang	667861	晋中市	Jinzhong	612263
荣成市	Rongcheng	667758	朝阳市	Chaoyang	611090
池州市	Chizhou	667756	江山市	Jiangshan	610895
朔州市	Shuozhou	667730	樟树市	Zhangshu	607395
应城市	Yingcheng	667294	广汉市	Guanghan	606731
靖江市	Jingjiang	666138	东港市	Donggang	605956
福安市	Fuan	663410	梅河口市	Meihekou	605342
兰溪市	Lanxi	663341	周口市	Zhoukou	599472
宜州市	Yizhou	662361	永康市	Yongkang	597003
邛崃市	Qionglai	658733	承德市	Chengde	596477
海阳市	Haiyang	655090	仪征市	Yizheng	596093
西昌市	Xichang	652971	福鼎市	Fuding	594287
三河市	Sanhe	651531	文昌市	Wenchang	593925
随州市	Suizhou	649810	漳州市	Dazhou	592748
凌源市	Lingyuan	648945	陇南市	Longnan	591971
北海市	Beihai	648707	句容市	Jurong	591291
鹤岗市	Hegang	648570	万源市	Wanyuan	588139
霸州市	Bazhou	645443	伊宁市	Yining	587507

5-5 续表 5 continued

单位：人 (person)

城　市	City	人数 Population	城　市	City	人数 Population
昌邑市	Changyi	584709	楚雄市	Chuxiong	521352
尚志市	Shangzhi	584225	巴彦淖尔市	Bayannaoer	520388
四平市	Siping	583976	乐昌市	Lechang	518793
吉安市	Ji'an	581259	清镇市	Qingzhen	518613
吴忠市	Wuzhong	580822	凌海市	Linghai	514873
开原市	Kaiyuan	579918	新乐市	Xinle	513710
三亚市	Sanya	577820	阿克苏市	Aksu	513682
深州市	Shenzhou	576149	龙岩市	Longyan	512761
汉中市	Hanzhong	575156	平凉市	Pingliang	512474
北票市	Beipiao	572428	北镇市	Beizhen	512082
榆林市	Yulin	570015	琼海市	Qionghai	509413
凯里市	Kaili	569453	建德市	Jiande	508673
松原市	Songyuan	568972	张掖市	Zhangye	508170
黄骅市	Huanghua	567924	绵竹市	Mianzhu	503546
凤城市	Fengcheng	567619	南平市	Nanping	503345
白山市	Baishan	567613	汕尾市	Shanwei	502036
防城港市	Fangchenggang	567514	南宫市	Nangong	501835
晋州市	Jinzhou	566560	洪江市	Hongjiang	500624
招远市	Zhaoyuan	566518	**30万—50万**	**from 300 thousand to 500 thousand**	**57885263**
宜城市	Yicheng	562577	七台河市	Qitaihe	499447
商洛市	Shangluo	559541	文山市	Wenshan	498474
库尔勒市	Korla	558968	白城市	Baicheng	497164
衡水市	Hengshui	558967	双鸭山市	Shuangyashan	494462
乳山市	Rushan	558297	白银市	Baiyin	494371
建瓯市	Jian'ou	554335	沁阳市	Qinyang	493313
沧州市	Cangzhou	549664	平湖市	Pinghu	491479
金坛市	Jintan	549294	都匀市	Duyun	490459
兴城市	Xingcheng	542616	娄底市	Loudi	490073
卫辉市	Weihui	541461	恩平市	Enping	489427
忻州市	Xinzhou	541324	原平市	Yuanping	488976
延吉市	Yanji	541323	哈密市	Hami	488964
弥勒市	Mile	537788	枝江市	Zhijiang	486559
临湘市	Linxiang	537510	孝义市	Xiaoyi	484307
滁州市	Chuzhou	537072	奉化市	Fenghua	483398
肇庆市	Zhaoqing	536913	高平市	Gaoping	482118
禹城市	Yucheng	534228	宁德市	Ningde	481307
连州市	Lianzhou	533699	南雄市	Nanxiong	481248
赤壁市	Chibi	530807	太仓市	Taicang	479561
临安市	Lin'an	529447	当阳市	Dangyang	476606
磐石市	Panshi	529137	铜仁市	Tongren	473768
张家界市	Zhangjiajie	524655	延安市	Yan'an	472310
老河口市	Laohekou	522235	安达市	Anda	471503

5-5 续表 6 continued

单位：人 (person)

城 市	City	人 数 Population	城 市	City	人 数 Population
敦化市	Dunhua	470006	韩城市	Hancheng	398978
辽源市	Liaoyuan	466152	河津市	Hejin	398631
丹江口市	Danjiangkou	462574	蒙自市	Mengzi	396961
定西市	Dingxi	460706	宜都市	Yidu	392082
瑞昌市	Ruichang	460623	个旧市	Gejiu	387839
富锦市	Fujin	460073	海林市	Hailin	387046
景德镇市	Jingdezhen	459564	宁国市	Ningguo	385908
四会市	Sihui	457177	芒市	Mangshi	385051
固原市	Guyuan	455620	孟州市	Mengzhou	382770
北安市	Beian	451511	庆阳市	Qingyang	382412
黄山市	Huangshan	450656	怀化市	Huaihua	381053
蓬莱市	Penglai	448746	资兴市	Zixing	378501
铜陵市	Tongling	448089	晋城市	Jincheng	377512
沙河市	Shahe	445150	冷水江市	Lengshuijiang	372064
乌海市	Wuhai	444914	昌吉市	Changji	371359
灯塔市	Dengta	444428	铁力市	Tieli	370193
东方市	Dongfang	443760	鹤山市	Heshan	369891
永济市	Yongji	443329	呼伦贝尔市	Hulunbuir	368586
桦甸市	Huadian	443238	崇左市	Chongzuo	368069
通化市	Tonghua	440495	冀州市	Jizhou	367862
蛟河市	Jiaohe	440440	华蓥市	Huaying	361416
玉溪市	Yuxi	438151	百色市	Baise	358565
石嘴山市	Shizuishan	437387	建阳市	Jianyang	354619
铁岭市	Tieling	435185	五大连池市	Wudalianchi	349906
什邡市	Shifang	434958	和田市	Hotan	348289
峨眉山市	Emeishan	431379	黄冈市	Huanggang	348208
洮南市	Taonan	430393	舞钢市	Wugang	342658
介休市	Jiexiu	428159	河池市	Hechi	341282
汾阳市	Fenyang	425733	牙克石市	Meizhou	339424
宁安市	Ning'an	424840	德兴市	Dexing	336725
上饶市	Shangrao	424269	福泉市	Fuquan	332041
安国市	Anguo	418420	永安市	Yakeshi	331607
景洪市	Jinghong	417423	石狮市	Shishi	327599
许昌市	Xuchang	415186	临沧市	Lincang	318996
酒泉市	Jiuquan	414383	乌兰浩特市	Wulanhot	318984
密山市	Mishan	411873	丰镇市	Fengzhen	318561
扎兰屯市	Zhalantun	411091	乌兰察布市	Ulanqab	316003
中卫市	Zhongwei	405420	赤水市	Chishui	314118
丽水市	Lishui	401404	河源市	Heyuan	314019
大安市	Da'an	400832	邵武市	Shaowu	308592
双辽市	Shuangliao	399619	霍州市	Huozhou	307870

第六部分

Chapter Six

2015 年全国计划生育统计人口数据

Data from Family Planning Statistics in 2015

6-1 各地区分孩次出生政策符合率与上年同期比较
Family Planning Rate Compared with That of Last Year by Birth Order and Region

单位: %　　　　(%)

地 区	Region	出生政策符合率 Family Planning Rate	与上年对比 Compared with That of Last Year	一孩出生政策符合率 Family Planning Rate of First Birth	与上年对比 Compared with That of Last Year	二孩出生政策符合率 Family Planning Rate of Second Birth	与上年对比 Compared with That of Last Year	多孩出生政策符合率 Family Planning Rate of Third Birth & Over	与上年对比 Compared with That of Last Year
全 国	**National**	**88.09**	**-1.31**	**96.52**	**-1.37**	**79.53**	**1.41**	**37.79**	**1.49**
北 京	Beijing	98.12	0.24	99.69	-0.02	91.63	17.98	59.40	17.98
天 津	Tianjin	98.05	-0.40	99.98	0.01	92.89	8.33	8.33	8.33
河 北	Hebei	87.75	0.25	99.90	0.02	79.72	-0.17	19.23	-0.17
山 西	Shanxi	88.98	0.36	99.33	0.00	71.42	8.31	41.35	8.31
内蒙古	Inner Mongolia	92.92	-1.22	98.17	-0.23	86.47	-4.06	66.22	-4.06
辽 宁	Liaoning	99.12	0.88	99.68	0.59	98.12	13.90	74.14	13.90
吉 林	Jilin	94.51	-0.12	100.00	0.00	82.33	3.15	71.99	3.15
黑龙江	Heilongjiang	94.25	0.14	96.19	-0.06	89.24	0.56	29.41	0.56
上 海	Shanghai	95.79	0.57	97.76	0.09	93.11	5.03	32.45	5.03
江 苏	Jiangsu	96.12	-1.69	98.13	-1.53	90.76	3.04	80.49	3.04
浙 江	Zhejiang	93.99	-0.10	99.80	-0.05	86.88	0.84	38.25	0.84
安 徽	Anhui	78.06	-0.72	82.16	1.52	73.10	0.01	62.56	0.01
福 建	Fujian	87.17	-2.30	99.74	-0.02	77.89	-0.59	21.33	-0.59
江 西	Jiangxi	73.33	1.95	99.75	-0.25	56.77	2.33	5.30	2.33
山 东	Shandong	85.56	0.45	95.79	-0.74	80.16	3.15	4.70	3.15
河 南	Henan	95.74	-1.46	99.89	0.08	84.66	-49.68	42.68	-49.68
湖 北	Hubei	88.33	-1.48	99.87	-0.09	77.11	-9.77	37.06	-9.77
湖 南	Hunan	82.19	-0.40	99.88	0.01	70.72	2.41	2.56	2.41
广 东	Guangdong	91.15	0.64	97.29	0.10	83.70	7.10	49.56	7.10
广 西	Guangxi	89.41	-0.13	99.44	0.13	83.71	0.71	9.72	0.71
海 南	Hainan	92.73	-0.24	99.95	0.00	95.86	-1.94	25.54	-1.94
重 庆	Chongqing	90.18	2.34	100.00	0.00	77.80	13.89	24.96	13.89
四 川	Sichuan	73.78	-11.88	83.54	-15.57	57.71	-10.77	38.41	-10.77
贵 州	Guizhou	97.62	-0.17	98.24	-0.09	97.54	0.70	58.60	0.70
云 南	Yunnan	86.50	-2.99	90.46	-2.65	87.90	-3.88	14.57	-3.88
西 藏	Tibet								
陕 西	Shaanxi	95.45	-0.44	100.00	0.00	85.76	-14.89	54.60	-14.89
甘 肃	Gansu	91.13	-2.15	99.71	-0.14	76.96	-15.10	56.78	-15.10
青 海	Qinghai	98.77	0.07	99.82	-0.03	99.97	-5.46	82.35	-5.46
宁 夏	Ningxia	85.86	-6.57	85.43	-14.10	90.16	11.94	71.85	11.94
新 疆	Xinjiang	98.69	-0.60	99.79	-0.19	99.58	-1.50	95.18	-1.50

6-2 各地区已婚育龄妇女领证情况及避孕率与上年同期比较
Married Women at Childbearing Ages with One-child Certificate and Contraception Rate Compared with That of Last Year by Region

单位：人、% (person,%)

地区	Region	已婚育龄妇女人数 Married Women at Childbearing Ages	与上年对比 Compared with That of Last Year	领证人数 Number of Women with Certificates	与上年对比 Compared with That of Last Year	领证率 Proportion	与上年对比 Compared with That of Last Year	已婚育龄妇女避孕率 Contraception Rate of Married Women at Childbearing Ages	与上年对比 Compared with That of Last Year
全国	**National**	**273299676**	**-2945751**	**57626558**	**-1139921**	**21.09**	**-0.18**	**86.14**	**-0.38**
北京	Beijing	2032132	-20853	837767	37915	41.23	2.27	76.63	-1.66
天津	Tianjin	1631883	-10370	655230	-4182	40.15	0.00	90.15	-0.36
河北	Hebei	14469704	-238180	1935940	-103580	13.38	-0.49	90.81	0.05
山西	Shanxi	6635405	-72614	2319213	62487	34.95	1.31	91.05	-0.17
内蒙古	Inner Mongolia	4677662	-128792	354114	-62247	7.57	-1.09	89.97	0.17
辽宁	Liaoning	7558037	-188437	2680118	279469	35.46	4.47	84.96	-1.04
吉林	Jilin	4870069	-218331	1223581	-118977	25.12	-1.26	89.40	-0.15
黑龙江	Heilongjiang	7124791	-107436	3108217	-23567	43.63	0.32	90.82	-0.35
上海	Shanghai	4559736	97171	528986	-41964	11.60	-1.19	78.79	-2.22
江苏	Jiangsu	15043022	-216731	5049244	95319	33.57	1.10	88.53	0.16
浙江	Zhejiang	9458375	-359182	2600360	-172801	27.49	-0.75	86.24	0.11
安徽	Anhui	14517918	-133060	2973032	22450	20.48	0.34	90.08	0.37
福建	Fujian	8049524	-95830	1292211	-186991	16.05	-2.11	79.27	-0.99
江西	Jiangxi	10075982	-74730	1394268	-99982	13.84	-0.88	83.58	1.33
山东	Shandong	19026367	-202294	6831918	-440621	35.91	-1.91	81.71	-3.15
河南	Henan	21823575	71392	3403977	-57603	15.60	-0.32	89.73	-0.09
湖北	Hubei	13802620	72174	867774	-94265	6.29	-0.72	84.19	-0.16
湖南	Hunan	14346423	-149391	1981647	-58189	13.81	-0.26	89.67	-0.08
广东	Guangdong	23398166	149162	1351680	-94034	5.78	-0.44	81.50	0.14
广西	Guangxi	10340864	60606	1275635	16486	12.34	0.09	86.48	-0.32
海南	Hainan	1594435	-113	68799	-1520	4.31	-0.10	81.31	0.65
重庆	Chongqing	4886442	-75522	2668130	86561	54.60	2.58	78.67	-3.30
四川	Sichuan	18040324	-305593	6700474	-198039	37.14	-0.46	84.78	-0.92
贵州	Guizhou	6809154	-41193	731964	10720	10.75	0.22	88.71	-0.38
云南	Yunnan	8912362	-33706	1633941	-2641	18.33	0.04	86.80	0.78
西藏	Tibet								
陕西	Shaanxi	7124032	36062	1273666	-4896	17.88	-0.16	91.17	0.03
甘肃	Gansu	5241204	-30001	632465	30451	12.07	0.65	81.15	-1.17
青海	Qinghai	1186059	-31316	92792	-5585	7.82	-0.26	88.11	0.39
宁夏	Ningxia	1256799	1137	85168	-26347	6.78	-2.10	92.97	0.67
新疆	Xinjiang	4806610	66685	1074247	24379	22.35	0.20	83.49	0.38

6-3　各地区采用各种节育措施人数
Contraception User by Method and Region

单位：人 (person)

地　区	Region	合计 Total	男性绝育 Male Sterilization	女性绝育 Female Sterilization	宫内节育器 IUD	皮下埋植 Implant	口服及注射避孕药 Pill/Injection	避孕套 Condom	外用药 Diaphragm	其他 Others
全　国	**National**	**235420222**	**9060655**	**61768180**	**128454736**	**457580**	**2114125**	**32485671**	**333427**	**744129**
北　京	Beijing	1557132	273	9923	322353	1095	25565	1190370	1693	5860
天　津	Tianjin	1471157	1277	76544	734655	1811	19922	618034	7842	11049
河　北	Hebei	13139762	398460	2862748	8597784	11987	64238	1036078	4343	164124
山　西	Shanxi	6041261	21297	1770241	4086156	3796	16910	128824	96	13941
内蒙古	Inner Mongolia	4208378	2762	568151	2792883	8335	27010	805317	557	3363
辽　宁	Liaoning	6421093	345	160921	5175556	7690	64338	996875	10941	4427
吉　林	Jilin	4354021	376	195386	3501638	15469	9202	630047	1903	
黑龙江	Heilongjiang	6470555	979	457713	5296756	7079	80569	604123	5720	17616
上　海	Shanghai	3592522	7462	97231	1471589	4911	91622	1838791	18941	61975
江　苏	Jiangsu	13317344	127421	1181069	8734987	8229	415191	2787748	34009	28690
浙　江	Zhejiang	8157031	18814	1680717	3994558	9003	46646	2375306	12012	19975
安　徽	Anhui	13078160	187595	5121804	6638987	28465	95121	993911	850	11427
福　建	Fujian	6380955	313207	2605287	2720600	9742	11329	716494	1070	3226
江　西	Jiangxi	8421296	25989	4088600	3249048	3029	26626	1006705	12185	9114
山　东	Shandong	15545537	1065545	2736267	9263294	24357	5665	2442583	1982	5844
河　南	Henan	19582459	2202075	7963307	8333102	53835	67941	923616	15075	23508
湖　北	Hubei	11620425	299342	3302199	6336510	36101	137992	1482162	2832	23287
湖　南	Hunan	12864745	184182	4986576	5809779	23552	14416	1784722	31877	29641
广　东	Guangdong	19068818	1298121	7245638	5058932	7183	69064	5356594	13395	19891
广　西	Guangxi	8942443	715995	2777147	4731831	1438	104727	545451	60799	5055
海　南	Hainan	1296514	7338	547222	622483	288	1569	115334	1111	1169
重　庆	Chongqing	3844233	184850	56596	2909289	7042	105859	564306	11106	5185
四　川	Sichuan	15293756	925576	394451	11861914	89548	259811	1539933	21670	200853
贵　州	Guizhou	6040263	745541	3215678	1957597	4302	6280	104973	595	5297
云　南	Yunnan	7735533	199923	1902784	5065260	22310	123059	386688	16078	19431
西　藏	Tibet									
陕　西	Shaanxi	6494701	112656	2546948	3268970	41875	96518	409993	13615	2430
甘　肃	Gansu	4253490	3280	2351328	1638045	10900	33209	209969	932	5827
青　海	Qinghai	1045077	713	362793	561737	5775	37817	64619	8033	3590
宁　夏	Ningxia	1168434	257	330294	584711	2237	27670	199367	2403	21495
新　疆	Xinjiang	4013127	9004	172617	3133732	6196	28239	626738	19762	16839

6-4 各地区采用各种节育措施人数与上年同期比较
Contraception User Compared with That of Last Year by Method and Region

单位：人 (person)

地区	Region	合计 Total	男性绝育 Male Sterilization	女性绝育 Female Sterilization	宫内节育器 IUD	皮下埋植 Implant	口服及注射避孕药 Pill/Injection	避孕套 Condom	外用药 Diaphragm	其他 Others
全　国	**National**	**-3581551**	**-773989**	**-3478550**	**-1624395**	**-82274**	**148952**	**2251010**	**-6325**	**-17699**
北　京	Beijing	-49997	-76	-3185	-52561	-217	-4916	11499	-131	-410
天　津	Tianjin	-15339	-274	-8042	-14753	-26	-2206	6492	843	2604
河　北	Hebei	-208896	-53566	-306498	167184	-696	-6261	-17689	-503	9133
山　西	Shanxi	-77360	-2682	-160986	67845	-678	-707	19070	3	775
内蒙古	Inner Mongolia	-107651	-456	-81640	-77559	-808	-2330	54949	-54	247
辽　宁	Liaoning	-240335	-97	-44168	-240340	-165	11545	30858	723	1309
吉　林	Jilin	-202623	-80	-56633	-118762	-2059	-1610	-23118	-361	
黑龙江	Heilongjiang	-122724	21	-73584	-67185	-799	1672	16184	555	412
上　海	Shanghai	-22651	-743	-28512	-49255	-765	-7650	61206	402	2666
江　苏	Jiangsu	-167675	-27131	-194460	-473801	-1743	304424	225911	-228	-647
浙　江	Zhejiang	-298514	-4076	-226098	-253487	-699	-5555	190011	-1130	2520
安　徽	Anhui	-65414	-34747	-368002	173201	-2609	-1631	167477	-98	995
福　建	Fujian	-156294	-23384	-141162	-64160	-1174	-395	74411	-99	-331
江　西	Jiangxi	72676	12965	-209035	129358	-380	-2701	142826	-1636	1279
山　东	Shandong	-770080	-124023	-317330	-543619	-2178	-1091	217701	-385	845
河　南	Henan	45525	-63999	-32790	95303	-3027	-3278	54663	355	-1702
湖　北	Hubei	38581	-24502	-161690	-11650	981	4434	229826	-48	1230
湖　南	Hunan	-145484	-51049	-253744	49674	-608	-1452	108497	2240	958
广　东	Guangdong	153674	-90559	-208401	-120602	-317	-1241	580839	-107	-5938
广　西	Guangxi	19087	-22852	-108942	130471	-435	-7993	29579	-964	223
海　南	Hainan	10246	-1073	-33599	22834	-5	-502	22879	-166	-122
重　庆	Chongqing	-223100	-36968	-9047	-211182	-494	8771	24718	1947	-845
四　川	Sichuan	-427979	-165452	-45953	-286378	-4481	-3750	78379	5933	-6277
贵　州	Guizhou	-62380	-38301	4067	-38100	-877	-882	13572	47	-1906
云　南	Yunnan	40358	-15760	-77523	102493	394	-2678	34416	-3304	2320
西　藏	Tibet									
陕　西	Shaanxi	35220	-3209	-68057	70842	1	-1906	34551	1237	65
甘　肃	Gansu	-85864	-361	-172499	59972	-675	3016	24541	-24	166
青　海	Qinghai	-22824	-55	-16392	-4174	-119	-5329	1108	2970	-833
宁　夏	Ningxia	9410	-25	-10829	-9698	-377	2127	18032	582	9598
新　疆	Xinjiang	73692	-1368	-15789	65773	-1139	-65	24253	-2674	4701

6-5 各地区采取各种避孕措施分布
Distribution of Contraception Method by Region

单位：% (%)

地 区	Region	男性绝育 Male Sterilization	女性绝育 Female Sterilization	宫内节育器 IUD	皮下埋植 Implant	口服及注射避孕药 Pill/Injection	避孕套 Condom	外用药 Diaphragm	其他 Others
全 国	**National**	**3.85**	**26.24**	**54.56**	**0.19**	**0.90**	**13.80**	**0.14**	**0.32**
北 京	Beijing	0.02	0.64	20.70	0.07	1.64	76.45	0.11	0.38
天 津	Tianjin	0.09	5.20	49.94	0.12	1.35	42.01	0.53	0.75
河 北	Hebei	3.03	21.79	65.43	0.09	0.49	7.89	0.03	1.25
山 西	Shanxi	0.35	29.30	67.64	0.06	0.28	2.13	0.00	0.23
内蒙古	Inner Mongolia	0.07	13.50	66.36	0.20	0.64	19.14	0.01	0.08
辽 宁	Liaoning	0.01	2.51	80.60	0.12	1.00	15.53	0.17	0.07
吉 林	Jilin	0.01	4.49	80.42	0.36	0.21	14.47	0.04	
黑龙江	Heilongjiang	0.02	7.07	81.86	0.11	1.25	9.34	0.09	0.27
上 海	Shanghai	0.21	2.71	40.96	0.14	2.55	51.18	0.53	1.73
江 苏	Jiangsu	0.96	8.87	65.59	0.06	3.12	20.93	0.26	0.22
浙 江	Zhejiang	0.23	20.60	48.97	0.11	0.57	29.12	0.15	0.24
安 徽	Anhui	1.43	39.16	50.76	0.22	0.73	7.60	0.01	0.09
福 建	Fujian	4.91	40.83	42.64	0.15	0.18	11.23	0.02	0.05
江 西	Jiangxi	0.31	48.55	38.58	0.04	0.32	11.95	0.14	0.11
山 东	Shandong	6.85	17.60	59.59	0.16	0.04	15.71	0.01	0.04
河 南	Henan	11.25	40.67	42.55	0.27	0.35	4.72	0.08	0.12
湖 北	Hubei	2.58	28.42	54.53	0.31	1.19	12.75	0.02	0.20
湖 南	Hunan	1.43	38.76	45.16	0.18	0.11	13.87	0.25	0.23
广 东	Guangdong	6.81	38.00	26.53	0.04	0.36	28.09	0.07	0.10
广 西	Guangxi	8.01	31.06	52.91	0.02	1.17	6.10	0.68	0.06
海 南	Hainan	0.57	42.21	48.01	0.02	0.12	8.90	0.09	0.09
重 庆	Chongqing	4.81	1.47	75.68	0.18	2.75	14.68	0.29	0.13
四 川	Sichuan	6.05	2.58	77.56	0.59	1.70	10.07	0.14	1.31
贵 州	Guizhou	12.34	53.24	32.41	0.07	0.10	1.74	0.01	0.09
云 南	Yunnan	2.58	24.60	65.48	0.29	1.59	5.00	0.21	0.25
西 藏	Tibet								
陕 西	Shaanxi	1.73	39.22	50.33	0.64	1.49	6.31	0.21	0.04
甘 肃	Gansu	0.08	55.28	38.51	0.26	0.78	4.94	0.02	0.14
青 海	Qinghai	0.07	34.71	53.75	0.55	3.62	6.18	0.77	0.34
宁 夏	Ningxia	0.02	28.27	50.04	0.19	2.37	17.06	0.21	1.84
新 疆	Xinjiang	0.22	4.30	78.09	0.15	0.70	15.62	0.49	0.42

6-6 各地区采取各种避孕措施分布与上年同期对比
Distribution of Contraception Method Compared with That of Last Year by Region

单位：% (%)

地 区	Region	男性绝育 Male Sterilization	女性绝育 Female Sterilization	宫内节育器 IUD	皮下埋植 Implant	口服及注射避孕药 Pill/Injection	避孕套 Condom	外用药 Diaphragm	其他 Others
全 国	**National**	**-0.26**	**-1.06**	**0.13**	**-0.04**	**0.08**	**1.15**	**0.00**	**0.00**
北 京	Beijing	0.00	-0.18	-2.63	-0.01	-0.25	3.09	0.00	-0.01
天 津	Tianjin	-0.02	-0.49	-0.48	0.00	-0.13	0.87	0.06	0.18
河 北	Hebei	-0.35	-1.96	2.28	0.00	-0.04	-0.01	0.00	0.09
山 西	Shanxi	-0.04	-2.26	1.96	-0.01	-0.01	0.34	0.00	0.02
内蒙古	Inner Mongolia	-0.01	-1.55	-0.14	-0.01	-0.04	1.75	0.00	0.01
辽 宁	Liaoning	0.00	-0.57	-0.70	0.00	0.21	1.02	0.02	0.02
吉 林	Jilin	0.00	-1.04	0.97	-0.03	-0.03	0.14	-0.01	
黑龙江	Heilongjiang	0.00	-0.98	0.50	-0.01	0.05	0.42	0.01	0.01
上 海	Shanghai	-0.02	-0.77	-1.11	-0.02	-0.20	2.01	0.01	0.08
江 苏	Jiangsu	-0.19	-1.33	-2.70	-0.01	2.30	1.94	0.00	0.00
浙 江	Zhejiang	-0.04	-1.95	-1.27	0.00	-0.05	3.28	-0.01	0.04
安 徽	Anhui	-0.26	-2.60	1.57	-0.02	-0.01	1.31	0.00	0.01
福 建	Fujian	-0.24	-1.18	0.04	-0.01	0.00	1.41	0.00	0.00
江 西	Jiangxi	0.15	-2.93	1.21	0.00	-0.04	1.61	-0.02	0.01
山 东	Shandong	-0.44	-1.11	-0.52	-0.01	0.00	2.08	0.00	0.01
河 南	Henan	-0.35	-0.26	0.39	-0.02	-0.02	0.27	0.00	-0.01
湖 北	Hubei	-0.22	-1.49	-0.28	0.01	0.03	1.94	0.00	0.01
湖 南	Hunan	-0.38	-1.52	0.89	0.00	-0.01	0.99	0.02	0.01
广 东	Guangdong	-0.53	-1.41	-0.85	0.00	-0.01	2.84	0.00	-0.03
广 西	Guangxi	-0.27	-1.29	1.35	0.00	-0.09	0.32	-0.01	0.00
海 南	Hainan	-0.09	-2.95	1.39	0.00	-0.04	1.71	-0.01	-0.01
重 庆	Chongqing	-0.65	-0.14	-1.04	0.00	0.37	1.41	0.06	-0.01
四 川	Sichuan	-0.89	-0.22	0.29	-0.01	0.02	0.77	0.04	0.00
贵 州	Guizhou	-0.50	0.61	-0.29	-0.01	-0.01	0.24	0.00	-0.03
云 南	Yunnan	-0.22	-1.14	0.99	0.00	-0.04	0.42	-0.04	0.03
西 藏	Tibet								
陕 西	Shaanxi	-0.06	-1.27	0.82	0.00	-0.04	0.50	0.02	0.00
甘 肃	Gansu	-0.01	-2.88	2.14	-0.01	0.08	0.66	0.00	0.01
青 海	Qinghai	0.00	-0.79	0.76	0.00	-0.42	0.24	0.29	-0.07
宁 夏	Ningxia	0.00	-1.16	-1.24	-0.03	0.16	1.42	0.05	0.81
新 疆	Xinjiang	-0.04	-0.48	0.21	-0.04	-0.02	0.33	-0.08	0.11

第七部分

Chapter Seven

世界部分国家及地区人口和就业统计数据

Population and Employment Data of Selected Countries and Territories of the World

一、世界部分国家人口和就业统计数据

I.Population and Employment Data of Other Countries/Regions

7-1 人口数
Total Population

单位：百万人 (millions)

国 家	Country	2003	2004	2005	2006	2007	2008	2009	2010	2011	2012	2013	2014	2015
世界总计	**Total**	**6211.1**	**6377.6**	**6464.7**	**6540.3**	**6615.9**	**6749.7**	**6829.4**	**6908.7**	**6974.0**	**7052.1**	**7162**	**7244**	**7349**
亚洲	**Asia**													
中国	China	1304.2	1313.3	1315.8	1323.6	1331.4	1336.3	1345.8	1354.1	1347.6	1353.6	1385.6	1393.8	1376.0
阿富汗	Afghanistan	23.9	24.9	29.9	31.1	32.3	28.2	28.2	29.1	32.4	33.4	30.6	31.3	32.5
孟加拉国	Bangladesh	146.7	149.7	141.8	144.4	147.1	161.3	162.2	164.4	150.5	152.4	156.6	158.5	161.0
缅甸	Myanmar	49.5	50.1	50.5	51.0		49.2	50.0	50.5	48.3	48.7	53.3	53.7	53.9
柬埔寨	Cambodia	14.1	14.6	14.1	14.4	14.6	14.7	14.8	15.1	14.3	14.5	15.1	15.4	15.6
印度	India	1065.5	1081.2	1103.4	1119.5	1135.6	1186.2	1198.0	1214.5	1241.5	1258.4	1252.1	1267.4	1311.1
印度尼西亚	Indonesia	219.9	222.6	222.8	225.5	228.1	234.3	230.0	232.5	242.3	244.8	249.9	252.8	257.6
伊朗	Iran	68.9	69.8	69.5	70.3	71.2	72.2	74.2	75.1	74.8	75.6	77.4	78.5	79.1
伊拉克	Iraq	25.2	25.9	28.8	29.6	30.3	29.5	30.7	31.5	32.7	33.7	33.8	34.8	36.4
日本	Japan	127.7	127.8	128.1	128.2	128.3	127.9	127.2	127.0	126.5	126.4	127.1	127.0	126.6
约旦	Jordan	5.5	5.6	5.7	5.8	6.0	6.1	6.3	6.5	6.3	6.5	7.3	7.5	7.6
朝鲜	Korea D.P.Rep.	22.7	22.8	22.5	22.6	22.7	23.9	23.9	24.0	24.5	24.6	24.9	25.0	25.2
韩国	Korea Rep.	47.7	48.0	47.8	48.0	48.1	48.4	48.3	48.5	48.4	48.6	49.3	49.5	50.3
科威特	Kuwait	2.5	2.6	2.7	2.8	2.8	2.9	3.0	3.1	2.8	2.9	3.4	3.5	3.9
老挝	Laos	5.7	5.8	5.9	6.1	6.2	6.0	6.3	6.4	6.3	6.4	6.8	6.9	6.8
黎巴嫩	Lebanon	3.7	3.7	3.6	3.6	3.7	4.1	4.2	4.3	4.3	4.3	4.8	5.0	5.9
马来西亚	Malaysia	24.4	24.9	25.3	25.8	26.2	27.0	27.5	27.9	28.9	29.3	29.7	30.2	30.3
蒙古	Mongolia	2.6	2.6	2.6	2.7	2.7	2.7	2.7	2.7	2.8	2.8	2.8	2.9	3.0
尼泊尔	Nepal	25.2	25.7	27.1	27.7	28.2	28.8	29.3	29.9	30.5	31.0	27.8	28.1	28.5
巴基斯坦	Pakistan	153.6	157.3	157.9	161.2	164.6	167.0	180.8	184.8	176.7	180.0	182.1	185.1	188.9
菲律宾	Philippines	80.0	81.4	83.1	84.5	85.9	89.7	92.0	93.6	94.9	96.5	98.4	100.1	100.7
沙特阿拉伯	Saudi Arabia	24.2	24.9	24.6	25.2	25.8	25.3	25.7	26.2	28.1	28.7	28.8	29.4	31.5
新加坡	Singapore	4.3	4.3	4.3	4.4	4.4	4.5	4.7	4.8	5.2	5.3	5.4	5.5	5.6
斯里兰卡	Sri Lanka	19.1	19.2	20.7	20.9	21.1	19.4	20.2	20.4	21.0	21.2	21.3	21.4	20.7
叙利亚	Syrian Arab Rep.	17.8	18.2	19.0	19.5	20.0	20.4	21.9	22.5	20.8	21.1	21.9	22.0	18.5
泰国	Thailand	62.8	63.5	64.2	64.8	65.3	64.3	67.8	68.1	69.5	69.9	67.0	67.2	68.0
土耳其	Turkey	71.3	72.3	73.2	74.2	75.2	75.8	74.8	75.7	73.6	74.5	74.9	75.8	78.7
越南	Viet Nam	81.4	82.5	84.2	85.3	86.4	88.5	88.1	89.0	88.8	89.7	91.7	92.5	93.4
也门	Yemen	20.0	20.7	21.0	21.6	22.3	23.1	23.6	24.3	24.8	25.6	24.4	25.0	26.8
欧洲	**Europe**													
阿尔巴尼亚	Albania	3.2	3.2	3.1	3.1	3.2	3.2	3.2	3.2	3.2	3.2	3.2	3.2	2.9
奥地利	Austria	8.1	8.1	8.2	8.2	8.2	8.4	8.4	8.4	8.4	8.4	8.5	8.5	8.5
保加利亚	Bulgaria	7.9	7.8	7.7	7.7	7.6	7.6	7.5	7.5	7.4	7.4	7.2	7.2	7.1
捷克共和国	Czech Rep.	10.2	10.2	10.2	10.2	10.2	10.2	10.4	10.4	10.5	10.6	10.7	10.7	10.5
丹麦	Denmark	5.4	5.4	5.4	5.4	5.5	5.5	5.5	5.5	5.6	5.6	5.6	5.6	5.7
芬兰	Finland	5.2	5.2	5.2	5.3	5.3	5.3	5.3	5.3	5.4	5.4	5.4	5.4	5.5
法国	France	60.1	60.4	60.5	60.7	60.9	61.9	62.3	62.6	63.1	63.5	64.3	64.6	64.4
德国	Germany	82.5	82.5	82.7	82.7	82.7	82.5	82.2	82.1	82.2	82.0	82.7	82.7	80.7
希腊	Greece	11.0	11.0	11.1	11.1	11.2	11.2	11.2	11.2	11.4	11.4	11.1	11.1	11.0
匈牙利	Hungary	9.9	9.8	10.1	10.1	10.0	10.0	10.0	10.0	10.0	9.9	10.0	9.9	9.9
意大利	Italy	60.1	57.3	58.1	68.1	58.2	58.9	59.9	60.1	60.8	61.0	61.0	61.1	59.8
荷兰	Netherlands	16.1	16.2	16.3	16.4		16.5	16.6	16.7	16.7	16.7	16.8	16.8	16.9
挪威	Norway	4.5	4.6	4.6	4.6	4.7	4.7	4.8	4.9	4.9	5.0	5.0	5.1	5.2
波兰	Poland	38.6	38.6	38.5	38.5	38.5	38.0	38.1	38.0	38.3	38.3	38.2	38.2	38.6
葡萄牙	Portugal	10.1	10.1	10.5	10.5	10.6	10.7	10.7	10.7	10.7	10.7	10.6	10.6	10.3
罗马尼亚	Romania	22.3	22.3	21.7	21.6	21.5	21.3	21.3	21.2	21.4	21.4	21.7	21.6	19.5
西班牙	Spain	41.1	41.1	43.1	43.3	43.6	44.6	44.9	45.3	46.5	46.8	46.9	47.1	46.1
瑞士	Switzerland	7.2	7.2	7.3	7.3	7.3	7.5	7.6	7.6	7.7	7.7	8.1	8.2	8.3
英国	United Kingdom	59.3	59.4	59.7	59.8	60.0	61.0	61.6	61.9	62.4	62.8	63.1	63.5	64.7
俄罗斯	Russian Federation	143.2	142.4	143.2	142.5	141.9	141.8	140.9	140.4	142.8	142.7	142.8	142.5	143.5

资料来源：《世界人口状况》2003-2015年，联合国人口基金编。
Sources: UNFPA, State of World Population 2003-2015.

7-1 续表 continued

单位：百万人 (millions)

国 家	Country	2003	2004	2005	2006	2007	2008	2009	2010	2011	2012	2013	2014	2015
非洲	**Africa**													
阿尔及利亚	Algeria	31.8	32.3	32.9	33.4	33.9	34.4	34.9	35.4	36.0	36.5	39.2	39.9	39.7
安哥拉	Angola	13.6	14.1	15.9	16.4	16.9	17.5	18.5	19.0	19.6	20.2	21.5	22.1	25.0
布隆迪	Burundi	6.8	7.1	7.5	7.8	8.1	8.9	8.3	8.5	8.6	8.7	10.2	10.5	11.2
中非共和国	Central African Rep.	3.9	3.9	4.0	4.1	4.2	4.4	4.4	4.5	4.5	4.6	4.6	4.7	4.9
刚果共和国	Congo, Republic of the	3.7	3.8	4.0	4.1	4.2	3.8	3.7	3.8	4.1	4.2	4.4	4.6	4.6
埃及	Egypt	71.9	73.4	74.0	75.4	76.9	76.8	83.0	84.5	82.5	84.0	82.1	83.4	91.5
埃塞俄比亚	Ethiopia	70.7	72.4	77.4	79.3	81.2	85.2	82.8	85.0	84.7	86.5	94.1	96.5	99.4
加蓬	Gabon	1.3	1.4	1.4	1.4	1.4	1.4	1.5	1.5	1.5	1.6	1.7	1.7	1.7
加纳	Ghana	20.9	21.4	22.1	22.6	23.0	23.9	23.8	24.3	25.0	25.5	25.9	26.4	27.4
几内亚	Guinea	8.5	8.6	9.4	9.6	9.8	9.6	10.1	10.3	10.2	10.5	11.7	12.0	12.6
肯尼亚	Kenya	32.0	32.4	34.3	35.1	36.0	38.6	39.8	40.9	41.6	42.7	44.4	45.5	46.1
利比亚	Libya	5.6	5.7	5.9	6.0	6.1	6.3	6.4	6.5	6.4	6.5	6.2	6.3	6.3
利比里亚	Liberia	3.4	3.5	3.3	3.4	3.5	3.9	4.0	4.1	4.1	4.2	4.3	4.4	4.5
马达加斯加	Madagascar	17.4	17.9	18.6	19.1	19.6	20.2	19.6	20.1	21.3	21.9	22.9	23.6	24.2
马里	Mali	13.0	13.4	13.5	13.9	14.3	12.7	13.0	13.3	15.8	16.3	15.3	15.8	17.6
毛里塔尼亚	Mauritania	2.9	3.0	3.1	3.2	3.2	3.2	3.3	3.4	3.5	3.6	3.9	4.0	4.1
摩洛哥	Morocco	30.6	31.1	31.5	31.9	32.4	31.6	32.0	32.4	32.3	32.6	33.0	33.5	34.4
莫桑比克	Mozambique	18.9	19.2	19.8	20.2	20.5	21.8	22.9	23.4	23.9	24.5	25.8	26.5	28.0
尼日利亚	Nigeria	124.0	127.1	131.5	134.4	137.2	151.5	154.7	158.3	162.5	166.6	173.6	178.5	182.2
卢旺达	Rwanda	8.4	8.5	9.0	9.2	9.4	10.0	10.0	10.3	10.9	11.3	11.8	12.1	11.6
索马里	Somalia	9.9	10.3	8.2	8.5	8.8	9.0	9.1	9.4	9.6	9.8	10.5	10.8	10.8
南非	South Africa	45.0	45.2	47.4	47.6	47.7	48.8	50.1	50.5	50.5	50.7	52.8	53.1	54.5
苏丹	Sudan	33.6	34.3	36.2	37.0	37.8	39.4	42.3	43.2	44.6	35.0	38.0	38.8	40.2
突尼斯	Tunisia	9.8	9.9	10.1	10.2	10.3	10.4	10.3	10.4	10.6	10.7	11.0	11.1	11.3
乌干达	Uganda	25.8	26.7	28.8	29.9	30.9	31.9	32.7	33.8	34.5	35.6	37.6	38.8	39.0
喀麦隆	Cameroon, Republic of	16.0	16.3	16.3	16.6	16.9	18.9	19.5	20.0	20.0	20.5	22.3	22.8	23.3
坦桑尼亚	Tanzania, United Republic of	37.0	37.7	38.3	39.0	39.7	41.5	43.7	45.0	46.2	47.7	49.3	50.8	53.5
赞比亚	Zambia	10.8	10.9	13.0	11.9	12.1	12.2	12.9	13.3	13.5	13.9	14.5	15.0	16.2
大洋洲	**Oceania**													
澳大利亚	Australia	19.7	19.9	20.2	20.4	20.6	21.0	21.3	21.5	22.6	22.9	23.3	23.6	24.0
新西兰	New Zealand	3.9	3.9	4.0	4.1	4.1	4.2	4.3	4.3	4.4	4.5	4.5	4.6	4.5
北美洲	**North America**													
加拿大	Canada	31.5	31.7	32.3	32.6	32.9	33.2	33.6	33.9	34.3	34.7	35.2	35.5	35.9
美国	United States of America	294.0	297.0	298.2	301.0	303.9	308.8	314.7	317.6	313.1	315.8	320.1	322.6	321.8
拉丁美洲	**Latin America**													
阿根廷	Argentina	38.4	38.9	38.7	39.1	39.5	39.9	40.3	40.7	40.8	41.1	41.4	41.8	43.4
玻利维亚	Bolivia	8.8	9.0	9.2	9.4	9.5	9.7	9.9	10.0	10.1	10.2	10.7	10.8	10.7
巴西	Brazil	178.5	180.7	186.4	188.9	191.3	194.2	193.7	195.4	196.7	198.4	200.4	202.0	207.8
智利	Chile	15.8	16.0	16.3	16.5	16.6	16.8	17.0	17.1	17.3	17.4	17.6	17.8	17.9
哥伦比亚	Colombia	44.2	44.9	45.6	46.3	47.0	46.7	45.7	46.3	46.9	47.6	48.3	48.9	48.2
古巴	Cuba	11.3	11.3	11.3	11.3	11.3	11.3	11.2	11.2	11.3	11.2	11.3	11.3	11.4
多米尼加共和国	Dominican Republic	8.7	8.9	8.9	9.0	9.1	9.9	10.1	10.2	10.1	10.2	10.4	10.5	10.5
厄瓜多尔	Ecuador	13.0	13.2	13.2	13.4	13.6	13.5	13.6	13.8	14.7	14.9	15.7	16.0	16.1
危地马拉	Guatemala	12.3	12.7	12.6	12.9	13.2	13.7	14.0	14.4	14.8	15.1	15.5	15.9	16.3
墨西哥	Mexico	103.5	104.9	107.0	108.3	109.6	107.8	109.6	110.6	114.8	116.1	122.3	123.8	127.0
巴拿马	Panama	3.1	3.2	3.2	3.3	3.3	3.4	3.5	3.5	3.6	3.6	3.9	3.9	3.9
巴拉圭	Paraguay	5.9	6.0	6.2	6.3	6.4	6.2	6.3	6.5	6.6	6.7	6.8	6.9	6.6
秘鲁	Peru	27.2	27.6	28.0	28.4	28.8	28.2	29.2	29.5	29.4	29.7	30.4	30.8	31.4
波多黎各	Puerto Rico	3.9	3.9	4.0	4.0	4.0	4.0	4.0	4.0			3.7	3.7	3.7
乌拉圭	Uruguay	3.4	3.4	3.5	3.5	3.5	3.4	3.4	3.4	3.4	3.4	3.4	3.4	3.4
委内瑞拉	Venezuela (Bolivarian Republic of)	25.7	26.2	26.7	27.2	27.7	28.1	28.6	29.0	29.4	29.9	30.4	30.9	31.1

7-2 人口出生率、死亡率、自然增长率
Crude Birth Rate, Crude Death Rate and Rate of Natural Increase

国家	Country	出生率 Crude Birth Rate(‰)	死亡率 Crude Death Rate(‰)	自然增长率 Rate of Natural Increase(%)
美国	United States	13	8	0.5
日本	Japan	8	10	-0.2
德国	Germany	8	11	-0.3
英国	United Kingdom	12	9	0.3
法国	France	12	8	0.4
意大利	Italy	8	10	-0.2
加拿大	Canada	11	7	0.4
俄罗斯	Russia	13	13	0.0
澳大利亚	Australia	13	7	0.6
波兰	Poland	10	10	0.0
匈牙利	Hungary	9	13	-0.4
罗马尼亚	Romania	9	13	-0.4
保加利亚	Bulgaria	9	15	-0.6
印度	India	21	7	1.4
印度尼西亚	Indonesia	21	6	1.5
巴基斯坦	Pakistan	30	7	2.3
孟加拉国	Bangladesh	20	6	1.4
泰国	Thailand	12	8	0.4
菲律宾	Philippines	23	6	1.7
马来西亚	Malaysia	17	5	1.2
韩国	Korea Rep.	9	5	0.4
新加坡	Singapore	10	5	0.5
伊朗	Iran	19	5	1.4
土耳其	Turkey	17	5	1.2
尼日利亚	Nigeria	39	14	2.5
埃及	Egypt	31	6	2.5
埃塞俄比亚	Ethiopia	31	8	2.3
坦桑尼亚	Tanzania	39	9	3.0
肯尼亚	Kenya	31	8	2.3
巴西	Brazil	15	6	0.9
墨西哥	Mexico	19	5	1.4
阿根廷	Argentina	18	8	1.0
哥伦比亚	Colombia	19	6	1.3

资料来源：《2015年世界人口数据表》美国人口咨询局编。
Sources:Population Reference Bureau of United States, 2015 World Population Data Sheet.

7-3 人口年龄构成
Age Composition

单位：% (%)

国家	Country	0-14岁 Aged 0-14	15-64岁 Aged 15-64	65岁及以上 Aged 65 and Over
美国	United States	19	66	15
日本	Japan	13	61	26
德国	Germany	13	66	21
英国	United Kingdom	18	65	17
法国	France	19	63	18
意大利	Italy	14	64	22
加拿大	Canada	16	68	16
俄罗斯	Russia	16	71	13
澳大利亚	Australia	19	66	15
波兰	Poland	15	70	15
匈牙利	Hungary	15	67	18
罗马尼亚	Romania	16	67	17
保加利亚	Bulgaria	14	66	20
印度	India	29	66	5
印度尼西亚	Indonesia	29	66	5
巴基斯坦	Pakistan	36	60	4
孟加拉国	Bangladesh	33	62	5
泰国	Thailand	18	71	11
菲律宾	Philippines	34	62	4
马来西亚	Malaysia	26	68	6
韩国	Korea Rep.	14	73	13
新加坡	Singapore	16	73	11
伊朗	Iran	24	71	5
土耳其	Turkey	24	68	8
尼日利亚	Nigeria	43	54	3
埃及	Egypt	31	65	4
埃塞俄比亚	Ethiopia	41	55	4
坦桑尼亚	Tanzania	45	52	3
肯尼亚	Kenya	41	56	3
巴西	Brazil	24	69	7
墨西哥	Mexico	28	65	7
阿根廷	Argentina	24	65	11
哥伦比亚	Colombia	27	66	7

资料来源：《2015年世界人口数据表》美国人口咨询局编。
Sources:Population Reference Bureau of United States, 2015 World Population Data Sheet.

7-4 人口指标
Demographic Indicators

国　家	Country	预期寿命(岁) Life Expectancy at Birth			总和生育率 Total Fertility Rate	城镇化率(%) Persent Urban
		合计 Total	男 Male	女 Female		
美国	United States	79	76	81	1.9	81
日本	Japan	83	80	87	1.4	93
德国	Germany	80	78	83	1.5	73
英国	United Kingdom	81	79	83	1.9	80
法国	France	82	79	85	2.0	78
意大利	Italy	83	80	85	1.4	68
加拿大	Canada	81	79	84	1.6	80
俄罗斯	Russia	71	65	76	1.8	74
澳大利亚	Australia	82	80	84	1.9	89
波兰	Poland	78	74	82	1.3	60
匈牙利	Hungary	76	72	79	1.4	69
罗马尼亚	Romania	75	71	78	1.3	54
保加利亚	Bulgaria	75	71	78	1.5	73
印度	India	68	66	69	2.3	32
印度尼西亚	Indonesia	71	69	73	2.6	54
巴基斯坦	Pakistan	66	66	67	3.8	38
孟加拉国	Bangladesh	71	70	71	2.3	23
泰国	Thailand	75	72	78	1.6	49
菲律宾	Philippines	69	65	72	2.9	44
马来西亚	Malaysia	75	73	77	2.0	74
韩国	Korea,Republic of	82	79	85	1.2	82
新加坡	Singapore	83	80	85	1.3	100
伊朗	Iran	74	72	76	1.8	71
土耳其	Turkey	77	75	79	2.2	77
尼日利亚	Nigeria	52	52	53	5.5	50
埃及	Egypt	71	69	72	3.5	43
埃塞俄比亚	Ethiopia	64	62	65	4.1	17
坦桑尼亚	Tanzania	62	60	63	5.2	30
肯尼亚	Kenya	62	60	65	3.9	24
巴西	Brazil	75	71	79	1.8	86
墨西哥	Mexico	75	73	78	2.3	79
阿根廷	Argentina	77	73	80	2.2	93
哥伦比亚	Colombia	75	72	79	1.9	76

资料来源：《2015年世界人口数据表》美国人口咨询局编。
Sources:Population Reference Bureau of United States, 2015 World Population Data Sheet.

7-5 全部就业人数
Employment

单位：千人 (1000 persons)

国 别	Country	2010	2011	2012	2013	2014	2015
阿根廷	Argentina	10531.9	10765.7	10843.6	10942.8	11047.2	
澳大利亚	Australia	11022.2	11215.0	11347.2	11465.3	11562.8	11746.5
巴 西	Brazil	22019.0	22472.7	22956.4	23115.8	23087.1	23079.8
加拿大	Canada	16964.3	17221.0	17438.0	17691.1	17802.2	17946.6
埃 及	Egypt	23828.9	23345.8	23595.7	23973.6	23985.8	24778.0
法 国	France	25690.4	25751.3	25749.0	25749.4	25769.4	26382.3
德 国	Germany	38737.8	38787.2	39126.5	39531.4	39879.1	40211.1
匈牙利	Hungary	3732.4	3759.0	3827.2	3892.8	4100.8	4210.5
印度尼西亚	Indonesia	108207.8	109670.4	110808.2	112761.1	116400.0	114819.0
意大利	Italy	22526.9	22598.2	22566.0	22190.5	22278.9	22464.8
日 本	Japan	62570.0	62890.0	62700.0	63110.0	63510.0	63760.0
韩 国	Korea, Republic of	23828.8	24244.2	24680.7	25066.4	25599.4	25936.3
马来西亚	Malaysia	11776.8	12284.4	12723.2	13210.0	13532.1	14068.0
墨西哥	Mexico	45600.0	46891.6	49003.4	49275.1	47372.7	50611.3
荷 兰	Netherlands	8370.2	8368.7	8424.2	8364.8	8318.1	8318.7
新西兰	New Zealand	2180.3	2215.4	2216.1	2262.3	2305.3	2356.9
挪 威	Norway	2500.8	2535.5	2585.4	2601.6	2626.6	2641.0
菲律宾	Philippines	36035.0	37192.0	37600.0	37917.0	38093.5	38489.5
葡萄牙	Portugal	4898.4	4740.1	4546.9	4429.4	4499.5	4549.0
罗马尼亚	Romania	8712.8	8528.2	8605.1	8549.1	8613.7	8535.4
俄罗斯	Russian Federation	69803.6	70856.6	71545.4	71391.5	71539.0	72324.0
南 非	South Africa	13061.0	13264.8	13522.7	14865.6	15317.0	15928.0
西班牙	Spain	18724.5	18421.4	17632.7	17139.0	17344.2	17866.0
瑞 典	Sweden	4523.7	4625.9	4657.1	4704.5	4772.1	4836.8
泰 国	Thailand	38037.3	39317.2	39578.3	39112.4	38421.0	38016.0
英 国	United Kingdom	29125.0	29282.1	29596.2	29952.5	30641.8	31105.1
美 国	United States	139064.0	139869.0	142469.0	143929.0	146305.0	148834.0

注：资料来源:国际劳工组织劳动统计数据库(下同)。
Date resources:ILO Labour Statistics Database (same as below).

7-6 按三次产业分就业人员构成
Employment by Type of Industry

单位：% (%)

国家	Country	第一产业		第二产业		第三产业	
		2005	2014	2005	2014	2005	2014
孟加拉国	Bangladesh	48.1		14.5		37.4	
柬埔寨①	Cambodia①		51.0		18.6		30.4
印度	India	55.8	49.7②	19.0	21.5②	25.2	28.7②
印度尼西亚	Indonesia	44	34.3	18.7	21.0	37.2	44.8
伊朗	Iran	24.7	17.9	30.3	33.8	44.8	48.3
以色列	Israel	2	1.1	21.4	17.6	75.7	79.7
日本	Japan	4.4	3.7②	28.4	25.8②	66.0	69.1②
哈萨克斯坦	Kazakhstan	32.4	24.2②	18.0	19.8②	49.6	56.0②
韩国	Korea, Rep.	7.9	6.1②	26.8	24.4②	65.2	69.5②
马来西亚	Malaysia	14.6	12.2	29.7	27.4	55.6	60.3
蒙古	Mongolia	39.9	35.0①	16.8	18.2①	43.3	46.8①
巴基斯坦	Pakistan	43	43.5	20.3	22.5	36.6	34.0
菲律宾	Philippines	36	30.4	15.6	15.9	48.5	53.6
新加坡	Singapore	1.1		21.7	28.3	77.3	70.6
斯里兰卡	Sri Lanka	30.7	30.4	25.6	25.5	38.4	43.4
泰国	Thailand	42.6	41.9②	20.2	20.3②	37.1	37.5②
越南②	Viet Nam②		46.8		21.2		32.0
埃及	Egypt	30.9	28.0②	21.5	24.1②	47.5	47.9②
南非	South Africa	5.8	4.6	25.3	23.5	59.1	71.9
加拿大	Canada	2.7	2.1	22.0	19.8	75.2	78.2
墨西哥	Mexico	14.9	13.4②	25.5	23.6②	59.0	62.4②
美国	United States	1.6		20.6		77.8	
阿根廷	Argentina	1.1	0.5	23.5	24.0	75.1	74.7
巴西	Brazil	20.5	14.5②	21.4	22.9	57.9	76.6
委内瑞拉	Venezuela	9.7	7.4②	20.8	21.3②	68.7	71.1②
捷克	Czech Rep.	3.9	2.7	39.7	38.3	56.3	58.9
法国	France	3.6	2.8	23.8	20.5	72.3	75.8
德国	Germany	2.3	1.3	30.0	28.3	67.8	70.4
意大利	Italy	4	3.5	30.9	27.1	65.1	69.5
荷兰	Netherlands	3	2.0	19.7	15.1	72.6	75.3
波兰	Poland	16.5	11.2	29.7	30.8	53.8	57.9
俄罗斯	Russia	10.2	6.7	29.8	27.5	60.0	65.8
西班牙	Spain	5.2	4.2	29.7	19.5	65.1	76.3
土耳其	Turkey	29.5	19.7	24.8	28.4	45.8	51.9
乌克兰	Ukraine	19.4	14.8	24.2	26.1	56.4	59.1
英国	United Kingdom	1.3	1.1	22.2	18.9	76.2	79.1
澳大利亚	Australia	3.6	2.6②	21.5	20.8②	68.1	69.5②
新西兰	New Zealand	7.1	6.4②	22.2	20.2②	70.6	73.0②

1)资料来源：世界银行数据库。
2)①2012年数据。②2013年数据。
a)Source: World Bank Database.
b)①Data refer to 2012.②Data refer to 2013.

7-7 失业人数
Unemployment

单位：千人 (1000 persons)

国 别	Country	2010	2011	2012	2013	2014	2015
阿根廷	Argentina	880.3	832.7	843.4	836.3	865.8	
澳大利亚	Australia	606.0	600.3	624.9	687.0	746.9	757.7
巴 西	Brazil	1591.3	1425.8	1338.2	1317.6	1175.6	1696.8
加拿大	Canada	1486.3	1398.5	1371.6	1346.7	1322.3	1331.4
埃 及	Egypt	2350.8	3183.3	3424.7	3648.9	3636.5	3651.0
法 国	France	2626.8	2599.1	2806.6	2815.6	2819.1	3053.7
德 国	Germany	2945.5	2398.8	2224.4	2181.8	2089.7	1949.6
匈牙利	Hungary	469.4	466.0	473.2	441.0	343.3	307.8
印度尼西亚	Indonesia	8319.8	7700.1	7245.0	7410.9	7244.9	7560.8
意大利	Italy	2055.7	2061.3	2691.0	3068.7	3236.0	3033.3
日 本	Japan	3340.0	3020.0	2850.0	2650.0	2360.0	2220.0
韩 国	Korea, Republic of	919.6	854.7	819.9	806.9	936.5	976.3
马来西亚	Malaysia	395.8	391.4	396.3	424.6	399.5	450.3
墨西哥	Mexico	2572.3	2590.5	2473.8	2598.7	2622.6	2293.8
荷 兰	Netherlands	389.9	434.3	515.8	647.0	659.7	613.8
新西兰	New Zealand	152.2	154.6	164.5	149.4	140.8	144.2
挪 威	Norway	91.3	84.2	83.3	92.2	94.8	118.5
菲律宾	Philippines	2859.0	2813.0	2826.0	2905.0	2728.0	2585.5
葡萄牙	Portugal	591.2	688.2	835.7	855.2	726.0	646.5
罗马尼亚	Romania	651.7	659.4	627.2	653.0	628.7	623.9
俄罗斯	Russian Federation	5636.3	4922.4	4130.7	4137.4	3889.4	4263.9
南 非	South Africa	4332.0	4397.0	4541.0	4886.0	5074.0	5352.0
西班牙	Spain	4640.1	5012.7	5811.0	6051.1	5610.4	5056.0
瑞 典	Sweden	426.2	391.6	403.6	412.0	412.4	388.3
泰 国	Thailand	402.2	262.4	230.8	305.6	326.6	70.7
英 国	United Kingdom	2459.4	2559.2	2533.5	2437.6	1996.4	1746.6
美 国	United States	14825.0	13747.0	12506.0	11460.0	9617.0	8296.0

7-8 失业率
Unemployment Rate

单位：% (%)

国　家	Country	2000	2005	2010	2013	2014	2015
文　莱	Brunei Darussalam		4.1	2.7			
以色列	Israel	8.8	9.0	6.7	6.2	5.9	5.3
日　本	Japan	4.7	4.4	5.1	4.0	3.6	3.4
哈萨克斯坦	Kazakhstan	12.8	8.1	5.8	5.2	5.1	
韩　国	Korea, Rep.	4.4	3.7	3.7	3.1	3.5	3.6
马来西亚	Malaysia	3.1	3.6	3.3	3.1	2.9	3.1
巴基斯坦	Pakistan	7.8	7.7	5.6	6.2		
菲律宾	Philippines	11.2	8.7	7.4	7.1	6.6	6.3
新加坡	Singapore	3.7	4.1	2.1	1.7	2.7	1.7
斯里兰卡	Sri Lanka	7.6	7.7	4.9	4.4	4.3	
泰　国	Thailand	2.4	1.9	1.1	0.7	0.8	0.9
埃　及	Egypt	9.0	11.1	9.0	13.2	12.9	
南　非	South Africa	25.0	23.9	24.9	24.7	25.1	25.4
加拿大	Canada	6.8	6.8	8.1	7.1	6.9	6.9
墨西哥	Mexico	1.6	3.5	5.3	4.9	4.8	4.3
美　国	United States	4.0	5.1	9.6	7.4	6.2	5.3
阿根廷	Argentina	14.7	11.5	7.7	7.1	7.3	
巴　西	Brazil	9.2	9.8	6.7	5.4	4.9	6.8
委内瑞拉	Venezuela	14.0	12.2	8.5	7.5	7.0	6.8
捷　克	Czech Rep.	9.0	9.0	9.0	7.7	6.1	5.1
法　国	France	8.5	8.9	9.3	9.9	10.3	10.4
德　国	Germany	6.9	11.7	7.7	6.9	6.7	6.0
意大利	Italy	10.2	7.7	8.4	12.1	12.7	11.9
荷　兰	Netherlands	2.6	5.9	5.0	7.2	7.4	6.9
波　兰	Poland	14.0	18.2	12.1	13.5	9	7.5
俄罗斯	Russia	10.7	7.6	7.5	5.5	5.2	5.6
西班牙	Spain	14.1	9.2	19.9	26.1	24.5	22.1
土耳其	Turkey	6.6	10.6	11.9	9.7	10.0	10.3
乌克兰	Ukraine	11.7	7.2	8.1	7.4	9.3	
英　国	United Kingdom	5.5	4.8	7.9	7.6	6.2	5.4
澳大利亚	Australia	6.3	5.0	5.2	5.7	6.1	6.1
新西兰	New Zealand	5.9	3.9	6.7	6.1	5.7	5.8

资料来源：国际货币基金组织IFS数据库。
Sources: IMF IFS Database.

7-9 消费价格指数
Consumer Price Indices

资料来源：国际货币基金组织数据库。
Source: IFS Database,IMF.

(2010年=100) (2010=100)

国 家	Country	2005	2011	2012	2013	2014	2015
孟加拉国	Bangladesh	69.2	110.7	117.6	126.4	135.3	143.7
文 莱	Brunei Darussalam	95.5	102.0	102.5	102.9	102.7	
柬埔寨	Cambodia	67.8	105.5	108.6	111.8	116.1	117.5
印 度	India	65.8	108.9	119.0	132.0	140.4	147.7
印度尼西亚	Indonesia	68.7	105.4	109.9	116.9	124.4	132.3
伊 朗	Iran	48.6	120.6	153.6	214.0	250.8	285.2
以色列	Israel	87.8	103.5	105.2	106.8	107.3	106.7
日 本	Japan	100.4	99.7	99.7	100.0	102.8	103.6
韩 国	Korea, Rep.	86.1	104.0	106.3	107.7	109.0	109.8
老 挝	Laos	78.5	107.6	112.2	119.3	124.2	125.8
马来西亚	Malaysia	87.7	103.2	104.9	107.1	110.5	112.8
蒙 古	Mongolia	59.6	109.5	125.9	136.7	154.5	163.5
缅 甸	Myanmar	44.5	105.0	106.6	112.5	118.6	131.4
巴基斯坦	Pakistan	55.3	111.9	122.8	132.2	141.7	145.3
菲律宾	Philippines	78.7	104.7	108.0	111.2	115.8	117.4
新加坡	Singapore	88.0	105.3	110.0	112.6	113.8	113.2
斯里兰卡	Sri Lanka	58.3	106.7	114.8	122.7	126.7	127.9
泰 国	Thailand	86.6	103.8	106.9	109.3	111.4	110.3
埃 及	Egypt	57.8	110.1	117.9	129.0	142.1	156.8
尼日利亚	Nigeria	62.0	110.8	124.4	134.9	145.8	158.9
南 非	South Africa	71.6	105.0	110.9	117.0	124.4	130.1
加拿大	Canada	91.9	102.9	104.5	105.5	107.5	108.7
墨西哥	Mexico	80.5	103.4	107.7	111.8	116.3	119.4
美 国	United States	89.6	103.2	105.3	106.8	108.6	108.7
巴 西	Brazil	79.6	106.6	112.4	119.4	126.9	138.4
捷 克	Czech Rep.	87.0	101.9	105.3	106.8	107.2	107.5
法 国	France	92.8	102.1	104.1	105.0	105.6	105.6
德 国	Germany	92.5	102.1	104.1	105.7	106.7	106.9
意大利	Italy	91.0	102.7	105.9	107.2	107.4	107.5
荷 兰	Netherlands	92.6	102.3	104.9	107.5	108.5	109.2
波 兰	Poland	86.8	104.3	108.0	109.1	109.2	108.1
俄罗斯	Russia	61.4	108.4	113.9	121.6	131.2	151.5
西班牙	Spain	89.0	103.2	105.7	107.2	107.1	106.5
土耳其	Turkey	65.9	106.5	115.9	124.6	135.7	146.1
乌克兰	Ukraine	51.2	108.0	108.6	108.3	121.5	180.6
英 国	United Kingdom	87.4	104.5	107.4	110.2	111.8	111.8
澳大利亚	Australia	86.4	103.3	105.1	107.7	110.4	112.0
新西兰	New Zealand	87.0	104.4	105.4	106.7	107.7	108.1

二、香港特别行政区人口和就业统计数据

II.Population and Employment Data of Hong Kong Special Administrative Region

7-10 人口主要指标
Main Indicators of Population

项　　目	Item	2011	2012	2013	2014	2015
年中人口　(万人)	Mid-year Population (10 000 persons)	707.2	715.5	718.8	724.2	730.6
粗出生率　(‰)	Crude Birth Rate　(‰)	13.5	12.8	7.9	8.6	8.2
粗死亡率　(‰)	Crude Death Rate　(‰)	6	6.1	6.0	6.2	6.3
婴儿死亡率　(‰)	Infant Mortality Rate　(‰)	1.3	1.5	1.8	1.7	1.4
自然增长率　(‰)	Rate of Natural Increase　(‰)	7.5	6.7	1.9	2.4	1.9
总和生育率①	Total Fertility Rate①	1204	1285	1124	1234	1195
登记结婚数　(对)	Registered Marriages　(couple)	58369	60459	55274	56454	51447
登记离婚数　(对)	Divorce Decrees　(couple)	19597	21125	22271	20019	20075
出生时平均预期寿命（年）	Expectation of Life at Birth (year old)					
男	Male	80.3	80.7	81.1	81.2	81.2
女	Female	86.7	86.4	86.7	86.9	87.3

注：①不包括女性外籍家庭佣工。每千名女性的活产婴儿数目。
Note:①Excluding female foreign domestic helpers. Refers to live births per 1000 women.

7-11 劳动人口及失业状况
Labour Force and Unemployment

项　　目	Item	2011	2012	2013	2014	2015
劳动人口数目(万人)	Labour Force　(10 000 persons)	370.3	378.5	385.9	387.6	391.0
男	Male	194.3	197.2	199.2	198.8	199.5
女	Female	176.0	181.3	186.6	188.8	191.4
劳动人口参与率（%）	Labour Force Participation Rate　(%)	60.1	60.5	61.2	61.1	61.2
就业人口　(万人)	Employed Persons　(10 000 persons)	357.6	366.1	372.8	374.9	378.1
失业人口　(万人)	Unemployed Persons (10 000 persons)	12.7	12.4	13.1	12.7	12.9
失业率　(%)	Unemployment Rate　(%)	3.4	3.3	3.4	3.3	3.3

注：数字是根据每年1月至12月进行的"综合住户统计调查"结果，以及由政府统计处与跨部门人口分布推算小组共同编制按区议会分区划分年中人口估计数字而编制。
Note:Figures are compiled based on data collected in the General Household Survey from January to December of the year concerend as well as the mid-year population estimates by District Council district compiled jointly by the Census and Statistics Department and an inter-departmental Working Group on Population Distribution Projections.

7-12 按行业划分的就业人数
Employed Persons by Industry

单位：万人 (10 000 persons)

行　业	Industry	2011	2012	2013	2014	2015
制造	Manufacturing	13.3	13.4	12.6	13.0	11.4
建筑	Construction	27.7	29.1	30.9	30.7	31.7
进出口贸易及批发	Import/Export Trade and Wholesale	53.9	56.4	51.5	50.2	48.2
零售、住宿①及膳食服务	Retail, Accommodation① and Food Services	57.8	59.1	61.2	63.4	62.5
运输、仓库、邮政及速递	Transportation, Storage, Postal and Courier	43.4	43.4	44.5	44.6	45.3
服务、资讯及通讯	Services, Information and Communications					
金融、保险、地产、专业	Financing, Insurance, Real Estate,	67.6	68.7	72.0	73.4	75.1
及商用服务	Professional and Business Services					
公共行政、社会及个人服务	Public Administration, Social and	91.5	93.5	97.8	97.3	101.5
	Personal Services					
其它	Others	2.4	2.4	2.3	2.2	2.5
总计	**Total**	**357.6**	**366.1**	**372.8**	**374.9**	**378.1**

注：数字是根据每年1月至12月进行的“综合住户统计调查”结果，以及由政府统计处与跨部门人口分布推算小组共同编制按区议会分区划分年中人口估计数字而编制。
①住宿服务包括酒店、宾馆、旅舍及其他提供短期住宿服务的机构单位。

Notes : Figures are compiled based on data collected in the General Household Survey from January to December of the year concerned as well as the mid-year population estimates by District Council district compiled jointly by the Census and Statistics Department and an inter-departmental Working Group on Population Distribution Projections.
①Accommodation services cover hotels, guesthouses, boarding houses and other establishments providing short term accommodation.

7-13 按每月就业收入划分的就业人数
Employed Persons by Monthly Employment Earnings

单位：万人，另有注明除外 (10 000 persons, unless otherwise specified)

每月就业收入(港元)	Monthly Employment Earnings (HKD)	2011	2012	2013	2014	2015
< 3000	< 3000	10.1	9.9	11.3	11.4	10.8
3000 － 3999	3000 - 3999	28.2	29.1	28.4	17.6	7.3
4000 － 4999	4000 - 4999	6.8	6.9	8.8	19.4	30.1
5000 － 5999	5000 - 5999	8.5	6.2	6.3	5.7	6.0
6000 － 6999	6000 - 6999	16.5	11.3	9.0	6.9	6.4
7000 － 7999	7000 - 7999	22.2	17.8	14.2	11.6	8.7
8000 － 8999	8000 - 8999	28.9	28.6	22.1	18.1	14.7
9000 － 9999	9000 - 9999	21.3	25.7	24.4	22.3	18.9
10000 － 11999	10000 - 11999	38.2	38.3	40.5	39.2	37.4
12000 － 13999	12000 - 13999	33.0	35.2	36.7	38.9	39.4
14000 － 15999	14000 - 15999	26.0	29.6	31.2	34.0	34.9
16000 － 17999	16000 - 17999	9.8	12.3	15.0	16.0	17.1
18000 － 19999	18000 - 19999	10.1	9.6	11.9	13.6	14.3
20000 － 24999	20000 - 24999	30.1	31.6	33.0	33.9	36.9
25000 － 29999	25000 - 29999	14.7	15.4	16.9	18.0	20.0
30000 － 34999	30000 - 34999	17.1	17.0	16.8	17.9	19.5
35000 － 39999	35000 - 39999	6.4	8.0	8.6	9.4	10.3
40000 － 44999	40000 - 44999	6.0	7.5	8.4	8.4	9.0
45000 － 49999	45000 - 49999	3.8	3.7	4.8	5.7	6.4
50000 － 59999	50000 - 59999	6.8	8.9	9.1	9.8	10.0
60000 － 79999	60000 - 79999	5.8	5.6	7.2	7.7	9.1
80000 － 99999	80000 - 99999	2.6	3.0	3.3	3.4	4.0
≧ 100000	≧ 100000	4.8	5.2	5.1	6.0	7.0
总　计	Total	357.6	366.1	372.8	374.9	378.1
每月就业收入中位数(港元)	**Median Monthly Earnings (HKD)**	**11300**	**12000**	**13000**	**13400**	**14500**

注：数字是根据每年1月至12月进行的“综合住户统计调查”结果，以及由政府统计处与跨部门人口分布推算小组共同编制按区议会分区划分年中人口估计数字而编制。

Notes : Figures are compiled based on data collected in the General Household Survey from January to December of the year concerned as well as the mid-year population estimates by District Council district compiled jointly by the Census and Statistics Department and an inter-departmental Working Group on Population Distribution Projections.

7-14 按行业划分督导级(不包括经理级与专业雇员)及以下雇员的工资指数 Wage Indices for Employees up to Supervisory Level

(1992年9月 = 100) (September 1992 = 100)

行业主类	Industry Section	2011	2012	2013	2014	2015
名义工资指数	**Nominal Wage Index**					
制造	Manufacturing	170.0	172.8	180.9	191.1	199.1
进出口贸易、批发及零售	Import/Export, Wholesale and Retail Trades	188.1	195.1	198.8	204.7	210.5
运输	Transportation	161.8	166.4	173.2	181.7	189.1
住宿及餐饮服务活动①	Accommodation and Food Service Activities①	150.6	163.2	169.4	176.8	186.2
金融及保险活动	Financial and Insurance Activities	190.3	201.8	207.5	215.4	222.8
地产租赁及保养管理	Real Estate Leasing and Maintenance Management	186.6	199.8	219.2	223.6	231.7
专业及商业服务	Professional and Business Services	185.8	192.7	208.3	221.3	236.8
个人服务	Personal Services	222.0	240.7	253.8	271.9	287.8
所有选定行业②	All Selected Industries②	178.3	187.5	195.2	203.3	211.9
实际工资指数③	**Real Wage Index③**					
制造	Manufacturing	112.4	109.6	110.0	108.8	110.5
进出口贸易、批发及零售	Import/Export, Wholesale and Retail Trades	124.3	123.7	120.9	116.6	116.9
运输	Transportation	106.9	105.5	105.3	103.5	105.0
住宿及餐饮服务活动①	Accommodation and Food Service Activities①	99.6	103.5	103.0	100.7	103.4
金融及保险活动	Financial and Insurance Activities	125.8	128.0	126.2	122.7	123.7
地产租赁及保养管理	Real Estate Leasing and Maintenance Management	123.3	126.7	133.3	127.3	128.7
专业及商业服务	Professional and Business Services	122.8	122.2	126.7	126.0	131.5
个人服务	Personal Services	146.7	152.6	154.4	154.8	159.8
所有选定行业②	All Selected Industries②	117.9	118.9	118.7	115.8	117.7

注：指有关年度12月份的数字。

①住宿服务包括酒店、宾馆、旅舍及其他提供短期住宿服务的机构单位。

②指“劳工收入统计调查”内工资统计调查所涵盖的所有行业，包括并没有列出其统计数字的电力及燃气供应业、污水处理及废弃物管理业与出版活动业。

③实际工资指数是以名义工资指数扣除以2014/15年为基期的甲类消费价格指数而计算出来。

Notes : Figures refer to December of the year.

①Accommodation services cover hotels, guesthouses, boarding houses and other establishments providing short term accommodation.

②Figures refer to all industries covered by the wage enquiry of the Labour Earnings Survey, including the electricity and gas supply industry, sewerage and waste management activities industry and publishing activities industry, the statistics of which are not separately shown.

③The Real Wage Indices are derived by deflating the Nominal Wage Indices by the 2009/10-based Consumer Price Index (A).

7-15 消费价格指数（2014年10月-2015年9月=100）
Consumer Price Indices (Oct. 2014 - Sep. 2015=100)

项　　目	Item	权　数 Weight	2011	2012	2013	2014	2015
综合消费价格指数	**Composite Consumer Price Index**						
总指数	**All Items**	**100.00**	**86.1**	**89.6**	**93.5**	**97.7**	**100.6**
食品	Food	27.29	84.5	89.4	93.3	97.2	101.0
外出用膳	Meals Bought away from Home	(17.74)	84.2	88.7	92.6	96.9	101.0
食品(不包括外出用膳)	Food(Excluding Meals Bought away from Home)	(9.55)	84.9	90.4	94.3	97.7	100.9
住屋①	Housing①	34.29	79.9	84.4	90.1	96.0	101.0
私人房屋租金	Private Housing Rent	(29.92)	80.3	85.7	91.1	96.6	101.1
公营房屋租金	Public Housing Rent	(1.94)	70.7	65.7	76.2	90.2	100.0
电力、燃气及水	Electricity, Gas and Water	2.67	81.6	74.9	80.0	92.0	99.7
烟酒	Alcoholic Drinks and Tobacco	0.54	88.9	91.5	92.9	98.9	100.2
衣履	Clothing and Footwear	3.21	95.9	98.9	100.5	101.4	99.6
耐用物品	Durable Goods	4.65	114.5	112.9	108.1	104.4	98.5
杂项物品	Miscellaneous Goods	3.56	92.8	94.9	97.0	99.3	100.1
交通	Transport	7.98	93.2	96.0	98.3	100.3	99.9
杂项服务②	Miscellaneous Services②	15.81	90.3	92.8	96.3	99.2	100.3
教育服务	Educational Services	(3.91)	87.8	90.3	93.6	97.3	100.9
资讯及通讯服务	Information and Communications Services	(2.33)	100.2	97.4	97.4	100.0	99.5
医疗服务	Medical Services	(2.60)	89.0	91.7	94.6	97.5	101.0
甲类消费价格指数	**Consumer Price Index (A)**						
总指数	**All Items**	**100.00**	**84.2**	**87.2**	**91.7**	**96.8**	**100.6**
食品	Food	34.37	84.1	89.2	93.4	97.3	101.0
外出用膳	Meals Bought away from Home	(20.99)	83.9	88.5	92.6	96.9	101.0
食品(不包括外出用膳)	Food(Excluding Meals Bought away from Home)	(13.38)	84.4	90.1	94.3	97.7	100.9
住屋①	Housing①	33.77	77.5	81.0	87.5	94.9	101.0
私人房屋租金	Private Housing Rent	(26.51)	78.6	84.3	90.0	96.2	101.2
公营房屋租金	Public Housing Rent	(5.44)	70.7	65.7	76.1	90.2	100.0
电力、燃气及水	Electricity, Gas and Water	3.85	80.3	71.3	76.4	90.2	99.9
烟酒	Alcoholic Drinks and Tobacco	0.75	88.0	91.1	92.3	98.8	100.2
衣履	Clothing and Footwear	2.57	94.7	98.1	100.4	100.8	99.5
耐用物品	Durable Goods	3.41	115.2	113.1	108.3	104.3	98.5

7-15 续表 continued

项 目	Item	权 数 Weight	2011	2012	2013	2014	2015
杂项物品	Miscellaneous Goods	3.28	90.7	93.1	96.2	99.0	100.2
交通	Transport	6.75	92.3	94.7	96.5	99.2	100.2
杂项服务②	Miscellaneous Services②	11.25	91.7	93.3	96.2	99.0	100.1
教育服务	Educational Services	(2.89)	88.1	90.4	93.8	97.4	100.7
资讯及通讯服务	Information and Communications Services	(3.13)	99.8	97.3	97.4	100.0	99.4
医疗服务	Medical Services	(1.90)	89.1	91.7	94.5	97.4	101.0
乙类消费价格指数	**Consumer Price Index (B)**						
总指数	**All Items**	**100.00**	**86.5**	**90.2**	**93.9**	**97.8**	**100.6**
食品	Food	26.26	84.3	89.4	93.3	97.2	101.0
外出用膳	Meals Bought away from Home	(17.88)	84.2	88.9	92.7	96.9	101.0
食品(不包括外出用膳)	Food(Excluding Meals Bought away from Home)	(8.38)	84.4	90.1	94.2	97.7	100.9
住屋①	Housing①	35.24	80.4	85.5	90.7	96.4	101.1
私人房屋租金	Private Housing Rent	(32.15)	80.1	85.6	90.8	96.5	101.1
公营房屋租金	Public Housing Rent	(0.49)	70.7	65.5	76.1	90.1	100.0
电力、燃气及水	Electricity, Gas and Water	2.38	82.4	76.7	81.8	93.0	99.6
烟酒	Alcoholic Drinks and Tobacco	0.57	89.0	91.6	92.9	98.9	100.3
衣履	Clothing and Footwear	3.26	95.0	98.1	100.3	100.5	99.5
耐用物品	Durable Goods	5.03	115.3	114.0	108.7	104.5	98.5
杂项物品	Miscellaneous Goods	3.64	93.4	95.5	97.5	99.5	100.1
交通	Transport	7.60	93.4	96.1	98.2	100.2	99.9
杂项服务②	Miscellaneous Services②	16.02	90.7	93.2	96.5	99.3	100.2
教育服务	Educational Services	(4.03)	88.4	90.7	94.0	97.5	100.9
资讯及通讯服务	Information and Communications Services	(2.23)	100.6	97.6	97.4	100.0	99.5
医疗服务	Medical Services	(2.70)	88.6	91.3	94.3	97.2	101.0
丙类消费价格指数	**Consumer Price Index (C)**						
总指数	**All Items**	**100.00**	**88**	**91.6**	**95.1**	**98.4**	**100.5**
食品	Food	20.85	85.3	89.7	93.2	96.9	100.9
外出用膳	Meals Bought away from Home	(13.98)	84.6	88.7	92.5	96.6	101.0
食品(不包括外出用膳)	Food(Excluding Meals Bought away from Home)	(6.87)	86.7	91.4	94.4	97.5	100.9
住屋①	Housing①	33.60	82.4	87.4	92.4	97.0	100.9
私人房屋租金	Private Housing Rent	(30.72)	82.2	87.4	92.6	97.1	100.9
电力、燃气及水	Electricity, Gas and Water	1.76	83.4	80.8	85.9	94.9	99.6
烟酒	Alcoholic Drinks and Tobacco	0.26	91.5	92.8	94.6	99.4	100.4
衣履	Clothing and Footwear	3.88	97.8	100.2	100.8	102.8	99.8
耐用物品	Durable Goods	5.53	113.3	111.6	107.4	104.4	98.5
杂项物品	Miscellaneous Goods	3.77	94.3	95.9	97.3	99.3	100.1
交通	Transport	9.84	93.9	97.1	99.8	101.2	99.8
杂项服务②	Miscellaneous Services②	20.51	89.1	92.2	96.1	99.2	100.5
教育服务	Educational Services	(4.91)	87.0	89.6	93.0	97.0	101.1
资讯及通讯服务	Information and Communications Services	(1.57)	100.4	97.5	97.3	100.0	99.5
医疗服务	Medical Services	(3.24)	89.4	92.2	95.0	97.8	100.9

注：2014年10月起的消费价格指数是根据2014/15年住户开支统计调查所得的开支权数编制。较早的指数则是根据旧的开支权数而经过按比例换算与新基期的指数拼接。

①除"私人房屋租金"及"公营房屋租金"外，"住屋"类别还包括"管理费及其他住屋杂费"和"保养住所材料"。而丙类消费价格指数中的"住屋"类别并不包括"公营房屋租金"。

②"杂项服务"类别包括"教育服务"、"资讯及通讯服务"、"医疗服务"及其他杂项服务。

Notes: The CPIs from October 2014 onwards are compiled based on expenditure weights obtained from the 2014/15 Household Expenditure Survey. The CPIs for earlier periods are compiled based on old weights and have been re-scaled to the new base period for linking with the new index series.

①Apart from "Private Housing Rent" and "Public Housing Rent", the "Housing" section also includes "Management Fees and Other Housing Charges" and "Materials for House Maintenance". For CPI(C), the "Housing" section does not include "Public Housing Rent".

②"Miscellaneous Services" section includes "Educational Services", "Information and Communications Services", "Medical Services" and other miscellaneous services.

三、澳门特别行政区人口和就业统计数据

III.Population and Employment Data of
Macao Special Administrative Region

7-16 人口主要指标
Main Demographic Indicator

项　　目	Item	2011	2012	2013	2014	2015
年中人口 (万人)	Mid-year Population (10 000 persons)	55.0	56.8	59.2	62.2	64.3
出生率 (‰)	Crude Birth Rate (‰)	10.6	12.9	11.1	11.8	11.0
死亡率 (‰)	Crude Death Rate (‰)	3.4	3.2	3.2	3.1	3.1
婴儿死亡率 (‰)	Infant Mortality Rate (‰)	2.9	2.5	2.0	2.0	1.6
自然增长率 (‰)	Natural Growth Rate (‰)	7.3	9.6	7.9	8.7	7.9
总和生育率	Total Fertility Rate	1.2	1.4	1.2	1.2	1.1
登记结婚 (宗)	Registered Marriages (case)	3545	3783	4153	4085	3719
离婚 (宗)	Registered Divorces (case)	998	1147	1172	1308	1168
项　　目	Item	2008-2011	2009-2012	2010-2013	2011-2014	2012-2015
出生时平均预期寿命(岁)	Life Expectancy at Birth (years)	82.4	82.6	82.6	82.9	83.2
男	Male	79.2	79.3	79.3	79.6	79.9
女	Female	85.5	85.8	85.8	86.0	86.3

7-17 经济活动人口及失业状况
Labour Force and Unemployment

项　　目	Item	2011	2012	2013	2014	2015
劳动人口 (万人)	Labour Force (10 000 persons)	33.6	35.0	36.8	39.5	40.4
男	Male	17.1	18.1	18.9	20.7	21.3
女	Female	16.5	16.9	17.9	18.7	19.1
就业人口 (万人)	Employed Population (10 000 persons)	32.8	34.3	36.1	38.8	39.7
失业人口 (万人)	Unemployed Population (10 000 persons)	0.9	0.7	0.7	0.7	0.7
失业率 (%)	Unemployment Rate (%)	2.6	2.0	1.8	1.7	1.8

7-18 按行业划分的就业人口
Employed Population by Industry

单位：万人 (10 000 persons)

行业	Industry	2011	2012	2013	2014	2015
总数	**Total**	**32.76**	**34.32**	**36.10**	**38.81**	**39.65**
制造业	Manufacturing	1.28	1.03	0.90	0.74	0.69
水电及气体生产供应业	Electricity, Gas & Water Supply	0.13	0.15	0.15	0.11	0.12
建筑业	Construction	2.82	3.23	3.53	5.25	5.48
批发及零售业	Wholesale & Retail Trades	4.34	4.23	4.47	4.52	4.50
酒店及饮食业	Hotels, Restaurants & Similar Activities	4.61	5.30	5.43	5.48	5.50
运输、仓储及通信业	Transport, Storage & Communications	1.60	1.60	1.59	1.92	1.75
金融业	Financial Intermediation	0.81	0.82	0.93	1.07	1.08
不动产及二商服务业	Real Estate & Business Activities	2.80	2.43	2.76	3.04	2.98
公共行政及社保事务	Public Administration & Social Security	2.30	2.51	2.57	2.55	2.94
教育	Education	1.23	1.31	1.43	1.48	1.66
医疗卫生及社会福利	Health & Social Welfare	0.85	0.86	0.91	1.01	1.13
文娱博彩及其他服务业	Recreational, Cultural, Gaming & Other Services	8.20	8.95	9.34	9.40	9.42
家务工作	Domestic Work	1.68	1.80	2.03	2.19	2.36
其他及不详	Others and Unknown	0.10	0.09	0.06	0.07	0.05

7-19 按行业划分的月工作收入中位数
Median Monthly Employment Earnings by Industry

单位：澳门元 (MOP)

行业	Occupation	2011	2012	2013	2014	2015
总数	**Total**	**10000**	**11300**	**12000**	**13300**	**15000**
制造业	Manufacturing	6500	7500	8500	9000	10300
水电及气体生产供应业	Electricity, Gas & Water Supply	17500	16000	18000	21000	26000
建筑业	Construction	10100	11700	12000	13000	13000
批发及零售业	Wholesale & Retail Trade	8000	9000	10000	10000	12000
酒店及饮食业	Hotels, Restaurants & Similar Activities	7500	8300	8800	10000	10000
运输、仓储及通信业	Transport, Storage & Communications	10000	11000	12300	13000	14000
金融业	Financial Intermediation	12000	14000	16000	17000	18000
不动产及工商服务业	Real Estate & Business Activities	7000	8000	9000	9500	9500
公共行政及社保事务	Public Administration & Social Security	20700	25000	27200	30000	34800
教育	Education	15000	16000	19000	20000	22000
医疗卫生及社会福利	Health & Social Welfare	12000	15000	18200	16000	20000
文娱博彩及其他服务业	Recreational, Cultural, Gaming & Other Services	13000	14500	15300	17000	18000
家务工作	Domestic Work	3000	3100	3400	3500	3800

7-20 消费物价指数
Consumer Price Index

2013年10月至2014年9月=100)/2013-09/2014=100)

项　目	Items	权数 Weight	2011	2012	2013	2014	2015
综合消费价格指数	**Composite Consumer Price Index**						
总指数	**Global Index**	**100.00**	**85.17**	**90.37**	**95.35**	**101.11**	**105.72**
食品及非酒精饮料	Food and Non-alcoholic Beverages	28.97	82.39	89.41	95.34	101.16	106.09
烟酒	Alcoholic Beverages and Tobacco	0.92	70.83	92.29	97.43	100.56	117.99
服装、鞋	Clothing and Footwear	6.46	93.66	96.71	98.67	100.55	100.47
住房及燃料	Housing and Fuels	26.70	77.60	82.85	91.09	101.95	110.17
家居设备及用品	Household Goods and Furnishings	3.29	85.16	91.00	96.00	100.53	105.56
医疗	Health	3.06	85.69	90.67	96.55	101.03	106.75
交通	Transport	10.96	94.34	96.82	98.76	100.75	101.58
通讯	Communications	2.53	106.88	102.42	100.07	99.76	99.50
康乐及文化	Recreation and Culture	4.79	90.31	92.61	96.81	100.98	102.21
教育	Education	2.91	97.40	97.63	96.26	98.51	103.33
其他商品及服务	Miscellaneous Goods and Services	9.41	90.15	95.38	97.34	100.72	103.13
甲类消费价格指数	**Consumer Price Index (A)**						
总指数	**Global Index**	**100.00**	**83.94**	**89.32**	**94.76**	**100.99**	**105.92**
食品及非酒精饮料	Food and Non-alcoholic Beverages	29.62	82.39	89.46	95.44	101.13	106.08
烟酒	Alcoholic Beverages and Tobacco	0.90	70.32	92.10	97.35	100.46	119.46
服装、鞋	Clothing and Footwear	6.43	92.91	96.15	98.35	100.44	100.49
住房及燃料	Housing and Fuels	27.76	78.59	83.17	91.26	102.03	110.19
家居设备及用品	Household Goods and Furnishings	3.26	86.95	91.97	96.24	100.45	105.55
医疗	Health	3.02	83.70	88.90	95.71	100.93	106.77
交通	Transport	9.75	93.74	96.85	98.91	100.72	101.76
通讯	Communications	2.63	107.00	102.30	100.03	99.74	99.51
康乐及文化	Recreation and Culture	4.73	90.72	93.44	96.91	100.74	102.09
教育	Education	2.99	96.31	97.37	96.06	98.43	103.24
其他商品及服务	Miscellaneous Goods and Services	8.91	86.61	91.68	95.39	100.59	103.85
乙类消费价格指数	**Consumer Price Index (B)**						
总指数	**Global Index**	**100.00**	**84.65**	**89.99**	**94.83**	**100.42**	**104.10**
食品及非酒精饮料	Food and Non-alcoholic Beverages	23.51	82.36	89.35	95.25	101.19	106.19
烟酒	Alcoholic Beverages and Tobacco	1.05	71.77	93.23	98.30	101.41	107.40
服装、鞋	Clothing and Footwear	6.69	93.37	96.59	98.54	100.45	100.35
住房及燃料	Housing and Fuels	17.84	76.68	82.70	90.96	101.83	109.98
家居设备及用品	Household Goods and Furnishings	3.54	84.50	90.56	95.88	100.53	105.60
医疗	Health	3.45	86.19	91.38	97.09	101.13	106.63
交通	Transport	21.05	93.28	96.47	98.59	100.67	100.88
通讯	Communications	1.71	107.02	102.37	100.03	99.74	99.35
康乐及文化	Recreation and Culture	5.28	91.08	93.21	97.20	101.35	103.13
教育	Education	2.20	97.55	97.58	95.90	98.25	104.32
其他商品及服务	Miscellaneous Goods and Services	13.67	89.03	94.18	96.21	99.44	99.28

四、台湾省人口和就业统计数据

IV.Population and Employment Data of Taiwan Province

7-21 面积和人口主要指标
Main Indicators of Area and Population

项 目	Item	2011	2012	2013	2014	2015
土地面积（万平方公里）	Area (10 000 sq.km)	3.6	3.6	3.6	3.6	3.6
户籍登记人口数（万人）	Year-end Population (10 000 persons)	2322.5	2331.6	2337.4	2343.4	2349.2
男	Male	1164.6	1167.3	1168.5	1169.8	1171.2
女	Female	1157.9	1164.3	1168.9	1173.6	1178.0
粗出生率 (‰)	Crude Birth Rate (‰)	8.48	9.86	8.53	8.99	9.10
粗死亡率 (‰)	Crude Death Rate (‰)	6.59	6.63	6.68	7.00	6.98
人口自然增长率 (‰)	Natural Population Growth Rate (‰)	1.88	3.23	1.85	1.98	2.12
一般生育率 (‰)	Fertility Rate (‰)	32	38	32	34	35
结婚率 (对/千人)	Marriage Rate (couple/1000 persons)	7.13	6.16	6.32	6.38	6.58
离婚率 (对/千人)	Divorce Rate (couple/1000 persons)	2.46	2.41	2.30	2.27	2.28
期望寿命 (岁)	Life Expectancy at Birth (year old)					
男	Male	75.96	76.43	76.91	76.42	
女	Female	82.63	82.82	83.36	83.19	
人口的年龄分布 (%)	Age-specific Distribution (%)					
0-14岁	0-14	15.08	14.63	14.32	13.99	13.57
15-64岁	15-64	74.04	74.22	74.15	74.03	73.92
65岁及以上	65 and Over	10.89	11.15	11.53	11.99	12.51
性别比 (女=100)	Sex Ratio (female=100)	100.57	100.26	99.96	99.68	99.40
人口密度(人/平方公里)	Population Density (persons/sq.km)	641.7	644.2	645.8	647.5	649.0

资源来源：台湾省统计网站（以下各表同）。

Source: Taiwan Province Statistics Website. The same applies in the following tables.

7-22 劳动力和就业状况
Labour Force and Employment

项目	Item	2011	2012	2013	2014	2015
劳动力人口 (万人)	Labour Force (10 000 persons)	1120.0	1134.1	1144.5	1153.5	1163.8
男	Male	630.4	636.9	640.2	644.1	649.7
女	Female	489.6	497.2	504.3	509.4	514.1
就业人数 (万人)	Employment (10 000 persons)	1070.9	1086.0	1096.7	1107.9	1119.8
男	Male	600.6	608.3	611.6	616.6	623.4
女	Female	470.2	477.7	485.1	491.3	496.4
就业者行业构成 (%)	Distribution of Employment by Industry(%)	100.0	100.0	100.0	100.0	100.0
农、林、渔、牧业	Agriculture, Forestry, Fishery and Animal Husbandry	5.1	5.0	5.0	5.0	5.0
工业	Industry	36.3	36.2	36.2	36.2	36.0
矿业及土石采取业	Mining and Quarrying	0.04	0.04	0.04	0.04	0.0
制造业	Manufacturing	27.5	27.4	27.2	27.1	27.0
电力及燃气供应业	Electricity, Gas	0.3	0.3	0.3	0.3	0.3
用水供应及污染整治业	Water Supply and Pollution Management	0.7	0.8	0.8	0.7	0.7
建筑业	Construction	7.8	7.8	7.9	8.0	8.0
服务业	Services	58.6	58.8	58.9	58.8	59.0
批发及零售业	Wholesale and Retail Trades	16.5	16.6	16.6	16.5	16.4
运输及仓储业	Transport, Storage, Communications	3.8	3.8	3.9	3.9	3.9
金融及保险业	Finance, Insurance	4.0	3.9	3.8	3.8	3.8
咨讯及通讯传播	Information and Communication	2.0	2.1	2.1	2.2	2.2
住宿及餐饮业	Hotels and Restaurants	6.8	6.9	7.1	7.2	7.3
教育服务业	Education	5.9	5.8	5.8	5.8	5.8
公共行政	Public Administration	3.6	3.5	3.5	3.4	3.3
失业人数 (万人)	Unemployment (10 000 persons)	49.1	48.1	47.8	45.7	44.0
失业率 (%)	Unemployment Rate (%)	4.4	4.2	4.2	4.0	3.8

7-23 居民消费价格分类指数
Consumer Price Indices

2011年=100 (2011=100)

年份 Year	总指数 General Index	食品 Food	服装 Clothing	居住 Housing	交通&通讯 Transportation & Communications	医药保健 Medicines and Medical Care	教育娱乐 Education and Entertainment	杂项 Miscellaneous
2007	95.2	89.9	95.4	97.5	97.7	94.9	100.0	91.7
2008	98.5	97.6	96.3	99.0	99.9	97.0	101.3	93.3
2009	97.7	97.2	95.6	98.7	95.9	97.6	99.5	95.8
2010	98.6	97.8	97.2	99.2	98.6	98.2	99.5	98.6
2011	100.0	100.0	100.0	100.0	100.0	100.0	100.0	100.0
2012	101.9	104.2	102.5	101.1	100.4	100.9	100.7	102.3
2013	102.7	105.5	102.3	102.1	100.9	102.1	101.0	102.7
2014	103.9	109.4	103.6	102.9	99.7	102.7	100.9	104.3
2015	103.7	112.8	103.1	101.8	93.9	102.9	100.9	104.5

第八部分

Chapter Eight

2015 年全国 1% 人口抽样调查方案和劳动力调查制度说明及主要指标解释

Explanatory Notes on Main Statistical Indicators

一、2015年全国1%人口抽样调查方案

根据《国务院办公厅关于开展2015年全国1%人口抽样调查的通知》(国办发〔2014〕33号)和《全国人口普查条例》(中华人民共和国国务院令第576号),制定2015年全国1%人口抽样调查方案。

(一)调查目的和组织实施

1. 2015年全国1%人口抽样调查的目的是了解2010年以来我国人口在数量、素质、结构、分布以及居住等方面的变化情况,为制定国民经济和社会发展规划提供科学准确的统计信息支持。

2. 调查工作按照“统一领导、分工协作、分级负责、共同参与”的原则组织实施。

国家和县以上地方各级人民政府成立2015年全国1%人口抽样调查工作领导机构及其办公室,被抽中的乡、镇和街道办事处成立1%人口抽样调查办公室,领导和组织实施全国和本地区的1%人口抽样调查工作。

2015年全国1%人口抽样调查领导机构各成员单位要按照各自职能分工,认真做好相关工作。

3. 2015年全国1%人口抽样调查所需经费,按照分级负担原则,由中央和地方各级人民政府共同负担,并列入相应年度的财政预算,按时拨付、确保到位。

4. 各级调查机构及其工作人员要坚持依法调查。严格执行《中华人民共和国统计法》和《全国人口普查条例》的有关规定。调查取得的数据,严格限定用于调查目的,不得作为任何部门和单位对各级行政管理工作实施考核、奖惩的依据,不得作为对调查对象实施处罚的依据。

5. 各级宣传部门和调查机构应采取多种方式,积极做好1%人口抽样调查的宣传工作,为1%人口抽样调查工作的开展营造良好的社会氛围。

6. 各级1%人口抽样调查领导机构对本行政区域的调查数据质量负责,确保调查数据真实、准确、完整、及时。

(二)调查标准时点、对象、内容和方式

7. 调查的标准时点为2015年11月1日零时。

8. 调查对象为抽中调查小区内的全部人口(不包括港澳台居民和外国人)。

应在抽中调查小区内登记的人包括:2015年10月31日晚居住在本调查小区的人;户口在本调查小区,2015年10月31日晚未居住在本调查小区的人。

中国人民解放军现役军人由军队领导机关统一进行调查。

9. 调查内容主要包括姓名、性别、年龄、民族、受教育程度、行业、职业、迁移流动、社会保障、婚姻、生育、死亡、住房情况等。

10. 调查以户为单位进行登记，户分为家庭户和集体户。

11. 调查采用调查员手持电子终端设备（PDA）入户登记与互联网自主填报相结合的方式。

住户可以选择由调查员手持电子终端设备（PDA）入户登记的方式，也可以选择在互联网上填写调查表直接上报的方式。

12. 调查表分为《2015年全国1%人口抽样调查表》、《2015年全国1%人口抽样调查死亡人口调查表》。

（三）抽样方法、调查小区划分和绘图

13. 全国调查的样本量约占全国总人口的1%左右。调查以全国为总体，各地级市为子总体，采取分层、二阶段、概率比例、整群抽样方法，其中群即最终样本单位为调查小区。

14. 二阶段抽样的方法为：第一阶段抽取村级单位，第二阶段抽取调查小区。在第一阶段抽样时，抽取方法为分层、概率比例抽样。

样本的抽取由全国1%人口抽样调查办公室负责实施。

15. 调查小区的划分、编码和绘图。2015年全国1%人口抽样调查小区规模划分原则为80个住房单元，常住人口大约250人左右。在划分调查小区的同时，绘制抽中村级单位内调查小区分布图、并给调查小区升序编码，绘制抽中调查小区内所有建筑物的分布图。

（四）调查的宣传、试点和物资准备

16. 各级宣传部门和调查机构要组织协调新闻媒体，通过报刊、广播、电视、互联网、新媒体和户外广告等多种渠道，宣传调查的重大意义、政策规定和工作要求，积极营造良好的调查氛围。

17. 全国1%人口抽样调查办公室负责组织国家级试点。省级1%人口抽样调查办公室负责组织本地区的试点。

18. 调查所需的物资由各级1%人口抽样调查办公室根据所承担的工作任务负责准备。

（五）调查指导员和调查员的借调、招聘和培训

19. 每个调查小区至少配备一名调查员，每个被抽中的乡、镇、街道至少配备一名调查指导员。

20. 调查指导员和调查员应当由具有初中以上文化水平、身体健康、经培训能够使用手持电子终端设备（PDA），工作认真负责、能够胜任调查工作的人员担任。

21. 调查指导员和调查员的借调、招聘工作由县级1%人口抽样调查领导机构负责。

22. 调查指导员和调查员可以从党政机关、社会团体、企业事业单位借调，也可以从村民委员会、居民委员会或者社会招聘。

23. 培训工作分级进行。全国1%人口抽样调查办公室负责对省级1%人口抽样调查办公室的业务骨干进行培训；省级1%人口抽样调查办公室负责对市、县级1%人口抽样调查办公室的业务骨干进行培训；市、县级1%人口抽样调查办公室共同负责培训调查指导员和调查员。

培训工作应于2015年10月15日前完成。

（六）调查摸底、登记

24．调查登记以前，调查员和调查指导员要对调查小区的人口状况进行摸底工作，明确调查登记的范围、绘制调查小区图、编制调查小区户主姓名底册。

摸底工作应于2015年10月31日前完成。

25．现场登记工作从2015年11月1日开始，采用调查员手持PDA入户询问、现场填报，或由住户通过互联网自主填报的方式进行。

对完成PDA登记的住户，调查指导员应及时组织调查员进行复查，经核实无误后上报。

选择互联网填报的住户应于2015年11月7日前完成调查表的填写和提交。对在规定时间内没有完成的住户，调查员将再次入户使用PDA进行登记。

全部登记工作应于11月15日前完成。

（七）事后质量抽查

26．登记工作完成后进行事后质量抽查。全国1%人口抽样调查办公室负责事后质量抽查样本的抽取，省级1%人口抽样调查办公室负责事后质量抽查工作的组织实施。

27．事后质量抽查工作应于2015年11月25日以前完成。

28．事后质量抽查结果只作为评价全国调查数据质量的依据。

（八）调查数据的汇总、发布和管理

29．登记工作结束后，县级1%人口抽样调查办公室负责组织调查表的行业和职业编码。编码前应对编码人员进行严格培训。

编码工作应于2015年11月20日以前完成。

30．调查数据的处理工作由1%人口抽样调查办公室负责。汇总程序由全国1%人口抽样调查办公室统一下发。

31．国家统计局和全国1%人口抽样调查办公室对数据进行审核后发布主要数据公报。各省、自治区、直辖市的主要数据应于国家公报发布之后发布。

32．调查的原始数据由全国和省级1%人口抽样调查办公室负责管理。

（九）其他

33．调查工作全部结束后，各级1%人口抽样调查办公室要对这次调查工作进行全面的总结，并报同级人民政府和上级调查领导机构。

34．交通极为不便的地区，需采用其他登记时间和方法的，须报请全国1%人口抽样调查工作协调小组批准。

35．全国1%人口抽样调查办公室根据本方案制定各项工作实施细则和有关技术文件。

36．本方案由全国1%人口抽样调查办公室负责解释。

2015年全国1%人口抽样调查表

表　　号：R 5 0 1 表
制定机关：国 家 统 计 局
文　　号：国统字（2015）50号
有效期至：2015 年12 月

一、住户项目

问题1 您家现住房的详细地址？______________

问题2 您家2014年11月1日至2015年10月31日期间的人口变化情况？

出生人口______人

死亡人口______人

问题3 您家的住户类别？

○ 家庭户　○ 集体户（转至个人项目）

问题4 您家的住房类型？

○ 普通住宅　○ 集体宿舍和工棚（转至个人项目）

○ 工作地住宿（转至个人项目）　○ 无住房（转至个人项目）

问题5 您家住房的建筑面积？______平方米

问题6 您家的住房间数？______间

问题7 您家住房所在的建筑物一共有多少层？

○ 平房　○ 2-3层楼房　○ 4-6层楼房

○ 7-9层楼房　○ 10层以上楼房

问题8 您家住房的建成年代？

○ 1949年以前　○ 1949-1959年　○ 1960-1969年　○ 1970-1979年

○ 1980-1989年　○ 1990-1999年　○ 2000-2009年　○ 2010年以后

问题9 您家住房内有无厨房？

○ 独立使用　○ 与其他户合用　○ 无

问题10 您家住房内有无厕所？

○ 独立使用抽水/冲水式　○ 合用抽水/冲水式　○ 独立使用其他样式

○ 合用其他样式　○ 无

问题11 您家住房的来源？

○ 购买新建商品房　○ 购买二手房　○ 购买原公有住房

○ 购买经济适用房、两限房　○ 自建住房　○ 租赁廉租房、公租房

○ 租赁其他住房　○ 其他

问题12 您家拥有家用汽车的情况？

○ 拥有100万元以上的汽车　○ 拥有50-100万元的汽车　○ 拥有30-50万元的汽车

○ 拥有20-30万元的汽车　○ 拥有10-20万元的汽车　○ 拥有10万元以下的汽车

○ 没有汽车

二、个人项目

每个人都填报的项目（问题1—问题11）

问题1 姓名？

姓名_______

问题2 与户主关系？

○ 户主　○ 配偶　○ 子女　○ 父母　○ 岳父母或公婆

○ 祖父母　○ 媳婿　○ 孙子女　○ 兄弟姐妹　○ 其他

问题3 性别？

○ 男　○ 女

问题4 出生年月？

出生年_______

出生月_______

问题5 民族？

_______族

问题6 户口登记地址？

○ 户口登记地址与本户现住房地址相同

○ 户口登记地址与本户现住房地址不同（请填报户口登记地址）（跳至问题8）

_____省(区、市)

_____市（地）

_____县（市、区）

_____乡（镇、街道）

_____村（居）委会

○ 户口待定（跳至问题11）

问题7 调查时点居住地址？

○ 现住房　○ 其他地区（请填报具体地址）

_____省（区、市）

_____市（地）

_____县（市、区）

（跳至问题9）

问题8 在本市居住时间？

○ 不满半年　○ 半年至一年　○ 一至二年　○ 二至三年

○ 三至四年　○ 四至五年　○ 五至十年　○ 十年以上

问题9 离开户口登记地的时间？

○ 没有离开户口登记地（跳至问题11）

○ 不满半年　○ 半年至一年　○ 一至二年　○ 二至三年

○ 三至四年　○ 四至五年　○ 五至十年　○ 十年以上

问题10 离开户口登记地的原因？

○ 工作就业　○ 学习培训　○ 随同迁移　○ 房屋拆迁　○ 改善住房

○ 寄挂户口　○ 婚姻嫁娶　○ 为子女就学　○ 其他

问题11 是否有农村土地承包权？

○ 有　○ 无

1周岁及以上的人填报的项目（问题12）

问题12 一年前常住地？

○ 现住房　○ 其他地区（请填报具体地址）

_____省（区、市）

_____节（地）

_____县（市、区）

_____乡（镇、街道）

_____村（居）委会

5周岁及以上的人填报的项目（问题13）

问题13 五年前常住地？

○ 现住房　○ 其他地区（请填报具体地址）

_____省（区、市）

_____市（地）

_____县（市、区）

6周岁及以上的人填报的项目（问题14—问题16）

问题14 是否识字？

○ 是　○ 否

问题15 受教育程度？

○ 未上过学（跳至问题17）

○ 小学　○ 初中　○ 普通高中　○ 中职

○ 大学专科 ○ 大学本科 ○ 研究生

问题16 学业完成情况？

○ 在校　○ 毕业　○ 肄业　○ 辍学　○ 其他

15周岁及以上的人填报的项目（问题17—问题27）

问题17 上周工作情况？

○ 在工作

○ 在职休假、在职学习培训、临时停工或季节性歇业

○ 未做任何工作（跳至问题22）

问题18 行业？

单位详细名称：_______

单位的主要产品或主要业务：_______

问题19 职业？

本人从事的具体工作：_______

（设区的地级市和直辖市以外的人跳至问题25）

问题20 工作地点？

○ 现住房所在的街道（乡、镇） ○ 本市其他街道（乡、镇）（请填报具体地址）

_____区（县）

_____街道（乡、镇）

○ 本市以外

问题21 前往工作地所乘主要交通工具及所需时间？

○ 步行 ○ 自行车 ○ 电动车 ○ 摩托车

○ 小轿车 ○ 公共汽车 ○ 轨道交通 ○ 其他

时间：_______分钟

（跳至问题25）

问题22 未工作原因？

○ 在校学习（跳至问题25） ○ 丧失工作能力（跳至问题25）

○ 毕业后未工作 ○ 因单位原因失去工作

○ 因本人原因失去工作 ○ 承包土地被征用

○ 离退休 ○ 料理家务 ○ 其他

问题23 三个月内是否找过工作？

○ 在职业介绍机构求职 ○ 委托亲友找工作 ○ 应答或刊登广告

○ 参加招聘会 ○ 为自己经营作准备 ○ 其他

○ 未找过工作

问题24 如果有合适的工作，能否在两周内开始工作？

○ 能 ○ 不能

问题25 参加社会养老保险的情况？

○ 城镇职工基本养老保险 ○ 城镇（乡）居民社会养老保险

○ 新型农村社会养老保险 ○ 机关事业单位养老保险

○ 未参加以上四种社会养老保险

问题26 参加社会医疗保险的情况？

○ 职工基本医疗保险 ○ 城镇（乡）居民基本医疗保险 ○ 新型农村合作医疗

○ 公费医疗　　○ 未参加以上四种基本医疗保险

问题27 婚姻状况？

○ 未婚（跳至问题31）　○ 有配偶　○ 离婚（跳至问题29）

○ 丧偶（跳至问题29）

15-50周岁的妇女填报的项目（问题28—问题30）

问题28 夫妇为独生子女情况？

○ 双独　○ 单独，女方为独生子女　○ 单独，男方为独生子女　○ 均非独生子女

问题29 生育子女数？

○ 未生育（结束）　○ 有生育（请填报生育的子女数）

生过几个孩子：

男_______人

女_______人

其中现在存活几个孩子：

男_______人

女_______人

问题30 过去一年（2014年11月1日至2015年10月31日期间）的生育情况？

○ 未生育（结束）　○ 有生育（请填报生育时间和孩子的性别）

生育时间是：

____月

婴儿性别是：

○ 男　○ 女

如果一年内有两次生育或生育多胞胎的，请填报其他孩子的生育时间和性别。

60周岁及以上的人填报的项目（问题31—问题32）

问题31 主要生活来源？

○ 劳动收入　○ 离退休金养老金　○ 最低生活保障金　○ 财产性收入

○ 家庭其他成员供养　○ 其他

问题32 身体健康状况？

○ 健康　○ 基本健康　○ 不健康，但生活能自理　○ 生活不能自理

2015年全国1%人口抽样调查死亡人口调查表

(2014.11.01-2015.10.31死亡的人口登记)

表　　号：R 5 0 2 表
制定机关：国 家 统 计 局
文　　号：国统字（2015）50号
有效期至：2 0 1 5 年 1 2 月

每个死亡人口都登记的项目（问题1—问题5）

问题1 姓名？

姓名_______

问题2 性别？

○ 男　　○ 女

问题3 出生年月？

出生年_______

出生月_______

问题4 死亡时间？

死亡月_______

问题5 民族？

_______族

死亡时满6周岁的人登记的项目（问题6）

问题6 受教育程度？

○ 未上过学　○ 小学　○ 初中　○ 普通高中

○ 中职　○ 大学专科　○ 大学本科　○ 研究生

死亡时满15周岁的人登记的项目（问题7）

问题7 婚姻状况？

○ 未婚　○ 有配偶　○ 离婚　○ 丧偶

二、全国月度劳动力调查试点方案

（一）总 说 明

1．调查目的

为及时、准确地反映我国城乡劳动力资源、就业和失业人口的总量、结构和分布情况，为政府准确判断就业形势，制定和调整就业政策，改善宏观调控，加强就业服务提供依据，根据《国务院办公厅关于建立劳动力调查制度的通知》(国办发[2004]72号)的要求，建立全国劳动力调查制度。

2．调查频率和范围

劳动力调查的频率为月度。

调查范围是抽中的我国大陆地区城镇和乡村地域上居住的人口。

城镇是按国务院于2008年7月12日国函[2008]60号批复的《统计上划分城乡的规定》中划定的城市和镇，其余地域为乡村。

3．登记对象

劳动力调查以户为单位进行登记，既调查家庭户，也调查集体户。应在被抽中户中登记的人是：

（1）调查时点居住在本户的人；

（2）本户人口中，已外出但不满半年的人。

4．调查项目

劳动力调查项目分为按户填报的项目和按人填报的项目。

（1）按户填报的项目

户编号、户别、调查时点居住在本户的人口数、本户人口中外出但不满半年的人口数、现住房来源等5个项目。

（2）按人填报的项目

姓名、与户主关系、性别、出生年月、户口登记地、住本户时间、受教育程度、婚姻状况、您户口所在家庭是否有农村土地承包权、您以前是否在其他地区工作过、您来（回）本县（市、区）多长时间了、您在调查时点前一周是否为取得收入而工作过1小时以上、您在职未上班的主要原因是什么、您已连续未上班多长时间、您目前的工作已干了多长时间、您的工作单位或经营活动属于以下哪种类型、您的就业身份属于以下哪种类型、您是否与用人单位或雇主签订了劳动合同、您上月主要工作的报酬是多少、您是否为增加工作时间而想寻找其他工作、如有机会工作更长时间您能在两周内开始工作吗、您在调查时点前一周未工作的主要原因是什么、您想工作吗、您近三个月内采取过以下哪种方式寻找工作、您未找工作的主要原因是什么、如有合适的工作您能在两周内开始工作吗、您暂时不能开始工作的主要原因是什么、您调查时点前一周或失去工作前所在单位工作主要生产或经营活动是什么、您调查时点前一周或失去工作前做什么具体工作等29个项目。

5．试点时期与调查时点

月度劳动力调查的试点时期为2015年7月至12月，调查的标准时间为每月10日零时，入户登记时间为每月10日—14日。2015年10月份标准时间为15日零时，入户登记时间为15日—19日。

6．抽样方法和样本量

具体详见本方案第三部分《抽样方案》。

7．调查的组织实施

（1）各级统计局和调查队工作职责

国家统计局的职责。国家统计局人口就业统计司负责全国劳动力调查方案的制定；负责各省村级样本单位的抽取工作；负责与数管中心共同完成数据采集PDA和数据处理平台的研制；负责调查阶段的数据质量控制；负责全国和各省调查数据的加权汇总；负责调查数据的发布和解读工作。

各省统计局的职责。各省、自治区、直辖市统计局人口和就业处负责组织实施65个大城市劳动力调查工作（简称：原大城市）；负责指导原大城市区县统计局，完成村级样本单位内住户样本框的编制工作；负责完成原大城市村级样本单位内住户样本抽取工作；负责原大城市区（县）统计局人员的培训和调查业务指导；负责指导原大城市区（县）统计局做好调查员的招聘和选调工作；负责原大城市调查阶段的数据质量控制；负责原大城市调查数据的审核、上报。

65个大城市统计局的职责。负责本市劳动力调查的具体组织实施工作；负责指导本市区（县）统计局做好调查员的招聘、选调工作；负责做好本市调查员的定期培训工作；负责本市调查阶段的数据质量控制；负责本市调查数据的审核、上报。

区（县）统计局的职责。负责在城镇社区和村委会的协助下，调查员入户调查登记工作；负责本区（县）调查员的管理、监督工作；负责本区（县）抽中调查样本的管理、核实工作；负责本区（县）调查阶段的数据质量控制；负责本区（县）调查数据的审核、上报。

各省调查总队的职责。各省、自治区调查总队相关处室负责组织实施原65个大城市之外的地级城市（简称：新扩城市）劳动力调查工作；负责新扩城市、县调查队人员的培训和调查业务指导；负责指导新扩城市、县调查队做好调查员的招聘、选调和培训工作；负责新扩城市调查阶段的数据质量控制；负责新扩城市调查数据的审核、上报。

地级和县级调查队的职责。负责在城镇社区和村委会的协助下调查员入户调查登记工作；负责做好本地区调查员的招聘、选调和培训工作；负责本地区调查员的管理、监督工作；负责本地区抽中调查样本的管理、核实工作；负责本地区调查阶段的数据质量控制；负责本地区调查数据的审核、上报。

（2）调查员的选聘、培训和管理

调查员的选聘。调查员主要从政府统计系统和基层组织人员中选调，也可从社会上招聘。调查员的数量，原则上按一个社区（居委会、村委会）一名调查员进行配备。调查指导员应由乡、镇、街道统计人员担任。

调查员的培训和管理。各级统计机构要加强对调查员的培训，应尽可能减少培训层次，以提高培训效果。在培训过程中，除对调查项目和样本核实方法进行讲解外，还应注重加强对调查技巧的培训。调查员变动时，必须对新任调查员进行业务培训，不得由未经培训的人员承担调查任务。各级统计机构要加强对调查员工作的监督检查。调查指导员、调查员的选调和培训工作可参见《调查指导员和调查员的选聘、培训和管理规则》。

（3）宣传工作。入户登记前，要在社区张贴由国家统计局统一印制的《中华人民共和国国家统计局关于开展劳动力调查的公告》，并将《致调查户的一封信》发放到被调查户。

（4）样本核实、入户登记和复查。入户登记前，相关统计机构要组织调查员，对应调查的住户样本进行核实，如有变动应根据相关规则进行更新，并向上级统计机构报送更新情况。入户登记时要对被抽中的所有住户（居住单元）逐一进行调查，对应在本户登记的人口不得漏登，对调查项目要仔细询问，认真核对，确保调查数据的质量。在调查登记结束后，要认真进行复查。样本核实、入户登记和复查的具体要求，参见《样本核实、登记、复查规则》。

（5）质量控制。为加强对调查过程的管理，国家统计局和各级统计机构都应建立电话核查和入户回访制度。每月都要选取一定比例的户进行电话核查和入户回访。电话核查工作的具体要求，参见《劳动力调查电话核查方案》。

（6）行业、职业专项编码。调查员入户登记完成后，要在劳动力调查数据直报平台上，对调查员填写的行业、职业中文信息进行专项编码。由市级统计局或区县统计局、市级调查队、县级调查队完成。行业、职业专项编码的具体要求，参见《职业、行业编码规则》。

（7）资料报送。每月25日前，各省统计局和调查总队要将本月调查数据评估情况，调查工作基本情况报人口就业司。具体要求参见《月度劳动力调查样本和工作情况说明》

（8）调查表中劳动报酬数据的使用。本调查中的劳动报酬数据仅供国家统计局分析就业质量时内部使用，各级统计调查机构不得对外提供。

8．数据采集、报送和数据处理

全国劳动力调查使用手持电子终端（PDA）进行样本管理、任务分配和数据采集，并由调查员利用PDA通过联网直报平台（简称：平台）将调查数据直接报送到国家统计局。上述各项工作在平台上的时间节点安排如下：

（1）每月3日17点前，国家统计局数管中心通过MDM将住户清单推送至每一台PDA上。

（2）每月8—9日17点前，调查员完成核实、更换调查住户。

（3）每月10—14日，调查员持PDA入户调查登记。

（4）每月15—19日，在平台上进行调查数据的补录、行职业编码和审核，由市级统计局或区县统计局、市级调查队、县级调查队完成。区县、市级、省级自下而上进行逐级调查数据验收。

（5）每月20—25日，国家统计局人口就业司在平台上进行调查数据验收、审核。

每月26—30日，国家统计局人口就业司进行数据评估和加权汇总。

如遇节假日调查时点调整，平台节点时间也会做出相应变动，以人口就业司通知为准。

PDA及平台使用方法详见《PDA使用手册》、《劳动力调查数据直报平台使用手册》。

（二）调查表式与填报说明

表　　号：VI504
制表机关：国　家　统　计　局
文　　号：国统字（2015）60号
有效期至：2016　年　1　月

劳 动 力 调 查 表

20　　年　　月

应在本户登记的人：

调查时点居住在本户的人；

本户人口中，外出不满半年的人。

本户地址：______县（市、区）______乡（镇、街道）______社区居委会（村委会）______住户组

H1. 户编号	H2. 户别	H3. 调查时点居住在本户的人口数	H4. 本户人口中，已外出但不满半年的人口数	H5. 现住房来源
______号	1. 家庭户 2. 集体户	共 ______人 其中： 男 ______人 女 ______人	共 ______人 其中： 男 ______人 女 ______人	1. 自有 2. 租住公有房屋 3. 租住其他房屋 4. 单位提供宿舍 5. 借住亲戚朋友住房 6. 其他
□□□	□	□□ □□ □□	□□ □□ □□	□

调查员（签字）：

申报人（签字）：　　　　申报人在本户人记录中的编码：______ □□

本户电话：□□□□□□□□□□□

填报日期：20　　年　　月　　日

F1. 姓名	F2. 与户主关系	F3. 性别	F4. 出生年月	F5. 户口登记地
	0. 户主 1. 配偶 2. 子女 3. 父母 4. 岳父母或公婆 5. 祖父母 6. 媳婿 7. 孙子女 8. 兄弟姐妹 9. 其他	1. 男 2. 女	________年 ________月 （______ 周岁）	1. 户口在本乡（镇、街道），住 本户→**F7** 2. 户口在本乡（镇、街道），离开本户不满半年→**F7** 3. 本县（市、区）其他乡（镇、街道） 4. 本地（市）其他县（市、区） 5. 本省其他地（市） 6. 外省 7. 户口待定→**F7**
□□	□	□	□□□□ □□	□

F6. 住本户时间	F7. 受教育程度	F8. 婚姻状况	F9. 您户口所在家庭是否有农村土地承包权？
1. 住本户半年以上 2. 住本户不满半年，离开户口登记地半年以上 3. 住本户不满半年，离开户口登记地不满半年 4. 不住本户，离开本户不满半年	1. 未上过学 2. 小学 3. 初中 4. 普通高中 5. 中等职业教育 6. 高等职业教育 7. 大学专科 8. 大学本科 9. 研究生 **（不满 16 岁的人结束）**	1. 未婚 2. 有配偶 3. 离婚 4. 丧偶	1. 有 2. 没有→**F12**
□	□	□	□

F10. 您以前是否在其他县（市、区）工作过？	F11. 您来（回）本县（市、区）多长时间了？	F12. 您在调查时点前一周是否为取得收入而工作过1 小时以上？
1. 是，在本地（市）其他县（市、区）工作过 2. 是，在本省其他地（市）工作过 3. 是，在外省工作过 ________省 4. 否→**F12**	1. 3 个月以内 2. 3-6 个月 3. 6-12 个月 4. 1-2 年 5. 2 年及以上 ________年	1. 是（包括无酬家庭帮工） 前一周实际工作时间 ________小时→**F15** 2. 在职，但未上班 3. 未做任何工作→**F22**
□ □□	□ □□	□ □□

F13. 您在职未上班的主要原因是什么？	F14. 您已连续未上班多长时间？	F15. 您目前的工作已干了多长时间？	F16. 您的工作单位或经营活动属于以下哪种类型？	F17. 您的就业身份属于以下哪一类？
1. 病假、事假 }→F15 2. 产假 }→F15 3. 休假 }→F15 4. 在职学习 }→F15 5. 临时停工放假 6. 生产淡季放假 7. 单位不景气放假 8. 劳务纠纷 9. 其他	1. 3个月以内 2. 3个月及以上→F23	1. 1个月以内 2. 1-3个月 3. 3-6个月 4. 6-12个月 5. 1-2年 6. 2-3年 7. 3年及以上	1. 机关团体事业单位 }→F18 2. 国有及国有控股企业 }→F18 3. 集体企业 }→F18 4. 个体工商户 5. 私营企业 6. 外商、港澳台投资企业 7. 其他类型单位 8. 耕作经营承包地→F20 9. 其他	1. 雇员 2. 雇主 }→F19 3. 自营者 }→F19 4. 家庭帮工→F20
□	□	□	□	□

F18. 您是否与用人单位或雇主签订了劳动合同？	F19. 您上月主要工作的报酬是多少？	F20. 您是否为增加工作时间而想寻找其他工作或加班？	F21. 如有机会工作更长时间，您能在两周内开始工作吗？
1. 是，已签有固定期限合同 期限________个月 2. 是，已签无固定期限（长期）合同 3. 否	________元	（工作时间少于40小时、F13=1～4或F14=1的人填报，工作时间多于40小时的跳填F28。） 1. 是 2. 否→F28	1. 能 }→F28 2. 不能 }→F28
□ □□	□□□□□	□	□

F22. 您在调查时点前一周未工作的主要原因是什么？	F23. 您想工作吗？	F24. 您近三个月内采取过以下哪种方式寻找工作？	F25. 您未找工作的主要原因是什么？
1. 丧失劳动能力（**结束**） 2. 在校学习 3. 毕业后未工作 4. 因单位原因失去原来的工作 5. 因个人原因失去原来的工作 6. 承包土地被征用 7. 离退休 8. 料理家务 9. 其他 □	1. 想 2. 不想 □	1. 在职业介绍机构登记 2. 委托亲戚朋友找工作 3. 直接与单位或雇主联系 4. 刊登或应答广告 5. 浏览招聘广告 6. 参加招聘会 7. 为自己经营做准备 8. 其他 （1–8 → **F26**） 9. 未找工作 □	1. 参加学习培训 2. 健康原因 3. 照顾家庭 4. 求职失败，放弃找工作 5. 缺乏必要的培训、技能或经验 6. 等待开始新的工作 7. 有足够的生活保障 8.其他 □
F26. 如有合适的工作，您能在两周内开始工作吗？	**F27. 您暂时不能开始工作的主要原因是什么？**	**F28. 您调查时点前一周或失去工作前，所在单位主要生产或经营活动是什么？**	**F29. 您调查时点前一周或失去工作前，做什么具体工作？**
1. 能 连续未工作时间 __________月 → **F28** 2. 不能 □ □□	1. 参加学习培训 2. 健康原因 3. 照顾家庭 4. 其他 **（F24 圈填“9. 未找工作”或 F26 圈填“2. 不能”工作的人结束）** □	1. 单位详细名称 ____________________ 主要产品或经营活动 ____________________ 2. 从未工作过（**结束**） □ □□	从事的具体工作 ________________ □□

本户共登记_____人，第_____人

（三）抽样方案

全国月度劳动力调查在大陆地区所有的省、自治区、直辖市开展，包括其所辖的全部城镇与乡村地域。

1. 抽样目标

新一轮劳动力调查抽样目标是：一是满足失业率等主要劳动力指标数据国家级代表性的要求，同时对分省分城乡也有较好代表性；二是保证现有进行月度调查的65个大城市的数据与历史数据衔接；三是整合资源，尽量发挥国家调查队的调查力量。

2. 抽样总体与抽样框

抽样总体为中华人民共和国大陆地区所有住户（不包括港澳台地区），但不包括军营、监狱中的集体户。各省、自治区、直辖市为次总体。

使用更新后的第六次人口普查的村级单位名录库和普查小区名录库作为初级抽样框，抽中的村级单位内所有的住房单元作为次级抽样框。编制抽样框时，对常住人口过少的普查小区应进行合并。

每年对抽样框进行更新。对初级抽样框，每年要清理、更新村级单位名录库；对次级抽样框，应去除所抽村级单位地域内拆迁的住房单元，补充新增加的住房单元。

3. 抽样方法

（1）抽样原则

劳动力调查采用分层、多阶段、与住房单元数多少成比例（PPS）抽样抽取初级单位（村级单位或普查小区），采用随机等距抽样的方法在初级单位抽取住房单元或住户组，并对抽中住房单元和住户组内的所有人员进行调查。

人口就业统计司负责抽取初级单位，各省统计局或调查队负责审核抽中初级单位样本的代表性，以及核查上报所抽中初级单位所辖地域已经或可能发生的拆迁等住房单元的变动情况，最终确定抽取的初级单位样本。在抽中的初级单位样本中，各省统计局或调查队负责编制住房单元清单，使用人口和就业统计司下发的程序，按照随机等距方法集中抽取住户。

（2）不同地域的具体抽样方法

原65个大城市以各市为总体，采用二阶段抽样方法，首先在全市范围内（包括市辖区和该市所辖的县）抽取村级样本，在抽中的村级样本中抽取住户组。

原65个城市之外的区域又分为市区和县域两层分别进行抽样。市区层以各省非65个大城市的所有市辖区为总体，按区（县）一级分层，在每个市辖区内采用二阶段抽样方法，即每个区（县）抽普查小区，抽中的普查小区抽住房单元。

县域层以各省非65个大城市的所有县及县级市为总体，采用三阶段抽样，即从县域层中抽中调查县，在抽中的调查县中抽取普查小区，抽中的普查小区中抽取住房单元。基于组织开展调查的可操作考量，县域层的调查县主要由已设立国家调查队的县和县级市组成，人口和就业司根据各省实际情况进行适当微调。

4．样本量和样本轮换

（1）样本量的确定

为满足局党组提出的“在95%的把握程度下，全国城镇调查失业率的相对误差控制在3.5%左右，省级精度能基本满足需要”的抽样要求（经计算，变异系数CV要求约为1.8%），综合考虑前期调查获得的群内相关系数roh（Kish，1965：5.4节）、抽样的设计效应、全国劳动力调查的经费情况、各省调查力量的配置情况和调查组织方式，确定全国每月总共调查约12万户（住房单元）。计算公式见附1。

（2）样本轮换

样本轮换采用2-10-2模式，即一个住户连续2个月接受调查，在接下来的10个月中不接受调查，然后再接受连续2个月的调查，之后退出样本。样本轮换最终能达到如下目标：

①除了开始阶段，任何一个月都有1/4的样本第一次接受调查，1/4的样本接受第二次调查，1/4的样本第三次接受调查，1/4的样本接受第四次调查。

②月度之间样本有50%重复。

③年度之间相同月份样本有50%重复。

当抽中住户不愿参与调查时，调查员应耐心劝导其配合，必要时市县统计机构也应一起帮助劝导。经反复劝导仍不愿意配合的，应从抽中的备选样本户中选择对应的住户进行替换。当抽中的住户第一次入户时为空户，或者因为各种原因不能参与调查时，也应从抽中的备选样本户中选择对应的住户进行替换。

5．加权方法

全国、省、市各级汇总结果根据调查的基础数据，采用加权、事后分层、季节调整等方法汇总得到，并经相应的时间序列模型评估。各级的汇总权数由国家统计局人口和就业司统一计算。全国和分省数据的季节调整和模型评估由国家统计局人口和就业司统一进行。

附1

样本量与权数计算

1.确定不同地域层和组织方式下最优样本规模。

根据Kish（1965）介绍的方法，同质性roh在不同时期不同地域（国别）间相对稳定。由此村级单位（普查小区）内最优样本规模

$$b_{opt}=\sqrt{\frac{C_a}{C_b}*\frac{1-roh}{roh}}$$

Ca为每个村级单位（普查小区）整理样本框、聘用培训调查员、调查员到达该村级单位（普查小区）的成本等预估费用，Cb为每个样本户调查一次的入户费用，roh为群内相关系数。

2.计算所需样本量

首先计算设计效应 $deff=1+(\bar{b})roh$；其中 $\bar{b}$ 为村级单位（普查小区）平均样本规模。

其次根据期望精度计算期望的标准误|se(u)=cv*u,其 中cv为变异系数，u为计算时预计的城镇调查失业率。

根据设计效应和期望标准误计算应该达到的简单随机抽样的方差 $var_{srs}(u)=\frac{(se(u))^2}{deff}$。

根据应该达到的简单随机抽样的方差计算样本中的劳动力人数 $n=\frac{u(1-u)}{var\_srs(u)}$，其中u为计算时预计的城镇调查失业率。

最后根据历史平均户规模、劳动参与率、城镇化率，推算所需的样本户数。

3.权数计算及季节调整

最终权数为样本选择权数、无响应调整权数和事后分层权数的乘积：$W_{final}=W_{sel}\times W_{nr}\times W_{ps}$。

采用X-12 Arima 模型对最终数据进行季节调整。

三、主要统计指标解释

人口数　指一定时点、一定地区范围内有生命的个人总和。年度统计的年末人口数指每年12月31日24时的人口数。年度统计的全国人口总数内未包括香港、澳门特别行政区和台湾省以及海外华侨人数。

城镇人口和乡村人口　城镇人口是指居住在城镇范围内的全部常住人口；乡村人口是除上述人口以外的全部人口。

出生率（又称粗出生率）　指在一定时期内(通常为一年)一定地区的出生人数与同期内平均人数(或期中人数)之比，用千分率表示。本资料中的出生率指年出生率，其计算公式为：

$$出生率=\frac{年出生人数}{年平均人口}\times 1000‰$$

式中：出生人数指活产婴儿，即胎儿脱离母体时(不管怀孕月数)，有过呼吸或其他生命现象。年平均人数指年初、年底人口数的平均数，也可用年中人口数代替。

死亡率（又称粗死亡率）　指在一定时期内(通常为一年)一定地区的死亡人数与同期内平均人数(或期中人数)之比，用千分率表示。本资料中的死亡率指年死亡率，其计算公式为：

$$死亡率=\frac{年死亡人数}{年平均人口}\times 1000‰$$

人口自然增长率　指在一定时期内(通常为一年)人口自然增加数(出生人数减死亡人数)与该时期内平均人数(或期中人数)之比，用千分率表示。计算公式为：

$$人口自然增长率=\frac{(本年出生人数-本年死亡人数)}{年平均人数}\times 1000‰$$
$$=人口出生率-人口死亡率$$

总抚养比　也称总负担系数。指人口总体中非劳动年龄人口数与劳动年龄人口数之比。通常用百分比表示。说明每100名劳动年龄人口大致要负担多少名非劳动年龄人口。用于从人口角度反映人口与经济发展的基本关系。计算公式为：

$$GDR=\frac{(P_{0-14}+P_{65+})}{P_{15-64}}\times 100\%$$

其中：GDP为总抚养比；

P_{0-14}为0-14岁少年儿童人口数；

P_{65+}为65岁及65岁以上的老年人口数；

P_{15-64}为15-64岁劳动年龄人口数。

老年人口抚养比　也称老年人口抚养系数。指某一人口中老年人口数与劳动年龄人口数之比。通常用百分比表示。用以表明每100名劳动年龄人口要负担多少名老年人。老年人口抚养比是从经济角度反映人口老化社会后果的指标之一。计算公式为：

$$ODR=\frac{P_{65+}}{P_{15-64}}\times 100\%$$

其中：*GDP*为老年人口抚养比；

P_{65+}为65岁及65岁以上的老年人口数；

$P_{15\text{-}64}$为15-64岁的劳动年龄人口数。

少年儿童抚养比 也称少年儿童抚养系数。指某一人口中少年儿童人口数与劳动年龄人口数之比。通常用百分比表示。以反映每100名劳动年龄人口要负担多少名少年儿童。计算公式为：

$$CDR=\frac{P_{0-14}}{P_{15-64}}\times 100\%$$

其中：*GDP*为少年儿童抚养比；

$P_{0\text{-}14}$为0～14岁少年儿童人口数；

$P_{15\text{-}64}$为15～64岁劳动年龄人口数。

人户分离人口 是指居住地与户口登记地所在的乡镇街道不一致且离开户口登记地半年以上的人口。

流动人口 是指人户分离人口中不包括市辖区内人户分离的人口。市辖区内人户分离的人口是指一个直辖市或地级市所辖区内和区与区之间，居住地和户口登记地不在同一乡镇街道的人口。

经济活动人口 指在16周岁及以上，有劳动能力，参加或要求参加社会经济活动的人口。包括就业人员和失业人员。

就业人员 指在一定年龄以上，有劳动能力，为取得劳动报酬或经营收入而从事一定社会劳动的人员。具体指年满16周岁，为取得报酬或经营利润，在调查周内从事了1小时（含1小时）以上的劳动或由于学习、休假等原因在调查周内暂时处于未工作状态，但有工作单位或场所的人口。包括：（1）职工；（2）再就业的离退体人员；（3）私营业主；（4）个体户主；（5）私营企业和个体就业人员；（6）乡镇企业就业人员；（7）农村就业人员；（8）其他就业人员（包括现役军人）。

单位就业人员 指期末最后一日24时在各类单位中工作，并取得工资或其他形式劳动报酬的人员数。该指标为时点指标，不包括最后一日当天及以前已经与单位解除劳动合同关系的人员，是在岗职工、劳务派遣人员及其他从业人员之和。从业人员不包括：

(1)离开本单位仍保留劳动关系，并定期领取生活费的人员；

(2)利用课余时间打工的学生及在本单位实习的各类在校学生；

(3)本单位因劳务外包而使用的人员。

城镇私营和个体就业人员 城镇私营就业人员指在工商管理部门注册登记，其经营地址设在县城关镇(含县城关镇)以上的私营企业就业人员，包括私营企业投资者和雇工。城镇个体就业人员指在工商管理部门注册登记，并持有城镇户口或在城镇长期居住，经批准从事个体工商经营的就业人员，包括个体经营者和在个体工商户劳动的家庭帮工和雇工。

在岗职工 指在本单位工作且与本单位签订劳动合同，并由单位支付各项工资和社会保险、住房公积金的人员，以及上述人员中由于学习、病伤、产假等原因暂未工作仍由单位支付工资的人员。在岗职工还包括：

(1)应订立劳动合同而未订立劳动合同人员(如使用的农村户籍人员)；

(2)处于试用期人员；

(3)编制外招用的人员；

(4)派往外单位工作，但工资仍由本单位发放的人员(如挂职锻炼、外派工作等情况)。

工资总额 指根据《关于工资总额组成的规定》(1990年1月1日国家统计局发布的一号令)进行修订，在报告期内(季度或年度)直接支付给本单位全部从业人员的劳动报酬总额。包括计时工资、计件工资、奖金、津贴和补贴、加班加点工资、特殊情况下支付的工资，是在岗职工工资总额、劳务派遣人员工资总额和其他从业人员工资总额之和。

工资总额是税前工资，包括单位从个人工资中直接为其代扣或代缴的房费、水费、电费、住房公积金和社会保险基金个人缴纳部分等。

工资总额不论是计入成本的还是不计入成本的，不论是以货币形式支付的还是以实物形式支付的，均应列入工资总额的计算范围。

平均工资 指单位就业人员在一定时期内平均每人所得的货币工资额。它表明一定时期职工工资收入的高低程度，是反映就业人员工资水平的主要指标。计算公式为:

$$平均工资=\frac{报告期实际支付的全部就业人员工资总额}{报告期全部就业人员平均人数}$$

平均工资指数 指报告期就业人员平均工资与基期就业人员平均工资的比率，是反映不同时期就业人员货币工资水平变动情况的相对数。计算公式为:

$$平均工资指数=\frac{报告期就业人员平均工资}{基期就业人员平均工资}\times 100\%$$

平均实际工资指数 就业人员平均实际工资指扣除物价变动因素后的就业人员平均工资。就业人员平均实际工资指数是反映实际工资变动情况的相对数，表明就业人员实际工资水平提高或降低的程度。计算公式为:

$$平均实际工资指数=\frac{报告期就业人员平均工资指数}{报告期城镇居民消费价格指数}\times 100\%$$

城镇登记失业人员 指有非农业户口，在一定的劳动年龄内(16周岁至退休年龄)，有劳动能力，无业而要求就业，并在当地劳动保障部门进行失业登记的人员。

城镇登记失业率 城镇登记失业人员与城镇单位就业人员(扣除使用的农村劳动力、聘用的离退休人员、港澳台及外方人员)、城镇单位中的不在岗职工、城镇私营业主、个体户主、城镇私营企业和个体就业人员、城镇登记失业人员之和的比。计算公式为：

$$城镇登记失业率=\frac{城镇登记失业人数}{\begin{array}{l}(城镇单位就业人员-使用的农村\\劳动力-聘用的离退休人员-聘用\\的港澳台及外方人员)+不在岗职工\\+城镇私营业主+城镇个体户主+\\城镇私营企业及个体就业人员+城\\镇登记失业人数\end{array}}\times 100\%$$

Explanatory Notes on Main Statistical Indicators

Total Population refer to the total number of people alive at a certain point of time within a given area. The annual statistics on total population is taken at midnight, the 3lst of December, not including residents in Hong Kong SAR, Macao SAR, Taiwan Province and overseas Chinese national residing abroad.

Urban Population and Rural Population Urban population refer to all people residing in cities and towns, while rural population refer to population other than urban population.

Birth Rate (or Crude Birth Rate) refers to the ratio of the number of births to the average population (or mid-period population) during a certain period of time (usually a year), expressed in per thousand. Birth rate in the yearbook refers to annual birth rate. The following formula is used:

$$\text{Birth Rate} = \frac{\text{Number of Births in the Year}}{\text{Annual Average Number of Population}} \times 1000‰$$

Where: Number of births refers to live births, i.e. when a baby has breathed or showed any vital phenomena regardless of the length of pregnancy.

Annual average number of population is the average of the number of population at the beginning of the year and that at the end of the year. Sometimes it is substituted by the mid-year population.

Death Rate (or Crude Death Rate) refers to the ratio of the number of deaths to the average population (or mid-period population) during a certain period of time (usually a year), expressed in per thousand. Death rate in the yearbook refers to annual death rate. The following formula is used:

$$\text{Death Rate} = \frac{\text{Number of Deaths in the Year}}{\text{Annual Average Number of Population}} \times 1000‰$$

Natural Growth Rate of Population refers to the ratio of natural increase in population (number of births minus number of deaths) in a certain period of time (usually a year) to the average population (or mid-period population) of the same period, expressed in ‰. The following formula is applied:

$$\text{Natural Growth Rate of Population} = \frac{(\text{Number of Births} - \text{Number of Deaths})}{\text{Annual Average Number of Population}} \times 1000‰$$

$$= \text{Birth Rate} - \text{Death Rate}$$

Gross Dependency Ratio also called gross dependency coefficient, refers to the ratio of non-working-age population to the working-age population, express in percent. Describing in general the number of non-working-age population that every 100 people at working ages will take care of, this indicator reflects the basic relation between population and economic development from the demographic perspective. The gross dependency ratio is calculated with the following formula:

$$GDR = \frac{P_{0\text{-}14} + P_{65}}{P_{15-64}} \times 100\%$$

Where: GDR is the gross dependency ratio,

$P_{0\text{-}14}$ is the population of children aged 0-14,

P_{65+} is the elderly population aged 65 and over,

$P_{15\text{-}64}$ is the working-age population aged 15-64.

Old Dependency Ratio also called old dependency coefficient, refers to the ratio of the elderly population to the working-age population, express in percent. It describes the number of the elderly population that every 100 people at working ages will take care of. Old dependency ratio is one of the indicators reflecting the social implication of population aging from the economic perspective. The old dependency ratio is calculated with the following formula:

$$ODR = \frac{P_{65+}}{P_{15-64}} \times 100\%$$

Where: ODR is the old dependency ratio,

P_{65+} is the elderly population aged 65 and over,

$P_{15\text{-}64}$ is the working-age population aged 15-64.

Children Dependency Ratio also called children dependency coefficient, refers to the ratio of the children population to the working-age population, express in percent. It describes the number of children population that every 100 people at working ages will take care of. The children dependency ratio is calculated with the following formula:

$$CDR = \frac{P_{0-14}}{P_{15-64}} \times 100\%$$

Where: CDR is the children dependency ratio,

$P_{0\text{-}14}$ is the children population aged 0-14,

$P_{15\text{-}64}$ is the working-age population aged 15-64.

Population of Residence-registration Inconsistency refer to those who have been residing in places other than the registered streets or towns and been away from their registration areas for over half a year.

Floating Population refer to the population of residence-registration inconsistency excluding those intra-city ones. Population of intra-city residence-registration inconsistency refer to those whose residing streets or towns and registered ones are inconsistent but still in the same municipality or prefecture city either the two are in the same district or different ones.

Economically Active Population refers to the population aged 16 and over who are capable of working, are participating in or willing to participate in economic activities, including employed persons and unemployed persons.

Employed Persons refer to the total number of persons engaged in social economic activities that generate income, including: (1)Total formal employees;(2)Reemployed retirees;(3)Employers in urban private enterprises; (4)Urban individual laborers;(5)Employment in urban private enterprises and individual households; (6)Employment in township and village enterprises;(7)Rural labors;(8)Other social labors (Servicement included).

Persons Employed in Various Units refer to the total number of employees who work at various units and obtain wages or other forms of payment at the end of the reference period. This indicator is a kind of time point index and it equals to the sum of the number of employed staff and workers, labor dispatch personnel and other employed persons. Employed persons do not include:

1) persons who have left their working units while keeping their labour contract (employment relation) unchanged and receiving regular alimony;

2)students who do part-time jobs in spare time and all kinds of enrolled students who do internship in various units;

3)persons employed due to labor outsourcing;

4)persons who dissolve labor contracts with their units on the last day of reference period or before.

Persons Employed in Private Enterprises and Self-Employed Individuals in Urban Areas Persons employed in private enterprises refer to the persons employed in the private enterprises which have been registered at the departments of industrial and commercial administration for which the business operation are situated at a county town (i.e. a town where the county government is located), or at urban areas with administrative hierarchy higher than a county town. The self-employed individuals in urban areas refer to persons who hold the certificates of residence in urban areas or have resided in the urban areas for a long time and have been registered at the departments of industrial and commercial administration and approved to be engaged in individual industrial or commercial business, including self-employed persons as well as helpers and hired laborers who work in individual households.

Employed Staff and Workers refer to persons who signed labor contracts with working units and working units would pay wages, social insurance and housing funds for them. Persons who have their work posts but are temporarily absent from work for reasons of study or on sick, injury or maternal leave and still receive wages from their working units are also included. Employed staff and workers also include:

1)Persons who should have signed the labor contracts but not (like people with rural household registration);

2)Employees on probation;

3)Employees beyond the staffing quota;

4)Employees who are sent to other working units but still obtain wages from their original units (situations like on-the-job placement, expatriated assignment, etc.)

1)Employed Staff and Workers do not include: Dispatched personnel who work and are paid directly by the working units; they shall be counted into "labour dispatch personnel" of the working units;

2)Personnel through labor outsourcing, they shall be counted into "employed staff and workers" of the units which contracted them.

Total Wage Bill It is revised according to the "Provision of Composition of Total Wages" (Order No.1 by National Bureau of Statistics on January, 1st, ,1990), total wage bill refers to the total remuneration payment to all employed persons in various units during the reporting period (by quarter or by year), including hourly-paid wages, piece-rate wages, bonuses, allowance and subsidies, overtime wages and wages paid under special circumstances. It equals to the sum of total wages of employed staff and workers, dispatch labors and other employed persons.

Total wage bill is pre-tax wages, including the room charges, utility bills, housing funds and social insurance paid or withheld by employee's units.

Total wage bill, whether or not included in cost, whether or not paid in money or in kind, shall be included in the calculation of total wage.

Average Wage refers to the average per capita wage in money terms during a certain period of time for employed persons. It shows the general level of wage income of staff and worker during a certain period of time, one major indicator to reflect the wage level. It is calculated as follows:

$$\text{Average Wage} = \frac{\text{Total Wage Bill of Employed Persons at Reference Time}}{\text{Average Number of Persons Employed at Reference Time}}$$

Average Wage Indices refers to the ratio of average wage of employed persons the reference period to that at the base period, which reflects the change of wage of employed persons at the different period. It is calculated as follows:

$$\text{Average Wage Indices} = \frac{\text{Average Wage of Employed Persons at Reference Time}}{\text{Average Wage of Persons Employed at Base Period}} \times 100\%$$

Average Real Wage Indices average real wage of employed persons refers to the average wage of employed persons after removing the effects of the price changes and average real wage indices of employed persons refers to the change of real wage, which reflects the relative increasing or decreasing level of real wage of employed persons ,which is calculated as follows:

$$\text{Average Real Wage Indices} = \frac{\text{Average Wage Indices of Employed Persons at the Reference Time}}{\text{Urban consumer Price Indices at Reference Time}} \times 100\%$$

Registered Unemployed Persons in Urban Areas refer to the persons with non-agricultural household registration at certain working ages (16 years old to retirement age), who are capable of working, unemployed and willing to work, and have been registered at the local employment service agencies to apply for a job.

Registered Unemployment Rate in Urban Areas refers to the ratio of the number of the registered unemployed persons to the sum of the number of persons employed in various units (minus the employed rural labour force, re-employed retirees, and Hong Kong, Macao, Taiwan or foreign employees), laid-off staff and workers in urban units, owners of private enterprises in urban areas, owners of self-employed individuals in urban areas, employees of private enterprises in urban areas, employee of self-employed individuals in urban areas, and the registered unemployed persons in urban areas.